U0114396

當代觀察11

應然社會論

鄧正剛　著

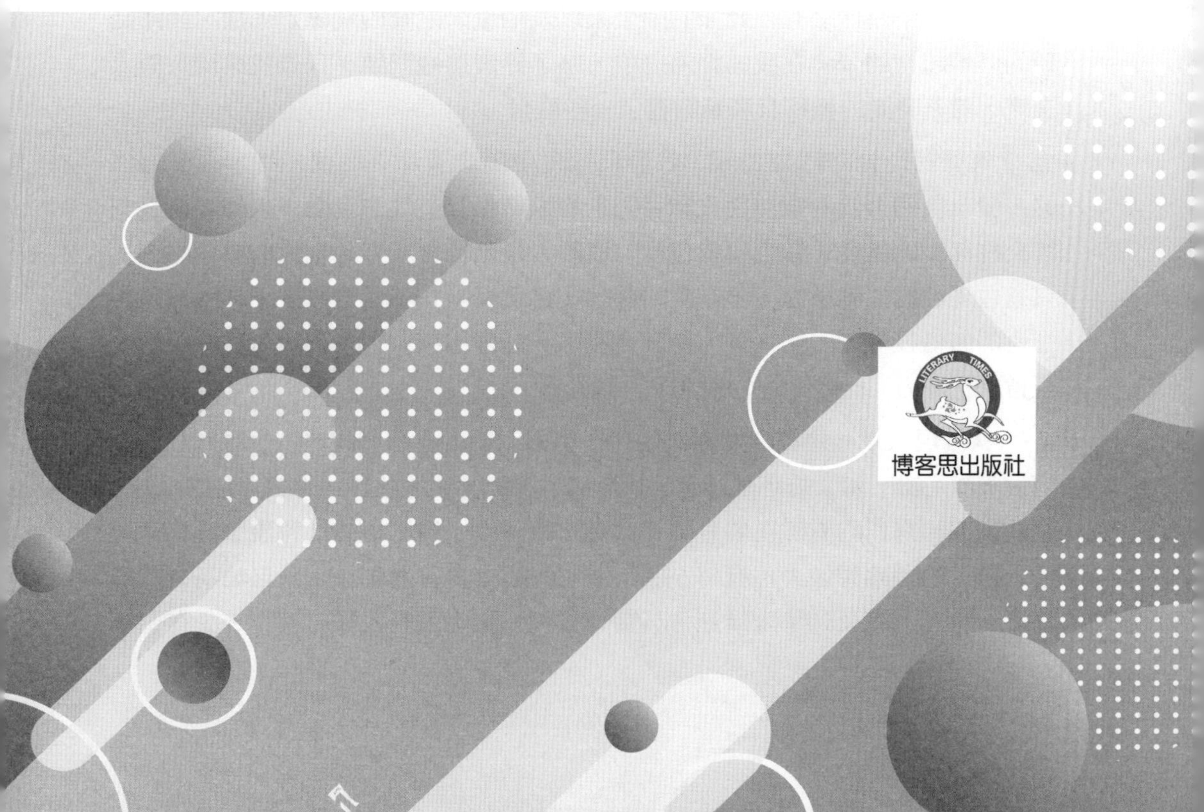

序言

我寫這本書並非完全是出於興趣愛好，還包括了我探尋人類社會基本事實的熱切渴望和我總覺得「要為人類貢獻點什麼」的使命感。

我坦言，我離不開社會，我也相信其他人也不能脫離社會，至少是不會樂意脫離社會。社會與我們息息相關，社會提供了我們生產、生活的一切資源，也提供了我們安全保障，任何人離開社會的後果是不可想像的。

社會如此重要，我們卻很難一睹其尊容。我們只知道社會充滿很多人，難以數計，社會中有至親家人，有血緣和姻緣親屬，有鄰居，有朋友，有熟人，但是更多的是陌生人。我們跟陌生人沒有情感交流，甚至有的陌生人從未謀面，陌生人卻提供了我們生產、生活的一切資源，我們離不開社會的根本原因是離不開陌生人。

社會如此奇妙，我不得不費盡心思來認識社會，社會是怎麼來的、什麼是社會、社會中為什麼有如此多的陌生人以及陌生人之間的關係是怎樣，諸如此類的問題起初總縈繞在我的腦海之中。為了弄清這些問題，我查找典籍，與人交流，隨著時間的推移我漸漸的有了一些眉目。

隨著對社會的認識加深，我發現社會中蘊含著深刻的應然性，一種自然的，發自自然力量的應然性支配著陌生的人們相互交往和互動，人的智性是支撐交往互動的基礎，智性中所包含的邏輯力量是社會凝聚陌生人的根本原因。只有在理性的思維狀態下，社會的尊容才會現身。在理性的感召下，我把我對社會的感悟投射到了全人類，從社會關聯、社會組織、社會政治、社會規則、社會文化等方面比較系統的研究了人類社會。

我發現人類社會在自然應然性的作用下正朝著一個方向——「應然社會」邁進，為了證明和闡述應然社會，我產生了撰寫《應然社會論》這本書的念頭。我的研究和寫作的方法主要是閱讀、走訪和理性思辨，根據社會現象考察然後加上自己的理論想像力，歷時6個年頭完成了這本書的創作。我自喻為獨立思想者，自認為觸及到了人類社會真實的層面。這本書是我獨自創作，少有引經據典，以記錄我的真實感悟為主。

《應然社會論》這本書是一部學術著作，全書分為上下兩部分，共 19 章。上部分名為應然社會之自然基礎，有 10 章，下部分名為應然社會之社會生活，有 9 章。本書對人的自然屬性和社會屬性、人類的社會化、人的認知缺陷、認識論、社會關聯、社會偏差和應然社會等內容進行了獨特的研究，從細微著手極力還原人類社會的本來面目。

《應然社會論》這本書謹獻給愛理性的人們！

鄧正剛 2021 年 8 月 31 日

於湖南長沙雨花亭

目次

下部分　應然社會之社會生活

上部分
應然社會之自然基礎

上部分導讀

我們認識人類社會有一個潛在的角度和立場問題，從人的角度，站在自我的立場，或是站在某個特定群體的立場，自我意識和特定觀念會干擾社會認知，導致社會認識不真實；筆者主張從自然的角度，站在人類普遍的立場來認識社會，排除不良認知干擾，可以獲得純粹的真實的社會認識。所以為了認識社會，在方法和步驟上應該首先研究瞭解自然，從自然中提取根本因素作為認識社會的起點，然後結合人的自然事實，邏輯推理出人的自然屬性，在此過程中我們會發現，人類社會與人類群落和部落存在很大的差異，即人類社會中充滿各種陌生人關係，這是群落和部落中沒有的，人類群體存在社會化過程，於是人的社會屬性和社會的自然屬性隨著社會化而擴展產生。人們認識社會之所以會導致不真實，是因為人的認知缺陷所決定的，研究瞭解人的認知缺陷對於防範和糾正人的認識偏差意義重大，同時研究瞭解認識本身對建立正確的認識也十分有必要。當我們端正了認識姿態以後就會發現，理性能力是正確認識的源泉，也是獲得真實性認識的保障。理性是人類的高級智能，在理性的狀態下社會正義才會躍升到顯意識層面。理性思維是打開人類社會神秘現象的鑰匙，於是我們可以發現社會正義無處不在，正義存在於人與人之間特別是陌生人之間交往互動的整個過程之中以及每個細節之中。正義具有自然應然的先天性，具有規定應然社會的權威效力，符合正義的觀念和行為是人類社會普遍認可和提倡的，反之是普遍排斥、須要糾正和懲處的觀念或行為。

第一章　論自然

自然，包羅萬象，極其廣闊，絢麗繽紛。自然包括浩渺的宇空、日月星辰、風霜雨雪、山河湖海、花鳥蟲魚、飛禽走獸等等等等；還包括細小、微觀的事物，如微生物、細胞、分子、原子、電子、質子、中子等等。自然還包括所有存在、意識、法則（精神）、以及一切可能性。

人們習慣把自然分為宏觀、中觀與微觀三部分，並且有狹義、廣義之分。天體、星辰之等級規模稱為宏觀自然，即宇宙；中觀自然是指人類感覺器官可以直接感測到的事物等級規模，或者說是人類看得見摸得著的可以直接體會的自然等級規模；微觀自然是極其微小的需要借助顯微儀器才能觀測的自然等級規模。狹義的自然，意為非人為使然的自然，即不被人類影響、作用、改變、修飾的一切東西。廣義的自然屬於哲學範疇，除狹義自然之外還包括人類及其社會和人的感知、思維、本性等等。

自然還可以分為無機自然和有機自然。無機自然是指純粹的物質，如水、金屬、石頭、核反應；有機自然是指與生命相關的自然世界，包括碳水化合物、氨基酸、植物、動物、微生物等等。無機自然和有機自然看似兩個完全分開的、可以相提並論的自然世界，其實是相互聯繫的、密不可分的。從科學角度來看，無機自然是有機自然的基礎，有機自然來源於無機自然；有機自然包含無機自然的許多元素；脫離無機自然，有機自然必然消亡；自然界還包含無機自然轉化為有機自然的可能性。

一、自然及其現象

我們有充足的理由要崇尚自然，熱愛自然。自然不單是提供了人類生生繁衍的一切資源，還提供了人類為之著迷的無窮奧秘。人類從懵懂時候開始就一直在尋思自然的玄妙，從許多百思不得其解中一次次開悟明瞭。但是，無論人類如何心領神會，似乎都無法看清自然的真實面貌。人類通過現象看自然，發現揭開一層面紗看到的仍然是一種現象，再揭開一層面紗看到的還是現象。於是，有人感歎「自然是一切現象的總和」。

人類目前可觀察到的、可偵測到的所有具體事物，就是現象了。現象，是指事物及其關係可以刺激人類感官的徵象。現象的數量與現象之間的關聯與人類認知能力和認知深度成正比。自然現象千萬種類，千差萬別，不會一窩蜂的同時作用於人類（特別是早期人類），隨著人類的遷移、繁衍和發展，更多的自然現象層出不窮的撞擊人類感官；再則，人類的領悟能力也在逐漸提高。所以說，從人類歷史發展進程來看，自然現象作用於人類身上必然會體現出先後順序。

純粹的現象產生於單純的基礎的自然認知，如日月星辰、山河湖海、花鳥蟲魚、飛禽走獸、風雨雷電、晝夜更替、冷熱變化、物體下落、熱氣上升、饑餓、性欲等等，是為第一現象，也叫做初始現象，第一現象產生於人類的直觀感受。自然事物直接作用於人類，這是早期人類面臨的最為基本的自然現象。自然的存在物以及人類的本能直接作用於人類，早期人類無法回避，只能全盤被動接受。直到近三千年以來人類才開始哲學思考，才有了「存在」的意識和概念。自然第一現象也可以稱為存在現象，之所以也叫做初始現象，是因為最為基本的自然現象是人類認知和認識的起點，沒有這個起點那麼其他所有的現象也不可能被人類感知，也就沒有了意義。在此時，人類還處在族群階段，已經形成了語言的雛形。

第一現象之間的關聯性，稱為第二現象。如烏雲與下雨、雷電的關聯；季節循環的順序；生命體的誕生和死亡過程、天上下雨地下濕，通過觀察地上是否是濕的來判斷是否下過雨；熱的物體會冷卻；物體間相互碰撞會產生力量；堅硬鋒利的物體是武器等等，第二現象來源於人（觀察者）的記憶和經驗。此時的人類已經步入了部落制石器時代，語言已日漸成熟。

人類對自然的作用及其作用的結果，稱為第三現象。如看見許多人打傘而判斷是否在下雨；喝燒開過的水會更舒服；圈養動物能長期有效提供食物；耕作能使生活更穩定；摔倒受傷需要治療；高空跌落會有生命危險；吃腐爛的食物會生病等等，第三現象是人類加入自然以後的自我感受和經驗總結。此時人類接近和進入農耕時代，文字開始出現。

第四現象是人與人之間相互作用的認識，如與人為善會得到善的回饋；打人會受到被打者的反擊；漂亮的外表會得到他人的認可和喜愛；禮貌是與他人打交道的「名片」等等。

第五現象，是宗教信仰和神秘力量的感知，如各宗教、命運、迷信、權威等等。筆者認為人類進入農耕時代後才會產生對於自然災害、疾病、命運等吉凶的認識，對於自然神秘力量的支配作用產生震人心魄的畏懼和崇拜。人類對日相和月相的變化等自然異象百思不得其解，在心靈中蒙上了一層厚厚的神秘青紗。在想像力的作用下，人類形成了神靈崇拜文化和怯病辟邪消災的巫術文化。

第六現象是人通過作用於自然而作用於自己和他人的認識，如生產糧食、食品、藥物等出售或贈與他人；用健康禮品來表達關心病人；精心耕作會有大的收成；興修水利設施能抵禦洪旱災害；製造車輛能提高出行和運送效率。此時人類形成禮儀規範，大量的工具被發明和改進，語言文字成為溝通交流的工具。

第七現象，是人與人之間關聯性的認識，如家庭、家族、宗族觀念；行業的劃分；組織結構；社會管理者；隸屬關係；敵我關係認定等等。此時國家已經產生，人類形成穩定的社會等級關係。

第八現象，是人類對於社會秩序產生認識，如法律制度；社會體制；社會管理程式等等。人類開始用書面的方式確立所有權，成文法出現，法律理論形成，統治者採用說教的方式鞏固其統治地位。此時人類的思想開始活躍，多種門派的學說林立。

第九現象，是人類對自然科學的認識、總結和積累，如自然科學學科門類、自然定律、科學原理、以及自然科學的應用。自然科學的形成初期得益於哲學思辨的持續深入的進行，由於人類的想像力、好奇心和嚴密的思維，越來越多的自然現象衝擊思辨者的感官，無機自然不再是混沌狀了，從此有了許多細節。世界的本原是什麼，物質由什麼組成，人類是怎麼來的，諸如此類的問題引導人類著手解開自然世界的種種奧秘。特別是十五世紀以後，自然科學的諸多重大發現向人類展示出了更加複雜更加生動有趣的自然事實。自然科學眾多門類層出不窮，其邊緣學科更是像雨後春筍。科學的成就也把人類本身推向了更加發達、更加舒適、更加便捷的全新境界。

第十現象，是人類對社會科學的認識總結，如社會科學門類、社會現象及其規律、生命現象的思辨、社會存在的思辨等等。社會科學的發展相比自然科學有滯後性，自然科學發展到一定程度改變了人類社會，面對種種變化人們開始思考人類社會本身。在哲學思辨的引導下，紛繁複雜的人類社會又躍於人類面前。同樣，社會科學門類層出不窮，其邊緣學科越分越細絡繹不絕。社會學科展示出的社會現象不單是豐富多彩紛繁複雜，還為人類自身檢討發展歷程、糾正錯誤作為、規劃未來方向提供了理論依據。

第十一現象，是社會權益的認知，如統治和被統治、社會話語權、所有權、社會動議權、社會活動評價等等。自然科學和社會科學的長足發展促使人類反思種種社會現象，社會主權是什麼如何獲取，權力的絕對性與相對性，社會活動如何發起如何評價，所有權的完整性以及所有權如何實現排他性，社會公共是否存在，社會權益如何實現，社會福利的必要性和可行性，國際交往的規則等等。在反思中，共和、民主、公平公正、非暴力競爭、寬容妥協等思想，日漸深入人心。

第十二現象，是把人類社會當做自然一部分看待的認識，如個體人的獨立性、平等觀念、人格的同一性、人類的共相性以及個體人的差異性等等。人類個體自我意識的覺醒釋放出巨大的自我能量，人類社會生活更加絢麗繽紛，極限運動、體育活動、冒險探索、以及追求社交和表達的願望促使科學技術及其產品的迅猛發展，個體人的思想日漸活躍，全人類呈現出多元化的狀態和趨勢。

第十三現象，是把人的意識、思維、思想當做自然一部分看待的認識，如人類經驗的先天性、人類認知的驅動力、人類的認知缺陷、人類的思維層次、人類的思維潛力等等。自由思想放任不羈，人類個體為了追求自我實現開始思考人類自身最根本的問題——自我意識的本身，挖掘出更加深刻的人類意識現象。

第十四現象，是人類對自然屬性的認識，下文將討論這個話題。

第十五現象，是人類的意識、思維與自然世界的關係，如意識與自然是否具有同一性或一致性，人類是否具有揭示自然世界最根本的東西（自然本體）的能力和可能性等等。

自然現象是沒有高低層次之分的，但是人的認識確實體現了層次。從上文列出的十五種現象，我們可以看出人類認識的由淺到深的遞進層次順序。

原始人類對現象的感知是極其膚淺的體現了動物性的點觸式思維，這時人類的認識是混沌狀的，所有的現象粘合在一起難以區分。由於現象的不斷刺激，早期人類思維出現了對於第一現象的概念化認識，人類用「山」、「水」、「河」、「雲」、「日」、「月」等概念區分眾多的第一現象，這是人類區別於動物的開端，人類思維中概念的出現並不意味著這些語言詞彙的產生，只是表明人類具有釐清混沌現象的意識。概念化思維方式就是為每個直觀現象貼一個標籤，防止不同的現象在頭腦中粘合在一起。

有人認為人類與動物的區別在於人類具有經驗記憶的能力，也就是說人類具有第二現象的認識能力有別於動物。筆者認為人類與動物的區別在於人類具有區別眾多第一現象並使之概念化的能力。人類的概念化思維方式已經進入人類的遺傳基因，所以人類嬰兒出生以後都能接受概念化的學習和教育，並能循序漸進的提高經驗和知識水準。概念化思維這一點上，動物們是無能為力的。

人類在第二現象的認識能力，也就是說人類對於經驗的記憶，是人類能夠製造工具的主要原因。動物也可能使用工具，有證據表明黑猩猩用樹枝來釣取白蟻食用，獼猴用石頭敲開堅果食用，但動物們只是簡單使用原始的工具，不會把石頭敲成鋒利的形狀用以捕食或自衛，更不會用鋒利的石頭把樹枝削尖來製作加工工具。在使用簡單原始工具的基礎上，動物們沒能加工工具（包括深加工工具），而人類卻能加工出更加複雜的工具來滿足各種用途，其主要原因是人類的思維不再是混沌狀，可以用概念化思維看待第一現象，並在第一現象間的聯繫上運用、總結產生概念化的經驗，並將這些經驗記住和傳授，不斷地總結、運用，在自我需求的驅使下，製造出更加實用的工具。所以說，人類與動物的區別在第一現象的認識上就已經開始了。

人類的概念化思維方式應該得益於直立行走和雜食，直立行走讓人看得更廣、更遠，人類所接收到的現象刺激更多，雜食也使人更多的接觸自然，進而也接收到更多的現象刺激，同時廣大的食源也提供了人類更多的營養，有利於大腦運作。特別是人類食用熟食以後，食物還沒開始吃的時候就已經開始消化了，食用熟食減小了消化器官的排毒負荷，有更多的營養被吸收，也就更加有利於大腦的運作。所以，人類在第三到第六現象的認識上更加明顯優於動物。從第七現象認識開始到第十五現象認識，動物們沒有任何徵兆有所涉及。但是，從第十一現象到第十五現象的認識上，當代人類中仍然有許多國家和民族的人們沒有形成廣泛的認識，哲學思考仍然被他們看做無用的、無聊的瞎折騰。在這些國家和民族中，社會矛盾和社會問題一直在困擾著人們，難以自拔，無能為力。

儘管人類的智性水準取得了重大飛躍，現代人類比較遠古人類，甚至比較古代、近代人類，都擁有了卓越的先進性，但是，人類對於自然世界的認識仍然是零散的，拼圖畫式的，自然並不是一個整體，自然世界還只是許多現象的集合體，各種現象之間還缺乏根本的聯繫。自然世界是不是就是這樣？人類的智性水準是否還有更大的發展空間？想必當代和未來的人類一定會給出合理的答案。

二、自然的物質

人類日常生活中所接觸到的所看到的事物大多數屬於物體，如大地、土壤、岩石、高山、河流、日月、星辰等等。人們在日常生活中使用的最多的東西是物件，如房屋、車輛、工具、衣物、飾件、食物等等。物件又叫物品，是物體的一種形式，是自然物體被人類加工改造後以滿足各種需求的外觀形狀。自然物體的範圍極其廣泛，甚至說人類個體的身體也屬於自然物體。

人類的思維不會只停留在物體的認識上，更不會僅停留在物件的認知上，經過漫長的生活實踐，人類最終於約兩千六百年前提出了「物質」的概念，「一切物質都是單一的東西，都可互相轉變」。物質概念的提出標誌著人類的思維已經高度抽象化，在眾多物體現象中抽象出共同的特徵。約一百年後，人類為物質賦予了「存在」的意義。又約五十年後，人類為物質賦予了性質，物質是由許多離散元件（微粒）組合而成的，「原子」是一種最後的不可分的物質微粒。從此，物質的細節被人類高度關注，雖然經過了兩千多年的探索和爭論，物質的定義仍然沒有完全統一，哲學、物理學、化學各自為物質定義了內涵，但是這似乎並不影響到人類對物質世界的深入研究和認識，物質越來越多的形態和特性被挖掘了出來，人類對自然世界的瞭解也越來越豐富，也越來越深入。

西元 17、18 世紀通過系列實驗，人類證實了原子的真實存在。19 世紀初，義大利人提出了分子概念，確定了物質由分子組成，分子由原子組成。19 世紀末，英國人發現了第一個基本粒子——電子，從此組成物質的最小單位的原子不可分的觀念被打破。20 世紀初，英國人發現了原子核。20 世紀前半期，英國人先後發現了組成原子核的微粒——質子和中子。20 世紀中期，美國人發現了夸克，夸克是組成質子和中子的微粒單位。20 世紀後期，英國人發現電子可以再分為自鏇子、空穴子和軌道子，電子的電量是由其 1/3 的部分決定的。

現代科技的迅猛發展總是刷新人類對物質的認識，也實際提供了人類更多的新型材料和科技產品，使得人類社會生活更加便捷、更加新穎、更加豐富多彩。與此同時，人類的世界觀和價值觀也發生了相應的變化。

1. 什麼是物質

最早提出「物質」概念的人是古希臘智者泰勒斯，他指出世界是物質的，水是萬物的本原。巴門尼德第一次提出了「存在」的概念，巴門尼德的「存在」概念是對物質世界的高度抽象概括，他認為物質不是指的具體形態，是永恆的、不生不滅的、不變的存在。德謨克里特認為物質是由許多肉眼看不見的微粒構成的，他把這些微粒叫做原子，原子在空虛的場所運動，就構成了萬事萬物。亞里斯多德認為自然事物為自然所創造，其所由來為物質。他把物質等同於質料，是構成自然事物最基本的東西，是一切事物的基礎。雖然古希臘智者們沒有給「物質」下一個準確的定義，但是他們對物質世界的研究具有劃時代的里程碑式意義，為後人的思考研究奠定了基礎，這是他們的偉大之處。

最早給物質下定義的人是英國人霍布斯，他認為物質就是不依賴於我們思想而客觀存在的東西，它占有空間，能夠被我們的感覺感知，被理性所理解。

物理學中的物質是指具有內在離散結構和外在表現和變化的，可以被觀測或理論預言的，具有質量和能量的實相，包括實體和場。

化學中的物質是指從自然界提取的或人工合成的可以用化學結構式和分子式描述的實在事物。

筆者認為，物質就是原子、分子或能量子級別的自然能量的團聚體。物質是建立在原子或分子級別規模之上，小於原子的離散結構稱作次原子粒子或元素，如電子、中子、質子、介子、夸克、膠子、光子等等不能稱作物質，它們是物質構成的元素，它們本身也是能量子。物質的構成除了元素，還有能量因素，所以物質是能量團聚體，物質的本質就是能量。當物質能量團聚體的聚集規模足夠大的時候，就躍升為物體，可以被人的感覺感知。

2. 物質的形態

物質的形態不是物體的形狀。物體的形狀是指物體的外觀貌相，如圓形、球形、長方形、菱形等等，而物質的形態是從所有物體的形狀和性狀中高度概括出的典型狀態。人類已知的基本物質形態有三種，固態、液態和氣態，隨著科學技術的迅猛發展，更多的物質形態被人類認識和瞭解，如輻射場態、等離子態、玻愛凝聚態等等。

a. 固態。通俗地講，固態是指物質具有固定的形狀，質地比較堅硬的狀態。固定的形狀是指物質在一定條件下具有穩定的體積，質地堅硬意為人的觸覺無法進入物質內部或者觸摸給人質地感，比如金屬、礦石、食鹽、冰雪等等。固態物質是自然界最為常見的物質形態之一。

從物理學上講，固態就是物質的結晶態和熱力學平衡狀態。固態物質的分子和原子呈有規則的週期性排列，具有「空間點陣」結構，在不受外界影響下，結構始終能夠保持不變的平衡狀態。固態可以分為晶狀固態、非晶狀固態、液晶態等等。

b. 液態。液態是物質的流動狀態，在此狀態中物質無穩定體積，容易變形，任何形狀的容器都可以裝載。液態物質給人的質地感為極其柔軟，以致於沒有穩定的形狀，自然界中的水、奶、油、汞（金屬）在常溫下呈液態，金屬、岩石在高溫下也呈液態。

從分子結構上看，液態物質的分子沒有固定的位置，運動比較自由，粒子間的作用力比較小，所以沒有穩固的形狀，在地球引力的作用下或在外力的作用下可以流動。

c. 氣態。氣態是物質的體積不受限制的狀態。氣態物質也沒有穩定的體積，形態變化多端，靜態中的氣態物質給人沒有質地感。氧氣、氫氣、氦氣、空氣、水蒸氣等等都屬於氣態物質。

氣態物質的分子或原子之間的距離很大，引力極小以致於相互之間可以自由的無規則運動，所以氣態物質容易自擴散。由於分子或原子之間的間隙很大，氣態物質還可以被壓縮。

d. 輻射場態。輻射場態是指具有輻射作用的引力場和電磁場的物質狀態。自然界的引力和電磁現象廣泛存在，引力與物質不可分割，電磁場和實物粒子可以相互轉化，實物粒子具有波粒二象性（波是能量特徵，粒子是實物單位），能量與實物質量也可以相互轉化。引力場和熱輻射充滿宇宙空間，真空也並非絕對的空無。熱輻射就是特定波長的電磁波微粒震動，電磁波微粒即光子。

輻射場態物質在自然界常見，如火焰、可見光、各種射線、無線電波、紅外線、紫外線等等。

e. 等離子態。等離子態是指數量相等的帶負電的自由電子和帶正電的離子共存的狀態。

在高溫和高壓電擊的作用下，原子內部的電子脫離原子核的引力而成為自由電子，此時原子變為離子且數量上與自由電子相等電荷相反。等離子態物質被稱作等離子體。

等離子態由氣態物質產生，又被稱作「超氣態」，在自然界廣泛存在。雲層閃電、高溫火焰、極光、流星劃過夜空等等，都屬於等離子態。日常生活中使用的螢光燈燈管裡的氣體也是等離子態。

還有很多物質形態被一一發現，玻愛凝聚態、費米子凝聚態、量子態、超固態、中子態等等都被確認為物質的不同形態，但是在自然狀態下不常見。至於反物質，目前物理學界還在試驗探索中，尚處在設想推理階段。自然界是否真實存在反物質還需要今後的科學發現來證實。

認識瞭解物質形態具有重大的意義。首先可以訓練人的理性思維，促使人類特別是普通人跳出世俗的思維框框更加嚴謹細緻冷靜的看待事物；其次有利於人們對新事物的接受，對新科技及其產品能夠更好地把握、應用和推廣；第三有利於人們更寬廣的看待自然世界及人類社會以及人類自身，特別是輻射場態、量子態、反物質的提出也提供了人類認識瞭解意識和精神現象的視角，這勢必會改變人的世界觀；第四也是最重要的，促進人類開放的思維方式，思維不再呆板和封閉。

3. 各種形態的物質在自然界的存在和分布的狀態

自然界的範圍極其寬廣，地球及其上層空間、地月系、太陽系、銀河系、銀河外星系泛稱廣義的宇宙。人類對地球以外的宇宙世界所知甚少，其物質的存在和分布的認識還處在遠距離遙測和理論推理階段，即使對地球上的物質的認識還不夠充分，大量的奧秘還有待解開。筆者在此僅敘述從地殼的上層和地表、大氣的物質存在和分布的狀態，以及少量的月球、太陽的物質狀態。

地球是一顆古老的星球，屬於太陽系八大行星之一，迄今約 46 億年左右。地球的直徑為 12700 公里，表面積 5.1 億平方公里，其中 71% 為海洋，29% 為陸地。地球的內部結構分為地核、地幔和地殼，地表外部環繞著大氣層和引力磁場。地球表面和上層空間是眾多植物生命、動物生命（包括人類）及微生物的棲息家園。

固態物質是在地球表層和表面存在和分布最為廣泛的物質，大多以化合物和混合物的方式存在，在自然狀態下基本不存在獨立的單一元素的物質。上層地殼由岩石構成，岩石的組成成分為化合物和混合物，其二氧化矽的含量最高，其次為氧化鋁、氧化鈣、氧化鈉、氧化鉀、氧化鐵等等。地殼裡的氧元素含量最高，其次是矽、鋁、鈣、鈉、鐵等等。地表上陸地的組成物質主要為岩石和土壤，均為化合物和混合物。地表上的岩石構成山體，其物質成分與上層地殼基本一致。岩石還混合有其他金屬的化合物被稱為礦石，有銅礦石、鐵礦石、鉛鋅礦石、錫礦石等等。土壤是以岩石風化後的微粒為母質，同時混雜有機質、微生物和水的砂狀、黏狀物質，其物質成分比岩石更複雜。

地表之上的植物軀幹枝葉、動物的身軀和微生物是固態有機化合物的主要形式，包含脂肪、氨基酸、蛋白質、醣、血紅素、葉綠素、酶、激素等等。在自然狀態下，動物飽和脂肪酸甘油酯為固態，石蠟為烴類混合物亦為固態。

地球陸地表面被大量的植被（森林和草地）所覆蓋。

液態物質占據地球表面 70% 以上的面積。海洋是地表液態物質的最主要形式，占到地球水資源的96.53%左右，海水是多種化合物和陰陽離子的混合溶液，氧化氫（水）是主要成分，氯化鈉、氯化鎂和硫酸鈣的含量都很高。氯化鈉就是食鹽，所以海水是鹹的，氯化鎂給人以苦味，硫酸鈣是澀味，所以海水是又鹹又澀又苦的。海水不能直接飲用，如果用海水解渴相反會導致人體脫水，甚至會有中毒危險。海水不單是溶解了無以數計的無機化合物，還有超大量的有機化合物混雜其中，包含動植物的有機腐敗物質，以及無法計量的微生物。有一種合理的解釋是陸地動植物最初都來源於海洋。

地球陸地淡水約占水資源的 2.53%，陸地鹹水約占 0.94%。陸地淡水是所有陸生動植物維繫生命繁衍的重要資源，人類生存也離不開淡水。陸地淡水的主要來源是太陽蒸發海水產生雲，雲通過風帶的作用把水氣作為降水灑落到陸地上形成淡水，河流又把淡水回流到海洋，形成一種循環。陸地淡水也不是單一的氧化氫物質，也包含多種化合物和微量元素。首先，雨水就包含少量的二氧化硫、二氧化氮、二氧化碳等物質，也包含微量的臭氧分子；其次，岩石和土壤中的化合物也溶解在了其中；第三，有機化合物也因為雨水沖刷也混合在了一起，其中也包含動植物的有機腐敗物質；第四，大量的微生物也混入其中。

地球上數量最大的液態有機物是石油，其主要成分是各種烷烴、環烷烴、芳香烴的混合物。石油是一種深褐色或黑色粘稠的液體，主要儲存於地殼上層。地球上有機物的種類比無機物的種類要多很多倍，有機物多以液態形式存在，如醇類、醛類、苯類、乳類等為液態，部分脂類亦為液態。

氣態物質是地球上體積最大的物質。大氣環抱地球，厚度可達 1000 公里。大氣，即空氣，是由氮氣、氧氣、氬氣、二氧化碳、臭氧等與水汽和多種微小雜質的混合氣體。大氣又被稱作大氣層或大氣圈，完全包裹地球。在地表往上 17 公里內的大氣層叫做對流層，對流層是地表天氣變化的發生區域，在此區間內大氣上下對流，變化比較劇烈；離地表 10—50 公里範圍是平流層，因無大氣對流，少有氣流擾動，氣流水平緩慢運動，沒有水汽，天空晴朗。臭氧層位於 20—30 公里之間，可吸收太陽紫外線，是地球生命免受太陽紫外線及高能粒子襲擊的保護屏障；50—85 公里高度的大氣層稱為中間層，雖然空氣稀薄，由於中間層上冷下熱，仍然有對流運動；暖層，在 80—800 公里高度範圍，大氣密度約為地表的一百億分之一，溫度可達上千度。由於存在相當多的自由電子和離子，又叫電離層；外層大氣，即散逸層，處於 800—3000 公里高度，也可能更高，達 6000 公里。這裡的大氣密度約為地表的一億億分之一，極其稀薄，而且基本處於電離狀態。通常把高度 1000 公里以內的範圍稱作大氣層。

天然氣是地球上儲量僅次於大氣的氣態物質，主要存在於地下岩石中，是以烴為主體的混合氣體。天然氣主要成分為烷烴，其中甲烷占絕大多數，另有少量的乙烷、丙烷和丁烷，此外一般有硫化氫、二氧化碳、氮和水氣和少量一氧化碳及微量的稀有氣體，如氦和氬等。

火山噴出的氣體以水蒸氣為主，還含有二氧化碳、硫化氫、二氧化硫、氯化氫、一氧化碳等氣體。火山氣體不僅有毒，還會形成酸雨，造成動植物生命危害。動植物在腐敗的過程中會產生氨氣、硫化氫、甲烷、二氧化碳等有毒氣體。

輻射場態物質可謂是最為普遍存在的物質了，彌漫地球、太空乃至宇宙。

太陽光是地球上最主要的照明源，紅外線給大地帶來熱量和活力，紫外線促進植物生長，但是微生物不能忍受紫外線的照射，人類接觸過度的紫外線也會損害身體健康。宇宙射線無時無刻不在影響地球表面。宇宙射線有電磁輻射和高能粒子流兩種，電磁輻射主要有 X 射線、γ 射線和紫外線，高能粒子流主要有 a 粒子、電子和正電子、質子、中子、負介子和重離子等等。宇宙射線對人體有危害，還會對電力、通訊設備造成破壞。幸虧有大氣層的層層保護，減小了宇宙射線的破壞力。無線電波和微波也是常見的輻射場態物質。

等離子態物質在地球上也算常見，但規模不是很大，因為等離子態物質需要在特定的電離環境才能產生。高溫火焰、極光、流星的光帶是地球上可見的等離子態物質現象。在宇宙中，等離子態卻是非常普遍的物質存在。太陽就是一個比地球大一百多倍的等離子態物質體，太陽主要由氫和氦元素組成，中心溫度達 1500 萬度，表面溫度 6000 度。太陽的光和熱是由於核聚變而產生。在銀河系中大多數星體都像太陽一樣發光發熱，稱之為恒星，直徑比太陽還要大很多，也屬於等離子態物質體。

4. 各種形態物質之間的相互作用和關係

自然世界的各種形態的各種物質不會毫無關聯的靜靜的展示各自的存在，也就是說物質之間不會是割裂的、孤立的背離或拒絕相互的影響。物質之間的相互作用和關係其實非常複雜，甚至可以說仍然還有很多東西不被人類認識和瞭解。

a. 物體和物質都是一個系統。物質是一個系統，是不難理解的，不論是化合物還是單質，其組成元素之間以及各元素內部都處在穩定的運動狀態之中。水中的氫氧分子按照固定的比例搭配，一個氧原子結合兩個氫原子，結構穩定，如果不施加外力難以改變。氯化鈉、氧化鋁等等化合物也是這樣穩定的成為一體。各元素內部的原子核電子同樣是這樣，原子核匹配相應的若干電子穩定的運動。即使是離子和自由電子也在追求結合，不甘孤獨寂寞。系統性是物質的基本屬性。物質的系統性包含物質內部穩定的結構和穩定的多種內能和潛能。

物體是由某種物質集合而成或多種物質混合而成的整體。物體的各個組成部分或單元呈現一種穩定的結構或狀態，相互之間不衝突，都極力維持著統一的勢態，形成一個團結的系統，固體、液體、氣體都是這樣。花崗岩石頭質地堅硬，顏色斑斕，因為是由多種成分組成，主要有長石、雲母、石英等，還包含多種化合物。多種物質緊密的聯繫在一起，共同展示出花崗岩的堅實特性，各種物質之間必然有一種力的作用，形成一個系統，即花崗岩的整體特性。

b. 物質的組成部分和元素之間沒有主從關係。各種化合物之間，以及組成元素之間是獨立的、平等的結合關係，誰也離不開誰，離開誰都不能成為某種特定物質。不能說水分子中氫原子比氧原子重要，或氫原子支配氧原子，反之對於氧原子也是一樣。所有的化合物都是各元素平等的接納對方，共同努力體現物質特性。所有的混合物也是這樣，而且混合物還具有自動混合均勻的傾向。

c. 任何物質的形成和變化都有原因。大爆炸理論可以合理的解釋宇宙的形成原因，現代天文學也發現了宇宙膨脹的證據。當宇宙形成之初，自然界的 92 種元素也隨之產生，地球上的所有自然元素都產生於 150 億年前的大爆炸。46 億年前，地球脫離太陽系星雲變成一個獨立的火球，自然元素在高溫下燃燒，激烈的化學反應持續了 15 億年之久。隨著地球逐漸冷卻，表面漂浮的化合物慢慢越積越厚形成了地殼。隨著溫度降低，地球包括地殼的壓力越來越大，於是含有化合物的岩石形成，也釋放出大量的氣體，這就是地球上的原初物質。直至 18 世紀後期，人類才弄清楚氧化還原反應，才解開物質形成的謎紗，氧化還原反應是自然物質及其形態產生的主要原因。

但是，氧化還原反應不會平白無故發生，需要有四個基本條件：一是氧化物，二是還原物，三是二者要碰到一起，四是反應環境。在反應中得到電子的物質叫氧化物，失去電子的物質叫還原物，氧化物具有氧化性，本身得電子，被還原，發生還原反應；還原物具有還原性，本身失電子，被氧化，發生氧化反應。氧化還原反應有的需要點燃，有的需要高溫，有的在常溫中也會反應。木材可以由鬆軟的引火物點燃，因引火物與木材有相同的成分，主要由含碳、氫、氧元素的纖維素和木質素組成。其原理是：用少量的熱量（如火柴、閃電等）點燃引火物（引火物的燃點低），燃燒的引火物在空氣中與氧氣發生氧化反應並釋放出更大的熱量，可以引起更大的燃燒，於是木材被點燃，木材燃燒產生二氧化碳和水汽又釋放出更大的熱量引起更大的燃燒，進而可以導致整片森林被燒毀。這就是「星星之火可以燎原」的化學原理。

還有一種氧化還原反應需要在高溫下才能進行，如四氧化三鐵礦石（磁鐵礦）在 1600 度的溫度下加入一氧化碳後生成鐵的單質和二氧化碳，這也是煉鋼鐵的基本原理。純鐵（鐵的單質）在常溫下可以與空氣中的氧原子反應變成氧化鐵。金屬鈉在空氣中可以自燃發生氧化反應生成氧化鈉。

溫度的變化是物質形態變化的主要原因。水（含有雜質）在零度以下變成固體冰雪，在常溫下是液體，在高溫下變成氣體和離子態；幾乎所有的液態物質在高溫下變成氣態或離子態。電擊可以使氣體變成離子態，負氧離子發生器就是利用了這一原理。

生物化學反應在細胞中也是一種氧化還原反應，電子在蛋白質之間高速傳遞。光合作用就是植物把二氧化碳和水在陽光下生成碳水化合物並釋放氧氣，使得機體不斷長大，以儲存更多的化學能（來自於太陽能）。動物消化食物，食物在消化器官中低溫燃燒產生能量和營養物質，以供機體生長和運動。生物化學反應極其複雜，甚至還有很多秘密不被人知曉。

幾乎所有的氧化還原反應都難以逆向反應，有的甚至不可能逆反應。逆反應需要消耗大量的能量，水需要電解才能變成氫和氧，氧化鋁中獲取鋁金屬需要在高溫下電解，非常耗電。木材、煤炭等有機化合物在燃燒後是不可能逆向反應的，光合作用也不可逆，動物消化後的食物也不可能直接還原。

d、物質和物體之間的物理關係以力的方式產生作用。自然界存在四種基本的力，它們是萬有引力、電磁相互作用力、強相互作用力和弱相互作用力，自然萬物都是由這四種自然力構建起來的。地球上的物質和物體大多都被束縛在了地球上，石頭只能從山坡上滾下來而不能自行滾上去，植物不能無止境的長高，鳥類動物起飛都必須消耗能量，人類上樓梯就很費勁，而下樓梯就要輕鬆很多，一個人從床上滾下來很容易，但是爬上床就要費點力氣等等現象說明地球具有引力，克服引力是一件比較難的事情。地球上的能夠克服引力的物質還只有電磁波微粒，能克服引力的物體還只是人造的航天器。

引力之所以稱作萬有引力，是因為引力在宇宙中廣泛存在。太陽系就是一個依靠引力而運行的星體系統，在銀河系中像太陽系這樣的星系不計其數，銀河系也是靠引力維繫運行的超大星體系統。銀河系的恒星數量約為 1000 億個，而宇宙中又約有 30 億個銀河系，宇宙中星體的總數為 3 萬億億個之多，整個宇宙也是依賴引力維繫運行的超超超（說多了會口吃）大的星體系統。

在地球上的引力可以粗略歸結為重力，但是太陽系、銀河系乃至宇宙的引力就不是簡單的重力了。星體之間的引力是因為星體各自擁有質量，也就是物質的規模和密度。那麼地球上的引力也就不僅僅是地球造成的，而是各種、各個物質和物體與地球共同作用而產生的，也就是說物體與物體之間存在一種能量趨勢，或者說存在一種隱性的物質，把物質和物體維繫在了一起，這就可以解釋地球上不同的物質和物體具有不同的重量，這就是引力場。引力場作為一種特殊的物質已經被廣泛接受，只是這種物質的具體結構（如引力子）還不被發現。

我們在地面上可以走動，也可以跑動，還可以跳躍（許多動物也可以這樣，非洲獵豹還是跑動速度最快的動物），說明我們人類擁有強勁的肌肉用以釋放運動的能量（當然獵豹的肌肉更發達）。是不是擁有運動的能力就可以隨意移動呢？答案是否定的。物體移動必須要有一個自然前提，即摩擦力，是摩擦力與物體的驅動力的共同作用才能實現物體移動。我們走在冰面上，或者走在有油的地面，為什麼走不動呢？因為冰面和油面的摩擦力很小，形成不了向前的推進力。摩擦力與推進力共同作用驅動了物體運動，那什麼是摩擦力呢？摩擦力是阻礙物體運動或阻礙運動趨勢的力，摩擦力的方向與物體運動方向（或運動趨勢方向）相反。摩擦力阻礙運動才使得推進力成為可能，所以物體才得以運動，所以走在光滑的冰面和油面腳底就打滑，就難以走動。

摩擦力的微觀作用原理是電磁吸引力，當兩個物體貼在一起時物體中的原子核和電子相互吸引，產生電磁力。當物體移動時需要克服這種吸引力，就使得物體向移動相反的滑動（向後滑）受阻，所以才有可能前進。當摩擦力與推進力相等時，物體做勻速運動；當摩擦力小於推進力時，物體做加速運動；當摩擦力大於推進力時，物體做減速運動。彈力也是一種電磁力，彈力是物體內部原子核和電子受到壓力後原子核和電子相互排斥而形成的，彈力的作用是使物體恢復原狀。壓力和拉力也是電磁力。

電磁力是電磁相互作用的力。物質內部所有電子作同向自旋時，在電子的周圍產生引起隨其旋轉的能量，這個能量叫做磁力，電力（電子的旋轉力）與磁力相輔相成，所以統稱為電磁力。電磁力在自然界廣泛存在，光線作為電磁波和光子微粒（波粒二象性）是用電磁力的方式傳播的，無線電波也體現電磁力。前面所說的摩擦力、彈力、壓力、拉力也都是電磁力的表現形式。電磁力只有在微觀層面才能被正確的認識。

強相互作用力和弱相互作用力是繼量子力學發展後被人類認識的兩種基本核力。我們知道，原子核是由質子和中子組成，質子、中子又由夸克組成。在原子核內部有一種力克服了電磁力的強大排斥力，把質子和中子緊緊粘合為原子核，這種力其實是夸克之間的強大粘合力，這就是強相互作用力。許多物質在外觀上表現出來的堅硬的特性，如金剛石、鋼鐵、合金等等，都是強相互作用力的外在體現。弱相互作用力在自然界很難觀測到，屬於量子層面的力，是引起粒子放射性衰變的物理作用力。

4. 物質的本質。物質一直都是讓人燒腦的東西，什麼是物質，就不可避免的需要探求物質的狀態和結構。十九世紀和二十世紀有一種解釋大行其道，物質是存在，是客觀存在，意識可以能動的反映這個存在。但是，這種解釋好像只是在物質的門口外面打圈圈，沒有打開這張門向裡面窺探，更別說跨進這張門了。這種物質觀有兩大漏洞，一是，存在是否有存在者，二是，意識可以反映存在（不管是能動還是不能動）是不是一種存在。可喜的是，物理學家從未放棄對物質本身具體的探求，物質的結構一層層被揭示得越來越細，分子、原子、原子核、電子、質子、中子、夸克等等，展示出物質更多細微的內涵。人類在細微之處觀察物質結果驚訝的發現，當物質越分越細時物質消失了，只剩下了能量特徵——波動性和力的作用。物質在深入的認識中被降解了，實體變成了屬性，也就是能量，所以說物質的本質是能量。物質的存在性是人類認知和認識物質的被動無賴感，是人類賦予物質的一種性質。存在主義還具有詭辯的特性，能量也可以解釋為客觀存在，但是存在主義發現不了物質的能量本質。

三、自然的生命

1. 生命的起源和演變

現代科學技術不支持生命的創生說和宇來說。《聖經》中《舊約．創世紀》說上帝創造了天地，命令陸地和海洋生成，又命令水裡產生魚類、天空出現飛鳥，上帝用塵土造出了第一個男人——亞當，又從亞當的身上取一根肋骨造出了一個女人——夏娃。這是一種創生說，是人類對生命由來的一種想像。還有一種說法是地球上的生命來源於宇宙太空，認為生命的胚種來自宇宙其他星球，隨隕石或其他途徑偶然的降落到了地球上，成為地球生命的起點。這種宇來假說不能被現代科技認可，因為宇宙中不具備保存生命胚種的條件，沒有氧氣和液體水，溫度接近絕對零度，而且各種有害射線十分強烈。

西元 1953 年，美國芝加哥大學研究員斯丹利・米勒和哈樂德・尤里完成了關於生命起源的經典實驗——米勒・尤里實驗。在實驗中，他們模擬原始地球的自然環境，在無菌的裝置中發現了氨基酸、甘氨酸、醣類、脂質等組成生命體的有機小分子可以由無機物生成，這些物質是組成細胞的重要成分。這一經典的實驗證明了地球生命自生說是成立的。

1969 年中國的科學家用氨基酸成功合成牛胰島素（一種蛋白質），表明自然界完全具備由有機小分子聚合成有機大分子的可能性，為生命自生說和化學進化論提供了堅實的證明。

1936 年前蘇聯科學家伊萬諾維奇・奧巴林在他的著作《地球上生命的起源》一書中介紹了他的團聚體假說實驗，將蛋白質、多肽、核酸和多醣等放在合適的溶液中，它們能自動地濃縮聚集為分散的球狀小滴，這些小滴就是團聚體。團聚體可以表現出合成、分解、生長、生殖等生命現象。

目前人類還無法完成有機大分子轉化為原始生命的過程的實驗，因為這一過程極其漫長。但是，從澳大利亞西海岸的疊層石的發現，可以看到這一過程的痕跡。疊層石通過年代測定確定產生於 35 億年前，疊層石看起來像石頭，質地柔軟而帶粘性，上面佈滿了藍綠藻，是迄今發現的最古老的原始生命。

1967 年，美國科學家布萊克在黃石公園的熱泉中發現了大量的嗜熱微生物。1977 年，美國科學家克裡斯在太平洋底部的熱泉中發現了大量的嗜熱微生物。熱泉的溫度為 300 度，壓力為 200—300 個大氣壓，並含有大量的還原性氣體如硫化氫、甲烷、氫氣、一氧化碳等，其環境與太古代的地球環境極為相似。這些微生物就是原始細胞，具有異養或自養的特性。

地球上生命的形成主要幾個階段已經通過科學充分證明。從無機物到有機物、從有機小分子到有機大分子、從有機大分子到原始生命，說明地球的演變完全具備生命產生的可能性和現實性。距今 38 億年前，地球形成了相對穩定的陸地和海洋，此時在還原性氣體、高溫和液態水的作用下大量的有機單分子和有機大分子已經形成，在 35 億年前出現了原始生命。35 億年至 5.7 億年前的漫長時間裡，地球上的生命完成了細胞結構的變化和完善、有機高分子結構的排序組合、細胞團聚體的形成和演化、繁殖和裂變以及遺傳複製等等過程。此時的生命體以菌藻類、三葉蟲、腔腸動物為代表，為 5.7 億年前的寒武紀生物大爆發做了充分的準備。考古發現在寒武紀 5370 萬年中在海洋裡生長著大量的節肢動物、軟體動物、腕足動物和環節動物等，在寒武紀之前的地層中沒有發現過動物化石，所以被稱為寒武紀生物大爆發。在迄今 5 億年前的奧陶紀，海洋裡的魚類、軟體動物、鸚鵡螺、珊瑚等大量出現，並出現了陸地脊椎動物——淡水無顎魚。在 4.38 億年前的志留紀，植物藻類和蕨類從海洋登上了陸地，陸地植物出現。在 4.1 億年前的泥盤紀，陸生植物空前繁盛，兩棲動物出現，動物從海洋登上了陸地。在 3.55 億年前的石炭紀，陸地森林覆蓋大部分地表，巨型動物出現，如巨型蜘蛛、巨型馬陸、巨型蜻蜓等。在 2.99 億年前的二疊紀出現了生物大滅絕現象，95% 的海洋生物和 75% 的陸地生物被滅絕，其滅絕原因不詳，但滅絕現象為爬行類動物的出現鋪平了道路。在 2.5 億年前的三疊紀，爬行類動物——恐龍崛起。在 2.05 億年前的侏羅紀，恐龍群落發達，大型恐龍、飛龍和原始鳥出現。在 1.37 億年前的白堊紀，恐龍仍然是陸地上的霸主，此時昆蟲和鳥類出現。在白堊紀末期，地球又發生了一起生物大滅絕事件，所有的恐龍和大部分陸生動物被滅絕。距今 6600 萬年開始的新生代，地球歷史翻開了新篇章——陸生哺乳動物出現，恐龍的滅絕卻為哺乳動物的繁盛打開了大門。在新生代初期，所有哺乳動物的祖先出現，包括原始馬、原始象、古靈長目、古嚙齒目等等。距今 3500 萬年，高等靈長類動物出現，高等靈長類被動物分類學劃分為類人猿亞目，分布於亞歐和非洲的狹鼻猴被認為是古猿的祖先。1924 年在非洲發現的距今 440 萬年的南方古猿被科學認定為人類的祖先。距今 200 萬年前，南方古猿的一個分支——能人出現。距今 170 萬年前，能人的一個分支——直立人出現。距今 20 萬年前，直立人的一個分支——智人出現。距今 6 萬年前，現代人作為智人的後代通過遷徙的生活方式開始從非洲大陸遍佈地球的各個地方和角落。

2. 自然生命的形態

人類是幸運的，自然世界賜予了人類多彩的環境，也賜予了豐富的資源，還賜予了人類智性的天賦。人類也不辜負自然的贈與，運用頭腦克服了種種危難把群體和社會擴散到了地球的各個角落，生生不息，欣欣向榮。人類對自然世界的認識也隨著不斷擴展的與大自然的互動日漸深刻。人類給各種自然現象賦予名稱，賦予意義，自然世界也日漸清晰的展現在人類的腦海之中。早期人類對物質世界和生物世界的認識是片段式的，零散的，缺乏嚴謹的分類，而且認識上還以自我需求為導向，沒有觸及到事物的根本屬性。比如說，對某一植物的解釋會強調有沒有毒、味道怎麼樣、能做什麼用等等；對動物的解釋通常是某動物全身都是寶，肉可食用，皮毛都有用途等等。直到科學大力發展以後，人類才開始嚴謹的區別各種物種，分類學才向人類展示出萬千物種的區別與聯繫，人類對於物種認識才有了科學的架構體系。

三百多年前的林奈分類法把自然生物分為界、門、綱、目、屬、種六類。門隸於界，綱隸於門，目隸於綱，屬隸於目。並且給物種起了學名，統一了各物種的名稱。這就為物種分門別類的對號入座提供了便利而清晰的方法，林奈分類法一直沿用到現在。現代生物分類法在界的前面增加了域，在目和屬的中間增加了科，形成了更完善、更符合實際的域、界、門、綱、目、科、屬、種八個層級的生物分類體系。隨著科學研究的進展，分類層級不斷增加，附加次生層級，如總綱（超綱）、亞綱、次綱、總目（超目）、亞目、次目、總科（超科）、亞科等等。

根據現代生物分類法，域為最高等級，分為原核生物域和真核生物域，原核生物是一種無細胞核的單細胞生物，它們的細胞內沒有任何帶膜的細胞器。由原核細胞構成的生物稱為原核生物，包括細菌、藍藻、放線菌、支原體、衣原體、立克次氏體六大類。真核生物是指其細胞具有細胞核的生物的總稱。隸屬於真核生物域下包括原生生物界、真菌界、植物界和動物界。原生生物是由原核生物發展而來的有細胞核的單細胞生物，原生生物比原核生物更大、更複雜，有些原生生物可以借助光合作用製造養分。常見的原生生物包括纖毛蟲、變形蟲、瘧原蟲、粘菌、浮游生物、海藻，也有光自營的單細胞游動微生物，如眼蟲等。真菌是真核生物中的多細胞生物，營養方式為異養，廣泛分布於全球各洲的土壤、水體、動植物及其殘骸和空氣中。真菌既是一種豐富的自然資源，可以食用（如蘑菇，靈芝等），可以製藥（如青黴素），也可以導致疾病，如皮炎、消化道炎症等等。真菌與原生生物、原核生物是不一樣的物種，真菌不是細菌。真菌界下設真菌門和黏菌門，目前確認的真菌有一萬屬 12 萬餘種。

植物界是指含有多細胞或複合細胞的能進行光合作用、自養製造有機物的生物類別總稱。植物一般都不能自行移動位置，被固定在了特定的環境和土壤之中。植物界下設 16 個門，22 個綱，上千個目，幾千個科，上萬個屬，種數在 35—50 萬個之間。植物是一個龐大的生物種群，從苔蘚、地衣，到藻類、蕨類，到灌木、大樹，植物遍佈地球的各個角落，包括海底。如此龐大的植物種類和無以數計的植物個體令人眼花繚亂，各種植物的形態各異，枝葉、莖稈、根系差別細膩，千變萬化，如果沒有系統的分類方法還真無法分辨彼此。有了這種科學的分類方法我們就可以對任一一個植物在龐大的種類中辨析其具體的種類。比方說，小麥，屬於植物界、被子植物門、單子葉植物綱、穎花亞綱、禾本目、禾本科、小麥屬、小麥；樟樹，屬於植物界、被子植物門、雙子葉植物綱、原始花被亞綱、毛莨目、常綠大喬木亞目、樟科、樟亞科、樟屬、樟樹。所有的植物種類或個體都不會在概念上、在屬性上與其他種類或個體產生粘合效應，使得人類對植物的認識更精准。

動物界已知的種類多達 150 多萬種，分為 42 門，70 綱，350 目，上千科，上萬屬，比植物的種類大幾倍。動物可分成無脊椎動物和脊椎動物兩大類，無脊椎動物包括軟體類、甲殼類、節肢類等等，脊椎動物有鳥類、爬行類、兩栖類、哺乳類、魚類等等。動物最能體現生物多樣性，光是無脊椎動物就多達 130 萬種。各種類動物之間的形態和習性不盡相同，身體構造和機能也不完全一樣。動物與植物的區別不僅僅在於能夠自行移動，動物不具有把無機物轉化為有機物的能力，所以動物只能異養不能自養，動物雖然也屬於真核多細胞生物，但是動物演化出了多細胞組織——器官，使得動物具有了生理功能。動物能夠自行移動，這就使得主動覓食成為可能，就可以吃到更多更雜的食材，也為動物中一些物種快速進化提供了機會。動物的自行移動發展出了各種各樣的行為，可走、可跳、可跑或可飛，為絢麗繽紛的大自然增添了無窮的活力。動物的交配行為主動而高效率，通過性選擇可以使得種性更為強大，基因更加優良。動物界可謂是大自然的精靈，而人類則更是動物界的出類拔萃的佼佼者。生物分類學把人類劃歸為動物界、脊索動物門、脊索動物亞門、哺乳綱、獸亞綱、靈長目、簡鼻猴亞目、人科、人屬、人種。人類既屬於動物，又有別於動物，筆者將另闢專文來敘述。

自然生命的形態光從物種上講，就有幾百萬種之多。如果從各個生命體的儀態、外觀、特性、行為、生理以及生命週期的各種狀態上看的話，自然生命的形態可謂是無窮，難以言表。

3. 自然生命的基本事實

第一、生命起源於微小的形式

從目前人類的知識水準來看，生命起源於有機小分子和有機大分子毋容置疑。有機小分子的尺寸為 0.26—0.367 納米，有機大分子的尺寸是 3 納米左右，1 納米等於百萬分之一毫米。一般的細胞尺寸為 10—20 微米，1 微米是千分之一毫米。這些尺寸都遠低於人類肉眼可分辨的範圍，可見生命起源的形式是極其微小的，組成生命的基本單位也是極其微小的。

第二、生命起源於恰當的能量環境

在地球太古代以前，地球表面因為溫度極高和環境極為惡劣，生命無法形成。在太古代，由於地表開始相對冷卻，溫度在 60 至 500 度左右，地表水形成，且原始氣體環境裡有機小分子緩慢形成。這樣的環境裡，地球的一切仍然包含恰當的高能量。現代科技的研究發現，宇宙中溫度極低的地方，雖然有水的存在，但是能量環境不理想，也沒有生命起源的跡象。

第三、生命展示能量和消耗能量

生命一旦形成，就體現出「自動」的特性，生命一開始就不安份於靜止。西元 1675 年荷蘭科學家列文虎克通過顯微鏡發現了一杯雨水中有微小物體在蠕動，其數量比荷蘭當時的人口還要多出許多倍，這是人類第一次親眼看見細菌、病毒、真菌的模樣。微生物學研究發現微生物具有生長、繁殖、進食、死亡等特性。藻類植物和苔癬植物同樣也具有繁殖能力，這些微植物吸收水中的有機營養，也具有生長和死亡的特性。在顯微鏡下，微植物不是完全靜止的，有明顯的能量衝動體現。植物從胚芽到成型狀態都有從小到大的生長變化的過程，植物從繁殖，到果實成熟，到果實長出胚芽，從形態到質量，是不斷變化的，這些變化是人類可以親眼所見的。植物運動是普遍的現象，按照不同的理解和意義有不同的運動類型，如原生質運動、膨壓運動、生長運動等；由外界刺激產生的運動有趨向運動、向性運動、感性運動。動物的自動性更是人類十分熟悉的，從動物的行走、奔跑、咀嚼、生殖等等無不體現動物的能量。人類使用馬匹和耕牛就是使用牠們所釋放的能量。所有生命體通過「自動」展示能量，同時也消耗能量。

生命體展示能量和消耗能量以後如果不能補充能量，必然會能量耗盡而亡。所以，所有的生命體必須根據能量耗費程度及時補充能量，這就是生命體的進食和休養。所有的生命體的食物營養都是為了能量補給而攝取的。

第四、生命體是由多種成分和多重系統組成的複合結構生命體不是一個單一體，不是一塊由簡單結構組成的大石頭。生命體從基礎化學角度看包含了一百多種基本元素，如碳、氧、氫、氮、鐵、鈣、鎂等等；從生物化學角度看包含了氨基酸、蛋白質、核酸、脂質、醣、維生素等有機物；生命體還包含細胞、組織、器官、系統等結構；生命體還包含遺傳物質 DNA 和 RNA，遺傳物質包含豐富的生命自然信息。生命體還利用高能聚合物獲取能量。

細胞經過分化形成不同形態和功能細胞群，這就是組織，有表皮組織、肌肉組織、神經組織等等；不同的組織分擔生命體內的不同作用就形成了器官，有心臟、肺臟、肝臟、腎臟、脾臟等等；各種細胞、組織和器官相互密切聯繫、分工運作，就形成了系統，如血液循環系統、消化系統、呼吸系統、泌尿系統等等。所以說，生命體從生物學角度看是一個非常複雜的複合系統結構。

地球上所有的生命體在分類學角度，在化學成分上和組織結構上存在高度一致性。

第五、每個生命體是一種鏈條長河

從生物分類學、遺傳學和生物進化論來看，現今所有的生命體都不是突然出現的，都有一個從原核生命、真核生命，到生物界、生物門、生物綱、生物目、生物科、生物屬，再到生物種、生物類的變化過程，這個過程歷經 35 億年的漫長的遺傳變異和進化。如果把現今地球上所有生命種類的這一變化過程繪製成一個聯繫圖，我們可以看到一個複雜的生命樹圖景。如果把某個生命體的遺傳變化路徑，包括家族遺傳系譜，我們可以得到一個跨越 35 億年的長長的複雜的鏈條。把地球上所有的生命的這種鏈條放在一起，會形成極其複雜的生命譜系圖景，會形成如同銀河系一樣的璀璨的河流。從漫長歷史角度來看，每個生命體都是包含不同遺傳變異和進化時期的所有祖先的特徵的長河。

第六、生命以個體存在為前提

縱觀和橫觀自然世界的生命，我們能看到的、能感受到的生命都是個體的，我們不能看到和感受到生命群體的獨立於個體的整體。我們可以看到大小幾微米的微生物個體，我們看不到所有微生物的整體；我們可以看見鬱鬱蔥蔥的森林和挺拔的植物個體，我們無法看見所有植物的整體；我們還可以看見或飛、或爬、或跑的動物群體和動物個體，我們看不見所有動物的整體。我們甚至也看不見任何生命種或類的整體。群體，是個體的集合，沒有個體無所謂群體，群體根本不是整體，因為「整體」是人類自己賦予的一個觀念。只有生命個體才具有整體性，如哺乳動物是由頭部、軀體、肢體、內臟、骨骼、皮毛等等組成的整體，而且這個整體不可拆分。生命個體組成的群體不論規模大小不具有整體性，生命個體組成的群體可以拆分，其拆分的底線是每個個體。所以說，生命以個體存在為前提。

第七、生命挑戰環境

自從 40 億年前的海洋古細菌和 35 億年前的海洋藍藻誕生以來，生命就從未停止過對環境的征服和改善。隨著地球溫度的降低，10 億年以前，古細菌和藍藻爬上了貧瘠荒涼的陸地，開墾出了早期的地球大氣。5.5 億年前，海洋裡生物物種大爆發。在 4.5 億年前，海洋生物爬上陸地，出現了陸生植物和動物。特別值得一提的是，古海洋生物爬上陸地面臨的是極度不適應生存的環境，肯定相當多的生物前輩們死在了極度荒涼之中，但是憑藉它們的某種不屈不撓的精神，最終大量的生物戰勝了環境，在陸地生根開花、繁衍生息。在植物的化合作用下和原核生物、原生生物及真菌的新陳代謝機能的作用下，地球表面產生了劃時代的變化——大氣形成。地球大氣的出現是生物群體改善環境的有力證明。還特別值得一提的是，兩億年以前恐龍占據了地球上動物們的絕對生存空間，但是哺乳動物的祖先們頑強的在狹縫中生存了 1.5 億年，直到五千萬年前恐龍滅絕才得以種群壯大，一千萬年前哺乳動物最終取代恐龍成為地球動物的霸主。鳥類為了爭得生存的一席之地竟然演化出了飛行的能力，在哺乳動物強勢的環境中仍然種群壯大。

我們不難發現在南極、北極的冰蓋高原上生活著許多忍耐極度嚴寒（零下 70 度）的生命；在喜馬拉雅山上海拔 4500 米以上生長著眾多耐寒、耐缺氧的植物和動物；在撒哈拉極度乾旱的沙漠裡生存著無數的耐旱動植物；在太平洋深處（6500 米以下）的熱泉裡生存著的耐高溫、高壓的微生物，以及深海裡眾多的魚類。這些生命「練就」了超凡的生存策略，展示出生命頑強的精神。

在地球歷史上多次的地理和環境急驟變化導致的物種大滅絕事件裡，總有一些生命頑強的存活下來，發展成為現今豐富多樣的自然景觀。在地球第二紀時，印度板塊北移喜馬拉雅山脈隆起的地質變化過程中，非洲的動植物更是體現了應變的超凡能力，更是體現出物種生生不息。

人類的足跡已經遍佈地球的各個角落。在太平洋洋面深處，在喜馬拉雅山脈，在極地冰蓋上，以及在太空無氧、失重、高輻射環境中，人類借助科技展現了其他生命無法實現的適應和挑戰自然環境的能力。

35 億年磨難練就的有機小分子和有機多分子肌體，以頑強的生命力戰勝了無數的環境挑戰，不斷存活、發展、壯大。我們不得不為自然生命的偉大精神而感歎、折服。

第八、自我是生命的保障

生命體可以沒有自我概念，也可以沒有自我意識，但不能沒有自我。自我，是生命體自發的內滿足機制，是生命個體自由意志內指向性的一個內核，表現為生命體自行進食和自行感受、判斷的機能。沒有自我，生命體無法吃下東西以維持能量需要。絕對的自我，造就絕對的生存。生命體的利他意識和行為本質上也是絕對的利己使然。為了自我生存得更好，或者為了在危難中自我也能生存，生命體發展出了利他意識和行為。絕對的利他是不可能的和不存在的。沒有自我，生命將不復存在。

自我意識造就主動的行為。生命體在生存上常常處於資源供給的被動中，食物和乾淨水不會出現在嘴邊，需要尋找；天氣和氣候不會時時如意，需要克服其不利影響。於是，主動性行為產生，有效地克服了被動的不利影響，使得生存和進化成為可能。

第九、生命以獨立體為存在形式

生命自產生時起就有一種防止其他物質和生命體入侵而損害自我的傾向。所有的生命體都以一定範圍規定了自己，以區別於其他事物，而且在這個範圍的外緣設置了屏障對自我進行維護和保護，於是，膜，殼、皮產生。這些膜、殼、皮把自我包裹，並把外界隔絕開來，在這些膜、殼、皮以內（包括膜、殼、皮）各種機制和機能暢通無阻，這樣，生命的獨立體形成。每個生命都成為了一個獨立體，任何同種類生命個體都不能（不可能）侵入到其他生命個體內部，這似乎是自然世界最原始的平等現象。經過觀察研究，人類找不到非獨立體的生命存在形式。生命是指生命個體的整體，不是生命體的某個部分。

第十、群落是高等生命繁衍的根本模式

生命的繁衍有無性繁殖和有性繁殖兩種，生命從原核生物階段就已經開始分化這兩種繁殖方式。無性繁殖方式有相對小的優點和相當大的缺點，其優點是能保持母體的特性，繁殖時間短；其缺點是難以產生變異以適應環境，繁殖數量少，其最大的缺點是容易滅種。現今絕大多數物種都是有性繁殖，有性繁殖是自然生命最高效、最成功的繁殖方式，有性繁殖的優缺點正好與無性繁殖的相反。有性繁殖，是指雄性和雌性生命體性種相碰的繁殖方式。有性繁殖包含雌雄同體繁殖和雌雄異體繁殖兩種。雌雄同體皆為低等級生命，高等生命全都是雌雄異體。雄性與雌性為不同的生命獨立個體時，其繁殖數量和繁殖次數都要大一些，更有利於種群繁衍。高等生命，多群居生活，雄性個體與雌性個體常在一起進食和遷徙，以增加交配的機會和方便照顧幼崽。靈長類動物是最高等哺乳動物，其族群大小比草原食草動物要少得多。草原食草動物的群體數量一般為幾十萬到一百多萬頭個體，而靈長類動物的群體一般不會超過兩百隻個體。繁衍意味著種群的延續，高等生命採取群居方式就能夠保證種群生生不息。

第十一、群落化是生命的安全需要

群落化不同於社會化，只有人類實現了社會化，而且是大社會化。群落化，是指同種類的不同生命個體成群結隊的生活在一起或者分佈在同一個區域。群落化的動物把幼崽安插在群體中間，以保護幼崽不受掠食者傷害；而且相同的種群在一起還可以起到掠食者難以各個擊破的優勢，掠食者難以確定準確的攻擊目標；同時種群的每個個體可以相互照應，及時獲取掠食者的訊息；群落化的生命以數量取勝，就算是少數或部分個體被掠食者殺死，仍然不妨礙種群的繁衍。因為種群之間是互不相食的，所以群落化可以滿足一定的安全需要。群落化是一種有效的生命種群生存安全性原則。

第十二、由低級到高級是生命發展的趨勢

從生命起源及其演化過程來看，所有的生命都是由祖先、遠古祖先和原始祖先經過漫長歲月逐步演化而來的。生命體的各個方面的能力都比這些祖先有著更大的優勢，從行走方式、敏捷程度、進食方式、食物消化方式、交配繁衍方式到種群規模等等都有較大的進步，這也是進化論命題根本所在，種類繁多的哺乳動物、昆蟲、鳥類等等物種的演變、進化過程就是很好的證明。所有的生命都是從低級到高級發展而來的，這是自然世界的普遍規律。生命由低級到高級的發展規律不可逆轉，人類還沒有發現過生命有高級再變化為低級的任何現象。但是，有的生命發展到一定程度會長時間停滯進化，比如說蛇類有 1—2 億年沒有進化，鯊魚有 3—4 億年沒有變化，也許是它們適應了環境已經進化成功，較長時間沒必要再進化，或者進化及其緩慢的原因所致。

第十三、自我完善是生命發展的根本

自然世界裡任何生命的演變和進化都是在生命體內部完成的，沒有外部植入的任何跡象。從原核生物到真核生物，從原始細胞到細胞團聚體，從原始軟體動物到陸生動物，生命體無時不體現內需求的衝動。這種衝動促使生命體在形體上、在行動上、在能量攝取上、在繁殖方式上都與所處環境保持高度一致，並隨環境變化不斷地進行修整。生命的自我完善主要有化學形式和物理形式兩種。內需求衝動引起化學形式的變化，化學形式變化引起物理形式變化。生命體由微小的形體演變成巨大的形體，微量的能量攝取到巨大的能量攝取，蠕動方式到飛速奔跑等等，都是這些化學變化和物理變化的結果。但是也有例外，如太平洋底的嗜熱菌、病毒等少數生命幾十億年來沒有根本變化。沒有變化的生命多是些微生物，其他生命形式無不在變化之中。生命離開自我完善就不可能發生任何的發展和進化，生命也不可能停止自我完善，除非自然環境不再變化。

第十四、自然競爭使生命個體和種群更加強大

生命的自我完善必然引發競爭。每個生命都有自我與環境保持高度一致的需求和衝動，必然會導致生命體之間在獲取食物源機會、進食過程、繁殖機遇等等的比拼，特別是自然資源存在不平衡和差異的情況下，自然性競爭由此展開，而且自然性競爭無時無刻不在進行之中。自然性競爭有兩個表現形式，一是同物種之間的競爭，二是不同物種之間的競爭。

同物種之間的競爭主要表現在活動地盤的占領和爭奪、最佳進食機會的占取和交配權的爭奪。動物個體或種群占領地盤對其他動物的排斥，只對於同類物種有效。每個非洲獅群都占領一個地盤和勢力範圍，雄獅用氣味標明地盤的界限，這個地盤和勢力範圍主要對其他獅群有效；孟加拉虎也有用氣味標注地盤和勢力範圍的行為，一般情況下其他老虎不會隨意入侵這個地盤；非洲黑猩猩也有地盤和勢力範圍的做法等等，幾乎所有的哺乳動物、昆蟲、鳥類都有劃定地盤和勢力範圍的行為。動物們為了爭奪地盤的拼搶是非常血腥的，往往以受傷者離開或死亡為結局。同一種群個體之間的進食過程的競爭也是很激烈的，非洲雄獅總能憑藉力量吃到獵物最好的部位；北美狼群首領總是優先吃到獵物和吃到最好的部位，它們在每次進食過程中都有拼搶和較量。動物雄性為

了爭奪交配機會和交配權也是不惜血腥打鬥。雄性非洲河馬、北美野牛、美洲海獅、歐洲野馬、亞洲象等等動物都為爭奪交配對象大打出手，失敗者往往身受重傷或死亡，勝利者總是把最強壯、最勇猛的基因傳給了下一代。

不同物種之間的競爭主要表現在對獵物的追殺和反抗獵殺、偷取和搶奪食物。獵豹與瞪羚的獵殺與反獵殺的競技是典型的軍備競賽，獵豹的奔跑速度可達 90 公里 / 小時，從靜止到這個速度的加速時間只需 4—5 秒鐘，瞪羚的最高時速為 80 公里 / 小時有著非常靈活的轉彎性能。獵豹高速奔跑只能維持 2—3 分鐘，瞪羚卻有著很好的耐力。獵豹捕殺瞪羚的成功概率只有 1/10，瞪羚的逃脫機率遠高於獵豹追擊。瞪羚還進化出超級防範策略，瞪羚的幼崽在出生時沒有任何氣味，非常有效的抵禦了被獵殺。非洲鬣狗經常偷取和搶奪獅群的食物，鬣狗採取群體戰略往往能使獅子棄食而逃。

自然性競爭的範例太多，不勝枚舉。競爭的結果是，生命個體不斷強壯和強大，進而種群也隨之更加強壯和強大。

第十五、生命體是一個全自動的體系

生命體從形成的一開始就具有內需求衝動特性，體現出能量攝取、代謝、生長、繁殖、反應、運動、行為、自修復等等現象。任何生命都發展出複雜的內部系統來滿足攝取食物、排除毒素、防治疾病、提供各器官營養、抵禦外來侵害、推進系統改良等等功能的需要。這些功能需要形成了許多的生命體內的分系統，如代謝系統、內分泌系統、神經系統、消化系統、能量供給系統、血液循環系統、供氧系統、生殖系統、免疫系統等等。各個分系統分工合作，既緊密聯繫又分別運作，形成了生命體的整體大系統。無論是生命大系統還是各個分系統都是在默默地、悄無聲息的狀態下運行，在正常的情況下不需要意識和意志的參與。各種系統的運作極其精密，恰到好處的維護著生命本體。在非正常的情況下，如過度疲勞、食物攝取過多、疾病侵害、物理傷害、衰老等，各種系統會做出自動反應，並觸發意識感覺，提請生命主體注意。

人類是最能感受到生命各種系統全自動運行的生命主體。我們吃下食物以後，消化過程就不要管了，交給了消化系統自動處理；我們本能的呼吸空氣，氧氣經肺臟輸送到血液，再輸送到各個器官，交給了呼吸系統和血液循環系統自動運行；我們體內的內分泌系統在我們完全不知不覺中調整身體的代謝平衡和生殖所需物質；我們體內的免疫系統也是在我們完全不知不覺中幫助身體抵禦病毒的侵害，保障我們的身體健康；當我們受到外部傷害時皮肉外組織被損壞，我們的自我修復系統自動自發的幫助我們修復，我們可以看見傷口日漸癒合直至完全康復等等。也許只有人類才能感受到生命體系的全自動運行的特性。

第十六、合目的是生命衝動的方向

合目的（也稱為合目的性），是生命體及其各個內部系統在沒有意識和意志參與的情況下為了什麼而進行的需求衝動、功能滿足的自然現象。樹木枝葉向上生長是為了獲得更多的陽光，樹木根莖向下生長是為了吸收更多的養分，這就是一種合目的性；還有，肉食動物為了捕食而長成的犬齒；哺乳動物為了哺育幼崽而形成的乳腺、乳房、乳頭及乳汁；植物為了支撐軀幹而形成的纖維；動物為支撐軀體而形成的骨骼（包括內骨骼和外骨骼）；動植物為了輸送養分而形成的供給系統等等。合目的性在有機生物和生命現象中無時無處不體現，也是自然生命最為普遍的生存和發展規律。在生命的演化和進化過程中，合目的也起到了決定性作用，合目的性體現為有機生物體和生命體為了與自然環境保持高度一致的適應性，是生命內衝動的主要方向。

第十七、單個生命和物種有消亡現象，而生命現象是永恆的

任何生命個體都存在出生、成長、興盛、衰老、死亡的現象。對於生命個體，生命是一個過程，其結果都一樣。在這個層面上說，生命的意義就是過程的意義。

現代考古學和古生物學發現，地球上曾出現過多次的生物和生命滅絕事件，但是每次滅絕事件過後都出現了生命形式和生命種類更加繁多和高級的現象。這充分說明，生命一旦形成，其演化過程不可逆轉，也就是說生命不可能再回到從有機多分子到有機小分子到無機小分子的狀態，生命現象必定會生生不息。即使若干億年後地球消亡，人類等高智慧生命也將會把生命火種撒播到宇宙的任何可能的地方，生命將會永遠的延續。

第十八、生命體並不完美，存在各種缺陷

雖然生命體進化出了許多卓越的特性，但是仍然存在許多的缺陷。幾乎所有的生命體只適應一種或者少數幾種生存環境，對溫度、濕度、光線、水深度、空氣氧含量和特定的食物源有著比較苛刻的要求，所以很多生命物種經常面臨嚴峻的生存威脅。植物不能移動，只能依靠風力和動物來傳播花粉和種子，植

物在花粉和種子的產量上彌補了這一缺陷。動物的眼睛長在了頭部的前面，對身後的突發情況缺乏快速反應。草食動物都長著長脖子，在被掠食者捕殺時非常容易被咬住喉管而窒息。蛇皮不能與身體一起長大，所以必須經常蛻去舊皮。獵豹是陸地上奔跑速度最快的動物，但是高速奔跑也快速消耗肌肉能量，心臟難以提供肌肉所需的氧氣，並且體溫升高，所以獵豹必須在 3 分鐘以內成功捕獵，不然只能放棄追捕而餓肚子。老虎雖然身強力大勇猛無比，但是老虎害怕山雀的糞便，只要粘上一點虎皮就潰爛不止。熊號稱為動物界的大力士，但是熊的鼻子很脆弱，只要被猛擊一下就立馬暈倒。老鷹堪稱空中霸王，俯衝攻擊非常兇猛，但是走在地面上的老鷹體態笨拙沒有什麼攻擊性。冷血動物對食物的消化速度很慢，消化效率很高，不需要非常頻繁的捕食，但是冷血動物生長也很緩慢。與之相反，溫血動物的消化速度就要快很多，需要每天頻繁的覓食，消化的效率要低一些，總有 60% 左右的食物來不及消化而被排泄掉，但是溫血動物的生長速度很快。

可以說沒有哪個生命物種沒有缺陷，人類也是一樣。生命的缺陷構成了大自然的完美。

四、自然的屬性

大自然是人類共同的老師，人類的所有認識必然來自於大自然。只是大自然這位老師高深莫測，從不以世俗的語言和通俗的方式來教化人類。大自然似乎毫無保留的展示出它的種種現象，但是卻又保留的隱藏著現象後面的原因。以致於人類在閱讀大自然時不可避免的產生各種各樣的偏差，可悲的是，這些偏差還給人以正確感，使得許多人不能自拔。

比方說，自然世界的物質和生命群體的整體感，就是人類誤讀自然的一個反映。唯物主義是導致這種錯覺的主要原因。唯物主義者總覺得普遍一致的狀態或特性構成一個整體，如某種生物的群體在生存、活動的過程中總是體現出出奇的一致性，這種「統一」的一致性就是整體性。他們認為人類及其社會就是由「統一」的「整體」而構成，所以，國家就是這個統一的整體的象徵，這的確是集體主義盛行的思想基礎。

事物的規律性也會給人以困惑。白晝與黑夜的更替、一年四季（或兩季）的循環、熱氣上升、水往低處流等等自然現象總是給人以規律感，規律似乎就是那位隱藏在現象後面的魔術大師，把握了規律似乎就可以「無往而不勝」。於是，就有人把所謂的規律應用到了人類社會的方方面面，不需要質疑，也不需要驗證，武斷的「按規律辦事」，美其言為「按照客觀規律辦事」，即使錯誤百出也不能醒悟。人類對社會的規律性總結和應用是教訓慘痛和深刻的。

像這種整體性和規律性的認識應該是屬於人類對自然屬性的認識了。人類的認識不會侷限於自然事物的外觀形態和內部結構機能，會對自然世界比較根本性的東西進行反映。幾乎每一個心智正常的人類個體都會產生自然屬性的認知，不然的話，整體性和規律性的觀念不會有廣泛的社會基礎，也就是說不會說服人們服從。

每個人看待的自然世界是不完全一樣，是不是自然現象具有某種善變的特性，在不同的人面前展示得不一樣呢？答案應該是否定的。自然現象是無差別的、平等的展示於每個人面前，造成認識的差異性只能是認識主體自己的原因所導致。他們的學識、觀察的角度和時機、思考分析能力才是認識差異的原因。人人都有產生自然屬性的認知，我們沒有必要躲藏在某種理論體系後面默不出聲。

筆者經過多年的觀察、研究和思考總結出了以下幾點自然屬性：

1. 空間是自然的第一屬性

自然世界的空間必定是一個哲學範疇。在這裡，空間不是存放物體的房間大小，也不是電腦裡存放文件量的大小，也不是任由人的思緒穿行的思想空間。空間是無所不包、無所不在的無界永在。宇宙爆炸理論可以解釋宇宙物質的成因和變化趨勢，但是宇宙爆炸理論解釋不了空間的形成。宇宙由奇點開始爆炸，奇點本身就是一個空間概念，說明宇宙處在奇點時已經存在空間，大爆炸發生的那一剎那物質元素就在既定的空間裡飛速擴散，也就是說空間是脫離物質而存在的。空間的存在才使得物質的存在成為可能，物質的存在才會有意義，物質才能被人類感知和認識。所以說，空間不是以物質相關聯的概念，空間是「弦」的運動維度，空間是超越四維的多維存在，空間把能量都納入其中。

空間可以包含無限小的事物，也可以包含無限大的宇宙。空間沒有形態，但可以包含各種物質形態；空間沒有運動，但可以包含所有的物質運動；空間沒有始終，但可以包含所有事物的始終；空間沒有溫度，但可以包含絕對的高溫和絕對的低溫。空間是絕對的大和絕對的小；空間是絕對的空。空間，人類看不見，摸不著，但可以感受。空間賦予物質以意義，空間使得物質運動成為可能。空間是絕對的存在。所以說，空間是自然的第一屬性。

2. 連續性是自然的第二屬性

自然世界沒有間隔和跳躍，自然世界的一切都有一種嚴密的、絕對的連續性。從空間上看，空間不存在任何無窮小的漏洞和間隔，空間是絕對的連續；從物質的運動上看，任何運動是連貫的、連續的，無任何漏洞和間隔；從事物的發展上看，任何發展也是連貫的、連續的，無任何漏洞和間隔。連續性從屬於空間屬性，離開空間的連續性不存在。光線似乎具有間隔性，光子一個一個的運動作用於視覺神經，但是每一個光子的運動軌跡是連續的。聲波似乎也具有間隔性，波峰與波峰之間、波谷與波谷之間還具有脈衝性，但是，每個波峰到波谷再到波峰、波谷的頻率循環軌跡是連續的。

自然生命從誕生之日起即體現出流轉、流變的特性，新生與死亡構成了生命的歷史長河，在這個過程中生命展現出驚人的綿延軌跡，即連續性。生命至今從未中斷和間隔，是一種均勻的延續，雖然期間有物種的消亡，但是延續至今的物種都未曾消失過分毫的間隔。自然生命在連續性的序列中並不始終處於同質化的狀態，在綿延中的任一小的片段中都是異質的。這種異質只發生在生命體的內部，所以，生命體不可預測。人類社會的綿延也體現出這種連續性，無間斷的異質化軌跡構成人類社會的歷史，從任何任一小的片段看都與前一片段有所不同。這也不難理解了為什麼自然規律在人類社會的應用總是失效及其原因。

時間必須與物質相聯繫，否則時間沒有意義。我們的時間是與地球及自轉公轉運行規律密切相連的，所以時間就有了「節律」現象，即各種時間單位（秒分時天月年）。時間不可以絕對無窮小，因為無窮小的時間節律無意義，無窮小的時間節律也不存在。所以，時間並不具有連續性，時間與空間並不同質，空間可以超脫物質而存在，而時間不能脫離物質。這不禁讓人懷疑，時間真實存在嗎？與我們息息相關的時間會不會是人類產生的一種錯覺？而真正的時間也許就是自然世界的連續性，人類為了生活方便才發明出了時間的概念。

3. 偶然性是自然的第三屬性

自然世界是如何產生的？物質運動是如何可能的？事物發展的動因是什麼？要回答這些問題，我們會面對偶然性和必然性問題。如果自然世界充斥著必然，那麼必然的驅動力是什麼？浩渺的宇宙、億萬顆星球是什麼力量設計、建造的？星球的自轉和衛星的繞轉是什麼力量撥動的？炙熱的恒星是誰，用什麼點燃的？地球上的地震是如何產生的？風暴是如何形成的？生命演變和進化的推動力是什麼？眾多的疑問無法從現實的、可感知的顯力量中得以回答。那麼，必然性無法獲得支撐。

從現代人出現和個體人出生來看，自然世界的一切是既定的。難道既定的就是必然的嗎？現代科技已經充分證明太陽系的形成具有偶然性，地球和月球的形成也具有偶然性。我們可以發現地球上的一切都是那麼的偶然。原始地塊的漂移是偶然發生的；山脈是造山運動偶然產生的；地震是偶然的；風暴也是偶然的；生命的產生是偶然的；生命體的異質化是偶然的。人類社會也充斥著偶然性，人與人交往是偶然的；人的懷孕是偶然的；社會組織的產生是偶然的；人的財富獲取機會是偶然的。人類社會一直都是在不確定中發展變化。

偶然是自然世界的起點，物質和事物的發展變化是一連串的偶然鏈條。任何偶然產生的結果都具有既定性，這種既定性貌似是必然，但本質上是偶然的。

4. 運動性是自然的第四屬性

偶然性產生運動。物質和事物在不恒定和不確定中必然產生運動，必然產生於偶然，絕對的偶然產生絕對的運動。自然世界萬事萬物無不處在運動之中，恒星的燃燒是運動的結果；星球的轉動更是一種運動；地球的內部湧動著力量；地殼、地表在上下前後移動；空氣和水無時無刻不在流動；微觀世界也不是靜止不動的；動物就是因為動而得名；植物從小到大在生長運動；人類社會在需求和滿足之間不停地運動變化。縱觀和橫觀自然世界的一切沒有完全的靜止，靜止是相對的，運動是絕對的。

運動性的載體不可能僅僅是物質，在物質運動的背後，能量起著誘導、推動、激化的作用。能量的湧動也是一種運動，而且是物質運動的根源。我們所見到的宏觀顯運動，如機械運動、物理運動、化學運動、生物運動、社會運動都是微觀運動的集中體現。分子內的運動、原子內的運動以及原子核內部的運動才是宏觀顯運動的原因。思維運動隱藏在人的大腦裡仍然是一種特殊的微觀運動，思維產生於既分工精細又緊密協作的高級神經網路的人類大腦，有明顯的生物電信號可以檢測。思維運動不會是物質的運動，思維運動肯定與能量有著密切的聯繫。當然，人類思維運動的奧秘還有待進一步揭示。

運動性必然產生變化，變化是運動性的表像。對於自然世界本身不存在變化一說，自然界只有運動，變化是思維感知主體的一種感受。人類是通過自然的變化來感知運動性的，感知不明顯的變化被認為是靜止。

5. 關聯性是自然的第五屬性

絕對的運動產生絕對的關聯，不計其數的物質和元素都在運動之中，它們的相互吸引、碰撞、結合、聯繫不可避免，這就形成了物質和事物的關聯性。銀河系中所有的星系是關聯的；太陽系中的星球成員是關聯的；物質中原子核與電子之間是關聯的；地球與所有生命更是關聯的；生態系統中所有生物與物質是關聯的；人與人之間是關聯的等等，自然世界的一切無不是在相互關聯中。自然世界的關聯有直接關聯、間接關聯、因果關聯和過程關聯之分。每一種關聯都具有嚴密性、明確性、可認知性。

在微觀運動中原子核與電子產生了關聯，形成了一個微系統，元素與元素的關聯產生物質，物質與物質的關聯形成物體，這是一種密切的直接關聯。還有一種直接關聯是陽光給予植物能量，氧氣提供動物維繫生命的呼吸保障，食物提供動物的能量和營養需求等等。直接關聯以自然的四種力作為支撐，這是自然世界最為普遍的關聯性。

間接關聯是以直接關聯為機會的關聯性，也可以理解為直接關聯的可能性。物種之間的共生現象屬於間接關聯，人類社會中人與人之間的關係也是一種間接關聯。間接關聯不是自然的力的作用的結果，也就是說間接關聯不直接受力的支配。間接關聯是一種高可能性關聯，所以間接關聯屬於能量的範疇。

因果關聯是一種更複雜的關聯性，是一種弱於間接關聯的關聯性。因果關聯中的關聯性以間接關聯作為可能性，其範圍更廣，牽涉到的事物更多。因果關聯顧名思義是一種原因與結果之間的關聯性，只是這種原因和結果不受自然的力的直接作用，屬於人類的思維和認識的範疇。因果關聯同樣是一種高可能性關聯，可以這麼說，因果關聯是自然的能量規則作用於自然事物同時又作用於人類頭腦而產生的關聯性。自然生態圈和人類社會的制度規則都屬於因果關聯。因果關聯的根本動力仍然是自然的四種力。

過程關聯是指某兩種事物或多種事物在某一運動過程或某一瞬間產生的關聯性。如流星劃過天空、自然災害對人類的影響、某一個體人對人類歷史進程的影響、與陌生人擦肩而過等等，都屬於過程關聯。過程關聯具有偶然性隨機性，當關聯發生時總給人以片段的感覺，其實過程關聯只是直接關聯、間接關聯和因果關聯的一種非常態形式，其本質也是自然的四種力的作用結果。

關聯性是自然事物產生結構的原因，也是自然事物形成系統的原因。

6. 獨立性是自然的第六屬性

物質和事物的運動變化及其關聯性有一個絕對的前提，物質和事物的組成元素或成分必須具有獨立性，不然就是整體與部分和部分之間的關係，就不稱其為運動和關聯。如太陽系各個星球必須是不同的、獨立的個體；岩石與水必須是各自獨立的物質；原子核與電子必須是不同的、獨立的東西；生命個體必須是不同的獨立體。不然，其運動和關聯不存在。

在宇宙誕生的第一瞬間就產生了原子核、電子、質子、中子等獨立體。在這一瞬間隨著基本粒子的出現也產生了包含著高能量的磁力，磁力是自然世界最為原始的力量。在磁力的作用下，各個和各種基本粒子相互吸引和碰撞，進而原子獨立體出現。這時的宇宙是混沌狀的、由原子和基本粒子組成的巨大廣袤的塵埃。磁力使得基本粒子產生旋轉運動，磁力也使得原子之間產生引力。在引力的作用下，原子聚合形成物質。也是在引力的作用下，物質彙聚成為包含高能量的宇宙天體——星球。從宇宙形成的理論來看，獨立體的形成是自然世界的必然。

自然的物質都具有範圍的規定性，夸克組成質子和中子的範圍，質子中子組成原子核的範圍，原子核與電子組成原子的範圍，原子與原子組成分子的範圍。在範圍之內都是獨立的結構，也是獨立的系統。原核生物也是以自身範圍的規定性形成的原始生命體。當真核生物進化出現以後，生命體發生了巨大的變化，即範圍的規定性具有了明顯而明確的範圍包裹物——膜。細胞外側有細胞膜，細胞核也有核膜結構；多細胞生物還形成了表皮或外殼結構，幾乎所有的真核生物都進化出了這種獨立範圍的外包裹結構，植物有表皮或硬殼，動物也有。人類也不例外，人類的皮膚可分為表皮、真皮和皮下組織三層，功能更多更複雜，人類個體的自我獨立性的物質範圍就以表皮為界，表皮以內為自我，表皮以外為非我。

人類的生產物大多也遵循範圍的規定性。房屋規定了自我空間；電子產品都具有外殼的範圍規定性；車輛、機器設備也有外殼。除了外殼，還有包裝把物件規定為獨立的一件，贈人禮物也要精美的包裝一番，並規定為禮物一份等等。

萬事萬物幾乎都以獨立體的形式展現，國家和領土也是如此。

7. 合目的性是自然的第七屬性

生物和生命成為獨立體後，在內需求的驅動下會出現生命主體與外界和環境保持高度一致的衝動，這種衝動就是合目的性。合目的性在自然世界極為普遍，以至於容易被人們忽視。樹木的生長、不同的生命體食用不同的食物；生命體的形體狀態和個頭大小；生命體內部的系統和功能；生命體的運動方式等等都習以為常，給人以本該如此的錯覺。合目的性，在自然現象中無處無時不在。

自然物質的結構性可謂是最原始的合目的性了。物質元素都具有追求平衡穩定的趨向，原子核與電子結合成穩定的原子，原子以化學鍵的方式結合成為分子，原子與原子以電子交換的方式結合成化合物，在化合物的狀態下物質元素各得其所相處平穩，即使最為活躍的金屬和離子也無時無刻不在追求結合的渴望中。所以說，物質的合目的性就是平衡穩定。

生命世界的合目的性就更加豐富多彩。大多數動物為什麼進化出了眼睛？眼睛是生命體光感性的合目的產物，有著明顯的目的，即生命體對所處環境的確認衝動。也有的生命體沒有眼睛，但一定會有相似於眼睛的感覺器官進化產生。耳朵（聽覺器官）與眼睛有著相同的合目的衝動，即為了確認生命體與環境在聲音上的關係。還有其他很多的感覺特性和能力，如熱成像、生物電感應、聲吶等等，都是和目的性的進化產物。許多善於奔跑的動物都具有流線型的身材，為了減小空氣的阻力。鳥類都有輕盈的羽毛和強勁的肌肉，為了獲得飛行的提升力和推進力。甚至貓頭鷹等獵殺性鳥類在翅膀羽毛的邊沿還進化出了細小的絨毛，用以減輕空氣震動聲響，以利於捕獵。北極熊的體毛看似白色其實竟然是中空的，是一根根透明的小管子，只有紫外線才能透過，這是北極熊在極寒地帶得以生存的法寶。變色龍和章魚會根據環境改變身體的顏色或形狀，已獲得極佳的隱身效果，以躲避被獵殺和利於捕獵。

許多昆蟲和海底動物還擁有超凡的偽裝術，令人歎為觀止。枯葉蝶、尺蠖、舟蛾等等昆蟲具有與枯葉和樹幹融為一體的體態和圖案，為了迷惑捕食者。蠍子魚、海馬、長鼻鷹魚等等海底動物把自已偽裝成珊瑚外觀也是為了迷惑捕食者。還有許許多多的爬行類、鳥類動物都擁有偽裝的本領。動物的偽裝術稱為生物擬態，幾乎可以模擬任何環境形態和顏色、圖案，生物擬態在地球上已經上演了億萬年。動物們的偽裝術暫且可以解釋為動物的天性，也可以解釋為自然生物的合目的性，其真實的原因和機理還不得而知。

8. 邏輯性是自然的第八屬性

邏輯性是自然世界本身具有的嚴密的聯繫和關係。在空間裡，自然獨立體具有非常嚴密的結構，這種結構裡沒有任何不存在的漏洞和間隔。物體的廣延性也是非常嚴密的，物體的質量、體積、密度、結構、內能、熱焓是均勻的或趨向均勻的，物體的這種邏輯性是自成為一體的原因。在物質和事物的運動或發展過程來看都存在一種嚴密的因果鏈條關係，任何因，必然產生結果；任何結果都是下一個因果關係的因，正是這種嚴密的因果關係才使得自然連續性成為可能。從自然關聯性來看，任何關聯都是嚴密的，不存在任何漏洞；從合目的性來看，嚴密的聯繫和關係才使得合目的成為可能。

自然事物之間的關係體現邏輯性。首先，生物的共生現象中存在自然的邏輯，如寄居蟹與海葵的共生；犀牛與牛鷺的共生；鱷魚與牙籤鳥的共生；響蜜鳥與人類的共生；寄生蟲與寄主的共生；細菌與哺乳動物在消化道的共生等等，這些共生現象都是一種邏輯關係；其次，邏輯還表現為自然事物之間的相處規則，如植物之間的間隔距離，動物個體之間的安全距離，植物的高度與獲取陽光量的關係，事物之間的方位關係，熱量由高流向低的方向，水往低處流，運動產生摩擦力，肉食動物捕食其他動物等等；第三，邏輯還體現為事物及事物之間的序列性，如晝夜和四季的更替循環，事物發展的連續性軌跡（包括時間觀念），人類間的輩分感，生命體從出生、成長、衰老到死亡的過程等等；第四，邏輯是一種事實。事實的發生正在進行或已經發生完畢都具有強烈的真實性，如自然災害正在發生或發生過後的破壞性，天空的極光、流星雨、日食月食等異象，動物群在遷徙途中，某動物個體出生等等。對於某個事物而言，事實可以是原因，也可以是結果，體現為事物之間相互影響的確定性；第五，邏輯還是一種可能性原因。天氣晴朗但地面是濕的來判斷下過雨，從動植物的死亡來推測死亡的原因，從事物之間的狀態來預測發生的結果，從人類個體的心理狀態來評估將來的行為等等。

邏輯在自然世界無時無處不體現，邏輯具有普遍性。邏輯不僅廣泛存在於地球世界之中，也廣泛存在於宇宙之中，宇宙天體無不在邏輯的屬性中存在、演繹和變化，宇宙本身就是一個巨大的嚴密聯繫的特大的邏輯系統。邏輯必然作用於宇宙中的一切，如果存在外星生命，也必然會遵循自然的邏輯性。如果外星生命也擁有高智慧，也必然是基於邏輯的，因為邏輯是宇宙最根本的法則。

地球上的一切事物是聯繫緊密的，沒有無緣無故，也不會事出無因，人類耳濡目染心領神會，邏輯也在人腦中反映出來，邏輯思維是自然邏輯在人腦中的反映。自然邏輯在早期人類心中經過漫長的認知和積累形成了一種符合自然的思維方式。人類的邏輯思維應該在遠古祖先時期就初步形成，我們可以觀察到許多動物也有邏輯思維的現象，非洲黑猩猩用小樹枝作為工具在樹洞裡挑出白蟻來吃，射水魚通過噴射水柱來擊落水面上空的昆蟲，海獺仰臥水面用石頭敲開貝殼來吃裡面的肉等等，以及動物界多種多樣的共生現象，那麼人類的祖先也應該會形成簡單的邏輯思維。只是人類祖先在直立行走和吃熟食以後大腦發育加速，其邏輯思維也就隨之越來越高級，最終拉開了人類與其他動物在智力上的距離。

諸多跡象表明，人類在近兩萬年以來在智慧上是突飛猛進的，新石器時代就出現了更複雜的石器工具。人類的遠古祖先和早期祖先在自然環境中的生活實踐積累了幾十萬年的知識和經驗，並把這些知識和經驗刻入了後代的遺傳，在近一萬年的時刻煥發出農業生產的智慧，從此邏輯思維更是蒸蒸日上。在語言文字出現以後邏輯思維及其理論被廣泛傳播，為人類社會帶來了深刻的翻天覆地的變化，人類經過學習、總結、傳授，自覺運用自然邏輯取得了輝煌的文明成就。科學技術就是人類邏輯思維高度發達的結果。

五、自然的精神

自然世界以屬性的方式作用於人類的大腦，教給人類自然的固有特性，以利於人類對自然世界的認識。與此同時，自然世界也展現出一種固有的風貌和品質，教化人類領悟和秉持，這就是自然的精神。自然的精神不僅在眾多的現象中展現無遺，也銘刻在了人類心靈的深處，這也是自然世界與人類自身融為一體的有力證明。

自然事物與自然精神是相輔相成的，可以理解為硬幣的兩個面。自然事物本身不會是無精打采的僅僅存在和運動，自然事物本身會在其屬性中透析出活脫的、嚴謹的、嚴肅的、真實的精神風貌，一方面是屬性，另一方面是精神，屬性與精神不可分，互相映射，融為一體。人類對精神並不陌生，人類個體和群體都會透出可感知的神氣和底氣，精神是人類不可或缺的能量品質。自然世界就是這樣，把精神賜予人類，並希望人類在精神的感染下認識自然。

自然事物與精神的關係還可以理解為國土與地圖的關係。國土具有物質性，有空間的廣延，是連續的土地綿延，有獨立的疆域，但是土地本身並不是國土，土地要成為國土必須要在圖紙上標明具體的範圍和準確的邊界，國土需要用地圖來明確。國土不是純粹的物質，國土包含精神的成分，地圖也不是絕對的意識，地圖與國土的物質性緊密相連。自然物質及生命包含精神，精神也需要自然物質和生命來體現。

自然的精神不具有實在性，不像物質那樣可以看得見摸得著，也沒有具體的形狀和結構。用任何儀器不可能測量出精神，精神也不受四種力的作用，在實證主義和唯物主義看來，精神是虛無縹緲的。如果把人類自身，特別是把人類的意識活動納入自然世界的範疇時，就可以發現，自然的精神也是一種實在。自然精神只能用心來感受，心越貼近自然，精神感受越強烈。所以說，自然的精神屬於能量的範疇，自然精神超越物質。

筆者把自然的精神總結歸納為以下幾點：

1. 個體獨立的精神

自然有一個力量和邏輯，就是要消除混沌狀況，自然不允許我中有你、你中有我的混亂。特別是生命現象中，生命個體都有嚴格的邊界，生命體都由外層（膜、殼、皮）包裹，自成體系，任何外力衝擊外層或突破外層都會給生命本體造成傷害。人類個體作為高智性的生命，其意識和意志也無法滲透到其他生命體中。個體生命在進食上是獨立的，沒有其他個體可以代替自己吃；個體生命在性愛上也是獨立的，不會委託其他個體代勞；個體生命只有自我的感受最真切、最直接。

群體環境不同於自然環境，適應群體環境是生命體的生存策略，其目的是為了更好地適應自然環境。自然環境包含生命生存、發展的所有資源，群體環境可以促進個體更好地、更有效的獲取自然資源。個體服從群體不是終極目的，其實這種服從只是一種隨從關係。生命體只服從於自身的意識、意志和內在自我完善機制。群體之間的各個個體都是獨立的，這可以說是自然的最原始的平等性。

2. 依存的精神

自然事物的獨立性並不排斥與其他事物的聯繫，反而總是體現出相互依靠、相互吸引、不離不棄、平等共存的和諧狀態。原子與原子之間趨向於結合形成分子，物質與物質之間通過化學反應結合成為固定的化合物。生命體之間的共生關係也是聯繫緊密，相互補充，相互支持，彼此為條件。植物與動物特別是昆蟲之間更是相互依靠、平等共生，植物提供花粉營養，昆蟲為植物授粉辛勤忙碌。在自然生物圈中，各種植物和動物都是不可或缺的重要資源，形成生物圈依存關係的環狀聯繫紐帶，其中任何一個物種發生變化都會影響到其他物種也隨之發生變化。自然事物之間凸顯依存的精神，互為因果，互為條件，任何單一事物都不會單獨存在和發展。

生命體的群體關係也是建立在依存精神的基礎上，相互依賴是群體關係的根本內涵。人類群體和社會也離不開依存的精神，否則群體和社會不可能維繫。

依存的精神是事物形成結構的主要原因。

3. 變化的精神

自然還有一個力量和邏輯，就是不允許呆板的靜止，一切都要運動和變化。自然的變化，有目共睹，鬥轉星移是一種運動變化；地理環境在不停的移動變化；氣候、天氣在不斷地變化；生命體在生老病死過程中運動變化；物種在繁衍生息中變異和進化等等，自然界無時無刻不在變化之中。自然的變化，有時是激烈的，如地震、風暴等；有時是微弱的；大多數的變化是非常微小的，人類難以察覺。人類觀察自然的變化要看採用什麼樣的參考時間段，比如說地理變化，在一天、一年的時間段裡察覺不出什麼變化；在千萬年的時間段裡可以看到明顯的變化；在億萬年的時間段裡看，變化是非常劇烈的。

人類適應了自然的變化，人類也反映出渴望變化的天性。人類的意識系統在沒感知變化的情況下，會產生麻木、無聊的感覺。所以，追求刺激、喜歡新鮮感成為了人類的自然天性。

4. 平衡穩定精神

自然還有一個力量和邏輯，就是防止運動變化過於絕對以至於運動變化混亂使得自然世界維持混沌狀態。平衡穩定現象在自然世界無時無處不在體現。基本粒子在引力作用下均衡運動；太陽系的成員們在引力平衡中產生穩定的繞轉運動；天體在自轉中保持軌道恒定；地塊漂移時產生碰撞阻力；物體在地表移動時產生摩擦力；氣體從高壓狀態中向低壓流動；生命體也是一個平衡穩定機體，平衡穩定使得生命體的存在成為可能；生物圈與環境形成了平衡穩定的體系等等。自然世界的萬事萬物在平衡穩定的運動和變化中彰顯存在。

5. 制約的精神

自然還有一個力量和邏輯，就是防止生命體無限膨脹和種群無限擴張。自然世界以大量的微弱能量方式提供生命體的能量，大量的微弱能量是產生微生物的主要原因，這就使得所有的生命體在短時間內不可能獲得大量的能量，這就從客觀上限制了生命體的生長速度；地球的引力限制了生命體心臟的血液供給能力，生命體的個頭不能太大，否則不能保證軀體的營養和氧氣供應；天敵約束了種群數量的擴張，種群數量擴大的同時天敵的數量也擴大，天敵總能消滅過多的種群數量；食物資源也控制了種群數量擴張，微生物和植物的生長速度和季節週期性的生長決定食物供給不是無限的，有限的食物資源只能保證有限的種群數量；地理環境和氣候環境也限制了種群的生活範圍。人類是唯一能夠在地球任何地理環境和氣候環境都能安身立命的生命形式。人類憑藉高智性使得任何天敵無法與之抗衡，人類也憑藉農業技術使得食物的供給非常充足，所以人類的種群數量一直都是在不斷增長中。隨著人口的增長，人類對自然資源的需求與日俱增，直至人類對自然的過量需要破壞了自然的供給機制和生態環境，進而危及人類自身。人類應該認識到自然的制約機制同樣適用於高智性的人類自身。

6. 優化的精神

自然還有一種力量和邏輯，就是促進生命體和種群產生和保持最佳狀態。自然生命的起源和發展、演變和進化是自然世界不斷優化的結果。自然競爭使得捕獵者和被獵捕者同時開展一場軍備競賽，捕獵者在身材、肌肉上追求力量、速度和技巧的進化，與此同時，被獵捕者也在身體素質上、在靈巧上、在偽裝上日益改進以應對捕獵者的威脅，競賽的結果是雙方都得到了完善，使得自然物種更加強壯、機靈。

在生命的自我意識和內需求的作用下，生命體不斷地改變內部組織、結構和系統，使這些組織、結構和系統越來越符合自我的需要。如消化系統與血液循環系統、泌尿系統的關係搭配就具有趨向於最佳狀態的傾向；呼吸系統與血液循環系統、大腦功能運作的關係搭配就處在最佳或趨向於最佳的狀況等等。生命體與外部環境的關係上也處在或趨向於最佳狀態，如熱帶植物多為闊葉，可以有效散發熱量；寒冷地區的植物多為針葉，可以有效地保存熱量；極地的動物長出能禦寒的毛皮和脂肪；肉食動物的犬齒更有利於捕獲獵物，齒狀臼齒有利於從獵物骨頭上剃下肉；草食動物的臼齒可以更好地咀嚼、磨碎植物等等。種群的規模總是與食物來源和繁殖交配保持最佳的狀況，如大草原的食物充沛，動物種群的規模就大；山區的食物相對較少，動物的種群規模就小；動物們的交配期總是在食物週期性來臨之前進行，這樣有利於幼崽出生時可以獲得充足的食物營養等等，無論處在何種地理環境和氣候環境，動物的種群都能夠自然的保持恰當的規模。

7. 目的導向精神

自然世界不單是充斥著合目的性，而且顯意識目的無時無處不在體現。肉食動物在向獵物發起進攻之前總是匍匐著身體，小心翼翼，為的是不驚動獵物，提高獵取的成功率，這是一種有意識的目的行為；草食動物對掠食者的高度警覺性是一種有意識的目的思維活動，為的是自身的生命安全；動物雄性在交配前的爭奪、打鬥行為是為了獲得與心儀的雌性交配的機會；動物的遷徙是為了更富營養的充足食物；動物個體或群體為了保衛幼崽安全而與侵略者不惜拼死打鬥；動物們為了爭奪地盤和食物而進行冒險的搏殺；動物們藏匿食物的行為是為了防止食物被偷走和搶奪等等。

許多動物可以製作簡單工具也是一種目的導向思維的作用。黑猩猩用樹枝釣取白蟻，為的是從土堆和樹幹的狹小縫隙中吃到富含蛋白質的食物；黑猩猩還可以用樹枝試探河水的深度，為的是安全的渡河；猴子用石頭砸開堅果，為了吃到堅果內營養豐富的果肉；非洲白兀鷲可以用石頭砸開堅硬的鴕鳥蛋，為的是美餐一頓；北太平洋的海獺利用石頭砸開貝殼，用這個方法吃到了美味的貝肉；非洲的大象用鼻子勾住樹枝在身上抓癢；多種靈長類動物用樹枝作為武器對付侵略者和掠食者等等。

人類的目的性思維和行為達到了生命形式的最高境界，在這就不用贅述了。自然世界的目的導向精神感染著每一個生命形式，生命體在進化過程中自覺不自覺地遵循目的導向，使得生命體更加自我完善、種群更加合理，也使得高等生命的出現成為可能，也為人類及其社會的完善、發展提供了極具效率的方法和方向。

8. 創造的精神

從宇宙大爆炸那一刻起，宇宙混沌，星雲漫布，奇跡般的產生了元素，這是一次神奇的無中生有。約 45 億年前，地球物質產生，由元素形成為物質，這是自然世界又一次的無中生有。35 億年前，地球上出現了原始的生命，揭開了地球最為輝煌的一頁。約 5 億年前的寒武紀生命大爆發給地球帶來了生機勃勃的氣息，隨後生命物種更是千奇百態，各自發展出複雜的繁衍譜系。地球陸地上本來荒涼了無生機的環境裡漸漸出現了微生物、植物和動物的魅影，這又一次創造出了自然世界的無中生有。直至今日，地球上的物種數量達到了驚人的 200 多萬種之多，物種的個體數量更是無法數計。

可以毫無疑問的說，自然史就是自然的創造史。自然世界不甘於混沌狀態，所以創造出了物質。自然世界還不甘於簡單狀態，創造出了更加複雜的分子結構，即有機高分子。自然世界還不滿足於呆板的無趣的物質環境，進而創造出了生命，以及豐富多彩的生命形態、機能、結構、系統等等，從海洋裡到陸地，從陸地到天空，營造出了生動活潑的自然生態環境。回看整個自然史，我們不難發現自然創造從遠古一直貫穿至今，創造從未停歇。

人類作為自然物種的佼佼者也秉持著這一創造精神。自然創造了人類，人類也不辜負自然的創造精神，創造出了豐碩的業績。早期人類發明創造出了複雜的語言和文字，極大的方便了溝通、交流和記錄情感、經驗和知識；發明創造了服裝用以遮羞、保暖、裝飾；發明了房屋，建造出堅硬穩固的庇護所用以躲避日曬雨淋和野獸傷害。早期人類最為了不起的發明創造是農業生產，提供了比較穩定的食物來源，進而還發明了食物加工技術，使得人類的飲食更加豐富和營養。車輛的發明極大的方便了運載，把人類從繁重的搬移貨物的勞動中解放出來。城市出現以後，發明了城市供排水系統和道路交通系統。隨著科學技術的發展和進步，人類發明創造出了從水底到水面、從陸地到太空的燦爛輝煌的現代文明。

自然的創造精神皆以目的為導向，促使物質和生命更加優化。

六、自然的基本事實

1. 自然大於存在

存在就是實在，其必然是人類意識賦予物質的一種意義。存在是一個哲學術語，似乎具有高深莫測的語義。存在概念成為了物質的同義語，並與主觀意識相對應。在存在主義者的大腦裡沒有主觀存在這一說法，因為在他們的眼裡客觀存在必定與主觀對立。即使在存在與意識並列和對立的思維方式下，自然仍然要大於存在，因為自然包含了存在和意識。然而，物質並不僅僅是存在，物質還包含自然規則。自然也不單是包含了存在和意識，還包含了生命。自然不僅包含了生命，還包括了生命的規則和精神。存在主義和唯物主義忽略了自然的屬性和精神，從個人的感官體驗出發看待自然和萬事萬物，也忽視了人類認知的缺陷。存在主義和唯物主義把生命統屬於物質，納入存在的範疇，也漠視了物質與生命的區別。

2. 物質是自然的基本形態

物質是自然的基本形態，並不是說物質是自然的低級形態，只是說物質是自然世界最根本的東西。物質，在自然世界裡無時無處不存在。在浩渺的宇空，我們可以看見超級巨量的物質；在微觀世界裡，我們發現物質在不停歇的運動；在我們周圍，山水雲石在默默矗立或流淌；在生命體內部，物質支撐著生生不息的組織、系統和能量。自然世界裡沒有比物質更具有普遍性的實在了，所以說物質是自然的基本形態。

3. 生命產生於物質，但不同於物質

生命是自然世界最為偉大的創作，生命產生於物質已得到科學技術的充分證明。生命，也占據空間，也在不停的運動變化，但是生命卻有著與物質不一樣的性質和現象。物質可以疊加，但不可以自生長。如果物質像生命一樣自我生長，那麼所有的空間將被物質逐漸占滿，生命將無處安身；物質只是展示能量，並不消耗能量，生命卻不單是展示能量，而且還消耗能量；物質沒有繁衍的特性，所有的物質元素都來自於 137 億年前的大爆炸，物質形成以後其總量恒定不變，生命且有無中生有、由小變大、由少變多的特性；物質的位置變動均由外力作用導致，物質沒有自發的空間位移的衝動，而生命可以自發的空間位移變動；物質本身無自發的意識，沒有顯意識活動，但生命具有自我意識能

力。那些把生命等同於物質的人，不是眼睛有問題，就是腦袋有問題。

4. 意識產生於生命，但不同於生命

前面談過，生命體是由多種成分和多重系統組成的複合結構，生命體也是一個全自動的複合體系。生命具有物質的特性，生命有實在性，可以觀察、觸碰、解剖和透視，這是生命的生理學意義，也就是說生命是一個生理學的概念。但是，生理學只能就人類的感官所及的範圍來認識生命，無法解答生命的規則和精神。我們不可否認生命具有規則和精神，不然生命就成為了泛物質。生命的規則和精神看不見、摸不著，我們只能用心來體驗。生命的規則和精神可以通過合目的性來體現，也可以通過顯意識活動來體現。合目的性也許是一種準意思活動，意識是生命規則和精神的最高表現形式。我們不能武斷的認為只有人類才具有意識能力，其他動物和植物，那怕是低等生物都應該有意識能力，只是意識能力有水準高低之分罷了。人類的意識水準最高，最容易被人類自己強化，而且人類無法深入其他生命的內部來感同身受，所以會有人誤認為意識能力是人類特有的、專屬的現象。

毋庸置疑，只有生命才能產生自發的意識活動，我們可以從所有的動物身上看到意識活動的痕跡。但是，我們無法看見意識活動，意識活動只能通過人的自身感受和其他生命體的動作、表情和聲音來體會。

5. 自然世界是一個超級大系統

自然世界萬事萬物都是相互聯繫、相互作用、相互影響的，形成了各種各樣的系統。天體、星際之間的系統有銀河星系、太陽星系、地月系等等，宇宙中的天體之間以引力作為紐帶，各天體之間和星系之間存在著複雜的宇宙環境，如引力場、射線場、宇宙塵埃、小星體等等，每個天體所處的環境不盡相同。繁多的大小星系、天體在宇宙中旋轉移動，相互吸引，甚至碰撞。地球也是個大系統，包含大氣系統、陸地系統、海洋系統、冰原系統、生物系統、生態系統、物種系統等等。植物和動物的群落也是一個個系統，它們相互聯繫、相互影響。人類社會以部落、種族、民族和國家的方式形成了一個個獨立的、又相互影響的系統。在微觀世界，也是一個個完整的、獨立的又相互作用、相互影響的系統，如物質構成系統、無機化學系統、有機化學系統、微生物系統等等。自然世界沒有那個事物可以完全脫離其他事物的作用和影響而獨立存在，所以說自然世界是一個超級大系統。

6. 自然能量以微小的形式存在，以宏大的形式彰顯

人類所能觀察到的自然能量主要是從烈日、地震、颶風、烈火等自然事件中感受，也能通過生命形式的新生、繁衍、群落來領略。人類總是在宏大的形式和場景中感受到自然的力量，似乎自然的能量具有超級巨大的、統一的規模。人們可以為風暴命名，也可以為某時某地的地震測定級別，人類會產生一種錯覺，以為自然能量以宏大的形式存在。現代物理學常識告訴我們，自然物質可以微小劃分，自然能量附著在物質之中也可以微小劃分。物質原子中的電子之間的磁場是一種能量，分子之間的平衡體現一種勢能；組成物質的基本粒子之間都具有電荷和磁場現象，都屬於自然能量範疇；光可以細分為光線和光子，光能就蘊含在光子的電磁波中；自然世界中所有的能量都以極其微小的方式存在，將自然物質放大到宏觀物質層面才能獲得宏觀能量的顯現。自然世界可觀察到的能量現象，如機械能、化學能、電能、輻射能、熱能、核能、勢能，均屬於宏觀能量概念。在有機自然裡，所有生命形式的物質基礎都包含物理能量，生命的繁衍、生長、衰老都體現能量作用，生命活動消耗能量也需要補充能量，這些都屬於宏觀顯能量，這種能量均可以細分為微小形式。自然世界微小的能量是能量的本來面目，宏觀顯能量只是人類的一種感覺。

生態系統也是一個由微小支撐的世界。從食物鏈理論我們不難看到，有機物是各種微生物的主要食物來源，特別是在海洋裡，浮游生物支撐著龐大的魚類和哺乳類生命；在陸地上，微生物是蠕蟲和昆蟲幼蟲的主要食物，蠕蟲和昆蟲幼蟲又是昆蟲、爬行類動物和鳥類的主要食物，昆蟲、爬行類動物和鳥類又是肉食哺乳動物的主要食物。整個自然世界由微小的生物支撐，最終都指向太陽的能量。

7. 自然的可能是一切可能的可能

超自然現象是一個錯誤的概念。超自然，言下之意，在自然之外還可能有一個神秘力量，這是不符合實際和思維規則的。自然世界存在很多人類所不瞭解的東西，這是可能的，那麼對於人類的未知領域我們應該稱之為自然超現象，「超」是指超過人類的知識和能力，現象本身還是屬於自然範疇。但是，超自然就不一樣了，超過、超出或者超越自然，就不可能了。

自然世界具有偶然性，而且事物的偶然性形成了連貫的鏈條結構，環環相扣，從不間斷。那麼，可能性必定從偶然中派生。自然的可能性包含必然性的

產生機率，還包含現實性的產生機率。生物的進化可能性是一種必然性機率，物質堅固性的可能性就是現實性的機率。不論是必然性的產生機率，還是現實性的產生機率，其深層次的原因都超出人類的知識和認識能力。就是說，自然的可能性的根本原因就是不可知。自然超現象本來就是一種常態，人類在任何時期，無論文明程度怎樣都會有未知領域需要思考和探索。

人類在思考和回答「自然世界是什麼」和「自然世界是如何來的」問題時，其實就是在解答自然世界的可能性問題。其實，人類在解答物質的結構、物質的運動及其規律、力學、化學等等問題時，其難度遠大於對靈異現象的研究，其科學意義也遠大於靈異現象的意義。

自然的可能性包含人類已知的可能性，也包含人類未知的可能性。人類已知的可能性可以用科學方法來解答，人類未知的可能性也必將用科學來解答。因為除了科學，其他方法如靈異、迷信等，無助於人類清楚的認識自然世界。人類大腦中的智慧稟賦是要消除思維的混沌狀態，還原一個清晰的世界。除科學以外的方法卻使得日漸清晰的世界會變得模糊和混沌，而除此之外，靈異、迷信思維也不可能取得任何現實的成就。

自然的可能性中的必然性機率與現實性機率是相互滲透的，即必然性機率中包含現實性機率，現實性機率中也包含必然性幾率。如生物進化的必然性中包含了新體從舊體中分化出來的現實性；生命從物質分化出來的的現實性中也包含了生物進化的必然性。自然世界提供了一切可能的機率，所以說，自然的可能是一切可能的可能。

七、自然的本質是能量

1. 自然是簡單的還是複雜的？

回答這個問題，要看人們懷著什麼樣的期望和目的，也要看人們站在什麼樣的角度和立場，更要看人們運用什麼樣的方法。人類的大腦功能有一個從低級向高級進化的過程，原始人類的大腦功能應該是低級的，與其他動物的大腦現狀一樣。從現代考古發現可以瞭解到，類人猿的大腦容量為 400—500ml，爪哇猿人的腦容量為 900ml，而現代人的腦容量為 1500ml。低腦容量的大腦處理信息的能力肯定要低，不可能處理複雜的信息，其主體看待自然世界必然簡單化。人類祖先看待簡單自然的思維方式會傳承給後代，會影響到現代人的看待自然的思維方式。隨著人類腦容量的增大，大腦皮層的面積擴大，神經細胞更多，其處理信息的能力越來越強，以至於人類可以從許多看似互不相干的現象中發現其中的聯繫和規律，這是人類從動物中脫穎而出的天然稟賦，從而人類的發現也就日漸廣泛和深遠。人類所有對自然及其現象的認識和知識積累都有一個清晰的由低級向高級、由簡單向複雜的軌跡。古代人在做哲學思考時，他們對自然的看法是簡單的。古希臘哲學家泰利斯認為「水是萬物之源」；同一時期的希臘哲學家阿納克西美尼認為「萬物的本原是氣」，「人類的靈魂也是一種被賦予了生命的氣」；數學家兼哲學家畢達哥拉斯認為，數是宇宙的真正奧秘和組成部分；德謨克利特認為萬物都是由原子組成的，原子相互勾連、糾纏而結合，並形成了可見的物質世界；古代東方文化中也有陰陽學說，認為宇宙萬物都是陰陽兩種力量的相互作用下產生的結果；五行學說認為世界上的一切事物都是由金、木、水、火、土五種基本因素之間的運動變化而生成的。古代人無一例外的都從最簡單的角度、用最簡單的方法表達對自然的總結。其實，古代的哲人多為唯物主義者，都是從自我的感官出發來看待世間萬物。

隨著科學技術的發展進步，人類對自然世界的認識日漸深刻。光學的發展使人們認識到，光束從鏡面的反射時入射角和反射角是相等的，光線從鏡面反射時所經歷的路徑是最短的。於是，科學家們就形成了一個信念：大自然必定以最短捷的可能途徑行動，「自然不做任何多餘的事或者不必要的工作」。牛頓也是在他的《自然哲學的數學原理》中堅定自然簡單性法則：「自然界不作無用之事。只要少做一點就成了，多做了卻是無用；因為自然界喜歡簡單化，而不愛用什麼多餘的原因來誇耀自己」。早期自然科學家的信念以致影響到 17 世紀，德國科學家萊布尼茨在《單子論》中闡述了萬事萬物都是單子的總和，現象的規律是最高單子——上帝合目的的安排。愛因斯坦一生的科學活動非常成功地實踐了簡單性原則，卓有成效地得到了相對性原理、光速不變原理、引力重力等效原理等幾個普遍的基本定律，並由此用單純的演繹法建立起新世界體系。自然科學家的科學原理、科學定律，如波義耳定律、阿基米德定律、牛頓運動定律、歐姆定律等等，都從最便捷、最簡單的角度解釋了自然的奧秘。那麼，從自然科學來看，自然是簡單的。

從人類社會角度看，人們自古就以簡單的道理和社會規則來解釋和規範人類自己。古代人類以巫術和神學來要求和制約他人，用極其簡單的占撲方法來預測行動的方向和人與人交往的方式，用神的旨意和暴力的壓制來建立社會權威，用命運和天意來寬慰自我的心靈。古代人類以極其簡單的模式運轉社會，社會文明水準是非常低的。隨著國家和階級的出現，掌握國家和社會動議權的階級及其代理人憑藉簡單的道理和說教來安撫其受眾（被統治者），皇權神授，似乎也能令人心服口服。古代東亞大陸也有「天子」、「天意」的說法，皇帝是「天子」，順應「天意」來統治臣民。農業社會比較原始遊牧社會有一定的先進性，人類不用勞累奔波可以獲取持續的生活資源。但是，農業社會也可以訓練人們的簡單思維。農業生產只要解決了播種、施肥、田地整理、收割打穀等簡單的技術問題，其他的都交給自然自動完成。農業社會的人與人關係也可以非常簡單，每家每戶、每山每地、每區每縣只要處理好了自身的事情，大可不必深入往來、密切互動，所以有「雞犬相聞，老死不相往來」的人與人交往狀況。在極其簡單的模式下，農業社會也可以基本運轉，人類也可以生存、繁衍。以至於人類在發明農業技術以來幾千年期間循環往復，不斷重複祖先的訓導和簡單生活模式，社會生活得不到本質的改善。

從人類的歷史進程來看，自然世界是簡單的。人類的簡單思維似乎也行之有效，現代人不也從容的走過了幾萬年的歷程？但是，人類的歷史何嘗不是醜陋的、野蠻的、悲壯的歷史。人類無法解決貧窮、戰亂、疾病等困惑，人類在愚昧、野蠻面前不能自拔。人類的一切說教、道理、理論都在為愚昧和野蠻辯護，以致於人類文明以一種似乎不情願的方式，緩慢的來到人類社會之中。直至科學的進步而帶來的工業革命，人類的社會生活方式發生根本性的變化，人類可以不依賴天氣和氣候而獲得可秩序的資源，人類在複雜的產業合作中相互密切往來，人類所運用的知識和技術日益複雜而有效。人類的思維也隨之複雜起來，人們意識到原本毫不相干的事物和關係都存在緊密的聯繫。人們意識到自身的思維、觀念都不是空穴來風，與自然世界有著密切的因果關聯。

隨著社會科學的發展，人們越來越意識到人類社會本身不是線性的、平面化的結構，甚至不是簡單地三維結構，時間和意識也作為維度也在決定著人類的一切。人類社會中人與人之間的垂直關係和平行關係不足以概括人類社會的現狀。人類社會憑藉極其複雜的需求和利益而緊密的聯繫在一起，誰也離不開誰，誰也決定不了誰。一種看不見、摸不著的權利作為紐帶把人與人緊密的聯繫在一起。人類社會是一種由線性的、平面的、立體的、多維的複合結構結合而成。人與人之間相互糾纏、關聯、影響，具有種種不確定性，所以人類社會具有不可預測的特性。人類社會不像動物族群在上萬年期間沒有什麼變化。動物的群居在規模上、在生活方式上、在繁衍方式上不會主動地發生變化，動物們在自然力量的驅動下被動的遵循遺傳法則，循環往復、墨守成規的生存繁衍，所以動物們的狀況一成不變，我們可以推想和預測動物們的過去是這樣，現在是這樣，將來還將是這樣。而人類卻無法做出這樣的推想和預測。我們無法從現在人類的狀況出發推想出遙遠的過去，也無法預測人類遙遠未來的狀況。人類的所有的預測和計畫不能跨越 50 年或更長時間，甚至準確預測和計畫未來 5—10 年都難以實現。

人類社會的複雜性還表現在不可逆性。不單是人類的生命和生理機能不可逆，而且社會的人與人關係、組織形式、生活方式、社會制度、意識形態等等也不可逆。現代社會不可能回到農耕社會狀態，也不可能回到原始部落狀態或石器時代狀態，人類社會只能往前走，不會倒退和復辟，任何逆向變化都是被禁止的。

自然科學的發展註定人類會察覺自然世界的複雜性。牛頓力學所確立的「現實世界簡單性」觀念在漸漸消退。在簡單性思維方式下，事物的變化是確定的、可逆的、對稱的。只要有「力」的強度就會有運動發生，事物的變化是可預測的、可測量的、確定的；在任何時候，力的作用是可以重複的、可逆的；力在空間和時間上是均勻的，無論做什麼變換都保持不變（對稱性）。在經典物理學中沒有隨機因素，系統也可以很大、也可以包含很多成分，但各成分是孤立的，大系統也可以是許多簡單單元的疊加。在現代物理學中，人們發現一個現象，在一個靜態的平衡氣體中，從宏觀上看氣體具有確定的壓力、溫度和體積，但從微觀上看氣體存在運動隨機性和無序性。在一杯水中加入一匙鹽，鹽分子在水中的擴散路徑是隨機的，最終鹽分子在水中會實現均勻分布，鹽分子在水中的擴散具有不可逆性；奧地利科學家波爾茨曼把物理體系的熵和概率聯繫起來，闡明了熱力學第二定律的統計性質，並引出能量均分理論。他首先指出，一切自發過程，總是從概率小的狀態向概率大的狀態變化，從有序向無序變化。波爾茨曼意識到，不可逆轉的熵的增加可以看做是分子無序性（隨機性）的增長，或者看作是失去任何初始非對稱性的表達。因為與當時最大概率的狀態相比，任何非對稱性概率減小，概率可恰當的理解為系統將逐漸失去它的初始狀態的非對稱性。

我們都知道，物質是由極小的微粒組成，自從近代開始發現了分子、原子、電子、原子核、中子、質子、夸克等微觀粒子以來，自然物質的複雜性確鑿無疑的躍於人類面前，即使物理學家愛因斯坦也對微觀粒子的複雜性迷惑不解。微觀粒子分為傳播子（媒介子）、強子、輕子三類，傳播子有光子和膠子；強子包含質子、中子、夸克等等；電子、中微子屬於輕子。目前已發現的微觀粒子多達 400 多種。絕大多數粒子都有衰變現象，會自發的變成其他粒子，也就是說粒子的狀態不穩定。粒子還具有對稱性，即粒子伴隨著反粒子。粒子有自旋的特性，在自旋中產生磁場。粒子具有波粒二象性，既是物質顆粒又是波動。

量子力學揭示了一個神秘莫測的微觀粒子世界，量子是指具有能量的物質物理的最小單位。量子力學發現了微觀世界的強相互作用力、弱相互作用力、電磁相互作用力和引力相互作用。宏觀世界（人類感官可感知的）的一切現象均由微觀粒子及其作用力彙集而成。而且量子還有讓人燒腦的神秘現象，一是量子糾纏，二是人的意識對量子的運動狀態產生影響，三是概率是存在的真實面貌。

物質的本質是一種基本粒子的振動形式，也可以說是能量存在的一種形式，物質本身是不存在的。一切物質（包括光子和實物粒子）都具有波粒二象性，物質的出現概率受波動規律的支配，表現為實物在空間中出現的幾率。

現代生命科學研究發現，生命體不是簡單的物質，也不是可以分拆的機器，生命體的器官不是簡單的部件，生命體內的生理系統不是簡單單元的疊加。生命體是一個完整的、平衡的體系，各種組成元素、各個器官、各個系統有機聯繫、自然平衡、性能最優化。

分子生物學揭示的生命遺傳物質 DNA 令人驚歎自然世界的奇妙。遺傳信息以編碼的方式以雙螺旋結構儲存在真核細胞中，生命的進化是以遺傳信息的編碼序列突變的方式進行的。分子馬達的發現更是讓人讚歎不已，自然界竟然有如此神奇的生物機器。分子馬達分為驅動蛋白、動力蛋白、肌球蛋白、DNA 解旋酶和旋轉分子馬達。分子馬達是怎麼神奇的，從驅動蛋白和旋轉分子馬達上可略見一二。驅動蛋白在細胞內就像一個機器人負責搬運細胞所需的營養物質，用兩隻「手」舉著「營養物」邁開兩條「腿」沿著微管行走，把營養物送到目的地。驅動蛋白的能量來源於三磷酸腺苷（ATP）的水解，其行走速度可達驚人的 100 步 / 秒。驅動蛋白個體之間有分工協作，富有團隊精神，在運送的過程中會繞過障礙，會做許多類似於傳遞需求信息、打包貨物、打標籤、選擇行走路線等等複雜而智慧的事情。驅動蛋白被稱為「生物機器人」。

旋轉分子馬達中的細胞鞭毛堪稱生命世界裡的偉大奇跡。人類的精子就是一種帶鞭毛的細胞。這種細胞在液體中是如何遊曳的呢？細胞的鞭毛高速旋轉驅動細胞前進。鞭毛，又叫鞭毛絲，其長度超過細胞體若干倍，在連接處與細胞壁上的幾個環中的中心杆相連，這樣鞭毛就成為了半堅硬的「螺旋槳」，由三磷酸腺苷（ATP）的水解產生能量，以每分鐘 6 萬到 10 萬轉的速度旋轉。細胞壁上的幾個環與中心杆構造出了無比精巧的軸承結構，其尺度為納米級，其精度遠小於 1 納米。大自然是如何做到的如此精巧，至今仍是個迷。

在動物體內的最深處，分子馬達和免疫細胞都表現出驚人的難以置信的複雜行為。分子馬達就是細胞內部的蛋白質大分子，包括驅動蛋白、肌球蛋白、動力蛋白、DNA 解旋酶、RNA 聚合酶和旋轉分子馬達等等，這些大分子蛋白在生物體內表現出行走、搬運、剪接、合併、旋轉的複雜行為，實施了諸如細胞內物質運輸、DNA 和 RNA 複製、細胞分裂、肌肉收縮和 ATP 的合成等一系列重要的生命活動。免疫細胞則活像一個個、一群群反恐反侵略的戰士和軍隊，時時刻刻保護著生命體免遭外界入侵的細菌和病毒的傷害。在皮膚裡有「哨兵」細胞，守住外來微生物入侵的必經之道；在血液和體液裡有「巡邏隊」——吞噬細胞群，能在第一時間趕到外來微生物感染的區域吞食入侵者；當吞噬細胞面對大量入侵者時還會通知 T 細胞，然後 T 細胞又通知 B 細胞，它們組成強大的協同作戰的「正規軍」殲滅大規模的入侵敵。免疫細胞有「軍營」，皮膚黏膜組織、骨髓、胸腺、脾臟、扁桃體、淋巴結等都是免疫細胞的聚集地和訓練場。免疫細胞能夠使用武器，有溶菌酶、髓過氧化物酶、乳鐵蛋白、防禦素、活性氧物質、活性氮物質等能殺死病菌，B 細胞還能產生專門的抗體來消滅敵人。在這一過程中，免疫細胞都表現出應答機制，一呼百應，分工協作，共同對付入侵者。免疫細胞最後還有「打掃戰場」的職能，把被殲滅的入侵者遺骸清出體外。

現代生態學揭示了生物的生存、活動和繁衍需要一定的空間、物質和能量，自然世界是一個複雜的有機整體。生命個體與自然環境是一種完美的融合關係，生命種群內部之間是密不可分的依存關係，各種生命形式與自然環境的關係形成為生態系統。生命個體、種群和生態系統都是複雜的有機的平衡整體。生物圈，把所有的生命維繫在一起，牽一髮而動全身，缺一不可。任何生命形式的變化都必然引起其他生命形式也隨之變化。每一種生命形式的消亡，都必然是生態系統的災難。

現代生命科學對腦神經細胞的神經元瞭若指掌，但是對於數以億計的神經元如何產生智慧卻一無所知。

自然的複雜性已顯露無遺。

2. 人類是否可以瞭解自然的複雜性

人類對於自然的簡單化認識似乎有一種心理預期，人類有希望自然是「簡單的」的願望，包括古代的哲人、近代科學家以及普通人都懷有「自然是簡單的」的意識（包括顯意識或潛意識）。古代哲人和近代科學家體現的是一種信念，是有論證過程的經驗總結，體現了人類的認知漸進過程；而普通人（大多數人）卻體現出無思考過程的直覺感受，體現了人類認知的初始狀態。自然的複雜性只能通過人的思維覺來感知，古代哲人和近代科學家為人類認識自然的複雜性做了鋪墊工作，而普通人（大多數人）對人類的認識卻難以有什麼積極貢獻。

為什麼大多數人難以對人類認知產生積極貢獻呢？主要是因為人類的認知缺陷所致。大多數人為生存而奔忙，利益和需求占據了頭腦信號的最大強度，自然的現象都與自我的需求發生連結，那麼現象之間的聯繫就難以被人們捕捉，現象就要簡單許多；也由於行業的差異和歷史文化的差異，大多數人沒有機會學習和研究自然現象的關聯性，久而久之就產生了惰於思考的習慣，許多現象及其聯繫就更加難以被人們發現和捕捉。所以說，簡單的頭腦只能產生簡單性的思維，複雜的頭腦才能發現自然的複雜性。

根據人類的認知原理，普通人應該也會對自然產生深刻的認識，特別是從事生產第一線的人們直接接觸眾多的自然現象，久而久之自然現象應該會在人們的頭腦中產生力量。人類產生複雜思維是人類認知規律的必然。總會有些人要擺脫自我需求的束縛，來觀察、研究自然的奧秘，古代哲人和近代科學家都是人類的先行者，他們的經驗總結為後人們開闢了人類思考的道路。針對他們的學說，擁有複雜頭腦的思想者終於發現了一個複雜的自然世界，為人類的思想打開了一扇大門。

任何一個社會中人類的思維和思想的進步都需要三種人，一種是開拓者和發現者，第二種是傳播者，第三種是接受者，缺一不可。開拓者和發現者一定是傳播者，接受者也可以是傳播者，接受者也可能是純粹的接受者（普通人）。任何進步的思維和思想的傳播，都必須要有社會認同的可能性，就是說接受者要有理解和認同的能力，這是一個社會文化底蘊的問題。比如說，近代科學在歐洲能夠廣泛傳播得益於歐洲文化的沉澱，為傳播和認同科學做了理性思維方式的準備，但是亞洲人在接受科學的速度和深度上就要遜色很多，因為亞洲人的歷史文化中人的思維方式混沌有餘而理性不足。在混沌思維發達的社會裡，人們可以認識自然的簡單性，並總結出簡單的道理，但這些道理得不到理性的支持，人們遇到複雜的事情，如公共利益、社會權利等就難以梳理，成為一團亂麻。在混沌思維主宰的社會裡，人與人之間的關係反而複雜；在理性思維發達的社會裡，人與人之間的關係反而簡單。還有，歐洲人憑藉複雜的頭腦總能發現自然現象的關聯性，能夠創造出複雜、精密機器裝置，如內燃發動機等，而亞洲人卻創造不出來，這是非常賴人尋味的，其中的原因和奧妙很值得探索和研究。特別是東亞的大陸人總是製造出粗燥的機器，仿造能力都很差勁，就別說創造了。所以說，理性思維方式的準備是人類瞭解自然複雜性的基礎，人類頭腦的複雜程度決定人類是否可以認識自然的複雜性。又是歐洲人率先發現了自然的複雜性，那麼我們是充當複雜自然認識的傳播者還是接受者呢？或者我們只是充當充耳不聞的旁觀者呢？顯然，充當傳播者和接受者是明智之舉，因為一個複雜的自然每時每刻都在作用於我們，我們又怎能置若罔聞呢？

歐洲人向我們展示了複雜的自然，這種複雜性仍然是自然的現象。簡單原理的科學理論就已經讓整個地球上的人類受益頗豐了，人類的生活已經有了本質上的改變，自然複雜性科學理論必將進一步推進人類社會文明的發展和進步。為此，我們必然要思考一個問題，自然現象是複雜的，那麼自然的本質是簡單的嗎？或者說自然有沒有本質？如果說自然沒有本質，或者自然的本質是簡單的，那麼自然現象的複雜性將不是自然本身使然，自然的複雜性卻是人類臆想的結果，自然的複雜性就沒有真實性。簡單的事情複雜化，這不符合人類的需求和利益，也不符合人類的認知規律。那麼複雜的自然可以簡單化嗎？這也許是可能的，這也是人類現實的情況。幾萬年以來，人類何嘗不是在一個簡單的世界裡打拼，簡單的世界已經把人類折騰得遍體鱗傷，至今都難以康復。人類既然成為了萬物之靈，就充分說明人類不簡單，不然人類就和動物們一樣，茹毛飲血，在野蠻搏殺中惶惶不可終日。人類不簡單是因為人類擁有複雜的頭腦，人類複雜的頭腦難道無據可循嗎？是不是自然的本質作用於人類而產生複雜的頭腦呢？如果人類頭腦的複雜性與自然的複雜性具有相通性，那麼人類必然會瞭解自然的複雜性。如果人類掌握了複雜原理的科學理論，那麼人類將解決自身的所有社會問題，並與自然進行更加和諧的、有效地互動，人類的未來將更加絢麗、多彩和輝煌。

3. 自然的複雜性源於自然能量的複雜性

自然世界從沒忘記提示人類其複雜性，早期人類就曾領略過複雜的自然，在百思不得其解中創造出了豐富的神話人物和故事。說到古代神話就不得不提古希臘神話，神話的源頭是原始之神，卡奧斯（Chaos）是混沌之神，天地未成形時，混沌籠罩一切；隨後誕生了大地之母蓋亞（Gaea）、地獄深淵神塔耳塔洛斯（Tartarus）、黑暗神厄瑞波斯（Erebus）、黑夜女神尼克斯（Nyx）和愛神厄洛斯（Eros），世界由此開始。古希臘神話與現代宇宙大爆炸理論在解釋世界的起源上竟然如此驚人的相似，古希臘人的想像力著實讓人讚歎。

在古希臘神話中，天之神、海神、山神、光明女神、太陽神、月亮女神、自然規律女神、星辰之神、流星女神、養育女神、智慧女神等等神祇，與眾多的自然現象一一對應，可見古希臘人對自然現象的觀察是多麼的細緻入微。當然世界各大民族和族群都有屬於自己的神話傳說，唯有古希臘人的神話對人類世界的歷史進程產生了深遠的影響。

當理性思維萌發以後，古希臘人在哲學、自然科學領域的成就也是舉世矚目的。阿那克西美尼、泰勒斯、赫拉克利特、蘇格拉底、柏拉圖、亞里斯多德等一大批智者開創了人類早期精神文明。從此，哲學和自然科學蓬勃發展，特別是文藝復興運動以後，哲學和自然科學門派林立，學科越分越細，標誌著人類對自然世界的認識越來越深入。

如前文所述，在經典力學掌控自然科學的時代，雖然自然現象得到了層層剝離，但是人們看到的卻是一個簡單的自然。其實自然的複雜性並沒有隱瞞和躲藏，只是受認識規律所限人類沒有產生足夠的意識反映。比如說，力的作用是一個普遍的現象，但是什麼是力，力是如何產生的，又是如何相互作用的，諸如此類問題的細節沒有得到重視。力是看不見摸不著的，為什麼我們可以確定力的存在？還比如說，細胞的發現與牛頓力學的形成幾乎是同時代，但是細胞的許多細節並沒有引起追問，細胞是如何產生的，細胞中的營養物質是如何獲得的，細胞的分化和裂變是如何實現的。所以說，自然的複雜性一直在伴隨著人類，並不是突然之間冒出來的。

自然的複雜性有幾個顯著地特徵，第一，事物發展變化的隨機性；第二，事物發展變化的不確定性；第三，事物發展變化的不可逆性；第四，事物發展變化的系統性；第五，事物的發展變化可以相互轉化；第六，事物發展變化的歷史性；第七，人類對事物發展變化的認知能力。這些特徵都充分體現能量的特性，能量的湧動具有隨機性和不確定性，能量的變化也具有不可逆性，能量體之間的相互聯繫和影響會形成和網路化關聯，能量的變化過程會留下歷史痕跡。自然的複雜性其實就是自然能量的複雜性。

自然能量的複雜性具有可知的一面，那就是自然能量的形式。自然能量的形式主要有自然能和社會能現象。自然能現象包括：潛隱能、靜態勢能、平衡勢能、機械能、釋熱能、微態能、聚態能（風暴和金屬硬度）、烈態能（原子核能）、共相能（不同物質和物體的相同性）、輻射能、電能、風能、磁能、波能、化學能、內能（高溫高壓狀態）、使能（肌肉力量）、分解能（生物毒液）、複變能（細胞分裂複製）、獲取能（吸收食物和陽光）、傳導能（神經細胞）、感官能、思維能等等。

古代神話裡對神祇的崇拜其實就是對自然能量的崇拜，古人感受到了自然能量的存在，但是無法描述能量的狀態和原理，只能以樸素的敬仰和畏懼來為自然能量賦予人類特有的意義，所以古人感受到的自然能量是無法計算的。經典力學能夠更進一步解釋自然能量的力的屬性，發展出了力的計算及其方法。但是，力的計算公式無法計算眾多的能量現象。隨著物理學的深入發展，許多自然能量可以用數學的方法來計算，如熱量的計算、能量動能的計算、核能的計算以及物質質量與能量的轉換關係計算等等。隨著量子力學的發展，必然將會有更多的自然能量，如生物能、思維能等可以用數學方法來計算。

自然能量的複雜性還表現在各種能量可以相互轉化。如化學能與電能的轉化；風能與機械能的轉化；機械能與釋熱能的轉化；獲取能與使能的轉化；感官能與傳導能的轉化等等。自然能量的轉化在不同的條件下轉化的結果不盡相同。如風能可以轉化為電能和釋熱能；在高溫下有機物燃燒成為無機物並釋放熱量；在常溫下有機物也可以成為獲取能（食物），經消化後可以釋放熱量來維持生命體體溫等等。

有一個不爭的事實是，人類社會科學的發展遠遠滯後於自然科學的發展。自然科學歷時兩千多年已經發展到納米層面的量子時代，但是社會科學歷經同樣的時間卻還在爭論不休中蹣跚踱步。為什麼會這樣呢？究其原因，很大程度是因為自然科學和社會科學所研究的客體在性質上、狀態上存在很大的差異。自然科學研究的事物具有類恒定性，所有同類物質的性質、結構、運動規律是完全相同的，如水，無論哪裡的水的化學成分、物理性能都是相同的；所有的三氧化二鐵都是一樣的、同類物質的原子、電子等粒子都是無差別的。所以，自然科學的研究相對容易深入，而且容易總結歸納。但是，社會科學的研究對象就不一樣了。人與人在需求上、思維上、習慣上、環境上以及成長過程都具有很大的差異性，群體人之間也具有地區、文化、環境等等的差異，民族之間、國家之間也是如此。就是說，社會科學研究的社會並不具有類恒定性。如果自然科學研究面對的也是這樣的物質，同類物質的各種性能、結構和運動規律都不盡相同，那麼自然科學也不會這麼快速的發展。

畢竟人類社會也屬於自然世界的一部分，人的物質性是社會的最根本的屬性，那麼人類社會也必然會體現出某種能量的特性。其實人類社會一直都體現出能量特徵，但由於是通過個體人之間的關係間接展示出來，所以就沒有那麼容易直接的觀察總結了。人類社會有很多關於「力」的描述是具有能量特徵的，如凝聚力、影響力、感染力、號召力、領導力、戰鬥力等等，但是似乎人們很少在能量的角度來看待和研究社會。這也反映出人類社會的能量性更加複雜，更加隱蔽。

人類社會的能量現象包括社會存在的能量現象、社會規模的能量現象、社會變化的能量現象、社會角色的能量現象、社會關聯的能量現象、社會機遇的能量現象、社會觀念的能量現象、社會權利的能量現象等等。人類社會能量現象也可以相互轉化，社會變化可以轉化為社會機遇，社會關聯可以轉化為社會權利，社會角色可以轉化為社會觀念等等。

人類對自然世界的探索和思考由來已久，特別是現代人類不惜花費巨大的人力和財力用射電天文望遠鏡和航天器在宇宙太空深處去尋找和探索宇觀世界的奧秘。人類用高能（電子對撞機）把物質「粉碎」去觀察微觀世界的奧秘，甚至模擬宇宙大爆炸時的奇異過程和情景。量子理論和相對論相繼被揭示和證實，自然能量的複雜性展露無遺。

4. 自然的本質是能量

物質的本質是能量並不是說物質以能量的形式存在，而是指物質根本不是一種存在，只是人類意識產生的一種錯覺，物質是能量的凝結和沉澱。我們對能量並不陌生，石頭從山坡滾下具有動能，燒開的水具有熱能，燃燒具有化學能等等，這只是能量的外在形式，我們看到的只是物質。現代量子力學揭示了物質的最深處，物質微粒一直微下去，組成物質的顆粒不見了，沒有了，只剩下終極混沌和振動，物質實體在極其細微之處被降解了，只剩下了屬性。原子也不是組成物質的基本單位了，原子內部 99.9999% 是中空的，原子核和電子的體積加起來還不到原子體積的 0.0001%，如果把原子放大成西瓜大小，原子核和電子仍然不能被肉眼看見。這是一個很驚悚的認識，意味著一條江河滿水奔騰卻幾乎是空的，堅硬的石頭和鋼鐵也幾乎是空的，人的身體也幾乎是空的。理論上的確是這樣，但是由於電子雲的轉動和能量的充斥，物質還是給人以質地感，物質還是顯現為各種形態。如果把物質的原子空間壓縮，將可以得到超大密度和比重的物質。

能量的運動方式決定了物質的形態。原子核是由質子和中子組成，質子帶正電荷，中子不帶電，質子由夸克組成。原子序數越小，其質子和電子數目越少（氫原子只有一個質子一個電子），原子序數越大，其質子和電子數量就越多。質子越少，原子核的引力越小，反之質子越多原子核的引力越強。質子中的夸克總是由膠子連在一起，膠子不斷地在夸克之間來回跳動，將夸克膠結在一起，這是原子核力產生的原因。原子核力的大小決定了物質的形態，原子核內質子數量越多，夸克數量也越多，原子核的質量越大引力也越大，導致電子繞轉半徑變小速度更快，原子密度變大；反之，原子核質量和引力變小，電子繞轉半徑變大速度變慢。所以說量子運動的不同狀態使得物質形成不同的形態。

令人驚訝的是，所有的物質都是由上夸克、下夸克、電子及電中微子四種粒子組成。夸克是最小的物質顆粒，很有可能不能再分了。夸克都是由於膠子連結多個抱成團的，夸克不會單獨存在，壽命極短，來不及測量就消失了，而且夸克小到幾乎沒有形狀。電子也無法測量其具體的位置和動量，用任何方法測量都會擾動電子改變其物理性質。量子的觀察者效應還說明人的意識對量子的運動方式產生干擾。所以說量子具有不確定性，呈現出能量的特徵。

生命的本質是能量包含兩層意思，一是生命體的物質形態是能量，二是生命的內在精神也是能量。生命的物質形態就不用贅述了，量子力學已經解釋得比較深刻和全面了，生命體就是能量的聚集體。現代生物學揭示的生命體最細微之處與量子力學揭示的物質最細微之處似乎有某種相通之處，細胞的分化和分裂，細胞物質的獲取過程，DNA 的複製等等都使人為之困惑，百思難解。動物的一個精子（一個細胞）與一個卵子（亦是一個細胞）結合後形成受精卵，受精卵也是一個細胞（細胞核來源於精子，細胞質來自卵子），在母體的子宮內受精卵以一變二，二變四，四變八的幾何比例分化成多個細胞。不光是在數量上分化，細胞還分化成不同的功能和性狀，最終形成各個器官組織和生理系統。胎兒在母體中出生以後細胞分化仍未停止，直到長大成熟分化才結束，分化完成的細胞將在生命體內終身保持其功能和性狀不變。在分化過程中，細胞的演變趨勢不可逆，不可能由成熟的生命個體退回到分化前的狀態。細胞分化的全過程反映出生命體內在的動力和精神，但是這個內在的動力和精神的由來不可知。

細胞分裂的過程中 DNA 的複製非常關鍵，保持母細胞與子細胞的遺傳一致性是由分子馬達解旋酶和聚合酶分工合作完成的。當 DNA 複製程式啟動後（目前還不清楚細胞分裂開始的信息機制），解旋酶由水解三磷酸腺苷（ATP）提供能量，沿著 DNA 分子軌道解開 DNA 的雙鏈（稱為母鏈）（此過程叫做解旋），變成兩條子鏈。然後聚合酶拿著身邊的四種去氧核苷酸按照鹼基互補配對原則把 DNA 子鏈單鏈複製成為新的雙鏈。解旋酶邊解旋聚合酶邊複製，直至整個 DNA 長鏈複製完畢，解旋酶和聚合酶才停止工作，等待下一次複製的指令。

在生命體內部湧動著多種能量，細胞的分化和分裂是一種能量，分子馬達的運動也是一種能量，使得生命體體現生長活力和行為力量。生命體內部不單是充滿能量，還體現為明顯的目的導向，如細胞分化是為了讓胚胎還原為一個完整的生命個體，DNA 遺傳信息的複製是為了讓母細胞與子細胞保持一致。

自然系統的本質是能量也是不難理解的，微觀上分子結構是一個系統，原子的結構是一個系統，亞原子也是一個系統，微觀上的這些系統已經被量子力學解釋無遺；宏觀上的天體（包括地球）是一個系統，星系（包括地月系、太陽系、銀河系）更是一個系統，宏觀系統微觀化以後也只剩下了能量，宏觀系統內部的作用力也屬於能量。在中觀層面上，各個生物個體是一個完整的能量系統，生命體各個部分和器官的協同運作、新陳代謝都無不體現能量特徵。各個生物群體也體現出繁衍的能量特性，比如同種植物相互授粉，同種類動物相互交配等等。生態系統和食物鏈更是一種能量體系，植物通過光合作用自養生長提供了動物的食物能量，草食動物和肉食動物通過異養獲取生存繁衍的能量。生態系統的能量特性還具有嚴密性，環環相扣，缺一不可，不然整個能量供給鏈條就會斷裂，威脅所有生物的生存。

所以說，整個自然世界都體現為能量本質。

八、能量本體主宰自然

我們不可否認，自然科學的快速發展極大的推動了人類社會的進步，豐富了人類的思想，同時也創造出了方便、快捷、健康、舒適的現代生活。但是，自然科學似乎只是發現和解釋了自然的秩序和機制，並將其有序地分門別類，促使人類對自然世界的現實狀況的認識越來越有條理，越來越清晰，但是並不能對自然的秩序和機制到底是怎麼來的疑問給予解答。自然科學消除了人們心中既定的愚昧，也極大的豐富了人類的知識，然而同時也賦予了自然世界更深刻更多的神秘。面對科學家在自然深處的感歎和驚奇，人們更加情不自禁的在迷惑中思尋自然世界的奇妙原因。這也是哲學生生不息的根源，因為人類總有探求事物奧秘的衝動，好像有一個最為根本的力量在引誘人們思考，使人欲罷不能。自然科學也是在這樣一種思維狀況下發展起來的，如果沒有對事物奧秘的探求衝動，自然科學也不可能長足發展。自然科學對既定事實的解答未免也流露出某種認知的缺陷，所以哲學在這種自然科學高度發達的今天仍然不失其生命活力。

即使量子物理學家們面對自然深處的美妙景象也不得不承認宇宙是一個「精神」結構的事實，一個質子不知為何總是帶著夸克，而夸克又是由膠子連在一起的，力由粒子產生，而被產生的力又產生力……，這是一個怪圈，說明粒子被某種「精神」支配。現代生物學揭示了生物體細胞內的有趣的分子運動，蛋白質分子機器人活靈活現的勤奮認真的忙碌著特定的工作任務，這分明是精細的高效的工作安排。簡單的基因編碼按照複雜的秩序組合起來，生物體何以會進行那麼複雜的組合呢？這恐怕就只能運用目的論來解釋了。細胞的全能性展示出生命體的全息現象，任何一個細胞包含了此生命體的全部信息，用一個細胞就可以克隆出一個完整的生命體，這是自然進化不能做到的，這是一個怎麼樣的複雜而繁瑣的設計啊？

在眾多的複雜性和神秘性背後，自然的一切現象和徵兆都指向一種深邃的力量，宇宙是否存在終極的支配者呢？回答這個問題時，我們不妨簡單回顧一下人類認識自然的過程，在古代的神話傳說中透析出了神聖的支配者——神祇；隨後自然科學發展徑直的否定了神的存在，一切都是自然現象；經典力學沒有從力的本身展開研究，只是揭示了力的作用現象；哲學和自然科學經過了兩千多年的思辨和實驗研究，最終不得不得出結論，人類只能瞭解現象，因為揭開一層層現象的背後仍然是現象；現代自然科學已經高度細緻入微的觀察、分析宏觀和微觀世界，看到的更是複雜的難以捉摸的自然現象。人類對自然世界的認識至此反而越來越感覺到古代神話和宗教信仰的可能性和可行性，以致於生命科學陷入茫然，不得不感歎生命在微觀領域的被創造性。種種跡象表明，自然世界極不情願的袒露它的終極奧秘，極力掩蓋它的真容。

事已至此，人類想瞭解自然世界的真相是無望的，但是憑藉自然賦予的天賦，人類還是可以追尋到自然真相的種種蛛絲馬跡的。首先，宇宙的產生是一種超級巨大的能量爆發而使然，既然宇宙中的一切都是能量，那麼引發宇宙大爆炸的也必然是能量，這是一種終極的能量，是宇宙的第一推動。我們沒必要去探求這個終極能量，因為怎麼樣的探求都將是白忙活；其次，這個終極的能量不會因為爆炸而消失，必然會瀰散於宇宙的每個角落，於是空間就有了意義；第三，物質是這個終極能量的產物，運動被它所引發，偶然性是它的湧動方式；第四，這個能量賦予了物質的類恒定性。任何同一種物質無論存在和出現在宇宙的任一位置，物質的所有組成成分和結構是一樣的。同種物質的分子、原子、電子、質子、中子、夸克都是無差別的，這就意味著終極能量管控著微觀粒子防止出現類別偏差；第五，終極能量賦予物質以運動規則，同時也管控著宇宙整體的和局部的運動規則，並且提供了各種運動所需的終極能量，使得電子的自旋和公轉永不停歇；第六，光子的靜止狀態其實是在終極能量的懷抱之中，這時光子沒有質量，也沒有形態。光子的運動能量就直接來源於終極能量，光子的運動加速是在終極能量的懷抱中完成的，一旦脫離懷抱就以恒定的高速運行；第七，所有的力，包括自然的四種力和人類社會的力，都是終極能量派生出來的，也是終極能量宣示其作用的方式，也可能是終極能量本身。所以人類看不見力，只能感受到力的作用；第八，生命的誕生與能量有著密切的關係，不會是巧合。高溫和閃電環境是生命產生的主要誘因，恰當的能量聚集，是生命的溫床，生命獲取適當的能量才得以產生。這個恰當的能量環境和能量在生命體的聚集，是自然世界最偉大的無中生有，只能是終極能量精心培育的結果；第九，能量充滿生命體內的每個組成單元、每個部分，支撐著生命體的一切，但是能量卻十分隱蔽，這與終極能量的作風極其相似；第十，細胞的分化和分裂、胚胎的發育、組織的再生等等，必然有一個終極的力量和智慧起著支配的作用，這與生命的產生和物質的產生都是一樣的無中生有；第十一，人類的大腦裡有思維的衝動，也有需求的衝動以及性衝動，衝動不需要意識參與，仿佛衝動者也只是被動的接受衝動，這必然會有一個衝動源和驅動力存在；第十二，量子力學揭示人類的意識會影響到物質粒子的運動方式，可見意識與物質具有相通性，必然會有一個終極力量把意識與物質聯繫在一起。

我們不難發現在自然錯綜複雜的現象背後總有一個根本的力量在支撐著一切現象，如果沒有這個根本的力量支撐，自然世界的一切現象就會雜亂無章，現象之間就不可能出現共相性；宇宙的總質量是超介無窮大，宇宙的空間無邊無際，如果沒有一個超級的超級力量來支撐，那麼宇宙會混亂不堪，不會像我們所見的這樣井然有序。所以說，自然世界必然存在一個支配能量的力量，即終極能量。人們可以把它稱作「上帝」，也可以稱為「安拉」，但筆者把它稱作能量本體。自然世界根本的力量就是能量本體，也就是說自然世界的本質是能量本體。能量本體沒有形態，因為它是一切形態的根源；能量本體不占據空間，因為空間是它的魅影；能量本體不占據時間，因為時間對於它沒有意義；能量本體是絕對的湧動，一切運動都由它而產生；能量本體是一種絕對的自由，一切偶然性都來自它的自由；能量本體是一種絕對的存在，一切存在都由它派生；自然世界一切現象都是能量本體的顯現。

能量本體的存在不可能是靜止的，不然由其派生的物質不可能具有生機和活力。事實上自然世界從來沒有過絕對的靜止，從宏觀上的星雲變換，到中觀上的飛沙走石，到微觀裡的波動旋轉，我們不難察覺自然世界運動的絕對性。物質運動和能量運動都是由能量本體的運動性所決定，我們不能斷定能量本體是在流動、滾動或是在翻動，但是自然微動現象只能來源於能量本體的自動湧動，一切可觀測的顯能量都是能量本體的投影。能量本體包含嚴密的規則智慧，把自然規則通過能量運動投射到萬事萬物及其相互關係之中，所以自然規則就有了嚴肅的規定性，在人類的頭腦中就產生了規律，人們把規律僅僅理解為事物之間的本質聯繫顯然是不夠的，規律的支配力極其嚴密和隱蔽遠遠超過了事物之間的聯繫，唯有能量本體才具有如此強大的力量。能量本體把它的規則智慧採用自然法則的方式規定於萬事萬物及其相互關係當中，是為了自然的一切免於靜止。所以，在自然世界的各個層面、各個角落都精心規定了運動方式和規則，同時也賦予了運動所需的能量，能量中包含規則，規則中包含能量。只有能量本體的超級智慧才具有如此強大的力量。

能量本體支配物質世界採用的是運動加結構、運動加結合的方式，因為這樣的方式既避免了靜止，又防止了無序，使得整個自然世界處於穩定之中。所以，化合物和聚合物成為物質存在的主要形式，單質一般很難在自然界中單獨存在。即使單質和離子短時存在，也體現出了結構和結合的需求衝動，一旦有機會就義無反顧的與其他物質結構或結合，這是能量本體超高智慧的體現。

能量本體支配著生命形式。能量本體賦予了生命形式以不一樣的能量特性，在物質的基礎上加入了能量消耗和能量補充的機制。物質的結構和結合仍然是生命形式的根本，只是結構和結合極其複雜以致於能量在結構和結合中流淌，也許這樣的結構和結合本身所需的能量比較大，所以維持這樣的結構和結合都必須要用能量來補充。於是，新陳代謝、細胞分化和分裂、遺傳密碼、免疫力等等生命特有的機能相繼出現。由於需要能量補充，在物質運動的基礎上賦予了生命體獨立運動和活動的特性，使得生長和移動成為可能。從生命形式的方方面面仍然展現出能量和規則的超級智慧痕跡，能量本體默默地在後臺支配著生命形式的一切。

能量本體支配著人類大腦。人類大腦的物質性是不用分說的，其結構和功能分區以及生物電模式現代人類可謂是瞭若指掌，但是意識和思維是如何運作的仍然不得而知。人類大腦的運作，從本質上說是能量和規則的衝動，我們不難察覺自身的需求衝動，表達的衝動，情緒的衝動和追求滿足的衝動，這些衝動在活體中是無法從微觀上觀察瞭解的。人類大腦的物質性不會是大腦的全部，那麼在物質中蘊藏的能量和規則才是人類大腦神奇的根源。人類大腦產生的是信息，記憶的也是信息，信息是人類意識和思維、觀念和知識的核心，恰恰能量和規則的結合就是信息，這不會是一種巧合，只會是能量本體支配的結果。

能量本體支配著人類社會。人類社會本身不是物質，不具有物體的整體性，但是有著特殊的物質性。人類社會是一個結合體，可以細分為若干家庭的集合，最終可以細分為若干個體人的集合，我們不能把個體人再進行細分，不能說人類社會是由若干身軀、肢體和頭顱組成，個體人是人類社會的基本組成元素。個體人的物質性必定是人類社會物質性的根本基礎，個體人的物質、能量特性會在社會中顯現嗎？或者說，人類社會也會具有物質、能量特性嗎？回答應該是肯定的。除了個體人的物質特性之外，首先，人類社會具有結構性。家庭、社團、地區的組合都體現明顯的單位和組織結構，在單位和組織內部還具有更細分的結構架構，這是仿物質結構，或是准物質結構；其次，個體人在社會中擁有結合的衝動。成年異性之間結合成為家庭，個體人之間結合成為朋友關係和利益關係，個體元素在結合中獲得穩定和安心，這與物質的化合反應和分子聚合沒有本質區別；第三，人類社會具有運動性。不光是從歷史中走來，人類社會在宏觀上有活動和變化，在微觀上個體人和家庭都具有微動現象，運動從不停歇，即使在深夜和黎明也在運動之中；第四，人類社會也具有與物質相似的能量規則性。社會充滿能量，個體人不單是渴望食物能量，也追求社會能量。權力、權威、所有權、公共利益等等都具有能量性，驅使著個體人們在嚴格的社會規則中相處、交往和作用。信息是聯繫社會的紐帶，獲取信息是每個家庭及個體人首要的生活任務，不然無法在社會中立足；第五，人類社會同樣充滿不確定性，一切都在運動變化之中，任何人都無法預計未來社會的具體狀況，這與微觀粒子反映出的偶然性和隨機性如出一轍。從以上幾點我們可以看出，人類社會不受任何外在的或明顯的力量支配，只指向一個深邃的力量源，即能量本體。

人類作為被支配者不可能知道能量本體具體是如何支配的，就如同一台電腦不知道自己是如何被設計生產製造出來一樣。畢竟人類不是機器，人類的智性天賦會對能量本體發生某種量子感應，而感受到能量本體的力量，即精神的感染，筆者把這種精神稱為能量本體精神。能量本體精神是伴隨著能量和規則同時作用於人類的，能量本體精神具有最深邃、最根本的目的性，正因為這種目的性才有規則產生的可能和必要。自然世界包括人類社會，無時無刻不在顯現強烈的目的性。為了實現目的性，自然世界一切事物的存在、展示、發展都必然在過程中遵循嚴密的順序性、序列性、程式性、秩序性和方向性，人類社會也不能例外。於是，邏輯由此而產生。人類對邏輯的領悟是自然世界的偉大成就之一，人類自覺運用邏輯改善了思維方式、表達方式、生活方式和交往方式，創造了現代文明的輝煌。人類對能量本體精神的領悟也必將獲得更大的裨益。

自然世界的所有結果不會是任何意義上的無奈的出現，或者被動的接受，原因與結果總是保持密切的關聯，任何結果的出現似乎都是原因的意料中的事情，結果是原因的目的，原因中包含目的性，其目的就是結果。結果是原因的動因，這一精神體現在無機世界和有機世界中，在生命形式中更加凸顯。物質的結構是一種原因，物質的目的是為了結合，在物質的結構中本身就包含了結合的可能性和必然性，物質具有合目的性。有機物把結合推上了更高水準，特別是有機高分子化合物出現了為了維持自身性狀的能量需求，有機高分子的合目的性更加明顯。當多細胞生物出現以後，隨著結構的增大，合目的性也就顯露無遺。比如說，雌性哺乳動物為了繁殖後代而分泌的乳汁；雄性哺乳動物為了繁殖而形成的生殖器官及其功能等等。隨著人類社會結構的出現，人類也產生出為了個體人和群落的合目的及意識目的的現象。自然世界及人類社會都包含了結果的目的性，目的性同時也包含在了原因之中。

能量本體精神註定了自然世界中的智力必然出現。其實除了人類的智性，自然生命也時常出現智力現象，也別是高級哺乳動物，如黑猩猩、卷尾猴、海豚等等展現出符合邏輯的智性。就連爬行類動物和海洋軟體動物等等也體現出不可思議的隨環境改變體色的智力現象。

能量本體精神也註定了人類的智慧必然出現。人類的智慧與動物的智力有著本質的區別，人類的智慧在於能夠發現自然世界內在聯繫的能力，對自然世界的認識深刻，而且可以把認識通過語言來表達和傳遞；而動物的智力則是體現在機敏上和被動遵循規則上，動物們至今無法展現智慧，所以生存狀況相對人類低級。

能量本體精神是規則中的規則，具有至高無上的規定性。在宏觀、中觀和微觀上，在物質世界、生命世界，都無不體現出精神的力量，在微觀中展現得更為充分。如果忽視或者排斥能量本體精神的支配作用，無論是物質世界還是生命世界都必將發生不可思議的混亂，唯物主義在人類社會造成的混亂就是鮮活的現實證明。

如果能量本體擁有超級智慧，那麼能量本體必然不可知。我們可以有充分的理由相信能量本體是存在的，我們的理性可以感知能量本體不可或缺，但是我們無法觀測到能量本體的實在性，即使運用科技手段也無法偵測到能量本體的任何訊息，這是自然世界最偉大之處。能量本體在任何智慧生命面前不可能展示其全部，不然自然世界和智慧生命都將面臨巨大的危機和危險。自然世界必將永遠保存其最深的奧秘，人類的探索之旅將永無終日。所以，能量本體作為自然世界的終極奧秘永不可知。

第二章　論人的自然屬性

我們在討論和研究人的自然屬性時首先要確定人的概念，即什麼是人。在中文裡，「人」字有多重意思，一是指單個的人或個體人，強調的是群體中的個體或人的物質性；二是代指人性和人品，如「你還是不是人啊？」；三是人種和民族的簡稱，如華人、日爾曼人、愛斯基摩人等；四是泛指人類，即所有個體人的集合。人類有個體人集合的意思，還有智人物種的意思。人與人類是不相同的兩個概念。不論是「人」或者「人類」有一個最基本的意思，即人（人類）的物質性，離開了這個最基本的意思，其他意思都將不存在。所以，筆者從人的概念入手，那麼人種、人類的概念的指代性問題都將迎刃而解。

人的概念是人對自身的確定性和規定性，那麼人的認識自身就有一個立場的前提，人是站在什麼樣的立場和角度來認識自身，是站在物質的立場和角度來認識自身，還是站在動物的立場和角度來認識自身。如果人只站在自身的立場和角度來認識自身，那麼人的概念本身就具有一定的主觀性，這也是人類中心主義產生的原因。人如果具有了天然的優越感就會傲視其他物種，把其他物種都賦予供人使用的性質和意義，「人是萬物的尺度」，進而誇大人類改造世界的能力，「人定勝天」，最終人類過度開發破壞生態環境而危及自身的生存。顯然，人只能站在大自然的角度來認識自身。人把自身當做大自然的一部分就可以更加清楚而細緻的認識自身，那麼人的認識也將更加真實有效。如果從人類集合的角度來看待人的自身，我們的認識會要籠統含糊很多。唯物主義者和權威主義者只從人類的角度來認識人，他們的認識是粗獷的，而且把人類的整體性強加在了人身上，本木倒置，嚴重壓制了個體人、人種和民族，使得個人及家庭、人群和社團成為他們的附庸。

人對自身的瞭解也是從現象上來認識的，人的現象必定屬於自然現象，具有十分豐富的內容，那麼人類對自身的確定性和規定性不可能是一個簡單的概念。人的自然屬性可以分為客觀和主觀兩個層面，人的客觀屬性來自於人的自然物質特性，人的主觀屬性則來自於人類的意識演化過程。我們在談論人性的時候，往往注重於人的主觀人性，如人的善惡、人的本能等，容易忽視人的客觀性。人的自然物質特性是人的根本，人的其他特性都是由自然物質特性派生出來的。人的現象的複雜性是自然世界的複雜性的體現。如果簡單的看待人的現象，那麼人與其他動物沒有什麼區別。人之所以能夠成為人，是因為人的現象的複雜性決定的。

一、什麼是人？

人的概念應該包含以下幾個部分：

第一、人的外形現象。

人是由頭部、頸部、身軀、雙臂、雙手、雙腿、雙腳組成的直立行走的無濃密體毛的中等體型的生命體。人可以分為雄性人（男人）和雌性人（女人）兩個部分，每個人不論男人女人都是人，如下圖所示：

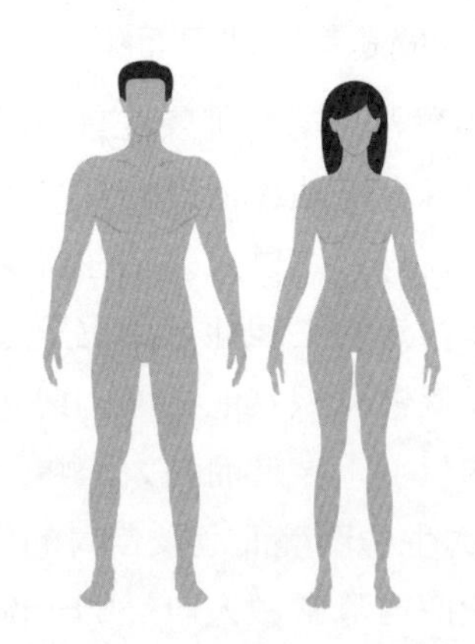

此圖左邊的個體為男人，右邊的個體為女人。男人與女人在外型上不完全相同，但都是人的形狀。所有與人的外形相似的物體和生物都賦予有人的特性，如人參、人形首烏等，人類把所有心中的神都賦予人的形狀，人類還把外星人想像為人的形狀。人類把所有與人形相似的事物都賦予了特別重要的意義。

人類對自身的瞭解是從人的外形的認識開始的，人類可以從外形來判斷是不是人。

人的外形可以細化為圓形頭部包括頭髮、前額、臉部、雙耳等，臉部包括雙眼、鼻子、嘴巴、雙臉頰，人的臉部具有對稱性，雙眼、雙鼻孔、嘴巴、雙臉頰以額頭的中點與鼻子的中線的連線為中心線，在此中心線兩邊對稱分布；人的雙手臂、雙手和身軀的雙肩也具有對稱性，在身軀的中線分兩邊對稱分布，雙手臂長在身軀上部的兩側，在兩肩處分為左臂和右臂，雙手長在手臂的末端，左手臂長的手為左手，右手臂長的手為右手，人的手不具有對稱性，由手掌、手背、手指組成；人的雙腿和雙腳長在身軀的下部，以身軀中心線為對稱分布，雙腳長在雙腿的末端，左腿長的腳為左腳，右腿長的腳為右腳，雙腳也具有不對稱性，由腳板、腳背、腳趾組成，站立時雙腳支撐著人體的所有重量。

第二、人的行為現象

人是自然界中一種可以自主活動和移動的物體和物種，即人是一種動物，屬於內骨骼型脊椎動物。人的行走移動主要是靠雙腿和雙腳的肌肉運動來實現的，下肢骨骼在髖部肌肉群、大腿肌肉群、小腿肌肉群以及足部肌肉群的收縮和舒張作用下，通過肌腱的連接帶動骨骼而產生彎曲和伸張的運動，使得人體一步步的作位置移動運動。在行走運動中，髖關節、膝關節、踝關節和足骨關節使得下肢骨骼擺動、彎曲靈活，步伐均勻流暢，還起到振動緩衝的作用。人體下肢的肌肉群的協同作用還可以實現奔跑和跳躍運動。人體的上肢體為雙臂和雙手，上肢骨骼在肩頸肌肉群、上臂肌肉群、小臂肌肉群和手肌肉群的收縮和舒張作用下，也是由肌腱的連接帶動骨骼而產生彎曲和伸張的運動。由於肩關節的特殊構造，肱骨頭大呈球形，關節盂小而淺，所以手臂可以做旋轉、翻轉和環轉運動，其活動角度和幅度更大，也更靈活。手指節骨更長（比趾骨長），關節更靈活，加上五個指頭的位置和長短搭配，所以手可以進行非常靈巧、複雜和精細的活動，如抓、握、捏、夾、彈等等。

人的頸椎在肌肉和肌腱的作用下可以作前後彎曲、左右旋轉和擺動，所以頭部就可以隨之運動。人的胸椎只能做彎曲運動，但是腰椎也可以作彎曲、轉動和擺動運動。人的面部有表情肌、頰肌、咬合肌、降下唇肌等四十多塊肌肉組成肌肉群，可進行張嘴、咬合、表情等等複雜的運動。

人的行為都由大腦控制而主動作出。人的行為會對周邊環境和他人產生影響。

第二、人的生命現象

人是具有新陳代謝特徵的異養型生命體。組成人體的最基本的物質單位是真核細胞，細胞內部充斥著能量和能量運動，細胞從外界獲取營養物質並轉化為自身物質，同時自身的部分物質被氧化分解作為廢物排出細胞之外。細胞運動的能量由三磷酸腺苷（ATP）水解而產生，細胞運動由蛋白質、核酸等大分子物質承擔。前面所講的肌肉收縮和舒張的運動就是由肌肉細胞中的肌動蛋白和肌球蛋白的活動來實現的，許許多多的肌肉細胞作收縮或拉伸運動就使得整塊肌肉動了起來。

人體的細胞以分化和裂變的方式維持生命，在此過程中遺傳信息的複製和傳遞起到了至關重要的作用。去氧核醣核酸物質（DNA）是遺傳信息的承載者，人體的 DNA 雙鏈包含了主體人生命的所有信息，所以說人體細胞也是全能細胞，任意一個細胞都包含此生命體的全部信息，人體具有全息性。

不同的細胞組成不同的組織，如肌肉組織、神經組織、上皮組織等。不同的組織又形成不同的器官，有口腔、鼻腔、咽喉、心臟、肺臟、肝臟、腎臟等等，器官體現各種細胞組織的不同功能。許多器官組合在一起又形成了生理系統，如消化系統、呼吸系統等。

第三、人的生理現象

人是由九大生理系統和皮膚組成的獨立大系統。此九大系統分別是，消化系統、呼吸系統、血液循環系統、神經系統、運動系統、泌尿系統、內分泌系統、免疫系統和生殖系統。皮膚覆蓋人體的全部表面，是人體的天然屏障。由於皮膚與多種生理系統延伸重合，不屬於任何一種系統，同時也不自成為系統，所以說皮膚是人體面積最大的獨立器官。人體的外來物質和能量的獲取主要由消化系統、呼吸系統和皮膚實行的，口腔攝取的食物經過消化道在小腸內營養物質被小腸絨毛吸收；口鼻吸入的空氣經呼吸道由肺臟吸取氧氣，同時肺臟排出二氧化碳廢氣經呼吸道從口鼻呼出體外；皮膚是由角質層細胞、毛囊皮脂腺和汗腺導管來吸收物質的，被皮膚吸收的物質有氣體、水分、電解質、脂溶性物質、油脂類及其鹽類等等。所有被消化系統、呼吸系統和皮膚吸收的物質、營養和能量都進入血液循環系統被調配到全身各個器官中以維持生命運行。大腦是神經系統的主要器官，獲得營養物質和氧氣後大腦開始運轉。腦神經主導人的視覺、聽覺、嗅覺、味覺等等，脊髓神經支配身體和四肢的感覺、運動和反射，植物神經負責調節心跳、呼吸和消化活動等。神經系統協調人體內部各個器官的功能，以及回饋各個器官的狀況，以適應外界環境的變化。人體食物消化後的殘餘物和新陳代謝後的廢物經由消化系統的大腸、泌尿系統的尿道和皮膚汗腺三種途徑排出。內分泌系統的生理功能是調節代謝與生殖，促進發育和生長，維持體內環境的相對平衡。免疫系統憑藉複雜的機能守護著生命體的安全以免遭外來微生物的侵害。生殖系統則擔負起生殖細胞（精子和卵子）的產生、結合、受孕、以及新生命降生的任務。

人體不單是具有哺乳動物共有的生理現象，還具有與其他動物所不具有的生理功能。人的大腦皮層面積約為 2000cm^2，厚度為 2—3mm，包含 1000 億個神經細胞，溝回也比其他動物增多；大腦的腦容量為 1300—1500ml，重量為 1400g，一天流入大腦的血流量為 2000l，人體在碩大的大腦上付出了發育緩慢和高能耗的代價；人體沒有濃密的體毛來散熱和保暖，但進化出了汗腺來降低體溫，人的皮感觸覺也非常發達；人的食譜極其豐富有利於獲取更多的營養和能量等等。

人體有四大基本生理特徵，呼吸、脈搏、血壓、體溫，從這四個方面可以判斷人的生命徵象。

第四、人的心靈現象

人不但具有意識現象（認識能力），而且還具有情緒、性格、意志、精神等心靈現象。在自然狀態下的人具有原始情感衝動性，如快樂、憂傷、驚訝、恐懼、痛苦、厭惡等等。人類在心理上還具有客觀性，即不以意志為轉移的元衝動性。這種衝動包含自我存在衝動、能量存在衝動、能量需求衝動、自我表達衝動、溝通需求衝動、思維類比衝動和性衝動。人類在心靈深處具有多種衝動或者說具有多維的衝動，使得人類在不知不覺中被神秘力量支配而不能自拔。人類過去對於這些元衝動幾乎沒有察覺，在現代社會生活中這些衝動才十分緩慢的顯現，並被人類發覺。人類在心靈上最偉大的成就莫過於觀念的記憶和想像力的出現及應用，人類從眾多的動物中脫穎而出憑藉的就是觀念的記憶和想像力，也就是用工具來製造工具的能力。其他動物充其量只是簡單地借用工具，而沒能用工具來加工、改良工具。

人的內心深處還有一種目的性衝動和渴望驅使著人堅定地追求安全的生存和信念中的目標，體現出認真、執著的意志力。意志力不同於欲望，是心靈中發出的堅強的力量。面對目標，意志力可以調動內心的經驗和知識，想盡一切辦法，克服重重困難，憑藉決心和信念，不達目的誓不甘休。在意志力的作用下，人的所有思維和行為都朝著一個目標使出，人的內心迸發出不屈不撓的頑強精神。在工作、學習和生活中，人的意志力是取得進步和成績的主要動力。

第五、人的語言現象

人以駕馭語言的方式來表達自己的想法、觀點和認識。人的語言表達功能是人與人之間交流、溝通的基礎，由於人與人之間的表達方式具有相通性才使得交流和溝通成為可能。人的語言表達方式有四種，口語、書寫、肢體動作和表情。此四種方式都可以傳遞所思所想和感受，所以都屬於語言。只是口語更複雜，使用更頻繁，總是給人錯覺，以為只有嘴巴和鼻子裡發出來的聲音才叫語言。其實人的語言是複合語言，口鼻、肢體和表情同時作立體語言表達，這種立體語言具有傳遞信息的作用和效果，所以說，語言從本質上說就是信息。甚至整個人體都可以發出某種能量氣場，以傳遞自我意志，參與語言表達。

人的口語在發音上極其複雜，還伴隨著語速快慢、語氣強弱頓挫和拖音，為的是表達複雜的信息。由於人的思維方式和行為方式日異複雜，導致人的語言也日漸複雜和豐富。他人對於複雜的立體語言具有識別能力，所以人與人之間能夠進行思想和信息的交流和溝通。人有自我表達的衝動，也有想讓表達的內容被對方（他人）接收、理解的衝動，即溝通需求衝動。人有能力，或者說付諸努力，促使自我表達衝動和溝通需求衝動保持一致，以促進交流和溝通的效率。人的自我表達衝動和溝通需求衝動與具體的發音所包含的意義是不相同的。具體的發音所包含的意義需要學習和模仿才能掌握，但是自我表達衝動和溝通需求衝動是不需要習得的。

第六、人的歷史現象

人不是突然被創造出來的一個物體（即動物），人的由來都可以追尋到父輩、祖輩以及祖先的歷史傳承。祖輩祖先的遺傳在人體內刻下了烙印，賦予了人體的長相、個頭、膚色等等先天的規定性，不以人的意志為轉移。人的遺傳特性最終可以追尋到人類的起源和進化過程。所以說，任何人在物質上都必然從屬於特定的種群進化歷程和人類進化歷程，隨著人的繁衍，進化歷程還將延續下去。

任何人也必然處於個人生命歷程中的某個環節或節點。個人生命歷程包括嬰兒、幼兒、童年、少年、青壯年、中年、老年七個時期，並不意味著每個人都必然經歷這些完整的歷程，但是每個人必然面對這些歷程，無一例外。個體人的出生、成長、興盛、衰老、死亡的生命週期是客觀的個人歷史規律，也是自然世界普遍的現象。

個體人之間的生命長短不盡相同，受各種複雜的因素影響，有個人的原因也有遺傳、環境、科學技術和文明程度等原因。

第七、人的群居現象

人不是孤立的生命存在，就如同人不是突然被創造出來一樣。個體人必然與他人發生聯繫和關係，個體人必然會有父母，還可能會有兄弟姐妹，還可能會有親戚關係，成年已婚的個體人還會有夫妻關係、兒女關係、姻父母、姻親屬等關係。早期人類以家族、氏族和部落方式群居，為了區別群落中的其他人，個體人以名字加姓氏的符號方式予以區分。筆者認為名字的出現和使用應該早於姓氏。

群居方式有利於安全和獲取食物，群居也為尋找更好的繁衍基因提供機會，群落方式還提供了分享生活必需品和交換勞動成果的需要和機會。群居生活方式為語言的產生和發展提供了必要性和可能性，在交流和溝通過程中，口語的發音與實際的意義在個體人之間被廣泛模仿和推廣，提供了個體人之間交流學習的需要和機會。語言的應用也為群居生活提供了安全信號保障，在群落中交流資訊和情感溝通方面發揮了巨大的作用。群居生活方式還為人的社會化打下了基礎。

第八、人的文化現象

人是富有文化表徵的智慧生物。行為文化是最早形成的文化現象，在群居生活中，尊敬長者、能人和勇士是必然的，也是很有必要的，敬老尊賢也符合個體人的利益，即使敬重群體中的同輩人、普通人也會獲得意想不到的回報。所以，早期人類就形成發展出了豐富的禮儀規範，使得群體更具凝聚力。使用火來加工食物更能促進營養的吸收，加速了大腦的成長發育，直立行走使得雙臂和雙手進化得更靈活，久而久之在大腦裡產生了智慧，即發現事物之間密切聯繫的能力，人類製造使用工具就是智慧的結晶。人類製造使用工具與動物的不同之處是，人類可以用工具來製造和改良工具，比如用石斧削尖樹枝當做武器來捕殺獵物或防衛。隨著頭腦的進一步發育成長，人類製造、使用的工具越來越複雜、精巧。農業耕作文化加速了工具的發明和應用，工具又使得農業耕作更具效率。文字的出現是人類智慧發展的必然，有行為規範需要記錄和傳承，有自然天象和天氣需要區分，有不同的自然景象需要辨析，有工具製造和農業耕作的經驗、工藝需要記錄和整理等等，文字在約定成俗中被推廣應用。文字的出現是人類發展歷史中的一個最偉大的發明，使得經驗、知識、心靈感受超越了個體人的生命期限而得以保存和傳承，直接導致機械製造和文學藝術的蓬勃發展，隨之服飾文化、居住文化、精神文化迅猛發展，為現代文明打下了堅實的基礎。

綜上所述，對於什麼是人，可做兩種判斷，一是從外型上判斷，這是非常簡便的判斷，也是常用的判斷；二是從概念上判斷，是比較複雜的判斷。對於什麼是人的問題爭論已久，人們容易以人的某個現象或某種屬性來給「人」下定義，比如說「人是會使用工具的動物」，或者「人是會使用語言的動物」，這都不具有嚴謹性，有很多漏洞。人的概念具有複雜性，人是諸多現象的整體，人的概念應該具有整體性和綜合性。

其實，我們在做什麼是人的判斷時潛意識裡判斷的是正常的人，即不論膚色、人種的健康、健全的人。除了正常的人，還有殘疾人、智障人、患病的人、虛弱的人、植物人等，都是人，都屬於人的範疇。

二、人的自然屬性

人的自然屬性，顧名思義，是人固有的、先天的、非人工的屬性。自然屬性中的人與大自然有著密切的聯繫，是大自然的一部分，在物質上和生命形式上均來自於大自然。大自然的許多特性、特點和精神都在人的身上體現，人在食物上、環境上依賴於大自然，大自然的能量也貫穿於、充斥於人體之中。人的自然屬性並不是指人的獨有屬性，只是說自然在人體上的體現，人的許多自然屬性在其他生命形式上也有體現。

1. 獨立性

人是一個個獨立的生命體，具有天然的空間規定性，皮膚把身體與外界隔離開使得人可以成為一個整體，人的一切組織、系統和功能都在內部運作或內向運作。人把除毛髮以外的體外一切都當做非我，在組織、系統和功能的運作上與自我沒有必然生理聯繫，比如人的神經系統以外皮層為限不會對體外延伸。正因為如此，獨立的人與人之間也沒有任何生理直接聯繫，人與人之間具有嚴格的封閉性，即不存在人與人之間的生理滲透現象，比如進食、睡覺必須是各自獨立的，沒有誰能夠代替。所以，人與人之間沒有任何生理上的交叉感受。包括大腦的意識、思維、心靈等功能運作，人與人之間也具有嚴格的獨立性，人不能直接感受到他人的思考、喜悅、痛楚等，人與人之間只能通過身體外部的表像來對他人的內心作出揣摩和判斷。人與人之間是否存在心電感應和第三信號系統的問題至今無法證實和應用。人的獨立性來自於人的物質性，是人最根本的自然屬性，自然世界所有的生命形式都具有這一特性。

2. 結構性

人的外形結構從上到下分別是顱部、頸部、身軀、雙臂和雙手、雙腿和雙腳，人的直立體型結構有別於大多數動物。人體無濃密體毛覆蓋全身，外表結構上是由柔軟皮膚包裹的生命體，之所以挺拔硬朗是因為內骨骼支撐身體，這有別於軟體動物和外骨骼動物。人的天然的外形、外表結構就決定了人不同於所有的其他動物。

成年人的骨骼由 206 塊骨頭組成，其骨骼結構為：顱骨（頭蓋骨、面骨）、頸骨（舌骨、頸椎）、肩骨（鎖骨、肩胛骨）、胸骨（胸椎、肋骨、胸骨）、臂骨（肱骨、尺骨、橈骨）、手骨（腕骨、掌骨、指骨）、腰骨（腰椎）、骨盆（髖骨、骶骨、尾骨）、腿骨（股骨、髕骨、脛骨、腓骨）、足骨（踝骨、蹠骨、趾骨）。人的骨骼之所以能夠支撐身體是因為骨頭物質的特殊構造決定的，骨質由骨膠質、無機鹽、脂肪和水組成。骨膠質是結構複雜的多聚高分子骨膠原蛋白，形成蜂窩狀網路結構，由鈣、磷、鎂、鈉等元素組成的無機鹽以羥基磷灰石結晶的方式填充在骨膠質的蜂窩狀網路結構的縫隙之中，使得骨頭具有像鋼筋水泥一樣的硬度和堅固性，又不乏柔韌性，而且比重更小，重量更輕。人的骨骼不僅是支撐身體挺拔還有支撐身體運動的功能，肢體骨頭之間和椎骨之間有關節連接可以做折彎或旋轉運動，骨頭通過肌腱與肌肉相連可以在神經控制下實現運動。骨頭裡的紅骨髓是製造血液的工廠，骨頭還是儲藏礦物質的倉庫。骨頭的物質結構是大自然的一大偉作。

人的皮膚結構為表皮和真皮。表皮厚度約為 0.03—1mm，有角質層、透明層、顆粒層、棘細胞層和基底層五層構造。角質層由角化細胞堆積而成，可防止體外化學物質和微生物的入侵，還可以鎖住身體水分減少蒸發損失；透明層只分布於手掌和腳掌之中，由角化細胞構成，厚而結實，富有彈性；顆粒層由菱形細胞組成，細胞內有透明的角質蛋白顆粒，可折射光線減少紫外線對人體的傷害；棘細胞層由帶棘的多角形細胞棘突相連而構成，細胞中有大量的組織液，神經末梢佈滿細胞之間可感知外界的各種刺激；基底層由多種可分裂的細胞組成，產生表皮各層所需的細胞，並分布有黑色素細胞以保護人體深層組織不被紫外線射傷。真皮層厚度為 0.6－2mm 位於表皮以下，可分為乳頭層和網織層兩層。乳頭層含有豐富的毛細血管、淋巴盲端和神經末梢，給表皮輸送營養物質；網織層分布有大量的膠原蛋白纖維、彈力蛋白纖維和網狀蛋白纖維，使得皮膚具有彈性、韌性和張力，在纖維之間的間隔內可以鎖住大量的水分使得皮膚豐滿有活力。

人體結構的基本組成單位是真核細胞（簡稱細胞），分為體細胞和生殖細胞兩種。細胞的基本結構為細胞膜、細胞質和細胞核。細胞膜由脂類、蛋白質和醣類物質組成，形成分子鑲嵌狀的三層結構，膜厚約 8—10 微米。細胞質由基質、細胞器和內含物組成。基質又稱為細胞液，是膠狀的透明物質，其化學成分複雜；細胞器有線粒體、核醣體、溶酶體、細胞骨架、內織網、高爾基體、微體、中心體八種，其中細胞骨架由微管、微絲和中間絲構成，是細胞內的支架；細胞內含物有代謝物質和能源儲存物質。細胞質擔負起細胞新陳代謝和物質合成的任務。細胞核的結構有核膜、核仁、核基質、染色體和染色質。核膜分為外膜和內膜，由蛋白質、磷脂雙分子層和多肽、多醣物質組合而成，核膜上佈滿孔洞——核孔，雙層膜之間有酶填充；核仁的構造為網織狀核仁絲，空隙中填充著基質。核仁是基因存儲、合成加工及裝配場所；染色體是細胞中最複雜的物質結構，其成分是去氧核醣核酸（DNA）和蛋白質，是遺傳信息的載體。DNA 雙螺旋有一級、二級、三級、四級結構，此四級結構層層壓縮將 31.6 億個鹼基對壓縮了 8400 倍，將 DNA 分子幾釐米長度壓縮為幾納米長。

構築人體細胞和細胞間質的基本物質有水、蛋白質、核酸、醣類、脂類、無機鹽等等。水占人體重量比例為 70% 左右，水作為化學溶劑攜帶各種物質在細胞和細胞間質裡支撐起生命運動。蛋白質、核酸和醣類（醣原）都屬於高分子聚合物，由小分子聚合而成，分子量從幾萬到幾百萬不等。蛋白質以氨基酸為基本單位構成，蛋白質有一級、二級、三級、四級結構，承擔了主要的生命活動。核酸由核苷酸組合而成，可分為核醣核酸和去氧核醣核酸（即 DNA），是實現遺傳信息的表達和儲存、複製、傳遞生命遺傳信息的載體。醣原是葡萄糖的聚合體，提供免疫系統的活力，為肌肉收縮供給能力，可調節消化機能並幫助組織修復和再生。脂類屬於小分子化合物，在人體內被氧化後可以釋放出熱量和能量。氨基酸由碳、氫、氧、氮、磷、硫六種元素組成，核苷酸以碳、氫、氧、氮、磷五種元素構成，醣類和脂類均由碳、氫、氧三種元素構造而成。細胞中的無機鹽有鈉鹽、鈣鹽、鐵鹽、鎂鹽、碘鹽、鋅鹽、硒鹽等等，以離子的方式存在。人體的結構歸根結底都由無機化學元素構造組合而成，最根本的結構就是原子的結構和亞原子中子、質子、電子以及夸克的結構。幾乎地球上所有的元素在人體中都有不同程度的存在。

人體細胞群和細胞間質組合成為機體組織，不同的細胞群組成不同的組織。上皮細胞組成上皮組織，纖維細胞、脂肪細胞等等構成締結組織，神經細胞結成神經組織，肌細胞合成肌肉組織。不同的組織又組合成不同的器官，上皮組織形成皮膚、消化道、內臟器官的外表面，締結組織構成血液、肌腱和骨骼，神經組織組成大腦、脊髓和全身神經網路，肌肉組織結合成內臟、骨骼和肢體運動器官等等。不同的器官再形成不同的生理系統，人體有九大生理系統，分別是消化系統、呼吸系統、血液循環系統、神經系統、運動系統、泌尿系統、內分泌系統、免疫系統和生殖系統。九大系統加上皮膚就構成了人體作為生命體的整體。

從人的複雜結構來看，我們不難發現人體的結構是多層次的，複合的，結構中有結構，結構在越是細微層面和微觀層面越複雜。人體的精密複雜程度遠高於任何一台精密儀器。從人體整體上看，結構是產生功能的原因，但是從微觀上看，功能卻是產生結構的原因。

人的結構性還表現在個體人作為基本元素有與他人結合的傾向。

3. 運動性

人的行為現象是人的運動性的一種外在表現。人體可以憑藉行走、跑步、跳躍、翻滾、爬行、攀登等行為方式作位置移動運動，也可以採用提、拉、拖、拽、背、挑、扛、抱、頂等行為作負重運動，還可以使用抓、握、捏、擰、點、摸、彈、擠、蹭、踩等行為作精細運動，所以人具有勞動的能力。結合各種各樣或簡單或複雜的工具，人的行為更複雜，運動性更廣泛。人的外觀行為運動還包括身體的扭動、折彎、伸直和旋轉；肢體的擺動、彎曲、伸張和翻轉；手腕的擺動、彎曲、伸張和翻轉；指（趾）的彎曲和伸張；頸部的擺動和轉動；

嘴巴的張合、牙齒的咬合、眼皮的眨動、面部的表情運動等等。人的行為運動可以表現為溫情脈脈，還可以體現出兇悍勇猛具有攻擊性。人體之所以可以作出行為運動是因為食物供給了肌肉能量，肌肉在神經的指揮下強有力的收縮和伸張通過肌腱拉動骨骼，在骨骼關節的杠杆支點的作用下骨骼帶動肢體作出行為運動。人體的外在行為運動是由一系列的多種內在運動所支撐而實現的。

當食物即將被送入嘴裡時，大腦接收到視覺神經傳來的信息，立刻發出神經信號指示口腔唾液腺體分泌出唾液，此時口腔已經做好了接受食物的準備。固體食物團進入口腔後咀嚼運動即刻開始，咀嚼肌帶動下顎和牙齒開始粉碎、研磨運動，舌頭攪拌、混合食物，把食物和唾液處理成可吞咽的食團，這時牙齒、舌頭和口腔壁的觸覺嚴格檢查食物中的硬性異物，確保吞咽的安全。當觸覺確定無誤後，吞咽運動開始，舌頭前部、中部、後部順次抬起頂住上顎逐漸把食物團擠壓至舌根部（此時鼻腔和氣管自動關閉），咽腔接管食物團，環咽肌繼續擠壓推移食物團至食道，食道上的吞咽肌接著從上到下順次擠壓推移食物團經過賁門進入胃裡。如果是糊狀食物或液體（包括水）進入口腔，直接進行吞咽運動。人的食物包含水、蛋白質、脂類、醣類、維生素、無機礦物質等等，當食物進入胃裡，一系列多種內在運動在無意識狀態下自動進行，直至肛門和尿道有排泄感覺才會啟動有意識的排泄運動。

胃運動開啟了無意識的體內消化自動運動的序幕。胃運動有多種形式，首先是容受性舒張，食物刺激交感神經和副交感神經反射性的引起胃體的平滑肌舒張，使得胃內空間擴大，容積增加；其次，胃腺體向胃內分泌出胃液用以分解消化食物及殺菌，胃液成分主要有鹽酸、胃蛋白酶、粘蛋白、內因子等，正常胃液清晰透明無色；第三，胃體平滑肌順序收縮舒張產生波形運動，即蠕動，使食物與胃液充分混合形成食糜。蠕動在中樞神經的控制下約每分鐘三次呈波浪運動；第四，隨著胃體蠕動，食糜在四至六小時內完全由幽門排入十二指腸，是為胃排空；第五，食物排空後胃體平滑肌緩慢收縮，恢復到舒張前的狀態；第六，賁門和幽門緊張性收縮關閉，防止食物回流。

食糜進入十二指腸後刺激腸道括約肌開始蠕動，同時迷走神經調動肝臟分泌出膽汁，調動胰腺產生胰液。膽汁經過肝總管和膽總管流入十二指腸，胰液也從胰導管輸送至十二指腸，二者都是消化液用以中和胃酸，分解脂肪、醣類和蛋白質以利營養吸收。如果十二指腸充滿食糜，會發出信號停止胃排空。由於空腸蠕動迅速，食糜快速通過空腸後進入回腸。從十二指腸、空腸到回腸，食糜由於腸道蠕動一路被攪拌消化，並且腸道絨毛越來越密，營養物質一路被絨毛吸收。回腸長度超過三米，腸道絨毛最為密集，營養的吸收也最多。小腸（十二指腸、空腸和回腸的總稱）吸收的營養物質不僅是從口腔攝入的食物營養，還包括各種消化腺體分泌的消化液物質。被吸收的營養物質和水分都經小腸壁毛細血管進入身體血液循環。被小腸吸收後的食糜剩餘物質在大腸內繼續被吸收，在大腸的蠕動作用下剩餘物質最終變成糞便，此時直腸壁上的感受器把信號傳至大腦皮層而產生便意。排便運動通常是有意識的肌肉運動，大腦皮層支配直腸收縮和肛門括約肌舒張，平時緊縮的肛門被打開、放鬆，此時配合深呼吸，呼吸道憋氣，膈肌下壓，腹肌收縮，以增加胸腔和腹內的壓力，於是糞便被順利排出體外。腸道內有益菌的微運動對人體的消化起到了不可磨滅的作用和貢獻。腸道有益菌有雙歧桿菌、乳酸桿菌等隨嬰兒期的哺乳過程進入腸道，與人終生相伴，與人體形成共生關係。有益菌可以降解消化液分解食糜後的對人體不利的產物，合成多種維生素。有益菌遍佈腸道粘膜，可以阻止有害菌侵入細胞組織，有益菌甚至會影響人的情緒、思維和行為。

呼吸運動是人體維持生命特徵的基本運動形式之一，呼吸運動可以分為節律性呼吸運動、意識呼吸運動和異常呼吸運動三種。呼吸運動的動力是膈肌、肋間外肌和腹壁肌的收縮和舒張，肺臟被動的被擠壓和膨脹產生氣流出入而進行呼吸。膈肌、肋間外肌和腹壁肌在大腦呼吸中樞的控制下收縮，胸廓擴張，肺臟膨脹，此時抽動口鼻外的空氣經呼吸道進入肺內，肺泡吸收氧氣；當上述肌肉（呼吸肌）舒張時胸廓縮小，肺臟被擠壓，肺泡產生的二氧化碳在口鼻處被擠出體外，這種一呼一吸的有規則節律的無意識的呼吸往復循環稱為節律性呼吸運動。大腦皮層可以適當控制呼吸肌的收縮和舒張，深呼吸就是屬於意識控制的一種呼吸運動，深呼吸主要是控制呼吸肌的收縮和舒張的速度和強度；講話、唱歌、鼻音等發聲運動也屬於意識控制下的呼吸運動，這些由大腦皮層控制的呼吸稱為意識呼吸運動。膈肌和肋間外肌的收縮舒張形成的呼吸運動叫做胸式呼吸，膈肌和腹壁肌的收縮舒張形成的呼吸運動叫做腹式呼吸。咳嗽屬於異常呼吸運動。呼吸運動的作用是把新鮮空氣中的氧氣吸進肺泡，通過肺臟的毛細血管把氧氣輸入至血液循環為身體提供氧化反應的能量，同時又把身體內氧化反應後形成的二氧化碳廢氣通過毛細血管和肺泡排出體外。

心臟的跳動為血液循環提供直接的動力，使血液運行至身體的每個部分。心臟是人體中最重要的器官之一，也是人體中最強勁有力的肌肉團，其外形像成熟的桃子。心臟內部的右心房、右心室、左心房、左心室四個腔壁均由心肌構成，右心房連接上下腔兩個主靜脈，右心室連接肺動脈，左心房連接肺靜脈，左心室連接主動脈。心肌強有力的收縮和舒張把血液從上下腔主靜脈吸進右心房和右心室，右心室把血液擠進肺動脈，血液中的代謝氣體二氧化碳在肺泡裡經呼吸運動交換成氧氣，帶有生命希望的含氧血液從肺靜脈被吸進左心房和左心室，左心室內的血液被擠進主動脈而流向各級動脈和全身各處。心房與心室之間有瓣膜隔開，以防止血液倒流。心臟有節律的跳動主要是受本身心肌纖維生物電傳導系統的支配，起搏細胞首先興奮引起心房細胞和心室細胞興奮作交替的收縮和舒張運動，心臟的搏動強勁有力以致於全身各處的血管動脈都被引起脈搏跳動。血液循環運動是指左心室泵出的含氧血液通過主動脈、各級動脈、次動脈、毛細血管，再從次靜脈、各級靜脈、上下腔靜脈進入右心房，經肺靜脈再進入左心室，這樣完整的一周（次）的流動運動。血液循環一周（次）大約只需要 20—25 秒鐘的時間，可見血液流動的速度有多快。血液流經腎臟動脈靜脈過程中，腎臟毛細血管過濾保留營養物質和高分子物質，把整個身體內新陳代謝的廢物包括水、尿素、尿酸、無機鹽排入膀胱作為尿液排出體外。

細胞運動是人體最隱蔽最根本的運動，人體的一切運動都是細胞微運動的集合和集中的體現。人體腸道吸收的物質營養和水分幾乎全部都提供給了細胞和細胞環境，細胞運動需要物質和能量的供給。細胞運動可以分為細胞整體的運動和細胞內部的運動兩種。細胞整體運動包括胞吞胞吐運動、鞭毛運動、纖毛運動、變形運動、偽足爬行運動、分化運動和裂變運動等等。細胞內部運動有胞質流動、細胞器分子運動、細胞核分子運動等等。靶器官中的細胞把隨血液循環帶來的營養物質有選擇的吞進細胞內，供細胞內部使用，然後把細胞內生化反應所產生的廢物吐出細胞外。胞吞胞吐運動需要能量支撐。吞噬細胞和中性粒細胞廣泛活躍於血液和組織中專門吞噬外來入侵微生物和清除死細胞殘骸，擔負起免疫職能。人的精子就是典型的帶鞭毛運動的生殖細胞，精子在精液中用鞭毛遊動。細胞運動的能量來源於細胞內部細胞器線粒體的作用，線粒體把氨基酸、醣類、脂類等等物質與氧氣進行氧化代謝反應，生成 ATP 等高能量物質提供細胞運動能量，並釋放出二氧化碳。分子馬達肌球蛋白採用 ATP 水解產生能量拉動肌絲引起肌肉收縮運動，眾多的肌肉細胞收縮運動就引起大塊肌肉收縮，這就是人體外在運動的內在原因。細胞內的分子運動還有驅動蛋白、肌動蛋白、DNA 解旋酶等等運動。

人體生長運動比較其他動物是緩慢的，人從出生到發育成熟需要 16—20 年的時間，其他動物不需要這麼長的時間。人體生長運動也是因為細胞的分化原因導致的，人體從最早的一個受精卵細胞不斷的分化演變，最終分化出 40—60 萬億個細胞。人出生時體重約為 1—3kg，長到成年體重約增加 40—90kg，增加 30—40 倍，所增加的物質都是從體外獲取，把本不屬於自己的物質納入到身體中成為自己的一部分。人體的生長運動似乎有一個明確的目標，就是結構的完整和功能的完善，這也就是人的應然規定性，應然狀態驅動人體生長運動。人的衰老運動原因多種多樣，至今還沒有被人類自己完全弄明白。

人體皮膚置換推進運動算是人體最不起眼的運動了。表皮角質層脫落後，顆粒層細胞推進置換成為角質層，同時棘細胞層推進置換為顆粒層，以此類推皮膚各層細胞層層推進置換，網織層的細胞由皮下組織置換而成。整個置換推進運動大約需要 28 天時間。

人的運動可以細化為原子運動和亞原子運動。由此可見，人的運動性是絕對的，無時無刻不在運動，即使外表靜止或者在睡眠狀態下運動也不會停止。運動使人充滿活力，運動也使人體細胞充滿活性。

4. 內平衡性

人的結構性也是絕對的，人體不是一團無序的電子雲，其結構性層層疊加最終組成人的外形和各種生理系統，在結構中功能得以體現，功能也是結構的原因，結構的相對穩定也必然反映各功能之間存在一定的平衡，不然其結構不可能有序。人體內部結構複雜，功能複雜，運動複雜，那麼為了維護人體的獨立整體性就必須建立或形成一套完整的平衡體系，這不是人的智慧所能及的。在這個層面上，自然能量的智慧得以充分的體現。人體的內平衡機制在完全無意識的狀態下有序有節的運行，這不得不讓人感歎和崇敬。也許有人會認為這是億萬年自然進化的必然結果，好像自然世界就必然應該如此。但是，如果只要初步瞭解體內平衡機制，人們會不得不讚歎自然智慧的偉大和精緻。

人體的體液平衡包括水量平衡、滲透壓平衡、電解質平衡和酸鹼平衡。人體的水含量為 60—70%，絕大部分靠嘴攝入，極少部分由皮膚吸收。人體水含量以細胞內液、組織液（細胞間液）和血液的方式存在，以滿足生理系統的運轉為限，多餘的水量由腎臟泌尿排出。細胞內液和外液的滲透壓基本相等，細胞內液包含的電解質以鉀陽離子和碳酸氫根負離子為主，細胞外液以鈉陽離子和氯陰離子為主。由於無機鹽電解質陽離子對水具有吸引力，細胞內外的電解質陽離子的濃度差發生變化會導致水在細胞內外滲透流動，如果細胞外鈉陽離子的濃度低，水就被細胞內的鉀陽離子吸引而進入細胞內，反之水就流出細胞。所以，滲透壓平衡與電解質平衡是相輔相成的。人體中的電解質離子主要有鉀陽離子、鈉陽離子、鈣陽離子、鎂陽離子、氯陰離子和碳酸氫根陰離子等等，需要從食物營養中攝取提供。人體的新陳代謝既產酸又產鹼，體液中的氫陽離子總是在變化之中。由於體液的環流、呼吸中氧氣的供應以及腎臟的調節作用，使得體液中氫陽離子的變動範圍很小，總是處於弱鹼性狀態，即 PH 值保持在 7.35—7.45 之間。

基礎代謝可以反映人體的基本正常的能量平衡狀況。在輕度勞動強度範圍內，人體的新陳代謝能量消耗以醣類最多，脂類次之，蛋白質最少，其比例為 6.5：2.5：1.5。在這種比例情況下這三種營養物質便能充分發揮各自的功能，並起到相互促進和保護作用。醣類是體內的主要供能物質，它供給約 70% 人體所需的能量，腦組織所需能量的唯一來源是葡萄糖，醣類對脂類的氧化過程也非常重要。脂類是機體儲存能量的重要形式，在基礎代謝情況下不直接提供能量。蛋白質的主要作用是構成機體蛋白結構，供給能量不是它的主要職能。基礎代謝率可以反映人體把營養物質轉化為能量的效率，即新陳代謝的效率，根據身高、體重、年齡資料測算，人體的基礎代謝率在嬰兒時期最高，以後隨著年齡的增長而逐漸降低。

人體的體溫主要是由葡萄糖在細胞內氧化反應而產生的熱量來提供和維持的，正常的體溫在舌下閉口測量為 37℃，腋下測量為 36.5℃，視為人體核心體溫。當環境溫度降低時，人體核心溫度會因為散熱原因隨之降低，這時皮膚溫度感受器會發信號傳給下腦丘的體溫控制中樞，體溫控制中樞通過神經信號支配全身肌肉收縮顫抖發出熱量來提高核心體溫；當環境溫度升高時，體溫會因為無法散熱而逐漸升高，這時體內細胞感受器會通知體溫控制中樞，體溫控制中樞即刻支配皮膚汗腺分泌汗液排出體外以帶走身體熱量。人體體熱平衡機制在正常情況下可以基本維持核心體溫的恒定。

人體的內平衡機制還包括血壓平衡、血糖平衡、內分泌平衡、微量元素平衡、菌群平衡等等，這些平衡是維繫人體健康的重要生理機制，不平衡（或多或少）都會造成疾病，不平衡程度越大造成的疾病越嚴重。

在強烈的身體運動中如高強度勞動和體育運動，人體的平衡機制會發生動態變化，呼吸的氧氣會相對減少，汗液分泌過多會需要補充更多的水分，基礎代謝率提高對食物營養的補充也會要求更多。

5. 需求性

根據熱力學第二定律熵增原理，在一個封閉的系統中結構會趨於混亂和無序（熵增），如果系統要克服熵增（即熵減）就必須從外界獲取能量。人體為了維護其結構，實現其功能，就必須從體外獲取物質能量，這是人具有需求性的客觀物理原因。其實人的需求性遠比物理原理描述的複雜得多，為了維護人體結構，人的運動性就不能停歇，那麼人的平衡性就會總被打破，平衡性的客觀要求就會以多種方式發出信號，迫使人補充消耗的能量。大自然的奇妙和偉大也體現在在人體紛繁複雜的結構和機能中設置了多種多樣的內平衡感受器和執行器，在中樞神經的協調支配下感受器和執行器有效的運轉，保證了人體系統的正常運行，內平衡感受器是人的生理需求的發源地。

人體為了維持細胞運動就必須不停的補充氧氣籍以保持氧化反應，不停的呼吸運動可以滿足身體的氧氣需求，但是呼吸運動也帶走了部分水分，皮膚蒸發掉了一些水分，腎臟排掉了一些水分，使得體內水量減少，體液平衡被打破，於是細胞內的滲透壓感受器向下腦丘體液中樞發出信號，中樞神經立即指示口腔壁細胞發出口渴的感覺向主體人請求補充水分，當水分攝入後信號即刻停止，所以人體有喝水的需求。當細胞運動消耗了過多的能量時，血液裡的醣類物質含量顯著減少，下腦丘攝食中樞會發生饑餓感來促使主體人進食補充物質能量以維持體內能量平衡，人體又有了進食的需求。一般來說，人總是會產生想吃什麼的感覺，吃多了素食想吃肉，吃多了肉食想吃素食，這是體內能量平衡的客觀要求，不滿足這個要求人就會不舒服。當身體感覺冷時，皮膚溫度冷感受器會發出體溫不平衡的警報，一方面下腦丘體溫中樞會支配肌肉細胞顫抖來發熱，另一方面會提醒主體加衣保暖，這是人體禦寒的需求。人體中熱感受器分布於皮膚和內臟器官的神經纖維中，當人體運動或環境溫度升高時人體核心溫度上升，熱感受器發出信號，下腦丘體熱控制中樞即刻支配皮膚汗腺分泌汗液排出體外以降低核心體溫，熱感受器是感測器，汗腺是執行器，體溫控制中樞好比是控制器，三者協同配合運作確保機體的安全。

人體中存在有各種各樣的感受感測器和控制器，它們運作的目的就是維護機體的各種各樣的生理平衡，其調節作用都屬於負反饋機制，即正向不平衡則要求反向變化，反向不平衡則要求正向變化，如體溫升高就降溫，體溫下降則升溫；體液增加就排泄，體液減少就補水，人體內的負反饋機制非常有效的維護了機體的各項平衡。在平衡中產生人體需求，形成能量存在衝動和能量需求衝動。由於衝動的客觀性使得主體意識產生莫名其妙的被動感，逼迫主體人採取符合負反饋機制的行為，體液減少就口渴就需要喝水，體感冷了就需要加衣服或取暖，餓了就要吃符合體內物質能量需要的東西等等。主體人如果消極面對就會越來越難受，最終危及生命，所以說負反饋機制是強制主體人勞動和改善勞動方式的客觀動力，人就不會懶惰，就會想方設法改善自我的生存環境，於是人類就創造了使用火的文化，改進了服裝的多種功能，各種各樣的工具被創造和改進，勞動是人的需求性的內在使然，需求和勞動激發人類向著更高智性進化。

自然的智慧不單是設置了體內平衡的負反饋機制，還為自然環境提供了主體人遵循這一機制的所有資源。早期人類憑藉採摘和狩獵的生活方式可以獲得生存所需的一切物資，蛋白質、脂肪、醣、維生素、無機鹽等營養物到處都有，只要人運動就可以獲取，所以早期人類以遷徙生活方式為主，不斷地移動來獲得食物營養。約一萬年前人類發明了農業技術，可以籍此定居下來，不用勞神費力奔波而冒險，食物營養能夠充足供應。為什麼定居區總是靠近水源呢？一是為了維繫體液平衡的需要，為了喝水方便；二是為了農業生產的需要，水也是農作物和家畜的生命源泉。

人的需求在客觀上是需要主體人自行滿足，呼吸只能是自主呼吸，進食也只能是自主吞咽，自行喝水才能喝得暢快淋漓，這些都是他人不可替代的。所以，需求的自我滿足有一個潛在的規定，即各自滿足自己。人的需求自我滿足形成需求屏障，他人對自我的需求滿足沒有絕對義務，他人對自我滿足所做的幫助要給予感謝、感恩或回報。那些沒有參與勞動也獲得需求滿足的人會要做出許多有利於他人的事情，如看家護院、照顧小孩、打掃衛生、烹飪食物等等，產生家庭或族群的責任感，總覺得不做點什麼不會心安理得，隨之禮儀文化逐漸形成，生活資源的分享促成了人與人之間的共生關係。

6. 主動性

我們知道，人之所以發出滿足身體需求的行為是體內平衡機制驅動的結果，人是被動的運動，真正的主動者是大自然。在大自然的驅使下，人的行為運動是被迫的、倉促的、無奈的，人奮力移動，行走或奔跑，尋找水、蛋白質、醣類和脂類物質營養，心中懷著無盡的渴望，內心的衝動甚至逼迫人敢於冒險，採摘、挖掘和追逐營養的載體——植物和動物，這就使人產生對周圍環境的影響。從小範圍的自然環境來看，人的行為運動是主動的；從內心衝動的隱蔽性來看，主體人對自身行為運動的感覺也是主動的；主體人的行為運動對他人也產生影響，所以對於他人來看也是主動的，於是人的行為運動的被動性轉化成了主動性。也許所有的生命形式都有這種轉化，由大自然（或稱絕對自然）的奴僕轉變為自然小環境的支配者，急不可耐的獲取自身所需的物質能量。人的主動性還有著其他生命形式不可比擬的高級模式，即計畫、規劃、預測的能力。人可以把物質營養加工存儲有備無患，可以把食物營養和水用器物裝著在移動中隨身攜帶，以防不時之需，人還可以把食物營養自行種植和豢養隨心所欲的享用，人憑藉未雨綢繆的智慧把主動性發揮到了無與倫比的境界，這是其他生命形式望塵莫及的，人類籍此成為了大自然中的佼佼者。

人憑藉智能在對大自然的索取中似乎所向披靡，大自然似乎也授予了人絕對的權力並提供了取之不盡的資源。自然小環境無力招架人類的貪婪和掠奪，森林被毀，物種滅亡消失，水被污染，土壤流失，最終大自然以看似微弱的方式強烈的反擊人的瘋狂的主動性，營養物質匱乏，疾病蔓延，反過來威脅著人的需求和生理需要。在大自然面前，即使在自然小環境面前，人的主動性不是絕對的、無限的，仍然受到自然的制約。

在處理人與人之間的關係過程中，人的行為主動性可以分為兩類，一是符合他人和群體利益的主動性，二是損害他人和群體的主動性。毫無疑問符合他人和群體利益的主動性會得到正回饋，即他人或群體也會做出符合行為人利益的行為，這裡講的利益最初形態就是人的需求性，你敬人一尺他人敬你一丈就是這個道理。在相互滿足和促進需求性的過程中，人與人之間的需求性融合在了一起，人與人之間的關係就有了一種團結、和諧的整體感，群體也就有了凝聚力和安全性。人類的分工協作就是在這種氛圍中才成為必要才得以實現的。在損害他人和群體的主動行為過程中，行為人無疑會得到無情的負反饋，即反對、反抗、排斥損害行為。為什麼會這樣呢？因為他人也是大自然的被驅動者，也是絕對自然的寵兒，也有需求性，也有行為主動性，甚至有可能其智性更高。對於侵害行為，輕則賠償賠禮道歉，重則迎頭痛擊並驅逐出群體。在正回饋和負反饋的作用下，人與人之間的共生關係更加緊密，形成你中有我我中有你的利益互惠格局。人與人之間可以容忍自然界賦予的被動性，但不能容忍他人賦予的被動性，任何人以控制食物和飲用水的方式脅迫他人會遭受反對和反抗。在自然狀況下，人與人之間有著天然的平等性，這種平等性就建立在了平等的需求性、被動性和主動性基礎之上。

所以說，人的主動性是相對的，人沒有也不應該有絕對的主動性；人的被動性是絕對，但絕對的被動性可以轉化為相對的主動性；人的主動性和被動性是相輔相成的，主動性中有被動性，被動性中有主動性。

7. 感知性

人體在主動運動中不可避免的被周邊環境和事物所影響，障礙物、石頭、樹枝等等會直接作用於人的身體造成傷害，遍佈全身的痛覺感受器可以迅速捕捉到這些對人體不利的作用，建立起知覺預警，使人及時發覺所受的傷害，避免流血過多而危及生命。痛覺還使人在被傷害中學習，促使其行為運動避免可能會受到的傷害。人的視覺可以感知光線以及光線在其他物體表面產生的反射，使人準確的測定和判斷自己與周邊環境和事物的位置關係，促使人的知覺與自然環境盡可能的保持一致。由於人的視覺對光線的依賴，在夜晚或沒有光線的環境（如洞穴）裡，人的目測判斷力喪失，此時人的聽覺、嗅覺、觸覺被充分的調動，主體人會有不知所措的不安全感。

人的視覺由眼睛主導，眼睛的光學結構和眼底的感光細胞把光線以及光線的反射轉變為生物電信號並傳到大腦裡，於是眼睛就可以看見眼前的一切。視覺是人的知覺系統（大腦）最重要的感覺，占大腦感受信息量的 80% 以上。人的眼睛可以感受全色系景象，使得景物成像細膩而具有美感，生動而豐滿。眼睛還可以感受到物體的移動運動，並協調主體人的行為與移動物體保持協同關係，或追逐，或避讓，或抓捕，或同步。眼睛長在身體的上方，其視野開闊，可捕捉各個方位的訊息，具有天然的瞭望優勢，對早期人類在原生態環境中的食物獲取和安全避險起到了很大的促進作用。聽覺由耳朵主導，外耳、中耳和內耳的構造非常方便獲取音量、音調、音質等聲波訊息，聲波通過外耳和中耳使得內耳的感受細胞興奮引起神經傳動，在大腦的聽覺中樞產生聽覺。聽覺和視覺一樣也可以獲得遠距離的信息，對人的生命活動具有非常重大的意義。

嗅覺、觸覺都屬於人的近距離感覺，從生命的生存策略上看是人的最後一道安全防線。當某種特定的物質分子隨呼吸進入鼻腔時，粘膜受體細胞把物質分子的信息轉變成為神經信號傳到大腦的嗅覺中樞產生氣味知覺，即嗅覺。人的嗅覺是相當靈敏的，只要幾個分子就可以產生嗅覺知覺。由於人的鼻子懸在空中，所以只能聞到空氣裡的氣味，而聞不到地面的氣味，又由於人的視覺和聽覺的優勢，也沒必要從地面獲取氣味訊息。人的皮膚感受器受到機械性刺激或受到溫度刺激，遍佈全身皮膚的神經末梢把刺激信號傳導到大腦觸覺中樞而產生觸覺。人的觸覺可感受到極其輕微的機械性壓力和振動刺激，但是對溫度和濕度的感知就要遲鈍很多。人的觸覺在晚上要比白天活躍，特別是在原生態環境下，晚上任何輕微的未知觸覺都會引起高度的恐懼。

味覺屬於內感覺，物質分子進入口腔內部作用於舌頭上的味覺感受器，經神經傳導在大腦味覺中樞產生味覺。味覺可以感受到許多種味道，最基本的味道是酸、甜、苦、辣、鹹、鮮六種，其他所有的味道都是這六種味道混合而成的。人的口腔內部也有觸覺，這是食物進入吞咽之前的安全防線，當感覺到食物混雜有硬物時必須將其吐出或清除，以免傷害到整個消化器官。人體在健康的情況下是沒有體內器官的感覺的，即不會感覺內臟器官的存在，但是在有病灶的不健康的狀況下內臟器官會有鈍痛、刺痛或絞痛的感覺，這是人體內在的健康狀況的警報系統，內臟器官的感受器經神經傳導在大腦裡產生痛覺，以提醒主體人注意內臟的病痛及時就醫診治。體內那個部位疼痛或哪個器官疼痛就意味著哪個器官產生了病變，有胃痛、肚子痛、心絞痛等等。

人的感覺都是由神經細胞（神經元）感受刺激和傳導的。神經元可分為樹突、軸突、細胞體、突觸幾個部分，樹突和突觸與下一個神經元的樹突或突觸相連接形成神經，生物電和電化學在神經元之間交替發生放電現象而形成神經通路，並以極快的速度傳遞到大腦中樞神經系統。中樞神經系統由大量的神經細胞組成網路和回路，存儲和加工所傳來的生物電和電化學信號，產生知覺和心理活動。人腦由大腦、小腦、間腦和腦幹組成。大腦分為左腦和右腦兩個半球，由胼胝體連接成為大腦整體。大腦位於頭骨內的上方，呈褶皺狀，有許多溝和回，從前至後分別為額葉、頂葉、顳葉和枕葉。視覺中樞位於枕葉，把人的雙眼獲得的重疊圖像信號轉化為立體圖像；聽覺中樞位於顳葉，把雙耳傳來的聲音信號根據時差來形成聲源的方位感，建立起立體聲音感覺，嗅覺、味覺中樞也在顳葉；痛覺和觸覺中樞在頂葉。小腦的作用是調節身體平衡、控制肌肉張力。間腦是絕大多數感覺進入大腦的中轉站，擔負起感覺整合的功能。腦幹主要是維持生命體的心跳、呼吸、消化、體溫、睡眠等重要生理功能。

人腦是目前已知的自然界最複雜的結構，1000 億個神經元的樹突和突觸連成立體網路，其層次和維度無法精確測量，也無法估計。

8. 群居性

自然中的個體人不光是本身具有複雜的結構性，自然的結構性還作用於人與人之間的關係，使得人與人也產生結構性，個體人具有與他人結合的傾向，這是自然能量結構機制的客觀使然，人與人之間結合才會自在，才會心安。個體人如果成為一個游離的個體，就好比是一個電子一個夸克一樣，就會無所適從，就不能成為能量體系的有效成員。人與人之間結合最基本的方式是家庭，這與成年男女之間的能量機制是密切相關的。成年男人女人之間的能量似乎具有某種互補性，男人需要女人所包含的那部分能量（當然是男人缺乏的），女人也是這樣，這其間必然存在某種奧秘，還不得而知。筆者認為男人女人之間的這種吸引力是超越性關係的，或許是男女性關係產生的原因。性關係間歇而短暫，但是男女之間作用的吸引力要持久穩定得多。男女結合在一起就在雙方各自心中產生歸屬感，就具有某種神奇的吸引力，不離不棄，常年廝守，並把對方的一切都納入自我範疇之中，合二為一，這必然存在一些奧妙。男女的結合，或稱結構性，並不以具體的某男某女為條件，在男女成年後不論男或女都會有與異性結合的渴望，一種原發的衝動，驅使其尋覓異性。當然這其中會有性衝動和性吸引的成分，但是更多的是結合的衝動，結合的渴望。當具體的男或女邂逅，一見鍾情，認定對方為心儀的異性，這時雙方的觀念和文化肯定起到了很大的作用，但是最根本的原因還是人的結構性使然。在自然狀態下男女之間的結合關係也是超越利益的，超越雙方的物質營養需求，不會計較吃多吃少、占多占少，似乎結合本身就是目的，達到結合目的以後其他一切都是次要的。男女結合的穩定性貫穿雙方的生命週期，海枯石爛，永結同心，不是一時衝動的權宜誓言，實際上男女結合以後就產生了責任和義務，就形成了牢固的共生關係，這與其他物種的性吸引的性關係是不一樣的。

在早期群落時代（距今約 150 萬年前），成年男女之間性濫交，在氏族群落中不分輩分的發生性關係。到了群落時代的中期（約 100 萬年前），氏族群落形成約定，不容許跨輩分的性行為。群落時代後期（約 50 萬年前），氏族群落再禁止直系親屬同輩分之間的性行為，即具有血緣關係的兄弟姐妹之間不許發生性行為。距今兩萬年以前由於跨氏族通婚的優生優越性，氏族群落被瓦解，取而代之的是部落內部異族之間的婚配關係。因為人類的智性發展人們逐漸意識到固定的性關係的重要性，所以在部落群體中也逐漸形成了固定的婚姻關係，濫性行為受到懲處，雖然部落時代可以一夫多妻或一妻多夫，但是夫妻之間的性行為是固定的。從群落到部落生活方式，婚姻的形式多種多樣，然而成年男女之間的結合性和結構性一直貫穿始終，只要男女一結合，雙方就安心，就穩定，就心滿意足。

筆者認為，男人女人之間或許存在某種能量場關係，這種能力場關係一旦確立就具有穩定性和神聖性，支配男女的一切行為。確立能量場關係的形式就是聯姻，即結婚儀式。或許早期人類就只是男女雙方的一個認可，一個許諾。我們常聽說婚禮司儀宣告某某男女步入神聖的婚姻殿堂，這不會是一個冠冕堂皇的陳詞濫調，事實也是如此。至於隨著生活的複雜性而形成的複雜觀念會影響婚姻的長期穩定，某些個別的婚姻關係會發生變故，但是總的來說婚姻關係是穩固的，將永遠伴隨著人類生活，會真正的海枯石爛。

性生活不是男女婚姻生活的全部，事實也是如此，但是性生活卻使得男女繁衍生息製造出了一代又一代人，代代相傳就導致了人與人之間形成更為複雜的結構——親屬關係。親屬關係包括男女雙方的各個輩分的血緣紐帶關係。婚姻男女之間以夫妻相稱，與父輩、子女之間以父母、兒女相稱，兒女之間以哥哥姐姐、弟弟妹妹相稱，與祖輩之間以爺爺奶奶、外公外婆、孫兒孫女相稱，這是直系親屬關係。除此之外，父母的哥哥姐姐弟弟妹妹，爺爺奶奶、外公外婆的哥哥姐姐弟弟妹妹，也有一套完整的直系親屬關係，於是就形成了旁系親屬關係。直系親屬關係與旁系親屬關係統稱為家族關係。這些複雜的家族關係無不以男女之間的婚姻關係作為紐帶而建立，婚姻關係的穩定決定了既定的家族關係的穩定，反過來看，家族關係的穩定也反映出各輩分中的男女婚姻關係的穩定。由此我們不難發現，這些紛繁複雜、盤根錯節的家族關係與原子、亞原子中的關係，與分子聚合關係是何等的相像！

早期人類的群居是以家族為單位組成的，一個家族就是一個群體，一個群體的成員（家族成員）可能多達幾十上百人，每個人都擔負起群體裡的一個角色，有的採摘，有的挖掘，有的狩獵，有的烹飪食物，有的看護幼小兒童，使得整個群體資源分享，危險共防，智者被尊敬，勇者被敬仰，強壯的人甘於奉獻，婦老為飲食起居操忙，經驗和技術在群落中免費傳授，未成年人在庇護中快樂成長。群落中衍化出以情感為紐帶的共生關係，這種共生關係不同於自然物種之間的一對一的共生關係，而是一對一、一對多、多對多的共生關係網絡，這在自然史上是絕無先例的，這也是人類智性有別於其他物種的一個側面。早期群落生活在情感上是其樂融融的，經過無數代的傳承其共生關係深深刻入了人們的心靈之中，血緣關係被賦予了無比神聖的敬意。但是群落生活方式的生產力是低下的，其生活是簡單無趣的，面對疾病無能為力，特別是傳染病甚至可以奪走大部分群落成員的生命。

大約在距今兩萬年以前，群落中的人們發現了一個現象，遠親或不同群落通婚所生的後代智力水準更高，體魄更強壯。於是，跨家族、跨群落的聯姻越來越普遍，這樣一來無疑改善了人類品種和基因，而且促使群落規模越來越大，群落生活方式進而演變為部落生活方式。我們可以這樣認為，群落是以氏族血緣關係為紐帶的群居性，那麼部落就是以氏族血緣關係加熟人關係的群居性。部落的規模可以擴大到幾百上千人，或幾千人，每個部落由若干個氏族群落組成，氏族群落內部仍然沿襲著古老的親情文化，久而久之部落內部也形成了跨氏族的親屬關係，這種新型的親屬關係維繫著部落生活。部落生活也體現出人與人之間的共生關係，這種共生關係更加豐富，因為在部落內部已經開始了行業的分工。

9. 目的性

人體是充滿合目的性的生命體，合目的性在人的身上有多種體現，有功能性合目的性、結構性合目的性、運動性合目的性、需求性合目的性等等。口腔腺體分泌唾液是為了方便咀嚼和吞咽，胃腺體分泌胃液是為了殺菌和製作食糜，肝膽和胰臟分泌膽汁和胰液是為了消化分解食糜物質和中和胃酸；血液循環是為了把氧氣、營養和能量輸送到靶器官和靶細胞，腎臟是為了清除血液中的毒素廢物等等。肘關節只能向內彎曲是為了吃食物和護衛身體，手指關節只能向手心彎曲是為了抓握運動，膝關節只能向後彎曲是為了身體向前或向上移動運動，面部和五官都長在頭部的前面是為了移動運動方向的監視和探測，牙齒的形狀和分布位置是為了切割、研磨食物，也是為了吞咽和消化的安全方便，進食和呼吸是為了體內平衡，為了內臟器官和細胞的物質營養供應等等。人體從裡到外都透析出不以意志支配的無意識的目的性，這些合目的性習以為常容易被人忽視。

人的意識目的性由合目的性派生和發展。在主動性的作用下，人類遵循邏輯規則產生出符合自身需求的目的性行為，形成了意識目的。個體人的意識目的也就是個體人的生存意義，這是生存哲學的研究範疇，人為什麼而活？人活著的意義有三個方面的內容，第一，人活著是為了追求。人活著實際上是追求所有自己認為值得追求的東西，可以追求美食、追求性伴侶、追求舒適、追求群體認可等等；第二，人活著是為了實現自我。人們通過有計劃、有步驟的行為，運用知識和經驗克服困難創造出符合自身需求的成果，可以證明和展示自我的價值。每個人都有追求成就感的需求和熱情。做一個口味獨特的美食，尋找到難得的食物，發明或改進更適用的工具，找到解決問題的好方法等等，每個人都會有無與倫比的成就感；第三，人活著是為了群體利益。群居的群體既然具有符合個人利益的功能，那麼個人不可能違背群體的利益，不然個人利益會受到損害。比如說，任何個體人不可能把群體成員的身體當做食物來源，不然群體消失會危及自身的安全。尊重群體中的他人有利於群體的穩定，於是群體中必將孕育出尊重自己、尊重他人的良好氛圍。

人的行為目的是意識目的的外在表現，人喝水的行為是為了補充身體水分，進食的行為是為了攝取物質營養。人的行為目的還具有多重性、複合性，形成一連串的目的鏈條，如原始人拿著刀行走到小樹跟前是為了砍下樹枝，然後用樹枝做成刀槍是為了捕殺獵物；用柴火燒烤或烹飪獵物是為了安全的進食。建房子、製作衣物、群體內情感交流等等行為都體現出多重的目的，每個目的密切關聯最終達到生理需求的目的。人，沒有也不存在沒有目的的行為，因為行為運動需要消耗一定的肌肉能量，能量充盈難能可貴，所以不會做出沒有目的的行為。

人的目的性是合目的性與意識目的性的統一。

10. 趨利避害性

需求性產生人類對利益的偏好和對利好局面的追求，即趨利性。人類同時還對違背利益的結果和不利的局面也產生強烈的厭惡和躲避傾向。早期人類因為視覺生理所限，喜歡晝間活動而在夜間休息。人在白天視覺敏銳，動作敏捷，可以把控局面，而在夜晚視覺感官能力幾乎為零，無法把控周圍環境，所以在夜間以躲避的方式休息；人類喜歡趨水而居，為的是河流和溪水帶給人的源源不斷的食物和飲用水，在沒有水源的荒蕪地方鮮有人類居住。農業的產生和推廣就是人的趨利性的結果，農業的生產生活方式有著與過去遷徙方式無可比擬的優越性，農業方式可以獲得比較穩定的食物，而避免勞累奔波的痛苦和風險。農業符合人類的根本利益，所以被最大範圍的推廣和應用。農業的發展又產生城市生活方式，城市使人類更安全、更方便，於是，吸引更多的人趨利避害而進入城市生活。

個體人的大部分日常行為都是趨利避害行為，進食和飲水屬於最基本的趨利避害，還有夏天在陰涼處躲避烈日，冬季保暖和取暖行為，建造庇護所和房屋，甚至在屋外構築籬笆和圍牆來防範不測，喜歡行走在道路上而回避草叢和灌木叢，有病痛而尋醫問藥，與親近的人相處，回避或躲避敵手等等。在趨利避害性的驅使下人的生活更安逸，各種需求得到有效的滿足。人的趨利避害性帶給了群體很多利好，人口不斷增加，食物持續穩定供給，生活環境更安全，人類籍此創造出各種燦爛的文化。

然而，趨利避害性也是一把雙刃劍，也有一些負面作用。比如，趨利避害的人容易走極端，唯利是圖、好逸惡勞的人會造成對群體和部落不利的影響。過分的趨利避害使人走入迷途，貪圖安逸，不思進取，貪小便宜，怕麻煩而缺乏創新精神，對陌生的事物刻意回避也抹殺了人的好奇心和求知欲。趨利避害性也使人專注於生存而忽視生活品質。趨利避害性還可以被人利用，專制者採用暴力手段製造對趨利性的損害，人們為了躲避損害不得不接受專制者的統治。

趨利避害性不是人的本能，是人的後天經驗積累和學習的結果，所以趨利避害性是可以被瓦解的。在信仰的作用下人是可以坦然面對危險的，在責任心的驅使下也會作出與危險和損害抗爭的行為，好奇心會使人想方設法排除危險而產生冒險精神等等。與趨利避害相反的行為或敢於面對危險的行為就是勇敢。

11. 自我衝動性

人不是一個只會運動的需求機器，生理滿足也不是人的全部追求；在身體中，在大腦裡，有多種衝動在不停的湧動，即使生理需求得到極大的滿足也不會停歇，這些衝動與自我密切相關，即使沒有自我意識，自我也不會缺失。我們可以說，我的手、我的腳、我的身體、我的頭腦，卻難以感知到自我的實體存在。現代醫學可以解剖人的所有器官（包括大腦），卻找不到自我的生理形態。自我以一種極其隱蔽的方式蘊藏在我的身體當中，成為我的行為的出發點和意識的產生源。自我以能量衝動和存在衝動的方式湧動，極力通過各種行動、表情、發聲的形式彰顯，從來都不甘於默默無聞和平淡無奇。

在感覺剝奪實驗中，被試被限制了各種感覺功能，結果被試都不同程度出現了嚴重的精神不適，如果人類被長時間剝奪感覺還會危及生命安全。這個實驗說明，人的神經末梢感受器和神經通路以及大腦中樞有一種原發性的衝動（即保持興奮狀態），這種衝動要通過感覺器官與外界保持刺激關係；如果這種衝動被抑制，會對人的身心健康產生不利影響。這種衝動是無意識的，在被抑制的狀況下這種衝動也不能被意識所調整和支配。這種衝動就是自我能量衝動，說明人體內有能量在湧動，這種湧動是原發性的。人在睡眠中為什麼可以被拍打、搖晃叫醒，也可以被光線刺激或被聲響驚醒，說明在睡眠中神經系統並沒有休息和停止運轉，人體的能量衝動是全日制、全天候不停息。

人在意識狀態下有存在感，人會重視自己的感覺，有自信、有主見，喜歡在他人跟前表現自己，為什麼會這樣？其根本原因就是自我存在衝動的結果。自我存在以快速而隱蔽的方式在大腦裡和身體裡衝動，不需要意識的參與就可以激發人的激情和活力，就可以賦予人的精力和生命力，就可以喚起人的勇氣和意志力。在自然狀態下自我存在衝動還可以形成自我的無意識認可，認可自己的膚色，認可自己性別，認可自己的長相、體型和肢體結構。自我存在衝動總是引起人的內心衝動，一方面形成自我認可，另一方面體現為氣息、品質和精神面貌。自我存在衝動是多維度的衝動，產生了自我核——自我本體、自我規定、自我範圍、自我歸屬、自我外延等屬性。自我衝動還具有指向和投射功能，把與「我」有直接關聯的一切事物都納入自我的範疇。

當人的發育進入成熟期後，體內的荷爾蒙達到最大濃度狀態，形成了強烈的生物電能量，性能量積蓄並出現宣洩的衝動，這就是性衝動。性衝動不同於繁殖衝動，繁殖衝動是一種獲得後代的心理衝動和預期，繁殖衝動也會包含性衝動過程，或通過性行為來實現，但繁殖衝動屬於意識活動，而性衝動屬於無意識的本能。人類祖先經過若干萬年的經驗，習得繁殖與性的關係，形成了繁殖文化。由於繁殖文化的心理強度，進而忽略了性衝動本能。人的性行為應該是為了平衡體內性能量的壓力而產生的生活行為，繁殖是性行為的副產品或衍生品，這也是大自然最為神妙之處，即有性繁殖通過體內的生物化學方式和物理方式來實現，當性能量在性行為中得到釋放，生命體會出現非常舒適的感受。事實也可證明，扣除繁殖衝動的意識內容，或扣除繁殖衝動時對後代的預期，性衝動仍然存在。在非洲，倭黑猩猩就似乎不把繁殖衝動當一回事。倭黑猩猩群體的交往行為中，性行為占到很大比例。顯然，倭黑猩猩不把繁殖當做性行為的主要目的。在倭黑猩猩的思維中還沒有把繁殖與性行為建立起必然聯繫，也沒有形成繁殖文化，它們體現的只是單純的本能。

關於人類語言的產生原因一直是爭論不休的問題，有仿聲論、吆喝論等。唯物主義認為語言產生於勞動，因為勞動需要某種信號把人們統一起來，於是就形成了語言。這些都不足以證明人類語言的起因。我們可以先提出幾個問題，再來分析思考。第一，人為何會出現「只可意會不可言傳」的現象；第二、失去發聲功能的人為什麼想表達；第三、在語言出現之前人怎麼思考；第四、人如何自己跟自己說話。只可意會不可言傳現象說明人的需要表達的東西大於其語言能力，也就是說語言無法對應和覆蓋表達衝動；特別是人們做哲學思考時，語言總覺得很蒼白；聾啞人和生命垂危的人無法說話，但是他們內心都有強烈的表達需求，這種需求也是一種衝動；在語言出現之前人類肯定可以思考，思考本身不需要語言支持，思考是概念和概念之間的關係以能量湧動方式產生的衝動；人跟自己說話，其實就是思考和思考過程。

許多動物都有識別危險掠食者的能力和行為，比如說南美黑臉長尾猴和非洲長尾猴可以針對不同的掠食者發出不同的叫聲信號，每一個叫聲都與某種掠食者對應，這種用叫聲與特定的掠食者建立起的對應關係不能不算是語言了，這種識別危險的能力已經超出了本能的範疇，明顯具有語言意識特徵。人類語言的產生也是這樣的，一種事物的感覺就會在大腦中形成一種能量印象（知覺），相同的知覺多次產生後會形成意識能量壓力，發出某種聲音就是能量壓力的釋放過程。人們遇到意想不到的事情都會發出驚訝的呼喊聲，如「啊」、「哎呀」、「哎呦」等等，都是因為突如其來的意識能量壓力在發聲器官得到釋放的結果。人對於不同的事物會產生不同的意識能量壓力，也就是認知的能量衝動，釋放不同的壓力就發出不同的聲音。人類的語言在上百萬年以前就已經開始形成，就像動物的識別行為一樣，最開始是簡單的聲音，隨著認識水準逐漸提高發出的聲音也就越來越多，最終形成了現在的語言。意識能量壓力（或認知能量衝動）的釋放過程不會只限於發聲器官，形體動作和表情都可以用來釋放壓力。

人對事物的認識包括感覺和思考的結果都會形成意識能量壓力或認知能量衝動，比如突然發現大量的食物，發覺有野獸靠近，對某個他人的感覺，研究發明了一種新工具等等，頓時會產生釋放壓力的衝動，即表達衝動。在表達衝動的作用下，人可以不由自主的自我表達，也會迫不及待的跟他人講述，直到把想要表達的事情講述完才會覺得舒坦，即所謂的不吐不快，講完以後壓力得到釋放，衝動得以平緩，人才會感覺舒服。表達衝動也是溝通衝動，把自己的感受和想法與他人分享，向他人告知，這樣可以增進人與人之間的瞭解，互通有無。在群居生活中，表達衝動為群體內部的情感交流起到了極大的作用。

12. 思想性

我們知道，人腦包含 1000 億個神經元，它們之間通過樹突和觸突相互連接，形成極其複雜的網路聯繫。在獲得氧氣和葡萄糖能量供應以及維生素營養作用情況下，神經元不會安於靜止的簡單的聯繫，神經元之間以動態的多維度的多層次相連接，使得人腦發生衝動。周圍神經傳遞到大腦裡的感覺信號在人腦的動態衝動中會產生能量的強度效應，使人產生意識，人的意識是感覺與大腦衝動相互作用的結果。意識是人體神經系統的動態狀態，意識不是一種過程，即意識不是思考過程，意識的動態狀態是一切心理活動和思維活動的基礎。

感覺信號進入具有意識的大腦會產生兩種反應，一是感覺信號會被賦予能量的意義，樹突和觸突的連接發生變化，長出新的樹突和觸突加強神經元之間的聯繫；二是相同的感覺信號重複進入大腦後產生能量權重，新長出的樹突和觸突越來越多，神經元之間的連接被牢牢地固定下來而形成記憶。可以這樣說，意識是人腦活動的基礎狀態，當記憶生成以後人腦的知覺和思維才會真正開始。傳統上人們對意識的認識具有模糊性，把意識等同於知覺、思維和觀念，忽略了人腦在加工感覺時的過程。

在意識狀態下，人的知覺其實是賦予感覺以能量意義，如光線的刺激性和可感知性，水的柔軟性和流動性，岩石和樹木的堅硬性等等。大腦通過關於事物的感官傳導頻次建立起神經元的穩定連接而產生事物能量權重的記憶，即形成認識的素材，在記憶素材中又產生新的神經元連接，這種新的連接過程就是思維。思維把新的神經元連接又賦予新的能量意義，在這個意義上又形成新的能量權重，即觀念。人腦的偉大之處，也就是與動物腦的不同之處是觀念的記憶。人腦可以把觀念也當做認識素材，神經元進一步把觀念素材的能量意義又產生更新的連接，形成觀念的組合，於是就形成了思想。思想是人腦活動的最高形式，也只有具有超大神經元規模和功能模塊的人腦才能形成思想。人的思想是能量的產物，需要消耗能量，在能量變化中產生，在能量意義上存儲和記憶。

自然世界的複雜性也決定了人的思想的複雜性，人的思想包括對萬事萬物的直觀認識，也包括對萬事萬物的屬性的認識，還包括對萬事萬物之間的關係的認識。人的思想也有記憶性，神經元樹突和觸突建立的新的連接會把人的思想穩固起來而形成人的行為準則。人的所有行為都是在思想的控制和作用下發出的。

大凡所有的人最不能違背的是自己的需求。人的需求須要通過行為來滿足，而正確的行為很大程度上須要思維來引導。比如說，人在饑餓的時候會產生吃食物的需求和尋找食物的思維行動，不會出現不想食物而觀賞風景的行為；人在寒冷的時候思維和行為都趨向於保暖，而不會出現使身體散熱的思維和行為；人在欣賞音樂的時候，不會出現製造噪音的思維和行為等等。人出現思維與行為不一致的現象唯一的可能就是需求不真實，如在不太餓的情況下被迫進食；在不太喜歡的人面前三心二意等等。人的思維與行為的一致性還會上升到思想與人格一致性的高度。如一個家庭責任心強的人不會做出損害家人利益的事情；一個樂觀進取的人不會陷入消極頹廢而不能自拔；一個慣於損人利己的人不會表現出高尚的情操；一個目光短淺的人不會閃爍出高瞻遠矚的智慧光芒。人的思維與觀念、思想也具有一致性。需求產生思維，思維形成觀念，觀念匯成思想，都與行為產生一一對應的關係。但是流氓性似乎例外，心口不一是流氓性的主要特徵。耍流氓的人也只是利用了人的真實性和一致性原理給人以錯覺，為的是利用好聽的話語來掩蓋不可告人的目的，而恰恰相反耍流氓的人的行為也將最終暴露其邪惡的目的。其實，口是心非的流氓性也符合思想與行為的一致性原理。

13. 思維複雜性

遠古時期的原始人在紛繁複雜的自然世界的作用下，其大腦不可避免的發生神經元感覺的連接，而產生諸如天地、日月、山石、江河、植物、動物等等事物的知覺。一些相同或相近的事物會在思維連接中分類，自然光線的時間稱為白天，無光線的時間稱為夜晚，高高隆起的地面稱為山地或丘陵，地表流動的水稱為溪流或江河，地表廣闊的水域稱為湖泊或海洋等等。這些被分類的事物逐個都打上了語言標記，形成分類思維，於是在知覺上和認識上就具有了意義和權重，分門別類的名稱也消除了知覺上的混沌感，為進一步的認識打下了基礎。隨著分類思維的發展，原初的分類越來越細化，高山與高山之間的區別用名字加以區分，江河湖海之間的區別也是取名來區別，樹木花草之間的區分、動物之間的區分也是這樣。這樣一來，自然界的萬事萬物都有了清晰地分別，人腦裡的知覺和認識就不會產生粘合效應，那麼思維和認識的效率就大大的提高了。

對於複雜的植物種類及其屬性和複雜的動物種類及其屬性的認識是人的思維必須要釐清的艱巨任務，因為人是雜食動物，植物和動物都是人的食物的主要來源，區分什麼植物能吃什麼不能吃，什麼時節吃植物什麼部位，什麼動物能吃，吃什麼部位，一系列的認識經驗都需要思維首先來分析和甄別，所以食物能量的需要也逼迫了人去思維，促使分類思維越來越活躍，越來越有效率，人類食譜的最終確定是經過了千萬年的無數代人的探索思考而總結出來的。在分類思維中不斷摸索各種類別的關係和聯繫，使得分類思維更具抽象性。遠古人對命運的感覺、對自然神秘力量的感覺明顯就超出了對具體事物（看得見摸得著）的認識，具有抽象性，這與分類思維的發展是分不開的。

分類思維的持續發展必然會產生邏輯思維，因為思維持續的分類必然會發現自然事物最細膩的內在屬性和事物之間最密切的聯繫，邏輯思維就是在這種深入的發現中而產生。邏輯思維是在抽象思維的基礎上發展起來的，抽象思維是一種思維知覺，抽象思維還不是思維的規則，但是抽象思維一定是思維規則產生的基礎，邏輯思維就是這樣一種思維規則。邏輯思維在近三千年之前才完整的形成，邏輯思維無疑是人類史上最偉大的成就，導致了近代自然科學和社會科學突飛猛進的發展，把人類的文明推向了更新的高度。

人類的思維如同生物進化一樣也具有歷史性。人類遠古祖先的大腦容量很小，結構簡單，只能產生簡單的刺激反應，如趨光性等。這時大腦的思維極其簡單，屬於合目的性反射反應；在迄今 250 萬年以前，人類的大腦容量不及現在的三分之一，思維方式為點觸式思維，即一個需求只產生一個思維，這也是動物性本能的思維；在 200 萬年前，由於人類雜食習慣，大腦容量快速增加，大腦營養供應也相應增加，大腦的神經細胞產生變異和增生。特別是在 20 萬年以前，人類出現語言能力，形成了從外觀現象（表像）作出判斷的思維方式，即形象思維。形象思維由於缺乏思維層次，也叫作平面思維（與理性立體思維對應），常常被個人情緒左右，所以又稱之為情感思維。在情感思維作用下，人類對自然世界的認識基本不做加工處理，人對現象的反映平直化。在情感思維狀態下，人常常以自我的感覺和喜好給現象賦予意義，並借此作為判斷的標準。在情感思維方式的作用下，人容易產生直覺思維，也就是憑藉感覺給事物下結論，沒有深思熟慮的思維過程。情感思維對自然事物沒有細緻的反映，自然事物的細節之間具有粘合效應，呈現出混沌狀，所以情感思維對於自然事物而言又叫做混沌思維。

情感思維是聯繫群落成員的紐帶，在古代人類中產生了一定的積極影響。在情感思維作用下，人類創造了前所未有的、豐富多彩的文化，如繪畫、詩歌、音樂等；在自然邏輯的渲染下，迄今 3000 年前人類產生了邏輯思維，即從立體現象作出判斷、推理的思維方式。邏輯思維對自然事物及其相互關係產生了細節感，對細節的層次產生了反映，所以邏輯思維也可以稱之為立體思維。在立體思維的作用下，自然現象不再是平直化的東西，現象之間的聯繫也是一種現象，使得現象具有了深度。這種思維方式與混沌思維對應又稱為理性思維。在理性思維作用下，人的情感逐漸淡出對事物的判斷，使得人的認識更具真實性和確定性。理性思維多從事物的內部或從事物之間的聯繫上分析處理，所以在理性思維方式的作用下，人常常表現出分析思維。

人類的思維方式由低級到高級、由簡單到複雜經過了幾百萬年的發展變化，在個體人身上都可以得到相應的體現。在混沌思維裡會包含有合目的性反射反應、點觸式思維和弱理性思維，只是混沌思維所占的比重很大。在混沌思維占主導的時期，人類也出現過很弱的發明創造，這是弱理性思維的結果。在理性思維裡同樣也包含合目的性反射、點觸式思維和情感思維，理性思維占主導，情感思維作為維繫家庭、親情、友情的紐帶，人的思維方式出現遠古的、近古的、現代的思維方式共存的狀況。實際上，人類在處理不同的事務時常常自覺不自覺的在各種思維方式中選擇和轉換。人的思維方式在經過多次的重複使用後會形成潛思維，一種思維範式，在今後相同或相近的處理過程時會不自覺的調取和運用。

人類的思維方式的發展軌跡可以從生活方式的變化中反映和體現。在舊石器時代前期，人類以氏族群落的方式群居，以持續不斷地移動和遷徙來尋找食物營養和能量，主要靠採集植物，捕捉昆蟲和小動物，吃大型獵食動物吃剩的肉來維持生存。當時的人類赤身裸體，以天然山洞作為居住庇護所。使用的工具是打製石器，用鋒利的石片從動物的骨頭上削刮碎肉食用。約一百萬年前，人類開始使用人工火，用火烹製食物和驅趕野獸、蚊蟲等，開始食用熟食。此時人類用草和樹葉做成裙子遮擋身體，用樹枝和樹葉搭建簡易窩棚居住，掌握了燧石和火棍的生火技術，用石斧、石刀削尖樹枝作為捕獵和防身的武器。到了舊石器時代的後期，約 40 萬年前，長矛、弓箭等武器出現，人類開始追殺大型動物。此時，可以用魚刺、荊棘、骨針來縫製衣物，用動物身上的韌帶做成線，用獸皮製作衣服和帳篷。約 10 萬年前，人類躍居食物鏈頂端，其食譜更加廣泛。約 4 萬前，人類在世界許多地方留下了洞穴岩畫，說明人的想像力和記憶力產生了藝術性。新石器時代開始於 2 萬年前，這時的人類已經不滿足於打製石器，開始磨製石器了，可以設計石器的大小、形狀和鋒口的位置，陶器開始出現，可以製作各種各樣炊具和灶具，積累了金屬冶煉的經驗，青銅器開始出現。在一萬年前，開始了農業種植和家畜飼養，多種用途的農業器具被發明和應用，建造了大型的木架茅草房屋，房屋裡有桌椅床等木制傢俱。

人類思維的發展與兩個標誌性事件是分不開的，一是火的運用，吃熟食有利於食物營養的吸收，促進大腦發育；二是部落制跨氏族婚姻，改進了人類的基因，加速了大腦的進化發展。

14. 唯美性

人人都有唯美的天性，但是唯美的內容因人而異不盡相同。人可以不把花朵當做食物資源，卻用來欣賞花的美麗；人也可以不把動物當做食物來源，而欣賞動物的形態；人在溫飽後可以靜靜地欣賞漂亮的風景；人還可以把和諧的人與人關係當做美好事物來回味，人還傾向於欣賞相貌和形體俊俏的他人；唯美的人喜歡把自己打扮得乾淨、整潔，也時常把居所整理得井井有條，並採用裝飾物打扮自己和居所；唯美的人對悅耳的聲音也有偏好，好聽的人聲會引起人們的喜歡、愛慕的情感傾向，音色和音調的交替變化還會使人產生音樂的美感；唯美者還對色彩、圖畫產生偏好，進而發展成為美術藝術等等。

人的唯美性似乎只是一種形式，從出生起就具有這種形式，然而唯美的內容卻可以隨著年齡、需求、經歷、學識發生變化。唯美的形式具有客觀性，這種形式產生唯美的要求和美感，但是根據具體的事物而產生的美感卻具有主觀性。大腦的神經元連接狀態是產生美感的生理基礎，神經元的連接的增加或斷開是美感發生變化的主要原因。人的唯美性具有神奇的作用，其真實的可驗證的機理還不被人所知。美感使人心態平和，心態平和的人必然心存美感。唯美性使得人的心靈更加平靜，美好的事物陶冶人的性情，使人變得不那麼狂躁。所以，唯美性是人類文明的搖籃。

為什麼人會唯美呢？這應該與人類直立行走有關。人類直立行走是有很多好處的。第一，解放了雙手可以從事更複雜的勞動；第二，可以減小被太陽暴曬的體表面積，體感涼爽；第三，遠離骯髒的地表可以呼吸新鮮的空氣；第四，視野更開闊可以覺察危險和觀察環境；第五，使得身體看起來更高大可以震懾掠食者；第六，步伐更大可以節省能耗；第七，可以利用地球引力加快食物的消化等等。直立行走使得人的生理產生最佳狀態，人類從身體上和心靈上出現輕鬆自如的感覺，於是就產生了唯美的傾向。

15. 生命不可逆性

每個人都是由母親生育而誕生的，老年人都經歷過出生、成長、發育、成年和衰老的過程，每個人都必然處於這個生命週期的某個環節和時段中。現代生命科學已經揭示，人從母體中的一個受精卵不斷地分化而形成為胚胎，經過十月妊娠期的培育降生為一名嬰兒，出生後細胞分化仍然持續進行，直到 18—20 歲細胞分化才停止，之後細胞裂變取而代之，舊細胞裂變為老細胞和新細胞，老細胞死去，新細胞又變成舊細胞，循環往復直至人體衰老。於是，我們可以發現，細胞裂變和細胞分化是有嚴格的方向性的，死去的細胞不可能取代新細胞，出生後的人也不可能回到胚胎狀態。從這個意義上說，個體人的生命不可逆轉。

對於人類群體而言所有的人都是由祖先有性繁殖傳承而來，祖先的祖先可以追溯到遠古的共同祖先。現代遺傳學和考古學已充分證明，人類的祖先都有著由低級逐漸向高級進化的軌跡以及各個進化階段的事實依據。遺傳進化在人體細胞核內的去氧核醣核酸（DNA）雙螺旋鹼基密碼中秘密進行，基因密碼只有變異沒有逆向變化的可能，就是說基因變異後不可能準確的回到變異前的編碼狀態。所以，由此可見人類的生命發展方向也是不可逆轉的，不可能由高級形態返回到低級形態，人類的繁殖向著無法逆轉的方向緩慢推進。

16. 差異性

在自然狀態下，同一群落或部落的人之間的差異性主要體現在性別差異、年齡差異、相貌差異、個頭差異上以及與年齡相關的智力差異上，同一群落同年齡段的人在遺傳上、智力上、思維方式上、性格上的差別不會很大。由於遷徙生活方式，群落所到之處的自然環境和物產資源不盡相同，也會導致群體人與祖輩和祖先在知覺、認知和生活經驗上不盡相同。在部落時代，由於群體規模擴大，部落成員中的差異性隨之擴大。除了人的生理差異之外，遺傳差異逐漸明顯，身體素質、智力水準和思維方式都會產生差異。可以這麼說，群體規模越大，群體內同年齡段的人的差異就越大，不同年齡段的人的差異也會更大。自然選擇把過於愚鈍的人和身體素質太低的人逐步淘汰，經過通婚和遺傳改良，剩下的人的差異性又趨向於減小。在部落與部落之間（即民族之間）會體現一定的差異性，某個民族的人體格會強壯一些，智力水準會高一些，精神會勇猛頑強一些，其他的部落（民族）在這些方面就會遜色一點。

自然中觀世界本沒有絕對的一致性，沒有什麼是絕對相同的，物質世界是如此，生命世界也是如此。非洲草原沒有兩隻完全相同的獵豹，也沒有兩隻完全相同的斑馬，世界上沒有兩片完全相同的樹葉，甚至沒有也從來沒有過兩朵完全相同的雪花。自然世界的多樣性和繽紛色彩來源於事物的差異性，就連人類也是如此。世界上沒有也從來沒有過也永遠不會出現兩個完全相同的人。人的差異性是正常現象，這也是人類複雜繽紛的原因。人的差異性在民族之間的競爭中會產生一定的作用。

17. 缺陷性

我們在談論人的缺陷的時候要明確一點，我們是根據什麼來評判人的缺陷的，即人的缺陷的依據。有三個維度可以用來考量人的缺陷性，一是人的生理機能，二是人的共生性，三是人的認識的目的。人在生理上是有缺陷的，生理缺陷常常導致病變而影響人的健康，嚴重時甚至還會危及生命。人類的大腦對氧氣的依賴很強，腦細胞只要短短幾分鐘缺氧就會導致死亡；女人的骨盆比較小，在生產時容易發生嬰兒和產婦的死亡，歷史上臨盆死亡的嬰兒和產婦不計其數；人的氣管與食道隔得太近，容易導致噎食；尿道和生殖道部分重合容易引發感染：脊柱和膝關節由於承受人體重量容易磨損，而且不具有修復功能常導致病變；人的雙腳不具有減震功能，在跳躍或高處跳下時整個身體容易受傷；人的下肢缺乏有利於彈跳的肌腱，彈跳力不足等等。

人的生理缺陷可以證明人類經歷了漫長的不經意的進化過程，人不是設計出來的，也不是被製造出來的，人是大自然的傑作。就人類本身而言，並不完美，如果與其他生命形式比較生理特性，人類只會更加相形見絀，只會感到缺陷太多而羨慕許多生命的靈巧、速度、生物電感應、熱敏成像、肢體器官的神奇修復功能。人類在自然生命之林中之所以能夠脫穎而出，成為生命的精靈，無疑是具有得天獨厚的優越性，即大腦的功能、思想的力量，這是每個人都應該為之驕傲的。

人的缺陷性還包括認知缺陷，筆者將另行劈文論述。

綜上所述，人類如同其他生命體一樣是一個能量團聚體，人體中湧動著能量，人體也消耗能量，人的力氣就是能量釋放過程。人類大腦是一個能量倉庫，人的心靈現象就是能量湧動的過程和結果。我們不難發現，每一個個體人都具有能量一般性，大腦裡的能量衝動具有相同的規則，只是不同的個體因特定的環境和經歷不一樣才導致身體素質和思維、觀念的差異。就是說，每個人的潛質是一樣的，只是挖掘潛質的效果、效率和難易程度不盡相同而已。個體人在自然屬性上具有一致性和普遍性，正因為相同才屬於同類物種，在根本屬性上人與人之間沒有特殊性。

附件：影響人的思維的因素

第一、需求影響人的思維

人的需求樣式不會一成不變，人們常常在肉食和素食中不斷變化選擇，也在氣候和天氣變化中對保暖或散熱之間變化選擇。人們經常有變化進食口味的衝動，吃多了肉又想吃吃魚，吃多了蔬菜又想吃吃水果等等。需求樣式變化的衝動屬於本能，在滿足需求的過程中往往需要一些理性的分析和判斷。在滿足了食欲和體感舒適後，人們在閒暇之餘需要藝術感的抒發，於是從事一些繪畫和音樂的事情。在畫筆、染料的選擇中使用了一些理性，在樂器的製作過程中同樣也需要理性思維。當人類思維的運用能夠滿足生存和繁衍的基本需要時，思維方式會固化來適應需要。特別是人的理性能夠滿足生產的基本工藝要求時，思維不再深入，而是循環使用既定的技術。在古東亞的群落社會裡就存在思維停滯不前的現象，那裡的人們似乎需求不再豐富，思維失去原有的動力，社會生活和文化在兩千多年時間裡停滯不前（這與專制統治關係密切），人們循環往復不斷重複使用過去的既定的知識和經驗，在近兩百年時期由於歐洲理性文明的傳入，這裡人們的社會生活和文化才發生豐富多彩的變化。在歐洲，由於人的分類思維不斷深入，理性思維逐漸占據主要的思維方式，歐洲人的思維越來越貼近自然，反映複雜自然現象的自然科學得以長足發展，社會生活在較高層次上展現，歐洲文明走在了整個人類文明的最前沿。

第二、認知能力影響思維

自然現象總是以樸實無華的方式作用於人的頭腦，自然現象沒有標籤，也沒有語重心長的解說，人的學習是完全被動的依靠感悟來獲取知識和經驗。人的認知也不是顯意識的，認知具有無意識的隱蔽性。個體人捕捉自然現象的認知在一個不自覺的過程中存放在了大腦的一個隱蔽區域，在這個隱蔽區域裡自我意識、情感、喜好、合目的性、顯目的都在加工認知產生的素材。大腦在提取這些素材時似乎也是無意識的，不自覺的，在素材顯現的能量權重大到可以被察覺時才能被顯意識捕獲而形成思維和觀念。人的認知捕捉現象的能力決定著認知素材的數量和可靠性，人的提取素材的能力也決定著意識能力和思維能力。

我們無法判斷個人的認知素材在隱蔽區域存放過程中會有什麼差異，但是這些素材在提取過程中是存在差異的。我們不難瞭解到同樣的學習和觀察會在不同的人之間產生不同的效果，同一個老師同時教出來的學生之間會有學習成績的差異，在知識的運用上也會有一定的差異，這些差異是認知能力上的差異。

人的認知素材在大腦的隱蔽區域裡形成了一個思維資源倉庫，人腦在調動這些素材資源時會形成知識和經驗，然後再把知識和經驗存回到隱蔽區域裡備用。這個隱蔽區域裡存放的所有素材和思維資源構成了人的認知和認識的範圍，這個範圍稱之為參考系。參考系範圍的大小和素材的可靠性構成了人的認知和認識的全部，決定著人的思維能力。博學而多才講的就是這個道理，博學可以獲取更多的認知素材，參考系範圍就會相對大，提取素材和應用的能力就會更強。惰於學習的人，其參考系範圍就小，個人能力相對就弱。富於創造性思維的人，一定是參考系範圍很大的人，而且善於變通思維方式；墨守成規的人一定是參考系很小的人，而且被思維慣性支配。

第三、記憶能力影響思維

記憶，是人腦把印象和經驗作標記、存儲和檢索提取的心理過程。記憶在大腦隱蔽區域裡進行和完成，可分為無意識記憶、潛意識記憶和顯意識記憶，從記憶的長短可分為長期記憶、短期記憶和瞬間記憶，從記憶的內容可分為形象記憶、情感記憶、關係記憶、邏輯記憶和動作記憶，從記憶的準確性可分為模糊記憶和準確記憶。記憶是思維的開始，與認知一樣也是思維的源泉。人的絕大部分記憶是無意識的，是模糊的。人的視覺感官捕獲的印象和素材占到記憶信息量的絕大部分。人眼不自覺的掃描各種現象產生大量的信息形成模糊的瞬間記憶，這些模糊的瞬間記憶在做標記時是無意識的、不自覺的，當相同的或相似的信息重複刺激視覺會形成更強烈的印象。短期記憶和長期記憶依賴於信息的重複，刺激頻次產生記憶存儲的準確性和檢索提取（回憶）的可能性。人們之間的記憶能力是有差異的，有的人過目不忘，而有的人容易健忘，我們不能認為人與人之間在生理上有差異，有的人腦細胞多，有的人腦細胞少，有的人神經網路強大，有的人神經網路弱小。筆者認為，導致記憶功能差異的主要原因是，第一，對信息的關注度影響記憶；第二，記憶的方法影響記憶；第三，記憶功能的使用多寡影響記憶。不善於用腦的人，而且不注意方法，對事物的關注度不強，是不可能有好的記憶功能的。沒有好的記憶力，素材的提取量就很小，思維就會缺失關聯性和連續性，其思維的目的性，即指導行為的能力就弱。反之亦反，記憶力強大的人，其行為能力亦強大。

第四、情感影響人的思維

情感是人的在需求目的導向下的針對某事物的心靈的傾向性和心靈的活躍程度的總稱，表現為人的愛與恨、喜歡與厭惡、偏向與避讓、美感與憎惡，還表現為熱情與冷漠、激情與頹廢、快樂與痛苦、幸福與哀傷等等。人的情緒包含在情感之中，離開情感的情緒是不存在的，情緒是情感的外在表現，只是情感相對穩定而情緒相對短暫。情感作為人的心靈的內部體驗有一個神奇的作用，會對所有的認知、認識所需要的素材鍍上一層偏好色彩，還會驅動認知和再認知過程，在認識過程中參與編碼、標記，在觀念形成過程中組織歸類、整理。特別是在混沌思維下，情感把人的所有認知素材和知識經驗都人為的（不一定是自覺的）披上或蒙上自我的喜好色彩，而且分門別類的在隱蔽區域存放。在理性思維下，人的情感被自然事實所取代，人的認知、認識過程中情感的干預和影響相對要弱，人的理性甚至可以完全排除情感因素而從事實角度看待事物。情感屬於人的主觀判斷，具有不確定性，特別是人類從無知走到知之的過程中情感總是出現與事實不符的偏見而導致認識出現錯誤。在這個過程中，情緒總是會干擾人的認知和認識。在熱情與激昂時，人的頭腦會過於衝動而自命不凡、利令智昏，在頹廢與沉悶時，人的頭腦會過於消極而反應遲緩、愚笨懶散。唯有理性思維才能夠令人激昂而不過分，冷靜而不消沉，使人保持平和的心態與事實交流，使得思考與事實保持一致。在理性思維下的情感才具有真實性和可靠性。

第五、性格影響人的思維

性格是個體人以及特定群體人在某種思維方式下，在某些觀念影響下，通過行為範式體現出來的長期的比較穩定的心靈格局。性格不同於情感，但性格包含情感因素，當情感和情緒長時間保持某種狀況時也可體現為性格特徵。描述性格的詞語有：勇敢、膽怯、寬容、狹隘、豪放、猥瑣、勤奮、懶惰、賢慧、刻薄等等。我們不可否認，不同性格的人具有不同的思維方式和不同的動態思維。性格可以按照性別分為男人性格和女人性格，可以按照粗略的類型分為內向型性格、外向型性格，還可以按照基本特性分為沉穩性性格、情緒性性格、直爽性性格、孤僻性性格等等。性格的形成是由多種因素造成的，地理環境、生活資源、群體關係、個人習慣等等都是產生性格的主要原因。在一個群體中，經常與強勢的人接觸的人就難以產生強勢的性格，在動物群體中也是如此；擁有很多生活資源或資訊的人會簇擁很多追隨者，而形成自我滿足的優勢性格；在惡劣的生存環境中屢遭挫折的人謹慎和膽怯會是主要性格特徵等等。一旦性格形成，在不變的生活環境裡性格不會發生變化，除非生活環境產生變化又足以改變思維和觀念的情況下，性格才會變化。

我們在談論性格時不可忽視女性性格在群體中的影響。女人具有完全的需求性，思維方式偏向於情感思維，在生理和體力上比較男人而處於劣勢，但是女人擁有性選擇的優勢，用性交配決定權可以換取生活所需的一切。女人比男人更具有占有欲，特別是對財富的占有欲望比男人強烈，女人難以直接獲得所需的財富，但是女人會使用性交配主動權和情感借助男人幫助其實現欲望。與此同時，女人還可以馴化男人的性格，使之在自己跟前弱化男人的優勢，把男人改造成自己可以接受的性格。在這個過程中，女人把自己熱衷的情感思維（感覺為主的思維）傳染給男人，使得男人出現女性化的特徵。除此之外，女人還通過哺乳和撫養行為把情感思維傳遞給了下一代。女人可以促使家庭成員和群體成員產生不同程度的女性化現象，情緒化、膽怯、斤斤計較。女人在繁衍生息上扮演了非常偉大的角色，但是在社會化進程中女性化性格會產生一些負面作用。女人能夠萌發出理性，發展出理性思維是人類的幸事，哪個社會、哪個民族的女人擁有了理性必將是興旺發達、文明進步的社會和民族。

第六、習慣影響人的思維

人類最大的習慣是習以為常。每個個體人在出生時於其而言整個世界都是既定的，這種既定感似乎具有真實性，使人產生確定性感覺，並習慣於身邊的一切。這時，家庭成員是既定的，親戚關係是既定的，家鄉的山水風貌是既定的，人與人之間的關係是既定的，氣候環境是既定的，家鄉物產是既定的，飲食習慣是既定的，人的周圍一切都限制了自我的認知，習以為常思維由此產生。在沒有外來因素干預的情況下，個體人周圍的世界就是如此，人難以超越。習以為常思維銘刻在了人的心靈深處，甚至與靈魂混合，非常頑固。

人的思考習慣來自於既定感。既定感提供了思維所需的素材，素材的固定性使人在特定的素材拼湊中得出固定的結論；既定感還提供了思維規則的基本範式，使得思維程式化，個體人在思維中自我加工的成分很少，在面對自然世界的複雜性往往思維簡單化，無法探索到自然的深處，使人產生疑惑，總覺得自然世界神秘莫測。人具有任何思維習慣似乎都不會影響到基本生存，但是要生活得更好就必須打破既有的思維範式，促使富有積極意義的美好事物在思維中能夠被發現和應用。人類的每一個進步和改善都是依賴於思維的功力而實現的。

行為習慣是思維習慣的體現。一個人行為習慣不好，肯定意味著他的思維習慣也不會好。如何辨別一個人的行為習慣好壞呢？第一，要看習慣是否有利於健康；第二，要看習慣是否會使人平靜；第三，要看習慣是否有利於思維檢索，也就是使事務條理化；第四，要看習慣是否有利於打開智慧之門。一個做事邋裡邋遢的人，一個做事摸不清頭緒的人，一個不明白輕重緩急的人，一個丟三落四的人，一個情緒化的人，他的思維註定混沌。而且這種糟糕的行為習慣反過來會影響其思維，形成惡性循環。我們不難觀察到，生活快樂、幸福的人都有個共同的特點，就是條理化、理性化和處事重急輕緩有序。

人們在處理日常生活事務和生產事務中無不在進行條理化，先做什麼事情，後作什麼事情。在處事的過程中，每一個環節都體現方法的選擇、工具的選擇、效果的評估、方案的修正等問題。一個家庭主婦的一日三餐，一個耕種的農民，一個作坊的工作人員等等，無不都是在一個個程式中完成行為目的的。在每一個程式和環節中都有思維在起作用，這時的思維方式不同於點觸式思維，也不同於混沌思維，帶有理性的成分。這時的思維方式與事物的聯繫比較密切，工具就是在這種思維方式下得以改進的。人類每一次改進工具和技術都意味著思維向著自然本質更近了一步，都會有原來不具備的、積極的認識出現。但是，工具的改進只能說是人類需求驅動的結果，帶有功利主義色彩。人類在處理人與人之間關係的思維方式遠沒有這麼簡單。由於人的認知缺陷，也由於人與人之間關係的間接性，理性思維似乎難以滲透到人與人關係之中，以至於現代文明步伐非常的緩慢。我們不難觀察到當代人類社會中工具、技術、自然科學遠比認識人與人之間的關係的社會學說發達，可見人與人之間關係仍受到混沌思維的約束，理性思維還沒有真正滲透到社會層面。如果我們把文明定義為工具和技術，那麼就會忽略社會文明的真正內涵。如果把文明定義為人與人之間的關係，那麼人類還會有很長的路要走。

人類的思維習慣還有個機理，就是自我認可習慣。個體人在生理上認可自己，也認可自己的長相、身段等等，似乎認可自己的一切。人對自我的認可會擴大到對自我思維方式的認可，對自我觀念的認可。個體人作為自然人對自我的認可無疑具有積極意義，是自我存在的保障，但是自我認可擴大到思維和觀念領域就不一定具有好的積極意義。當人們盲目的認可自我的思維習慣和觀念以後，對於其他的思維方式和觀念會產生嚴重的抵觸情緒，難以對既定的思維方式和觀念進行更新和修正。即使新的思維方式和觀念更符合自我的利益，也會一味的抵觸而在所不惜。特別是在處理人與人關係過程中，自我思維的認可和觀念的認可會沿襲傳統的方式難以改進，即使頭破血流也固步自封、一往無前。當自我認可處在混沌狀態時，盲目的自我會使人渾身帶刺，反感和抵觸不同的思維方式和觀念。只有在自我認可被自己清楚地認識後，或通過挫折，或通過學習，人們才能夠把自我思維和觀念的認可從真正的自我認可中別離開來，思維和觀念才會有更新、進步的可能。

第三章　論人類社會化是如何可能的

我們細心觀察現代人與人之間的關係會發現，現代人與人之間的關係與群落時期和部落時期人與人之間的關係有著很不一樣的狀況。群落時期個體人之間以氏族血緣關係為紐帶而相處，對個體人產生作用的人無外乎是親屬，食物和飲用水不是自己從自然環境獲取，就是從親屬那裡獲取，群居生活形成內部群員之間密切的共生關係，相互支持，相互幫助，和睦共處。在遠古時期，群落與群落之間總是發生因搶奪地盤和資源的爭鬥和戰爭，就像現在的猴群和猩猩群一樣，群落與群落之間存在嚴格的利益區別，一個群落排斥另一群落，不惜流血犧牲。這樣的排斥和對立持續了兩百多萬年，直到近兩萬年才開始氏族群落聯合，成為多氏族群落共存的部落。部落制的好處當然很多，性選擇的範圍更廣，群落之間通婚可以優化基因，發現和獲取食物、飲用水的幾率更大，同時氏族群落可以保留，人與人之間的關係除了親屬關係之外只是多了一個熟人關係。熟人關係其實只是親屬關係的邊緣關係，或者是遠親關係，所以在熟人之間也不會有根本的利益衝突。但是部落與部落之間的關係仍然是排斥的、對立的，部落之間不得侵犯對方的地盤，所以部落之間的爭鬥和戰爭也時有發生。對比現代人與人之間的關係，我們會發現，現代人仍然是群居，但是人與人之間的關係在部落制的基礎上又多了一種人——陌生人。在某人的親屬關係和熟人關係之外，有更多的人與之相處，有的人只知道姓不知道名，有的人不知姓名，有的人面熟，有的人面生，有的人總是擦肩而過，有的人擦肩一次再也不可能見到，還有的人知道姓名但從未謀面，有的人不知姓名也永遠不會見面。所有的這些陌生人可能同處在一個空間，同在一個地域，相互之間售賣各自的勞動成果，相互提供勞務服務。這些陌生人之間都不知道別人住在哪裡，也不知道他們家裡的具體情況，沒有情感互動，甚至沒有過溝通和交流，相互之間的情感權重比較低，相互之間的關心幾乎為零。陌生人太多太多，同處在一個地區，也同處在一大片地理區域，甚至並不知道彼此的存在，這會是一種什麼樣的狀況啊？

曾經有一個名詞說明這種狀況——江湖。江湖可不是江河湖泊之意，江湖是指有許多人居住的遠離家鄉故土的地方，也就是陌生人聚居的四方之地的意思，還有一個隱含的意思是可以向陌生人賣藝和售賣藥物的所到之地。一些行走江湖的人總是喜歡倒江湖，倒江湖這個詞彙其實是陌生之地的陌生人對江湖之人走江湖的一種評價，即糊弄人的意思，也道出了江湖的實質內涵，就是憑藉一種技能和騙術在許多地方糊弄陌生人來獲取經濟收益的一種生存方式，這也不難理解行走江湖的人為什麼要背井離鄉離開自己的親屬圈和熟人圈了。因為江湖具有一定的風險性（畢竟背離熟悉的家園），所以行走江湖的人自喻為混江湖、闖蕩江湖。又因為時常會有不測的事情發生，所以行走江湖的人也自歎江湖險惡。一些資深的江湖之人被稱為老江湖，他們身上總是透析出江湖氣。江湖作為一種現象也反映出陌生人之間的某種關係，根據現代的通用詞彙，江湖其實就是充滿陌生人的社會。

現代有一個名詞在民間使用率比較高，即社會人。常常會聽到一種對人的評價叫做社會上的人，某某人很社會氣，社會上的人也自喻為混社會。這裡的社會一詞與江湖有相似之處，但也不完全相同。社會上的人特指沒有正當職業，遊手好閒，總是惹是生非，如社會青年。這樣的人聚集在某個城鎮或者大城市裡，不會在江湖中闖蕩。社會人也是活躍在陌生人之間，做一些小偷小摸行為或者收取保護費來維持生計，他們常常幾人或十幾人成群，有首領，有跟班，他們以社會人為榮，模仿黑道的做派，宣揚所謂的江湖義氣。社會人一般不會對親屬和熟人下手，總是盯著熙熙攘攘的陌生人，多行跡在車站、碼頭、集市等人口稠密的地方。

中文裡還有一個說法耐人尋味，當學生畢業剛剛找到工作被稱為走上社會，也有一些自閉症患者被治癒後也被說成是大膽的走向社會。言下之意，學生在學習期間不是處在社會之中，自閉症患者龜縮在家裡也不是處在社會之中。那麼，此時的社會一詞應該是陌生的領域的意思，也就是充滿陌生人的領域。這也說明一個正常的心智健全的成熟的人的使命和人生的現實就是走上社會，走向充滿陌生人的領域。為什麼在社會中會有這麼多的陌生人呢？

一、人類社會化的過程

在人類部落制的前期，約一萬年以前，當時的生產力水準仍然是低下的，與群落時代沒有差別，人類仍然是從大自然中採集和狩獵，部落與部落之間經常發生爭奪地盤、爭搶資源的戰爭，因為資源有限，所以戰勝方必將戰敗方趕盡殺絕，以免分占食物資源和地盤。但是，在這期間人類的智性由於跨氏族婚姻帶來的優生而潛移默化的提高了，在某些水草肥美的地方如兩河流域、恒河平原、長江中下游平原、中美洲等地，某部落原始人發現了自己的行為與某些植物生長的關聯性，沒吃完的撒落的食物顆粒長出了新芽，進而長成了產生食物的植物，人們不用遷徙尋找就可以獲得穩定的食物來源，這就是農業的萌芽，這些植物就是一直供養人類至今的大麥、小麥、水稻、玉米等等糧食及多種蔬菜。可以肯定地說，在群落時期也會出現食物顆粒發芽的現象，由於當時人類愚鈍，沒能發現種植的奧妙。農業種植在部落時期的中後期被發現發明應該是有必然性的。糧食植物的種植與人類智性的提高有著密切的關係，當時人們觀察、研究糧食植物的生長狀況，逐漸總結出了以利於植物生長的經驗技術。最早的農業種植方式是刀耕火種，放火燒荒開墾出平地，然後用簡單的石質工具撬鬆泥土來種植糧食。隨著智性的進一步提高，農耕人發現了燒荒後的灰燼具有肥力，可以增加糧食的產量，在燒篝火的時候發現了石頭融化，於是金屬被發現，青銅工具被應用到農業生產，糧食作物開始成規模的種植和收穫，富庶的生活開始蔓延在一些大自然恩賜之地。

農業生產方式造就了定居生活，農耕人及其家庭不用漫無目的的遊走遷徙尋找食物資源，也不用面對嚴酷而危險的原始自然環境，固定居所也可以收穫到源源不斷的食物。農忙之余，農耕人紛紛加固和建造穩固的居所，修築道路和水利設施，手工製作生產生活用品用具，馴養禽畜以滿足肉食需要，每個家庭好不愜意，營造出田園牧歌式的美好生活。當然，農忙之餘還會有一個事情便於發生，就是製造人口。充足的食物可以養活更多的人，於是農耕人的人口數量猛增，許多人脫穎而出成為能工巧匠，生產事務開始出現分工的雛形。其他部落的人被這種生產事務所吸引，發現農耕部落的人並非資源的爭奪者，農耕人本身也是一種資源，於是紛紛前來學習交流。大約在六，七千年以前，農業生產方式被大規模的效仿和推廣，農業技術在學習交流過程中得到了普遍提高和發展。與此同時，各個部落複製了田園牧歌式的美好生活，人口劇增，部落之間的隔閡被淡化，相互交往互動日異頻繁，導致人類部落群體中出現大量的陌生人，人類迎來了社會化。陌生人的產生是人類社會化的重要因素，陌生人之間的關係與群落、部落內部的親屬關係和熟人關係幾乎完全不同。陌生人之間很少有或者幾乎沒有情感互動，相互之間不瞭解，如何建立互信和相互尊重想必是一個難題。好在人類社會化之初是建立在生產事務交流學習的基礎上，陌生人之間各自把群落和部落中的共生觀念帶到了交往互動之中，互信和相互尊重仍然行之有效。

由於人口的不斷增長，農耕人逐漸遍佈適宜耕種的平原地區和部分山區。他們以家庭、家族和部分熟人、陌生人為基礎，在特定的地理環境範圍內（靠近水源）組成一個個居住和生產單元，其結構特點是十幾戶或幾十戶居住屋群為中心，生產田地向四周擴散，這種點面結構就形成為村莊的地理範圍。在平原地區，村莊與村莊鱗次櫛比的擴散和延伸，直到遍佈所有的適宜耕作的土地。村莊的形成是農業種植及其事務的特點和部落關係所決定的，農業生產方式形成村莊是一種必然。早期的村莊在形成過程中是通過部落占據和部落內部分配來產生的，部落占據荒蕪的土地，然後通過部落會議協商各個家庭的居所地和生產田地。一個部落所占據的土地可能是好幾個村莊的範圍，村莊之間因為相互聯繫的方便，產生了修築互通道路的需要和事務，這是最原始的公共事務，由部落會議做出決定，各家各戶積極參與無償的修路勞動。由於居住和生產事務可以各家各戶獨立完成，久而久之部落關係在分散的村莊關係中逐漸淡化，部落關係逐漸被地區關係所取代，原始部落最終退出歷史舞臺。地區事務總是與特定地理範圍內的共同事務相聯繫，比如農業生產和防災抗災的水力設施的建設，以及由此所派生的地區道路建設等等，地區事務可以跨越很多村莊，其事務決定由地區會議作出，地區會議由各村莊推選出一兩個能人志士為代表所組成，地區會議投票決定地區事務，一旦作出決定，全地區的家庭和成人個體積極響應。地區會議的場所就是早期的鄉鎮雛形。於是地區內部形成了村莊事務和地區事務的格局，村莊會議決定村莊事務，地區會議決定地區事務，村莊會議不能取代地區會議，地區會議也無權干預村莊會議，由此村莊和地區行政區初步形成。

人口大量增長帶來一個後果，就是社會矛盾頻繁發生。人們在許多方面開始發生爭執和糾紛，如新開墾的土地歸屬、生產物的占有權、財產繼承的資格、損害的賠償等等，在爭執的過程中偶爾會出現言行過激的打架鬥毆現象。每當矛盾產生，村莊和地區的德高望重的能人志士總會出面調解，他們調解的依據就是自上古以來一直傳承的共生觀念，折中的調和矛盾各方的利益，明確當事人的權利和責任，對打架鬥毆及報復行為予以懲戒。由於能人志士的調解和判定符合大眾的普遍觀念，這些調解和判定的內容被普遍接受並成為人們面對和處理矛盾的行為準則和習慣。隨著時間的積累，一些與和諧共生關係相違背的行為，如打架鬥毆、報復、偷盜、偷情、欺詐等行為，在村莊和地區被禁止，社會中出現以生產事務為中心的局面，各家各戶相互尊重利益，注重禮尚往來，生產活動沒有妨害，自給自足，相安無事。社會的安定促使生產秩序井然，部分家庭的糧食、禽畜或手工製品的產量增加而超出了自消費水準，約 5 千年前在地中海沿岸、兩河流域等地區開始出現多餘生產物交換的商業萌芽。物物交換行為是人與人之間互信和相互尊重的新境界，人們對自己心儀的他人產品不是用搶奪和偷盜的方式獲取，而是用凝聚了自己辛勤汗水的勞動成果與他人平等交換，交換行為擴大了財富規模，把剩餘產品兌換為能滿足自己其他需求的新財富。一些交通便利且靠近水源的地點逐漸成為人們交換生產物的場所，出現集市和城鎮的雛形。因為交換物能滿足人類的普遍需求，所以不同產品的生產者之間可以通過交換行為來相互補充和支持，於是人與人之間一種新的共生關係得以建立，形成「你中有我我中有你」、「你為了我我為了你」的社會和諧氛圍。

但是，好景不長，在平原富庶之地的農耕人興盛的同時，在中東高原地區和東亞高原地區繁衍生息的遊牧部落也人丁興旺起來，由於高原上缺乏糧食植物資源以及人口增長的壓力，遊牧人覬覦平原地區的豐富物產時常發起騷擾和搶奪農耕人的軍事行動，約 5 千年以前軍事行動進而上升到有組織的軍事侵略和征服戰爭。遊牧軍隊憑藉騎馬和騎駱駝快速行進的優勢從高原沖向平原地區，所到之處燒殺搶掠淫無惡不作。遊牧軍隊遭到農耕人群起的憤然抵抗，由於遊牧人對血腥的麻木顯得異常的兇悍，加上騎在馬和駱駝上居高臨下的砍殺優勢，農耕人終究不是對手，屢屢敗下陣來。征服戰爭所到之處血染大地、橫屍遍野，極其殘酷。農耕人的家舍、田地毀於一旦，哀嚎四起，其慘狀無以言表。遊牧征服者與過去的部落入侵者有不同之處，部落入侵者主要以搶奪食物資源為目的，而遊牧征服者則是以征服人為目的。遊牧人懂得，征服了農耕人就征服了一切，農耕人具有技能，他們是資源的源泉。遊牧人平息了農耕人的抵抗以後，隨即展開了暴力統治，遊牧征服者把大片地域的人口都納入其統治之下，使得人類社會的陌生人群體規模擴大。遊牧征服者把其首領奉為王者，統治權力在征服者內部骨幹之間分享，在其統治區域內按照軍事編制的結構建立起龐大的統治架構，王者高高在上，統治權力按照與王者的親疏級別層層分配，形成金字塔形由上往下權力遞減的統治格局，覆蓋所有的統治地理區域，這種格局以政權的形式懸浮在社會之上，在社會中吸取權威能量和利益。當這種統治格局建立完成以後，被征服者即刻變成被統治者。被統治者被貶為奴隸，必須無條件的服從統治者的意志，承擔統治者攤派的稅收和徭役，如有半點不從或差池將遭受嚴厲的懲罰，如有反抗意圖和行為必將面臨殘酷的屠殺鎮壓。

統治的利益是巨大的，可以調動統治區域的所有資源，打造奢華宮殿，席捲金銀財寶，享盡天下美食，差遣所有的人力物力，囊括天下匍匐敬仰的尊榮，享受號令天下的至上威嚴。然而其他的遊牧部落或新興的遊牧部落也開始覬覦統治者的榮光，繼而發起對農耕社會統治者的騷擾行動和征服戰爭，從五千年以前直至世界近現代的約 5000 年期間，征服和侵略的戰火在世界各地幾乎綿延不斷，各個統治者的統治版圖被一次次改寫，其統治疆域被稱為王朝，用現代政治學術語則稱之為國家或國家政權。王朝的統治疆域範圍可達多個地區、城鎮以及無數的村莊。經過反復的征服戰爭，一大群人成為一大片地域內的具有相同語言、相同文化、相同觀念、相同規則的人，人與人之間也具有了相同或相似的血緣關係，相貌、膚色、髮色、體格等都比較相近，民族就此形成。王朝的王者稱為國王，其他的統治者以官職相稱，國王及其下屬官僚與群落和部落首領是不一樣的，群落和部落首領不是職業管理者，多以驍勇和智謀受人擁戴而成為群落或部落群體行動的策劃者和號召者，群落和部落首領平時與群體成員一樣參與勞動和群體活動；但是，國王及其官僚則是職業管理者和統治者，常常高高在上，不參與具體的勞動和活動，其命令通過權力執行部門層層傳達，以臣民無條件服從為宗旨，臣民向國王繳納捐稅，以供養國王及其家眷和各個權力部門，國王的權威來自於暴力征服，所有國王都是征服者，其維護、維持統治的主要方法只有一個——暴力鎮壓。暴力可以製造人的趨利避害性損害，被統治者為了維護趨利避害性就不得不服從國王及其官僚體系的統治。

現今已知有文字記載最早的國家政權是 5200 年前的古埃及美尼斯王朝，美尼斯征服了上下埃及建立起統一的埃及第一王朝，自稱為「上下埃及之王」，其統治之下的人口規模達到 300 多萬人。4800 年前，兩河流域的蘇美爾人建立起多個城邦國家，主要城邦有烏魯克、拉咖什、烏爾等帝國。4350 年前，閃米特族分支阿卡德人征服了蘇美爾人建立起阿卡德王國，君主薩爾貢統一了兩河流域。4200 年前，閃米特族另一分支庫堤人打敗阿卡德帝國，但沒有建立國家。4130 年前，蘇美爾人再次征服兩河流域建立起烏爾第三王朝，開國君主為烏爾納姆。4025 年前，閃米特人另一分支阿摩利人在首領蘇姆阿布姆率領下征服烏爾第三王朝建立起巴比倫王國，從此蘇美爾人淡出人類歷史。自史料記載以來，世界各地的征服戰爭和建立的國家政權此起彼伏，3769 年前，雅利安人征服古印度；2558 年前波斯帝國毀滅古巴比倫王國，然後又滅亡古埃及王朝；2349 年前，希臘人馬其頓國王亞歷山大滅亡波斯帝國，建立起地跨亞非歐的亞歷山大帝國，亞歷山大病死後不久帝國分裂為若干小國，2342 年前各小國被古羅馬帝國滅亡。古羅馬帝國建立於 2528 年前，於 1543 年前被日爾曼人滅亡。在東亞，2240 年前秦國國王嬴政率軍先後征服了韓、趙、魏、楚、燕、齊六國，建立起秦王朝。征服者建立起跨民族的國家政權從客觀上起到了民族融合的作用，從實質上也不斷的製造了廣大的陌生人群體。

從世界人口變遷過程來看，兩萬年以前的舊石器時代中後期，地球上人類規模大約保持在 100 萬人左右，分為 1 萬多個群落。一萬年以前，世界人口數量增加到了 500 – 800 萬人，部落數量約為 3000 – 5000 個。然而到了古羅馬帝國滅亡的時候（距今 1550 年前），世界人口達到了近 3 億人，古羅馬帝國鼎盛時期的人口就達到了 5000 萬人之多。世界的城市數量在人類社會化初期約為 30 – 50 個，到了古羅馬時代後期世界城市數量達到了 3000 個以上，城市內人口可達 3 萬 – 200 萬人，在城市裡絕大多數人相互之間是陌生人。

二、人類社會化的特點和意義

筆者認為，社會化不僅僅在於群居，群落制和部落制不等於社會化，人類在原始階段不是社會化，人類本不是社會化動物。人類群落和部落時期，原始個體人所接觸的其他人僅限於自己的親屬或親屬加熟人，可能一連幾個月或幾年都看不到不屬於幾乎天天所見面的人，一輩子所遇見的人充其量就是四五百人。個體人所需的食物、水和保暖、採暖材料無外乎來自於大自然、親屬或熟人，群居可以滿足人的所有需求。我們不可想像當時的原始人會從本群體之外的人那裡獲得自己所需要的一切，這是絕對不可能的，所以我們沒有任何證據證明原始人在本群體之外的群體中和平的獲得物質滿足而生存。群體與群體之間有著嚴格的利益壁壘，並且是嚴重排斥和敵意的。這一點與現代靈長類動物群體非常相似，猴群、猩猩群、狒狒群等等都是排斥和敵意不屬於本群的同類群體，打鬥、戰爭時有發生，特別是爭奪領地的戰鬥中總是因一個群體被殺死或被驅離而收場。非洲獅群也是這樣。倒是非洲的偶蹄類動物卻溫和得許多，角馬、野牛、羚羊等等不會對其他群體的同類排斥而大開殺戒，它們樂意其他群體加入。可能在它們的認知世界裡認為，群體規模越大越安全越有利於交配繁殖，個體的食物需求僅來自於大自然和母體哺乳，所以不同的群體之間沒有根本的利益衝突。從這個意義上說，動物群體不是社會，動物也不是社會化的生命，雖然它們的群體規模很大。

社會化才是人類特有的現象，社會化的群居人與其他所有的自然生命群體現象都不完全一樣。首先，社會中的個體人日常所看到的、所遇見的、所面對的、所交往的人絕大多數是陌生人，相互之間沒有多少瞭解，或根本就不瞭解；其次，社會中的陌生人規模非常大，任何人不可能，也沒有機會與每個陌生人都見面或交往。個體人通常見面的、交往的仍然是親屬和熟人，但是任何人都不可忽視陌生人的存在；第三，社會中的群居是鬆散的，不是經常聚擁在一起，偶爾聚集，絕大多數時間裡是分散的，各自與自己的家人或親屬或友人相聚，從他們那裡可以獲得快樂感、滿足感和幸福感；第四，婚姻關係在成年陌生人之間尋找產生，陌生人之間可以成為親屬關係和熟人關係，也就是說陌生人具有成為親屬和熟人的潛質；第五，任何人的親屬和熟人只能提供物質需求的一部分，甚至可能是很小的一部分，其他的需求都依賴於陌生人的供給。親屬和熟人所提供的那一部分物質也可以追溯到陌生人的供給，陌生人可以提供所有的所需的物質資源；第六，絕大多數陌生人之間沒有任何情感互動，甚至都不知道彼此的存在，情感權重幾乎為零，陌生人之間不會在乎彼此的喜怒哀樂和生老病死；第七，征服戰爭使得陌生人之間常常發生損害行為，人身威脅和欺詐多來自於陌生人，人們對於陌生人有防範心理；第八，統治暴力只對付陌生人，統治者內部分享統治利益，而統治利益則來源於陌生人，統治者對於陌生人沒有義務只有權力。可以說，自然的生命群居形式可能會在某個方面或某兩三個方面存在，但是以上幾點全部都在一個物種身上體現是不可能的，人類社會化群居在自然世界是沒有先例的，自然界從來就沒有出現過類似於人類社會的生命存在方式。

人類社會化的作用和意義是重大的，社會化使得通婚的範圍和選擇性更大，陌生人之間通婚有利於優生，其後代的智性日漸提高，一代比一代高。文字的發明促進了語言思想的記錄和交流；農業技術大有提高，發明了農田灌溉水利網路技術，耕牛和鐵犁的運用提高了翻地的效率，隨後大量的鐵質農具出現，水車被發明應用，很大程度上提高了農業生產效率；大型艦船促進了航運交通的發展。人類智性的提高最直接的表現是對自然現象的觀察能力和領悟能力大有提高，許多人開始思考自然的問題、社會的問題、思維的問題。古希臘文明把人類的智性推到了全新的高度，在自然科學上杠杆定律、浮力定律、幾何學等總結了自然現象根本性的規律，表明人類的思維越來越接近自然世界的本質；哲學、政治學、倫理學等打開了人類思想的閘門，對後世的影響是非常巨大的；邏輯學總結了人類思維最根本的規律，直至今日都是人類思維的基本指南；文學藝術極大的豐富了人們的精神生活，《荷馬史詩》、《俄狄浦斯王》等文學作品是研究瞭解古希臘歷史的重要文獻。古羅馬時期的法學開創了人類社會規則的認知，從此人類運用邏輯的理性思維來思考社會規則問題，對後世具有十分重大的指導借鑒意義。古希臘、古羅馬時期的城市建築藝術也是輝煌的，許多高大的結構複雜的建築相繼出現，赫拉神廟、雅典衛城、羅馬露天劇場等等顯示出當時能工巧匠的聰明智慧和審美水準。

征服戰爭催生了宗教，人類社會化促進了宗教的傳播。面對戰爭的殘酷和社會中的道德災難，早在部落征服時期猶太教應運而生。3300 年前（西元前 14 世紀），傑出的猶太人摩西創立猶太教，訂立十條戒律教化世人：不可妄稱上帝的名；要守安息日；要孝敬父母；不可謀殺；不可姦淫；不可偷盜；不可做假證；不可貪戀別人的房屋、妻子、僕婢、牛驢和財物。上帝是無形而永恆的神，他以自己的形象創造了人，所有的人都應該有尊嚴且受到尊敬的對待，所有的人都要行公義、好憐憫。猶太教很快在希伯來人之間流傳開來，得到了人們的認同和信奉。西元前 4 年，猶太人基督耶穌出生於伯利恒城。看到人間邪惡滿盈，黑暗至極，耶穌 30 歲開始向眾人傳播上帝救世的福音，他告誡人們神愛世人，人也要彼此相愛，愛別人要像愛自己一樣。他斥責上層社會的民族偏見和等級歧視，被當權者極端仇視。在 33 歲那年，由於門徒告密，耶穌被捕，被釘死在了十字架上。耶穌為人類贖罪彰顯大愛無疆，所以基督教迅速跨地域、跨民族、跨國家廣泛傳播。西元 7 世紀，阿拉伯人默罕默德眼看人類滿目瘡痍、哀鴻遍野，心中燃起崇尚和平的使命感。在猶太教和基督教的基礎上，於西元

610年默罕默德創立伊斯蘭教，旨為順從和信仰創造宇宙的獨一無二的主宰——安拉及其意志，以求得人類的和平與安寧。默罕默德主張以武力反抗暴力、反抗壓迫，制定嚴格的穆斯林（信教者）道德行為規範，用「齋戒」方式來培養人們的惻隱之心和愛心，保護自然環境和水資源，鼓勵穆斯林學習知識不相信迷信等等。穆罕默德去世以後，伊斯蘭教在阿拉伯人中迅速廣泛傳播。宗教的興起反映出當時的人們追求和平安寧，嚮往和睦共生美好生活的迫切心情。事實上宗教對於調整人與人之間的對立關係，建立起和諧穩定的現實社會起到了決定性的積極作用，其弘揚的大愛精神對後世的影響是非常巨大的。

人類社會化以後，社會生活比過去的群落和部落生活複雜很多，過去簡單的生活方式被打破，人與人之間的關係極大的超越了親屬關係和熟人關係，人的頭腦也越來越靈活，越來越好用，對自然的認識和瞭解也越來越深入，人類創造出輝煌的紛繁複雜的物質文化。儘管如此，人類社會形成了多線條的發展方向和脈絡，可以從智性、文化、宗教、經濟活動、普通人之間的關係和君王更替幾個方面來把握。

三、人類社會化的可能性分析

在自然狀態下，人類並沒有多少優越性，個體柔軟的無厚重體毛的皮膚甚至經不起輕微的剮蹭就會流血感染，彈跳也不高，雙手雙腳退化得難以攀爬樹木，直立的身體造成跑動中空氣阻力很大而跑不快，牙齒的咬合力也不大，不利於獵殺其他動物，人的缺陷是顯而易見的，所以人類在兩百多萬年以來一直在自然環境的狹縫中生存。為什麼只有人類才可以社會化呢？筆者認為，人類智性的發展是關鍵。人類的弱點和缺陷從客觀上導致了遠古人類的雜食性，見到什麼就吃什麼，逮到什麼就吃什麼，只要是能吃的就吃，絕不挑食，養成了機會主義的習性，這樣也導致了人類可以獲取均衡的營養，有利於大腦的開發。直立行走解放了雙手，可以從事比較複雜的活動，這也鍛煉了兩個大腦半球，使得手、眼、腦的配合更加協調準確。當然這個過程是十分緩慢的，花費了一百多萬年的時間。使用人工火以後，熟食習慣極大的有利於食物的消化和營養、能量的吸收，提供大腦的營養和能量的效率大為提高，大腦發育良好，腦容量增大，更加有利於腦細胞神經元的複雜連結。同時，熟食習慣也提高了人類的生理素質，體溫更加穩定，各個器官和肢體的協調性更好，免疫力也大大提高。所以，人類在近80萬年時間以來只花費了比過去不到一半的時間就製造出越來越複雜、適用的工具，促使人類在任何地域環境和氣候環境中生存。當然只靠智性發展還是不夠的，人類之所以能夠社會化筆者將在以下諸方面進一步分析研究。

1. 個體人之間的生活方式的相似性有利於互動和交流

在同一個地域生活的社會人群，由於地理環境、氣候環境、自然資源、物產的相似性，會出現生活方式相似的現象，生活方式的相似性促進了人與人之間的交往和關聯。由於在同一個地域環境裡，人們建設住房的建築材料是一樣的，建設住房的工藝技術也是一樣的，那麼建設住房的外觀風格也就會相似；人們的服裝衣著采自相同的自然材料，那麼其製作的技術和款式也就相似；人們的食物材料受同樣的季節物產的左右，那麼在食材的選擇、加工處理方式、烹飪方法也就會相似，導致食譜的結構和進食方式相同；由於采自相同的自然資源和物產，人們製造和採用的交通工具也會相同或相近；相同的地域環境還使得人們面對同樣的季節更替和晝夜更替，在紀年曆法上也必然會相互一致，曆法的同一促進了人們的生活方式的一致性和相似性，使得人們之間的交往和關聯在同一時間觀念下進行，極大的方便了人們的日常生活。

2. 個體人之間的需求的相似性是交往的動力

人類個體是一種消耗能量和需要能量補充的生命形式，需求在維護生命存在過程中具有十分重要的作用。個體人的需求具有多維度的性質，各種各樣的需求可以同時出現，也可以在需求滿足以後產生新的需求。比如說，進食和補充水分的需求與安全的需求是同時存在的，不分主次、輕重、緩急的。情感的需求與被他人認可的需求是相輔相成的，被他人認可也可以產生積極的情感傾向，被他人認可的規模越大，人們越有歸屬感和依賴感。反之，如果不被他人認可也不會產生積極的情感，只會產生消極的、排斥的、厭惡的情感。被認可的追求尊重的需求是人與人之間之所以交往、關聯的核心內容。人類個體人需求的最高形式是精神需求，精神需求超越了基本生理需求、情感認可需求，似乎是另一種維度的需求。精神需求包括唯美的需求、音樂的需求、自然力量崇拜的需求、追求意識與自然事實保持一致的需求等。一般來說，人們在滿足基本生理需求和情感認可需求的過程中可以體現智力智性，但是在滿足精神需求的過程中卻可以產生智慧智性。人與人之間的需求具有相似性，也具有差異性，這與個體人的成長經歷和生活環境不盡相同有關。擁有相同或相近的需求的人們之間具有親近感，人們之間的交往和關聯會相對密切，但是需求不相同的人們之間的交往和關聯就要疏遠很多。由於人與人之間基本生理需求和情感認可需求具有一致性，在這個基礎上的社會交往和關聯才成為可能。

3. 個體人之間所處地域及活動範圍的相似性是社會群居的基本條件

人類之所以能夠群居，其中的必要條件就是在同一地域人們生活活動在一起，如果分別相處的地域很遠，不能共同的相處在一起，那麼群居不可能實現。事實上人類的群居是建立在了共同的地域的基礎上的，群體人共同面對相同的生活資源和自然地理、氣候環境，群體人的需求具有一致性。隨著生存能力的增強，群體中人口數量不斷增加，也隨著人類智性的發展，個體人的活動範圍不斷擴大，各個地域中的群體與其他群體在地域邊沿形成重疊，進而在一定大的地域範圍內形成群體之間的融合。在這個大的地域範圍內，人們的需求仍然具有相似性，所以人們相互之間交往和關聯，群體由群落逐步發展成為了社會群體。在社會群體形成過程中，社會群體的活動地域範圍不可能快速的變得無限大，總會限定在必要的範圍以內，這與地理環境和自然資源有著密切的聯繫。人們的活動總會被崇山峻嶺、浩瀚海洋和嚴酷的氣候阻隔，在全球範圍內使得不同地理環境和自然資源的地區形成一個個獨立的社會群體活動地域，在各自的社會群體活動地域裡形成不盡相同的語言習慣和生活習慣，給人以差異感，這就是民族意識的由來。在某個大的社會活動地域範圍內，人們的地域活動範圍存在相似性，人們的交往、關聯的範圍都極大的超出了親屬和熟人關係，社會群體會給人產生「整體」的感覺。

居所穩定產生地域依賴。農業的特性是對於土地和氣候有依賴，當農業知識積累到一定程度，人們只能適合特定的土地和氣候，這樣人們的生活空間被地域限制，產生嚴重的地域依賴。地域依賴是人們產生家鄉觀念的唯一原因，人們把地域與家，與利益緊密聯繫，產生濃厚的歸屬情感。在農業方式下，人類的生活資源變得富餘，人們沒必要為爭奪生活必需品而排斥其他家族的人。在同一地域的人們有著相同的依戀和歸屬感，這樣可以拉近人們之間、家族之間的距離，老鄉和同鄉人都形成親近關係。

4. 個體人之間溝通和表達的相似性使得交往成為可能

在同一個地域生活的社會人群，由於面對相同的地理環境、氣候環境、自然資源、物產和相似的生活方式，會形成相同的語言文字習慣，溝通表達的相似性極大的促進了人們之間的交往和關聯。在地球上的各個區域和角落，形成了無數種類的語言文字和方言，語言是社會化以後形成的還是社會化以前就存在的，在學術界仍有很大的爭議。筆者認為，人類語言產生於社會化之前，社會化促進了語言的豐富發展；語言是社會化的前提，而不是社會化的結果；語言的產生有一個約定俗成和模仿學習的過程，在任何一種語言定型之前都必然經歷一個漫長的醞釀過程，在醞釀過程中語言已經初步形成，當時的人類還屬於群落生活方式沒有社會化，只是當時的人類生活十分簡單，語言表達的內容十分有限，當人類群體的規模逐漸變大以後，語言才日異豐富起來。

人類的溝通和表達並不侷限於使用語言文字來表達具體的事物和情感，還有用節日的方式來表達抽象的事物和情感。人們會在一年的週期內把某個重要的日子定為節日來表達對親情、對自然美好、對自然力量的崇拜、嚮往、懷念、感激和歡慶的心情。過節，是人們表達情感的需要，人們在經過一段時間的單調生活以後會累積一定的成果，使人產生興奮感覺，需要與他人來分享美好的心情，於是，節日就應運而生。節日具有超級感染力，會促使人們在同一天做出同樣的舉動，比如說人們在同一天休息，在同一天分享食物，在同一天舉行紀念活動，參加歡樂遊行等等。節日在約定俗成以後，形成為固定的生活范式，成為社會文化，在相當長的時間內每年重複進行。在不同地域生活的社會人群擁有不同的節日習慣，在相同的地域生活的社會人群的節日習慣則是相同的。

人類溝通和表達事物和情感的最高境界莫過於信仰。當人們的思維捕捉到了自然本質規則以後，會對最根本的自然力量產生認同、信任和崇拜，並在心靈深處對自然力量形成強烈的情感傾向，憑藉自己所理解的自然本質和力量來看待萬事萬物及人與人之間的關係，遵循本質和力量的要求來處理自己的言行，這就是信仰的力量。信仰，可以分為宗教信仰和理論信仰。宗教信仰是人們對自然世界最根本的力量（神）及其派生出來的的信仰，理論信仰是人們對自認為的自然世界最根本的理論、原理及其規則的信仰，理論信仰包括哲學理論信仰、科學理性信仰和憲法法理信仰等等。在信仰的狀態下，人們的溝通和表達更加貼近於心靈的真實狀況，人與人之間的交往和關聯會有真實感、真誠感。信仰對人類文明最大的貢獻是使人產生敬畏感和恥辱感，從而調整人的言行趨於善良，人與人之間關係更加友善、和睦。在信仰的狀態下，相同信仰的人們會有親近感，溝通和表達十分順暢。

5. 個體人之間的智性一般性是交往的基礎

人類的智性一般性有兩個概念，其一是人類從遠古祖先那裡繼承了相似的智性遺傳，其二是個體人之間相互模仿、學習而獲得相似的智性。人類的智性從任何起始時間上看都有一個初始值，就是智性的遺傳性，其決定了人的感官功能、思維能力水準，從這一點上說每個個體人是相同的，無差別的。祖先的遺傳決定了人與人之間的交往方式最初是處在了同一個智性水準基礎上，人人都具有理解自己和他人的能力。擁有祖先的遺傳並不能萬事大吉，後天的學習過程也是無比重要的。其實人的智性在祖先那裡只是繼承了一些形式，是智性的前提，智性的內容還必須後天習得。在個體人的後天具體實踐中往往有少數人或極個別人憑藉祖先的遺傳率先發現過去從未被發現的自然現象和理論規則，新的發現形成為新的知識和經驗，對發現者具有利益好處，於是傳授給其他人。其他人主動或被動的觀察、模仿、學習新的理論、知識和經驗，因而從中獲得好處，並將其推廣、傳播，形成了在群體和社會中傳播、模仿、學習的效應，提高了所有個體人的認識水準，這就是社會學習的機制。社會學習可以促進個體人不斷吸取有益的知識和經驗，在智性形式（智性遺傳）一致的基礎上達到智性內容的相似，能夠判斷、理解他人發出的交往信號和需求，做出正確的交往姿態和回應。社會學習的內容不侷限於課堂講授和學習內容，還包括十分廣泛的、微妙的言傳身教和感官揣摩，涵蓋社會生活的人與自然的關係、人與物的關係、人與處理事務過程的關係、人與人之間的關係方方面面。社會學習過程中，新的知識和經驗改變了人們看待事物的角度，改善了人們的思維方式，個體人的智力水準和智慧水準會得到有效提高，社會學習的水準會隨著社會發展水準不斷提高，因而可以提高社會整體（個體人的集合）的智性水準。

6. 個體人之間的思維方式的相似性

思維方式是人們看待事物和處理問題時總的、籠統的、抽象的角度和方式，如從自我感覺出發的情感思維、陰陽思維、超越自我的理性思維、宗教思維等等。思維方式不同於思維方法，思維方法涉及到針對某一事物的具體角度和方式，如數學思維方法、圖表思維方法、排除法、逆證法等等。思維方式是人的固有特性，沒有人不是採用思維方式來看待、處理事務的，任何人都是自覺不自覺的實踐自己的思維方式。由於地域差異和生活方式的不同，事實上地球上出現了不同地區、不同民族、不同行業的不同思維方式，思維方式的不同導致形成不同的理論、不同的知識體系、不同的經驗文化。但是，在同一地域的人們由於自然環境相同、生活方式相同和溝通交流方式相同，其思維方式非常相似。如古希臘城邦裡的人們理性思維很活躍，歐洲及中東地區的人們宗教思維很豐富，古東亞的人們情感思維和陰陽思維很繁盛。思維方式的相似性是人們在某一特定地域範圍內社會化的主要原因，思維方式相似必然導致觀念的相同或相似，觀念不同的人是很難相處的，其實人與人之間的交往就是觀念的碰撞和認同過程，觀念相同或相近才使得社會化成為可能。

7. 個體人之間相互認可的相似性

個體人之間的相互認可有多個方面的內容，第一是個體人的自我認可。自我認可是人類一切認可的基礎，自我認可來源於人的物質性和存在性，也是生命規則的內指向性的必然要求。自我認可是人類自我意識最為根本的內容，人們認可自己從根本上是認可自己的軀體、外形、長相等物質性內容，認可自己的獨立性（自己與他人具有嚴格的界限）。其次是認可自己的機能（消化食物、喝水、五體運動等）。再次是認可自己的感官。人類所有的人對自己的自然認可是一樣的、一致的、無差別的；第二是對他人的外觀的認可。人類個體之間自我與他人的確定和區分首先是從外觀上進行的，人類運用類比思維會發現自我與他人在外型上具有非常明顯的相似性，於是人們就把與自己外形相似的生命體看做為同類（其他的動物可能也有相同的辨別同類的思維方式），這樣，人們會從本能上尊重他人的外觀，包括形體、長相等，因為他人的外觀與自己一樣是客觀存在和無法改變的事實；第三是對他人的生命的認可。當人類個體形成自我意識以來就有了對生命的認識，自我的生命是獨一無二的，是唯一的，是極為尊貴的，在有限的生命週期內是不可重複的。那麼，作為自我的同類，他人（包括親人、熟人和陌生人）的生命也是唯一的、尊貴的，他人的生命和健康是不可被損害的，是值得尊重的。於是，人類的自我意識必然分泌出對他人生命的認可，形成生命認可的雲認可，即人與人之間相互的生命認可；第四是對他人的行為習慣的認可。個體人對自我生命的維護是通過一系列行為來進行的，人的行為一開始就具有自我指向性，即所有的行為的目的是為了維護自身。當人類的群體具有了維護某個體人生命的功能以後，每個個體維護群體也具有了維護自身的目的，人們會關心群體其他人的溫飽、健康和生命尊嚴，會尊重其他人維護他人自己的生命的行為，比如說尊重他人的獵食行為、採集行為、種植行為和進食行為。當食物資源的供給能滿足自我及群體需求時，人們對於陌生人也會產生尊重他人行為的意識，人們在潛意識中會判斷陌生人的行為的合理性，於是形成對他人行為習慣的認可；第五對他人的觀念的認可。語言是表達觀念的工具，共同的語言文字可使人們產生親近感，語言的規則也體現了人們的共相思維方式，也使得人們的觀念趨於一致或相似。在共同的觀念下，人們的交往沒有障礙，人與人之間的言行可以得到相互的理解，人們在一種潛意識的觀念認可的氛圍中相互關聯、交往在一起，使得社會化成為可能。

8. 個體人之間的規則意識的相似性

人與人之間的交往和關聯從來都不是簡單的物與物之間的摩擦和碰撞，絕不是像石頭與石頭、沙子與沙子之間的關係，而是根據各種規則結合在一起。人與人之間的交往可以不是身體與身體的觸碰，大多數情況下相距一定距離也可以採用語言和形體來交往。交往的規則以理性的形式存在於每個人的大腦裡，交往方式和關聯內容在每個人的大腦裡都有預設定。比如說，家庭成員之間的交往方式與親屬之間的交往方式、與熟人之間的交往方式是不相同的，親屬之間、熟人之間、陌生人之間的交往方式都不盡相同。多種多樣的規則在每個人的大腦裡根據不同的對象進行選擇，人的智性一般性也保證了在規則選擇的過程中不會出現差錯。所有的規則的選擇和運用都會在對象人那裡產生共鳴和認同，人的智性一般性也保證了交往規則的共鳴和認同不會出現偏差。人與人之間都以準確的規則進行交往和關聯，規則意識的相似性保證了人類群體社會化成為可能。

9. 陌生人之間交往頻繁也可產生積極情感

人類的積極情感最初來源於部落生活，部落成員共同生活在一個小的地域，頻繁交往，形成了你中有我我中有你、我為你你為我的利益關聯，利益相通則交流順暢，於是人與人之間產生相互指向的情感傾向——積極情感。但是，對於部落以外的人（陌生人）仍心懷敵意，此時的情感傾向是排斥的、負面的、消極的。由於農業生活方式的推廣，生活資源日異豐富，人口數量迅猛增加，部落領地之間的人口出現交叉、重疊，人們不可避免的與部落以外的人進行接觸和交往。在人類追求認可的心理作用下，陌生人之間在生產事務中頻繁的交往逐漸消除了敵意，人們已經沒必要就生活資源爭奪而相互排斥。於是，部落之間的人們逐漸開始相互模仿和學習，溝通交流的方式也日漸一致，相互交往中利益被人們認可，交往的好處被人們接受，這樣，與陌生人交往也變成了一種生活習慣。在與陌生人交往的過程中，仍然存在利益相通和交流順暢的特性，於是陌生人之間通過頻繁交往也產生了積極情感。陌生人之間產生積極情感的可能性是人類社會化最為關鍵的內容，如果沒有積極情感維繫，那麼人類社會化將不可能實現。時至今日，我們都可以體驗到與任一不確定的陌生人的好感可以在與其溝通交流過程中獲得，只要是有過溝通交流的陌生人我們都會對其產生好感——積極情感，相比之下沒有溝通交流的陌生人我們對其的積極情感要差很多。

10. 個體可以在他人的知識和勞動成果中獲得利益

人類個體人之間的交往並不侷限在見面打打招呼、握握手的方式，交往會進一步深入，開始相互之間的模仿和學習過程，這樣促進了生活方式逐漸趨於一致。農業生活方式的推廣使得人們的生活資源出現富餘，剩餘的產品可以相互交換來滿足各自不同的利益需求。農業生活方式還要求其生產者使用各種各樣的生產工具，工具的製造卻具有相對的複雜性和專業性，如鋤頭、犁、鍬等鐵器從原材料開採、運輸到打製，不可能由使用者獨自完成，於是，交換習慣導致了社會分工。社會分工的意義不僅僅在於人們的生產效率大為提高，其意義的重要性在於人們之間的利益相互融合，鐵匠的食物來源是稻穀的種植者和生豬、禽類的養殖者，稻穀的種植者使用的工具是由鐵匠打造製成，人們把自我複雜多樣的需求的滿足都寄託在他人的供給上，人與人之間逐漸形成利益關係的雲關聯，你中有我我中有你、你為我我為你，人們實現了在陌生人之間產生的與原來部落生活相同的，甚至更好的利益關係。人們在學習和交換過程中相互的在他人的知識和勞動成果中獲得利益，陌生人的勞動成果與不確定的他人分享，才使得社會化成為可能，並促使社會化日漸穩固和發展。

11. 部落群體在社會中保留

部落群體的基本結構是以交配為核心的原生家庭關係、以親屬裙帶關係為基礎的家族關係和熟人關係。家庭具有深刻的利益融合特性，其成員之間的利益滿足不以絕對平等的方式來分配生活資源，即成員之間不會計較誰多吃多占和少吃少占，但在家族關係和熟人關係中人們卻多主張利益平等性，即禮尚往來。部落生活方式在自然特性上說就已經完全能夠滿足人類的生存、繁衍的可持續發展需要，其存在的必要性是不能以其他的生活方式替代的，在社會化的過程中部落生活方式不能完全被社會生活方式取代，因而在社會中得以保留。在社會化以後，部落生活方式發生了一些改變，成年男女的聯姻關係不再侷限於部落內部的成員，而是在社會中隨機選擇心儀的對象，這樣，在陌生人之間通婚成為了普遍的社會現象。陌生人之間通婚以後，即刻形成新的部落群體，在形式上部落群體並沒有發生根本的改變，部落群體仍然成為社會生活的核心，部落群體由於其成員的婚姻交往關聯形成為環環相扣的部落群體雲關聯，形成了社會生活最為真實的結構。如果人類社會化以後完全擺脫部落生活方式，那麼社會中的各個成員必將成為不穩定的離子，社會將沒有結構可言，社會的穩定性必將遭到破壞，人類的生存繁衍會出現十分混亂的局面，最終導致社會崩潰。

12. 準部落在社會中形成

準部落是社會群體中一部分人根據技能、愛好、觀念和地位自行組成的交往群體。準部落與部落生活方式有相似之處，準部落中有相同或相似的需求利益關係，而且準部落中個體人之間的溝通交流也十分順暢，準部落也就是人們俗稱的社交圈子。準部落中的個體人對於準部落具有比較強烈的積極情感傾向，其情感強度若低於部落生活方式中的部落成員之間的情感。準部落提供了人們交流、學習，展示技能、愛好和觀念的機會，豐富了人們的社會生活，使得人們的閒暇時間變得充實，促進行業技術水準不斷提高，準部落是人們寄託精神的好方式，所以準部落是人類社會化以來至今仍然十分活躍的一種生活方式。常見的準部落有行業協會、各種愛好者結合群、同學關係結合群、戰友關係結合群、上流社會結合群等等。許多素不相識的人可以在準部落中相識和瞭解，準部落還為未婚男女的聯姻關係提供機會並促成新的部落關係。準部落為社會化的進程和穩固起到了十分重要的作用，但是準部落仍不能取代部落生活方式，人類最為深刻的需求，包括家庭成員之間的利益融合需求、絕對安全的需求、被體貼關愛的需求等，還不能在準部落中得到滿足，畢竟準部落只是相似的部落，不能與部落生活相提並論。

13. 征服者和統治者具有社會化催化和紐帶作用

人類的社會化交往和關聯會受到自然環境的阻隔和限制，崇山峻嶺、浩瀚海洋、冰凍荒原、廣袤沙漠以及遙遠的距離是社會化的巨大障礙。要克服這些障礙必須依靠巨大的動力才能夠把距離遙遠的人們關聯在一起，征服者和統治者就起到了這個巨大動力的作用。征服者把方圓上百公里，甚至上千公里內的許多部落和國家使用武力打敗，強行納入其統治、管理範圍，在被征服地區搜刮自然財富，逼迫被征服地區的人們繳納稅費和物資，任命和指派代理人壓迫被征服地區的人們服從其統治，這樣從客觀上促進了人類社會化的進程。人類歷史上出現過多個驍勇的征服者，如亞歷山大大帝、凱撒大帝、成吉思汗、拿破崙以及 15 至 17 世紀西班牙征服者等等。征服者們遠征千里，揮旄之處所向披靡，把落後的部落和國家，把繁盛的部落和國家，統統納入其統治、管轄勢力範圍，使得被征服地區的人們不得不開始新的交往和關聯。當征服者的統治權穩固以後，統治者世代沿襲統治、管轄權力，被征服地區的人們逐漸忘卻了被征服命運，習慣了統治者的統治，人與人之間的交往也就隨之平穩固定下來，人們的活動範圍大為擴大，遙遠距離的人們也開始了交往。征服者和統治者為了鞏固其統治，在管轄勢力範圍內會統一語言文字、曆法和法律規則，無形中更有利於社會化在更大的規模上進行，使得大社會成為可能。這並不意味著征服者和統治者為社會做過多少積極貢獻，征服者和統治者都是社會資源的掠奪者，他們對社會的的破壞是有目共睹的，畢竟大社會化不是他們的目的和初衷，他們的目的是掠奪和瘋狂占有，但是他們對大社會化的確起到了客觀的促進作用。

征服者促進社會的規模擴大。人類的征服者與動物的征服者的相同之處是都使用暴力來滿足占有欲望，所不同之處是人類征服者不是將被征服者趕盡殺絕，或者把被征服者驅趕出領地，而是為了奪取更大的統治權，獲取更大的利益。當征服者的統治權穩定以後，被統治者的人口規模被擴大，在統治者的紐帶作用下人們的社會交往的規模也被擴大。征服者與被征服者之間也存在一種平衡，首先征服者通過使用統治的說教和理論來確立絕對統治地位藉以獲取社會利益，其次被征服者甘願臣服而保留性命和保留原籍也可獲得人生保障和生存機會。征服者與被征服者之間存在一種利益的平衡，如果征服者以消滅被征服者人口或驅趕被征服者為目的，那麼征服者的統治利益不可能最大化，就是說征服者不可能獲得更大的利益。如果征服者的利益絕對化導致被征服者的基本利益得不到滿足，那麼被征服者也不可能心悅誠服，最終征服者的利益將得不到滿足，也必將危及到征服者的統治地位。

附件：對古代社會的評價

人類古代社會發展變化的原動力可以歸結為人的智性發展。部落生活方式中的異族通婚改良了人類的基因，促進了人的大腦發育，表現為工具的製造技術大為提高，更先進的新石器取代了舊石器，在部落時代的中後期產生了農業的萌芽。農業生產方式改變了農耕人的行為和習慣，固定居所，忙於種植和養殖，帶動了建築和日常生產生活用品用具手工業的發展。農耕人把注意力集中在了生產事務中，以生產事務為中心，其智性得到了進一步的提高，總結出豐富的經驗技術，於是各方面生產量穩步增加，可以養活更多的人。由於人口的持續增長，在農耕人群體中出現大量的陌生人群體，因此人類迎來了社會化新局面。在社會化初期，人們被一種神秘的邏輯力量吸引和支配，跨越氏族和部落的界限走到一起相互學習和交流，把農業生產技術擴散到了世界各地適宜耕種的地區，距今六千年前左右，農業在歐洲、亞洲、非洲大陸的平原地帶遍地開花。在農耕人群體中有兩股力量維繫著既鬆散又緊密的人與人之間關係，一是從部落時代傳承已久的共生觀念，二是生產事務所包含的邏輯力量，所以農耕人群體中的人與人之間關係是友好的、和睦的，人們以生產事務為紐帶建立起新型的共生關係，人們相互之間支持和幫助，也為農業生產技術進一步發展做了鋪墊。在社會化初期，農耕人雖然發展出了豐富的生產經驗和技術，但是其認知仍然是朦朧的，知其然而不知其所以然；對自然現象的認知也是朦朧的，從現代人看來甚至是愚昧的，神仙崇拜、巫術、迷信盛行。但是我們不能片面的認為早期人類社會和群落部落時期的人類是蒙昧的，難道我們對文明的定義僅僅侷限於對自然知識的掌握和運用嗎？從某種程度上說，文明應該是人與人之間關係和諧美好的狀況，或者是個體人為了促進人與人之間關係和諧美好而發出的積極行為。可以肯定地說，社會化初期和群落部落時期的人類對於人與人之間的親善關係是通曉的，而且是身體力行的，相比一些現代人雖然對自然現象有所瞭解，但是對社會中人與人之間的友好關係反而是愚昧的，從這個意義上說，社會化初期和群落部落時期的人類比現代人要文明。

五千年以來世界各地風起雲湧的征服戰爭無一例外都是古代遊牧人及其子嗣發起的，農耕人沒有挑起戰事的動機和願望，農耕人受生產事務邏輯潛移默化的薰陶，其思維注意力集中在了生產事務之中，削弱了人的野蠻暴戾的秉性，加上生產事務繁忙，鄉土和家眷情結濃厚，以及相對分散居住等原因，所以農耕人不可能背井離鄉遠征異域；但是，古代遊牧人則不然，其生產事務簡單不足以陶冶人的性情，常年屠宰牲畜對殺戮習以為常，居無定所，加上高原草地缺乏糧食植物資源，在人口增長的壓力下或者在自然災害的危難之中，遊牧人只能鋌而走險來侵犯農耕人（遊牧人沒有學習農業生產技術的智性和願望）。古代的征服戰爭是極其殘酷的，由於工具和材料的改進，大量具有殺傷性的武器被應用到戰爭之中，刀槍、利劍、長矛、弓箭、弩箭等等用金屬製成，從近身格鬥到遠距離刺殺和投射，使得戰爭更具血腥。每一次戰爭都是征服者發起，兩軍對峙近身肉搏，殺得赤地千里，屍盈遍野，血流成河，對平民造成了巨大的傷害，也使得大量的軍事人員死於非命。不但減少了農業生產的人力，還對農業生產造成了嚴重的破壞，大量莊稼被毀，田地荒廢，對城市的毀滅也是空前的，大量房屋建築毀於一旦。對人類傳承歷久的群落親情和睦傳統和農耕社會和諧的生產氛圍更是造成了極大的衝擊和損害。可以毫不誇張的說，征服戰爭把人類的野蠻邪惡推向了無以復加的程度，極大的損害了人的趨利避害性，使人與人之間的仇恨、憤懣、毒辣成為常態。古代征服者所發動的征服戰爭從動機上看不可能是為了本部落或本民族，把本部落、本民族的傷亡看做征服的代價，這絕不是為了部落或民族利益的考量，其征服行為的用心只是為了一人或幾人的私欲，占有欲和貪婪，以及對他人的蔑視，對他人生命的踐踏。這比任何一種自然動物都要兇殘，連野獸都相形見絀。征服者哪裡還有什麼人性，哪裡算得上什麼英雄，哪裡值得人們歌頌和崇敬。雖然征服行為客觀上促進了人類社會化和民族融合，但是，這並不是征服者的初衷和目的，征服者是卑鄙的，只會考慮自身的利益，用無數的人頭和鮮血換來的社會化和民族融合難道也值得人們謳歌和頌揚？那些片面的認為征服者是英雄，是豪傑，是人類的大恩人的人是不是其血液裡和細胞裡銘刻了征服者的野蠻基因片段，而修改了人類兩百多萬年以來傳承的和睦共生的良好基因？

所幸的是，征服者和統治者野蠻暴力的高壓統治並沒有扼殺人的智性發展，也沒有泯滅人類對美好社會的憧憬和嚮往，人的理性對人類社會的後續發展起到了至關重要的積極作用。

第四章　論社會的存在性

對社會的認識決定我們對社會的態度。我們如何判斷社會是真實的呢？或者說如何判斷社會是存在的呢？我們看不到社會的全貌，也無法確定社會中到底有多少個體人，我們只知道社會中有很多人，我們經常會遇到素不相識的人，並且還要與他們打交道，我們可以樂意與他們交往，但也可以不願意與他人相處，但是，我們無法回避他們。社會中，許多陌生人在我們遇見他們時，在我們認識他們之前，他們就已經具有了與我們自己一樣的相貌、一樣的穿著、一樣的語言、一樣的智性。我們不知道他們的這些特性是怎麼來的，也不知道我們為什麼要與他們相遇，似乎在我們遇見、認識他們的很久之前他們就已經存在了，好像經過了與我們相同的歷史過程。我們甚至還會發現從來就沒有聽說過的某人，當我們聽說他時他已經是一個非常了不起的人，比如說亞里斯多德、貝多芬、達爾文、邱吉爾等等。於是，我們會感覺有一種場，存在於每一個個體人之中，也存在於歷史長河之中，這種場把人們聯繫在一起，即使不曾謀面，即使相距遙遠，也即使跨越時空，都作用於我們，使得我們不分彼此，他們也只是我們的一部分。這個場，就是社會。社會就是個體人相互關聯、相互影響和作用的可能性和現實性。社會是一種能量，我們看不見摸不著，那麼什麼是社會呢？

一、什麼是社會

據說中文「社會」二字最早出現於後晉所著史書《舊唐書・玄宗上》：禮部奏請千秋節休假三日，及村閭社會。此時社會二字意為村民聚會，在古漢語裡「社」指土地神，引申為祭祀土地神的活動，「會」即會和、聚集的意思。現代「社會」一詞來源於英文 society，意為 people in general living together in communities（以群體形式生活在一起的人的總稱），明治時期日本學者福澤諭吉把英文society首次翻譯為「社會」，然後「社會」一詞在華語界廣泛應用至今。同一時期的清末學者嚴復把英文 society 翻譯為「群」，見《群學肄言》，但未被推廣。

社會的含義可以分為概念和本質兩個部分，從概念上看，社會不是以群體形式生活在一起的人簡單的組合，社會中的個體成員不會是像砂礫一樣堆積在一起，個體人的自然屬性必然會要發揮其作用。實際上在古代社會，個體人都具有相同或相近的血緣關係，也就是人種相同或相近，用現代生物學觀點來看就是基因相同或相近，這與人類社會化的過程是分不開的。社會中仍然充斥著群落和部落，所以社會中仍然保留著親屬關係和熟人關係，情感仍然是維繫個體人之間關係的紐帶之一。只是社會中人的群居規模太大，必然會與陌生人發生接觸和互動，所以社會中維繫人與人之間的紐帶僅僅依靠情感是不夠的。於是，習俗、道德、法律等都相繼產生並成為維繫陌生人之間關係的規則，比較群落和部落生活，社會中的情感紐帶反而成為規則的補充。古代社會中具有相同的習俗、道德、法律規則的人必然是人種相同或相近的人，這些人散播到一定的地理區域，在這個地理區域範圍內的所有人就構成了社會。

社會的概念與人的概念一樣不應該精簡化和簡便化，社會的概念與語言名詞解釋是不一樣的，語言學中社會的名詞解釋可以簡潔明瞭，方便大多數人理解和應用，但是社會的概念就不同，因為社會的概念需要促使我們清楚的認識和瞭解社會，並引領我們深入的分析種種社會現象，以達到發現和解決社會問題的目的。社會的概念如同是領路人，如果概念含糊不清，就意味著領路人也不知道路該怎麼走，那麼怎麼到達目的地呢？社會的概念越簡潔，漏掉的東西就越多，就越不利認識瞭解社會。要不然，人們看過了「社會」的名詞解釋，甚至可以背下來，就覺得知道了「社會」是怎麼回事，這樣是遠遠不夠的。社會的概念也應該包括諸多的社會現象，如情感現象、規則現象、運動現象、歷史現象等等，通過這些現象可以引領我們更好的、更深入的認識和瞭解人類社會。

筆者認為，社會是在特定大範圍的地理區域內從群落和部落生活方式發展而來的依據事務、習俗、道德、法律規則組合起來的大量的群居人共同的複雜的動態大系統。這個特定的大範圍可以是一個城市，也可以是一個城市加周邊的鄉村，也可以是許許多多城市和鄉村。在這些地理區域範圍內的群居人不是憑空產生的，是從群落和部落方式發展起來的，具有空間、時間和物質的延續性和傳承性，空間上的延續性是指個體人成群的遷徙移動然後相對固定的居住在特定的地理區域範圍內，時間上的延續性和傳承性就是群體人的歷史性，物質上的延續性和傳承性是指個體人的生命體物質性以及生生繁衍的生命形態，因為個體人之間的物質相似性也會給人一種整體感印象，即人種。社會中的人以各種事務的形成關聯在一起，有日常生活事務、生產事務、共同事務和公共事務等等。在同一的習俗規則的作用下，人種會給人以民族的印象。習俗規則也不是憑空形成的，與群居所在地的氣候、自然資源的影響是分不開的，習俗規則也具有延續性和傳承性，是祖輩和祖先的生活方式所決定的。道德規則亦來源於群落和部落時代歷時兩百多萬年形成的人與人之間和睦共生的依存關係，與之相符的行為即為道德，與之相背的行為則是不道德。道德問題也只是在陌生人充斥的社會中才是一個問題和難題，在群落和部落時代，道德不會成為一個問題，也沒有道德這一說法。法律規則則更加是處理陌生人之間關係的根本方法（為什麼充斥陌生人的社會需要法律來調整人與人之間的關係，筆者將在後續文章中講述）。群居人的規模達到一定的數量就體現出個體人之間的需求差異、情感權重差異、思維差異和互動行為的差異，人的物質需求可以從其他人那裡得到滿足，個體人可以不必面對原始自然，這就使得群居人之間的關係極其複雜化，由於群居人的相互作用，群體成為共同的生存和生活的空間，群體也就成為了共同體，這種共同體也是複雜的，呈網路化多維度聯繫。人與人互動的行為可以分為微動和巨動兩種現象，使得群體發生動態變化。綜上所述，具有延續性和傳承性的群體人相互作用、相互關聯就構成了複雜的網路大系統，以共同體的形式和面貌呈現，這個人的群體就是社會。

二、社會與民族的關係

社會形成的初期群居性人口的規模不會很大，一般說來同一地域群居的人口超過 3000 人就算是社會了，3000 人以上的群體人就會出現人與人之間的親疏差異，有朝昔相處的親屬，有親密友好的熟人，有偶爾相處的陌客，還會有不相往來的陌生人。有陌生人的存在是社會的基本特徵。在人類上古時期，3000 人群居的規模也必然是由多個部落組合而成，由於地理位置的相近，物產也相近，人們的飲食習慣大同小異，所以就使得部落間通婚成為可能。更聰明的部落會在語言和工具的運用上具有優越性，而吸引其他部落學習和模仿，於是就產生了部落同化，征服戰爭把多部落、多地區納入同一個統治疆域，人與人之間出現相貌、膚色、體格、生活方式等方面的相似性，這樣就形成了最早的民族。民族是不同外觀特徵、不同語言、不同生活習慣的人類群體的總體差異性的體現，只有當人類交往互動的範圍跨越兩個以上的群體時才會產生民族的差異性認知，所以民族及其意識產生於人類社會化以後。早期的社會一定是一個單一的民族，如地中海沿岸的伊比利亞人、古希臘人、腓尼基人，北海和波羅的海周邊的日爾曼人，東歐維斯瓦河河谷的斯拉夫人等等。隨著民族征服戰爭此起彼伏，社會規模日趨擴大，民族的規模也日益擴大，民族的分化和融合促使新的民族脫穎而出，日爾曼人的分支盎格魯人、撒克遜人和傑特人組成英格蘭人，西哥特人、勃艮第人和部分羅馬人組合成為法蘭西人，條頓人、阿勒曼人和西斯拉夫人構成了德意志人，古羅馬人、倫巴第人、東哥特人等組成義大利人，古代東亞漢王朝在中原一帶征服各民族演化成漢人等等。

民族是社會的表徵。民族是群體人的語言、膚色、習俗、交往規則等等在人們頭腦中的整體印象，給人以靜態感。群體人與其他群體人的靜態感差異是民族形成的主要原因，如果只有一個群體人就不會有民族的存在，正因為群體人（複數）數量多，而且彼此不完全一樣，才會給人以民族（複數）的印象。在靜態感的背後是人與人之間的關係，也就是社會，社會才是民族的根本，社會是民族的依託。在同一地域相濡以沫的同民族的人不會靜止的關聯在一起，他們彼此交往、互動形成動態相互作用關係。如果從動態的角度看待民族中的人，則他們組成的是社會。早期人類有多少民族就會有多少社會，隨著民族的分化，相同的民族分離在了各自不同的地理範圍，也就分為了不同的社會。

我們可以這樣認為，沒有脫離社會的民族，也沒有不體現民族的社會。民族是社會型的民族，社會是民族性的社會。民族在未來永遠不會消失，只會改變民族的形式和規模，即使在遙遠的未來也必然會在不同的地理區域上形成群體人的差別，北極圈內的人與赤道上的人與撒哈拉沙漠中的人不會變得一模一樣。未來只要有群體人的存在就會有社會的存在，社會一旦形成就永遠不會消亡。

三、社會與國家的關係

國家也稱作國家政權，社會與早期國家在成因上具有相似性，都是因為群體人的規模擴大以後產生大量的陌生人關係。所不同的是，社會是陌生人為主體的相互作用和關聯的網路系統，而國家是少數陌生人與其他陌生人的極端化作用和強制性關聯的一種形式。社會具有自然的特性，社會是自然世界發展的必然結果，群體人規模擴大就必然形成社會。國家具有政治性，也具有人為性，體現為社會中人與人之間的強制性關係。早期國家在形成之初無一例外都是由征服者建立的，少數人率領本民族軍隊入侵其他民族的地盤，並打敗其他民族，少數人中的首領以征服者的身份強行統治其他民族而建立政治權威，組建一整套管理體系和架構來實行統治，國家即刻形成。國家是暴力的工具，充分反映了早期國家的真實內涵，暴力征服，暴力統治。在國家形式中，統治者的暴力統治主要是針對陌生人而實施的，在統治者內部是親屬關係和熟人關係，他們是統治利益的分享者和統治權威的享受者，被統治者與統治者之間是陌生人關係，被統治者之間絕大部分也是陌生人關係，這些人與人之間的關係促使統治成為可能。

國家的本質有四要素說，即國家是由國土（疆域或領土）、國民（國家中的所有人）、主權（國家的排他性權威）和行政（政府及其架構）四個部分組成。這個說法把社會與國家混為一談了，國土和國民其實就是社會，國土和國民是一種自然性，國土其實就是統治權威所延伸到的地理區域，國民則是附著在這片地理區域的群體人。國家的本質應該只有兩個要素，即主權和行政，離開這兩個要素國土和國民都不存在。當然這只是針對於早期國家而言，現代新型國家已經沒有了統治的實質，只是沿用了國家名詞，其實質就是社會，現代國家應該改稱為社會，如美利堅社會、英格蘭社會、日本社會等等。對於現代社會而言，其四要素是成立的，領土（包括領海和領空）、人民（社會公民）、主權（主權在民）、行政（政府體系）。但是，不論早期國家還是現代國家都有一個基本事實，就是充斥著龐大的陌生人群體。

於是，我們可以發現，統治者的國家是懸浮在社會之上的，所有專制型的國家都是懸浮在社會之上的，是人為的，不是自然的，統治型或稱為專制型的國家都不具有自然的合法性和正義性，但是具有一定的合理性和正當性。被統治者或被專制者在心甘情願的情況下，統治者或專制者的存在是合理的，比如說奴隸制度下的奴隸不願做主人，不論是愚昧也好還是害怕也好，奴隸制國家是合理的、正當的。但是，如果被統治者反抗暴力統治，統治者用暴力來鎮壓反抗卻是不合理的、不正當的。隨著人類智性的發展，統治和專制的自然合法性遲早會受到人們的質疑，統治和專制的瓦解是必然的，最終群體人都將回歸到自然本性上來，即回歸到社會。國家是人類歷史長河中的一個片段，國家的存在是以國民的愚昧無知為前提，國家終究會滅亡，取而代之的是社會。

四、社會與家庭的關係

家庭是人類既古老又永恆的話題，家庭的形成可以追溯到兩百多萬年以前的早期人類，那時候家庭就是一個群落，是一個大家庭，群婚制中性行為沒有對象的禁忌，實則是混亂的狀態，新生兒的成活率很低，普遍的壽命都不長。儘管如此，群體中充滿和睦的共生關係。隨著人類智性的提高，長輩與晚輩之間形成了性行為禁忌文化，家庭關係可擴展為家族關係。直到舊石器時代末期，異族通婚明顯的改善了後代的生命品質，群落中同輩的性行為也被禁止，人類出現婚姻形式的文化，一夫多妻制、一妻多夫制和一夫一妻制。於是，原生家庭（又稱核心家庭）形成，即夫妻與所生兒女組成的家庭。原生家庭加上夫妻雙方的長輩成為直系家庭。原生家庭和直系家庭的形式一直援引至今。

人類社會化的初期農業生產生活方式逐步普及，直系家庭是基本的生產單位，一家老小吃住在同一個屋簷下，在同一片土地上勞作，把盈餘的糧食和畜肉與其他家庭交換衣物、工具、家什等等，其家庭生活也算得上其樂融融。隨著戰亂四起，原本田園牧歌式的生活被打破，房屋、田地被毀，家庭成員一些被殺害，一些流離失所，甚至在逃難中走失，可謂家破人散。在征服戰亂時代，社會化並沒有給人們帶來多少恬靜安詳的生活，相反卻是帶來了深重的災難，令人苦不堪言。在征服者的統治時期，絕大多數的家庭飽受盤剝、奴役之苦，苛捐雜稅供養了極少數統治家庭，各種苦役也使得許多普通家庭喪失精壯勞力，有的人命喪苦役之中（孟姜女哭長城就是一個例證）。儘管如此，農業生產的收成仍然促進了人類人口的增加和家庭數目的增長。直至工業革命以後，人類的生產生活方式發生巨大的變化才使得家庭生活變得穩定，人類人口數量和家庭數量創出新高。

簡要回顧人類家庭的發展歷程，我們可以發現，家庭與社會在不同時期具有不同的特徵，但是萬變不離其中的是，家庭與社會都一直在互動，在相互作用和影響。首先，社會來源於家庭，社會是許許多多家庭的集合，家庭或家庭成員所從事的工作、所提供的商品和服務是社會豐富多彩的直接原因；其次，家庭向社會輸出價值，向社會輸出親善的友情，輸出滿足他人的適用性。古代征服者和統治者是家庭輸出的受益者，征服和統治也是為了獲取普通家庭（複數）的輸出，普通家庭之間的輸出也使得相互之間受益，這其間包含人的社會化問題，家庭是人的社會化的孵化器。家庭向社會的輸出都具有一定積極意義的情感，家庭是社會情感的主要來源；第三，社會向家庭輸入物質的適用性，因為其他家庭的輸出，使得每個家庭在物質上獲得滿足，這其實也是家庭之間互通有無，通過交換而得以實現的。社會也向家庭輸入知識和經驗，任何家庭都存在面對紛繁複雜的自然現象而知識和經驗不足的現實，大部分所需的知識和經驗都依賴於社會從外部輸入；第四，社會向家庭輸入精神。人的堅忍不拔的意志、充滿智慧的頭腦、宗教的信仰等等都來自於社會，這都是人類積累和醞釀的精神財富；第五、社會向家庭輸入不良文化。社會中因為陌生人之間的情感缺失形成了與家庭和睦共生氛圍相悖的社會文化，爾虞我詐、偷樑換柱、暴力相向、踐踏生命以及冷漠、鄙視、威逼、恐嚇等等互害型行為對家庭親情關係產生衝擊，以致於一些家庭成員受其影響而產生攀比、嫌棄、威逼其他成員的意識和行為，嚴重損害了既定的家庭和睦關係。筆者認為，家庭對社會的作用和影響多為積極意義，而社會對家庭的作用和影響有積極意義也有消極負面意義。

家庭對社會的作用還體現在個體人的社會化方面。個體人的社會化有狹義和廣義之分，狹義的人的社會化主要是指新生兒從嬰兒期、幼年期、童年期、少年期到青年期進而走入社會，填充到社會成為一名社會角色的過程。狹義的人的社會化主要是在家庭中完成的，也包括小時候與玩伴的玩樂過程，以及幼稚園、學校的學習過程。當然，人的社會化是非常有必要的，畢竟人類是群居性動物，不可避免的要與其他人交往、互動和結合。狹義的人的社會化主要是在親屬和熟人環境裡進行，長大成人以後才開始獨自面對社會中真正陌生的人群。由此可見，親屬和熟人環境裡必定包含社會中陌生人群體所需的處理人與人關係的基本技能，以及社會化所需要掌握的社會需要的基本智力水準。在簡單的農業社會，家庭是可以勝任小孩子社會化孵化的任務的，小孩成年以後不會遇到社會化的太多障礙，可以基本適應社會的要求。但是，在工業化以後，隨著科學技術的深入發展，社會化會面對客觀的具體要求，即專業知識和技能的要求，所以梯級文化知識教育和職業培訓也成為社會化的重要內容。但是，任何一種就業前的學校都難以訓練學生的與陌生人打交道的社會實戰能力，人與人交往相處的實際能力仍然是欠缺的，與陌生人的交往和互動的能力在親屬和熟人環境裡，以及在學校環境裡，都難以獲得有效的提高，這就會導致人的社會化的偏差，與陌生人的交往和互動就難免會發生不如意、不愉悅的狀況。

如果把人的社會化引入廣義的維度，我們會得到人的社會化的悖論。廣義的人的社會化是指不單是未成年人，即使成年人不論年齡和閱歷都無時無刻不在社會化，只要是社會中的人就面臨社會化。社會是一個飛速旋轉的車輪，所有的人都在跟隨社會前進的步伐。那麼社會發展了什麼呢？社會發展了物質文化，發展了知識，發展了經濟總量，但是人與人之間的關係發展了沒有？社會中的陌生人減少了沒有？回答是否定的。社會中物質文化越發達，人口規模則越大，陌生人卻更多，人的社會化卻變成了人的物質化和知識化，社會不是由人組成的嗎？社會化怎麼不是人與人之間關係的社會化了呢？這是其悖論之一。其悖論之二是既然家庭成員都尚處在社會化的過程當中，那麼家長又怎麼能夠促進小孩的社會化呢？小時候的玩伴、幼稚園的老師及各個學校的老師，甚至學校的校長們和統治機構中的人都還處在社會化的過程中，那麼他們又怎麼能夠促進小孩子的社會化呢？這勢必會導致更大的社會化偏差，以致於許多人到了老年都還可能徘徊在社會化的門口，他們當年可是曾經引領其小孩社會化的，顯而易見，社會並不完全知道到底需要什麼樣的人，這樣的社會不出問題看來是不可能的事情。如果一個社會真的不知道需要什麼樣的個體人，這只會給統治和專制提供機會。

五、社會是如何存在的

誠然，我們看不到社會的全貌，通過感覺器官我們的確感覺不到社會，我們可以看見家庭、企業、政黨、政府、國家機構等組織、團體中充滿了個體人，我們還可以觸碰和接觸到一個個生機盎然的人。在情感思維占主導的社會，人們感知不到人與人的關聯性，人們只是被動的接受相互的影響和作用，所以在情感思維中社會不存在。在情感群體中，社會被國家、政府、政黨、企業所取代，社會成為虛無。我們如何判斷其存在呢？只有在理性思維下，社會的存在性才清晰可見。我們之所以說社會是存在的，是真實的，是因為社會包含無窮多的可能性，人與人之間的相遇是可能的，相識也是可能的，任何人都可能與任一他人產生關聯，人們可以購買和使用任何人或機構提供的產品和服務。個體人之間可以直接產生關聯，也可以與任一組織機構產生關聯。於是，個人與個人之間，個人與組織之間，組織與組織之間形成為一個超級關聯網路，這就是那個場，這就是社會。社會的存在依賴於個體人的物質存在，並超出了物質存在。社會的存在不會因為某個或某些個體人的死亡而消亡，社會存在是一種綿延，空間和時間的綿延，社會存在也是一種跨越，空間和時間的跨越。社會不是人的物質性的集合，社會大於人的物質性，社會不是一盤散沙，不是個體人的簡單聚集，社會包含許許多多個體人的密切聯繫，這種聯繫具有能量的特性，無時無刻不在湧動之中。社會通過個體人與自然世界發生密切聯繫，成為自然世界的一部分。所以，社會總是有合乎自然的特徵，自然知識和經驗也可以在社會中找到對應關係而得到應用。社會的存在也不依賴於民族的存在，民族可以變化，可以融合，可以消亡，但是，社會不會變，只要人類不消亡社會就永恆存在。社會存在也不依賴於國家和政權的存在而存在，社會可以跨越國家和政權，不會伴隨任何權威而產生，也不會跟隨權威而消亡。任何國家和政府在形成時社會就已經默默的存在，而且正是因為社會的存在才使得國家和政權的出現成為可能。當一個國家消亡時，社會可以默許另一個國家出現，但是在最後一個國家敗滅時，社會終會真正的蘇醒成為自己的主宰，從此國家將最終滅亡。

社會的存在以運動的方式彰顯。我們知道，社會無時無刻不在湧動之中，即使在深夜，社會的湧動也不會停歇。社會的湧動也叫作社會運動，社會運動有兩種基本形式，微動和巨動。社會微動極其普遍，司空見慣，有個體人和家庭的衣食住行的行為、談婚論嫁的行為、養兒育女行為、走村串戶的行為、聚會交友的行為等等，還包括工作行為、交易行為、學習行為、差旅行為、會議行為、科學實驗行為等等。社會微動涉及到社會日常生活的方方面面，微動使得社會充滿活力。社會微動還包括超級微動，如家庭代際推進運動（一個原生家庭消亡另一個或幾個原生家庭新生的變化運動）、科學研究的思考運動、計畫方案的醞釀過程等等。超級微動極其微弱，看似靜止而不起眼，實質卻在變化之中。社會微動大多是因為人的自然屬性使然，人們為了滿足需求而發起各種各樣的行為，也因為人的思維和思想性而產生大腦反映的思考運動。社會巨動是社會微動的集中體現，社會微動如果朝著同一個方向聚集就形成社會巨動。社會巨動包括戰爭、政權更替、大規模政治動向、選舉活動、生活方式的全面改變等等。社會巨動大多是因為社會衝突的積累或社會力量的重心偏移所致，社會巨動皆有一定的目的性，即為了社會變遷，為了把社會還原成自然本來應該的狀態。

當我們瞭解到了社會的名詞解釋、社會的概念、社會的存在性以後，理性思維會驅使我們進一步思考社會的本質，即社會最為根本的東西，我們知道社會是由個體人組成的，個體人是社會最基本的組成元素，個體人降生在家庭之中，家庭是社會最基本的組成單元，有家庭是社會的細胞之說。那麼，家庭到底是如何組成社會的呢？假設一個直系家庭有五代人（五代直系血緣關係），祖輩、父輩、本輩、子輩和孫輩，每一輩分就是一代人各有兄弟姐妹四個，夫妻關係均由陌生人（非血緣關係）產生，爺爺和奶奶各有兄弟姐妹四個，外公與外婆各有兄弟姐妹四個，父親與母親也各有兄弟姐妹四個，本輩夫妻也各有兄弟姐妹四個，子輩有兄弟姐妹四個，孫輩為子輩兄弟姐妹四個各自成婚生育子女四個，那麼對於本輩而言直系血緣親屬有 27 人，旁系血緣親屬則有 1564 人（包括夫妻雙方的旁系血緣親屬），親屬總計 1591 人。在此之外，各個直系親屬和旁系親屬都有一套與之相同的直系親屬和旁系親屬關係，以此類推，就形成了一個巨大的家庭關係網絡，這個家用網路可以涵蓋成千上萬的，甚至上億的個體人，個體人所到之處（地理區域）都是這個網路的延伸。旁系親屬可以成為熟人也可以稱為陌生人，旁系親屬的旁系親屬就是陌生人了。這個龐大的家庭親屬關係的網路就是社會。社會中的任何兩個陌生人都可以追尋到親屬關係，也就是親屬的親屬的……親屬關係。所以說，社會的本質就是以人的家庭情感作為依託的婚姻關係的雲關聯所擴散到的特定大範圍地理區域的個體人的集合。一個家庭的直系親屬關係與另一個家庭的直系親屬關係之間產生一個或多個婚姻關係，形成直系親屬和旁系親屬的婚姻關係網絡，一個一個的綿延直至許多個家庭，直至達到成千上萬個家庭組成的由婚姻關係為紐帶的雲關聯網路大系統，就是社會。

社會主要是由陌生人組成，親屬和熟人之間的情感卻是維繫社會的主要力量，這顯然是不夠的。陌生人之間缺乏關愛，情感權重很低，不會以他人的利益為利益，以他人的痛苦為痛苦，陌生人之間的喜怒哀樂基本互不相干，那麼人類為什麼要社會化呢？其實社會化之初是互不情願的，人類兩百多萬年形成的陌生人（異族人）的排斥和敵意不可能快速消除。兩個方面的原因導致陌生人之間不得不接受相互存在互動的現實，一是人類智性的發展使得陌生人之間可以產生適用的知識和智力成就（製造出產品可以滿足需求），生產事務把陌生人群體關聯在一起，其文化誘惑力大於排斥力，這是人類主動社會化的原因；二是基於這個原因，征服者用戰爭行為把不同的部落或民族強行納入其統治之下，並採用暴力手段維護其統治，這就是人類被動社會化的原因。統治者用一整套統治方法形成社會規則來處理社會中各種各樣的人與人之間的關係，使得陌生人之間的接觸和互動成為可能。統治者的統治規則毫無疑問是對統治者有利的規則，對於社會中占絕大多數的被統治者不會有利。有幸的是，在統治者的規則之外，家庭、親屬、熟人之間的和睦共生的關係不間斷的悄悄的在延續、在擴散，經過千百年的醞釀漸漸地形成調整陌生人關係的另類規則，即道德規則。道德規則以弱強制性在社會中悄悄蔓延，對維繫社會也起到了一定的作用，隨著社會人口的增加，陌生人群體規模越來越大，統治者的規則和道德規則都體現出一定的無力感，即不能調整社會中的所有關係和所有行為。

認識陌生人群體是社會蘇醒的開端，如果不對陌生人群體進行思考研究，道德規則就不會起到真正的作用，社會只能是在統治者的統治規則之下存在。那麼，社會中存在哪些陌生人呢？如何把陌生人分類呢？我們可以把陌生人分為以下四類：第一是普通陌生人，包括知道住處的陌生人，知道姓名的陌生人，知道人品的陌生人，常見面並點頭微笑的陌生人；第二是超級陌生人，包含初次見面什麼都不瞭解的陌生人，擦肩而過的陌生人，未曾謀面的陌生人，永遠不可能見面的陌生人；第三是特殊陌生人，包括普通人與執政者（國家領導人）、官員、公職人員、明星、社會名人等之間的陌生人，遠房親戚，新婚燕爾之間的親屬熟人關係等等；第四是降格陌生人，親屬、熟人、朋友多年未聯繫見面或反目成仇而形成的陌生人。普通陌生人可以包括特殊陌生人和降格陌生人，超級陌生人也可以包含特殊陌生人，陌生人之間是相互的，一方是陌生人，另一方必定也是陌生人。陌生人發展成為親屬和熟人關係的可能性在於陌生人願意交代和透露真實姓名、家庭住址、家庭關係，願意接觸交往。

社會一旦形成，就不會以某個人或少數人的意志為轉移而運行和存在，即使統治者的強權干預也不會停止和抹殺社會各種複雜關係醞釀規則的自然機制，社會會潛移默化的悄悄的孕育適合自身的規則，社會終將以適合自身的方式存在。

通過研究思考，於是我們發現，社會是存在的，社會也是可以被感知的。認識社會的存在性和本質具有非常重要的積極意義。我們可以解釋親社會行為是如何產生的，助人為樂、見義勇為和社會慈善是如何可能的，為什麼社會是一個共同體，社會損害行為如何分析判斷，社會問題的根源在哪裡，以及社會應該建立起什麼樣的陌生人之間的交往互動文化，也可以幫助我們理解社會多民族和睦共存的必要性。

附件一：對社會仿生論的評價

社會仿生論，又稱社會機體論、國家機體論、社會有機論。社會仿生論認為社會（或國家）是最高級的生命有機體，就像是一個人體，有大腦，有器官，有細胞。執政者與大腦相似，統領整個身體。政府部門和社會機構相當於人體器官，承擔著機體的各項機能，個體人就如同細胞。社會仿生論頗具想像力，甚至把心臟想像為中央銀行，血液就是貨幣，食物是資源，消化系統就相當於實體經濟，免疫系統好似軍隊和司法系統。社會各種職能機構就如同人體器官，不可分割和偏廢，並且有機的聯繫在一起。人體內的各種生命運行規律就像是社會規則，人體所得的各種疾病相當於對應的社會問題。社會仿生論還在進化論中獲得靈感，認為社會（或國家）也是在一個由簡單到複雜的不斷的進化過程中。社會仿生論主張把自然人體生命的特點和規律運用到社會管理中，並指導研究、解釋和解決社會問題。

社會仿生論看起來很有道理，也很形象，可以幫助我們認識和瞭解社會的存在性，相比社會是虛無的觀點有積極意義。但是，社會仿生論套用生命現象來解釋社會是有失偏頗的，社會與生命體不盡相同，甚至是根本不同的兩個系統。首先，社會中的個體人是一個獨立自主的個體，具有複雜的自然屬性，特別是擁有自主思維、思想，可以獨立運動。個體人可以遊歷到社會的每個角落，可以與任一其他人產生結合並改變自己的角色。而組織細胞只能是固定在某一器官中，不能隨意改變自己，即使免疫細胞也只是在特定的區域和環境巡遊；其次，社會仿生論忽略了家庭在社會中的作用，家庭在機體中沒有對應的位置，家庭在社會中的作用極其重要，沒有家庭的社會其個體人只能是游離的離子，社會也不可能存在；第三，社會與機體之所以具有某種相似性，是因為社會和機體都具有結構的特徵，以及建立在結構上的運行機制。但是二者的結構和機制是不一樣的，相似並不是相同。社會是人群鬆散的結合，而機體是細胞緊密的結合；第四，生命機體有新陳代謝的機制，細胞有分化、分解的功能，顯然個體人在社會中不具備這樣的功能；第五，生命機體是有機體，由碳、氫等原子複合結合而成高分子聚合，細胞可以拆分為碳氫等原子，而社會中的個體人不可拆分。

把社會想像成為生命體是不切實際的，雖然社會和生命體都很複雜，也都具有結構性和運行機制，但是二者在複雜性上，在結構性上，在運行機制上都是不相同的，社會比生命體更複雜，人類在兩千年以來對生命體的瞭解可謂是瞭若指掌，但是對社會的瞭解仍然很欠缺。自然科學仿生研究固然取得了巨大的成就和成功，製造出了許多科技產品，如雷達、聲吶裝置、複眼透鏡、人工冷光等等並得到實際應用。如果我們把自然生命現象機械的生搬硬套應用到社會之中，這不大可能取得實際成就，相反會對社會造成更大的傷害。

附件二：對社會整合論的評價

社會整合論的主旨是要解釋、強調和實行社會一體化，基於社會仿生論的結構功能主義是社會整合論的理論基礎。社會整合論是指，社會不同的因素、系統協調矛盾和衝突結合為一個統一的整體的過程及結果。社會整體可以分為經濟系統、政治系統、社會系統和文化系統等等，各個系統對社會整體發揮作用，形成均衡的、自我調整和相互支持的大系統。社會整合論在宏觀上闡明了社會的存在性，社會是一個實在的整體，由許多子系統、部門共同起作用而維護。但是，社會整合論忽略了一個促使社會一體化更大的作用源，即征服者和統治者，也意識不到社會一體化的強力推手就是征服者和統治者。社會一體化有兩種實現方式，一是人為因素，二是自然因素。社會整合論可以解釋社會一體化的既定事實，但不能解釋社會一體化的成因，這一理論就容易被專制者所利用，專制者也可以籍此來證明「統一」的社會整體的合理性和合法性。如果從自然因素來看待社會一體化，社會整合並不存在，社會之所以可以成為一體化的整體是因為人的婚姻關係的雲關聯和人的智性發展產生事務關聯所致。

第五章　論人的社會屬性

很難想像現在還有人不是處在社會之中，即使現存的一些原始部落也逃脫不了社會化的命運，現代原始部落也只是形式上的原始生活，在政治上已經納入了國家或社會的管理的範圍，社會化以不可抵擋的優勢把所有個體人都聯繫在社會巨大的網路中，使得群居人的基本生活方式發生前所未有的變化，從群居變成混居，即使同家族的親屬也可能不居住在一起，甚至居住相距很遠，居住在一起的鄰居也可能曾經是陌生人，現代社會的親屬關係和熟人關係已經與陌生人混雜在了一起，彼此不可分離。社會中的個體人在混雜和混居的生活方式中體現出強烈的社會性，人的社會性也是人區別於其他動物的固有特性，如果對人的社會性有一定的瞭解，就不會認為其他群體動物也是社會性動物了。人的自然屬性還或多或少帶有動物性，但是人的社會性就只能是人類獨有的了。我們常說人的社會性，人是社會性動物，那麼什麼是人的社會性呢？人的社會屬性是指個體人在社會中產生和在社會中體現的基本屬性。人的社會屬性不同於人的自然屬性，人的自然屬性是指個體人的由自然物質和自然生命直接派生的根本屬性，體現個體人與自然世界的直接關聯性。而人的社會屬性是社會化個體人之間相互影響和作用下，由人的自然屬性派生，並在個體人身上體現出來的一些屬性。人的自然屬性和社會屬性都屬於人的本性，通稱人性。人的一切關係和規則應該如何處理和運作，必須首先要對人的屬性（即人性）有一個清楚的認識，然後才能有效的進行。

一、符號指代性

人類的分類思維是不會讓個體人之間產生思維粘合而混沌不清的，就像是自然事物的區分一樣，會用語言符號加以區別，這個語音符號就是名字。早期人類群落中的個體人是有名字的，每個人的名字不一樣以區分彼此。早期的名字很簡單，可能就是一個叫聲，一個母音，或者一個母音加輔音。在群落成員數量不多的情況下，簡單的名字就夠用了，就可以區別彼此了。到了部落時代，族群數量增加，各群體中的人口數量也增加了，為了區分不同的族群，每個族群也採用不同的語音符號加以區分，這種語音符號也是簡單的，但是它指代了某個特定族群裡的所有人，這就是姓氏的由來。姓氏的語音符號加上族群內部通用的名字符號就構成了一個人的姓名，姓名的編碼特點與電影院的座位編號極為相似，座位的「排數」就相當於姓（族群名），座位的「號數」就如同人名。在部落群體中，姓與名的編碼方式可以區分群體中的所有人，即使族群數量不斷增加也不會導致個體人在思維認識上的混亂，任一姓名就特指某一個人，這就為人們的接觸和互動提供了方便。分類思維應用到個體人之間的區分是人類區別於動物的一個重要標誌，動物群體的個體之間是沒有符號區分的，動物的頭腦在思維上是混沌的，而人類的頭腦是清醒的。

人類社會化以後，頭腦更加聰慧，發展出記錄語音信號的需求，文字因此誕生。姓氏和名字在原來語音的基礎上採用了文字方式來指稱，語音符號與文字符號具有了相同的意義，語音符號上的姓名與文字符號上的姓名指代的是同一個人，這就使得人與人之間的交流和溝通在對象上更加明確，也更加方便、有效，即使在語音消失以後人們之間的交流和溝通在對象上在內容上都可以有效的保留，使得人類文化更加豐富和複雜。語音姓名和文字姓名的產生極大的促進了人類社會化。

姓名的符號指代性是一種人的特指性，一個姓名就特指某一個人。社會中還有一種符號指代性是角色特指性，如「爸爸」、「媽媽」、「爺爺」、「奶奶」等等在某個特定家庭裡特指某一個人，「長官」、「老闆」、「上校」、「部長」等等則是在某個集團組織環境和氛圍中特指某一個人，「先生」、「女士」、「小姐」則是在陌生人環境和氛圍中特指某一個不熟悉的人。在社會中，不用叫一個人的姓名，用角色指代性稱謂在特定的語境裡也可以特指某一人。所以，在社會生活中一個人的符號指代性是豐富而複雜的，可以被不同的人用不同的稱謂符號來稱呼，都特指的是同一個人。隨著社會生活日異豐富，人的符號指代性還衍生出很多的別名，如筆名、藝名、暱稱、乳名、網名等等。每個人都有多個名稱符號，供不同的他人和不同的場合使用。

在社會生活中，人的符號指代性最正式的稱謂是姓名。但是隨著社會人口規模的擴大，姓名的複雜性也應該相應的增加，要不然人的姓名會出現完全相同的重合現象，給人們的交往帶來指代性不準確的弊端，會造成一定的指代性混亂。

二、生活複雜性

個體人的生活是複雜的，其複雜程度是以自然的狀態和自然的供給作為參照而比較得出的。人的生活複雜性包括日常生活複雜性、社會關係複雜性和社會生活複雜性三個方面內容。首先，個體人的日常生活是複雜的。人們的穿著無需直接採集樹葉和獸皮來遮醜和保暖，其服飾的材料多種多樣，有全棉、絲綢、皮革、化纖等等，款式可以隨著季節的變化而變化，也可以隨著性別、年齡、審美的要求而變化，服飾不僅僅滿足了基本功能的需要，還可以滿足不同檔次、不同身份、不同場合的需要。人們的服飾多種多樣、絢麗繽紛，展現出豐富多彩的社會風貌。人們的飲食也無需直接從自然獲取而即刻食用，可以採用先進的儲藏工藝和快速運輸而獲得遙遠地方的食物，可以使用考究的烹飪場所——廚房和功能繁多的廚具來加工制作色香味俱全的食物，吃的過程中可以在裝修考究和漂亮的餐廳採用五花八門的器皿來盛放食物，在餐桌前坐在舒適的餐椅上並使用進食工具如刀叉、筷子、勺子、碗、碟等等來幫助進食。人們食用的材料可以是鮮活的，也可以是冷藏保鮮的，也可以是加工製作的，同樣的食物可以用煎、炒、炸、蒸、煮、烤、燉等等不同的工藝來烹製，每一餐飯都可以品嘗到多個不同的材料、多個不同的做法、多個不同的搭配的菜肴。人們的居住亦不再是在自然環境取材的由樹枝、樹葉、泥巴搭建的庇護所，住房已經不再是棲身之所而具有了客廳、餐廳、衛生間、臥室、辦公室等等多種功能的舒適居所，住房的建築材料和建築工藝也多種多樣，可以滿足不同用途和風格的居住和活動要求。住房的裝修也像人們的衣著一樣摒棄了簡陋的特點，越來越趨向於個性化、現代化、多功能化和多種材質、檔次的特點，裝修使得住房具有了美感，充滿了藝術和文化氣息。人們的遠距離出行越來越講究快速、安全、舒適和便利。馬車、牛車、人力車已經退出歷史舞臺，取而代之的是高效的公共交通和便利的私人交通工具，飛機、火車、大巴、郵輪、渡船可以一次搭載許多人在固定的線路上穿行，私人汽車、遊艇、摩托車、電動車、機動船、自行車可以在不同的目的地之間隨意的往來，步行卻成為了休閒和運動的方式；其次，個體人的社會關係變得日異複雜。個體人的社會關係不單是有家庭、親屬關係，其熟人關係由鄰里關係擴大到同學關係、同事關係、上下級關係、生意關係、夥伴關係、愛好者關係、事務關係等等，陌生人之間也建立起了買賣關係、服務關係、事務關係、互聯網關係等等，各種不同的社會關係都有與之對應的處理方法，人類智性可以確保在處理社會關係時行為、態度恰到好處，分寸得當。每個人都擁有特定的社會關係網路圈子，人類社會就是由各種各樣的社會關係網路圈子交叉、重疊而形成的；第三，個體人的社會生活也具有複雜性。由於社會關係的複雜性，人們為了維護社會關係必須參加各種各樣的社交活動，如婚禮、葬禮儀式、生日聚會、喬遷賀喜等等活動，人們還要經常定期或不定期團聚以穩固、加深情誼。除此之外，人們還要參加社團活動，在協會、社區、組織中扮演各種角色，在民主社會中還要參與社會政治活動，如演講、商議、選舉等等活動。個體人的社會生活越是豐富，其社會重要性越高，但是耗費的時間精力也越多。

三、社會關聯性

人與人之間的各種社會關係不是憑空產生的，是社會關聯性的必然結果，每個人都是社會關聯的最小單位，每個人都包含社會關聯最為本質的特性，即利益需求和利益本身的互惠性。個體人都是多維度的集合體，個體人需要從外界獲取利益，但同時個體人也包含他人的利益。我們從個體人的安全特性上可以看到這點，個體人既需要在群體中獲取安全保護，但是個體人同時也可以提供自身和群體的安全保護。我們也可以從個體人的快樂來源上看到這點，個體人既需要在外界獲取快樂資源，但同時此人也是可以製造他人所需要的快樂資源。就好比是，個體人既是人類整體也是人類個體，人類整體與個體是相互包容、包含的關係。這樣，我們就不難理解了為什麼人與人之間會產生社會關聯，你中有我，我中有你。這種關聯性就能夠把人類緊密或鬆散的聯繫在一起，每個人都需要從他人那裡獲取好處，但每個人又能夠提供他人好處。於是，社會就形成了雲關聯，可以延伸到社會的各個層面和角落。

個體人在社會關聯中確定與他人的關係而形成完整的自我意識。人類在遠古祖先時期就已經具有了自我意識的初始值，即原始自我。原始自我以人的生理特點為核心，包括自我獨立體、自我體內的神經傳道性、自我感官功能、自我能量需要、自我能量的釋放、自我性欲宣洩、自我大腦的反映、思維活動等等。原始自我是自我的最初狀態，體現為動物性，這時的自我只是自然能量在特定軀體內的原始作用。在人與人之間的關聯和交往中，原始自我包裹在了自我意識的核心之中，稱之為自我核。人類個體在群落生活中逐漸產生自我概念，即以「我」為符號特指有原始自我特性的能發出主動行為和語言的獨立個體人，在與他人的關聯和交往中進而形成特指的符號——名字。自我概念的形成是人類智性的一次飛躍，自我概念的意義在於一切與自我關聯的事物都具有了歸屬性——「我的」，自我意識開始超出體外，具有了外延特性，我們可以認為自我核具有內斂的特性，而自我概念卻具有了伸張性和廣延性。在社會化以後，由於人與人之間的關聯日異複雜而繁瑣，人的自我意識也隨之因外延伸張而豐富起來，姓名和「我」成為了自我的稱謂，自我的範圍大大超出了自我的身體和週邊而延伸到了社會之中。社會中個體人的自我意識中所有的內容都指向自我核，即原始自我，但是自我意識內容的豐富並不意味著自我意識的完整，在社會關聯中自我意識在延伸過程中必然會與他人的自我意識發生碰撞，比如說社會權益和社會規則是屬於哪個自我的問題就會擺在了人們的面前。在社會關聯中，一個完整的自我必然要產生自我的邊界，在自我意識中產生「他我」的意識，即他人的自我在自我中的顯現。

在社會生活中，他我的意識是自我意識的又一次飛躍。他人在自我意識中擁有了強度，只能說明他人的物質性、生命特徵和符號性被自我認可，但是如果他人的自我意識以及自我的外延伸張性也被自我認可，那麼他我就具有了與自我一樣的意義。在他我的意識作用下，人類社會群體的關聯性才會具有更高的、更好的效果和效率，個體人之間的交往才會更加的順暢。可見，自我和他我意識的覺醒是符合人類社會關聯性的，是實現你中有我、我中有你的社會關聯的保障。如果他我在自我意識中沒有覺醒，人與人之間的關聯和交往會出現許多矛盾和摩擦，社會中必然出現混亂的局面。

四、社會依賴性

個體人之間的關聯性決定了個人不能脫離群體而存在，人類群體社會化以後個體人亦不能脫離社會而存在。根據人的智性水準和生理特點，個體人完全可以游離於社會之外而生存，魯濱遜漂流的故事和現代人荒野求生的實踐可以充分說明這點。那麼，人們為什麼不願意脫離社會而生存呢？魯濱遜在大西洋荒島上獨自一人生活了28年之久，最後還是迫不及待的回到了社會的懷抱之中；

荒野求生的勇士們經過多日的生存考驗，最後還是迫不及待的回到了文明社會。為什麼是這樣呢？這說明，個體人脫離社會生存是可能的，但是人們不願意這樣做，個體人對社會有一種客觀的依賴性。脫離社會的個體人會產生一種莫名的孤獨感，即使脫離熟悉的語言環境背井離鄉的人也會產生這種孤獨感，孤獨感使人產生恐懼。這是因為人的多維度能量衝動不完整，許多自然性的衝動如關聯性衝動、溝通衝動、自我衝動、性衝動等無法滿足，導致人的能量缺失或偏執，進而產生不悅和恐懼。人的趨利避害性迫使個體人合群，來維護社會關聯和社會關係。

首先，個體人在生活上依賴於社會。個體人由於思維清晰度缺陷，只能關注某一個事物，視覺和聽覺的侷限也只能發現某一特定的事物，其他的眾多事物在感覺和思維上皆處於模糊狀態，那麼對於未知的危險（野獸襲擊和自然災害）難以察覺，但是在社會群體中個體人可以通過他人的反應來感知危險，個體人還可以與他人合作來趕走和消滅危及安全的野獸，社會依賴可以最大限度的保障個體人的安全；在狩獵與採集生活中，個體人的活動範圍和生活經驗所限難以發現其他地方的資源，遇到動物食源無法圍攻，遇到大型動物難以捕殺，依賴於群體可以增大獲取食物的可能性，其生存幾率也可以大幅增加；在農業生活方式中，個體人難以承擔繁重而複雜的生產，特別是興修水利設施更是無法由單個人來承擔，依賴於社會可以獲得可持續的生活資源，其生存幾率也可以大幅增加；在商業活動中，個體人可以選擇社會分工的任何一個環節專注於自己的特長，在交換中可以獲得任何所需的生活資源；在工業為特徵的社會更是密切與他人的合作，在生活和實現自我價值上離不開他人的幫助。依賴於社會使得個體人倍感安全，可以集中精力學習、研究和勞動，其效率是單個人無法比擬的，個體人依賴於社會實際上也取得了巨大的成就。

其次，個體人的自我認可也依賴於社會。社會生活促進了個體人的自我意識的發展，自我意識突破了自我的身體而延伸到了社會之中，家庭、財產和權益都賦予了特定的規定性和歸屬性，自我思維、思想、觀念等等意識內容都納入了自我的範疇，那麼在社會關聯和交往過程中，自我的所有規定性和歸屬性都必須在與他人的碰撞中來維護其完整，自我的認可必然會轉化成為社會認可。與此同時，自我的主動性行為也必然與他人的行為產生相互作用和影響，自我的主動性行為也必須得到社會的認可才能夠有效的進行。個體人的自我能力、自我榮譽感、自我地位在與他人的比較中更加顯得真實和明確，所以自我認可、自我的社會認可在社會生活中顯得尤為重要。過去，人類個體人的自我認可和社會認可主要通過暴力來維護，暴力最強的人社會認可度最高。但是隨著人類智性和文明的發展，特別是他我在自我意識中擁有了強度以後，暴力正逐步退出歷史舞臺，個體人的自我認可和社會認可將由理性意識來重新確立。

五、社會結構性

人類社會是由個體人組成的，個體人是社會的最小組成單位，但是人類社會並不是一盤散沙，卻具有結構性。那麼，社會的結構是來源於哪裡呢？是來源於社會本身，還是來源於個體人呢？筆者認為，社會的結構來源於個體人，是個體人的結構性決定的。個體人不單是獨立體，而且還具有與他人結合的衝動性，個體人與異性結合形成家庭，這種結合的衝動不是單方面的，結合成為夫妻的雙方都具有相同的結合衝動，夫妻雙方在結合以後都可以得到安逸、充實的感覺，任何單方面的結合要求都不能得到有效實現。結合衝動是人類最自然、最原始的關聯性和結構性源泉，是自然能量的釋放和作用的結果。人的關聯性和結構性沒有聯繫、連接的物質形態，仿佛是無形的觸手把人們結合在一起。人類社會化以後，許許多多無形的觸手把人們結合在一起形成為龐大的社會群體，如果離開個體人的社會結構性，人類社會只能是一盤散沙，不會有任何結構可言。

人類是結構型的生命體，不單是人體具有複雜的結構，而且人一出生就處在與他人的結構中，個體人的一生要與他人進行多種結合在多種結構中充當角色。除人以外，其他所有的大型生命形式包括哺乳類動物、爬行類動物、禽類動物都不具有如此複雜的結構性。個體人一出生就處在了家庭的結構之中，從上幼稚園、學校到工作單位都一直處在社會結構中，日常生活所接觸的都是社會結構，如工廠、市場、商店、醫院、餐館等等，社會結構無時無刻不在作用於每個人。為什麼個體人對於社會結構沒有知覺，反而習以為常呢？是因為個體人本身就具有結構性。相反，如果個體人不處在社會結構之中，不與社會結構打交道反而不習慣，不自在。

六、社會主動性和被動性

我們不難理解個體人在自然環境下具有行為主動性，自動自發的行為是人們滿足需求而生存繁衍的法寶。在社會環境下個體人仍然具有行為主動性，如對家人發出的尋求幫助的請求、邀請親屬聚會的要約、發起組成社會組織的號召、在組織中積極主動尋求領導權、在社會活動中注重建立威信和地位等等。個體人的主動性行為具有明顯的維護自身的功能和衝動，在社會生活中人的各種需求可以脫離自然環境而得到滿足，也就是說個體人可以從他人那裡獲得需求滿足，比如說情感的需求就必須在他人那裡獲得，食物需求也可以在他人那裡獲取，工具的需求更是依賴於他人的供給，威信和地位也是必須經過他人來認可和維護。個體人之間的主動性行為相互交叉、重合和影響，我的主動性行為的效果需要由他人的主動性行為來保障，個體人之間的主動性行為形成為雲關聯。如果個體人之間的主動性行為出現不對稱，那麼主動性行為之間必然產生衝突。比如，我的主動熱情換來他人的冷漠，從他人那裡交換來的食物本來就變質不能食用，我購買的工具品質不好，我的威信和地位被他人貶低等等，那麼我的行為主動性願望必將遭到不相稱的打擊，我對造成自我願望不對稱結果的他人必然產生反感和抵觸，社會矛盾因此而產生。實際上，由於人的認知缺陷，個體人在保障他人的主動性行為效果時往往容易從自我的感覺和角度出發，而不是從他人的感覺和角度出發，所以社會矛盾難以避免。如果人們放任社會矛盾，那麼反感和抵觸會愈演愈烈，最終導致社會衝突和社會崩潰。為了減緩社會矛盾防止社會衝突，人類制定了一系列的社會規則來消除社會衝突，道德規則、法律規則和社會管理規則在很大程度上都是在規範和調整人的主動性行為。

個體人的行為主動性受主觀主動性衝動驅使，主觀主動性衝動表現為願望、目標、理想以及期待自我在行為過程中所起到的作用。人的願望包括需求願望和情感願望，個體人對食物種類的需求是不斷的變化的，任何人長期吃一種食物會產生厭惡感，所以幾乎每天都要在蛋白質、碳水化合物和植物纖維中變換花樣。個體人的衣著需要也會隨著季節的變換、出席場合的不同、天氣的變化、心情的不同而改變。人的情感願望會要求他人，特別是家人、親屬、熟人、甚至陌生人對自己重視、關心、幫助，從而獲得自我認可的滿足感；個體人會制定生活目標來強化自我行為的連續性和目的性，促進自我行為的效果符合既定的目標。個體人制定農業收成目標、每月和每年的收入目標來滿足生活需要，在職業選擇、勞動項目選擇和勞動強度的確定上預先形成心理期待。理想，是人們心中對自己、對家人、對社會的未來的美好想像和嚮往。個體人的一生充滿著各種各樣的理想，理想有大有小，沒有人不懷有理想的，個人的職業生涯規劃、家人的學習培養、對人際關係的美好期待、對社會公平正義的憧憬無時不刻不在作用於每個人；個體人的主觀主動性衝動過程都伴隨著理性的衝動，願望、目標、理想都是在可能實現的前提下產生和運作，實際的前提與拔高的奢望總是保持著合理的距離。距離太大，願望、目標和理想會成為幻想，其實現過程會給人以巨大的壓力而最終難以實現，距離太小，卻不足以提供人的行為動力。其合理距離是由理性決定的，特別是在理性思維的作用下人們對原因與結果的密切聯繫的把握，更能確立合理的願望、目標和理想。在理性思維下，自我意識被充分調動，自我的認識更加貼近於自然事實，自我的內能被調動和釋放，人們的主觀主動性衝動更加具有力量，人們的願望、目標和理想會達到一定的高度，人們會做出與情感思維的人不一樣的行為，人們會更加積極、冒險、探索、自律和講求社會規則，人們會衝破幻想而實現自我，這也許就是個人主義的來由。在個人主義自我意識的支配下，個體人更加有主見、有膽量，能夠在紛繁複雜的諸多現象中把握事物的本質和密切聯繫，會自覺地運用輕重緩急、主要次要的鑒別方法來看待和處理事情，其目的性效率高而能夠克服許多困難獲得成就。相比之下，個體人主觀被動性收縮會對自我意識產生擬製作用，使人謹慎、消極和人格萎縮。具有被動性人格的人其願望、目標和理想在微弱的狀態下衝動，擔心、恐懼、焦躁的心理強度很大而壓制了自我意識和理性，具有被動性人格的人其智性要遠低於主動性的人，有時候被動性人格的人還會表現出一定程度的愚鈍。在社會生活中是不是被動性就一定不好，就一定對人不利呢？其實，主動性與被動性都不是絕對的。

社會主動性與被動性運作原理。第一、絕對的主動性對自我有利。社會主動性釋放越多越能強化自我行為，越能實現自我的願望、目標和理想；第二、絕對的主動性對他人不利。在社會主動性雲關聯中，個體人的主動性會對他人產生影響，從他人那裡獲取食物而他人的食物就會減少，從他人那裡獲取情感認可而他人的精力就會被分散，從他人那裡獲取威信和地位而他人的自我意識就會被削弱，絕對的主動性就會使得他人絕對吃虧，而使他人陷於完全不利之中；第三、絕對的主動性不存在，但可以實現。從人類的實際情況看，絕對的主動性是不存在的，任何人都對他人產生依賴，即使是君主也要依賴於廚師、理髮師、裁縫師和傭人，也要依賴於家人的維繫，君主對身邊的人都給付超高的待遇就說明其主動性是附有代價的，其他人更是如此。但是，絕對的主動性可以在特定的對象人那裡獲取，比如說君主對於臣民的絕對主動性，執政者對於國民的絕對主動性，強霸的人對於柔弱的人的絕對主動性，是可以實現的，其實現的前提唯有欺騙和暴力維護，除此之外絕對的主動性不存在；第四、絕對的被動性不存在，但可以實現。人的自然屬性決定每個人都具有主動性，人的自我意識是通過主動行為來展現，社會中絕對的被動性會導致食物等生活資源的獲取量減少，自我認可與社會認可產生不對等差異，自我意識被外界削弱而產生反感、抵觸情緒，社會必然在報復中動亂和崩潰。但是，絕對的被動性會在一定的時期穩定實現，其前提是自我柔弱的認定，這種認定的參照必然來源於外界，即社會絕對主動者的灌輸和壓迫。當自我意識逐漸蘇醒或欺騙和壓迫達到極限時，反抗會表明自我柔弱認定的瓦解。還有，當社會絕對主動性發展到死角，社會生活整體不能有效運轉時，君主和執政者會採取改革、改良措施來減小社會被動性，擴大社會中的主動性來延緩危機，延續其統治；第五、主動性與被動性相互包含和轉化。能量本體精神規定了原因與結果的密切關係，原因是結果的動因，任何原因都包含符合結果目的的規定性。社會主動性對於他人具有影響的情況下，主動性是原因，對他人的影響和效果是結果，主動性必然要包含對他人的影響和效果的目的規定性。比如丈夫愛妻子，丈夫的愛及其愛的行為必然要包含妻子所接受的愛的影響和效果，妻子所感受到的愛才是真愛；行為人對他人發出的服務和幫助行為也必然要包含對他人的影響和效果的目的規定性，其服務和幫助的效果由接受者來評判。丈夫愛妻子的主動性的效果不能由主動性發出者——丈夫來認可，同理對他人發出的服務和幫助的主動性的效果也不能由主動性發出者來評判。於是，主動性中包含了其效果的被動性。對於被動者來說，被動的接受他人的愛、服務和幫助，但是在效果的評判上卻具有主動性。主動性與被動性相互包含和相互轉化，主動性受被動性制約，被動性受主動性激化，我們不能偏袒於主動性，也不能放任被動性。絕對的主動性和絕對的被動性都將違背自然的精神，給社會生活造成不公平的矛盾。

社會主動性妥協原理。第一、個體人都有社會絕對主動性傾向。每個人都懷有自我認可的衝動，也存在希望他人認可自己的主觀願望，他人無條件的認可自己會強化自我意識，個體人會獲得巨大的成就感，這是個體人的自然主動天性決定的，但是其合理性需要自我的認識和理性來審視和評判。如果一個人的需求在心靈中的強度大，那麼其思維將偏向於情感思維，對社會絕對主動性的追求會強烈。如果一個人的理性在心靈中的強度大，那麼其思維將偏向於理性，對社會絕對主動性的追求會減弱。個體人對社會被動性都有反感和抵觸的衝動，絕對的社會被動性會讓人難以忍受；第二、社會政治是對社會主動性資格的認定。政治現象在人類形成之初就可能存在，政治詞彙應該是那些追求社會絕對主動性的人們發明的概念，政治概念體現的是對社會的統治和管理，其本質內涵就是社會主動性的釋放問題。社會被動者只是一味的接受他人的行為結果，是不可能產生政治意識的，在傳統意義上講政治只是講求社會主動性的資格和規則，而不包含講求社會被動性的資格和規則。傳統意義上的政治只是注重社會主動性的釋放，有人能夠主動，那麼就必然有人要被動。如果社會被動者沒有產生相關的理性認識，那麼也只能默認他人的政治權力。相反，如果產生相關的理性認識的社會主動者越來越多，那麼傳統的政治內涵必將瓦解，人們會追求社會政治資格，社會將產生權力分化；第三、專制是個體人對自我的社會絕對主動性的認定和維護。專制者總是認為和想像自己與天齊高或充滿神聖使命來強化自我意識，在行為上總是憑藉強大的主動性來控制社會資源，獲取最好、最多的利益。吃的是最好的，住的是最好的，穿的是最好的，擁有的機會是最好的，對社會中的資源嚴密把控，而且還希望其他人乖乖的聽話，這就是社會主動性絕對化。專制者在追求社會絕對主動性時往往會對他人的主動性產生衝突，會要損害一些他人的利益，那麼如何服眾呢？如何讓其他人心甘情願的「乖乖聽話」呢？無外乎有兩種辦法，一種是把自己的主動性和利益與他人分享來吸引追隨者，一種是歪理加皮鞭的欺騙和暴力來對付質疑者和挑戰者。麻痹他人的思想，恐嚇他人的膽量，打擊他人的生命，在追隨者的賣力協助下，專制者的自我絕對主動性才能夠得到有效維護。事實上，人類社會的專制完全是依靠國民的愚昧、懦弱和專制追隨者的狡詐、兇狠來維護的；第四、對他人的社會主動性的認知決定自我主動性的強度。專制者的自我社會主動性的強度是非常高的，也許這是人類最大的強度，為什麼專制者擁有如此大的強度呢？主要是對國民的主動性缺乏認知或有意抹殺。那麼社會普通人對他人的主動性是否也缺乏認知或有意抹殺呢？我們從諸多的社會現象中可以看到，家庭中配偶一方絕對要求另一方服從和聽話，父母要求兒女絕對服從和聽話，上級要求下級絕對服從和聽話，官員要求民眾絕對服從和聽話等等，是屢見不鮮的。這說明社會中廣泛存在專制者思維，我們也就不難理解了專制在當代社會的頑固性。但是，在非利害關係的平等關係中個體人的自我主動性強度要弱小很多，比如無血緣關係的家庭成員之間，朋友關係之間，同級別的職員之間，同級別的官員之間，他人的主動性強度反而比較高。任何一方如果追求絕對的主動性，另一方必將遠他而去而不再往來，自我的絕對主動性無法維護。於是，在平等關係中，個體人的自我主動性會因為他人的主動性較高而降低；第五、非欺騙和非暴力是自我主動性妥協的必要方式。個體人之間產生平等意識的主要因素是他人在自我心中具有了強度，人類的類比思維會比較自我與他人之間的共相性與差異性，會發現他人是與自我相同的另一個自我，何況人類還有希望他人認可自己和需要他人來維繫情感的天性，那麼我希望的就是他人希望的，我希望自己不受到傷害，他人也不希望自己受到傷害，我反對欺騙和暴力，他人也應該反對欺騙和暴力，我希望維護主動性，他人也應該希望維護主動性，這就是通俗意義上的換位思考。當自我與他人的主動性發生碰撞時，非欺騙和非暴力的妥協將成為必然。在妥協的氛圍中，謙讓並不會減小多少主動性和利益，相反你讓著我，我讓著你，人人讓著人人，社會的主動性規模卻會越來越大，個體人的利益也會越來越大，這也符合物理學原理，即摩擦力變小其動力變大，前進的速度越快；第六、社會和諧的唯一源泉是自我主動性的合理妥協。人類自古以來就有主動性規則意識，在專制時代社會主動性規則以維護少數人的絕對主動性和抹殺多數人的主動性為特徵，社會中只有少數人擁有社會話語權、控制權、支配權、分配權，少數人擁有至高無上的威嚴，少數人以法律、政治、道德說教的方式來維護其權力、利益和地位，多數人則處於被動的從屬地位。多數人在默認、屈從的情況下，少數人以合法的名義可以隨意的從社會中獲取財富、機會、威望等等好處，並有國家機器的強制性、壓迫性支撐，多數人被剝削、壓榨、恐嚇和威脅其社會主動性受到嚴重制約而無法施展，社會呈現金字塔狀結構，處於低層的人們生活艱難而精神上往往擔驚受怕。這樣，社會存在不公平、不平等、不和諧、不穩定的諸多因素，專制者也往往因為懼怕報復而神經緊張，整個社會出現違背人類共同願望和理想的不和諧狀況。當人類的智性發展到一定程度時，越來越多的人產生了理性，對社會主動性及其規則的思考和審視會逐漸產生新的規則意識，即社會主動性妥協規則。民主、自由、公平、公正、公開、平等、寬容、博愛等等思想逐漸深入人心，專制者的欺騙被揭露，專制者的暴行被否定，其追隨者和民眾逐漸清醒，社會主動性朝著合理妥協的方向發展，社會逐漸展露出和諧的魅影。從此，社會法律有了合理的內涵，或者說法理有了更深刻的意義，那就是沒有人能夠凌駕於他人之上，任何人的社會主動性必須受到他人的主動性制約。

七、主觀隨意性

個體人是社會的最小分割單位，社會的無序性是由個體人造成的，個體人沒有統一的行為，沒有一致的活動規律，從整體看來，社會呈現無序化。社會無序化是符合自然本質的，個體人的無序化也是符合自然本質的。個體人的無序化是由主觀隨意性決定的，人的心靈深處由於自然能量的衝動會產生需求的變化，人消耗能量同時又需要能量補充，人的生理需要也會隨著季節的變化和所處環境的變化而變化，在變化之中人的心靈難以保持恒定狀態。人的思維也會由於自然能量的衝動而產生潛思維連接，使得人的思維總處在活躍之中，即使熟睡時人的思維也不能停下而導致做夢。個體人的自我維護特性必然驅使自己不停的迎合需求的變化和思維的活動，隨心所欲就形成了主觀隨意性。主觀隨意性本不是一件壞事，是人的主動性的一種表現形式，從自然屬性來看個體人只有隨意性才能維護其存在，也只有在隨意的狀態下才能保持思維的活躍。隨意性是個體人創造力的源泉，思維隨心所欲、天馬行空可以擺脫固定的思維模式，使得現象素材在思維中隨意建立連接能夠產生非常規的思維權重而獲得新的思想。個體人思維的隨意性只能在輕鬆自如的狀態下才能有效運轉，如果心情沉重、焦躁、抑鬱、恐懼、不安，那麼思維的隨意性不能實現，其創造力也必然泯滅。主觀隨意性是一把雙刃劍，在維護自我需求、自我思想的確起到了積極作用，但是在社會生活中，在人與人的交往過程中，主觀隨意性又會起到消極、妨礙作用，甚至會對主體人的工作、事業造成嚴重的不利影響。其主要表現是，第一，主觀隨意性會給他人產生不確定感，在變化之中使人迷惑無法瞭解主體人的真實需求和想法；第二，主觀隨意性使得主體人缺乏恒定的思想，唯利是圖，不擇手段，沒有道德觀念，沒有社會規則意識，或者隨意改變規則，不懂得尊重他人，往往給他人和社會造成嚴重的不良影響；第三，主觀隨意性使得主體人缺乏明確的目標，沒有戰略思想，沒有計劃，沒有合理的安排，沒有流程，沒有標準，在思想上缺乏意志力，在工作和事業中缺乏恒定性，往往出現混亂的局面，給主體人造成嚴重的損失，給社會造成不良的影響；第四，社會管理者和服務者由於主觀隨意性在處理公務的過程中沒有原則，沒有規範，沒有理念，沒有規劃（或規劃不合理），沒有深入的調查研究，沒有依據法律規定的意識，沒有按照嚴格的程式辦事的作風，在處理公務時隨心所欲，態度冷漠、暴躁、刁難，表現為亂作為和不作為，給社會造成嚴重的不良影響；第五，社會決策者由於主觀隨意性在決策的過程中缺乏理論思維，不按照合理的決策程式，不作調查研究，不作目的性效果考量，拍腦袋行事，並憑藉強權來決策和推廣，往往容易給社會造成重大的損失，製造社會矛盾，社會反應普遍不滿，為社會動亂和崩潰埋下嚴重的禍根。

個體人的主觀隨意性是一個既定的事實，其積極作用已被全人類分享，人類的生存繁衍、科學技術的進步、物資的繁榮、文明的發展都離不開其作用。但是，人類的不公平、不合理、不道德、不和諧也是由於主觀隨意性造成。那麼，如何對付這把雙刃劍，主觀隨意性在什麼時候需要發揚，在什麼時候必須擬制呢？這要每個個體人憑藉智慧來考量和應用。筆者認為，對於凡是與他人和社會有直接關聯的事情都必須擬制主觀隨意性的擴張，除此之外，主觀隨意性可以盡情發揚，而且越隨意越好，哪怕是隨心所欲、天馬行空、胡思亂想都無妨。

八、智性

在社會生活中人的智性分為兩種形式，智力和智慧。智力，主要是指人的反應能力、應變能力、記憶能力、感官敏銳程度、動作的協調能力和準確度以及行為符合目的的能力。智慧則是人發現根本問題的能力。通俗的說法聰明和愚蠢的程度就是智力，每個人都從祖先的遺傳中獲得智力的初始值，所以智力可能與生俱來，智力可以不需要後天積累的知識和經驗，但是知識和經驗會促進智力水準更高。人與人之間的智力具有程度不同的差異，不存在絕對的聰明和愚蠢，智力水準都是相對的。智慧，卻必須需要後天的知識和經驗的積累和更新，也可以認為是智力的昇華。具有智力水準的人不一定擁有智慧，也就是說聰明的人不一定能夠發現事物的根本問題或必然聯繫，智慧的人一定是智力水準很高的人，而且勤於學習和思考。

個體人在自然環境下的智性有一個自然增長過程，也就是說自然的智性總是由低向高發展的，當智性達到一個高度時是絕對不會反方向返回低智性的狀態中，人類整體的智性一般性就反映了人的智性發展的這一基本趨勢。但是，在社會生活中個體人的智性在一定條件下會出現由低向高、由高向低、時高時低、高低混雜和停滯的諸多趨勢和狀態。

個體人的社會智性變化原理。第一，個體人的智性都有一個初始值，也就是人的智性一般性。個體人在其祖先和祖輩那裡就繼承了一定的智性遺傳，每個人都有捕捉現象的能力，也有分析判斷的能力和產生思想、觀念的能力，在這一點上每個人是共相的，無差別的；第二，社會學習可以促進個體人的智性在初始值的基礎上不斷提高。社會學習是一個廣義的學習概念，包括個體人對他人的言行的揣摩、效仿、調試、改變、優化，也包括他人的傳授引發的心靈喚起，既包含顯意識的學習，也包含潛意識的學習。在這個意義上說，個體人的父母、親屬、朋友、教師、同事等等所有與之交往過的他人都是老師，都在傳授者有關智性的訊息。與此同時，個體人對於這些與之交往過的人也是老師，也在傳授者有關智性的訊息。社會學習是多維度、多角度、多角色的智性提高過程，沒有誰只是老師，也沒有誰只是學生。在社會學習中，個體人的頭腦可以獲得許多複雜的現象素材並自覺不自覺的產生思維連接，進而產生不同的思想觀念。在社會學習中個體人的頭腦更加複雜，思維更加靈活，反應更加靈敏快捷。於是，個體人的智性得到更大的提高，個體人可以應對更加複雜的問題和狀況，個體人的智力和智慧達到一定高度時其創造力必然產生，其研究、思考也會產生莫大的樂趣；第三，社會壓制可以降低個體人的智性。社會壓制是指社會強勢者通過製造恐懼、焦慮、無奈和虛假訊息來壓制個體人，使得個體人的心靈出現萎縮狀況。社會統治者無不採用暴力來維護其統治，軍隊、警察、特務採用鎮壓、恐嚇的威力迫使被統治者就範，在高壓統治下不單是被統治者的行為被擬制，而且還會造成心靈上的巨大壓力呈現萎縮現象，被統治者不敢隨意的說話和行為來表達不滿，久而久之在心靈中產生消極情緒，思維放緩，反應變慢，其智性出現明顯的降低狀況。在黑社會盛行和肆虐的地方，人們普遍也會出現小心謹慎的消極情緒，個體人的智性也會有所下降；第四，社會控制可以降低個體人的智性，也可以調節個體人的智性朝著有利於統治者的方向發展。社會控制包括對社會輿論的控制，對社會教育的控制，對社會文化的控制。在社會控制中，社會新聞、消息、評價都只能符合統治者的要求，統治者利用所控制的媒體渲染歌舞昇平的盛世，對所有事件的內幕和影響都採取隔離措施，廣大被統治者只能接受一種社會資訊，而不能在社會中發出不同的聲音。社會教育也抽取了培養智慧的功能，填鴨式教育用知識的海洋來淹沒受教育者的智性，受教育者出現知識水準增長而智慧水準下降的智性，受教育者的知識豐富，但是知識的應用上明顯不足，也不能發現許多生活必需的社會知識，更不能發現人類最前沿的深奧理論，使得受教育者在社會政治生活中盲從的愚鈍，而在知識水準上自命不凡，在創造力上卻嚴重不足。社會教育的控制可以設計出統治者所需要的「人才」，但是社會自然學習機制被嚴重破壞，社會的活力得不到充分的張揚和發展。社會文化既是人們精神風貌的體現，也總是潛移默化的影響個體人的智性。對社會文化的控制也如同控制教育一樣破壞了社會最優化機制，社會文化只產生了對於統治者有利的內容，社會價值觀、社會倫理、宗教和藝術被人為的過濾和篩選，社會文化的多樣性得不到充分有效的發展，導致人們生活在一個固定的意識框架之中，極大的束縛了人的思維和思想。在控制嚴密的社會中，自然科學得不到廣泛的、深入的研究和應用，邏輯思維被擬制和扭曲，甚至語言文字都出現僵化的現象。在這樣的社會中，強勢者體現出運用權力的智力，其狡詐、詭辯、厚顏無恥在謀略欺騙和暴力壓制中一覽無餘，而弱勢者則體現出阿諛奉承、唯利是圖的智力，其好逸惡勞、貪圖虛榮、不擇手段在被壓迫中肆意滋長，整個社會看不到智慧的靈光，人類智性天賦在控制和被控制中嚴重扭曲和消長，人們在自以為是中不能自拔，社會矛盾層出不窮，社會危機總是在不停的醞釀之中，社會崩潰的混亂時刻在威脅著、困擾著人們，社會活力和創造力嚴重不足，不論是強勢者還是弱勢者都只能無奈的聽天由命，在危機中體現無能為力的愚鈍。

九、表達衝動性

個體人的社會表達衝動與自然表達衝動是有區別的，自然表達衝動是個體人賦予自然現象及其關係在頭腦中的意義的過程，屬於表達衝動的狀態，或表達衝動的能力的形成過程，屬於認知、認識過程。而社會表達衝動則是個體人對於社會現象對自己的觀念和利益所產生的影響的評價和議論過程，屬於認識結果的具體表達。我們不可否認個體人有喜歡談論些什麼的愛好，不管是與自己有關的還是沒關的事情都喜歡品頭論足一番，這就是社會表達，它源於一種內心的衝動，這種衝動不以人的意志為轉移。人的觀念形成後，觀念不單是認識的結果，而且還是認識的標準和目的，當其他任何現象衝擊人的感官和思維時，人的大腦會自動比對既定的觀念與現象的關係，如果二者一致，那麼大腦會忽略這一現象或者強化這一現象給出認可姿態，如果二者不一致，那麼大腦會產生不對等的壓力，會在人體器官中釋放這一壓力，表現為語言和行為上的不認可。為什麼人類會爭論，會在茶餘飯後談論些什麼，說明人類個體有表達的衝動，這種表達衝動不以人的意志為轉移，屬於人的本能，而這種本能只是在社會生活中才得以體現，人們有觀而有感，有感就有發就是這個道理，中文裡的不吐不快也是這個道理。個體人的社會表達有語言、表情和行動三種方式，針對不同的表達對象和場景個體人會變換著表達方式，也會根據心情和效果來變換表達方式，使得表達方式非常的豐富和複雜。語言表達是基本的方式，是或不是，對或不對，同意或不同意，支持或反對等等都可以表明態度，與此同時還輔佐以支撐的理由來表達完整的觀點和意見。表情表達相對比較豐富，各種各樣的笑，悲傷或喜悅的眼淚，驚訝、憂愁的表情等等都可以表達內心的感受，只是表情表達受場景的限制，在面對面的情況下效果最佳。行為表達更為豐富和複雜，手勢、肢體的位置變化可以表達其態度，擺手、搖頭可以表達「不」的態度，點頭用來表達「是」的認同，攤開雙手是無所謂、無可奈何的表達，打招呼、握手可以做親近的表達，一同吃飯也可以表達深厚的情誼，唱歌用來表達舒心愉悅，抗議示威用以表達不滿和憤懣，節日文化也可以用來表達如意的生活或對未來的憧憬。在行為表達中，還有一種特殊的表達，就是無行為表達，不做任何行為、不予理睬也可以表達否定或默認。個體人的社會表達可謂是無時無處不在，人們在表達中彰顯自我，也從表達中與他人建立各種各樣的關係，如果沒有表達個體人無所適從，也無法偵測他人的觀點態度進而無法與他人交往。個體人的表達衝動總是會以各種自認為最好的方式表露出內心感受，而且這種表露不可擬制。如果擬制表露的衝動個體人會產生強烈的內心壓力出現排斥擬制的心理傾向，如果長時間擬製錶達的衝動，會對被擬制者產生不良的心理影響，當擬制達到某種極限時被擬制者會迸發出極端強烈的激動和暴躁的情緒。

十、人格眞實性

人格是個體人社會化的基本事實，人格真實性是社會文明的基本要求。什麼是人格呢？人格有兩種含義，第一，人格是個體人的存在性與內在規定性的統合。存在性是人格的根本，內在規定性是人格的表現形式。法理意義上的人格注重的是個體人的存在性，存在性賦予人的法理資格，人們通常所講的人格平等、人格尊嚴受法律保護就是這個意思。在心理學上的人格類型指的是個體人的內在規定性，人格類型有多種分類方法和理論，如九型人格理論、十八型人格理論、人格特質理論、精神分析人格理論等等。心理學意義上的人格一詞來源於古希臘語 parsona，意即面具，有帶著面具的人和面具後面的人的意思，心理學研究的人格是個體人的內在規定性的外在表現。第二，人格是他人對於某個體人的整體感受。人格都是他人對自我的認識和評說，因為自我沒有人格意識，對自己的人格印象都來源於他人的回饋。人格的通俗意義就是「你是個什麼人」，在與他人的交往中個體人的所有言行都在回答這個問題，這個問題的實質是你對他人的影響和作用是什麼，他人只有把握了這個問題才能判別和選擇與你的交往方式。這兩種人格含義為社會學的人格定義，社會學應該高於法學和心理學來研究人格現象，所以就會賦予人格更豐富的內涵。人格是個體人社會關聯性和社會主動性的必然結果和要求，個體人在與他人產生關聯、進行交往、釋放主動性的過程中必然會對他人產生影響和作用，而他人也是這樣影響和作用於個體人自己，那麼雙方各自品鑒對方的人格來選擇交往的方式和方法也是自然而然的事情。個體人之間的存在性是關聯和交往的必要基礎，離開人的存在性的關聯和交往是不可能的，但是僅有存在性的關聯和交往也是不可能的，人人都希望與自己關聯和交往的人對自己有利，對己有利的人必然具備某些特徵，對己不利的人也會擁有一些特徵，而且這些特徵還應該具有穩定性，這就是人格意識的由來。

如果你是一個善良的人，那麼我就願意與你交往；如果你是一個有責任心的人，那麼我就願意託付你；如果你是一個忠誠的人，那麼我就願意收納你；如果你是一個具有領袖才能的人，那麼我就願意擁戴你；反之亦反。人格意識在個體人之間的交往過程中起到了協調、潤滑的作用，當某一人違背他人的人格要求，其他人都將背離而去而使之成為孤家寡人，所以說人格要求在社會生活中能夠起到一定的約束作用。每個人都會要求他人是一個真實的人，任何人都不喜歡他人的虛情假意，當人們的判別上出現偏差時都會發出驚異的否定「你怎麼是個這樣的人？」，意即你的人格不在我的期待和要求之中。社會關聯性的本質要求個體人的人格必須具有真實性。

人格具有多種性質。第一，人格具有相對性。個體人針對不同的他人的人格是不同的，家庭成員之間的人格要求是責任型、能幹型，朋友之間的人格要求是樂觀型、風趣型，陌生人之間的人格要求是友善型、道義型，合作者之間的人格要求是真摯型、智慧型，執政者和管理者的人格要求是智慧型、正義型等等。這說明每個人都應該擁有多種人格，對於不同的對象，在不同的場合，個體人體現出不同的人格特徵；第二，人格具有混合性。個體人的人格在形成過程中不受自我顯意識的支配，也就是說自我沒有人格意識，個體人的人格很大程度是來源於外部環境的輸入，也就是其周圍小社會對自我的影響，包括家人、親屬、熟人、朋友等等對其潛移默化的作用。個體人的人格混合了其他人的人格特徵，我們說「一個人其實就是一個世界」就是這個道理，從一個人的人格特徵就可以看出其周邊小世界的基本特徵；第三，人格具有模糊性。人格是他人對於自我的整體感受，這種感受是概括性的、籠統的，不能精確化、細緻化，但是人格可以通過細小的行為來體現。心理學中的各種人格類型理論都只是人格內在規定性的外在的粗略表現；第四，人格具有複雜性。人格具有多維度的特點，任何對於人格的描述都具有一定的真實性，但同時又具有片面性，人類要全面的瞭解人格特質幾乎是不可能，永遠只能瞭解其一部分。我們說人格是個性、是性格、是氣質等等，都不是人格的全面的、深刻的解釋；第五，人格具有穩定性。人們可以針對不同的對象，在不同的場合，在不同的人格中穿越，但是每一種人格都是穩定的、前後一致的，如果對於同樣的對象在同樣的場合變化不同的人格是任何他人都不能接受的，任何人給他人的人格印象必須是恒定的、穩定的、不變的，不然，人格就不具有真實性。

人格不穩定原理。第一，人格不穩定、不真實是可能發生的。個體人受主觀隨意性支配容易從自我的角度看待事物，自我的觀念都有維護自身的特性，當人的需求和想法改變時人的言行也會隨之改變，當他人與之交往一段時間後會產生不穩定的感覺和印象。個體人對他人的認知缺陷會忽略他人的感受，難以從他人的感受角度出發來釋放主動力，他人的人格要求難以在自我心中產生強度。在個體人之間的平等交往中，他人會給自我以親近或疏遠的交往姿態來回饋認同度，會用腳來評判人格的穩定性和真實性，但是在不平等的交往中他人無法回避人格的不穩定。比如說，在一個專制型的家庭，專制者會強迫家人接受其變化無常的言行，家人在無奈中被動的接受其人格的不穩定，無法逃避，只能忍受。在一個專制的社會，專制者隨心所欲的釋放主動性，隨意改變執政理念和政策，其言行前後不一自相矛盾也憑藉強權我行我素，被統治者也只能無奈接受其人格的不穩定，國民的主動性受到嚴重削弱，整個社會呈現出消極的情緒；第二，人格不穩定是對他我的知覺缺失導致的。個體人的主觀隨意性和社會主動性只是提供了人格不穩定的可能，並不是導致人格不穩定的主要原因，導致人格不穩定的真正原因是自我對他我的忽視和知覺缺失。如果個體人擁有他我的意識，完全可以在保存主觀隨意性和主動性的情況下保持人格穩定。個體人對他人的主動性缺乏認識，那麼就會助長隨意性而產生人格不穩定。個體人只認為他人是被動的、是從屬的、是次要的，就會強化自我的主動性和隨意性而產生人格不穩定，甚至個體人凌駕於他人之上還會顯意識的製造人格不穩定，老子就是要這樣，你們也無可奈何。特別是具有領袖型人格的個體人可能普遍認為自我的智商和能力都在其他人之上，能夠領導其他人，他人只服從自我意志。所以，具有領袖型人格的人都有一種自以為是的癲狂，在他人的擁戴和順從中飄飄然，不可一世。自我形成穩定真實的人格的唯一途徑和方法就是交往對象的他我在心中擁有強度，也就是他人的生命、尊嚴和利益能被自我瞭解和尊重；第三，人格不穩定是不能被社會接受的。人人都希望他人是一個穩定的人，一個真實的人，而不希望在認識上對他人出現不一致的矛盾，家人之間是如此，親屬、朋友之間是如此，組織成員之間是如此，管理者與被管理者之間也是如此，統治者與被統治者也是如此。你是什麼樣的人就應該做什麼樣的事情，你是家人就應該做家人的事情，不能以對待陌生人的方法對待家人；你是朋友就應該做朋友的事情，不能以對待敵人的方法來對待朋友；你是一個智慧型的人，就不能幹出低級愚蠢的事情；你是一個正義的人，就不能做出背信棄義的事情。個體人可以擁有多種側面，可以具有多種人格，但是每個人格是恒定的、不變的。人格穩定是整個社會的共同要求，人格不穩定是不能被社會接受的；第四，人格不穩定的社會防範是社會主動力制約機制。人格特徵的唯一確定依據是社會主動性，個體人在釋放主動性的過程中才體現人格。雖然社會學習和社會文化對自我意識的形成具有一定的決定性影響和作用，但是自我意識與人格不能劃等號，人類不能用限制自我意識的形成來規範人格的穩定性，用灌輸不自然的自我理念來設計自我意識是錯誤的。人類可以通過規範個體人的社會主動力規則來防範人格的不穩定，只有當個體人的主觀隨意性所產生的社會主動力受到他人的主動力制約時，其人格才會相對穩定。社會主動力制約機制包括主動性與被動性轉換機制、主動性妥協機制、主動性削弱機制等等。社會主動性制約機制是人格穩定最具效率的方法和途徑，任何人的人格在社會主動性不受約束的情況下都不會自動自覺的穩定，依靠道德和內省是無法確保人格穩定的。用人格擔保是一件很不靠譜的事情，自我沒有人格意識，人格是他人對自己的看法只存在於他人的頭腦中，用他人的人格要求來為自己擔保是不對的。

人格與自我意識的區別。自我意識是個體人的內在結構性和規定性的統合以及自我的認識和維護的心理活動，而人格是自我通過運用自我意識所產生的社會主動性給他人造成的整體印象，有的學者把人格與自我劃等號是不對的。人格中雖然也包含人的內在規定性，但是人的內在規定性是形成人格的原因，而人格是人的內在規定性的外在認識結果。

十一、唯美性

人類的唯美傾向比較所有的動物可謂是登峰造極、豐富多彩，人類的唯美傾向而且還應用推廣得極其廣泛。人類的唯美之心不單是欣賞自然環境的美，也欣賞自然生命的美，欣賞顏色的美、光亮的美，還欣賞人類本身的美，欣賞女人的美、男人的美、自我的美。在人類社會化以後，唯美的傾向更是發揚得淋漓盡致。個體人的衣著越來越追求漂亮、精緻，家居環境也越來越寬敞明亮，各種各樣的裝飾材料把家居裝點得溫馨、漂亮、整潔、華麗，其工作環境也越來越要求舒適、乾淨和時尚。人們對於他人提供的產品和商品不僅是功能品質有要求，而且還要求外觀小巧精緻，包裝也要精美漂亮。特別是送人的禮物，為了表達送禮者的審美品味，總是要巧做包裝一番。人類個體對於外形美總是情有獨鍾，對稱的外觀可以產生美感，光滑的外表可以產生美感，流線型的輪廓也可以產生美感，就連簡約的外形也可以產生美感。唯美傾向還與人的觀念產生關聯，具有宗教意義的外形和結構是美的，具有黃金色彩的表面是美的，具有深邃沉思的藍色也是美的，甚至具有激情和狂野的紅色也可以是美的。人們會用很多表意美好的語言文字來形容、誇耀事物，所以文學也具有了美感，散文、詩歌等文學體裁都可以用來讚美和謳歌。音樂、繪畫等藝術形式總有人們表達不完的美感，旋律的美、歌曲的美總能讓人心曠神怡、心靈震撼，畫作的寫實、寫意通過線條、色彩、結構、佈局體現出來的美感也總是讓人回味無窮、讚歎有加，甚至人們把寫字都賦予了美的寓意，所寫的字都可以表露出書寫者的美感和意境。個體人對於人際關係的輕鬆愉悅狀況也可以產生美的感受，把所有符合自我需求和利益的人和事都賦予了美好的意義，進而舒心讚美。人們讚美愛，讚美母愛、父愛、情誼的愛，讚美愛情，讚美親情，讚美家鄉等等。人們普遍認為人的心中應該有一種美，謂之心靈美，擁有心靈美的人寬厚、仁慈、善良，而且待人處事細膩、周全，所以人人都要追求完美。

我們知道唯美性並不是人類獨有的特性，許多動物甚至植物都具有唯美性。雄性孔雀以展示自己羽毛的寬大和美麗來求愛，雌性孔雀憑藉獨特的審美感來選擇交配對象；雄性天堂鳥也是展示羽毛的寬大、美麗和洪亮的叫聲來博取異性的親睞；雄性緞藍園丁鳥卻以另外一種審美感來博取雌性的芳心，緞藍園丁鳥酷愛藍色，雄性緞藍園丁鳥把所能找到的藍色物品銜到窩中讓雌性前來品鑒，雌性緞藍園丁鳥則根據藍色物品的多少和款樣來決定是否與哪個雄性交配；許多鳥類、貓科和靈長類動物會自行或相互梳理、整理毛髮來保持外表漂亮美麗等等。但是，人類卻恰好相反，女人酷愛美麗，而男人對自己卻要馬虎很多，不論女人男人對女人的美麗都是讚賞有佳的，女人的相貌、身材、姿色、衣著的美麗往往都會吸引所有人的眼光，而男人的美卻賦予了陽剛之氣、粗獷之態、力量之神的美。我們不難觀察到一個事實，動物們追求的美的東西人類也覺得美，陽光、月夜、鮮花、河水、山川等等似乎蘊含著大自然的美麗源泉，大自然本身就包含了美，美的內涵充斥著萬事萬物之中。於是，我們發現在海洋中、在湖泊裡、在河流中、在草原、在山地、在冰川，美無處不在。動物們是那麼的美，植物是那麼的美，甚至很多植物美得讓人窒息。美，絕不是人的錯覺，美是一種心靈體驗。人類對五彩斑爛有美感，對光滑的表面有美感、對球形有美感，對工整的角度有美感，對對稱有美感，我們不可否認，人類的美感必然來源於心靈深處。為什麼自然世界充滿美呢？或者說為什麼人類具有唯美性呢？筆者認為，美，來自於自然世界的深處，來自於自然本體的規定。能量本體具有結構的規定性和形式的規定性，自然世界本來就不是混亂不堪的。即使在大爆炸的初始階段，規定性就已經對能量和塵埃起到了作用。物質按照規定而形成和運動，生命也是按照規定而產生和發展。能量本體具有超級智慧，而且具有無限多的維度，沒有實物形態，人類的感覺器官不能捕捉，但是生命可以通過心靈來感知，美的規則在心靈中衝動就形成了美感。當人類心靈的美的衝動與自然現象的展示同效，或者說自然現象在人的心靈中與美的衝動相同和等效時，人的心靈被能量本體渲染，於是美感由此而生，而且美感會形成固定的模式，帶有明顯的傾向性，美只能朝著規定的方向而產生，其他的方向只能產生醜、恐懼和厭惡。比如說，粗燥的表面就給人以醜感、恐懼感，陰暗的環境就給人以厭惡感和恐懼感，軟而厚的物體就給人以恐懼感等等。人類的唯美性與動物們的唯美性沒有本質的區別，只是人類的智性遠高於動物，人類的美感比動物們更豐富、更複雜罷了。

唯美性使得個體人不願意看到殘缺的事物，極力促成事物的完整，並反感和厭惡對事物完整性的破壞，這樣，個體人就有了愛心。個體人會憐憫、救助那些受傷的、殘缺的人和動物，會從他人的內心深處關心幫助他人，博愛既成為個體人的美德，也是個體人的本性所在。在唯美性和關聯性的作用下，個體人會產生親社會行為，會做出對他人、對社會有利的事情，而不是執意的損害他人和社會。個體人會對輕鬆愉悅的人際關係賦予美好的寓意，把家鄉比擬於母親而謳歌家鄉人的關心、幫助自己的情懷。個體人也會把家鄉的山山水水比作母親或父親來讚美家鄉的源源不斷的養育資源。個體人的唯美性是人類文明的搖籃，是促進人類文明進步的主要動力之一。

十二、傳承性

人類社會大約在距今 8000 至 10000 年前左右的時間形成，當時農業生活方式興起，人類居住固定化，脫離了居無定所的狩獵採集生活方式，人們之間的交往頻繁而固定。社會沿襲至今，從未改變過其基本屬性和基本形態，那麼社會是如何延續的呢？筆者認為，其唯一的原因是個體人的傳承性所致。個體人由於生命的繁衍，代代相傳生命的存在性，在這漫長的時間裡從未間斷過。與此同時，一代接一代還延續了相對穩定的生活方式，後代從前輩那裡學習、模仿了日常生活和生產作業的經驗和技巧，使得每個後代無需從零開始獨自的摸索生存技能，其生存能力大增，生存效率大為提高。代代相傳的過程中，人類也傳遞、繼承了思維方式，一種相對穩固的社會文化得以穿越一代接一代而流傳至今。在傳承的過程中，語言文字得以保留和發揚，社會名稱符號也得以延續和繼承。當今人類的任何狀況都可以追溯到不遠的過去和遙遠的過去的每一個發端，這就決定了每個個體人的一切都具有了歷史性，沒有什麼東西是憑空產生的。個體人的傳承性並不意味著只有美好的東西才會傳承，錯誤的、醜陋的、甚至邪惡的東西也會伴隨傳承，甚至某些社會中錯誤的、醜陋的、邪惡的東西還會成為主要內容一代傳給下一代。

事實上人類傳承不是簡單的周而復始的重複。後代的生命是一個新的生命，從生物學上講後代在遺傳過程中可能發生某些變異，其性質更加適應生存的環境；後代人是一個不同的自然人，其自我意識與前輩不完全一樣，也是一個獨立的個體，前輩無法從本質上干預其自我意識的形成和演化；後代的社會環境與前輩不完全一樣，社會關係不同，所接觸的社會事務也不相同，社會關聯性和社會角色不完全一樣；後代的智性隨著遺傳的變化、自我意識的變化、生活環境的變化（現象的變化）而提高。由於傳承性，後代人在出生後的知識、經驗和技巧等方面都具有一個初始值，在變化著的現象及其關係的刺激作用下後代人的智性會比前輩擁有更多更大的發展空間，一般說來後代人都比前輩擁有更多的先進性。所以說，社會傳承並不意味著照本宣科和克隆，我們從社會的時代性中可以看到，一代人死亡以後其所代表和象徵的時代消逝，隨著新一代的產生，新的時代取代舊的時代。人類在蒙昧的過去經過漫長的歲月代代相傳的變化是非常細微的，但是回眸歷史，這些變化是可以觀察到的，是實實在在的變化。從石器時代的技術更新（打製石器到製制石器等），從語言文字的產生和演化，從知識的發現和積累，從科學的探索和發展，我們不難觀察到個體人代代相傳的變化和演進。特別是近代以來，個體人的智性突飛猛進，這種變化變得越來越頻繁和猛烈，原來需要上萬年才能看到的變化，現在卻只要幾年就可以看得到。

社會傳承原理。第一，社會傳承是絕對性與相對性的統一。社會得以延續絕不是所有個體人的長壽導致的，任何人的生命都有短暫的期限，社會的延續是因為代代相傳的結果，新的一代傳承了生命的接力棒，這是絕對的。但是新一代並不是照搬照抄了上一輩的一切，這就意味著社會傳承又是相對的。我們不能要求後一代必須高度模仿上一輩的既定的生活方式和社會觀念，我們更不能為後一代做主而干預他們的思維、思想和行為，後一代的一切只能由他們自己來決定；第二，社會傳承可以促進社會發生變化和更新。社會的變化發展是由多種多重因素導致，但是社會傳承為社會變化起到了非常重要的作用，而且社會傳承與社會變化基本上是同步的、齊頭並進的，如果沒有社會傳承那麼社會也必將消亡和泯滅，社會傳承為社會的存在和變化提供了可能；第三，社會傳承的目的和意義是促進人類社會與自然本質保持一致。社會傳承產生的新，並不是憑空的新和毫無根據的新，這個新就是新在自然本質對個體人的不斷作用而促使人類的認識與自然事實保持基本一致進而產生與原來的、上輩的認識不一樣的認識。這是大自然賦予人類的稟賦，也是人類智性深受大自然影響的必然結果。我們回眸歷史，可以看到一代接一代不斷發現自然奧秘創造出一個接一個更加深刻的理論的事實，每一個新理論既是前一理論的延續，也是對前一理論的否定、修正和更新。這一過程中，後人總是發現前人的不足而揭示出前人未知的知識，這樣一來人類的思維、思想、觀念和知識總能越來越靠近自然本質，人類從中總是獲得更大的利益。如果離開社會傳承，或者剔除社會傳承中產生新的東西的機制和功能，人類絕不可能傲立於生命之林而生生不息，停滯和滅亡早就註定了人類的命運。

社會起點理論。第一，社會起源於遙遠的過去。我們不可否認，人類社會起源於遙遠的過去，人類社會有一個起點，從這個起點開始，人類不再是小規模的群居，而是成千上萬的個體交合在一起彼此不能分離，而是突破了血緣關係與所有的人產生關聯，社會裡絕大多數的人互不認識，也不曾直接往來，甚至永遠都不可能謀面，但是這個龐大的個體人群體卻交織在一起，相互影響，相互作用，這就是人類社會。這個社會存在和生活方式歷經漫長的歲月依然延續至今，這又充分說明社會的形式和內容是多麼的卓越，符合人類個體的根本利益而多麼的行之有效；第二，社會的每次變化都不是終點，而是一個新的起點。人類社會形成了不等於就是完事了，一蹴而就了，實際上人類社會從形成之日起就一直的在磨合、演變和發展。試想，成千上萬個生命個體都具有懵懂的自我意識，都有主動性和主觀隨意性，都具有表達能力，都關聯、交織在一起相互影響和作用，會是什麼樣的場景和狀況？愚昧和野蠻絕不會遠離人類，社會矛盾和紛爭必然糾纏於每個個體人從而影響到每個人的日日夜夜。慶倖的是，人類擁有了智性的稟賦可以觀察瞭解到自身的種種不足和問題，一代代人長時間的思考總能發現社會矛盾和紛爭的根本原因，也能預測和想像出解決社會矛盾和紛爭的基本辦法。但是，人類每解決一個問題都會帶出另一個問題，比如說，解決了家人和親屬的情感問題又會面臨與陌生人的關係問題，解決了道德問題卻又面臨權力規則問題等等。人類每解決一個問題都會導致社會發生一點變化，而每次的變化都不意味著變化的終結，每次變化僅僅是下一個變化的起點。人類社會的發展只是一點點變化，一次次確立新的起點而已；第三，每個個體人的降生都是社會一個新起點的開始。新生兒的誕生不單是生命之火延續的希望，而且更是社會變化和更新的希望。上一輩人由於自我維護體系的作用總是或多或少的體現維護自我思維、自我觀念的傾向，對既定的一切抱有認同的態度，他們適應了用手抓吃食物而排斥筷子，適應了筷子而排斥刀叉，他們適應了模糊表達而不適應精准表達，他們適應了被統治而不適應維護社會權益等等。新一代人不會像上一輩那樣循規蹈矩，總是會指出一些上一輩人看似習以為常的問題。在傳承過程中，新一代總是比上一輩表現出更多的創新欲望，代溝在創新中產生，上一輩總是在新一代的奇離古怪中煩惱，而新一代總是對上一輩的保守和固執抱有成見。新一代總覺得上一輩的生活方式、社會觀念、社會規則、社會意識、社會權利要變，要改進，而上一輩總會以種種藉口來壓制、阻撓新一代的創新思維，最典型的例證就是孝道，通過孝道來阻止新一代的創新，只有當新一代與上一輩一樣墨守成規以後代溝才得以消除。由於自然本質的作用，新一代的創新不會停止，時至今日上一輩的保守和固執在新一代的創新中不得不有所收斂，甚至上一輩也投入到了創新之中。社會的變化和更新是在點點滴滴中潛移默化進行的，在這一過程中新一代起到了關鍵的作用，無數的新一代個體人推動了社會變革和進步。實際上，人類社會從形成時起就已經在不斷變化，現代社會與遠古的社會已經不能同日而語了，現代社會比起遠古的社會不知道要豐富多少倍，先進多少倍，都是個體人一代接一代創新、變革的成果，如果沒有新一代的創新人類仍然還在動物性中徘徊，惶惶不可終日。所以，人類要學會尊重新一代，重視新一代，社會在任何時候都不能忽視個體人的積極作用。

十三、自我維護性

在自然狀態下，個體人之間在家庭環境中的關係是和睦共生關係，你中有我我中有你，個體人之間的自我差別是很弱的，因其生活方式極為簡單，家庭成員之間也沒有什麼私密可言。自從人類社會化以後，家庭生活日異複雜起來，家庭成員個體所使用的物品物件越來越專有化，本輩夫妻與父母和小孩之間所使用的東西、所喜歡的東西產生差別，導致各種物品物件都具有了專屬性，物品物件也具有了維護特定自我的功能，於是在人的內心產生出弱所有權意識，也可以稱之為准所有權，這就是私人物品。私人物品具有一定的排他性，未經物品專屬者的允許即使家庭成員也不能（不應該）染指。隨著家居環境的改善，家庭成員的活動空間越來越大，家庭成員可能擁有了自己的房間或者有特定的位置來存放私人物品，於是房間和位置就成為了私人空間。私人空間也具有專屬性，即使家庭其他成員也不能對其隨意冒犯。家庭其他成員如果也有私人物品和私人空間的專屬感，會尊重彼此的私人物品和私人空間，沒有這種專屬感的家庭成員會做出侵犯私人物品和私人空間的行為，這麼一來就會發生家庭矛盾，嚴重時還會導致衝突。在社會生活中，即使家庭成員也會保守各自的私人秘密。成年人的性器官、性行為、性物品不會向非夫妻關係的人展示，會作為私人秘密極力隱藏。家庭成員之間即使是夫妻也有可能會極力隱瞞自己的糗事或不希望被別人知曉的某種經歷。由此可見，人類社會化以後，家庭成員之間也不是絕對的親密無間，個體人之間的差別會以自我的維護性體現出來。似乎這樣也並不妨礙家庭成員之間的傳統意義上的和睦共生關係，只是在你中有我我中有你的關係中多加入了一層個人獨立和自我意識的成分而已。由於家庭的共生關係，私人物品和私人空間的所有權以自然結合的夫妻關係為主體，夫妻雙方擁有平等的完全所有權，其他家庭成員只擁有部分的所有權，原生家庭和直系家庭是所有權的分享者。

還有一種私人空間只存在於陌生人之間，在公共場合與陌生人靠的太近會給人造成不適感，陌生人之間總是保持著一定的空間距離，陌生人之間在相距前後左右 1.5—2 米的距離各自都會感覺踏實，如果近於這個距離會產生無聊感和無趣感，我們在很多的公共場合都可以觀察到這種私人空間的現象。在社會生活中，任何人都不可避免的會與陌生人發生交往和互動，陌生人之間會自發產生各種各樣的影響，首當其衝的就是私人物品和私人空間。私人物品和私人空間對於陌生人是具有嚴格的專屬性的，即使陌生人未經特許使用一下私人物品和占用一下私人空間都是不被允許的，這種專屬性就是所有權。人類的所有權意識來源於社會中人的自我維護性，私人物品和私人空間都具有維護自我的功能，而且物品和空間很多很多，每個人都應該擁有自己獨特的物品和空間，物品和空間在陌生人之間（即使在親屬之間）不應該發生重合。

所有權意識建立在夫妻關係基礎上是符合人類根本利益的，人類物種的繁衍依靠的是夫妻的性關係，人類物種的延續也依賴於夫妻之間的和睦共生關係，沒有夫妻關係就不會有穩定有序的家庭關係，人類物種的繁衍和延續就會導致混亂局面而危及人類自身。夫妻之間的共生關係是人類一切關係的基礎和根本，這是自然因果邏輯的使然，在這一點上，每個個體人都具有共相性和無差別性，也是自然因果邏輯作用於每個人的必然結果，所以，每個人都具有幾乎完全相同的所有權意識。當所有權意識具有足夠大的強度時，社會人就把所有權神聖化，在古羅馬時代就形成了社會法律，所有權被全社會所保護。

私人物品包括家庭日常生活的各種衣物、工具、設施設備、勞動資料等等，私人空間包括家居房屋及其所占的空間、勞動附著的土地空間等等，空間具有立體性，即地面空間本身、空間的上空、空間下的土地自然結構。私人空間的範圍以人力可達到距離為限，以自然結構為限，以自然穩定性為限，在私人空間範圍裡的所有附著物包括空氣、陽光、樹木、水、礦物等等都屬於私人物品範疇。所有這些私人物品和私人空間就構成了家庭財產，由夫妻平等享有完全所有權，家庭成員享有部分所有權。這些家庭財產都具有維護個體人生命的價值和功能，是維護人的自我的屏障，是自然世界賜予人的資源，所以具有自然神聖性，是一種自然占有。家庭財產的所有權對於家庭成員以外的人，包括親屬、熟人和陌生人都具有嚴格的排他性，未經授權的家庭以外的人不可侵犯、染指和使用。

人類社會是充滿陌生人的社會，陌生人覬覦他人家庭的財產是很有可能發生的，非法侵占和搶奪他人財產也是實有發生的。普通的陌生人對他人家庭財產的侵占、搶奪和損害由社會輿論和社會司法機構給予干預、糾正和處罰，家庭之間的財產糾紛可以以協商、妥協的互惠方式和解，暴力在民間是被禁止的，是非法的。但是有一種家庭財產侵害的合法性很難被人們認識，即國家侵占、搶奪家庭財產的行為。我們知道了，國家是不同於社會的，國家就是政權，是由征服者創立的社會統治體系，是由統治者強力維護的社會政治體制，國家在創立的那一刻起就不具有自然合法性。相對於被統治者，國家的本質就是陌生人集團，國家機構中的人具有陌生人的一切特徵，所謂國家的行為就是一種違背人的自然屬性的絕對化的主動性行為。

以國家的名義（即以統治體系或政治體制的名義）占有的財產都不具有自然合法性，不論是強占，還是收購，都是不合法的。不論是土地、水，還是礦產、和自然物產，都不具有維護國家的自然屬性，大自然的一切維護的是人，是具體的人，是無差異的生命體。自然世界不可能維護少數人的生命意義和政治意義，自然世界維護的是具有生命特徵的普遍的所有人（每一個人）。所有權只能建立在符合人類利益的個體人和原生家庭的基礎之上，自然世界不可能，也不可證明，授權某一人或某一些人組成的集團占有自然的權力，即使部分占有也是不可能的，不可證明的。一句話，國家不具有自然主體資格，國家不是人類繁衍延續的必要條件。自然的主體只能是人和原生家庭，人類的繁衍延續依靠的是人和原生家庭，這是人類最根本的利益，所有與之相衝突的利益都應該服從於人和原生家庭。

所有權的本質是財產對於所有者（夫妻）的利益專屬性，只要是非暴力和欺詐獲取的所有權都具有合理性和正當性。所有權包括對財產的占有、使用、收益和處分的基本權利，所有權中的這幾項基本權利都指向所有者的利益，這種利益可以分解，家庭其他成員可以享有無償的使用權，這種利益還包括通過租賃、出讓、交換等方式獲得的利益。所有權也不是絕對的排斥陌生人，只要所有者願意，陌生人付出代價也可以取得部分所有權和完全所有權。但是，國家不應該在財產所有權上獲利。幾個家庭或者多個家庭可以聯合起來組成企業，用財產所有權作為資本投入來經營，企業的所有權仍然歸屬家庭（複數）。

十四、差異性

在社會生活中，人的交往是在不同的個體人之間展開的。每個個體人都是不同的獨立體，為了區分每個個體，所以才有了個體人獨有的的姓名符號。個體人的差別不只是姓名的不同，在每個姓名的背後卻是活生生的獨有性和差異性。在個體人之間，人們不需要知道某人的姓名就可以憑藉相貌、身材、氣質和聲音的不同來區分他人。每個人的自然差異性是不相同的，人們可以憑藉感官來判別是不是自己需要關聯和交往的人。個體人的自然差異性為人們相互交往提供了方便和可能。在社會生活中，個體人的差異性具有了更為廣泛和深刻的內容。個體人之間的生活環境不盡相同，地理環境、氣候環境、家庭環境迥異，個體人之間的生活方式也大相徑庭，人們因為氣候、季節的不同和自我喜好不同而服飾衣著不一樣，人們各自吃著不一樣的食物，連食物的製作過程和工藝也是不盡相同。人們的社會關係和社會角色也大為不同，如一個人在家中是父親，但又是他妻子的丈夫，他父親的兒子，也是另一人的兄弟或叔叔或伯伯或舅舅，他還是一個組織的老闆或職員。同一個人與其他人具有差異，而且針對不同的人還具有不同的差異。個體人之間的人生閱歷也是不一樣的，所處民族不一樣，就讀的學校不一樣，學習的內容不一樣，社交圈子不一樣，工作行業、工作單位也不一樣。所有的這些不同、不一樣和差異性結果導致人與人之間的能力特長不同、個性差異和價值觀差異。人們的能力特長不相同滿足了社會分工和處理不同事務的需要，促進了社會多角度、多維度的運行，對社會生活的豐富多彩增色不少。個性的差異也為社會生活的絢麗繽紛增添了多樣性、趣味性和活力。但是，觀念的差異卻給人們的交往帶來了矛盾、摩擦和紛爭，人與人之間的交往其實就是觀念的碰撞和磨合過程，觀念相同或相近的人們交往會順暢很多，而觀念背離的人們交往起來會困難很多。個體人之間的種種差異性是否可以產生相同的觀念是非常值得我們深思和研究的課題。

十五、缺陷性

人類社會化至今大致可以分為三個時期，初期、前期和後期。社會化初期的人與人之間關係延續了群落和部落時期的共生觀念，並在生產事務的關聯中達到了新的境界，和睦共生，相互支持和促進，寬容和謙讓，社會生活呈現輕鬆愉悅的美好局面。社會化前期人類主要面對的是權威主義，征服戰爭和國家政權的更替占據了社會生活的主要內容。征服戰爭把陌生人之間的情感缺陷推向了極致，大規模的瘋狂殺戮使得大量的農耕人死於非命，人口銳減，戰爭也摧毀了農耕人的家園和產業。征服戰爭嚴重破壞了社會和睦共生氛圍，在物質上、在精神上給社會造成了極其深重的損害和傷害。強權統治壓制了社會最根本最活躍的力量，社會生活以統治者的意志為主導，人與人之間最自然最根本的關係及其規則被掩蓋，人的社會缺陷被忽視，社會生活在帶缺陷的情況下運行，戰亂頻繁，生靈塗炭。人們為了躲避戰爭而流離失所，其生活品質是很低的，甚至基本的衛生條件都難以保障，營養不良、疾病和瘟疫隨時威脅著人們的健康。在社會化前期，種種社會缺陷催生了宗教信仰，人們在社會亂象中尋找和追求著心靈淨土，在精神世界裡探求著人類社會生活的真諦。宗教的蓬勃發展體現出信眾對美好社會的嚮往，人們反思權威主義對人類造成的傷害和災難，終於迎來了文藝復興和思想啟蒙的浪潮。

社會化的後期為思想啟蒙運動至今，在這一時期中，宗教信仰（主要是基督教新教）宣導自我解放，自由、平等、博愛的思想日漸深入人心，歐洲各個社會的人們向權威主義發起挑戰，削弱了統治權威的野蠻霸道作風，使得社會生活越來越趨向溫和，人們的思想越來越自由開放，科學技術的創造發明和發現層出不窮，極大的豐富了社會物質生活。這一時期用日新月異來形容是不過分的，社會物質文明的快速發展也極大的豐富和方便了人們的日常生活，蒸汽時代、電氣時代、電子時代、汽車時代、航空時代、航太時代等等一步步快速推進，使人眼花繚亂，目不暇接。每一次變化進步都帶給人類極大的物質享受，同時也製造出許多新的社會關係和新的社會問題。在這一時期中，人的社會缺陷並沒有完全消除，伴隨著物質繁榮，人的社會缺陷卻更加隱蔽，難以察覺，以致於社會矛盾、煩惱和痛苦仍然伴隨人類，難以自拔。剝削、欺詐、貧富懸殊、強人政治等等社會問題仍然擺在人們的面前。

由於人類社會化迄今的時間很短，人們花費過多的精力來推進和享受物質文明，而對於伴隨物質文明新產生的社會問題相對認識不足，以致於人的社會缺陷性隱蔽滋長，嚴重拉低了社會文明的水準。筆者總結出以下個體人的社會性缺陷，認為這些都是人類今後要面對和解決的問題。

第一、人格缺陷。人格缺陷是相對於人格正常或人格健全的人格問題的統稱，人格缺陷近似於人格障礙，或者說人格缺陷是輕度的人格障礙，人格障礙是泛指嚴重的心理疾病。人格缺陷是指不同於正常的人格，與美好的人格期望（健全人格）有差距的或者存在不足的人格狀態。人格缺陷現象有野蠻型人格缺陷、回避型人格缺陷、頹廢型人格缺陷。野蠻型人格缺陷包括行為衝動魯莽、易怒好鬥、攻擊傷害他人、盛氣凌人、蔑視他人等等；回避型人格缺陷包括因怯弱而回避他人、因困難而回避現實、拒絕他人批評、自信心不足而躲避社會活動等等；頹廢型人格缺陷包括內心空虛而無力、巴結討好他人、亂花錢、吸毒、亂性、情緒低靡不振、抑鬱且易怒、無端生氣而發洩、待人冷漠無情等等。人格缺陷是人類自從社會化以來總結的一些不美好的、不可取的人格問題，人格缺陷的認識體現出社會關聯性和理性在人腦中的反向反映，是人類高度智性化的認識結果。健全人格不一定在每個人身上出現，但是健全人格也並不是不可能在個體人身上實現的。只要個體人勤於學習和思考，健全的人格通過一代代人的積極努力是可以實現的。

第二、社會依賴性缺陷。個體人依賴於社會使得生活更加的安全、舒適和方便，隨著人口的增長個體人的活動範圍不斷擴大而無需擔心野獸的侵害，可以獲得源源不斷的生活資源而不用面對狂野的自然環境，個體人所需要的一切生活必需品就在社會中可以唾手可得，人們相互依存、相互合作，營造出了符合每個人基本利益的社會氛圍。但是，社會依賴性卻使得個體人遠離自然環境，特別是人類工業化以後，個體人總是面對人造的環境，城市人長期生活在設施完備的鋼筋水泥的叢林中，農村人總是忙於改造自然環境使之適應於農業生產，城市的污染和嘈雜背離了人們的自然天性，農村的單調和周而復始的勞作也背離了祖先的開拓精神，不論是城市人和農村人都失去了許多生活樂趣，在忙亂中不能自拔，無法靜下心來享受自然的寧靜和幽美。脫離自然使得個體人獲得了很多，但是失去了自然的美好，城市人可能難以看到藍天，可能難以喝上甘甜健康的飲用水，可能難以在綠樹的簇擁中悠閒，可能難以聽到蟬鳥的悅耳啼鳴；農村人卻難以跟上時代的步伐，可能難以購買到新出產的商品，可能難以享受到時尚的精神娛樂，可能難以獲得正規的基礎教育。社會的依賴性還使得個體人在社會分工中只能占取極小的工作範圍，專業化的工作重複性很大，單調而消磨人的意志，工作的趣味性消失而不利用於人的智性的發展。社會性合作促使人與人之間相互配合和依賴，誰也離不開誰，誰也無法獨自完成龐大而系統的工作，這種依賴性會消磨人的自我意識，導致個體人的自我不獨立。個體人在自然環境下獨自面對自然事物會從自我中迸發出解決一切問題的衝動，而在社會環境下這種衝動會消減而產生希望他人來解決問題的期望，自我可能會退到他人的後面。特別是在情感思維下，自我面對眾多的他人會總覺得他們的力量會比自己強大很多，而弱化自我的力量，自我意識出現萎縮狀況。這樣的話，每個個體人都有可能產生自我萎縮，每個個體人都可能失去力量，那麼社會整體的力量水準都有可能被拉低。

第三、社會主動性缺陷。人類的智性在人與人之間的相互作用過程中有相互促進和提高的效應，在模仿和學習中個體人的智性會自覺不自覺的發展和提高使得社會智性的規模越來越大，而社會主動性在人與人之間的相互作用過程中卻會相互削弱和減少，個體人相互釋放主動性時主動性會相互碰撞而產生被動性回彈進而可以抵消一部分主動性。社會主動性的規模不會隨著人口的增加而絕對增加，比如，設個體人的社會主動性為 X，社會人口的數量為 Y，社會主動性規模為 Z，那麼 X 乘以 Y 不等於 Z，而是小於 Z，因為有一部分社會主動性被社會被動性減弱。我們知道，社會主動性是個體人獲取資源、滿足需求、創造社會財富的主要力量，社會主動性規模越大社會資源越豐富，社會財富越多，反之亦反。那麼，我們如何促使社會主動性規模擴大呢？筆者認為，個體人的社會主動性合理削弱社會主動性規模才會最大化，這個合理的削弱就是個體人的主動性要受到他人的主動性制約，也就是說個體人的主動性中必須包含被動性，主動性與被動性相互依存的合理節點是自然理性在每個人的頭腦中均衡的同時產生效力，即在講道理的過程中促使主動性合理削減，通過壓制和欺騙的手段和方法只會導致社會主動力缺陷。社會主動性缺陷是指個體人本能的或有意的盲目釋放主動性，肆意擴大主動性，而使得他人的主動性萎縮進而使得社會整體的主動性減小的認知現象。社會主動性缺陷的本質是主動性中不包含被動性，個體人的自我主動性膨脹必然會占據、擠壓他人的主動性使得他人的被動性增加，如果社會大規模的釋放少數人的主動性而擠壓多數人的主動性，那麼社會必然會出現資源和財富集中而貧困普遍的分化局面。貧困不是貧困人們自己產生的，只是他人的盲目的、絕對的主動性作用的結果，而非創造型富裕也不是富裕人們自己產生的，只是占據了他人的財富而已，通過不合理的社會主動性規則來維護，或欺騙、或壓制，或隱瞞來實現。創造型富裕是否符合人類的根本利益，人類是否應該提倡和維護值得我們思考研究。科學技術在大規模應用的過程中能夠創造出更多更新的物質財富，但是會導致生產能力過大而消費能力相對減少的問題，同時也會導致貨幣供應量過大的問題，為經濟危機埋下禍根。科技的應用也是一種社會主動性行為，科技在何種程度上應用還沒有引起人們的警醒。不合理的社會主動性侵占和擠壓了社會多數人的主動性，社會多數人因為缺乏對社會主動性的認識，沒有產生合符理性的社會主動性規則，也只能任由少數主動者的主動性肆意膨脹，無奈的被動接受貧困的結局。

第四、社會認知缺陷。有研究顯示，人類原始群落的個體數量最多不會超過 150 人，一般是 30 人左右；現代人的交際範圍一個人一輩子按 100 年算其交往的他人數量在 1500 至 4000 人之間，個體人的摯友一般不會超過 10 人，好朋友一般不會超過 30 人，經常聯繫的人（1 年內私人交往）一般不會超過 100 人，超過這個數值個體人無暇應付，這說明個體人是在一個狹小的社會範圍與他人交往。從個體人的角度看社會真可謂是井底觀天，因為社會群體的數量不斷在增加，社會群體規模一般來說有成千上萬，幾十萬，幾百萬，幾千萬，甚至幾個億，十幾個億個體人，這麼多人的關聯、集合體是單個人無法細數的，也是無法逐個認識、交往的。那麼，個體人會產生一種社會認知缺陷，即社會的存在性被忽略。人類社會發展至今有一個基本事實，就是社會的發展多伴隨專制的發展而發展，在專制社會人們面對專制者的感知強度要重於面對普通人，人們耳濡目染的是專制者的說辭和霸道行為，看不到社會的真實面目。於是在人們心裡，國家（江山）取代了社會，專制擁有了必然性和合法性。在人們的眼裡和心裡，國家（江山）是終極力量，專制者是至高無上的力量象徵，而普通人卻是天然的弱勢群體，那麼由普通人組成的社會卻被忽略。社會認知缺陷造成了維護專制統治的被統治者，被統治者擁有了統治者的思維和觀念，每當專制者橫徵暴斂、肆意踐踏的時候，人們總是表現出愛恨交加的分裂心理。在情感思維下，社會的關聯性在人們的頭腦裡難以顯現，只有在理性思維下社會的關聯性和存在性才會清晰可見。

人類的社會性缺陷屬於人的認識缺陷，並不像自然進化中的先天缺陷那樣難以彌補和改進，社會性缺陷是可以通過個體人的學習、思考、研究加以認識和改進的，社會性缺陷是可以彌補的，當人類的智性發展到一定程度不但可以發現這些缺陷，也可以發現彌補和改進缺陷的方法。社會性缺陷的狀況也可以反映出一個社會的文明程度，當人類社會高度文明以後社會性缺陷會降低到最低程度，個體人的生活狀況以及社會和諧會達到一個更加高級的水準，社會矛盾、煩惱和痛苦將不再困擾人類。

第六章　論社會的自然屬性

在狹義的自然概念中，社會與自然是並列的存在，而且社會與自然是對立的、衝突的，社會有一套運行機制和發展規律自成體系，自然界也有另一套運行機制和發展規律，人類社會雖然依賴於自然，但是人類社會可以利用自然、索取自然、支配自然、改造自然，以利於人類社會的需要。人類不斷地與自然抗爭，把自然塑造成人化自然，無節制的開墾耕地、興辦工廠、擴建城市、挖掘礦產，結果是風沙彌漫、水土流失、工業污染、氣候變異，對自然的破壞最終危及到人類社會的運轉和發展。就人類社會本身而言，由於脫離自然，社會成為了無本之木，變成了一個抽象的概念，於是對社會的認識和解讀建立在了臆想的層面，人為的賦予社會各種各樣的機制和規律，導致社會問題層出不窮，人們在解決社會問題的同時又在製造新的問題，社會內部和社會與自然之間均掉入惡性循環，人類惶惶不可終日。

在廣義的自然概念中，社會與自然是合為一體的，社會是自然界的一個部分，社會不僅僅是來自於自然、依賴於自然，社會也只是自然世界的一個側面。事實也是如此，社會怎麼可能抽離於自然進而高於自然呢？於是，社會的存在形式才有了一個清晰的輪廓，社會的根基才得以顯現。站在自然的角度看待人類社會，其自然屬性躍於眼簾，籍此我們可以更加深入的有效的認識社會，想必這對於人類社會和自然界都是大有卑益的。

一、物質性和空間性

我們很難確定人類社會的整體，不知道社會的整體到底有多大，或者說社會到底是不是一個整體。我們對於某一事物的整體感有一個基本的思維方式，就是站在事物的外部來看待事物，我們會認為這一事物是一個整體。比如說，一個球體是一個球形的整體，是在球體的外面觀察得出的認識結果，如果我們站在球體的內部任一位置是觀察不出球體的整體的。我們對生命體的觀察也是這樣，在任一生命體（包括人體）的外面我們可以看到生命體的整體，從生命體的內部我們無法得出整體感，一堆沙子也只能從外部獲得一整堆的感覺。我們在地球大氣裡也是看不到大氣的整體的，如果從外太空看就會看到地球大氣的整體。對人類社會的認識也是這樣，從社會的內部看不到社會的整體，只能看到社會的某一部分（可能是很小的一部分）。甚至在社會的外面也很難觀察到社會的整體，如果某一社會的規模比較小（在十萬人以內）從外面可能會觀察到這一社會的整體，如果某一社會的規模大到幾百萬人，幾千萬人，或上億人，即使在外部也難以看到社會的整體。我們對於社會的整體感大多來自於想像，從小部分的疊加可以得到社會的整體，統計人口數量和特定的地理區域範圍可以得到社會的整體，但是這種整體不是客觀的直觀的社會整體，仍然包含想像和推測的成分。

我們對社會整體規模的考量都必須基於一個基本單位，就是個體人及其數量。誠然，個體人是社會組成的基本單位和元素，社會就是個體人的集合。我們不可否認，人類社會是可以看得見、摸得著的一種實在，這種實在卻並不像高聳的山體或巨大的石頭一樣具有清晰可辨的整體外觀。我們無論採取什麼樣的方法和手段都無法瞭解到人類社會整體的全貌，我們可以看得見、摸得著的只能是許許多多個人類個體。而人類個體具有物質性，每一個人都有清晰可辨的物質外觀，每一個人都是由物質組成的生命個體，如同其他所有的生命形式一樣。那麼，個體人的物質性也決定了人類社會的物質性，雖然人類社會的物質性不能從整體上來把握，但我們也不可否認人類社會是物質的、實在的、可知的。物質性也決定了人類社會並沒有什麼神秘的地方，人類社會不是什麼虛幻的抽象的東西，是與每個人息息相關的實在。

人類社會也不像高分子團聚體一樣由無數個個體人聚合在一起，人類社會還具有空間的廣延性。組成人類社會的個體人廣泛散播於廣闊的地域中，除非是最為親密的人，絕大多數個體人之間還總是保持一定的距離，少有身體上的接觸，即使是最為親密的人也不是時刻簇擁在一起，大多數情況下也總是保持一定的距離。保持距離是非常有必要的，才使得生存和生活成為可能，就如同龐大的沙丁魚群中每條魚之間總是能保持 20 公分的距離，這樣遊動和反應才會有餘地。人類社會的群體與沙丁魚群體還有不一樣的特性，人類沒必要集體簇擁在一起統一行動，每個個體人都可以獨自的處理生存難題，小規模群體在一起就可以解決安全需要。所以，人類個體總是散播於廣闊的地域中，靠近水源和物產豐富的地區人口密度稍大，在崇山峻嶺、廣袤沙漠、浩瀚的海洋中人口的密度就要小很多。加上社會中個體人不斷的新生和死亡，這也決定了人類社會中人口的精確數量難以把握，任何社會中人口的數量都只是一個近似值。

二、結構性和符號性

人類社會從一開始就不是一盤散沙，就像是組成物質的元素不會游離存在一樣。物質的元素總要與其他元素結合在一起而形成穩定的物質，物質總是具有結構性。同樣，人與人之間也總是要結合在一起形成穩定的關係，形成穩定的結構。社會的結構是指人類社會在自然環境下自行組成的方式，社會的結構不同於國家的結構，國家的結構是人為因素導致，而社會的結構是非人為因素形成的。人類社會最基本的結構就是家庭，家庭是穩定社會的最基本的單元。家庭來源於群落生活方式，是人類之所以存在和繁衍的基本保證，是人類最為自然的生活方式。家庭以有性繁殖作為紐帶，一對成年男女以性生活為基礎產生婚姻關係，並生育後代組成原生家庭，原生家庭中成年男女成為父母，其後代成為兒女，兒女之間成為兄弟姐妹；以直系親緣關係由祖輩（父母的父母）、父母及其兒女組成直系家庭；以旁系親緣關係中的祖輩及其兄弟姐妹以及其兒女、父母及其兄弟姐妹以及其兒女組成外延家庭；以所有親緣家族關係組成為聯合大家庭（即家族）。各種家庭關係中的所有成員以親緣關係形成盤根錯節的社會關聯，各個家庭都有其成員與其他家庭成員存在親緣關係，社會的規模越大各個家庭之間的關聯性就越複雜。人類社會化大大提高了個體人之間形成為婚姻關係的隨機幾率，使得社會關係動態化，即使得許多貌似沒有任何親屬關係的人由於家庭某一成員的婚姻關係而即刻形成為親屬關係，人與人之間的社會關係不斷地發生變化，呈現出更加複雜的社會現象。這種家庭與家庭之間形成的環環相扣的關聯結構是人類社會最為重要的結構，使得社會在平面上延伸，覆蓋所有人的活動地域，把所有的個體人維繫在一起。

人類社會的結構性還包括一些自動自發組成的社會組織。人類為了解決某一具體事務，需要臨時或者長久的統一行動，會自動自發的組成一個個小團體來形成更為強大的力量。人類最早的組織形式要算狩獵—採集制遊團了，通常由 20 多人組成，多個家庭參與，組織性很強，團體行動可以獲得豐富、穩定的食物來源。人類進入農業生活方式以後，為了抵抗自然災害和災後重建，人們自發的組織起來興修水利，組成臨時的修建隊，有計劃、有步驟的統一行動，組織結構性很明顯。人類早期的社會組織還有幫派、氏族聯盟、手工作坊、家族互濟會等等。人類社會組織具有行為目標明確、人員分工配合、行為步驟協調、參與和溝通開放的特點，是社會生活中不可或缺的人與人之間關聯的重要形式。

為什麼個體人情願維繫在一起而不是作為單個元素處於游離狀態呢？筆者認為，首先主要是人的物質性決定的。人類的物質性有一種深刻的結構衝動，就如同物質元素需要與其他元素結合形成為穩定的物質一樣，是由能量本體的規定性決定的，個體人游離於群體中會產生不安、不實在、不舒服的感受，只有與其他人結合才能夠安心和舒服；其次，人與人之間結合才具有力量，就如同物質中的元素結合以後就有了強度和性質一樣，人與人之間結合就可以完成單個人無法完成的事務，比如在勞動中警覺危險，繁重龐大的工程，複雜的生產工藝，零散的物資快速匯總等等。社會組織有效的解決了人類獲取資源、保障安全、防範危險等問題，使得人類的生活效率大為提高。

人類個體人之間的交往和關聯其實在遠古祖先時期就已經產生，當時的人類群體中還沒有完整的自我意識，個體與個體之間還沒有形成嚴格的邊界，其關係是混沌和混亂的。隨著人類智性的發展，個體人的自我意識逐步增強，人與人之間的邊界形成。為了確定人的邊界，人類發明了採用符號標注的方法來區分你我，這個符號就是姓名。姓名不但是要標注個人的獨立性，以區別於他人，也要標注其家庭出處，以免在性選擇中產生混亂，於是，姓就代表了家庭和家族，名就代表了個體人本身。隨著人類的數量不斷增長，家庭和家族越來越多，姓氏也隨之多了起來。於是，社會中充斥著各種各樣的姓名符號。由於姓名符號只存在於人的思想意識中並不是附著在某一特定個體人身上的物質實在，所以姓名符號可以獨立的使用，具有抽象的指代性。人們不用當面的指認也可以確定某一姓名只是指代了某一特定個體，即使這個特定的人不在現場或者已經去世也可以確定姓名的精確指代。社會的符號還包括地名符號，以表示生活在某一特定地域的特點以區別於其他地域，同時也可以表示某一特定地域中的所有人的出處。比如喜馬拉雅山、斯堪的納維亞半島、剛果盆地等等地名都具有精確地指代性，以區別於其他地方。高加索人特指的是在高加索山脈地區生活的人們，撒哈拉遊牧民特指的是在撒哈拉沙漠生活的土著人等等。在某一大範圍的地域生活的人們具有了某些特定的外觀、語言習慣和生活方式，也以民族的名稱來指代，如閃米特人、雅利安人、薩米人等等。在某一國家範圍內生活的人們也以國名符號來命名指代，如中國人、日本人、義大利人等等。社會符號的運用極大的方便了人們的交往，避免了交往中的歧義，促使交往更加順暢。

三、系統性和多維性

人類社會不單是具有結構，而且具有許多功能，多樣的結構和多樣的功能結合在一起形成了一個龐大的、完備的系統。系統中各個要素有機的結合在一起，實現了生存、關聯、協調、組合、進化等多種功能。在社會大系統中，個體人可以給自己準確定位，充當社會角色，在社會中尋找自己的生存機會；個體人之間可以根據理性確定交往的方式和交往的程度，在規則中獲取各自的利益；個體人之間還可以相互效仿和學習，藉以促進整體的生產、生活水準；個體人之間還可以相互維護營造出脫離自然野性環境的安全氛圍；個體人之間還可以相互聯合形成合力來應對單個人無法完成的艱巨事務。社會大系統可以分為許多完備的小系統，如家庭繁衍系統、家族關愛系統、生產合作系統、地區維護系統、醫療系統、教育系統等等。各種社會小系統獨立運作，相互滲透，在功能上滿足了個體人和家庭的各種需求，從基本生存到社會榮譽，從自我認可到自我實現，從簡單勞動到複雜勞動等等，都可以在社會各個系統中得到實現。社會系統還具有整合功能，自動調節社會的需求，當某一需求出現增長的趨勢時，社會系統會隨即做出調整來迎合需求使之得到最大程度的滿足，當某一需求出現滯漲現象時，社會系統會自動退縮這一功能用以避免社會資源的浪費。所以，社會系統是動態系統，不會一成不變的固執存在。

由於社會系統的複雜性和人與人之間關聯的複雜性，每一個個體人都在社會中充當不同的角色，一個人既是父母，也是兒女，也是親屬，還是職員，還是陌生人，針對不同的對象變換不同的角色，個體人在社會中體現多維性，維度的變化導致角色的變化，如果不是人的智性達到了如此的高度，個體人是難以適應這種變化的。社會的多維性還體現在個體人既是需求者，也是他人的資源；既是消費者，也是生產者；既是社會的維護者，也是被維護者；既是人類個體，也是人類本身，人類個體包含人類整體，人類整體包含人類個體，人類個體與人類整體既不是元素與集合的關係，也不是普遍與特殊的關係，是多維度的包容和融合關係。社會組織也體現多維性，社會組織是由人組成，但又不同於人；社會組織沒有物質形態，卻給人以整體的感覺；社會組織可以消耗資源，但又是一種社會資源；社會組織既可以謀取利益，但又有社會責任。人類社會確實給人以萬花筒般的感覺，任何人、任何理論都無法窮盡社會的全貌，任何人、任何理論都只能瞭解和闡述人類社會的某個或者某些側面，對於人類社會的研究也許人類將永遠無法獲得終極真理，片面和偏頗將會永遠伴隨和困擾人類。

四、能量性和偶然性

人類社會的能量現象因為沒有實物形態在習以為常的思維下極易被人們忽視。在個體人方面，人不但是具有物質性，而且還具有情緒、思維、觀念等能量現象。個體人之間的交往應該屬於能量之間的交換關係，人與人之間的關聯還沒有任何物質形態的聯繫，人與人之間被一種能量維繫在一起，人與人之間合得來、合不來的親疏關係實際上是能量的維度、強度和性質是否匹配的關係；個體人還具有量子測不准現象，個體人的情緒、思想、行為總是出現衝動性波動，在不確定中難以恒定，個體人的人格特徵只能從一系列的事件結果中才能被觀察到，而在事件的發生過程中人的情緒、思維、行為卻常常完全不同，把個體人的情緒、思想、行為採用預估的方法固化並打上社會標籤（如階層、階級劃分）是不符合人的能量特性的；個體人可以在社會組織中獲得能量，個體人在某一幫派、聯盟、家族、企業、政黨、國家等社會組織和團體中會產生莫名的榮譽感，個體人會把社會組織的榮譽納入自我範疇，形成本來就不屬於自己的能量，自我意識會外延化擴展，在自我心靈中形成與非組織人的能量級差，會覺得自己與他人（非組織人）高出一等，並對他人產生弱化感覺。在社會整體方面，社會組織可以形成合力，這個合力要大於組織成員中個體人的力量之和，「團結就是力量」就是這個道理；社會的結構和系統的形成是遵循能量維度、能量聚集、能量釋放來進行的，所有的社會結構和系統都是為了解決人類生存、繁衍、發展的根本需要，都有強烈的目的性，這些目的性是非人類人為設計的，是客觀實在的，只是人類無意識遵循能量規則而已；社會需求也具有量子測不准現象，社會需求的結構、內容和規模是無法預測的，社會需求的方向也是不確定的，社會需求具有增長、萎縮、旺盛、消弭的能量現象，人們只能從社會需求的結果中來瞭解需求，不能從需求的源頭和需求發展過程來準確判斷需求的內涵和規模，人們對社會需求的所有預測都是憑藉以往的對需求結果的瞭解經驗來評估的，預測會與實際結果有較大的差距；社會活動由於受個體人量子測不准現象的影響產生無序化，所有人的各自活動不具有秩序性和一致性，即使在具有一定的秩序性的社會組織中其成員的行為活動也不具有秩序性和一致性，所有人的活動是不相同的；社會規則不是秩序，規則只是原則，是社會活動無序化必須遵循的原則，只有無序化才會有原則和規則的要求可能，在社會規則的作用下人類社會整體出現由無序到有序的變化，所以說人類社會存在負熵現象，無序與有序並存；社會的能量性還體現於社會不可逆，好比生命的不可逆性一樣，社會不可能由現在回到過去，不可能在時間序列中任意穿插，社會只能是由低級向高級、由野蠻向文明的漸進發展，社會會出現人為的、小規模的、短時的復辟現象，但總的趨勢是不可逆轉的。

許多人總是喜歡談論人類社會的某些必然性問題，並總結出一些規律來證明必然性理論的正確性。我們假設社會中存在必然性，而且必然性具有不以人的意志為轉移的客觀性，那麼我們必須要到客觀世界，即脫離人的、脫離人類社會的自然世界去尋找規定性答案，不能從人和人類社會本身的角度來證明必然性的存在。人類社會任何必然的東西都會要追問到物質世界，不然社會必然性理論會是空中樓閣、無本之木，只是人們的主觀臆斷罷了。事實上自然物質世界不存在必然的性質，一切皆為隨機和偶然。而且人類社會的所謂必然性無法具體化，我們不能論證某一君主的統治是歷史的必然，也不能認為某一社會組織的形成是歷史的必然，更不能認為某一人在社會組織中的領導地位是歷史的必然，我們無法從諸多過程細節中推導出必然性。可見，必然性思維如同規律性思維一樣是人的一種感覺，在客觀世界中找不到對應關係，屬於人的一種錯覺，而且還只能在混沌思維中才有效，不能具體化。事實上，人類社會與物質世界一樣充滿了偶然性。任何個體人的出生是偶然的，是其父母的隨機行為的結果；任何人的需求是偶然的，碰到什麼就想吃什麼，碰到什麼異性就結識什麼異性；人類有多少個體就會有多少個交往的機會，機會只有大小不同而已；人類處在多少不同的地域和氣候環境就會有多少類型的生活方式，任何一種生活方式都可以追溯到一個偶然的起點；任何統治權力和社會組織的形成初期都存在弱小的不確定性，多種機遇的作用才能促使其逐漸壯大或逐步衰亡。人類社會其實是一個充滿種種可能性的大舞臺，可以提供個體人的生存、發展、學習、繁衍的機會，也可以提供個體人實現自我價值的機會，也可以提供人們追求名利、地位的可能性。人類社會的種種偶然性會形成一串串因果鏈條和因果網路，從任何一個結果片段回看都可以看到一個清晰地軌跡，似乎是一種必然結果，但是，從任何過程片段來看，必然性並不存在，唯有偶然性、可能性在湧動，所有的結果都不確定。

五、連續性和階段性

現代考古學、生物基因科學和文化基因理論向我們展示了人類社會與人類相同的連續性。人類社會任何一種規模和狀況都不是一蹴而就的，都有一個漸變的進化過程。人類從同族群落逐漸演變成了多族部落，從部落狩獵一採集生活方式逐漸演變成了農業社會生活方式，從農業社會逐漸演變成了工業為特徵的社會和現代資訊社會。人類社會的連續性可以追溯到現代人的起源及其演化，考古學曾憑藉人類遺骨化石樹立人類祖先多源的理論，但是由於 4—10 萬年前的化石斷層使得人類祖先多源的理論陷於迷茫，前 4 萬年以後的人類化石不約而同的指向現代人的共同特徵，也應證了基因工程的理論，即人類祖先同源。基因理論告訴我們，現代人類的祖先是來自於東非高原的包含 M168 基因突變的智人群落，人類基因工程繪製出了現代人祖先走出非洲後的複雜遷徙路徑以及基因進一步突變的人種複雜譜系圖，說明遍佈全球的人類從形成過程看是連續的。從現代人的人種和民族的基因現狀研究成果來看，人類的基因經過了非常複雜的民族融合和突變過程。M168 基因最早發展成為 M130、YAP、M89 三個基因，M130 為棕色人種基因，YAP 為黑色人種基因；M89 分化出很多支系，其中一個支系 M9 又分化出了 M214 和 M45 等等支系，M214 為黃色人種基因，M45 為白色人種基因。棕色人種主要分布於大洋洲，分子人類學研究發現藏族、哈薩克族、蒙古族、朝鮮族、美國印第安族也屬於棕色人種的後代，日本人的棕色人種基因比例也很高；黑色人種又稱為尼格羅人或赤道人，主要分布於非洲大陸，赤道以北的黑人屬於蘇丹族系，赤道以南的黑人屬於班圖族系；黃色人種又稱為蒙古人種，主要分布在亞洲地區，包括蒙古人、華夏人、馬來人、西伯利亞人等等；白色人種又稱為歐羅巴人或高加索人，主要分布在歐洲大陸、北非、南北美洲，包括日爾曼人、吉普賽人、希臘人、巴伐利亞人等等。全球現存各民族的演變都可以追溯到早期人類的遷徙和融合的起始。一萬年以前早期人類人口數量約為100萬人，零散、稀疏的分布於世界各地，人類種群規模很小，不超過100人一群。全球人口數量達到19世紀初的10億花了大約100萬年，從10億到1930年的20億，花了130年，1960年世界人口達到30億人，1975年世界人口超過40億人，1987年世界人口超過50億人。由此可見，工業化社會以後隨著人類生活水準和品質的提高，人口數量隨著出生率的提高和壽命的延長而迅猛增加。全球各地的人種在漫漫歷史長河中不斷地融合、演化形成了各具特色的歷史文化，人類的各種語言與人種和種族具有對應關係。

人類社會在歷史發展過程中針對於任何一個種群和民族在任何時間片段裡會給人產生階段性感覺，即人類社會的時代性。早期人類在距今1萬至250萬年以前，呈現出舊石器時代（即打製石器時代）特點，在迄今2000年至1萬年以前，進入新石器時代（即磨製石器時代）。西元前336年，亞歷山大東征西討建立起了橫跨歐非亞大陸的馬其頓帝國，西起希臘、馬其頓，東臨印度河，南瀕尼羅河，北至鹹海錫爾河進入了為期13年的亞歷山大大帝世代。西元前27年至西元395年，西起西班牙、不列顛，東至兩河流域上游，南達非洲北部，北臨萊茵河、多瑙河廣袤的土地處在羅馬帝國時期。西元4—7世紀，歐洲進入民族大遷徙時期。西元476年至西元1453年，歐洲處在黑暗的中世紀時代。此後，還有文藝復興時期，大航海時期，人文主義時期，工業革命時期等等。人類社會的時代性是從某一歷史片段橫向觀察社會所體現的與其他時間段不一樣的鮮明特徵，時代性具有客觀性。

六、運動性和變化性

社會充滿運動，運動是社會的存在形式，我們無論何時何地都可以看到、感受到社會的運動。我們知道，社會並不是一個生物體，沒有大腦，沒有器官，也沒有神經系統，社會只有細胞，只有元素，那麼社會又如何能夠運動呢？答案就在個體人身上，個體人的運動決定了社會的運動，也就是說，社會運動的主體是個體人，許許多多的個體人的運動彙集成了社會運動，社會本身並沒有脫離個體人的運動可言。就像是自然物質世界一樣，自然物質的運動都是由物質元素所決定的，我們所能看到的物質運動的起因都是物質元素的微動彙集而成的，在力的作用下物質元素們彙集成宏觀運動，於是才能被我們所見。物質元素們的彙集過程極其微量和隱蔽，只有當彙集到一定的規模才能夠被我們察覺，所以我們所能看見的物質運動都是陡然發生的。社會運動也是這樣，社會運動的起因是個體人的微動，家庭的微動，陌生人之間的互動微動，當這些微動彙集到一定的規模就形成了社會運動。

社會的微動現象是非常普遍的，人們為了滿足需求和情感關愛會頻繁而重複的從事一些生產、交易、走訪、學習、交流等等交往活動，這些活動平淡無奇，幅度很小，體現微弱的特性，社會微動是社會運動性最為真實的內容，人類生存繁衍的事務都可以在微動中得到實現。社會微動的源頭在家庭，人們為了實現家庭的共生關係需要起早貪黑的外出勞作，需要與他人（包括陌生人）交流溝通，以最大的效率帶回家庭所需的一切資源以利家人分享，於是我們就可以看見街道上、馬路上、公路上匆匆穿行的人流，就可以看見田野裡、車間裡、工地上、辦公室簇簇人頭的攢動。天下熙熙皆為利來，天下攘攘皆為利往，講得就是這個道理，這個利是家庭的利，是家庭共生關係這個利。蛋白質、醣類、脂肪、維生素、飲用水等等是家庭生活需求最基本的物質利益，為了這個利益，人類相繼發明了各種各樣的車輛、工具、機械、能源技術等等，提高了滿足利益的效率。在現代社會生活中，穿行的車流其實就是人流，車輛就是人腳的延伸，工具和機械也就是人手的延伸，電話機就是人嘴人耳的延伸，書本和電子產品就是人腦的延伸。無論人類社會如何發展，科技如何智能化，社會微動最根本的東西不會改變，變化的只是微動的形式而已。

絕大多數社會微動是陌生人之間的互動交往行為，家庭生活所需的資源大多數通過交易行為來源於陌生人。普通陌生人之間均採用有償方式提供彼此所需的商品和服務，這並不意味著陌生人之間沒有責任，在交易之前和交易的過程中存在一種潛思維規定性，即所提供的商品和服務必須滿足購買者的真實需求，即商品和服務的適用性，也就是商品和服務的品質，食用商品滿足人的營養和能量需要，使用的商品滿足其功能需要，商品和服務不應該有危害人的健康和生命安全的隱患。交易過程中的討價還價是對商品和服務價值的認定過程，價格的商定不應該決定商品和服務的真實性（適用性品質和數量的規定性），價格便宜就以次充好或短斤少兩都是交易不誠實的表現，交易違背需求者的真實需求必然會發生矛盾，嚴重的會導致交易者之間的衝突。

還有一種社會微動發生在特殊陌生人之間。社會管理者（或統治者）與民眾（或被統治者）的之間的作用有雙向和單向之分。統治者通過稅收部門收取稅金，其正當性和正義性是值得質疑的，這種單向的獲利行為得不到自然的任何證明，人類形成之初起就在群體中實行的是互惠關係，沒有誰擁有絕對的權力。統治者設立的其他部門其實都是為了稅收部門而建立的，以暴力和欺騙為手段，其根本目的就是為了在社會中獲取絕對的最大的利益。統治者及其統治部門中的人向社會發出絕對的主動性行為，嚴重壓縮了被統治者的自然主動性，使之形成絕對的被動，這顯然不具有自然的合理性和合法性，也為社會騷動、抗爭、乃至戰爭等社會巨動埋下了隱患。在民主社會裡，社會微動具有雙向性，社會管理者（或稱社會維護者）不擁有絕對的主動性，其主動性受到民眾（選民）的主動性制約，人人都有主動性而且可以得到有效的釋放，人人都有被動性，沒有人能夠凌駕於他人之上。在民主社會裡也有稅收，但稅收不是所謂的「取之於民用之於民」，而是民眾心甘情願的拿出一部分利益來維護由過去的征服者和統治者製造的既定的社會，社會管理者與民眾之間是一種互惠的關係和交易關係，社會管理部門的人也是這樣。所以說民主制度是實現人類群體互惠共生的有效手段。

社會微動也可以導致社會變化。科學技術的持續發展一直在潛移默化的改變人們的生活，以蒸汽機為代表的工業革命就極大的改變了人們的生產方式和生活方式。蒸汽機車使得人們出行的速度更快，更安全。紡織機器製作的布料品質更高，花色更多，價格更便宜。鋼材和水泥使得房屋越建越高，摩天大樓裝點著現代城市。內燃機車、電力機車、汽車、飛機的發明和應用更加促使人們方便快捷的出行，收音機、電視機、電話機、電腦、互聯網等等拉近了人們之間的距離，也拉近了人們與世界各個角落的距離。所有這些科學技術都是在一點一滴的研發和應用推廣中進行的，都屬於社會微動，最終給人類社會帶來了物質生活的巨變。

社會微動還有一種形式是社會政治活動。統治者變換著花樣來實行統治，採用一些改良措施來籠絡人心，時而收緊社會管制，時而又放鬆一點管制，其行為實質仍然是加強統治，使得其統治更長久。在專制社會，小規模的反抗用武裝警察暴力鎮壓即可，由於暴力統治，造成社會權利義務嚴重不對等，社會怨氣和戾氣充斥著被統治者的情緒，社會抗爭時有發生。在民主社會，人們為了社會權益走上街頭舉行集會，遊行示威，抗議人種歧視、性別歧視，爭取勞動權利和選舉權利，勞動罷工要求增加工資和改善工作環境，社會各層面的管理者入職前競選活動等等，都在相對溫和的氛圍中進行。在專制社會，社會微動有可能釀成社會巨動，而在民主社會，社會微動是常態化的社會運動。社會政治活動可以改變人們對社會生活的認識，使得人們獲取精神力量。特別值得一提的是，在基督教盛行的社會，社會微動也可導致社會變革，權力更替在溫和的氣氛中進行和實現。

社會巨動只發生在專制社會，或針對專制社會。社會巨動有騷亂、叛亂、大規模抗爭和軍事戰爭。社會巨動的發生說明社會內部中充滿嚴重不合理的政治格局，社會怨氣和戾氣達到人們可容忍的極限，人們迫不及待的想要改變社會現有的政治格局。社會巨動輕則會削弱統治者的專制根基，重則會推翻其統治，導致社會驟變。在冷兵器時代，外邦入侵是產生社會巨動的重要原因，統治者被入侵者推翻而導致社會改朝換代。

七、規則性和關聯性

現代人類從形成的開始就具有規則性，就好比人類一開始就具有智性一樣。人類個體之間的互動和交往是無秩序的，充滿隨機和隨意，但是人類的互動和交往並不是雜亂無章的。人類在心靈深處總是受到能量規則的支配而產生規則意識的衝動，人類一直自覺不自覺的遵循規則的衝動，有條不紊的處理著人與人之間、人與自然之間的關係。人類的規則意識包括結構、秩序、程式、利益關聯密度和事務的輕重緩急等等。早期人類形成了以家庭為核心的個體人之間的結構關係，並由家庭派生出親屬、熟人的結構關係。在家庭關係中，狩獵和採集以男人、強壯的女人為主力，食物的分配遵循以幼兒、長輩、婦女為優先的程式，安全上以幼兒和老弱為保護中心，在利益上不計較多吃多占；在親屬和熟人關係上，實行平等的往來，在保護家人的前提下來保護親屬和熟人。人與人之間的關係保持著親疏有間的準確尺度，任何人不會出現關係混亂的行為，所有的處理關係的行為都被他人理解和接受。在四千年以前，毛利人首次踏上新西蘭土地，由於物產豐富且無天敵，毛利人的人口迅猛增加，由於濫捕濫殺野生動物，在踏上新西蘭土地一千多年以後終於出現動物滅絕的危機。於是，毛利人建立起人類第一個自然保護區，禁止捕殺水豚等曾經是毛利人的主要食物的珍稀動物，在保護自然的規則意識下自然資源才得以重新恢復。人類的農業化變革極大的促進了社會化進程，使得人與人之間的關係變得越來越複雜。在社會化之初，人們仍然憑藉沿襲久遠的共生觀念來化解社會矛盾，在相互尊重的基礎上寬容、謙讓，形成有效維護和睦共生關係的社會規則。在征服和統治時代，征服者和統治者總是在暴力和強權之餘用說教來安撫民心，如皇權神授、代天行道、君臣倫理、宇宙真理等等，社會規則被強勢者占有，他們制定道德規範和法律規章，在管理規則中以服從為要求。統治者對於社會不是以胡蘿蔔加皮鞭的方式來維護統治地位，只需要說教加皮鞭就可以長治久安。統治者的說教多為簡單思維所致，簡單的自然認知演繹出簡單的思維，在專制時期民間（社會主體）的思維方式也極其簡單，理性的衝動被暴力的物理能量強度所掩飾和覆蓋，人們無法產生超越於統治者說教的理論。隨著人類社會的發展，自然現象和社會現象不斷湧現，並刺激人類智性迅猛發展，經過長時間醞釀在社會低層終於產生符合自然世界和人類社會本質的新理論——即人文主義思想。自由、民主、人權、博愛、公平、正義等等思想和理念逐漸喚醒了被統治階層，由於民眾的自我意識增強，社會出現重寫規則的要求和呼聲，於是憲政運動席捲全球，人類因此踏上了自由、民主的道路。專制與民主的根本區別是，專制政體是由統治者書寫規則，其規則只對占人口比例極小的統治者有利；民主政體是由全社會成員參與書寫規則，其規則對大多數人都有利。民主社會是在複雜思維方式下建立的社會，其議事規則和程式比較專制社會要複雜很多，由於考慮了社會每個人的因素，其效率和效果比起專制社會具有無可比擬的優越性，事實也充分證明了自由民主規則極大的促進了社會的文明健康發展。

人類社會中人與人之間、人與社會組織之間、社會組織與社會組織之間、人與統治者（或管理者）之間、社會組織與統治者（或管理者）之間都不能獨善其身，都處在相互的關聯狀態之中。這種關聯性沒有物質形態，不能被人們的感官捕捉。這種關聯性屬於能量狀態，其維度超出了人類的感知能力，但是可以被人類的大腦思維捕捉，這說明關聯性來自於自然世界的根本屬性，也可證明人類社會完全屬於自然世界的一部分。人類社會的關聯性不同於人與人之間的交往，人與人之間的交往是相互關聯的結果，但是從不交往，或者永遠不會交往的人們之間也存在某些必然的關聯性。比如說，皇帝，或者某個官員與一個流浪漢沒有任何交往，但是皇帝或官員可以決定這個流浪漢的生死；一個商品的生產者與這個商品的使用者之間可以沒有任何交往，但是使用者可以在生產者的工作品質中受益等等。人類社會的關聯性極其複雜，包括直接關聯、間接關聯、自然關聯、人為關聯、邏輯關聯、規則關聯等等，筆者將在後續章節中進一步研究。

八、平衡性和目的性

一個確定的社會其表徵是穩定和平靜，就好比是巍峨的山體和浩淼的湖水具有確定性一樣。社會的穩定和平靜來源於其平衡性，社會在靜態和動態的平衡中彰顯其存在性。社會靜態平衡的方式主要是社會結構，結構具有穩定的功能，好比是自然物質也是在結構中穩定存在。社會結構的框架是家庭和部落，家庭把游離的個體緊密聯繫在一起，個體人都有與異性結合的衝動和願望，當個體人與異性聯姻在一起時雙方都會出現安逸、滿足的心靈狀態，游離的個體則會產生孤獨、乏味的感受。個體人之間的聯姻關係不是模仿他人的婚姻狀況或受眾多的聯姻關係的壓力被迫聯姻所導致，主要是人的內心存在需要與異性結合的本能衝動。家庭是社會結構最基本的也是最有效的穩定方式和基本單位，由家庭派生出來的部落群體形成多維度的凝聚力，把許多單個的人結合在一起。家庭和部落結構是人類社會最為自然的結構，是從自然最根本的力量中獲得的結合，與國家的結構有著完全不同的成因。國家結構的形成有著明顯的人為因素所致，而家庭和部落結構沒有任何人為因素導致，是純粹的自然結構。家庭和部落結構在平面上由於其成員的聯姻關係而形成環環相扣的緊密網路延伸到了社會的各個角落，才使得社會得以穩定和平靜。社會靜態平衡還有一種方式就是社會關聯，社會關聯沒有形態，但可以把社會所有人的利益緊密聯繫在一起。社會組織就是社會關聯的產物，人們把符合目的的行為與符合目的的利益聯繫在一起，行為產生利益。人們自發的組合在一起發出目的一致的行為，其行為所產生的利益成果由所發出行為的人們共同來分享，不屬於目的一致的行為者則不能參與利益成果的分配。當然，某一行為者把自己的所能分配的利益帶回家庭與家人分享則不屬於社會組織的分配範圍。社會關聯把人們的行為和利益緊密聯繫在一起產生合力，擴大了個體人獲取利益的幾率，使得個體人獲取生活資源的方式多樣化，減少了個體人游離的不穩定因素，促進了社會的平靜和安定。

社會的動態平衡的方式有交換、分配、安全保障、漸進式更新、智性選擇等等。交換行為促進了生產，也促進了生產與需求的統一，使得每一個社會成員和組織都能夠通過自身的技能和符合目的的行為成果來換取生活所需的資源和生存機會，交換行為真正實現了社會分工與社會合作相統一，提高了社會效率，並使得每一個社會成員從中受益，即使是社會弱勢者也能夠獲得生存的機會。社會分配，包括社會資源的占有和利用、勞動成果的分配、社會機會的占有和利用等等。社會資源的占有從來都是人類社會的頭等大事，對土地、物產、水源以及專業技術的占有和控制是人類生存和發展的最基礎、最關鍵的來源，也是社會力量的主要來源。人類社會從一開始就注重資源的占有、利用和分配，形成了默契的資源有效利用原則，所有的資源以勞動附著，即有效主動性為占有原則，所有的資源不能以某個人或組織所看見、預估或宣稱為依據而占有，而是以最先發現資源並在資源上有主動的勞動行為附著，其行為能夠在資源上產生直接效果和成果，那麼這樣的資源就被認定為實際占有。其他沒有產生勞動成果的資源會被認定為荒蕪的資源，任何人在荒蕪的資源上附著勞動都是可以的、有效的，這樣許多人都可以占有到一些資源。其實，人類社會化初期對資源的占有和利用是以個人和家庭為單位進行的，隨著人口的增加，資源的分配自然而然的在家庭成員之間展開，繼承就成為資源配置的一個原則。資源的自然分配總是被入侵者所打破，這個入侵者就是征服者和統治者。勞動成果的分配，人類有史以來實行主動的勞動行為與勞動成果直接關聯的原則來分配，誰的勞動行為產生的成果歸誰所有，如此一來每一個勞動者及其家人都可以獲得合理的生存和生活的物質來源。社會機會的占有和利用是在人類社會的人口規模達到很大時，人與人之間的生存空間遇到重疊，社會資源的占有、利用和分配以及勞動成果的分配遇到複雜狀況時，人類才面臨的占有、利用和分配的可能性與現實性問題。社會機會首先是一個社會問題，然後還是一個政治問題。一個社會，從整體上看，處理各種資源和成果的占有、利用和分配的複雜性是沿襲歷史傳統還是重新改寫規則，統治者與普通人如何爭取社會權益，社會強勢者與弱勢者之間如何獲得生存空間，社會機會於是被推上了人類生活的前臺。社會再分配如果能夠照顧到社會的各個層面，那麼社會弱勢者同樣也可以獲得與歷史傳統上相同的或者相似的穩定資源，社會則會出現穩定的、平靜的狀態，如果社會弱勢者被剝奪一切資源，那麼社會的穩定狀態必將打破，社會弱勢者會推動社會變革而爭取必要的生存資源和空間。社會的安全保障，一方面來自於社會內部的穩定，沒有社會變革的動亂發生，另一方面來自於沒有外來征服者入侵。如果一個社會遭遇到內部顛覆性戰爭或大規模外來入侵，那麼舊的社會平衡必將被破壞，新的平衡也將逐步建立，社會平衡回到原來的起點。其實，社會平衡還有一個機制可以保證社會在變化中保持平衡，這個機制就是漸進式更新。如果一個社會的成員和統治者擁有足夠的智性，就可以看到社會不是一成不變的，社會的運動性和變化性無時不刻不在作用於社會。社會的變化來源於人口數量的變化和社會觀念、理論的變化，新事物總是在社會中不斷產生。如果社會新事物不被阻擋，那麼社會仍然還是處在穩定和平靜之中。如果社會新事物發展到一定大的程度被傳統觀念的人們和統治者極力反對，那麼社會也必將發生巨大的顛覆性變革，舊的社會平衡也必將被破壞。智性選擇，是指人們在社會生活中可以憑藉對事物的認識瞭解的自然智性主動的選擇自然資源和交往互動方式。人的自然智性可以發現自然資源的有用性，如土地（土壤）、水、植物、礦藏等等，通過學習和模仿根據不同的目的主動選擇使用不同的自然資源，並且還可以創造性的利用自然資源，改變自然資源的原始狀態來滿足目的需要。最具代表性的資源利用是紙張、印刷術的發明、金屬機械的發明和新能源的發現。隨著科學技術的深入發展，人們對金屬種類、半導體種類、能源種類及其屬性的認識和利用更加廣泛和深入，直接催生了規模化工業生產、交通運輸現代化和資訊技術革命。由於許多陌生人掌握了自然資源的利用奧秘，陌生人之間建立起了學習和傳授的關係，使得陌生人之間也具有了一定的親切感，人們的交往互動方式不再是僅僅憑藉親屬和熟人的情感，或者說從此陌生人之間的情感多增加了一層理性成分，促使陌生人之間願意主動的交往和互動，於是人也成為了一種資源，人與人之間和家庭與家庭之間的合作關係超越了親屬和熟人關係。人們自動自發的結合成為經濟組織，以家庭作為權利依託，根據各自所掌握的自然資源知識和經驗，加工自然資源為產品和提供相應的服務，以滿足社會其他成員的需求，並在此過程中獲取經濟利益。社會中營造出了利益關聯的和睦氛圍，自然資源變化著不同的形態在利益關聯中流動，社會在自然分工中維持平衡穩定，在平衡穩定中發生深刻變化。這使得社會生活更加豐富，人們僅對自然的認識和瞭解是不夠的，人與人之間的關係也變成了一種學問，所以社會學說也隨之應運而生。

我們不可否認，人的行為是具有目的性的，人的所有行為都受觀念的支配為了什麼目的。人的行為目的包括客觀目的和主觀目的，人的行為的客觀目的包含在人的自然本性之中，如人們為了與自然環境保持一致的攝取能量的行為、趨暖和散熱的行為、趨光行為和發洩性欲的行為等等，客觀目的行為不受顯意識的支配，不自覺的、不得不做的一些行為。人的行為的主觀目的是由思維的顯意識產生的具體的行為目的，如尋找具體的食物來補充能量、製作棉衣來保暖、用扇子來散熱、用火把等能源來照明等等，主觀目的行為完全受顯意識支配，具有目的鏈條遞進的特點，所以人類可以有計畫、預測行為，通過一連串的行為而達到某個最終目的。總之，人是有目的的，人的目的還可以通過合作的行為形式來實現。那麼，人類社會有沒有目的性呢？人類社會是人的有結構的集合，人的目的性是否可以彙集成為社會的目的性呢？我們假設人類社會沒有目的性，那麼社會的變遷和發展又是如何實現的呢？人的行為是無序的，但是社會明顯的體現出有序性，這種負熵現象又是如何實現的呢？筆者認為，人類社會是有目的性的，人類社會的目的有兩個方面的內容。第一、人類社會的目的是為了存在。人類社會的存在性來源於社會的物質性，社會在平衡中彰顯其存在。人類社會的存在方式是自由，人類在自由中體現其無序性，如果人類群體是有序的、不自由的，那麼所有人的需求和行為被固化，這明顯是違背自然的；第二、人類社會的目的是最優化。我們可以從人類社會的發展歷史過程中看到，人類從衣著、飲食、工具以及人與人之間的關係，到社會結構、社會規則，到社會倫理、社會責任，都有一個由低級到高級的發展過程，而且這個過程仍然還在發展變化之中。人類從茹毛飲血到衣著體面、飲食考究無不體現最優化的特性，人類從製造粗糙的工具到精密機器也體現了最優化的特性，人類從相互殘殺和排斥到文明倫理也體現了最優化的特性，人類從巧取豪奪和爾虞我詐到相互尊重和社會責任也是體現了最優化的特性。人類社會的最優化目的來源於自然世界最優化的精神，符合能量本體的基本規則，具有客觀目的與主觀目的的統一性。人類社會的最優化目的沒有具體形態，我們無法得知最優化的最終狀態是什麼樣子，社會最優化目的的實現總是以特定的狀態為前提，在一定前提下實現最優化。我們回顧人類社會的過去可以看到方方面面、各種各樣的有低級到高級的優化過程，環顧現在也可以發現人類社會在許多領域存在能夠優化的諸多細節，因為前提擺在眼前，但是展望未來卻無法確定最優化的準確狀態，這是因為未來的需要優化的前提不明確，所以人類對未來的把握只能把握趨勢，而不能把握具體狀態。人類對未來的所有設想和願景不能脫離現在而幻想出具體的藍圖，腳踏實地的優化現在比奢望未來更具有實際意義。

最優化是人類社會的目的和趨勢，是人類社會的一種必然。為什麼這麼說呢？第一，人的智性決定了人類（包括個體）可以發現自然世界的許多奧秘，特別是理性思維能夠促進人的意識與自然事物及其聯繫保持基本一致，那麼人類就有了優化自身的智性可能；第二，人的目的性提供了人類優化自身的方向。

人類的優化是為了更好的實現人的目的，當人的目的演化出人類與自然和諧統一的層面時，人類的優化還體現了自然環境的優化方向，但是人類優化的核心仍然還是人的目的性；第三，人的唯美性和趨利避害性保證了人類優化的效果。人類的美感並不僅僅來源於自然景觀和生命體的外表，還來源於人與人之間關係的和諧穩定。人對自然的美感總是附著人文色彩，對家鄉的讚美總是附著對家鄉人的讚譽，對國家的讚美也總是附著對國家統治者和國民的讚賞，那麼人類的優化必然不能違背人的美感。人類的優化也不能違背人的趨利避害性，事實上人類的所有優化過程都在維護人的安全、便利和行為主動性，如果不是這樣就不能稱其為優化，只能是損害；第四，人類社會最優化目的由智性選擇機制來實現。智性選擇不單是使得自然資源合理的流動，還使得自然資源在流動中合理的分配，人們沒必要去爭搶原初形態的自然資源，只要是擁有知識和經驗的人，自然資源會自然而然的改變著形態流動到跟前，只要憑藉自己的一技之長就可以繼續改變自然資源的形態以滿足他人的需求，並從中獲利。社會最優化目的就在於社會生活發生深刻變化，但是社會仍然保持平衡穩定。在專制社會中，自然資源的分配和流動沒有附著人的智性，其形態的改變極其有限，不能滿足人們豐富的需求（或只能滿足基本需求），當人的智性發揮作用時統治者為了自身目的極力壓制人的智性，暴力統治可以使得社會暫時穩定，由於社會漸進式更新機制，社會萌發出變革的需求和呼聲，社會趨向於變遷，社會平衡終將被打破。

第七章　論人的認知缺陷

人類是如何認識世界的問題一直到人類進入文明社會的時候才被人們覺悟，這個覺悟只有依靠思想的力量才能出現。在文明前時期，人類被動的接觸自然世界，就像是成天尋找食物和交配對象的其他物種一樣，被動的面對地理環境的變化、氣候的變化、動植物的演化。自然世界的演變都以現象的方式衝擊人類的知覺，人類只能捕獲一些表像來感知世界。這時，人類總是吃的很粗糙，衣不遮體，而且常常被自然威脅，如野獸、疾病、族群爭鬥、自然災害、氣候變遷，人類幾經瀕臨滅絕。在這漫長的進化史中人類是無助的，沒有飛翔的翅膀來躲避天敵，沒有飛奔的雙腿來追捕獵物，沒有強健的雙手為食物搏殺，也沒有敏銳的視力和聽力防範危險，人類一直在生存的邊緣掙扎。人類祖先的最大成就莫過於原始經驗的積累進而出現思想的力量，人類越來越清楚的認識到自然世界與人類自己存在一種關係，這種關係看不見，摸不著，而且還左右著人類自己的一切。人類採用天然的材料彌補了自身的不足，用石刀、石斧取代了鋒利的牙齒和爪子，用削尖的樹枝投送取代了追逐的大腿，群居而相互依存規避危險，合作而使得生存能力大增。

人類文明的起始應該以人類能夠問出問題為標誌。我們不知道人類第一個問出「為什麼」問題的人是誰，但是追問「為什麼」已經成為人類文明進程的主線。人類似乎擁有思考的天分，使得人類成為世間萬物之靈。人類思考的可能性也預示著人類必然步入文明的殿堂。人類文明是從思考開始進發的，思考也必將把人類文明推向更高新的境界。

現代文明發展到現在，人們更加思考和追問自然與人類的關係問題和人類自身的問題。現代文明人有一個與前人和古人無可比擬的優勢，就是憑藉現代科學技術成就反觀人類文明進程，讓思考更具效率。我們終於可以發現前人和古人有過的不足和缺失，前人和古人造就了許多錯誤的知識，也為當代人提供了許多彌補的空間和機會。特別是，當我們把人類自己當做自然界的一部分看待時，當做思考的客體看待時，我們是不是會有更大的收穫呢？

人類文明的進程是緩慢的。從第一群走出非洲的原始部落到文字的出現歷經了5萬年時間；人類歷史上第一個國家出現在5200年前的尼羅河流域，之前的5—6萬年期間人類一直處在沒有政體的群居社會形態中；即使現代國家體制建設也未能解決爭鬥、屠殺、掠奪、強姦、欺詐、損害等等人類愚昧、野蠻的頑疾。為什麼文明降臨得如此緩慢呢？為什麼我們深惡痛絕的相互傷害還在一出出上演呢？

我們不能說人類的天性就是野蠻邪惡，不然怎麼會有博愛、正義、公平、平等的呼聲出現？我們也不能說人類天生就是文明的，不然為什麼人類要經歷如此漫長的煎熬。縱觀自然史，我們不但可以看到血腥的掠食和導致災難的毀滅，也可以看到種群繁衍的力量和浴火重生的興旺，我們更能感受到自然世界超凡的支配力量。世界是那麼的真實和明確，自然力量從不詭計多端。肥沃的土地和繁茂的森林滋養著生命，清佛的微風撫摸大地，狂風暴雨摧枯拉朽，烈日炎炎爍烤原野，溫暖麗日下的爭芳鬥豔，廣闊海域裡湧動的潮流和浪滾，雨水落下生命的繁盛和渴望，冰封世界的白皚凌冽等等，是那麼的真切。的確，自然界是坦誠的，毫不遮掩的展示其勃勃生機和活力。但是人類在解讀自然現象，獲得知識的過程中是不是存在誤讀的問題應該引起我們的思考。比如說，我們把世界分為「人」和「物」，把「人」之外的世界統稱為「物」，以「人」為中心「人」「物」對立；我們總認為人看到的世界是真實的，人看見的世界就是世界本身，卻忽略了動物們眼中的世界；人重視的事物就價值連城，人輕視的事物就不值分文等等。人們把自然世界賦予了濃厚的情感色彩，忽視了自然世界根本的東西。人們好像自覺不自覺的習慣於自我蒙蔽，任憑自我欲望和情感支配，進而無理的支配其他物種、支配其他的人類，甚至狂熱的支配自然世界，發出「人定勝天」的狂妄呼喊。

人類是有毛病的，至少是曾經患過毛病，人類的野蠻史就是人類的發病史，似乎上天註定人類要經過痛苦的掙扎，又似乎人類自己註定了自己的不光彩經歷。不堪回首那衣不遮體、茹毛飲血、骯髒邋遢、同類相食、族群爭鬥、欺弱怕強、坑蒙欺詐的過去，也不願面對權力爭霸、利慾薰心、弱肉強食、破壞環境、漠視他人的現實。好像自然界默許了人類的野蠻和愚昧，使得人類合法的折騰自己，使得野蠻和愚昧習以為常的成為如進食和繁衍一樣的必須；又好像自然界在暗示著人類，期待著一個懵懂的小孩漸漸長大，慢慢的明白事理，使得自然精神得以徹底的滲透人類意志，使得文明和智慧得以開花結果，進而惠及自然界和人類本身。當人類意識到自己同屬自然世界的一部分時，當人類感受到自然界的良苦用心時，文明和智慧終究會降臨人類的心靈。

回顧人類歷史，我們不難發現有種種糾結困擾著人類自己。我們默許掠奪，但不希望自己被掠奪；我們漠視他人，但不喜歡自己被漠視；我們希望體面的生活，但無奈接受卑微的「命運」；我們需要滿足自己的種種欲望，但不去維護用以滿足欲望的源泉；我們需要爭鬥，但我們不願意受到傷害；我們追求快樂，但我們認定人生苦難等等。幾萬年的折磨，難道還不足以喚醒人類？酣睡的人類只會有不切實際的夢想，清醒後的思考才是人類精神之所在。

我們不能怪罪自然界賦予了人類不太成熟的心靈，畢竟自然界一切事物和物種都有一種低級到高級、萌芽到成熟的過程。我們也不能怪罪其他物種教壞了我們野蠻、血腥、殘暴、懦弱的秉性，畢竟人類社會不是在模仿猴群、獅群、蟻群和魚群。人類的問題首先應該從人類自身尋找原因，從人類自己的觀念、思維中找原因，在人類思維的運作上尋求答案。人類的思維不單是產生思想和觀念的途徑，也是分析、甄別思維本身的方法和工具。把思考當做思考的客體看待時，自然精神和人類社會的利弊就會顯露無遺，文明和智慧之光就會顯現，人類將會昭示其孩童時代的結束和青壯年的開始。

人的思考如果不從思考的本身入手，人將面臨一團亂麻的混沌境遇。人的思考源泉是自然世界和人類社會的種種現象的刺激，而現象的刺激完全依賴人的認知進行捕捉，認知能力和感知方法直接決定了人的思考所運用的材料和元素（現象及其關係）的確定性、真實性和可靠性。如果思考所運用的材料和元素有問題，人將無法釐清種種現象。因為種種現象在人的腦海裡相互黏貼、粘和，毫無頭緒，必將造成思考的錯誤，進而導致思想和觀念的錯誤。槽糕的是，這些錯誤還會給人以正確感，使人在錯誤中不能自拔，明知是錯誤的，但是還不得不堅持。所以說，認知是十分重要的，也是以往容易忽視的。

人的認知並不是意識，也不是思考和思維，它是意識與自然現象的結合點，或者說是臨界點。認知可以理解為人腦捕捉和驗證自然現象的條件、準備、途徑、方法等等，人的認知有時是意識的產物，但更多時是無意識的產物。人在不知不覺或不經意中接觸自然現象，認知的產生是瞬間的或者是微弱的，那怕是主動地接觸現象也不一定能產生強烈的認知。認知包含知覺捕捉、驗證和再驗證（再認知），認知的偏頗和缺失是產生錯誤思維和思想的主要原因。筆者在這裡不討論那些因為疾病和先天大腦缺陷的人的認知問題，只是研究討論那些擁有正常大腦的人的認知問題。人的認知是有缺陷的，而且是有很大的缺陷，非常嚴重的缺陷，這些缺陷是導致人類文明進程緩慢的真正原因。

一、人的認知被束縛在了認知主體之中

個體人對自然世界的一切認知都是在主體內部完成的，人的感覺和知覺系統從未伸出主體之外來認識世界。人用於感知的神經系統都以皮膚為限包裹在了主體的內部，神經系統從來就沒有超出主體的生理範圍而延伸到主體的外面。光線穿過雙眼角膜、虹膜（瞳孔），在晶狀體的屈光作用下，穿過玻璃體，在視網膜上被視錐細胞和視杆細胞兩種光感細胞感受，並把光信號轉變為生物電信號，經過視神經傳導至大腦枕葉視覺中樞形成視覺。視覺中樞把雙眼的生物電信號根據光線的色彩和陰暗強度還原成立體圖像，於是人就可以看見眼前的景象了。當聲源引起空氣振動時，聲波經過耳廓的搜集和外耳道引起鼓膜振動進而帶動聽骨機械運動，能量傳入耳蝸引起淋巴液振動，耳蝸中的毛細胞把液體振動信號轉變為生物電信號經神經通路傳達至大腦皮層顳上回聽覺中樞而產生聽覺。另一種聽覺來自聲波振動顱骨而直接引起耳蝸淋巴液振動（不經過外耳和鼓膜），毛細胞和神經傳導作用與空氣傳導方式是一致的。由此可見，人的兩種遠感知覺其實都是在人體內部完成的，何況諸如觸覺、味覺、嗅覺等近感知覺了，人體捕捉自然現象的感知系統全部都是在主體內部「守株待兔」。人體的毛髮和指甲可以延伸到主體的外部，但是毛髮和指甲本身並沒有分布與主體相連的神經細胞，也只是充當了傳遞觸覺實體信號的功能和作用，其真正的感知系統仍然是由體內的神經組織來完成。人的認知能力被束縛了，被自然束縛了，人類無法超越。人類在認知上的一切努力，包括先進科學技術的應用，都只是擴大和增強自然現象對主體的刺激來改善認知，其被束縛的事實將永遠無法改變。

這會導致一種後果，我們明明看到了或聽到了客觀世界的存在性，世界是真實的，給我們以強烈的確定感，但是我們看到的和聽到的卻只是感覺器官產

生的影像和印象，而不是客觀世界本身，而且這種影像和印象還被我們的視錐細胞、視杆細胞和毛細胞在能量轉換過程中過濾了一道。如果我們憑藉感覺來認識世界是多麼的不可靠，感性思維又怎麼能夠成為我們認識世界的依靠呢？如果大腦中樞的加工處理不加入細節分析的功能和方法，我們得不到自然現象的細節，對世界的認識也僅是個印象而已。即使運用理性思維，我們需要感知現象的細節也必須要走近或者放大才能夠有效的感知。

二、人的感知無法穿透自然和生命

自古以來人們不滿足於對自然表像的認識，總要解答自然世界是什麼、怎麼來的等問題。人類在原始階段由於對自然現象的迷惑想像出了「神」的存在，人們運用巫術和占卜的方式表達對自然力量的感知和崇拜，在種種錯覺的迷失中不能自拔；直到古希臘文明的邏輯思維的誕生，人的思維才出現革命性的突破，先知們通過一次次思想的質疑和論證，一步步揭開自然世界的一層層神秘面紗，引領出現代文明。隨著理性思維和科學技術的突飛猛進，人類解決了長時間困惑的自然現象，形成了許多常識性的共識。但是，新的困惑又纏繞著人類的精神，人類仍然面對自然世界是什麼、怎麼來的問題。人們對物質的剝離中仍然無法找到組成世界的「基本顆粒」，從分子、原子到質子、中子，再到夸克，物質的實體性被降解成了屬性；自然界存在四種基本的力，人們甚至可以計算力的大小，但是力卻看不見形態和結構；磁場是人類已知並加以運用的「東西」，但是不知道磁場到底是什麼，磁場看不見，也摸不著，但是可以感受它的存在；慣性也同樣困惑人類，運動物體脫離了施加力量後仍然可以運動，其能量及存儲方式看不見、摸不著、也無法測量，但是慣性是存在的等等。自然世界似乎有一道屏障，阻止人的思想滲透其中。

人類對於生命的瞭解也是從眾多現象入手的。人類從動物、植物的行為、表情、習性中感知生命力的強大，但無法設身處地的感受到它們的感受。那怕是人類之間、人與人之間的喜怒哀樂也只能從他人的行為、表情中來感受，人們無法進入他人的身體設身處地的感受。所以，人類對於生命的感知其實是一種揣摩，一種類比思維，缺乏實效性。生命，對於其他的個體也具有一種屏障，阻止他人的思想和感受滲透其中。

自然和生命都是一個封閉的系統，意識與客觀世界不具有同一性，人類只能感受現象，通過大腦思維根據以往的經驗揣摩、推測來認識世界，所以我們不難理解人類的知識總是會與客觀事實產生偏差，人類的認識在不斷的修正中深入。在人際交往過程中，揣摩和推測是產生歧義的主要原因，矛盾和爭執總是在困擾人類。

三、感官制約認知能力

人的感官可以分為視覺、聽覺、觸覺、味覺、嗅覺、平衡覺、振動覺和思維覺。視覺由眼睛主導，屬於遠感器官，具有感知 80% 以上信息源的重要性；聽覺的器官是耳朵，屬於遠感器官；嗅覺靠鼻腔實現，屬於遠感器官；觸覺由皮膚傳感、味覺由舌頭實現，觸覺和味覺屬於近感器官；平衡覺由耳朵內耳實現，屬於內感器官；振動覺由神經組織實現，屬於內感器官；思維覺由大腦主導，可聯繫、聯動所有感官並作出分析判斷。

人的眼睛只能看見可見光，可見光是人類為自己量身定做的一個概念，也就是電磁波譜中能被人的眼睛感知的部分。大多數人的眼睛的感光範圍在波長 400 納米到 700 納米之間，極少數人的感光範圍稍微大一點點。可見光波長範圍之外的電磁波不能被人的眼睛感受，如紅外線波長為 850 納米和紫外線波長為 200－320 納米，人眼就不能直接看見，還有各種射線因為波長非常短也不能被人眼看見。如果人類能看見全波段的電磁波會是什麼感覺？想必人類的認知和知識體系會大不一樣。

人類視覺的顏色感覺是因為所觀察物體的色素刺激視覺的結果嗎？不是的，是因為電磁波的波長不同才引起人的顏色感覺不同。770－622 納米波長的電磁波給人的感覺為紅色；622－597 納米波長的電磁波給人的感覺為橙色；597－577 納米波長的電磁波給人的感覺為黃色；577－492 納米波長的電磁波給人的感覺為綠色；492－455 納米波長的電磁波給人的感覺為藍色；455－350 納米波長的電磁波給人的感覺為紫色。不同的光波混合也會給人眼不同的顏色感覺，白光就是一種混合光波。人類是少數能感知全色系的物種，但是很多單色系感覺的物種卻有與人類不同的感知能力，如猴子和猩猩可看見紅外光，蜜蜂和螞蟻可看見紫外光。

人眼對亮度的感覺完全取決於人類對可見光強度的感知。因為人類不是全波段電磁波的感知物種，當可見光的強度趨於零時人的色感為黑色，可謂「伸手不見五指」。許多夜行動物的夜視能力超過人類，夜間活動不受影響。但是，早期人類在夜間被迫休息，停止所有活動。現代人類至今仍有夜間休息的習慣，因為夜間無視覺，人類 80% 以上的感覺器官無法工作，甚至有夜間恐懼症候，許多恐怖故事多以夜間環境來烘托氣氛就是一個例證。可見人類對光線強度的依賴決定了人類的生活方式和習慣。

人眼的視角不能說是廣闊的。人眼的水平視角約為 120 度，垂直視角約為 60—70 度，人眼的有效注意力約為視角的 1/5 位於眼睛的中部；轉動眼球可以擴大視角，水平擴大為 160 度左右，垂直擴大為 130 度左右。人類為了獲得清晰圖像只能調整眼睛的焦點形成視線才能實現，視線是由眼底黃斑決定的，在黃斑區視神經四周擴散讓出了一個 1.5mm 直徑的圓形區域，感光細胞（視錐細胞和視杆細胞）可以直接感受到光線，晶狀體的屈光焦點正好可以落在黃斑上而產生高清圖像。黃斑與晶狀體的中心與被觀察物體之間的直線稱為視線，在視線之外人眼成像越往邊緣越模糊。人眼的視線是固定的，調整視線的方法是轉動眼球或轉動頭部。

人眼的運動視覺在生物界亦算不上卓越。人眼視線觀察運動物體的隨從運動最快速度約為 4—5 度 / 秒，超過此速度人眼的成像模糊，對於高速運動的物體人眼無生理視覺。比如說，電風扇葉片的轉動對於人眼是一個模糊的半透明的平面，而對於一顆子彈的飛行人眼無知覺。人眼的視線對於慢速移動比較敏感，而對於快速移動遲鈍；人眼的餘光（視線之外的視覺區域）對於快速移動比較敏感，而對於慢速移動遲鈍。

人眼有老化現象。一般 35 歲以後，隨著年齡增長，人眼逐漸減弱視力生理功能，即為老花眼。出現老花眼後，人的行為日漸緩慢，反應能力日漸下降，生活方式和習慣將發生較大的變化。

人的聽覺器官為人耳。人耳聽覺感知範圍為 20—20000Hz 之間的聲波，聲波的來源為空氣振動和頭骨振動。高於聽覺上限的聲波為超聲波，低於聽覺下限的聲波為次聲波。超聲波與次聲波均為自然存在，在人類文明發展到科學技術水準時才被人類發現。在前文明時期，人的聽覺認知完全被生理知覺決定，即使現代社會，人們的日常生活還是受聽覺傳統知識體系的支配。

人的嗅覺不及許多動物靈敏。人的鼻腔裡有約 3 平方釐米的嗅覺感受器包含約 500 萬個嗅覺細胞；而狗的嗅覺感受器面積約為 150 平方釐米，包含有 2.2

億個嗅覺細胞；鯊魚能夠在 400 米之外聞到一滴血的氣味；蒼蠅能夠聞到 4 公里以外食物的氣味；美洲雄王蝶在 11 公里外就能嗅到雌王蝶的氣味等等。早期人類應該不是依靠嗅覺來獲取食物和防範危險，嗅覺只是用來近距離分辨食物的新鮮可食用度和所處環境的適應度，所以嗅覺器官沒有發展到遠距離發現食物的精細程度。

人的嗅覺有惰性。人長期處在某種特定的氣味環境中會產生麻木感，而失去對這種氣味的敏感。比如說，長時間接觸奶油香味的人對奶油香味的芬芳會失去美好的刺激感；長期處在垃圾臭味環境中的人對噁心的臭味會失去厭惡感等等。

人的觸覺是由皮膚外層和內層對外界的溫度、壓力、粘度、摩擦、痛刺激所產生的感覺。一般來說，外界事物在接觸到人之前已經通過了人的視覺、聽覺和嗅覺的防線，觸覺是人類身體安全性的最後防線，對於沒有其他感官參與的觸覺人是有驚怵感的。所以說，觸覺作為人的近感器官不能孤立存在。

人的味覺是由口腔內部對物體的性狀產生的化學刺激和物理形態的感覺。人的味覺不單是口腔內的化學感受器感受到的酸、甜、苦、辣、鹹、澀、鮮等味道，還包括口腔內的觸覺伴隨，如固體、液體、糊狀、冷熱等感覺。在進食的過程中，味覺還參有視覺、聽覺、嗅覺和觸覺，是一種立體感覺。視覺、嗅覺和觸覺對味覺有很大的影響作用，視覺、嗅覺、觸覺給人以愉悅的感覺會促進味覺的美好感受，反之給人以不愉悅的感覺會阻礙味覺的好感產生。

人的味覺有閾值。舌頭上的味蕾捕捉鹹味的速度最快，捕捉苦味的速度最慢。進入口腔內的物體（尤指食物）的濃度要達到一定的程度才能有味覺知覺，其濃度發生輕微變化，味覺也不能感知，其濃度最大化以後不論濃度如何增加味覺也無法感知差異。

人的平衡覺也稱為淨覺，主導器官是內耳前庭器官。當人失去重心時，前庭器官淋巴液會發生傾斜並給大腦發送信號，大腦會指令人體找到重心。當人體水平或垂直快速旋轉時，前庭器官內淋巴液引起神經興奮，大腦受興奮信號干擾指揮眼睛和四肢產生不協調動作，即所謂的眩暈。人的平衡覺促使人靜態，而不利於人的動態，在航空航太領域給飛行員造成很大的障礙。

關於人的振動覺，很多人認為振動覺屬於觸覺。皮膚感受器感覺到的振動應該屬於壓力感受，還有一種振動不是由皮膚感知的，比如，站在橋樑上感受到的汽車飛馳而過的橋體振動，地震時感受到的建築物振動等等，不是由皮膚感受器感知的，是由身體神經系統感知的，振動覺屬於神經系統的知覺。人的振動覺有最小閾值，在人靜止狀態下小於閾值的振動不被察覺，在活動、運動中稍大的振動也不能察覺。

人的統覺是指個體人在外部現象的刺激下，認識事物的過程中，無意識的調動、運用各種感官協同捕捉現象的知覺或知覺過程。在任何現象的刺激下人的所有感官都被無意識的調動，可以對事物的多重屬性進行感知。各種感覺相互作用、相互影響。比如說鮮花的視覺美與嗅覺美相互作用促進更加愉悅的感覺；雷電的閃耀視覺與震耳的轟鳴聽覺一起渲染一種畏懼感覺等等。統覺遵循視覺優先、聽覺次之、嗅覺再次、觸覺味覺隨後的原則，所有感官都不會完全獨立運行。

人的思維覺是人類感官的最高形式，人類對思維覺的研究還比較少。思維覺是個體人在有意識的情況下，對外部現象、內部感官、現象之間的聯繫、人與人之間、人與社會之間的本質以及關係的記憶、分析、判斷、加工處理的能力和過程。原始人類認為地面是平的延伸，直到麥哲倫證實地面是個球體；早期人類認為太陽是圍繞地球運行，哥白尼通過計算、分析才發現其實地球是圍繞太陽運行的；原來人們認為心是思考的器官，後來才發現心臟只是一個血液泵，人的思考是用大腦進行等等。思維覺有時是顯意識過程，有時是潛意識過程。人們走在陌生的路上會突然發現迷失了方向，這種頓感迷失方向的感覺就是潛意識的思維覺。思維覺能夠對各種感覺的錯覺進行發現和糾正，但也能夠被錯覺迷惑。思維覺只有建立在一定方法的基礎上才會有效，而且要經過經驗積累和深思熟慮的過程。似乎大多數人不具備思維覺的能力，是因為多數人沒有積累正確的經驗，也沒有運用有效的方法，更沒有經過深思熟慮的過程。所以多數人不能就現象產生自我的認知，只能效仿和沿襲他人的知識和經驗，如果他人的知識和經驗出現錯誤或者包含錯誤，多數人只能跟著出錯。

四、認知的清晰度缺陷

人的感官有追求清晰度的先天傾向。人眼的視線是追求視覺清晰度的結果，在視線範圍內人眼的光學成像是清晰的，而余光的成像是模糊的。清晰度追求是人眼的視覺目的，但是為了小範圍的清晰度人眼不得不放棄大範圍的清晰度，而接受大範圍的視覺模糊結果。人類的聽覺也有追求清晰度的傾向。人類在多種聲音雜響時，總習慣分辨熟悉的聲音而忽略其他聲響，甚至會出現討厭其他雜音的情緒。比如說，在聽音樂時如果混有其他聲響，人會產生厭惡其他聲響的情緒；如在打電話時有其他聲響干擾（鞭炮聲或吵鬧聲）人會做出躲避干擾聲源的舉動和產生厭惡其他聲響的情緒。人在思維、思想上也有追求清晰度傾向。思緒就是個例證。人們在思考問題時，思緒形成為一個清晰的思維鏈條，這時人的思維固定在一個內容上，在此過程中，人的其他想法、觀念均被模糊。人腦為了小範圍的清晰度也不得不放棄大範圍的清晰度。人的這些感覺特性是增加了認知效率還是降低了認知效率呢？從自然現象的客觀作用來看，顯然是降低了認知的效率。

五、認知的確定感缺陷

人的觀念是如何形成的，很少引起人們的注意和研究。早期人類在自然現象的刺激下如何在頭腦中初步形成觀念，人類幼兒自出生起在自然現象和社會現象的作用下如何形成自己的觀念呢？我們容易觀察到眾多的現象和人特有的觀念，而現象在大腦中轉換成觀念的過程卻難以察覺。人的大腦捕捉現象後經過了一個非常隱蔽的環節才加工成為人的觀念，這就是確定感。人類的確定感是無意識的，沒參加意識而認定現象是真實的、確定的，這是人類認知的普遍事實。人類盲目相信直覺，在沒有深思熟慮的情況下，在感官功能的欺騙下，不加思索的形成確定感，是人們產生錯覺和錯誤觀念的主要原因。而且這種確定感具有根深蒂固的正確性和真實性，難以撼動和糾正。

現象之間的聯繫是人類思維的基礎和根本。如天上烏雲與下雨的聯繫；陽光與白晝的聯繫。真實的現象產生真實的思維和觀念。但是現象的有限性與人的思維無限性會產生不對稱的結果，人的思維在現象之間做連結時會超出現象之間的聯繫。如「命運」觀念就沒有沒有實際現象作為支撐；時間日期與凶吉也沒有實際現象作為支撐；方位與妖魔也沒有實際現象作為支撐。但是，相信迷信的人是如何產生確定感的呢？主要是因為自我的利益需求過於強烈以至於認知受到蒙蔽，一廂情願的純思維連結（缺乏現象之間的真實聯繫）而產生虛幻的想像，其根源是認識中的揣摩和推測。

六、人的認知閾限

當人類接觸到自然世界，自然現象作用於人類時，人類的認知效率會怎樣？換句話說，人類認知的靈敏度怎樣？是不是人類一接觸到自然就立刻可以產生認知呢？有學習音樂和外語的人應該都有這樣一個經驗，初學者對於複雜的音符、繁雜的節奏和錯亂的調式以及海量的單詞、錯綜的語法和變化多端的詞句，都有一種茫然感。在堅持不懈的努力下，學習者會產生一次次梯級感而對學習內容日漸的熟悉、掌握。人類的學習需要一個循序漸進的過程，人類主動地學習都十分緩慢，那麼人類被動的學習又會很快嗎？

人類認知世界是被動的，自然是人類的老師，自然世界總是以一些樸實無華的演變來傳授人類撲朔迷離的知識。自然在無聲無息中講授，人類在心領神會中學習。但是，人類並不是在每次的講授中都能學習到東西。自然世界需要在每個知識上不停地重複傳授，藉以增加強度，長此以往才會讓人有所頓悟。

人類認知的閾限表現在：需要增加頻次才能產生認知；需要強度才能產生認知。人類認知有梯級感，但是自然世界是無級的。人類對於漸漸發生的事情難察覺，也無知覺，溫水煮青蛙就是這個道理。人類的認知有一個滯後性缺陷。

七、認知的歷史侷限

任何個體人認知自然世界必然要經歷嬰幼兒和童年時期，這是人類情感最旺盛的時期和思維能力最虛弱的時期。在這個時期裡，各種自然現象和社會現象衝擊幼小的心靈，使得幼兒不斷地調整自己才能夠與之適應。比如白天黑夜的更替人類要到近一歲時才能夠適應；對物體的垂直方向感要到近一歲時才能糾正；對物體的距離感要到兩歲時才能適應；季節的更替要到四、五歲時才能適應；人類要到十歲時才能夠脫離家人的庇佑來適應自然環境。人類的生理成熟期是比較長的，人類思維的成熟期更長，人類要到十八歲以後才生理成熟，二十歲以後才心智成熟，對於個體人來說這是個漫長的過程。當個體人成熟以後，成長過程的種種經歷無不烙上深深的印記。食物口味已經根深蒂固，語言已形成母語，性格已經穩定，思維方式業已定型。由於幼年時期對他人的依賴，幼兒直至青年時期個體人所接觸的自然和社會都是既定的，都是「客觀事實」展現眼前的。這時人類不需要多少思考，僅需要喜歡和厭惡的情感就可以茁壯成長。

這樣的成長過程經歷了幾萬年或者更長的時間，在沒有理性介入個體人的成長時，人類憑藉簡單思維也可以生生不息、枝繁葉茂，但是這樣的過程中人類的生存狀況是很糟糕的。人類缺乏理性就不可能瞭解到自然世界的內在規律和歷史，也不可能展望長遠的未來。

通過現代科技我們可以瞭解到眼前的自然世界不是既定的，它有著與人類一樣的發展演變過程。眼前的自然包含了許多過去的、歷史的信息和痕跡，眼前的世界是過去的世界的演化結果，也是未來世界演化的原因。當代人類也不是既定的，是原始人類不斷適應自然環境緩慢變異、進化的結果，每個個體人都包含過去無數代祖先的遺傳信息。眼前的自然世界和人類社會都包含一種不間斷的、連續的「由來」鏈條，這與個體人的認知是不相稱的。

人類是以每個個體人出生降臨的方式來到這個世界的。每個人出生時是以切面的方式來到世界，認知世界，每個人只能看見自然世界和人類社會的一個橫截面，這是人的最直接的認識經驗。所以，每個人看見的世界都是既定的。但是，自然世界和人類社會卻是以連貫的、歷史的方式作用於個體人，而且過去的自然和社會已經消失似乎不具有真實感，所以人類只能從傳說和神話故事中追溯過去，而不能建立可靠的邏輯脈絡。

人的認知歷史侷限包含兩個方面內容：一是人的成長經歷會對認知產生不良影響，二是個體人以橫截面方式認識世界。人的既定感成為了確定感的來源，既定的也就是確定的、真實的了。比如，奴隸制社會出生的人會對奴隸和奴隸主產生認同，皇權社會出生的人會對皇帝、君主產生認同，當然在自由民主社會出生的人也會對自由民主產生認同。人一出生就從人類社會的歷史長河的一個斷面插入社會，插入自然世界，這時人類社會和自然世界的一切事實都是其認識的源泉，在成長過程中沒有人會從歷史的邏輯鏈條開端作為認識的起點來看待社會和自然，絕大多數人都被這種既定感所支配和蒙蔽。

八、認知「域」的缺陷

早期人類認識自然世界必須以接觸為先決條件，人的所有感官的直接調動才能感受到事物的存在。自然及其現象必須在眼前而且光線適當才能看見、在一定距離內用適當的振動頻率才能聽見、接觸到身體才能被觸覺感知、進入鼻腔裡才能被聞到、吃進嘴裡才能感覺味道，人們無法想像上千公里、上萬公里以外的世界，甚至幾百公里以外的世界都不得而知。那麼對於遙遠的世界人們是無法認知的，所以也就沒有知覺，也就沒有相關知識。

現代人類同樣也存在區域的限制。雖然人類相互交往日益頻繁，但是人們對於遙遠距離的世界只能依靠他人的感知而感知，仍然不能建立真實、直接的認知。人們對於遙遠世界的知識是片段的、局部的、淺層的，也就是說，地理環境制約了人的認知。比如說，溫帶針葉林山區的人與熱帶闊葉林山區的人所感知的世界是不同的；太平洋所羅門群島的人與非洲草原的人感知的世界是不同的；喜馬拉雅山脈的人與撒哈拉沙漠的人感知的世界也是不同的。雖然現代人交流手段越來越具有高效率，但是不同地域的人們還是不可能建立相同的認知和知識體系，他們的生活方式和生活經驗不盡相同。

那怕是同處在同一個地理環境，不同的生活經歷的人們所感知的世界也不盡相同。比如說，一個農民和一個電氣工程師的認知和知識是不同的；一個建築工人和一個財務會計的認知和知識是不同的；一個街頭小販與一個政府高官的認知和知識是不同的；一個清潔工人與一個職業軍人的認知和知識也是不同等等，俗話說，隔行如隔山就是這個道理。毫不誇張的說每個人的腦袋裡裝的是不相同或不完全相同的世界（認知和知識體系）。這些不同的世界來源於一個「領域」的限制，就是說生活領域限制了人類產生相同的認知和知識。

如果人類還處在原始部落社會結構和活動中，這種「地域」和「領域」的不同不會妨害人們之間的關聯和交往。但是，當人類社會化以後隨之關聯、交往、聯繫、互動頻繁、緊密以後，這種「地域」和「領域」的不同就會形成一個「域」的缺陷影響人的社會生活，特別是這種「域」的缺陷不被人們察覺、警醒的時候，社會問題和社會矛盾就會產生。由於人們的認知和知識不同，生活方式和生活經驗不同，人們之間會出現難以相互理解的尷尬局面，嚴重的話會出現相互對立的激烈場面。一個生活體面的人會看不起一個幹髒累活的工人；一個體力工作者會覺得坐辦公桌的人很悠閒；一個企業主會認為工人們還不夠努力，而工人們可能會認為企業主所支付的工資低於應得；農民們可能會認為城市人都是他們養活的，而城市人卻認為農民進城不遵守城市規則。

在大社會化的日常生活中人們相互交流離不開對具體事物的描述，在描述過程中人們無一例外的在自我知識體系中選擇既定的概念和語境來說明事物。一個醫生與一個屠夫在描述生命體及其器官組織時所使用的詞語和語境不盡相同；一個建築工程師與一個雜貨店老闆在描述房屋及其結構時所使用的詞語和語境也不相同；一個經濟學家與一個家庭主婦在描述貨幣及其金融關係時所使用的詞語和語境是不同的。

由於「域」的缺陷，人們只對自己熟悉的知識產生共鳴，不熟悉的知識往往容易被忽略；人們習慣使用自己熟悉的、喜好的詞語和語境說明、解釋事物，接受者難以理解和把握；在社會交往中資訊不對稱是一個既定的事實，這就阻礙了人們的溝通和交流。習慣於微觀思維的人，如普通百姓不可能產生中觀或宏觀的認知，而且微觀思維的人只能看見微觀的一個點，不能看見微觀的整個面；中觀思維者如官員看見的也只是一個帶有線條的點，不能看見中觀和微觀的面；宏觀思維者如國家領導人看見的只是若干線條，而不能看見中觀和微觀的點。任何人不可能總觀自然和社會的所有面，更別說立體的圖景了。所以說，任何人都存在認知的缺陷，沒有誰具有囊括世界方方面面的知識。

參考系是人類認知世界的基本事實。參考系是個體人的知識、經驗和觀念的總稱，也是個體人所捕獲的自然現象和社會現象的素材庫和由之產生的知識、經驗的所有內容的範圍。參考系包括個體人對自然和社會的所有認識。人們在認識世界的過程中總是不斷地調動既定的知識和經驗來與新事物的刺激做匹配，在參考系裡搜尋熟悉的、與之相似或相關的知識和經驗來給新事物賦予意義——貼標籤。由於人與人之間參考系內容不盡相同，人與人之間對於新事物的認識也就不盡相同。

社會分工在經濟上具有優越性，讓擅長的人做自己擅長的事情，提高了社會效率，在工業化之前的社會生活中，社會分工豐富了社會財富。工業化本身也是社會分工的產物，但是工業化以後社會分工有越分越細的趨勢和事實，社會分工太細會導致嚴重的社會問題。第一，流水化作業工序過於簡單，一個人的工作可能就只是擰一顆螺絲，或者裝一個插件，工作簡單乏味，消磨人的意志；第二，在專業化的工作中學不到更多的知識，影響人的認知和再認知，有悖於人的全面發展；第三，專業化簡單工作對家庭生活會產生不良影響，特別是影響對子女的教育；第四，社會過於強調社會分工會產生對社會管理者的依賴，況且社會管理者也是有分工缺陷的，這勢必會加大社會缺陷和矛盾；第五，社會分工太細只是為了社會短期利益，而失去人類的長遠利益。簡單工序的作業用機器人取代人力是一個很好的趨勢，可以把工人從單調乏味的工作中解脫出來，有利於社會和人類的長遠利益。

九、學習方式制約認知

人類的學習大致可以分為四個特點：第一，人類在大自然中學習；第二，人類在社會中學習；第三，人類在傳授中學習；第四，人類學習以個體人學習為特徵。

人類在大自然中學習是一切學習的根本。沒有學習自然，人類就無法生存，就像是其他物種一樣，沒有學習或者缺乏學習的動物個體只能是死亡。人類在大自然中學習是一種真正意義上的被動學習，大自然沒有什麼言傳身教，只有變化多端的現象展示，而且展示都具有那麼多的保留，地理環境和氣候環境的不同還導致自然現象的展示不盡相同。除生存本能外，人類的學習只能是一種領悟。在上萬年的被動領悟中，人類逐漸領悟到了自然的神秘力量，由於生存方式的改變，人類發展出了比其他物種都要強大而且能夠分析判斷的大腦。現代人大腦的出現不可否認是自然歷史中最為偉大的事件。人類意識到自然是一個體系，自然現象之間、人與自然之間存在密切的關聯。在理性邏輯的指引下，人類的思維日新月異，人類創造出了光彩奪目的現代文明，積累了十分豐富的知識和經驗。但是，回看人類思想進程，其過程是十分艱難和痛苦的。至今，早期人類的許多錯誤認識還在影響著當代人的思維、觀念和行為。

人類在社會中的學習也具有被動性。人們在社會中習得的習慣、習俗大多是被感染、模仿方式獲得的，習以為常後就被世代傳存。個體人在處理與陌生人的關係上也沒有明顯的教學過程，各自領會，獨自運用。普通人在建立社會責任上也沒有明顯的認知和經驗積累，野蠻人只能沿襲叢林法則的動物性來實施社會規則，落後的民族沒有社會責任的認知和經驗，個體人只能在社會中被動的領悟才能產生社會責任的認知。社會規則和社會責任是當代文明不可或缺的重要內容，但是人類通過學習獲得認知經過了漫長的痛苦過程。

人類在傳授中學習主要依靠語言工具。語言是大眾化的話語表達規範，知識可分為大眾化的知識和人類認知前沿知識，用大眾化的語言只能表達大眾化的知識，人類認知前沿知識用大眾化語言就難以表達、傳授，必然導致傳授不透、領會不足的問題。傳授者在運用語言表達、傳授大眾化知識的過程中，由於表達習慣、興趣愛好、情緒狀況及健康狀況的不確定或不一致，會導致表達的準確和傳授的效率出現問題，影響接受者的理解和記憶；接受者的語言水準和理解能力也影響到學習的效果。

人類學習是以個體人學習為特徵的。人類不存在社會統一的頭腦，也不存在集體的頭腦，人類的頭腦是以個體人的頭腦的存在為特徵，個體人的學習是人類學習的根本。個體人的差異性是決定學習內容和學習效率的主要因素，個體人的差異性包括地區差異、氣候環境差異、年齡差異、性別差異、遺傳差異、行業領域差異、興趣愛好差異、身體狀況差異、智力差異等等。

十、知識加工目的制約認知

人類在認識自然的過程中參雜了許多自我需求和目的，形成了人類自我中心主義。那些把自然界和人類的對立劃分，物質與意識的對立劃分，都屬於人類自我中心主義的體現。人類自我中心主義的缺陷主要是人類從自我出發想當然的下結論來規定自然，而自然顯然不可能只包含人類的需求和目的。人類習慣在自然的知識中不自覺的打上自我需求和目的的印記，並美其名為應用，在這種思維方式下，必定會有許多的知識不被人類發現。人類對於現有的符合人類需求和目的的知識具有無條件認同感，也導致了知識及體系難以更新。人類許多知識都指向人的需求，有的社會還極力主張和推行「學以致用」，盛行「學以致用、用以促學、學用相長」的信條。似乎知識的價值是以對於某人或某些人的有用性來決定的，他（們）覺得知識有用才學，學了就要拿來用，那麼無用的知識自然就不學不用了，這就是知識功利主義，把知識人為的分為有用和無用兩個部分。在知識的加工過程中，理解、存儲、檢索和提取都帶有強烈的顯意識目的性，那麼所用的知識就會有限，某些看似無用的知識就會被過濾和遺漏，知識的應用反而會在比較狹窄的範圍選擇，持有這種觀念的人在運用知識時必然會存在缺陷，即無法有效的應用知識。

知識的核心內容就是事實，自然界的事實，精神世界的事實，人類社會的事實，知識不是揭示現象的真實性就是指向現象的真實性，知識本身不存在有用和無用的問題。某些知識看似無用，或者暫時無用，其實是大有用處的。比如說，基礎科學的研究初期積累了大量的知識，研究者們觀察螞蟻，觀察昆蟲，觀察天象，觀察電磁感應等等，並作了大量的原始記錄，當時確實一點用處都沒有，但是他們創造的知識符合自然的事實。古希臘的哲學從來就不以有用來衡量和研究，古希臘人普遍認為有用的知識那是低級趣味，無用的知識才是高尚的知識、真正的知識，古希臘人走的是證明、論證、推理、演繹的思辨道路，對於後世至今獲益良多，從某種程度講決定了人類思想和知識體系的發展。諸不知，廣博的知識必然包含人類應用的成分，但不是每一個、每一點知識都是有用的，擴大知識面也就是擴大參考系，廣泛的學習必然會有某種可用的知識出現，但是以應用為目的的學習，以應用為目的的理解知識，就會失去很多的知識，也無法創造（發現）知識。

十一、需求會干擾認知

人類的需求是以個體人的需求為特徵，每個個體人都有需求現象，個體人的需求彙集成社會共同需求和人類共同需求，不存在獨立於個體人之外的社會共同需求和人類共同需求。人的需求可分為本能需求和社會化需求，本能需求和社會化需求既有區別也有聯繫。

在饑餓的時候個體人的需求就是進食，在口渴的時候個體人的需求是喝水，在冷的時候個體人的需求是保暖，在性衝動的時候個體人的需求是性交等等。個體人的某些需求會成為終生的奮鬥目標，如追求社會權力的需求，追求財富的需求，追求不被饑寒交迫威脅的需求，追求心儀的異性伴侶的需求等等，人的社會化需求來源於本能需求。人的需求如果成為了千萬個體人的終極使命，需求的權重會壓倒心靈的其他權重，需求的強烈感覺會左右這些人的認知，這些人的所有知識都將打上了需求的烙印，需求如同一個強磁場，吸引了這些人的所有知覺。在追求名利的社會裡是不會有追求真實性願望出現的，某東方國家就是一個例證。

在貧窮的人群裡，充斥著強烈的生存需求，人們朝不保夕的為食物而奔忙，無暇顧及造成貧窮的原因，為了生存不擇手段，強烈的生存需求讓他們失去分別是非的能力。處在社會下層和底層的人，因為成天為溫飽而忙碌，強烈的需求占據了感知系統，無暇顧及自己忙碌的原因，也沒機會和必要來學習、思考。為生存而忙碌的人都相信命運，在他們的思想體系中命運具有強大而神秘的玄機。他們的思考能力無法突破命運的束縛，只為生存也沒必要思考和再認知，為需求忙綠的人們會失去認知和再認知的能力。

社會強勢者沒有再認知的動力。社會強勢者何以為強勢，是因為其需求和利益比其他人的滿足程度要大，拋開需求和利益，社會強勢者不存在。社會強勢者是因為認識、瞭解社會既定情況，從需求和利益出發，通過智力手段達到了既定目的，對其獲取的需求和利益具有理所應當的感覺，所以無需再對自己獲取的需求和利益以及獲取過程進行分析和思考。

需求極易滿足的人會缺乏認知的動力。隨遇而安、貪圖小利、知足常樂的人，無論是貧窮、富有還是弱勢、強勢，都不會有認知的動力，因為需求占據了心靈的權重，自然界的事實、社會的事實以及精神的力量難以形成權重。在一個功利主義盛行的社會人們幾乎沒有認知的動力，人的自然主動性被抹殺，社會主動性被強勢者占有，社會充斥絕對的主動性和被動性，社會生活的目的都指向社會主動者，而社會被動者只能無奈的接受「命運」的現實。

在充滿功利主義的社會裡，女人是一個名符其實的需求機器。由於情感思維的生理特點，女人從食物，到衣著，到財富，到地位無不體現強烈的追求，女人的認知能力被需求取代。女人通過母愛把需求思維傳遞給了下一代，女人通過婚姻生活把需求強加給了男人。在家庭生活中男人多被女人的需求影響而極力謀生，進而失去了認知的能力和機會。所以說，當女人普遍追求真理時這個社會是文明進步的，當女人普遍追求名利時這個社會是腐化墮落的。

十二、思維慣性的缺陷

相同的現象不斷的刺激人類感官，其刺激頻率和刺激強度相對穩定的情況下，人的認知和思維會出現程式化的定勢。人們會從所謂既定的經驗中猜測（預測）現象的趨勢和結果，就是說在這種情況下人們不需要再認知就可以確定經驗的可靠性，並把這種經驗轉化成一種類似於本能的潛思維。如人的機械化作業程式、固定不變的生活習慣、看待事物的思維方式、千篇一律的傳統觀念等等。由於慣性思維的正確性錯覺，使得這一思維方式得以強化；也由於思維慣性刻入了潛思維，所以具有強大的頑固性。慣性思維在個體人的日常生活中似乎具有優越性，無傷大雅，良好的生活規律有利於身心健康，但是慣性思維在社會生活中卻是極其有危害的。社會生活中總是習慣某個人或某幾個人決定一切事物，會助長這些人的隨意性思維和行為，也會使得其他人產生惰性、麻木的思維方式；在組織上習慣於聽命於上級就會產生官僚思想和謹慎的處事態度；在社會管理和資源調配上，會習慣於社會體制和社會模式的絕對化穩定性；在社會歷史層面，會產生強大而頑固的傳統文化習俗，把人們禁錮在過去，無法面對現在和展望未來。

慣性思維具有很強的隱蔽性，難以被人察覺，會使得人們在不知不覺中、在貌似正確的決定中犯錯誤，甚至是犯很大的錯誤。自然世界和人類社會從來就不是一成不變的，是在不停的變化和轉化的，絕對穩定的思維方式是與這變化和轉化不相稱的。慣性思維必然導致認知錯誤、經驗錯誤和方法錯誤。

十三、先入爲主的思維缺陷

個體人對於最先接觸或接受的事物容易產生強烈的印象，以後對於同類的或相似的事物往往難以接受或難以引起重視，這是人類常見的先入為主的思維現象。比如，我們先看了 A 演員表演的某一角色，換了 B 演員表演同一角色，我們總覺得 B 演員表演有什麼不到位的感覺；我們先聽了 A 歌手演唱的一首歌曲，換了 B 歌手翻唱時我們總覺得沒那麼好聽。

先入為主的思維方式經常出現在個體人的日常生活和社會生活的方方面面，人們往往以第一印象來給他人打上好人、壞人的標籤；對於新事物的出現也經常賦予對己有利或不利的情感預設定，但是，實際情況往往與第一印象不盡相符，人們錯誤的結論時常被無情地被推翻。在社會生活中，先入為主的思維是造成保守、固執的主要元兇。與生俱來的傳統文化就具有根深蒂固的認同感，無須質疑和更新；與生俱來的社會制度亦具有無可奈何的認同感，無須質疑和改善。人們在墨守成規中循規蹈矩，消極面對，似乎自然世界的變化精神和最優化精神在社會生活中失效，先入為主的思維方式貽害甚大，是人類應該克服，而且完全能夠克服的詬病。人類常常根據以往的經驗來對事物進行理解、分析和判斷，這是先入為主思維產生的原因。這本來是人類優越於其他生命形式的長處，但關鍵問題是「以往的經驗是否正確」。我們不能夠改變這種思維方式，但我們要避免這種思維方式帶來的失誤。要確保以往經驗的正確性，就要不斷地對經驗進行反思、修正和改進，用創新思維來彌補先入為主思維的不足。

思維慣性與先入為主的區別在於，思維慣性屬於思維方式，形式上的定勢；先入為主是經驗和知識的內容的預先認可。思維慣性可以無內容，如機械動作；先入為主通過內容來決定形式，必然會形成思維慣性。先入為主思維的危害比思維慣性要大。

十四、移情思維的缺陷

移情，是人類普遍存在的一種無意識心理現象，是指人的情感會在他人身上發生轉移，或從他人身上轉移到與他人相關的人或物體上，或從他人的一方面轉移到另一方面，在轉移的過程中對他人本身的情感並不發生變化。愛屋及烏，就是典型的移情現象，喜歡一個人連同他（她）家的烏鴉都會喜歡。人們常說，朋友的朋友也是朋友；人們會珍藏已離別的親朋好友贈送的禮物，見物如見人；人們以相同的愛好和嗜好來交友聚會；喜歡某人會對其所做的一切都認同，這些都是移情現象，稱之為正向移情。恨屋及烏，也是移情現象，恨一個人連同他（她）家的烏鴉都不喜歡。恨一個人連同其所做的一切都反感、厭惡；不喜歡某人連其贈送的禮物都不喜歡；敵人支持的我們就反對，敵人反對的我們就支持，這些稱之為反向移情。移情，在日常生活中起到了一定的積極作用，維繫情感，加深友誼，豐富了生活色彩。但是，在社會生活中移情思維卻會帶來嚴重的社會問題——偏見。在正向移情中，認同所喜歡的人的所作所為會失去原則和立場，在所喜歡的人違法犯罪的時候自己容易成為包庇、窩藏的同案犯。在反向移情中，仇恨會使人沉浸在仇恨之中失去理智而不能自拔，渲染和加深敵對、鬥爭情緒，讓人無法寬容和諒解。古代皇權的株連九族的行徑是恨屋及烏反向移情的終極罪惡，葬送了無數無辜者的性命。現代社會中的政治審查也是移情現象的體現，一個人的所謂政治覺悟竟然與家人、親戚和朋友都產生了關聯，舉家下放、發配斷送了無數人的幸福和前程。一黨執政也是移情的結果，一個理念型政黨所信奉的「主義」竟然成為了建立國家和政府的理由，一個國家和政府的運作牽涉到許多專業知識和技術層面的東西是任何一個「主義」所不可能企及和覆蓋的，人們對「主義」的認可轉化成了對持「主義」的政黨及其成員的認可，進而還轉化成了政黨及其成員的所有行為的認可，包括執政的行為。我們稍加思考就會發現「主義」與政黨與執政並沒有必然的聯繫，人們的移情思維賦予了執政黨的種種特權，特權僅來源於人們的「認可」。移情思維是情感思維的一種表現形式，移情思維極其隱蔽，常常不被人們察覺，移情思維的危害和消極作用遠遠大於其積極作用，是人類犯錯誤的主要原因之一。

十五、思維懸置的缺陷

思維懸置，跳躍式的繞過某些思維步驟和觀念，把相對根本的內容置於思考、論述和執行之外而進行後續的思考和處置。思維懸置大多是在無意識狀態下進行的，比如說，看電影就懸置了看銀幕的事實，馬路概念懸置了人行走和通過的含義，快樂懸置了輕鬆和滿足，革命懸置了瘋狂和殺戮。思維懸置可以理解為忽略、省略、繞開和節簡，把重要的、根本的東西懸掛放置而不放在本來應該顯眼的地方，顯眼的卻是枝節和末梢。思維懸置可以分為靜態懸置和動態懸置。思維靜態懸置是指概念上的懸置，前面所舉的看電影、馬路、快樂、革命就屬於靜態懸置。靜態懸置體現人類在認識上的模糊性，似乎人的認識在含糊的概念上就停止了，認識沒有進一步深入。思維動態懸置，是指人們在處理事務的過程中不自覺的繞過或忽略最根本的想法、理念和初衷而進行後續的處置。比如說，社會組織的成員在執行組織宗旨和願景時被具體事務所累，也被自我的情緒干擾，進而把組織宗旨和願景拋到腦後，機械的、情緒化的處理事務。銷售人員不做好服務工作，為賣產品而賣產品，態度僵硬呆板；公職人員不認真做服務態度傲慢不耐煩；政黨成員不以黨章和理念要求自己而人格發生偏差等等。思維懸置源自於人的思維無意識的跳躍和節簡，在社會生活中，思維懸置會帶來嚴重的後果。

十六、從衆思維的缺陷

在情感思維盛行的社會，從眾思維是一個普遍現象，人們不假思索的附和他人，隨大流，人云亦云，沒有主見。從眾思維有本能成分，一個人因為流鼻血而抬頭面向天空，其他人好奇的也抬頭仰望天空，這本來是無關大雅的揣測和好奇心使然。從眾思維也有邏輯推理的成分，如人們去陌生餐館用餐時會根據餐館顧客的多少來決定是否入內消費，其理由是如果餐館內顧客多，那麼餐館的菜味、分量、價格和服務令人滿意的可能性會很大，相比之下旁邊和附近顧客稀少的餐館使人滿意的可能性就會小，於是大多消費者會選擇顧客多的餐館用餐，這也是無關大雅的推測、推理的心理使然。但是，在生活方式上一味的模仿他人是有缺陷的，如追隨流行服飾而不管款式和顏色是否適合自己，不管小孩的喜好和天賦而參照他人培養小孩的方式來學習培養「特長」，跟隨別人違反交通規則橫穿馬路，模仿他人抽煙、喝酒和講話的習慣，不顧自身的收入情況而追隨時尚消費方式等等。

在對於事物的看法上的從眾思維卻是有重大缺陷的，人們沿用他人對領袖、英雄、主義、政黨的看法而產生自己的觀念，不假思索的崇拜和敬仰，把他人厭惡和排斥的人和事物貼上「壞」的標籤，習慣於使用好壞、對錯、善惡等二元對立思維來看待事物。人們爭相追隨權勢和權威，甚至甘當專制的說客和打手，對於專制的挑戰者深惡痛絕並殘忍的打壓。

從眾思維的認知基礎是無知，由於大腦獲取的認知素材很少，參考系很小，作為思維判斷的依據就少，進而喪失獨立思考的能力。越是從眾思維嚴重的人越是思維懶惰，越是沒有學習提高的需求，還越是自以為是、不知反省。從眾思維的氾濫必然會導致從眾效應，即使得人與人之間的思維方式和思想觀念同質化，個性消失，社會趨向於單調沉悶而失去豐富色彩。從眾效應還表現在從眾思維有逼迫他人放棄自我跟隨大流的作用，具有嚴重從眾思維的人會極力排斥、冷對、回避、甚至反對主張個性的人。

與從眾思維相反的是異質思維，包括逆向思維、發散思維和質疑精神。異質思維的養成需要擴大知識面，不斷地學習用以充實頭腦，還要習慣於思考，遇事獨立判斷。所以說，異質思維多來自於理性，而從眾思維是情感思維的必然結果。

十七、社會整體性思維的缺陷

人類似乎熱衷於以類別看待事物，這種分類思維來源於人類對物質世界的觀察，山、水、石頭、風、雲、動物、植物等等，各種相同類別的事物似乎具有相同性或相似性，因為人類無法深入物質世界的內部觀察這些事物，把事物從外表分門別類的確有利於人的認識。科學，就是採用這種思維方式發展壯大起來的，類別越分越細，那麼事物的結構和聯繫也就越來越清晰。可是，類別不同於整體，我們不能說動物整體，或植物整體，但是我們可以說動物全部或植物全部。某種具體的生命類別也不具有整體性，豬、牛、羊、草、樟樹等等類別不是整體，但是生命個體是一個整體，我們可以說一整頭豬、一整隻羊、一整棵樹。生命個體之所以是一個整體，是因為其具有外皮包裹的自組織一體化特性，具有嚴格的獨立性以區別於其他的個體，而且生命個體的整體不可分割，無論是採用物理方式、化學方式還是生物學方式把生命體整體分割都會導致生命體死亡。

人類社會不是一個整體，社會是一個類別，我們不能說整個美國社會、整個日本社會、整個德國社會。社會及其名稱只是用以區別不同的人群或人種組成的人類單元，社會不具有整體性，社會沒有外皮包裹，社會之間的界限是開放的，不是封閉的，不具有嚴格的獨立性；社會可以分割成為家庭（複數）和個體人（複數）不會對社會本身造成任何損害。如果把社會看成整體，勢必會抹殺個體人的存在性，忽略個體人的差異性。集體主義，就是這種社會整體性思維方式導致的後果。集體主義是社會仿生論的具體應用，其認為社會是一個整體，個體人是整體中的細胞且具有維護於、服從於整體的使命和義務。由於社會整體並不存在，所以集體主義在實施的過程中實際上體現為專制主義。

十八、社會等級認知缺陷

人類自社會化以來都普遍存在一個觀念，社會中的個體人是分等級的或分階級的。社會中必定存在很多人，不然不稱之為社會，每個人都有不同的需求，個體人之間的需求也不一樣，那麼社會需要不同的人提供和處理不同的需求，這就是社會化的好處，不然任何人都不可能滿足自己的所有需求，於是社會分工應運而生。社會分工顯然提高了社會效率，使得每個人的生存和生活變得更加容易。社會分工使得某些人具有更大的影響力，使得某些人的行為具有更大的覆蓋面，也使得某些人做著處理一些看似微不足道的事情。於是，某些人就獲得了比較大的權重，另一些人就只能獲得較小的權重。按照權重大小，自然就區分了人的等級或階級。社會權重有幾個參考維度，一是社會影響力和行為覆蓋面；二是受人推崇和欣賞的強度；三是社會財富的擁有和使用量；四是行業的喜愛程度。按照社會權重把人分為了上、中、下、底四個等級和統治與被統治兩個階級，按照社會領域分為了農民、工人、知識份子、軍人等階級。國王（皇帝）比官吏上等，官吏比富人上等，富人比農民和工人上等，農民、工人比清潔工和淘糞工上等，社會等級森嚴卻難以逾越。有的社會甚至出現人的姓氏都是社會等級的依據。

社會等級觀念主要是社會分工的認知缺陷造成的。社會分工是因為存在社會需要才有分工的可能，任何行業都具有社會重要性，不然不可能成為一個行業；而且任何行業不可偏廢，不可分清主次。試想，國王（皇帝）沒有農民生產的食品、沒有工匠提供的衣物、沒有廚師烹飪的菜肴、沒有清潔工的保潔、沒有淘糞工的髒累工作，國王還能成為一個國王嗎？離開其他行業的支持，國王就會變成一個乞丐。以此類推，社會人誰也不能離開誰，不然誰都無法在社會中生存。

憑情感和喜好給他人貼標籤是一種愚昧、野蠻的做法。社會等級高的人，高高在上；社會等級低的人，人格卑微。社會等級觀念其實是自認為等級高的人製造的，用以欺負、欺騙其他人的卑鄙伎倆。一個文明的、充滿智慧的社會必然要出現「人類一般」的觀念，人格平等是自然的不二法則。

十九、家庭生活的缺陷

家庭不僅是個體人的搖籃，也是人類的搖籃。個體人降生在家庭，由家庭的庇佑逐漸成長，父母和祖輩及其兄弟姐妹的關愛提供了幼小生命的安全感和一切生活資源，個體生命從小就浸泡在家庭的溫馨情感之中，一切都來得那麼容易，那麼安詳。早期人類也是這樣，在親緣群落中得以安逸祥和，群落之中充滿溫情脈脈，人們相互關愛和支持，處事規則及其簡單，共生關係支撐著代代繁衍生息，在族群之外的一切都是那麼的陰險和猙獰，人類這樣走過了兩百多萬年的時光。人類社會化以後，群體內部發生了深刻變化，群體內部由於充斥著大量的陌生人，他們變得如此險惡和莫測，燒殺搶掠、戰爭以及統治者的無情使得人們難以適從，也無法躲避。在幾千年的痛苦煎熬中人類終於萌發出了理性和宗教信仰，在理性思維的作用下人們開始講道理，開始思索人與人之間關係的真諦，社會規則由強權和兇悍書寫逐步轉向了由思考和思想來書寫，人與人之間的關係也逐步變得溫和冷靜起來。可見，理性和信仰並不產生於家庭，也不產生於親緣群落，只是來源於社會中的苦難和無奈。

為什麼家庭不能產生理性呢？我們知道，家庭是人類情感的源頭，家庭只需要情感就可以存在，情感的權重要遠大於事物本質聯繫的權重，情感是強烈的，而事物的本質聯繫是微弱的；雖然情感中也包含理性，但是這種理性是自然邏輯的預設定，是一種弱理性，人們不需要思考就可以遵循這種自然規定性；自然規定了人的生存，但是沒有規定人可以生存得更好，人要生存得更好只能依靠人類自己的智性來解決，如果自然什麼都規定了，那麼人的智性就沒有了發展的空間和機會；人的智性只有在不如意中才能夠發展，在如意的情況下智性也沒有了發展的必要。所以，在家庭中和在親緣群落中由於情感的權重和安逸祥和的氛圍就產生不了理性思維。

人類社會發展至今仍然是不充分的，雖然社會中萌發出了理性，但是理性思維還沒有解決社會中的所有問題。理性思維創造出了豐富多彩的社會生活，但是理性思維同時又製造出了許多社會問題，如雇傭關係中的利益分配、社會管理者的許可權、金融的合理性、貨幣價值如何才能穩定等等，都需要理性思維一點一滴的甄別來解決，而且只有在不如意中才能發揮理性的作用，所以人類社會還需要一個痛苦的過程才能夠解決這些問題。我們不難看到，自從人類萌發出了理性，社會生活就趨向於日益美好，社會生活在哪些方面應用了理性，哪些方面就日漸美好。

現代家庭仍然是盛產情感的地方，家庭向社會輸出情感價值，使得社會生活出現美好的一面，如親社會行為、責任感。社會也向家庭輸入陌生人規則，如勢利、觀念侵略、習俗等等，但是社會很難向家庭輸入理性，似乎家庭對理性有一種免疫力。是家庭不需要理性嗎？我們不難觀察到，沒有理性的家庭其實並不那麼和睦幸福，因為社會對家庭的影響遠大於家庭對社會的影響，以致於家庭成員之間的人格不獨立，觀念的衝突越來越嚴重，夫妻之間許多觀點看法和處事風格不盡相同，輩分之間的代溝也越來越大，家庭矛盾層出不窮。原生家庭中成長的青年人在社會化過程中，由於在家庭中養成的情感思維得不到理性的薰陶，總是出現各種性格問題，到社會中常常碰壁，難以適從，這也是導致年輕人自閉症的主要原因。家庭中如果加入理性思維，那麼家庭生活的許多細節就會顯現，如私人物品、私人空間、個人隱私、愛好差異、觀念差異等等，家庭成員之間會更加的尊重對方，家庭氛圍會更加和睦溫馨，家庭生活會更加幸福。

二十、社會性概念的實體化錯覺

社會性概念不一定是理性概括的結果，人們對許多社會現象會產生一定的認識，這種認識會在思維中形成印象，也就是思維能量形成權重，於是人們就把社會現象貼以標籤使用語言概念加以標注。許多社會性概念只是一種印象，概念裡沒有細節（也就是沒有理性成分），人們以為這種社會性概念是對社會現象的真實客觀描述，不假思索的加以應用，但是如果採用理性邏輯概念來分析時，一些社會性概念的真實客觀性並不存在，只是一種思維假想而已。

國家、民族、政府、政黨、集體、公司、團體等概念就是這樣，這些概念由於缺乏存在性和實際形態，完全是用概念（印象）附加在個體人（複數）實體上形成的。人們因為觀念而組合在一起會給人產生整體實體的錯覺，因為個體人是實體，是看得見摸得著的，不可分割，似乎由一定觀念組成的群體人也是實體，給人以真實性錯覺。這些社會性概念都具有洋蔥現象，一層層剝離後便成為虛無。比如說國家，國家不是國土，也不是政體，也不是執政者，也不是政府，也不是國家成員（國家成員實際是個體人），國家是社會認同的人組成的集合，離開社會認同國家不存在，所以說國家是一個純觀念的東西，沒有實在性。公司也是這樣，公司不是住所，不是房屋，不是辦公室或廠房，公司也不是組建發起人和股東，更不是員工的集合，公司的一切都可以變化，但是公司是不變的。所以說，社會性概念所指代的對象在觀念上是虛無，在客觀上屬於能量，不具有實在性。

個體人的實體性會在集體和群體中產生實體性渲染和疊加，給人產生因觀念而組合的集體和群體也具有實體性的錯覺。這種錯覺具有非常嚴重的後果，會導致概念的象徵性實體出現。比如說，國家會導致執政象徵者，政府會導致領導象徵者，政黨會導致領袖象徵者，公司會導致所有權象徵者等等。其實這些象徵者就是個體人，與其他個體人並沒有本質的區別，但是這些象徵者似乎具有其他成員（個體人）不具有的能量，憑藉這種能量，象徵者卻擁有了莫名的絕對主動性，這是須要人們深刻反省的。

二十一、社會主動性認知缺陷

人類天生並不是一個主動性物種，人的本能主動性行為是受自然能量的驅使，在自然狀態下，人的主動行為是被動的應付自然需求的無意識反應。人的自然主動性是在本能和觀念的驅動下滿足自身需求和認可的行為衝動，人的主動性由本能和觀念激發，用以行為來體現。以本能為衝動源的主動性屬於本能主動性，如想要填飽肚子的本能需求衝動進而發出獲取食物的行為；如性衝動而發出和實施性交行為等等。以觀念為衝動源的主動性為社會主動性，如因為獲取財富而實施的行為、因為獲得社會地位而發出的行為等等。

人類的主動性以個體人的主動性為特徵，人類不存在整體的主動性。人的社會主動性是個體人在社會生活中由觀念激發的主動性，社會亦不存在整體的主動性，只是發出相同或相近的社會主動性的個體人數量很多時才體現出社會規模化的主動性特徵。人的社會主動性行為都有明顯的行為目的性，就是「為了什麼」和「為了誰」，沒有目的性的行為是不存在的。人的社會行為都受觀念的支配，而人的觀念既是知識經驗的總結也是行為的標準。人的觀念受本能的影響或者受理性的作用會形成內指向性，所以導致人的主動行為也具有內指向性，即主動行為的出發點在哪裡。人類的社會主動性可分為以下四種：一、以自己的需求和觀念為出發點為自己的主動性；二、以自己的需求和觀念為出發點為別人的主動性；三、以別人的需求和觀念為出發點為自己的主動性；四、以別人的需求和觀念為出發點為別人的主動性。人的本能需求具有自私性，即所謂人為己。個體人以滿足自身需求而生存，即所謂的「人不為己天誅地滅」，但是僅以本能主動性方面有效。如果在社會層面，人人為己將會導致嚴重的混亂局面。

人的社會主動性深受自我需求本能和觀念的能量權重影響也具有較高的能量權重，在大腦思維過程中處於優先地位，所以人們容易發出以自己的需求和觀念為出發點為自己的主動性。由於他人的主動性在自我中的能量權重比較小，人們容易誇大自我的主動性而壓縮他人的主動性。當自我的社會主動性與他人的社會主動性發生碰撞時，必定會遇到他人主動性的抵抗，在自我主動性蒙蔽的作用下，自我會產生行為出發點和目的障礙而導致不悅，發脾氣、抱怨、惱怒甚至暴力隨即產生。於是，矛盾不可避免。解決矛盾的方法無外乎妥協和壓制兩種，妥協就是在自我的主動性之中加入適當的被動性（這個被動性即他人的主動性），如此，矛盾即可化解，可見妥協是符合自然精神的。壓制，即自我主動性毫不動搖，並採取欺騙和暴力方式把他人的主動性抵抗到最小，直至為零。壓制他人的主動性也可以認為是對他人的主動性不認可，通過壓制也可以化解矛盾，至少是暫時可以化解矛盾。這樣的話，自我的社會主動性就是絕對的主動性。

社會主動性絕對化就是專制。專制不是指特定的社會形態，專制是一種思維方式，是社會主動性絕對化。專制者以自己的需求和觀念出發行為是為了自己，或者以他人的需求和觀念出發行為也是為了自己。專制的家長以自己的觀念和行為標準要求其家庭成員是一個比較普遍的現象。在社會化分工和關聯中，具有社會能量的人和組織，獲得絕對的社會行為發起、實施和評價的主動性也是專制。社會統治者和管理者的觀念主要是絕對化的社會主動性觀念在作祟。在專制的作用下，他人的主動性被忽略和損害，成為社會被動者。絕對的社會被動性與專制一樣具有很大的危害。絕對的社會被動性也是違背自然的，自然的精神必然會驅動被動者反抗，社會被動性程度越高，那麼反抗就會越強烈，社會動亂時刻都在醞釀之中。

二十二、情感強度影響對他人的認知

我們不可否認人與人的情感來源於來往者之間的符合特定需求的（積極意義的）接觸頻次。人與人親密的情感不一定來源於血緣關係，只是血緣關係提供了人與人之間頻繁交往和接觸的機會。家庭成員因為朝夕相處的交往和接觸，並相互提供需求的滿足，因而產生親密的情感。家族成員（親屬關係）之間的交往和接觸頻次明顯少於家庭成員，所以家族成員之間的情感要淡於家庭成員。熟人朋友之間的情感也會因為交往和接觸的頻次減少而相對淡薄。初次見面的陌生人因為缺乏交往和接觸的頻次，其情感信號是很弱的，未曾謀面的陌生人或永不見面的陌生人之間的情感信號幾乎為零。

人類自社會化以來，人與人之間的交往和接觸總不侷限於家庭成員之間、家族成員之間和熟人朋友之間，而且與陌生人的交往和接觸卻日漸頻繁。陌生人大致可分為四類，普通陌生人、超級陌生人、特殊陌生人和降格陌生人。這些陌生人給特定自我的情感信號是非常弱的，特別是超級陌生人幾乎感覺不到他的存在，但是這些人都會對自我發生作用，產生影響。

陌生人情感定律是，一方是陌生人那麼另一方必定也是陌生人；陌生人之間的情感信號缺乏相互的喜怒哀樂的感知和影響力。

除自我以外的人通稱為他人，自我對他人的情感強度是參差不齊的。我們是不是對那些情感較弱的他人就應該忽視呢？他人的生命，他人的需求，他人的尊嚴，他人的權益是不是因為情感的弱小而被自我忽視呢？這樣的話，由於社會化原因，會有一個非常嚴重的後果產生，在他人的心中，我（特定自我）也是一個他人，他人也會像我看待他人一樣看待我，我忽視他人，他人也忽視我，那麼社會中的每個人不就都是個屁嗎？社會中的每個人都要相互忽視、相互鄙視、相互傷害而樂在其中嗎？如果這樣的話，只有親人、親戚、朋友、熟人是可靠的，那麼滿社會的人不都是敵人嗎？

自我對他人的正確認知應該是自我與他人無差異，自我的生命、需求、尊嚴、權益與他人的生命、需求、尊嚴、權益同質化。超越情感，樹立人的無差別的一般性理念應該是社會人的基本素質。

二十三、對他人社會認可的認知缺陷

大凡每個人都有自我認可的傾向，這是人的本能和天性使然。人的自我認可包括生理認可和觀念認可。每個人都會認可自己的性別、長相、身體構造、身體機能等等，因為這些是自然的造化，別無選擇，從本能和人性上形成生理認可。人還會對自己的觀念產生強烈認可，人的觀念認可是一種價值尺度和行為準則，體現人的社會性，如審美觀、喜歡什麼樣的人、對財物的重視程度、被人尊敬的需要等等。認可是一種對存在性的肯定和接受，也包含對人格的肯定和接受。認可的反面是否定，否定包括看不起、排斥、漠視、藐視、輕視和抹殺。在自然狀態下，人不可能自我否定（如原始人不可能自殺），只會自我認可，自我認可有時是顯意識的，但更多是潛意識或無意識的。在群落和部落生活中，家庭成員之間、家族之間、熟人之間也不會相互否定，只有相互認可，這是早期人類生生繁衍的重要基礎，俗話說「子不嫌母醜，母不嫌子殘」就是這個道理。

人類社會化以後，由於群體擴大，湧現出大量的陌生人，社會生活日異複雜和豐富。由於情感強度不同，個人觀念的差異，人與人之間的認可發生了巨大的變化，小範圍的認可與大範圍的否定實然並存。人類社會化前期的血雨腥風就是最好的證明，陌生人之間的否定以抹殺生命的極端方式一出出上演，爾虞我詐、坑蒙拐騙、燒殺搶掠、弱肉強食使得人人自危，惶惶不可終日。所幸的是，人與人之間小範圍的認可也在悄然蔓延，道德、良心、天理逐漸滋養人們的心靈，維繫著滿目瘡痍的人類社會，文明以微弱的艱難的方式生根發芽，緩慢成長。

人類社會化有三個後果，一是形成陌生人文化，二是保留家庭情感文化，三是產生理性思維（包括宗教）。陌生人文化對社會的衝擊是巨大的，對社會的破壞性難以言表，消極陌生人文化的核心內容就是否定，對他人的否定，從情感上、人格上、尊嚴上、權益上乃至生命上對他人的否定。而且這些否定還給人以理所當然的印象，因為缺乏情感強度就似乎理應否定。在情感思維中，這些否定具有一定的隱蔽性，使得人們普遍認為（潛意識認為）獲得社會認可的最佳途徑就是強勢、強權和暴力。

消極陌生人文化還表現在觀念侵略上，即以自我的觀念出發要求他人，特別表現出對他人不同觀念的不認同。在這種情況下，人會出現排斥不同觀點的人的傾向（即所謂的「順我者昌逆我者亡」），和與自己觀念相同或相近的人靠攏的傾向（即所謂的「物以類聚，人以群分」）。人們反對他人的與己不同的觀點多從情感否定出發，而不是從客觀事實出發，沒有多少理性成分，這種對他人的排斥受自我認可的干擾或受弱情感影響是非常隱蔽的，難以被自我察覺。

消極陌生人文化輸入家庭、家族和熟人關係也造成了一定的破壞性，損害了人類歷史悠久的認可文化，人們變得勢利、沉悶、少交流，家人、親屬之間因為觀點相左而疏遠，甚至對親密的人的快樂也表現出冷漠。消極陌生人文化的侵蝕是產生家庭矛盾、家族矛盾和熟人之間矛盾的主要原因。

普通人之間因為對自我認可的權重很高、信號很強和對自我認可的本能保護，人會出現不善於欣賞他人的傾向，人會嫉妒他人的成就，不屑一顧他人的思維方式、生活方式和娛樂方式，人們難以被陌生人的快樂所感染，也對陌生人的苦難不屑一顧。而對於社會強勢者，如統治者、領袖、明星、公眾人物，人們卻單向認可，超出尊重意識而世俗崇拜。

人們對於觀念相同的人就認可，觀念不同的人就否定，諸不知認可是人與人之間關聯互動的基礎，認可是人們組成社會的必要條件，缺乏相互的認可，社會不成其為社會。對他人的認可也是社會信任的基礎，在一個充滿否定文化的社會裡，信任他人和被他人信任都是一件奢望的事情。

社會裡的每個人都擁有存在性，都是應該肯定和被接受的，而且社會認可是相互的，單向的認可不能稱其為社會認可。認可就意味著相互尊重不傷害，認可的最高境界是尊重，超出尊重意識的認可是一種愚昧。

附件：認識人的認知缺陷的意義

綜上所述，人的認知缺陷有的是自身的原因造成的，有的是先天的原因導致的。對那些人類無法改變的先天缺陷，人類似乎無能為力，每個人都是有缺陷的似乎也是一種平等。人類認知缺陷的研究展示出人人都是有缺陷的，不管人的智性多麼高，也不管偉人和權威多麼強大，他們與普通人一樣都是有缺陷的，而且偉人和權威的缺陷影響面更大，對社會的危害更大，這是我們不能忽視的。有人會說，人類的認知缺陷又何妨呢？人類不也從動物屬性中超脫出來繁衍生息不斷壯大嗎？且慢，回顧人類的歷程，何嘗不是愚昧、野蠻、貧困、疾病、戰亂而伴隨，人類應該檢討自己不光彩的經歷，思考文明進程緩慢的原因。展望未來，人類何去何從，如何發揚、擴大文明成果，人類就應該改變陋習，為將來多做有益的事情。雖然人類無法改變先天的缺陷，但是認識這些缺陷也有很重要的意義。人類可以從制度上、文化上、規則上有意識的、主動的、積極的修正缺陷帶來的不良後果，營造出更加健康、和諧的文明。

第八章　論認識

人的認知缺陷研究展示了一個令人不安的事實，人的認知是有問題的，人的正確認知不可靠，甚至什麼是正確的認知都可能無從談起。人們普遍認為認知是認識活動的主要過程，包括感官信息的獲取、存儲、調用、回憶以及信息加工處理的心理過程。認知過程也是認識活動的重要關鍵環節，人的正確認識很大程度上依賴於認知過程的可靠性。那麼，什麼是認識呢？筆者認為，認識是以認知為起點，以認知目的為驅動，主體（人）在自然力量的作用下，心靈通過領悟、學習、總結等思維過程形成一定的心理狀態、知識和經驗，並促使自己的知識和經驗與自然現象保持一致的總的狀態、過程及活動。在這裡筆者只討論人作為主體的認識問題。

認識是為了深刻的把握所感知的對象，而認知只對感知對象作淺層的基本的反映，在知覺的深度上二者存在差距。認識所需要感知和甄別的事物極其廣泛，浩瀚的宇宙、微觀成分、天地萬物等大自然現象和人類社會眾多的現象，以及人類精神世界的諸多玄妙現象都是認識的範圍，而認知所能觸及的範圍顯然就要小很多，在知覺廣度上二者的差距也是很大的。可見，認知的缺陷會對認識深入產生何等的不良影響。

所幸的是，大自然賦予了人類個體碩大的大腦和聰慧的智性，為認識的深入提供了可能。人類大腦的體積約為 1300ml，平均重量 1.4kg，包含 1000 億個神經元，而且結構極其精密複雜。據說，迄今為止人腦的使用開發不足 10%，有 90% 多的大腦功能被隱藏。科學家發現，人腦的儲存量大得驚人，如果能夠發揮一半的功能，個體人就可以輕易學會 40 種語言，背誦整部百科全書，可以記憶從小到大所有見過的人、所有經歷過的事情和所有看過的書籍，這說明人腦有極大的潛能。可想而知，人腦的功能是大自然的厚重饋贈，雖然人腦的能量消耗負荷較大，但是大自然卻賜予了人腦所需的一切資源，人類只需正常進食和呼吸就能滿足大腦的能量需求。人腦的天然造化充分說明了人腦絕不會只為人的生存而存在，如果只是應付人的生存，人腦不需要如此精良的裝備。

人腦是人的智性的主要承載物，也是認知和認識活動的主要承載物。據目前解刨學揭示，人腦主要是由兩種組織構成，一是多種特定功能的神經細胞組成的灰質，二是相互連接的長纖維組成的白質，這兩種組織中的細胞和纖維交織排列，具有一定的幾何形狀，用觸突和軸突組成了一個超大規模的立體網路結構，其生物電脈衝傳送速率可達 400km/ 小時，其信息處理量可達驚人的 7.6 億 TB。人類的智性、認知和認識就是在這樣的神經網路環境中運行和實現的，事實上人類也是憑藉這樣的大腦天賦而脫穎出生命之林。

既然人類擁有了如此卓越的大腦，那麼為什麼至今仍然還沒有發揮天賦而解決自身的許多問題呢？首先，人類還很年輕，甚至可以說人類尚處在嬰幼兒時期。如果把地球的年齡 46 億年比作一年（1 月 1 日至 12 月 31 日），那麼人類遠古祖先南方古猿（440 萬年前）則出現在 12 月 31 日下午兩點左右（約 8 小時 22 分以前），能人祖先（200 萬年前）則出現在 12 月 31 日晚上 8 時（約 3 小時 22 分以前），直立人祖先（170 萬年前）則出現在晚上 9 點左右（3 小時 14 分以前），智人（20 萬年前）的出現只有 23 分鐘（約在 23 時 37 分），而文字文明（6000 年前）的出現只有區區的 41 秒。作此比較的意義在於可以說明自然力量作用於人類的時間還很短，相比自然的智慧，人類的智性發展還只是一會兒的功夫，人類在智慧上還處在幼稚的階段；其次，人類智性（或認知和認識）所面對的自然現象以彰顯的方式演繹，人類以被動的領悟方式來認識，那麼對自然現象的把握只能依靠人類自身來進行，由於迄今時間還有限，人類必然存在智性不足和認識不充分的現狀；第三，自然物質現象、人類社會關係現象和人類自身的精神現象極其複雜，主要體現在依靠認知很難把握非直觀性的關係、屬性、可能性等等問題，人類長期在直觀性世界裡生存，雖然歷練出了超越其他生命形式的智性，但是還不足以分析和甄別眾多非直觀性的現象和問題；第四，人類社會化以後人與人之間的關係日異複雜，消極陌生人文化干擾和困擾了人們的頭腦，恐懼、憤懣、瘋狂、無奈、小心謹慎等等不良心理一直伴隨著社會生活，人類沒有機會和閒暇來觀察、思考和研究，只能任由亂象來撕裂人的心智；第五，統治集團的愚民術和暴力手段嚴重壓制了人的智性的發展，即使有智慧的萌芽和火花也難以傳播，甚至還難以被人們接受。總之，人的認知缺陷嚴重阻礙了智性的發展和認識的深入。

一、人類關於認識的認識歷程

儘管如此，許多智者對自然世界、對人類本身的探求和思考也從來沒有停止過。不可否認，自從有了人類就有了人類的認識。遠古人類以很低的水準來認識自然界，在自然現象和自然力量的作用下以朦朧的感受來看待萬事萬物，於是形成了極具神秘色彩的神崇拜和迷信思想。每一個族群、部落和民族都有自己特有的神話傳說，巫術、占卜、觀天象、算時辰、測風水幾乎成為人們日常生活十分重要的內容。在西元前 6 世紀，古希臘的智者們開始質疑和反對神話傳說，對世界的終極本原提出了種種哲學理論，泰勒斯認為水是萬物的起源，阿那克西曼德認為世界的本原是「無限定」，阿那克西美尼認為氣是萬物之源等等。隨後，古希臘哲學以探究本體論為主要發展特徵，智者們極力探求世界的本原和基質，產生了各種各樣的學說。

在探究人類的認識方面，古希臘智者赫拉克利特認為「智慧就在於說出真理，按照自然行事，傾聽自然的話」，他堅信人人都有思想。畢達哥拉斯提出要到感覺之外去尋找萬物的本原，並認為「數」是萬物共同的本原。巴門尼德首次提出「存在」的概念，認為世界的本原就是「存在」，思想與思想的目標——存在是同一的，他主張感覺經驗是不可靠的，只有理性思維所把握的才是可靠的。

西元前 5 世紀，阿爾海爾完全否定感覺的作用，認為感覺都是騙人的，要獲得真理只能靠「神」的啟示。德謨克利特根據自己的原子論提出了「影像說」的認識理論，認為感覺和理性是由極小的原子在心靈中產生的影像，感覺是由粗糙原子造成的，而理性是精細原子造成的。普羅泰戈拉則提出「人是萬物的尺度」的觀點，他認為對事物的認識因人而異，沒有什麼絕對的標準，也就是說世界本原的存在包括真理、規律，皆以人的感覺為標準。

蘇格拉底卻不以為然，他認為每個人輕信自己的認識就會造成思想混亂而破壞人們共同的信念。他提出「美德即知識」的主張，認為美德就是善的概念的知識。他告誡人們不要只關注身體和財富，要更關心自己的品德和智慧。他意識到了人的認識中個別（具體）與一般（普遍）的矛盾，他試圖用肯定一般來否定個別。

西元前 4 世紀，古希臘湧現出了兩位重量級思想人物，一位是蘇格拉底的學生柏拉圖，另一位是柏拉圖的學生亞里斯多德。柏拉圖的「理念論」認為只有理念世界才是真實存在的，它獨立於人的感官之外，人的感官中的現實世界只是理念世界微弱的影子。柏拉圖所說的理念是指各種具體事物的一般形式。柏拉圖認為人的理念知識不是從感覺經驗中得來的，是先驗的知識的回憶，感覺經驗只是起到了喚醒的催化作用，這就是他的「回憶說」。柏拉圖試圖用「理念論」和「回憶說」來解釋蘇格拉底提出的個別與一般的矛盾問題。

亞里斯多德總結了前人的種種認識觀點，指出了各種學說的不足，也不認同老師柏拉圖的「理念論」。他把各種知識系統分類，把哲學與特殊科學劃分開來以便於對本體和具體學科的研究。亞里斯多德開創了形而上學的認識論哲學體系，在存在與意識方面，他認為存在本身不是獨立存在的，存在中包含「意式」的存在，即概念的存在；在感性與理性方面，他認為感覺經驗得不到科學知識，只有理性思維形成理論才是科學知識；在現象與本質方面，他認為感性思維上升到理性思維的過程，也就是認識從現象深入到本質的過程；在原因到結果方面，他認為感官只能接受事物變化的結果，不能發現其原因，理性認識才是「關於原理與原因的知識」；在偶然與必然方面，他認為偶然性是必定存在的，必然性是事物的根本屬性在發展變化過程中所起的作用；在個別與一般方面，他認為個別事物是形式與質料的統一，人是理性的動物，理性是通過個別來把握一般的。

在亞里斯多德去世後一千多年裡人們對世界的認識發生了巨大的變化。在古希臘哲學裡，主要的研究探討的對象是世界的本原，稱之為本體論。人們在探討世界本源的過程中總避免不了個別與一般的矛盾問題，人的感官感受到的都是個別的事物，但是認識的回答卻是一般的概念，人們憑什麼說所認識到的事物是真實的呢？所以，認識上的懷疑論占據了上風，神學就成為了認識上的主宰，既然人的認識不靠譜，那麼人們就只能接受和傾聽上帝的啟示了。在中世紀的歐洲，感性與理性、個別與一般的矛盾最終發展成為唯名論與實在論兩個認識論派別的爭論。以羅・培根、鄧斯・司各脫、威廉・奧康為代表的唯名論認為只有個別的事物才是真實的存在，知識是個別事物在感官上形成的知覺。在當時，實在論是正統的神學理論，神學家奧古斯丁、安瑟倫則否定感官的真實性，認為理性是「靈魂的一種力量」，上帝就是「超理性」。

當時間跨入近代史，唯名論與實在論的爭論演變成為經驗論與唯理論的爭論，也標誌著認識論從哲學中分離為獨立的分支，與本體論並列成為一個哲學體系。經驗論以弗蘭西斯・培根、霍布斯、洛克為代表，認為人對自然的認識起源於感覺經驗，只有感覺經驗所提供的知識才是可靠的。唯理論以笛卡爾、斯賓諾莎、萊布尼茲為代表，他們認為認識來源於感官經驗，但是又是對感官經驗的否定。笛卡爾認為真理不證自明，並提出「我思故我在」的著名觀點，斯賓諾莎提出了「理性直接獲得真觀念」的論斷，萊布尼茲用一切觀念都是天賦的理論來說明真理具有普遍必然性。

西元 18 世紀，德國人伊曼努爾・康得看到了經驗論和唯理論的爭論已走進死胡同，似乎人類對世界的認識已經無能為力了。為了解決認識論棘手的問題，康得提出了「批判哲學」理論，認為認識論先不要確定是經驗的還是理性的，先要作出一些判斷。一是先天分析判斷，指出先天的唯理論可以保證知識的可靠性，但是不能產生新的知識；二是後天綜合判斷，認為經驗論可以獲得新知識，但是不具有普遍必然性；三是先天綜合判斷，這樣既可以獲得新知識又具有普遍性。康得認為人的認識有兩個來源，這兩個來源是自在之物和先天的認識形式，自在之物不可知。康得把認識活動劃分為三個階段，第一階段是感性直覺階段，第二階段是知性思維階段，第三階段是理性理念階段。

西元 19 世紀，德國人黑格爾調侃康得的批判哲學，康得要人們在沒有學會游泳之前切莫下水。黑格爾認為康得假設了一個多餘的東西——自在之物，自在之物就是思想的產物。他認為思維是存在的本質，存在是思維的內容，思維不斷的把自己外在化，表現為物質性的存在，這個思維就是絕對精神。黑格爾認為認識活動是一個充滿矛盾的發展過程，每一個認識階段都充滿新的矛盾，因而推動認識的發展。他認為真理就是絕對理念，真理是全面的普遍的，也是具體的，由於認識的發展，真理也是一個發展過程。

西元 20 世紀進入現代史以來，由於形而上學的思維方式極度讓人困惑，而且極有可能滑向如康得、黑格爾這樣極具玄妙又難以理解的思想境遇，於是許多哲學家開始拋棄形而上學，致力於在形而上學的週邊尋找思想的突破。如奧古斯特・孔德的實證主義，卡爾・馬克思的實踐認識論，亞瑟・叔本華的人生哲學，美國的實用主義等等。哲學認識論在現代和當代出現了眾說紛紜的狀況。

簡單回顧哲學認識論的發展歷程，我們可以發現，人類對認識的探索是坎坷的，充滿波折和不確定性。各種各樣的學說都似乎具有一定的道理，誰也說服不了他人。究其原因，無外乎人的認知缺陷阻礙了人的認識，使得認識在細究的時候變得如此的撲朔迷離。兩千多年以來，雖然關於人的認識的認識難以把握，但是人的認識卻在不經意間緩慢的持續的發展。不可否認，當前人類對自然世界、對人類社會的認識已經達到了一個新境界，知識爆炸性的增長，知識的應用也極大的改變了人們的生活，人的理念也空前的繁榮多彩。那麼，這必然有一種神秘的認識機制在起作用，如果我們能夠挖掘出這種神秘的認識機制，想必人類的認識會更加主動，更加深刻而富有效率。

二、認識的複雜性

人的認識之所以撲朔迷離，是因為即使用顯意識思考也很難把握到認識的真諦。蘇格拉底認為人的認識深不可測，所以他感歎道「我只知道一件事，那就是我一無所知」。令人困惑的是，自古以來，人的認識的確是活脫脫的一直在發生，給人以堅定的信念，即認識是存在的，是確定的，所以就驅使人們思考和探尋究竟認識是如何可能的。但是，兩千多年來的思考和爭論至今仍然不能給人以令人信服的結論，只能說明人的認識極其複雜和隱蔽。人的認識何以如此的複雜呢？

首先，人的心靈現象極其複雜

我們談論認識，就離不開思考和甄別諸多的心靈現象。人的心靈現象極為繁雜，我們可以初略的分為，意識存在性心靈現象、意識活動心靈現象、心理過程心靈現象、心理特徵心靈現象、心理狀態心靈現象。意識存在性心靈現象包括意識、思想、精神、觀念、理念、心智、智力、智慧、信仰、信心、志向、信條、教義、主義、自我、知識、經驗等等；意識活動心靈現象有認識、思維、判斷、感性、理性、主意、計畫、觀點、概念、想法、看法、見解、意見等等；心裡過程心靈現象包含感覺、知覺、認知、記憶、想像、聯想、注意、動機、好奇、念頭、打算、決心、決定、決斷等等；心理特徵心靈現象如人性、個性、性格、人格、心態、意志、習慣、態度等等；心理狀態心靈現象包括情緒、欲望、渴望、衝動、興趣、嗜好、喜好、滿意、猶豫、躊躇等等。各種心靈現象又可以分為更小更具體的成分和內容，比如，意識可以再分為顯意識、潛意識、無意識、自我意識、群體意識、社會意識等等；精神現象有個人的精神、人類精神、民族精神、自然精神、宇宙精神；觀念又可分為價值觀、世界觀、人生觀、規則觀；知覺分為空間知覺、時間知覺、運動知覺、錯覺、幻覺等等；感覺有視覺、聽覺、觸覺、嗅覺、味覺、聯覺、統覺等等；情緒包含喜怒哀樂、恐懼、瘋狂、冷靜等等；思維可分成情感思維、理性思維、分析思維、抽象思維、形象思維、動作思維、整體思維、發散思維、創造性思維等等；記憶又分為瞬間記憶、短時記憶、長期記憶、形象記憶、語音記憶、動作記憶、邏輯記憶、情緒記憶、意識記憶、無意識記憶、理解記憶等等；判斷也可分為直言判斷、選言判斷、聯言判斷、假言判斷、負判斷、複合判斷、模態判斷、或然判斷、直覺判斷、分析判斷等等。如此紛繁複雜的心靈現象都屬於人的認識伴隨物或認識的結果，它們相互交織在一起，相互作用，相互影響，要摸清他們的頭緒是一件不容易的事情。各種心靈現象對人的認識又起到間接、直接和決定作用和影響。人們要從如此複雜的心靈現象及其關係中認識到認識本身，更是難上加難。對認識本身的迷惑以致於對簡單事物的認識都那麼不確定，比如對「馬」和「樹」的認識，人們看到的都是具體的馬、樹，但是認識上卻是一個類別。

其次，認識的過程極其複雜

感覺如果是認識的起點，那麼感覺可靠嗎？人類感覺了上萬年，竟然對感覺知之甚少，仍然不能憑藉感覺對感覺現象給出確切的說明。視覺顏色和聽覺聲音是通過理性思維來確定說明的，所有的顏色都是特定頻率的電磁波刺激視覺感官眼睛，經神經通路在視覺中樞產生的顏色知覺；所有的聲音都是特定頻率的空氣振動波刺激聽覺器官內耳，經神經通路在聽覺中樞產生的聲音知覺。即使我們使用理性思維仍然還不能對酸甜苦辣、香臭、堅硬、柔軟等感覺給出精確的說明，只能是通過其他事物對人的作用來下定義，比如甜味是像糖和蜜一樣的味道，堅硬是像石頭一樣的質地等等。可見，感官對於認識的作用是膚淺的。

感覺是如何變成感性思維的呢？有感覺就一定有思維嗎？我們不能獨斷的認定只有人類才具有思維能力，其他生命形態就只有低級的信號系統和條件反射。低等生物的感知系統比較人類是有區別的，高等動物與人類的認識差別充其量只是程度不同罷了。非洲黑猩猩的語言、使用工具的能力、群體中個體的關係無論怎麼看都具有智力的特性，南美捲尾猴也是如此。許多動物擁有人類所不具備的感官功能，如大白鯊的生物電感覺功能，爬行類動物的熱敏成像功能，海豚、蝙蝠還有回聲定位能力，這些特異功能（相對於人類）不可能不會產生認知，在這些功能的形成和進化過程中不可能沒有意識和思維的參與。每種動物都有特定的生存環境，雨林樹冠、非洲草原、高山叢林、熱帶海洋、炙熱沙漠生存的動物是主動選擇環境還是被動適應環境，是不是有認識過程人類還不得而知。由於人類與動物在細胞、組織、生理結構的相似性，動物們的神經系統、大腦功能似乎處在人類進化初期階段，那麼動物們也應該有認識問題，只是程度不及人類罷了。人類瞭解動物習慣從自身利益和喜好出發，把人與動物割裂開來，對自身的瞭解習慣於想當然的思維方式，沒有從自然最本質的角度來看待和研究自己。

毫無疑問，動物也有感覺，那麼動物，特別是高等靈長類動物，是否也具有感性思維呢？如果我們把感性思維規定為外部事物作用於人的感覺在大腦中產生的反映，那麼高等動物也必然會有感性思維。但是，顯然人的感性思維與動物的感性思維是有區別的，可想而知，人們對感性思維的認識是不充分的，感性思維在概念上，在內涵和外延上，都是有缺陷的。再則，人們認為感性思維具有直接、生動、具體的特點，但是在遠古蒙昧時期理性還遠未萌發，感性的古人就已經產生了信鬼神、占卜算命、玩弄巫術等等非直觀、神秘、抽象的思維方式，最原始的思維反而是非直觀的思維。這不僅僅是古人發揮想像的問題，而是古人為什麼可以想像的問題。所以說，感覺是感性思維的來源這是有瑕疵的。

感性認識昇華到理性認識是如何可能的呢？如果感性認識只是人腦對事物表面特徵的認識，那麼感性認識本身就不可能上升到理性認識（對事物本質的認識），除非理性認識具有某種接管感性認識的自然功能，或者有一個自然的額外裝置把感性認識提升到理性認識，要不然感性認識上升到理性認識就是一個生產流水線自然流轉的過程。不管怎樣，感性認識昇華到理性認識是沒有自然必然性的。既然理性認識是去粗取精、去偽存真、由表及裡，感性認識又如何否定自己呢？如果感性認識可以否定自己，那麼又何必要先產生一個感性認識呢？不直接產生理性認識就好了。如果理性認識天生就是來審查感性認識的，那麼理性認識就不可能來源於感性認識，只能是獨立於感性認識而對感性認識提供的材料和信息獨立的主動的審閱。

所以說，認識過程的兩個重要環節都體現出了不確定性，一是感覺形成感性思維，二是感性認識上升到理性認識。這兩個環節幾乎是在無意識狀況下進行的，沒有顯意識的參與，只是感性思維和理性思維業已形成以後才被顯意識捕捉。所以說，認識的過程可能比人們想像的要複雜許多。人們想當然的認為感性思維來源於感覺，理性思維來源於感性思維，這是沒有依據的，也不能自圓其說。

第三，認識主體極其複雜

認識的主體就是許許多多的個體人之中的每一個活脫脫的人，我們談論的是人的認識問題，那麼認識的主體也只能是人了。常常聽人說，人過一百，形形色色。還有一種說法是，一千個人裡就有一千個世界，這說明個體人是非常複雜的。作為認識的主體，每個人的出生環境、成長經歷、性格、學識、職業、社會角色以及思想是不相同的，以致同一事物或問題在每個人的大腦裡的反映不完全一樣，這應該是一個基本的事實。筆者在前面的文章中講述得比較多，如人的思維、思想的複雜性和差異性，和認知「域」的缺陷等等，所以在此不再贅述。

二十世紀七十年代，在電腦發明後不久，許多人認為電腦將取代人腦，甚至有人擔心電腦將超越人腦。隨著電腦技術的迅猛發展，人工智能和用人工智能裝備的機器人得到了空前的發展。人工智能具有了學習的功能，不單是計算速度飛快，而且還具有分析判斷的能力。人工智能在許多方面超越了人腦的能力，即使經過多年職業化訓練的人腦都比不上特定人工智能的效率和準確率，比如穀歌公司與美國西北大學合作研發的一種新的人工智能機器可以篩選早期肺癌症狀，其準確率達到94%，超越專職放射科醫生的識別能力。如果將高效的人工智能，可以自動的主動學習，可以自主的分析判斷，那麼在未來機器人會自己生產機器人，從而超越人類，進而統治人類，或者消滅人類嗎？電腦和人工智能的發展反映出一個哲學問題，就是認識主體是否發生了變化，在個體人主體的基礎上是否增加了一個機器主體。智慧型機器似乎可以脫離人腦的控制而自主行動，就像高模擬機器人、自動駕駛汽車一樣成為與個體人並列的主體。在沒有弄清楚人的認識及其本身的情況下，這種想法或顧忌是可能存在的，筆者將在本文後述中談論這個問題。

全人類、社會和集團組織是否是認識的主體呢？回答這個問題時就要對其主體資格進行深入的審查。主體資格必須是自然賦予的，不能是人為賦予。主體有一個自然條件，就是主體在物理上和生命特徵上不能再分割，成為獨立個體，就像個體人這樣不可再分。全人類、社會和集團組織在物理上是可以再分的，而且還不具有整體生命特徵，這也是筆者前面談到過的仿生論和整合論問題，全人類、社會和集團組織都是由個體人（複數）組成，個體人（複數）是基本物質基礎，離開個體人它們都不存在。如果把全人類、社會和集團組織認定為認識主體，那麼就會抹殺其他絕大多數個體人的認識主體資格，這其實就是只認可個別人或少數人的主體資格。全人類、社會和集團組織不可能會有全員統一的認識，個體人的認識差異是不會消亡的，事實上也是無時無刻不存在的。所以說，群體人不論規模大小都不具有認識主體的資格，都不應該被認定為認識主體。

第四，認識對象極其複雜

既然有了人類就有了人的認識，那麼就必然會有認識什麼的問題。認識了什麼，一方面是認識本身及其功能所決定的，另一方面是認識的對象或稱為認識的目標所包含的東西。脫離對象（或目標）的認識是不存在的，所以確立對象（目標）才是認識的真正起點。由於人的認識在大多數情況下是無意識的，人類接觸自然世界的萬事萬物並不一定把每一個事物都當做認識的對象（目標），那麼會有許多本來可以成為對象的事物忽略而過，而未能產生認識，這一點在遠古的原始人類身上是普遍存在的現象，即使在現代高度文明的狀況下仍然還是有一些的本來可以成為對象的事物被人們忽略。所以說，認識不充分的問題一直都伴隨著人類的發展歷程。誠然，確立認識的對象不是一件十分容易的事情，人類在大自然之中是被動的學習，大自然沒有言傳身教的職能，只能依靠人類自己的感悟，大自然只是賦予了人類可以賴以感悟、領會和學習的天分和能力，認識的實施是人類自己的事情。

為什麼認識對象難以確定呢？這是因為對象只是在確定以後才成為對象，在未確定之前人類並不知道哪個事物是認識的對象。人們在談論認識的對象時總是喜歡談論已知的已經確定的對象，而筆者所說的認識對象是本來可以成為對象的對象。已知的已經確定的對象似乎具有簡單性，但是本來可以成為對象的對象就不那麼簡單了，甚至是極其複雜的。

筆者談及的認識對象來源於自然的可能性，這個可能性不一定來源於人的既定的認識，它來源於人的認識的衝動，也就是人們之所以會開展認識的根本動力或動因。如果我們這樣來思考，那麼認識的對象就會極其廣闊和複雜。人的認識對象可以分為直觀性對象和非直觀性對象兩類，直觀性對象是指直接作用和影響於認識主體的對象，非直觀性對象是指非直接作用和影響於認識主體的對象，這裡的非直接不一定是間接。

直觀性對象可以分為遠感對象、近感對象和內感對象。遠感對象是指人的視覺和聽覺力所能及的對象，如天地萬物的外觀及其位移和變化、雷雨風聲、物質碰撞的聲音、人類語聲、動物鳴聲等等。近感對象是人的觸覺、嗅覺、味覺所感知的對象，包含事物的堅硬度、溫度、粘度、振動度、氣味、酸甜苦辣鹹味道等等對人體的作用和影響。內感對象包括滿足饑餓感的食物、口渴時飲的水、滿足性欲的異性等等。直觀性對象極其廣泛，林林總總，不一而足。直觀性對象包括智人幾十萬年為了生存繁衍所接觸和確立的認識對象，也包括人類文明和科學技術發展所帶來的豐富的物質產品和財富。直觀性對象從本質上說就是事物的固有屬性，脫離事物的固有屬性人類無法確定和區分認識對象。

非直觀對象的範圍不遜於直觀對象的範圍，甚至還要更大更廣泛。非直觀性對象包括事物的本質屬性、事物的維度、兩個事物之間在本質屬性和多維度上的關係、兩個以上的事物之間在本質屬性和多維度上的關係、事物的複雜性、事物發展變化的可能性、能量的維度等等。僅僅就事物之間的相互關係就有依存關係、包含關係、影響關係、作用關係、轉化關係、排斥關係、耦合關係、直接關係、間接關係、因果關係、共生關係等等。非直觀性對象由於人的感官知覺不能直接感受和捕捉，所以在認識上是非常容易出現不確定、不全面、不真實的結果，這也是導致爭議的主要原因。人們習慣於從直觀性對象那裡獲取的基本認識來涵蓋和覆蓋非直觀性對象，如對自然界的基本認識來涵蓋和覆蓋人類社會，用所謂的自然規律應用於人類社會，這必然導致認識上和行為上的錯誤。

人的感官似乎天生就是用來感知直觀性對象的差異性的，對直觀性對象的差異性很敏感，可以察覺和甄別萬事萬物的千差萬別，但是很難感知萬事萬物的共同性。對於非直觀性對象，人的感官很容易捕捉其共同性（其實是一種混沌性），卻很難發覺其差異性。

第五，認識的內容極其複雜

認識的內容並不像我們想像的那樣簡單，認識就是生產知識的活動。知識只是認識的內容之一，知識是認識的一種結果。認識除了知識內容，還包括其他許多方面的內容。首先，認識包含主觀和客觀的內容。人們經常會發問，認識的內容是主觀的還是客觀的。主觀就是主體人或受偏見影響，或受自身侷限性影響，或完全臆斷所生成的觀念。客觀是指外部事物（外部本真）在主體人大腦中的反映而產生的觀念。主觀與客觀的區別就在於人的觀念中是否包含外部事物的依據和成分，如沒有包含就是主觀，包含了或有所包含則是客觀。但是，任何所謂的客觀的結論都離不開主觀人為的加工和認定；其次，認識包含真理和謬誤的內容。真理有兩層意思，一是對於認識對象的確定性和真實性的期望目標，也就是說真理是對於對象的認識可靠性的指向性，二是人們對於社會關係的認識結論的自我強調。真理並不意味著就是對於認識對象的認識結論的確定和真實本身，真理是主體人認識的期望目標，也是主體人認識的自我認可，所以說離開主體人無所謂真理。謬誤其實是對他人認識結論不認可的一種批駁措辭。絕對的真理和絕對的謬誤都是不存在的，唯一存在的是認識的確定性、真實性和可靠性在人們頭腦中的指向性。自然科學無所謂真理，真理一詞主要應用在人類社會的認識方面；第三，認識內容包含對自我的感知。自我是指人的心靈對自身存在性的覺察，自我也是主體能量的元衝動在心靈活動中的伴隨。自我意識既是自我的覺察和感知，也是自我主動性元衝動的體現。主體人對自己的一切都打上了自我的烙印，並給予確定、肯定和認可，如自我的感受、自我的思想、自我的行為、我存在、我占有、我需要等等；第四，認識還包括心靈對自身的反省。自我反省，又叫自我反思，或自我檢查，自我反省有兩種形式，一是受外界的影響和壓力的反省，包括他人的批評、不認可，也包括自我對利益和效果的權衡和評判，此種反省多帶有功利色彩；二是主體人自發的內省，主體人覺察自己的觀念與事實的差距，主動的檢討自我的認識和方法，並對自我觀念進行自主的修正。主體人的內省是認識的較高級形式；第五，認識包括經驗的內容。經驗是人們對於事物之間關係的模糊認識（認識不精確也講不出多少道理和理論），經驗多應用在處理事務上。經驗不同於知識，因為經驗的模糊性難以形成體系，經驗多是片段化的認識；第六，認識還包括方法的內容。認識的方法有觀察的方法、查詢的方法、學習的方法、思辨的方法、實踐的方法、辯證法、懷疑的方法、實證的方法、實用的方法等等。只要是認識就必然會涉及方法，沒有方法的認識是不存在的；第七，認識還包括目的的內容。認識的目的多種多樣，因人而異，有提高認識能力的目的，有改造世界的目的，有解決疑惑的目的，有解決實際問題的目的，有制定針對性的對策和策略的目的，還有促使認識與自然世界保持一致的目的等等。認識的目的性是普遍存在的，沒有無目的的認識；第八，認識還包含語言的內容。所有的認識都存在用語言來描述的問題，詞彙的選擇，語句的組織，用口語表達還是用書面語表達，這些都是認識需要考慮的問題，語言表達的準確性就決定了認識的準確性和效率。雖然認識本身不一定需要依靠語言來進行，但是認識的結果的宣告就必然牽涉語言表達，即使是主體人的自言自語也是對語言的應用；第九，認識內容還包括觀念、理念、思想、意識、信仰、信條、教義、主義、綱領、策略等等內容。這些內容既不屬於知識，也不屬於經驗，也不是方法和目的，屬於認識的多維度內容，它們是客觀存在的；第十，認識的內容是一個複合體。認識的內容不僅包含知識和經驗、主觀與客觀、真理與謬誤、方法與目的，還包括主體人的情緒、喜好等既定感覺的伴隨。認識的內容其實就是主體人的一種確定性認可，這種認可也是對其他主體人的不同認識內容的質疑和否定。這就是認識的雙重性，認識既是內容也是準則。

三、認識認識是如何可能的

人的大腦知覺有幾個奇特功能是值得我們高度重視的。早在西元 15 世紀文藝復興時期義大利人達・芬奇曾提出人眼內的圖像是倒立的，被人恥笑。1611 年，德國人開普勒認為人眼的屈光系統是一個高倍的凸透鏡，外物與視網膜上的成像呈倒像關係。1619 年，德國人謝納用牛眼做實驗，在牛的視網膜上看到了外界物體的倒像。1896 年，美國加州大學伯克利分校的教授喬治・M・斯特拉頓用自己的雙眼做了一個視覺實驗，他用一個成倒像的望遠鏡戴在自己的眼前，所看到的外界物體全部都是倒立的，開始他很不習慣，寸步難行，憑藉毅力堅持 20 天左右，他發現倒立的外界物體都變正了，一切都恢復了正常，他又行動自如了。然後他取掉望遠鏡，這時看到的外界一切又是倒立的，又經過一段時間的不習慣，眼前的一切又正了過來。斯特拉頓的實驗說明了人腦具有自行糾錯的能力，人腦可以自主產生正確的感知。

我們都有這樣的經歷，在一個多聲源的噪音環境裡，當集中注意力到一個聲源上時，其他聲源的聲音會弱化、模糊，甚至消失。比如說在人聲嘈雜的商場與人交談，這時因為注意力在對方的說話上會對其他的雜音忽略；打電話時看電視會聽不清電視機的聲音；在聚會的場合人聲嘈雜，但是交談雙方會自動屏蔽其他的聲源而只注意對方的講話，這種現象被稱為「雞尾酒會效應」。在雞尾酒會中會出現多聲源同時產生的情況，有多人講話的聲音，有音樂聲，有物體碰撞的聲音等等，多聲源疊加形成複雜的混合聲波。在這種環境裡，聽者會集中注意力在一個聲源上，而把其他雜音（非注意的聲音）屏蔽。

人的感覺適應包括視覺適應、聽覺適應和嗅覺適應，感覺適應的目的是為了更好地適應環境和環境變化。視覺適應可以使人更好更快的適應光線的強弱、顏色及其變化，消除人的不適感。聽覺適應可以使人適應噪音或寂靜的環境。最為神奇的是嗅覺適應，嗅覺適應是指嗅覺刺激持續作用於人的嗅覺器官而產生的嗅覺感受性降低的現象。走到桂花樹下可以聞到很濃的桂花香氣，但是呆久了以後香味就消失了；剛走進賣魚場就聞到刺鼻的魚腥味，只要過一會就聞不到魚腥味了。嗅覺適應還會產生嗅覺屏蔽現象，比如說人們聞不到自己的體味、口氣味，在垃圾場工作的人聞不到垃圾的刺鼻臭味，農民聞到的大糞不但不臭還是一種香味（叫做糞香），加油站的工作人員聞不到汽油味，與動物打交道的人聞不到動物的體味等等。

人的味覺把幾乎所有的有害物質都規定為苦味或怪味，而把有益的可食用的物質都定義為甜味或鮮味，這一現象叫做味覺辨識。早期人類對於苦味的物質是非常警惕的，在採集狩獵生活方式中對於保障生命安全起到了很大的作用。苦瓜的食用經過了很長時間的恐懼才被廣泛接受，植物藥材的藥用價值也是經過了漫長時間的摸索才得以確定。

對於人的奇特知覺功能我們會有什麼感覺（注意並不屬於五大感覺）呢？這些是自然而然的嗎？或者說，這些是無關緊要的嗎？如果視覺的唯一來源是眼睛的光感覺，那麼視覺又怎麼能夠修正眼睛的倒立成像呢？大腦被封閉在了顱骨裡面，大腦本身看不到外面的景物，視覺中樞又怎麼會知道眼睛成像出了錯誤呢？難道是大腦能夠感知地球的引力方向？或者說，大腦是通過人的視覺倒立不適應、不習慣來矯正視覺感受的。不管怎麼看，人的大腦是有獨立知覺的。雞尾酒會效應反映出大腦主動的扶助聽覺感受，在嘈雜的環境裡，聽覺感受器是無助的，它無法過濾掉無用的聲音，它把嘈雜混亂的聲音都傳遞給聽覺中樞，大腦根據人的注意力篩選過濾掉無用的聲音，幫助主體人的主觀意識。感覺的適應性不會來自於感覺本身，感覺感受器只會原原本本、源源不斷的把感覺信號傳遞給大腦，是大腦決定了人的感受體驗。大腦有一種先知先覺的積極維護主體人的適應力的職責和功能，具有明顯的目的性，其目的就是維護主體人的安全、意志和生存狀況。特別是嗅覺屏蔽現象，屏蔽了主體人自身的體味和其他安全的氣味，才會對新的不確定的氣味產生敏感，就可以警惕、防範新的氣味源（其他動物）帶來危險。嗅覺屏蔽現象在其他動物身上都有體現，對於草食動物屏蔽自身氣味可以防範被獵殺的危險，對於肉食動物屏蔽自身氣味就可以容易發現捕食對象。同樣，味覺辨識功能也不可能來自於舌頭上的味蕾，只能是來源於味覺中樞。為了維護主體人的生命安全，防止攝入有毒物質，大腦在後臺嚴格把關，把有毒有害物質規定為苦味就可以避免主體人誤食。似乎大腦天生就事先知道什麼是有毒有害物質、什麼是有益健康的食物。人腦是否還有其他的奇特功能還不得而知，畢竟人類對大腦的瞭解還是不夠的，不充分的。前面所述的大腦奇特功能完全不需要顯意識的參與，也是不以人的意志為轉移的，這不能不說明人腦的功能具有某種客觀性。人腦在物質上是客觀的，在功能上也是客觀的。

人腦的聯覺是如何產生的，或者說是如何可能的呢？視覺中樞位於大腦的枕葉，聽覺中樞位於顳上回和顳中回，嗅覺中樞位於邊緣葉前底部（包括梨狀區皮層的前部和杏仁的一部分），味覺中樞位於大腦外側裂的中央後回最外側，觸覺中樞在頂葉，各種感覺中樞分布在大腦的不同部位，它們是如何聯繫在一起的呢？各種感覺明顯具有各自不同的性質，各種感覺中樞神經元的連接結構也不盡相同，但是它們可以相通，相互作用，這勢必有一種模式，像電腦的操作程式一樣的東西把它們聯繫在一起。

思維覺是如何實現的？人們可以憑藉豐富的經驗和分析判斷對錯覺和幻覺給予糾正，就像大地是球形而否定大地是平面的認識，哥白尼通過嚴密的分析計算而得出日心說的判斷。當時人類還無法飛入太空來驗證，那麼人們是如何判斷地球的存在，哥白尼又是如何判斷地球是圍繞太陽運行的呢？思維覺在沒有實際驗證的情況下也能夠指出錯覺與幻覺的錯誤，這說明人腦內部有一種識別對錯真假的認識能力，這種能力並不來自於或依賴於人的感覺。

人的認知缺陷是實際存在的，而且缺陷很大，很嚴重，但是認知缺陷似乎並不能完全影響人的認識，即使在認知缺陷的情況下，人們還是可以獲得一些正確的認識，比如效率更高的實用工具層出不窮的發明、更新和改進，自然科學對自然界的揭示越來越深刻，其知識體系越來越龐大，科學技術也在不斷的迅猛發展。雖然認識的謎題還未解開，但是認識的實際效率已經充分展現。這說明人的認識並不完全依賴於認知，人腦有超越認知的認識能力。

人的自我意識是怎麼來的呢？如果說自我意識來源於感覺，那麼感覺又如何會產生自我呢？人的感覺（五大感覺）幾乎都是對外的，都是為了獲取外部信息，而自我意識是從內部萌發的，顯然感覺不能產生自我意識。既然感覺不能產生自我意識，那麼自我意識也不可能來源於與他人的交往，也就是說自我意識不可能來源於社會。在社會交往中，主體人只是應用既定的自我意識，使得自我意識更加豐富和發達，所以自我意識貌似具有了社會性。其實人的自我意識是與生俱來的，我們可以從新生兒嗷嗷待哺中觀察到自我中心的元衝動體現在了本能需求的衝動之中，表現為「我」餓了就想吃，「我」不舒服就會鬧，這樣的由自我發出的信號。隨著年齡的增長，關於「自我」的知覺越來越豐富和豐滿，「我」與「別人」產生了區別，最終「自我」的知覺涵蓋到一切與「我」有關的事物之中。對自我認識的知覺只能來源於主體固有的存在性，而且以能量衝動的方式在心靈中顯現，自我意識是與感覺並列的先天存在。

我們在認真看書的時候讀到了什麼呢？我們看到的是書本這個物體嗎？顯然我們不是在看紙張，紙張只是一種載體。那我們是在看文字和圖畫嗎？文字和圖畫的確裝載在書本的紙張上面，文字只是一個個獨立的語言意義，圖畫也是一個個獨立的形象意義，文字和圖畫是我們閱讀的目的嗎？顯然不是。我們看書其實是在看書中的內容，也就是一個個語言意義或形象意義彙集而成的整體意義，這個整體意義內容的效力遠高於語言意義和形象意義，我們都是為了內容而閱讀。當然了，我們看電腦、電視和電子書籍也都是觀看和閱讀內容。那麼這就說明，人的一種知覺不同於感覺，超越感覺，其效力也是高於感覺的。

如果兩支球隊舉行體育比賽，A 隊在平坦的半場比賽，而 B 隊在坑窪的半場比賽，肯定沒有人會喜歡觀看的，即使觀眾與 A 隊感情很深，也不會願意觀看這樣的比賽，甚至球隊的隊員也不會願意參加這樣的比賽。任何體育比賽都是這樣，比賽雙方中如果一方擁有明顯的不公平優勢，如場地好壞不同，或比賽規則不一樣，或年齡性別差距很大等等，這樣的比賽是乏味的，觀眾觀看起來沒勁，比賽者也會感到無趣。為什麼會這樣呢？這裡面就包含了對體育比賽的認識問題，體育比賽就意味著公平平等的前提，如果背棄了這個前提，比賽沒有意義。這種認識並不包含多少理性，即使最感性的人也會這麼認為。公平平等的體育比賽的認識既不來源於感性思維也不來源於理性思維。

當我們研究至此，種種跡象已經表明人腦中有一種原發的固有的知覺，它的效力要高於五大常規知覺，它使得思維成為可能，也使得認識擁有了效率，它，這種知覺就是主覺。主覺把眼睛視網膜上的倒影糾正，主覺造就了感覺的適應性，主覺扶助了主體人的主觀意識，主覺用定義苦味的方法來保障主體人進食的安全，主覺把五種感覺通融在一起以提供主體人愜意的生活體驗，主覺彌補了人的認知缺陷，使得認識成為可能。

量子力學揭示出，感受性是物質的固有屬性。在宇宙誕生之初，物質的感知就已經開始，一個負價電子與一個正價質子相互感知而結合成氫原子，六個負價電子與六個正價質子感知結合成為碳原子，八個負價電子與八個正價質子感知結合成為氧原子，兩個氫原子與一個氧原子感知結合成為水分子。物質所包含的原子和分子數量越多，其感知能力越大，分子的感知能力大於原子，有機物的感知能力大於無機物，高分子聚合物的感知能力大於小分子，細胞的感知能力則遠大於高分子聚合物。在細胞內部分子馬達表現出極高的感知能力，而細胞則表現出高度的智慧水準。人腦中有 1000 億個神經細胞，每一個神經細胞可以與 15 萬個神經細胞發生聯繫，這種聯絡大到無法想像。每一個神經細胞都由無數的原子、分子按照特定的功能結構組成，我們可想而知，人腦成為感覺、知覺、智力、智慧的發源地就不難理解了，人腦必然會自主產生知覺和智性。由於人腦在活體情況下難以觀察其運行細節，過去以來人們都只把大腦當做一個信息加工中心，而忽視了大腦本身的感知性（即主覺）。量子糾纏現象反映出量子之間不單是具有感應力，而感應不受距離的影響。物質的本質就是能量，人腦其實就是超高價能量團，能量及其規則按照目的性彙集於人腦之中而形成超級複雜的結構和功能，那麼人腦之中也必然包含自然世界的許多信息。人腦反映外部世界並不完全依賴於五大外向感覺，人腦具有自主的知覺，這個知覺就是主覺。主覺可能是五大感覺的生成、發展演化的策動源，主覺的感知性派生出視覺、聽覺、嗅覺、味覺和觸覺，即使感覺中樞也只是主覺的感受器。視覺只是主覺的瞄準器，聽覺等其他感覺也只是主覺的體驗裝置，周圍神經只是主覺的延伸。如果說認知是認識的來源，那麼認識認識本身又如何實現呢？認識認識只能依靠主覺來實現，主覺為認識認識本身提供了可能，實際上心靈對自身的反省過程就是主覺的認識過程。

建立起主覺概念並不能完全解釋人的認識認識的問題。我們知道，人腦裡存在許許多多的心靈現象，如意識存在性心靈現象、意識活動心靈現象、心理過程心靈現象、心理特徵心靈現象、心理狀態心靈現象等等，這些心靈現象相互影響和作用，與人的認識密切相關。那麼這些心靈現象發生在大腦的哪個部位，又儲存隱藏在哪個地方呢？我們已知大腦兩個半球的基本功能，也知道各個感覺中樞的具體位置，還瞭解大腦皮質各個區域的作用，以及小腦、間腦、腦幹、海馬體、胼胝體、松果體等等的功能，但是難以瞭解自我、觀念、信仰、感性、理性、記憶（特別是長期記憶）、動機、人格、意志、情緒、欲望、喜好等等心靈現象的具體發生部位和儲存隱藏部位，這只能說明大多數的心靈現象並沒有具體部位，而是彌散在整個大腦裡。那麼，我們又是如何覺察到各種各樣的心靈現象的呢？也就是說我們是如何認識到它們的呢？那麼，只有一種可能，就是還有一種心靈機制起到了統領、聯通的作用，這種心靈機制叫做心靈能動態。

心靈能動態（簡稱能動態）是一種活躍的心靈狀態，它既產生心靈活動也是一種心靈狀態。能動態使得思維、判斷、想像、聯想、記憶、注意、意志、情緒、欲望等等活動、運動起來，也把自我、觀念、信仰、觀點、想法、個性、習慣、興趣、喜好等等儲存起來。可以這麼說，能動態囊括了大多數心靈現象，具有統領心靈的作用，人的認識就在能動態之中進行。能動態與外向感覺的聯繫形成外向認知，能動態與主覺的聯繫形成內向認知，外向認知與內向認知在能動態之中產生自主的配對、比對、分析和判斷，由於主覺的效力高於外向感覺，所以內向認知可以檢測、調節、校正外向認知。在這個過程中，人的情緒、欲望、習慣、喜好等等被排除在外，這時，外向感覺所形成的認知素材被主覺所形成的認識審閱和修正，於是，認識認識就成為現實。認識認識也叫作思想思想，對於主體人而言就是心靈反省，認識認識或思想思想，並不是既定的認知對自身的審閱和反省，而是內向認知對外向認知的檢閱和調整。能動態不能容忍認知素材之間的矛盾，力圖消除它們之間的不和諧。因此，認識主體總是依靠內在的評價、體驗和意向在內部不斷的內省、比較而予以調整。能動態使得各種心靈活動和狀態相互協調和互通，營造出複雜的心靈現象。

四、認識是如何開展的

人的認識都是相對於主體人的認識，主體人只能是個體人，個體人具有認識世界的全部要素，包括知覺感知系統、信息處理系統等，而且這些認識系統完全獨立，個體人之間沒有任何系統的物理和生理滲透，所以說認識的主體只能是個體人。人的認識包含認識狀態、認識活動、認識過程和認識的產物四個方面的內容，下面就這四個內容進行探討。

1. 認識狀態

既然認識是個體人的事情，那麼個體人就必然存在認識狀態的問題。首先，個體人存在認識的可能性。一切事物產生於可能，人的認識也不例外。人的大腦及其機能是人類認識的先決條件。人的大腦是物質，但是大腦的機能不是物質。唯物論無法解釋人的認識的可能性問題，因為大腦的機能不完全是「意識的能動反映」，大腦的機能包含了意識產生的可能性。自然的可能是一切可能的可能，所以我們必須到自然世界當中來尋找意識產生的可能性。純粹的物質是不可能產生意識的，其實物質只是自然能量的團聚體罷了。那麼，意識只能產生於能量，大腦的機能其實就是能量和能量規則，也就是能量本體在人類大腦中的顯現。於是，我們就不難理解人類認識的可能性了。能量的作用貫穿於人類認識的始終。

我們不可否認智人在成為真正意義上的人之前是人類的祖先，遠古祖先的特性和機能通過遺傳傳存到了現代人身上。所以，我們現代人一開始就具有了直立行走的身軀、靈活的四肢，具有了視覺、聽覺、觸覺、嗅覺、味覺等等，也具有了強大的大腦及其機能。這些都是大自然給我們的饋贈，也是我們得以產生認識的前提。我們現在可以說我們比祖先強大，但是如果沒有祖先的遺傳我們充其量也只是一個依賴「條件反射」的低能范兒。無論我們把人類的形成時間推早到距今 200 萬年前的能人，還是距今 400 萬年的南方古猿，人類的遺傳脈絡也總是可以被追尋到，人類產生認識的前提也總是存在。

認識的先天可能分為兩種情況，一種是天性，一種是先驗。人的趨光性和趨利避害性是天性，人的方位感和整體大於部分的觀念卻來於先驗。人的先驗來自於祖先的觀念的遺傳，祖先不光是遺傳生理基因，也會遺傳生活經驗。祖先在漫長的自然實踐中由於自然現象和能量本體的雙重作用，在人類的身體內已經銘刻了一些規則，這些規則不但支配人類的生理，而且還支配著人類的心靈。這是我們之所以成為人類的先天和先驗的前提條件。

其次，認識具有初始值。遠古祖先在群落生活方式中就已經產生了對自然世界的基本認識，如天地日月、江河湖海、樹木花草、飛禽走獸等等感受和觀念，在繁衍生息的過程中代代相傳祖先的種種經驗，並且在代代相傳的過程中人的感受、觀念和經驗越來越豐富，這些都支撐著個體人的智性。隨著自然現象的不斷刺激，智人的感知能力也不斷的提高，大腦的發育也越來越充分，大腦皮層越長越大進而發生皺褶，腦細胞的數量一代比一代多，大腦的物質容量最終發展為現代人的規模。現代智人的許多觀念和經驗其實是來自於祖先們成千上萬年的積累和流傳，所以在世界上許多民族都保留了祖先崇拜的文化。人類在歷史發展的任何一個片段都可以反映出祖先積累和流傳下來的認識初始值，任何個體人都不是從零開始認識世界的，認識初始值在當代個體人身上也得到體現。語言的使用就是繼承了祖先的認識，語言的發音和語法規則來自於祖先，語言概念（語音的語義）也是來源於祖先。對事物的分類方法來源於前人和祖先，甚至思維方式都是前人和祖先的遺產。個體人其實是倚靠著前人和祖先的肩膀和頭腦才得以開展自己的智性。所以說，認識的初始值是一個既定的事實。

認識的初始值體現為個體人（複數）的智性一般性。智性一般性是指個體人之間的智性相同和相近的可能或實際狀態。個體人在生理上的差距是很小的，特別是大腦的尺寸、容量、機能，以及腦細胞的數量、結構的差距不大。個體人在祖先遺傳上的腦功能以及活躍度也比較相似，其認識的初始值也幾乎一樣。從 IQ 測試的平均水準分布上看，79% 的個體人的智商處於中等及上下水準，智商優秀和極優秀的人約占 14.63%，大部分個體人的智商水準是相同或相近的，扣除人的家庭環境、成長經歷、朋友圈、社會環境及受教育程度的影響，智商在發生的可能性上人與人之間的差異會更小。在實際上，科技產品之所以可以迅速推廣應用，也與個體人的智性一般性是分不開的，汽車、電腦、電視機、智慧手機、遊戲機等高科技產品幾乎人人都可以擺弄，對於飛機、高鐵、地鐵等現代化交通工具人們不會因為智力障礙而不能乘坐。

認識的初始值也有不利的一面，會導致人的認知歷史侷限、思維慣性等認知缺陷。認識初始值既提供個體人的智性，也會阻礙智性的進一步發展。

第三，認識狀態包括個體人的心理狀況。個體人的心理狀況包括恐懼、瘋狂、無奈、冷靜、憤懣、痛苦等心理狀態。恐懼是大千世界普遍的現象之一，人類與動物都具有恐懼心理。恐懼，是一種認識狀態。在認識不足的情況下，特別是自我意識不足的情況下，人們遇到危險多表現出恐懼。恐懼，有本能恐懼和顯意識恐懼兩種。對生命的危險而產生的恐懼是本能的，無意識的；而對財產的危險，或對聲譽的危險而產生的恐懼是顯意識的。恐懼心理是因為愚蠢、愚昧及信念的缺失所致。在處理人際關係和經辦事務的過程中，恐懼表現為小心謹慎和小心翼翼。與恐懼相對的心靈活動是勇氣。瘋狂也可以分為本能瘋狂和顯意識瘋狂兩種。動物也有瘋狂的心理活動，如公象在成熟期由於睾丸激素最大值會出現瘋狂、躁動的心理活動和行為。人類男性在成熟期、更年期，女性在月經期、更年期也會出現狂躁現象，這種本能的瘋狂不完全受意識支配。在人的顯意識瘋狂中，人們往往處在急切的目的意識中，誇大自我在實現目的中的作用，情緒激昂的不切實際的自我意識衝動，進而產生亢奮的、不正常的心理活動和行為。顯意識瘋狂也是人的認知缺陷所致，目的性過於急切，忽略了自然世界目的性循序漸進的規則，跳躍式的目的欲望驅動，在方法上過於急功近利。顯意識瘋狂是人類特有的心靈現象。如瘋狂的戰爭鼓動者和參與者；瘋狂的政治活動策劃者、煽動者和參與者等等。人類的瘋狂總是以不同的面目出現，造成巨大的人為災難。

無奈（也稱無奈感）是自然世界普遍存在的現象之一。當自然界發生任何變化時，所有的生命形式都有一種無可奈何的感覺，生命體只能被動的適應其變化。對於自然界形成的無奈感，已經刻入生命體的心靈深處，形成無意識的感受。人類也不例外，早期人類也只能無可奈何的接受自然界的各種變化。無奈感的認識原理是目的性受到阻礙時自我的知識和經驗無法提供解決辦法而產生的任由阻礙持續的認識狀態，無奈感會伴隨產生無助感和一定程度的憤怒感。人的天性裡就有一種衝破目的性阻礙的衝動，這也是人類的智性得以發展的內心動力，比如用衣物來禦寒，用扇風的方式來散熱，用調溫設備來營造舒適環境等等。還有一種無奈感來源於他人對自己施加的作用，統治者用欺騙和暴力的手段來維護統治，搶奪國民財富，統治者任由自己的主動性目的橫行，而導致人們的無奈感。無奈感是自我意識和自我目的性受到限制和制約的一種心理狀態，當他人施加的無奈感日異積壓，則會轉化為憤怒和瘋狂。

冷靜不是指老謀深算對於功利的盤算過程，也不是針對對手的算計過程。冷靜，是心靈衝動與自然能量衝動對接時，主體的思維貼近事物本質的心平氣和的認識狀態。只有在理性的思維下，拋開情感的干擾，主體才體現冷靜的狀態。自然世界賦予人類的智性天賦唯有在冷靜的認識狀態下才可以展現，人類的智性也在於拋開與事物本質無關的雜念一門心思探尋事物之間最密切的關係，這一過程必然是冷靜狀態。冷靜，也符合人類認識的目的，是人類實現認識目的的過程保障。冷靜符合人的目的，那為什麼有的人就冷靜不下來呢？主要是因為需求和功利的衝動權重太大，掩蓋了人們最真實的目的，以至於思維意識受到需求和功利的渲染而偏離了應然的軌跡。事實上所有不冷靜的人在接受不冷靜的結果時都是追悔莫及的，因為不冷靜的過程必然違背事物最真實的聯繫，也違背人們的目的性，其結果必然與期望相違背。人們為了不冷靜而付出的代價不可謂不高，小到個人命運和前程，大到國家、民族的興衰，都與人的冷不冷靜密切相關。冷靜是人類難能可貴的品質，不冷靜有悖於人類智性的天賦，只有在理性思維方式下才能真正的冷靜，冷靜給人的回報是無與倫比的，在冷靜的思考之下人類文明才得以實現。

憤懣也是自然界動物普遍存在的一種心理現象，許多動物的報復行為就是在憤懣心理的驅使下進行的，如非洲野牛對獅子的報復攻擊行為，獅子對鬣狗的報復行為等等。人類的憤懣心理也是與生俱來的，人們對不如意的事情總會心懷憤懣，對損害自己及財物的人也會心存憤懣，對損害他人及財物的人也會忿忿不平。憤懣的極端形式也可以表現為瘋狂、狂怒、暴怒、怒不可遏。憤懣的極端形式和長時間沉迷於憤懣之中都是非常有害的心理狀態，心中填滿了憤懣讓人失去思考和認識的能力。但是，憤懣也有有益的一面，在憤懣中冷靜是產生智力和智慧的極佳心理狀態，憤懣意味著痛苦，在痛苦中思考往往可以獲得對於憤懣原因的認識，其實人類的智性發展在很大程度上來源於在憤懣和痛苦的思索。

第四，個體人的認識敏感度也是一種認識狀態。早期人類對事物的認識是被動的，對自然現象的認識經過了百萬年的時間仍然還是朦朧籠統的，即使對於群落血緣群婚制的危害的認識也是混沌不清的，可見早期人類的認識敏感度非常低。隨著群婚制的瓦解，異族通婚以後，人類的智性才突飛猛進的發展，隨之而積累起惠及後人的智性和認識能力。時至今日，雖然人們的智性和認識能力已經得到長足進步，科學技術日新月異，知識已經呈海量的膨脹，但是對於個體人仍然面臨認識敏感度的問題。一方面，個體人要在海量的知識和資訊裡檢索出所需要的認知素材，另一方面，仍然有不少的個體人惰於學習和思考。現代人類已經不需要像遠古祖先那樣全憑悟性被動的認識萬事萬物了，前人和祖先已經留下了豐富的認識財富和方法，現在人們的認識要主動得多。主動認識，勤於觀察、學習和思考，再加以交流，這是提高認識敏感度的主要方法。如果反其而為之，只會退化認識敏感度，而拖累人類整體智性發展的趨勢。

2. 認識活動

認識活動是個體人作為主體的一種心靈活動，但是並不意味著認識活動是人獨有的心靈活動，在自然界個體人只是認識活動的主體之一，其他動物個體如昆蟲、禽獸以及植物個體也是認識活動的主體。認識活動也並不只是只要主體就可以獨立進行的，認識活動必須包括認識主體、認識對象、認識方法、認識工具、認識手段等幾大要素才能有效進行。認識主體是指心智健全具有認識能力的個體人，認識對象是指作用於並刺激於認識主體的種種外部或內部的現象（如自然界現象、社會現象和心靈現象），認識方法有觀察法、查詢法、學習法、思辨法、實踐法、實證法、懷疑法等等，認識工具包括情感、喜好、邏輯、理性等思維工具，認識手段有肉眼、儀器、實物工具等。各種要素的結合才能使得認識活動得以進行。認識主體並不僅僅是一個血肉軀體，他包含複雜的大腦和周圍神經系統，大腦和周圍神經系統充滿能量無時無刻不在湧動之中，這就使得主體的各種感覺及感受器時刻處在活躍狀態以捕捉外部和身體內部的各種信息。由於主體時刻處在自然環境和社會環境之中，各種感覺及感受器不可避免的會感受到種種現象的作用和刺激。由於捕捉過程不一定需要顯意識的參與，在許多場合主體的感受是無意識的，就像遠古祖先在自然環境中摸爬滾打一樣，這時主體的認識是朦朧的、混沌的，主體人會產生一種悟性，諸如「這是什麼」、「這是為什麼」、「怎麼會這樣」的疑問，主體人自覺不自覺的運用認識方法使得認識悟性逐漸由朦朧變得清晰。在顯意識的作用下，主體人主動的採用認識方法、認識工具和認識手段把認識活動推向更高的層次和境界。

認識活動可以分為無意性認識活動、學習性認識活動和發現性認識活動三種。無意性認識活動是指主體人僅僅憑藉感覺而被動的產生無顯意識的認識活動。在遠古的原始人由於知識和經驗的缺乏不得不被動的接受自然現象的作用和刺激，其認識活動的顯意識參與很少，運用的認識方法、認識工具和認識手段非常有限。在現代社會，有一些個體人僅僅依靠前人和祖先遺留下來的知識和經驗仍然被動的接受新的現象的作用和刺激，或者在一種資訊嚴密封鎖的環境中被動的接受資訊灌輸，其認識活動的顯意識參與也是很少的，他們運用的認識方法、認識工具和認識手段也非常有限。無意性認識活動之所以會產生朦朧的混沌的認識，其主要原因其一是主體人僅憑自身的經歷來獲取直接經驗，由於人的認知缺陷，主體人只能夠獲得在面上和深度上極其有限的經驗總結，在面對複雜事物、複雜局面時往往力不從心而產生「搞不懂」的感受和感歎。其二是心靈能動態主要形成一種外向感覺的認知，而外向感覺只產生於主體知覺自身，而且認知素材規模很小，主覺沒有被喚醒，認識中充滿錯覺和幻覺，認識結果與對象實際不相符。這時主體人的思維受情感、喜好的影響過大，其思維極具感情色彩，直覺性太強，由於無意識確定感的作用，主體人難以察覺自身的認識問題。無意性認識活動大概是許許多多普通人的認識活動，其危害是十分嚴重的，輕則會體現出主體人的愚鈍而喪失社會競爭力，重則卻使得社會群體愚昧落後而遭受外來侵略或剝削，甚至會導致亡族滅種的危險。

學習性認識活動是指個體人獲取他人的知識和經驗的認識活動。學習可以分為在社會中學習、向師者學習、在工作中學習、自學四種學習方式。在社會中可以學習到傳統觀念、群體習俗、社會規則、思維習慣等等，在社會中學習包括個體人在成長過程中受父母祖輩的言傳身教、在與同輩人交流和玩耍過程中的模仿、在社會單位（學校、社區等）活動中的受迫性要求、以及國家社會在制度上的規則制約，個體人在社會學習中沒有自主權，群體壓力會迫使個體人被動的接受學習內容。在社會中學習的過程也是個體人觀念的形成到固化的過程，觀念具有統轄心靈的作用，個體人的觀念一旦形成固化，加上社會關係、社會單位和國家政權的不斷強化，就很難以改變。除非兩種情形個體人才有可能改變觀念，一是社會發生變革，傳統觀念失去時代意義，二是個體人通過知識的積累而產生思維內省，反思觀念而對其進行修正。如果個體人的社會學習內容包含激發個體人獨立思考的作用，那麼在社會中學習屬於發現性認識活動。如果學習內容具有抑制個體人獨立思考的作用，那麼在社會中學習的認識活動仍然屬於無意性認識活動，其認識方法、認識工具和認識手段仍然非常有限。

向師者學習、在工作中學習和自學都屬於具體知識和經驗的學習，用以提高學習者的認識能力和生存技能。向師者學習包括在學校在課堂的學習、向智者請教的學習、徒弟向師傅的學習等等，向師者學習的學習內容極為廣闊，幾乎涵蓋所有的書本知識和實踐技能。在工作中學習可以學到與工作相關的科學技術知識以及實際操作的工作經驗，在工作中個體人無不是在有意無意、主動被動的學習，如果不學習將會不能勝任崗位工作。自學是個體人主動的投入到學習之中的顯意識有目的的學習活動，個體人在沒有被傳授的情況下能夠自行學習，那麼他對獲取知識和經驗的渴望要強於其他人，他的學習熱情會促使他積極主動的運用認識方法、認識工具和認識手段，獲得比其他人更扎實的學習效果，大凡所有成就不凡的人都有良好的自學習慣。在社會中學習、向師者學習和在工作中學習之中有沒有自學精神也可以反映出學習者的學習效果，沒有自學精神的人只是吸收他人傳授的既定的知識和經驗，其吸收效率會隨著時間推移而減弱；具有自學精神的人不會滿足於他人傳授的知識和經驗，會加入自己的理解和判斷，其學習效率會更高更持久。自學也是個體人超越老師和師傅的不二法門。

學習性認識活動的基本原理。為什麼個體人可以學習到知識和經驗呢？或者說知識和經驗為什麼可以傳播呢？有一個基本原理在起作用，使得個體人獲取知識和經驗成為可能。知識和經驗的傳播並不是物質性輸入，也不是程式輸入，也不是能量輸入。被傳授者在接受知識的時候，我們無法觀察到有任何物質性的東西進入，被傳授者也沒有任何接口（如 USB.COM）來通過程式或能量，被傳播者在此時仍然是全封閉的生命個體。那麼，知識是如何進入被傳授者的頭腦的呢？我們只能從傳授者和被傳授者的內在原因尋找答案。所有的個體人都具有一種共同的特性，就是心靈的能量衝動和衝動規則的相同性。某一人頭腦中產生的自然現象及其關係的能量意義（也就是能量權重）在另一人的頭腦中也存在產生的可能。如果傳授者把自己的知識解碼並編碼成為語言文字信號，傳輸到被傳授者頭腦裡，被傳授者心靈對語言信號解碼並編碼成為能量意義（即能量權重），被接受者捕捉並標記、儲存，於是知識就完成了傳播。這就是知識之所以能夠被傳播、理解的機理。這一過程可以簡單地表述為：捕捉—標記—解碼—編碼—發送—傳輸—接收—解碼—編碼—標記—捕捉—存儲過程，這就是心靈喚起原理。傳授者捕捉到自己心靈中的關於事物的能量意義，標記為顯意識知覺，把顯意識知覺解碼成為知識和經驗，然後編碼為語言和文字符號，在講述和（或）書寫的過程中把語言和文字信號發送出去（此時的信號是信號串或信號群），在聲波中和（或）書本發行過程中實現信號傳輸，當信號到達被傳授者時，信號被聽覺和視覺接收，被傳授者把信號解碼為語言文字符號，然後解碼為知識和經驗，進而也標記為顯意識知覺，被傳授者的心靈捕捉到關於事物的能量意義並給予儲存，這就是心靈喚起的全過程（心靈喚起是指學習者即被傳授者的心靈被師者喚起）。心靈喚起，說明每個人心靈（腦功能）都具有相同的能量湧動規則，能量規則儲存在了每個人的心靈之中。面對面的傳授是直接的心靈喚起，閱讀書本（自學）是間接的心靈喚起。心靈喚起遵循循序漸進的原則，由淺入深逐步喚起學習者（被傳授者）的心靈，這也可以解釋教育之所以是由低級到高級的訓練體系，個體人之所以是由懵懂到專業的演化過程。

學習是個體人克服認知缺陷最有效的方法，也是擴充參考系（認知素材庫）最有效的方法。學習也可以克服主體人自身直接經驗的不足和缺陷，獲得相對正確或有效的思維方式，提高主體人的認識能力。在學習性認識活動中，心靈能動態處於非常活躍狀態，認知素材源源不斷的存入大腦，思維也活動起來，學習可以繞過認知缺陷促使學習者提高認識能力和認識效率。學習包括如何確定認識對象的學習、運用認識方法、認識工具、認識手段的學習，還包括具體知識和經驗的學習。心靈喚起不一定是人類獨有的學習機制，其他生命形式也可能具有這種能力，從能量主義的角度，能量本體作用於整個自然世界，那麼能量本體也必然作用於動物。但是，人類特有的大腦機能是其他動物所不具備的，人類的編碼、解碼的形式是與其他動物不相同的，所以人類的學習方法和學習內容不適應於其他動物。

需要強調一點是，學習性認識活動不一定是符合認識目的的有效率的認識活動，它與師者的自我認識素養有直接關係，師者的傳授內容及傳授技巧直接影響到學習者的學習認識效果，一個傳授陳腐觀念的師者在講述過程中使用陳詞濫調來教化學習者，與一個思維嚴謹的師者用靈活生動的方式來啟迪學習者，這兩種傳授對於學習者的認識活動的作用和影響是截然不同的。善於自學的人可以辨別不同的師者而求教於良師，而良師也喜歡選擇聰慧的學習能力強的學生或徒弟，大多數的學習者只能遇到水準有限的師者。

發現性認識活動是思想者特有的認識活動，是創造知識的認識活動，也是符合認識目的的認識活動。發現性認識活動的突出特徵是理性思維，只有在理性思維下個體人才能發現事物的細節，理性思維也催生出對事物細節的認識衝動，即細節感。認識的對象千差萬別，直接作用於人的感官的對象多為自然現象，人的感官可以借助視覺、聽覺、觸覺、嗅覺、味覺提供一些關於自然現象的內容，如外形、規模、硬度、溫度、強度等等，但是感官不能提供所反映的現象的細節。也就是說，直觀性對象並非絕對的直觀，其包含許多非直觀的細節，外形中包含結構細節，規模、硬度、溫度、強度等包含能量等級細節和能量規則細節，這些是感官無法提供的。非直觀對象更是玄妙，感官幾乎不能產生知覺，像社會權利、社會關係、社會公共、社會利益等等現象完全超出了感官認知範圍，所以人的認知才會出現種種缺陷。這些直觀對象的非直觀細節和非直觀對象只有在細節感的驅使下才能夠顯現，甚至說，只有在理性思維下才會有認識對象的知覺，人們才會顯意識的觀察、分析、思考認識對象的種種問題。所以說，發現性認識活動只能是思想者特有的認識活動，其必然會創造出知識和新的知識。

發現性認識活動可以分為觀察性認識活動和內省性認識活動。觀察性認識活動是在細節感的驅動下確立認識對象並在理性思維的作用下對細節進行審視、審查、考察、記錄、覆核的認識活動。觀察性認識活動並不僅僅是觀看，其主要的心理特徵是注意，觀看不一定需要理性思維的參與，但是注意就必須是在理性思維下才能進行，注意其實就是聚精會神的觀看細節。觀察性認識活動也不僅僅是觀看細節，還會把諸多細節一一在記憶中儲存和用文字詳細記錄下來。觀察性認識活動是科學技術發展的前瞻性認識活動，在中世紀時期和文藝復興時期，有大量的觀察家們觀察並記錄各種自然現象，創立了基礎科學，奠定了科學技術發展的堅實基礎。觀察性認識活動不光是包括對自然現象的觀察，還包括對他人的觀點、理論、實驗方法、實驗資料的觀察、考察、覆核等認識活動。古希臘智者對迷信思想的質疑和否定就來源於觀察性認識活動，相對論和量子力學對經典力學的質疑和否定也是來源於觀察性認識活動。觀察性認識活動包含認識手段的運用，如光學放大鏡、光學顯微鏡、電子顯微鏡、CT斷層掃描器、MRI 核磁共振成像技術等等都是常用的認識手段，量子力學、分子生物學就是在運用先進的電子顯微鏡手段下才發展壯大的。

內省性認識活動是指在細節感和理性思維的作用下，人們繞過或排除感官體驗，在心靈深處萌發的一種認識活動。觀察性認識活動是內省性認識活動的基礎，沒有觀察性認識活動就不會產生內省性認識活動。觀察獲得認識對象的靶向和細節，就是說觀察用以瞄準對象和細節，在心靈能動態之中形成顯意識的內向認知素材規模（即參考系），心靈能動態在顯意識或潛意識狀態下為認知素材配對並生成認識意義（即能量意義），顯意識捕捉到意義的權重而產生認識結果，即知識。在潛意識狀態下產生認識結果的這種現象我們稱之為靈感或頓悟，靈感（或頓悟）是心靈能動態對認知素材自動配對的結果，靈感（或頓悟）離不開觀察性認識活動這個前提。內省性認識活動是人的心靈最高級的認識活動，它可以排除情感、喜好等不良心理對認識活動的干擾，以獲得相對真實的可靠的有效的認識結果。

發現性認識活動不是個體人生來就擁有的認識活動，但是發現性認識活動的潛質是個體人與生俱來的。發現性認識活動離不開學習性認識活動打下的基礎，通過學習，個體人擺脫了無意性認識活動的原始狀態，促使心靈能動態逐步充滿認知內容和活性，也激活了主覺，使得主覺確立了靶向，即目標對象，主覺與心靈能動態相互作用而產生內向認知形成理性思維。如果沒有學習性認識活動，則發現性認識活動無法進行。大凡人人都有發現性認識活動的能力和潛質，許多人主要是因為學習性認識活動的欠缺，或觀察思考不夠，所以沒能發展到這個心靈活動最高級的程度。

發現性認識活動不僅可以對自然界現象及其細節產生知覺而形成科學知識，還可以對社會現象和認識本身產生知覺。在無意性認識活動中，主體人只能憑藉感覺體驗感知到一個個活脫脫的個體人，以及個體人對自然界和其他人所產生的影響和作用，無意性認識活動不能產生社會認知，即不能產生人與人之間的關係和規則、社會規模及覆蓋面、社會的存在和規則、社會公共及其利益等等認知，也就是說無意性認識活動對社會幾乎沒有知覺。學習性認識活動是主體人擺脫無意性認識活動的唯一有效途徑，要不然主體人窮極一生也難以獲得從學習中得來的知識和經驗。學習性認識活動中所學到了知識和經驗都是他人發現性認識活動的成果，也只有通過學習主體人才有可能在他人的知識和經驗的基礎上產生發現性認識活動而形成新的知識和經驗，這就是人們之所以能夠對社會現象和認識本身產生知覺和認識的根本原因。他人的知識和經驗其實都是主體人發現性認識活動的墊腳石，沒有這個墊腳石，主體人的發現性認識活動無法確定目標（即對象），主覺也就無法被激活。沒有他人（前人）的知識和經驗作為基礎，那麼主體人充其量也只是一個受無意性認識活動支配的低能兒。所以筆者不主張對他人的觀點和理論給予過多的批判和指責，似乎踩著他人就可以抬高自己，其實表達自己就足以說明自己與他人的不同。其實他人（前人）的所有知識和經驗只要是在主覺被激活的情況下得出的都具有一定的合理性，甚至迷信、神學、宗教、玄學等等都有其合理性，唯心主義、唯物主義、懷疑主義、實證主義、實用主義等等都擁有合理成分，我們不能將其全盤否定。

發現性認識活動能夠甄別事物的許多細節，而且細節越分越細，於是就給人一種「本質」的感覺（當然這不屬於外向感覺），主體人就以為發現了事物的本質。對於事物「本質」的感覺來源於主覺的活性，是主覺在心靈能動態之中產生的關於事物最根本的東西的感覺，因為主覺是在人腦的長期自然演化過程中受人腦內部本真的作用和渲染而產生的內部知覺，所以主覺必然知道外部事物的本真情況，但是主覺深藏在大腦內部並不能確定認識對象（因為認識對象多種多樣），那麼主覺只能依靠外向感覺來確定，也就是說外向感覺其實是主覺的瞄準器。正是因為外向感覺的缺陷（認知缺陷）並不能精確提供認識對象，外向感覺只是一種模糊的印象，在這種情況下主覺無法產生完整的關於事物「本質」的認知，主覺只能產生關於事物「本質」的認知指向性，就是說外向感覺所提供的認識對象在心靈能動態之中只是產生一種指向本質的認知，關於事物「本質」的本真，主體人仍然不可知，這就是事物本質的指向性認知原理。

在主覺的視野裡，自然世界與主體人的關係如下：

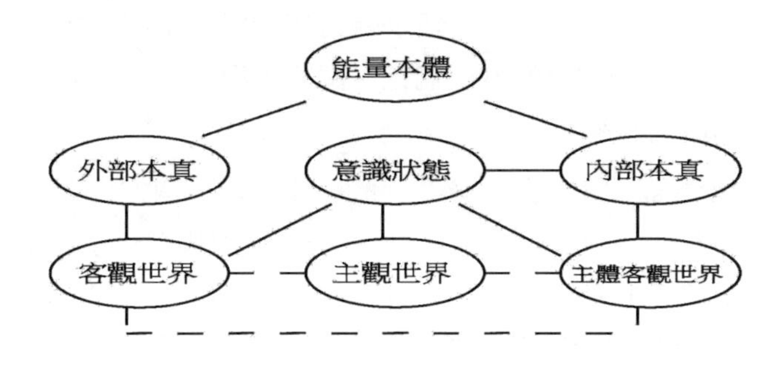

圖中意識狀態、主觀世界、主體客觀世界、內部本真構成主體，客觀世界、外部本真、主體客觀世界、內部本真構成客體，主體客觀世界、內部本真既屬於主體也屬於客體。意識狀態產生主觀世界，也產生客觀世界（包括主體客觀世界），客觀世界的背後是外部本真，主體客觀世界的背後是內部本真，外部本真和內部本真不可知，但是內部本真是產生意識狀態的原因。真正真實的自然世界是由意識狀態、外部本真、內部本真和能量本體組成，能量本體是自然世界的終極主宰。

主覺深藏在人腦的深處，主覺使人產生智性，使得思維產生活動，主覺可能就是一種腦細胞結構，可能就是一種能量及其規則，主覺還是聯繫主觀與客觀的紐帶。主覺從自然能量中直接獲得信息，並且與感覺信息進行比較，從而做出最終判斷。因為自然能量的信息具有普遍性，而感覺信息具有個別性，所以在判斷和解釋過程中總會出現個別與一般的矛盾。所以說，最真實的判斷和解釋只能是一般的普遍的，實際上人們接受的和運用的也只是一般的普遍的判斷和解釋，個別的判斷和解釋是會迷惑人的認知，但迷惑不了主覺。

3. 認識過程

既然個體人是認識的主體，那麼個體人的差異性在認識的過程中就會得到體現。不可否認個體人之間在認識過程上是有差異的，不會像教科書那樣具有範式，即從感覺、知覺到記憶、思維以及語言運用和想像力發揮的整個過程。普通人的認識過程不一定完整，對於許多事物的認識並不是在大腦裡獨立完成的，而是沿襲了認識的初始值，即祖先和前人留下的知識和經驗。許多普通人的感覺和知覺也是朦朧的，由於受無意性認識活動的影響沒有明確的認識對象，所以並不能完成範式的認識過程。範式的認識過程可能是對思想者的認識過程的描述，或者是對人類整體的歷史性發展的認識過程的描述，但是不能適合所有的人。人的認識過程之所以複雜是因為認識過程不僅是包含了人腦中的範式過程，還包括了人類認識的發展過程、個體人認識成長的過程、普通人的認識過程和思想者的認識過程。

人類認識的發展過程也就是人類智性的發展過程。南方古猿之所以從古猿分離開來取決於從樹上下到地面行走，地面的食物更豐富，有灌木、花草、樹根等植物，還有許多小動物供食用，由於雜食習慣，南方古猿獲取到碳水化合物、植物纖維、蛋白質和脂肪等多種能量和營養，腦容量增加到 500ml（比古猿大 30%），所以南方古猿能使用多種天然工具，但是南方古猿仍具有動物性，被動的應對自然資源和環境，其認識特性是條件反射和點觸式思維，由於群居生活方式，情感思維開始活躍。經過 200 多萬年的演化，南方古猿的一個分支進化成為能人。能人繼承了南方古猿的食性，但可以捕捉到稍大型的動物，腦容量增加到了 700ml。能人比南方古猿進步的主要表現在能夠製造粗糙的工具，能夠建造簡陋的窩棚居所以及發展出語言的雛形。能人的情感思維更進了一步，混沌思維開始活躍。在 100 萬年前，能人的一個分支直立人開始使用自然火來烹製食物、驅趕野獸和蚊蟲，並學會了保存火種。由於熟食習慣，直立人對食物能量和營養的吸收效率大為提高，腦容量增加到 1000－1200ml，出現不對稱的左右兩個腦半球，大腦皮層開始褶皺。直立人能夠製造更為精細的工具，其運動知覺基本完善，可以追殺較大型的動物，其食譜更加廣泛。直立人可以搭建更大更結實的住所，可以編織精巧的植物服裝，並用獸皮來製作衣物。直立人形成了豐富的口頭語言，人與人之間可以進行語言交流，情感可以進行表達，並對事物開始描述，直立人的情感思維和混沌思維得到進一步發展。直立人經過上百萬年的演化在距今 20 萬年前進化出智慧特徵，稱為智人。智人的腦容量達到了 1300ml，大腦兩半球對稱且充滿顱骨，大腦皮層褶皺出許多的溝和回，大腦形成多功能分區與感覺器官（感受器和神經通路）對應，小腦、間腦、腦幹、海馬體、胼胝體、松果體等等功能對意識活動產生作用，在物質上智人的大腦與現代人相差無幾。智人憑藉強大的大腦一躍成為自然食物鏈的頂端，沒有無法對付的天敵。智人的語言（口語）能力非常強大，可以描述複雜的事物和事物之間的差別，人與人之間主要依靠語言來溝通和交流，用語言來表達情感。智人還發展出形象思維、抽象思維和想像力，在世界各地留下了形象生動的岩畫。6 萬年前尼安德特人在西班牙洞穴中所畫的岩畫被鑒定為迄今所發現的最早的人類藝術，尼安德特人岩畫所用的顏料是一種主要含氧化鐵的礦物混合物，可見尼安德特人具有礦物的認知能力和開採、加工、研磨礦物的技術。

遺傳學支持現代人非洲起源說，約 6 萬年以前，一支獨立的智人從埃塞俄比亞高原出發走出非洲，走向世界各地，是高加索人、蒙古人、尼格羅人和大洋洲人共同的祖先，被稱之為晚期智人。晚期智人的腦容量、腦結構和腦功能與現代人一樣，晚期智人掌握了人工取火的技術，用燧石取火和摩擦取火免除了保存和攜帶火種的麻煩，晚期智人在製造工具上具有極大的進步，可以用工具來製造、改良工具，晚期智人還掌握了製造舟船的技術，可以渡過河流、湖泊和海洋，晚期智人在繁衍上已經意識到直系血親通婚的危害而形成異姓異族的通婚制度。種種跡象表明，晚期智人已經產生出了理性思維的萌芽，對一些非直觀的事物對象有了一定的知覺，但是晚期智人仍然沒能擺脫採集狩獵的生活方式，其遷徙遊走的特性是走向世界各地遍佈各大洲的主要原因。

約 1 萬年以前，農業定居生活方式的產生標誌著現代智人的形成。晚期智人用了短短的 5 萬年時間（與人類總的進化過程比較）就發展出了高智慧，現代智人（簡稱古人）開墾了廣袤的田地，建造出龐大而堅固的木制和石質房屋以及擁有街道和排水設施的城市，能夠製造出較大型的船隻和車輛以適應客運和貨運需要，豢養牲畜以提供源源不斷的蛋白質營養，金屬冶煉技術滿足了各種工具和兵器的需要，其語言可以表達出對抽象事物的描述。古人在思維上已經具有了討論虛擬事物的能力和想像的能力，神話傳說成為精神文化的主要內容，而且神話中的眾神與各種自然現象一一對應，這說明現代智人已經產生認識對象的知覺，巫術和占卜術在社會生活中的廣泛運用說明古人的思想已經滲透到了自然現象裡面，有總結和運用認識經驗的傾向。約 6000 年以前古人發明了文字，這極大的促進了思想的交流、傳播和存儲，古人借助於文字和語言符號最終發展出理性思維。古希臘智者就是憑藉純形式的語言文字符號來進行教學、計算和思辨研究，為人類現代文明打下了堅實的基礎。在此筆者需要強調的是，理性思維的出現是一種現象，只是說有些古人具有了理性思維的能力，而並不意味著每一個古人都具有理性思維的能力，大多數的古人個體人並不具有這種能力。從人類認識發展的過程來看，在晚期智人以前（包括晚期智人）的認識能力在現代個體人之中是普遍存在的，這也是現代個體人在認識上智性上的初始值，但是在現代智人形成以後（即 1 萬年以來）個體人們由於受社會分工的影響認識能力出現差異，有的個體人或群體的思維停留在了晚期智人時代，而有的個體人或群體得到了進一步的發展。從人類認識發展的總的過程來看，在晚期智人之前的認識發展過程是純自然的過程，在現代智人形成以後的認識發展過程是自然過程與社會影響共同作用的過程。

個體人認識成長的過程開端於出生前其母體卵子受精之時。父親、母親在生育前的一些嗜好和習慣會影響到受精卵的品質，如抽煙、喝酒、吸毒、服用藥物等。母親在懷孕後的營養供應、心情和運動狀況也會影響到胎兒的發育，胎兒在母體內的孕育過程也是孕育認識能力的過程，也是受精卵細胞的分化過程，一個細胞分成兩個，兩個變四個，四個變八個，以此類推到出生時（10 個月或 280 天）分化出 1 萬億個細胞組成各種器官，大腦和神經系統發育的優劣直接關係到新生兒的天資。胎教在科學上不能被證實有效，胎兒與母體沒有血液相通，也沒有感覺神經相連，胎兒與母體幾乎是獨立的個體，隔著肚皮胎兒也聽不清母體外清晰的聲波振動，但是母體會對胎兒產生間接影響，如果母親在懷孕過程中仍然抽煙、喝酒、吸毒和服用藥物，那麼有毒元素會通過臍帶和胎盤進入胎兒體內，影響胎兒的健康發育。

新生兒剛出生在視覺上有四個特點，一是視覺模糊，不能精准成像；二是色感缺失，只有黑白兩種顏色；三是景物倒立，視覺倒像沒有被糾正；四是對光線不敏感，趨光性本能尚未激活。在聽覺上，內耳還未發育完整，對聲音無知覺，更不能判斷聲源。新生兒出生後總是體現出平靜的狀態，但是內在的生理需求卻非常活躍，對能量的需求十分強烈，也就是要吃。新生兒可以從乳頭或奶嘴第一次觸碰就記住了食物的方位，其強有力的吮吸是完全無意識的。新生兒與外界的唯一溝通方式是哇哇大哭，哭是新生兒表達不如意（其實並沒有意識）的法寶，在要吃時和體感不適時通過哭來發出信號。這時，自然能量在安排、指揮一切，細胞分化仍然在進行，各種感官都在緊鑼密鼓的完善之中。到 5 - 6 個月大時，視覺開始清晰，彩色開始出現，視覺倒像被糾正，可以感覺到白天與黑夜的差別了。聽覺產生了聲音知覺，還可以判斷出聲源的方向。這時各種情緒開始出現，呀呀學語，會笑，並產生對家人的依戀感，排斥不認識的人，即認生。到 1 歲左右，嬰兒的肢體基本發育成熟，可以站立，蹣跚學步，表現出好奇心和行為主動性，開始講話，能發出簡單語音。到兩歲時，感官已經基本發育完整，可以感受到自己與其他人的獨立關係，自我意識開始萌發，有自己動手做事的傾向，對不如意的事情會生氣或發脾氣。在兩歲之前，新生兒體現出以身體為中心和以生理需求為中心的認知特性。

到 3 歲時，兒童的語言能力突飛猛進，可以用語言表達心情感受，也有了語言交流的能力，開始學習社交，可以主動打招呼。這時自我意識已經形成，對自己的物品有強烈的占有欲，能夠表達自己的願望和要求。3 歲是兒童成長的關鍵時期，其大腦快速發育，許多第一次的認知素材開始積累和存儲，自我意識和性格業已成型，其思維能力、學習能力、語言能力對往後的成長過程將起到重要作用，所以有從 3 歲看一生的說法。4－6 歲表現出興趣愛好，喜歡音樂、繪畫和聽故事。對事物的好奇心更強，好問「為什麼」，有探求事物原因的衝動。這期間，懂得了物品的用途，喜歡擺弄物件成為「搗蛋鬼」，從外觀上可以判定食物，喜歡與小夥伴一起玩遊戲，喜歡閱讀小人書或看動畫片，能說出自己的姓名、年齡、性別、住址和父母的姓名，有時間觀念，在意別人對自己的評價。這一時期的認知特點是思維更活躍，對現象充滿好奇，形象思維、想像力開始形成，有被他人認可的需求，觀念開始成型。

到了 7－13 歲，能夠對物品進行分類，懂得物品離開視線仍然還存在，對長寬高尺寸與體積產生關聯，能對事物進行排序（如人的高矮胖瘦、年齡以及物品的大小輕重等），開始關心他人，能注意到他人的感受，在行為上開始自律，具有了數位計算的能力，能夠把事物的大小序列抽象到數位大小的排序之中，這時的自我意識已經固化，觀念已經形成並成為支配意識活動和行為的力量。這一時期的認知特點是，空間知覺開始形成，出現邏輯思維的萌芽，對家人的依戀感降低，自我決定感加強，具有與長輩平等的認知傾向。在 14－16 歲期間，獨立感被加強，能夠獨立應對複雜事情，能夠處理不同的人際關係，開始有了自我隱私，與家人的溝通減少，能夠意識到自我與群體的關係，把群體的榮譽納入到自我的榮譽感之中，能夠閱讀書籍，可以把自我的感想書寫記錄下來，在計算上可以脫離具體事物而進行純形式計算。這一時期的認知特點是，自我意識已經成型，開始產生社會知覺，邏輯思維基本形成，能夠對複雜事物表達和描述。到 17－19 歲，經過從小到大的學習積累，也通過與他人的溝通交往，心智已基本成熟，步入到成人的行列。這時的觀察力大為提高，能夠主動的學習、模仿和思考，意志力產生，懷有對未來的憧憬，開始規劃人生，具有社會化的潛質。這一時期在正常情況下情緒穩定，與他人的情感交流減少，對異性開始關注，性衝動時有發生。這一時期的認知特點是，理性思維初步形成，情緒波動減小，人格出現穩定狀態，對家人的依戀感消除，有獨立思考的主見。

以上從降生到成年的個體人認識成長的過程主要體現為在現代社會受系統教育的情況下反映出來的認識成長過程，有許多人並不能完整的完成這一過程，中途輟學的情況時有發生，就導致在心智、知識和認識能力沒有全面發展的情況下步入社會而帶來對人生的不確定性，甚至拖累社會做出一些有危害的行為。如果社會教育體系沒有適應個體人認識成長的循序漸進的過程，那麼也不會培養出具有觀察力、意志力、有主見、獨立思考和理性思維的社會真正需要的人。填鴨式教育用浩瀚的知識來淹沒成長中的個體人的認識，使其心智和認識能力發生扭曲，也不會培養出社會需要的合格的人。洗腦式教育用偏頗的狹隘的觀念和知識來灌輸成長中的個體人，其實是剝奪了成長中的個體人的認識能力，使其成為「有文化」的野蠻人（認識能力缺失的人）。

普通人的認識過程。普通人是一個人對人賦予的概念（或詞彙），是個體人對他人或者個體人對自己的一種認定（這種認定含有貶義），認為與大多數人相同或相近的人就是普通人。普通人的特徵就是一般化，平凡而不別致，沒有突出於大多數人的特別之處。普通人概念的內涵和外延難以精確判斷，人們的角度、側重點、目的不同會導致普通人的認定出現偏差和矛盾，比如說被統治者對於統治者都是普通人，上流社會的人認為非上流社會的人是普通人，大學教授可能認為求學者和文盲是普通人，醫生會認為不懂得珍惜自己身體而患病的人是普通人等等，一個人認為別人是普通人，但是另一個人則認為他自己（認為別人是普通人的人）也屬於普通人。如果對於自然界而言，每個人（所有個體人）都是普通人，也可能每個人都不是普通人，對於自然災害、疾病和死亡，每個人都是普通人，對於一種動物，每一個人都不是普通人。所以說，普通人是一個相對的概念，是人對人的一種認定。那麼，普通人可不可以成為一個絕對的概念呢？普通人成為一個絕對的概念必須要拋開社會性因素，從自然最根本的特性上來判定，這就是人的智性。人對人的普通人認定只有在智性上來判定才具有真實的效力，智性就體現在普通人的認識過程之中，與普通人相對的是思想者。

個體人之所以成為一個絕對的普通人與他的成長歷程是分不開的，如果他從小被灌輸（各種途徑和力量都會強迫他接受）陳腐的落後觀念，比如迷信、命運、自私、鄙視他人、權力崇拜、貪圖小恩小惠等等，而且不積極主動學習知識，那麼他成年以後成為普通人的概率是很大的，如果他中途輟學，那麼基本可以斷定他未來就是一個普通人。如果他即使讀完高中、大學課程仍然缺乏自學精神，那麼他也極有可能成為一個普通人。成年人（不限年齡性別職業）是普通人的主要隊伍，一個絕對的普通人是受制於認知缺陷的人，也是懷揣傳統觀念崇拜祖先的人。

普通人的感覺不一定參與到了認知的過程中，感覺和知覺不是其觀念、知識、經驗的源泉，他的觀念、知識和經驗一部分是習得的，是效仿、臨摹前人和祖先的遺傳，一部分是先天的先驗存在，就是說他（們）的感覺和知覺並沒有親自形成對事物的認知。普通人的感覺只是停留在了滿足生理需求上和支撐行為行動上，知覺只是圍繞吃喝拉撒睡性運轉，生活經驗來自於代代相傳的習俗和習慣，自我添加的或改進的經驗很少或幾乎沒有。普通人的認識活動基本屬於無意性認識活動，感覺和知覺不能確定認識對象，或者對對象的認識非常模糊，自然現象在眼前和身邊一晃而過，甚至重複出現也不能捕捉到認識對象，不能超出生理需求和行為行動來錨定一個事物的屬性，對自然現象不能做出解釋。對於直觀性認識對象是如此，對於非直觀性認識對象更是沒有知覺，社會關係的認知僅限於親緣關係和熟人關係（這兩種關係屬於滿足生理需求上和支撐行為行動的關係），沒有社會權利意識，沒有社會規則意識，對社會事物不關心不評價。普通人對於陌生人只是回避和畏懼，不知道在陌生人跟前自己也是一個陌生人，跟陌生人交往都帶有某種僥倖心理，被陌生人坑騙或傷害後只是認為運氣不行，沒有思考社會問題的能力。普通人的認識過程與範式的認識過程是不相符的。

普通人的觀念是在自我意識形成之後，在知識和經驗學習積累之前接受的。觀念是被植入，而不是自己的大腦通過認識活動自然產生的。早期觀念的產生有三個基本途徑，一是受家庭小群體的言傳身教的渲染，二是社會化過程的被動效仿，三是受洗腦教育的強行灌輸。觀念的輸入符合洛克的白板說，但是知識和經驗的習得就不是白板上印記這麼簡單，是心靈喚起的過程。觀念的輸入是憑藉滿足生理需求為基本條件，就是說滿足於個體人的需求是以接受特定的觀念為條件，這就意味著不接受觀念就不能滿足需求，或者就會令人不悅受到責備而危及到需求的滿足，個體人在成長過程中都會聽到父母祖輩常說的一句話，就是要「聽話」，要聽話的語義就是要接受觀念的灌輸，這有點類似於馴養動物的做法，製造條件反射來強行植入觀念，由於個體人成長時的柔弱無助，觀念灌輸幾乎是百試不爽。如果父母祖輩也是普通人，那麼他們壓根就不懂得灌輸觀念的危害，很有可能在幼小的潔白的白板上印上陳腐觀念的汙跡，為日後成長和社會化埋下不利的隱患。人們常說的「階級固化」在很大程度上在個體人的成長過程中就已經開始了。

由於普通人從小就直接接受觀念而不是自我形成觀念，就使得個體人記憶儲存本不屬於他自己的觀念，我們從普通人的記憶特性上可以觀察到，他（們）只對已吸收的既定的觀念記憶深刻，而對事物發生變化的原因、過程、結果和效果無知覺，無觀察能力，也無記憶，對事物的細節以及對挫折和教訓都容易健忘。由於觀念在意識中的統轄作用，他（們）對知識和經驗的習得性就受到觀念的制約，使得學習效率大為降低，甚至對學習無需求，這就導致認知素材積累少，不能繞過認知缺陷來思考。在思維上，由於點觸式思維的特性，發生一個需求才產生一個思維，或者觀念遇到碰撞才有一個思維，普通人缺乏連貫的關聯性的系統性的思維能力，不能聯想，想像力也貧乏，思維僅限於既定的觀念，無法對觀念進行檢省，更沒有檢討認識的能力。由於思維能力的不足，普通人在思維上具有惰性，不會主動的思考什麼，所以在行為上體現出從眾心理，盲從，容易被蠱惑和欺騙，容易產生恐懼、瘋狂、無奈、憤懣、痛苦等心理狀態，不利於認識的深入發展。普通人由於自我意識認可和觀念的雙重作用，在思維上多以情感判斷為主（這可能是感性思維概念的由來），對親近的人或觀念相同的人無條件的極力維護，而對生疏的人沒有知覺，對不同的觀念十分排斥，因而無正義感和善惡感，沒有處事原則，行為上隨意性強，人格不穩定，常常做出漠視他人的尊嚴和權利的事情。由於普通人以相同或相近的觀念為與人交往的標準，所以他們的交友圈子基本固定，由於觀念上和資訊上不能互補，這也嚴重影響到他們對事物的認識，認識能力不足會對新事物不敏感，缺乏好奇心，在紛繁複雜的社會生活中表現出自卑和消極的情緒，甘願平庸，或者追求平庸，心理空虛，悲觀，充滿幻覺幻想而不能腳踏實地。由於普通人的情感思維特點，興趣愛好侷限在功利層面，崇拜權力和金錢，以感官快樂為追求目標，有的甚至低級趣味而染上酗酒、吸毒、好逸惡勞等不良習氣，對待批評十分反感，重複每一天，無進步和提高的願望。在語言運用上，普通人的詞彙量很少而且基本固定，用簡單的語句或固化的風格來描述事物，語言表達侷限在觀念和經驗範圍，不能準確的表達內心感受和心得體會。

絕對的普通人不一定是市井小民，有可能是一個國家、一個社會的任何人，不論其權位高低，也不論其財富多寡，都有可能是普通人。普通人的內心世界是昏暗的，充滿原始思維，傾向於暴力、野蠻和愚昧，普通人的認知缺陷是一個巨大的社會問題。

思想者的認識過程。思想者的成長經歷與普通人相比沒有根本的區別，都是由父母所生，由家人撫養長大，都經歷了從0歲到18歲成年的漫長發育過程。甚至思想者在成長過程中與普通人無異也接受了同時代的觀念輸入，本來也可以成為一個普通人。思想者在天資上也與普通人無異，據說愛因斯坦的大腦在結構上和功能上與他人沒有任何差別，愛因斯坦的腦容量甚至還比正常人偏小（只有1230ml），可見個體人們在智性上是同處一個自然天賦基礎之上，思想者之所以能夠從普通人之中脫穎而出，其主要原因還是在於後天的自我變化。思想者與普通人的分野其實在成長過程就已經開始了，思想者能夠抵禦各種欲望的誘惑，自律心比較強，對知識充滿渴望而勤於學習，不滿足於學校課堂的學習內容，培養出自覺的自學精神，博覽群書，用知識來豐富自己的頭腦。隨著知識的積累，觀察力和洞察力得到充分發展，漸漸產生對直觀性事物細節的知覺，理性思維開始形成，進而對非直觀性事物的細節也產生知覺，通過觀察、思考，在大腦裡生成自己對於事物的獨特認識，對頭腦裡的既有觀念進行慎密的審查，排除不合理的成分，最終形成屬於自己的觀念、思想和理論。

思想者由於積極的學習、主動的觀察、冷靜的思考，其認知素材規模日益擴大，主覺對於複雜事物被喚醒（筆者認為讀50本雜書或修學兩個專業以上可以喚醒主覺），這時心靈能動態處於活躍狀態，記憶可以自動的被調取，思維自動的在認知素材之間匹配，主覺和心靈能動態在認知素材範圍內自動的搜尋能量意義（參考系就是認知素材規模對主覺和心靈能動態而言的參考、搜尋體系），主覺賦予心靈能動態以細節感而產生細節思維，內向認知能夠排除情感和喜好對認識過程的干擾而產生細節認識，所以細節思維又稱為理性思維。在細節感的驅使下，思想者會尋找、發明和使用最能助於認識的手段，如放大鏡、望遠鏡、顯微鏡、CT斷層掃描器、MRI核磁共振掃描器、高能粒子對撞機等等，來放大或拉近認識對象，以獲得更細微的真實認識。在這一過程中，外向感覺和知覺成為了主覺和心靈能動態的瞄準器或捕捉器，所有的訊息被送到心靈能動態中被主覺審視、篩選和判定。無意性認識活動也參與到了認識過程，外向認知獲得的感覺和知覺信息儲存在了大腦隱蔽區域，內向認知可以喚醒、調取許多不經意的無意識獲取的知覺信息參與到思維的自動匹配過程。即使非直觀性認識對象在主覺和心靈能動態的作用下也可以顯現細節，理性思維能夠區分和甄別各個細節的關係及發展變化狀態，主覺時刻處在活躍狀態，遇到許多問題、許多事物的細節能夠快速的作出判斷。思想者主動自覺的採用邏輯思維、因果思維、立體思維、系統思維來剖析認識對象和建構自己的理論體系，只有思想者才能夠產生主觀和客觀、主體和客體的認識，普通人沒有這個知覺。對事物及其關係的本質的感覺也是思想者獨有的，由於對事物及其關係細節的認識越來越豐富，思想者普遍會產生事物本質的認識衝動，甚至一些思想者自認為已經把握了事物的本質和發展變化的規律，諸不知他們的認識也僅限於客觀的知覺，由於人的認知缺陷，思想者的認識也不可能達到和深入外部本真和內部本真，思想者的認識只能形成本質（本真）的指向性，可以無限的接近本質（本真），但無法進入本質（本真）。思想者可以反映部分真實的情況，其思想和理論仍然具有普世的價值，所以也能夠被其他人學習和接受，思想者可以喚醒人，並可以廣泛推廣，從這個意義上說，思想者的思想和理論並不完全屬於他自己，雖然是由他發現和整理，但是其思想和理論屬於全人類和全宇宙。

4. 認識的產物

我們知道，認識活動和認識過程不會是孤立的開展和進行的，有許多心靈現象的伴隨，有自我意識的伴隨，也有觀念的伴隨，情感、喜好的伴隨，以及認識目的、認識方法的伴隨，反過來，認識也可以對伴隨物進行認識，這就使得認識的產物極其豐富和複雜。認識的直接產物有經驗、知識和新觀念，在加上認識的伴隨物的認識，似乎認識具有多維度的產出能力，並不像教科書所說的那樣，認識的結果只是知識。

個體人的自我元衝動早於認識活動和認識過程，新生兒從降生的那一刻起就有自我元衝動，表現為對能量的需求和對環境舒適的需求。自我元衝動具有強烈的內向性，需要從外界補充能量，外界需要滿足內在的各種需求，自我元衝動是來自於純自然的內在衝動，無需意識活動的參與，屬於自然全自動的能量衝動，這也是最原始的自我衝動。隨著新生兒細胞的進一步分化，大約在1－2歲時自我元衝動發展為自我意識。自我意識的萌發也標誌著認知活動的開始，這時主體人會對外界做出許多主動的反映，如滿足而微笑、抓東西、呀呀學語等。2－3歲時自我意識發展為自我知覺，知道了自己與別人的不同，語言上經常使用「我」字。4－5歲時自我觀念形成，主體人對自我賦予了意義，愛漂亮，愛聽對自己的誇獎和表揚，認可自己的長相、形體、性別、家庭等。6－7歲時產生自我認識，能夠察覺自己的情緒，可以評價自己的行為，產生人生願景（如長大了想做什麼人），並能夠控制自己的行為。從此，主體人的自我認識一直處在不斷的發展過程中，認識自己，發展自己，反省自己（最初的反省動力來自於外界），直到理性思維形成，主體人對自我的反省和剖析才深入到大腦的內部，形成系統的理論性的認識總結。主體人成年以後，各種前發生的自我心靈形態並沒有隨著更高級的自我認識產生而消失，自我元衝動、自我意識、自我知覺、自我觀念和自我認識都同時存在，同時作用於主體人。自我認識的最高形態是他我的產生，即他人的自我在主體人的心中產生權重，被心靈能動態捕捉，並賦予意義。

最初的觀念都是外界植入的，主體人在幼小時期沒有產生觀念的能力，涉世不深，見到、聽到、觸感到的事物非常有限，不足以形成觀念，可以說主體人在成年之前並不擁有屬於自己的觀念，所有的觀念都是習得的。主體人接受的觀念為什麼會有效呢？或者說觀念為什麼能夠被主體人接受呢？這是因為觀念是前人和祖先歷經千萬年的積累，是前人和祖先感官知覺的產物，主體人與前人和祖先有著相同的感官知覺能力，在自然能量上有著相同的湧動規則，所以主體人可以繞過自身的感官知覺直接獲取和儲存觀念。主體人習得觀念的好處在於從小就可以激化智性，免於從零開始發展智力，加速明白事理的過程以提高認識能力。事實上主體人從降生到 6、7 歲由於觀念的輸入就已經發展出比所有動物更高的智力和認識能力，為日後的進一步成長打下了堅實的基礎。但是，由於觀念的統轄作用，主體人在日後的成長過程中由於觀念的制約難以產生更高的智性。如果主體人在後期的成長過程中忽視學習，或因為種種原因導致學習效率不高，那麼既定的觀念（舊觀念）會伴隨他的一生，並對認識能力產生不利的影響。其實所有的人在成長過程中，在認識活動和認識過程之時都有舊觀念伴隨，直到理性思維的形成才能夠對舊觀念進行反省和剖析而產生新的觀念。觀念具有心靈的統帥作用，能夠支配人的言行，沒有不受觀念支配的人，頭腦裡不是這種觀念就是那種觀念。觀念的形式多種多樣，有風俗、習俗、習慣，有文學、理論、思想，有音樂、歌曲、故事，有文化、教育、思維方式，還有主流意識、價值觀、世界觀、人生觀等等。觀念以多維度方式存在於主體人的心靈之中，觀念也從外界以多角度多形式作用於主體人心靈，在理性思維不活躍的情況下，主體人無法抵禦觀念的衝擊，只能被動接受。

人的情感也是較早產生，從嬰兒時期就已經開始了。情感發端於自我意識，並在觀念輸入過程中被強化，所以說情感是自我意識、自我知覺、自我觀念和既定觀念的產物，也是自我意識、自我知覺、自我觀念和既定觀念活躍狀態（注，自我形態與既定觀念構成心態）。符合自我形態和觀念的情感叫正情感，或積極情感，反之叫負情感，或消極情感，正情感是指自我形態和既定觀念的傾向性和依附性，表現為對人、對事、對物的認可、認同和依賴。負情感就是自我形態和既定觀念的否定性和排斥性，表現為對人、對事、對物的不認可、不認同和排斥，所以說情感產生喜好和厭惡、熱情與憎恨。由於情感完全產生於主體人自己，且具有一定的穩定性，並不是對自然世界的一種反映，所以情感在認識的活動中和認識的過程中會使得心靈能動態發生偏移，阻礙正確認識的產生，影響認識的效率。情感也可以說是心態的產物，一般情況下深藏於心靈的深處，但是情感有兩個明顯的外在表徵，一是態度，二是情緒，態度和情緒可以反映出情感的真實狀況。態度是情感的傾向性外在表徵，有和藹的態度、生硬的態度、恭敬的態度、蔑視的態度、負責任的態度、推卸責任的態度等等，在態度的背後支撐的其實是情感。在社會生活中，同情心和憐憫心是非常重要的態度，對社會性的認識活動起著非常重要的發力點作用，就是說對社會的許多認識是從同情心和憐憫心開始展開的，缺乏同情心和憐憫心難以啟動認識。情緒是情感的依附性外在表徵，表現為喜怒哀樂、驚恐猶思、以及嫉妒、慚愧、羞恥、自豪等。情緒也有正情緒和負情緒之分，正情緒也叫積極情緒，負情緒叫做消極情緒。所謂積極和消極情緒是針對主體人的心靈感受和體驗而言的，對於認識活動和認識過程，積極、消極情緒並不絕對，積極的也可能是消極的，消極的也包含積極。比如說，快樂和幸福，是主體人的積極情緒，但是快樂和幸福並不利於認識，快樂和幸福沒有認識的動力，主體人不會對快樂和幸福及其原因展開認知、思維和反省，對於讓主體人快樂和幸福的事物，主體人沒有認識的需求。憤懣和痛苦，對於主體人是消極情緒，但是憤懣和痛苦在主體人的冷靜狀態下，對於讓主體人憤懣和痛苦的事物，卻可以促使主體人思考和反省。理性思維也可以產生情感，理性並不排斥情感，理性思維會對自我意識、自我知覺、自我觀念和既定觀念進行深入的審查，排除不合理的因素而形成新的自我形態和新觀念，使得心態發生變化，產生新的情感，新的情感也會在態度和情緒上外在表現出來。

認識的目的是否存在呢？如果認識沒有目的，那麼主體與客體的相遇就是隨機的，如同碰撞球遊戲，碰撞一下產生一個認識，就如同有的理論認為，認識起因於主客體之間的相互作用。這種理論可以解釋早期人類對自然火的利用。如果認識是有目的，那麼主體人就會選擇客體，並對客體的某一屬性預先當做認識的目標，就如同人工火技術的發明。認識起因於主客體之間的相互作用的理論可能適應早期人類和現代普通人，但不適合理性思維下的認識活動。理性思維具有明確的目的性，就是主體針對特定客體的細節（或某一細節）集中注意力並採用認識手段來展開認識活動，甚至認識手段的選擇和改進都以認識目的為標準，只有這樣，理性思維才能有效進行。從自然世界的合目的性來看，客觀目的性包含在了所有的事物之中，特別是生命形式無一不體現合目的性，人類也不例外。從認識的歷史發展來看，人類的認識並沒有體現出完全的隨機性，都具有一定的目的，主要為了食物能量、安全和繁衍，即使原始人也不會盲目的去作用於自然界。實際上個體人在日常生活中，在處理社會關係中和處理事務（包括社會事務和工作事務）中，總是表現出明顯而強烈的目的性，如農業種植是為了收穫，烹飪食物是為了獲取能量和營養，家庭和睦是為了共生關係，興修水利是為了安全和保護收成等等，在實現目的的過程中總是以認識活動為主導（即顯意識目的），所以說認識是有目的的。認識有目的，這就意味著認識目的要早於認識活動而存在，並且在認識活動和認識過程中一直伴隨。實際上我們也不難觀察到，認識活動中的調整和認識過程中的修正都是在認識目的的監控下進行的，再認識更加是在認識目的的指引下開展起來的。

認識方法是人的智性的具體體現，不同的認識活動和認識過程體現出不同的智性，也就展現出不同的認識方法。在無意性認識活動中，由於被動的感受事物，主體人體現出愚鈍的智性，其認識方法十分原始，此時自然本能支配和主宰著主體人的一切。當混沌思維發展出來以後，主體人的認識方法也隨之萌發，但也只是簡單的分類方法和類比方法，可以將萬事萬物在頭腦中區分為大的類別，如天地日月的區別、山河湖海的區別、動物植物的區別等等，也可以將家人與陌生人予以區別和將溫度的高低、重量的輕重等事物的程度予以區別，並將這些區別和差異儲存於記憶之中。只有在主覺被激活以後，理性思維產生，認識方法才出現爆炸式的增加。分類方法更加細膩，可以區分事物內部和事物之間極其細微的差別，如各種岩石和土壤的差別，動物的差別和植物的差別等等，併發展出分類學。類比方法應用到了不同事物之間的相似關係上，並加入了聯想和想像，如通過飛鳥和蜻蜓的飛行就聯想和想像到了人的飛行，通過對蝙蝠和海豚的研究就聯想和想像到了超聲波、雷達和聲吶技術等等。觀察法、查詢法、學習法、思辨法、實踐法、實證法、懷疑法、實用法等等認識方法如雨後春筍般湧現，單就思辨法就衍生出形式邏輯法、因果關係法、系統法、分析法、抽象法、綜合法、結構法、功能法等一系列的方法。人們在認識過程中運用不同的方法就會獲得不同的認識結果，認識活動也對認識方法產生反映，形成顯意識的方法知覺，能夠對各種方法擇優選擇，主動的開展認識活動。與之同時，認識活動能對認識方法歸納總結，把認識方法也當做認識對象，發展出高智慧的認識論學說和方法論學說。

經驗是認識的直接產物。經驗是指主體人在認識目的的引導下通過自身的外向認知對外部事物的模糊（混沌）印象的認識總結。經驗是點觸式思維、情感思維和混沌思維的認識結果，具有淺層表像性、模糊混沌性、直觀體驗性、簡便實用性的特點，經驗不對事物及其發展變化的原因進行考究，也不對事物的細節作出反映，所以經驗不具有認識上的確定性、可靠性、嚴謹性和系統性，經驗是零散的認識總結，只是適合人的基本生存。每個人都有產生經驗的能力，被火燙傷很疼就明白了不能直接觸碰火，被動物咬傷很痛就知道了動物的危險，被家人關愛就懂得了家庭的溫暖等等，針對不同的事物會產生不同的經驗。由於主體人的「域」的缺陷，任何人都不可能完全憑藉自身的認識總結獲取所需的所有經驗（直接經驗），但是可以通過他人的言傳身教獲得他人的經驗（間接經驗），經驗通過心靈喚起過程從傳授者那裡轉移複製到學習者心裡來完成學習過程，經驗還可以通過學習者單方的效仿來取得。經驗的產生能力和學習、模仿、記憶、調用及反應能力可以體現出個體人的智性，主體人活動能力越強活動範圍越廣，其總結出的直接經驗越多則智性越高，反之則越低；主體人學習、模仿能力越強，獲得的間接經驗越多則智性越高，反之則越低；主體人的經驗記憶力越強、應用越準確、反應速度越快則智性越高，反之亦越低。經驗與既定觀念（舊觀念）一般不會發生衝突，經驗與觀念有相輔相成的作用關係，經驗是觀念的支撐，觀念對經驗具有統領作用。

知識也是認識的直接產物。什麼是知識呢？知識是指被理性思維總結的能夠適應全人類的認識結果。首先，知識是由思想者發現和總結出來的理性認識。知識不是由人類總結產生的，群體人和全人類因為沒有統一的共用的大腦，所以都不可能產生知識（原產）。普通人如果沒有發展出理性，其大腦也不可能產生知識。只有思想者的大腦才有產生知識的能力，具有理性思維的個體人才是知識的源泉。理性個體人們通過認識活動和認識過程一點一滴的發現，總結積累成為許許多多的點滴知識，並通過理性思維把知識彙集整理成為知識體系，於是就形成了系統的廣泛的知識；其次，知識可以傳播，在心靈喚起過程的作用下，知識從傳授者那裡轉移複製到學習者的頭腦中，知識在傳播過程中對所有的個體人都有效，知識的內容在應用上也對所有的個體人有效，不會因為個體人的種種差異而出現知識內容的相應變化，知識適應於全人類（個體人的集合）。知識在傳播的過程中具有增值效應，傳播者的知識不但沒有減少，反而會更加牢固，學習者不限數量個個都會獲得等量的，甚至是超值的知識。

知識具有嚴謹性、細緻性、真實性、穩定性、複雜性、系統性和可傳播複製性的特點。由於知識是在思想者的大腦裡，因為主覺被激活，在主覺和心靈能動態的共同作用下通過理性思維而產生的，在認識活動和認識過程中排除了情感和喜好的干擾，所以使得知識的內容十分的嚴謹，一步連一步，一環扣一環，沒有隨心所欲的跳躍和間隔。主覺和心靈能動態的共同作用下的理性思維明確了認識對象，並且自覺的運用認識方法和認識手段對認識對象的細節產生了知覺，反映出認識對象的許多維度和程度，並進行細緻的量化或剖析，如溫度的程度量化、力度的程度量化、亮度的程度量化、質量的程度量化等等，可以分割成許多細小的程度差異。由於知識的細緻性，總是給人以真實感，實際上因為主覺帶來的自然根本的信息，知識必然會促使人產生真實的感受。但是，由於人的認知缺陷，自然最根本的真實並不能被大腦完全接受和反映，即使思想者運用理性思維也只能獲得自然最根本的真實的指向性，儘管如此，知識還是會具有一定程度的真實性。真實性派生出穩定性，真實的必然是穩定的，不會像萬花筒一樣變化多端。正因為知識的穩定性，在任何人的跟前只有一種面目，所以才能夠被人學習、研究和推廣。但是，知識的穩定性也不是絕對的，隨著認識的深入，新的知識將取代舊的知識，舊知識的穩定性被打破，新知識又建立起新的穩定性。知識的產生本來就是對複雜事物的嚴謹、細緻的認識，這使得知識非常的複雜，概念、屬性、結構、功能、原理、規律等等是一門知識的主要內容。由於思想者眾多，使得知識內容變得十分的複雜，對自然力的觀察產生了力學，對電磁現象的觀察產生了電磁學，對物質元素的觀察發展出化學，對細胞的觀察研究形成了細胞學等等。許多學科經過積累匯總組成為知識門類，如物理學、化學、數學、生物學、經濟學等等。在主要門類的基礎上還發展出邊沿門類，如物理化學、數學物理、生物化學、生物電學、生態經濟學等等。迄今為止，人類積累下來的知識內容已經達到了天文數字，沒有人能夠窮盡之。由於理性思維的嚴謹性和知識內在的邏輯性，使得知識形成廣泛而龐大的系統，知識與知識之間相互交織、相互滲透、相互支持，知識的系統性體現出自然能量的系統特徵。

知識對人類的影響是深遠的，知識可以有效解釋許多現象，可以增進個體人的智慧，還可以應用到實際生活之中以改變人們的生活方式。人類對一些自然現象的解釋由來已久，古人在很早以前就表現出解釋的欲望和衝動，古印度人認為日食和月食是因為巨龍吞吃了日月，古華夏人則認為日食和月食是天狗吃了日月，古希臘人把日全食解釋成為「太陽拋棄了地球」，《荷馬史詩》裡有因發生日全食鏖戰雙方當即停戰休和的記載，認為是天神因戰爭而生氣。古希臘智者通過觀察發現物體在不同維度的倒影長度不同，而斷定大地是一個球形，認為月光是日光的反射，地球遮擋月亮上日光就是月食，月亮遮擋地球上的日光就是日食，這種解釋與現代科技的證實幾乎是一樣的。隨著科學技術的發展，人們用知識可以解釋地球上的絕大多數自然現象，使人類擺脫了愚昧無知而亂猜測的狀態。個體人只要習得和積累知識就會體現出與眾不同的智力，當知識積累到一定程度並體現出自學精神和思考的習慣時，個體人也可以晉升到思想者的行列，主覺被激活，理性思維被激發，也能夠獲得創造性的智慧而發現和總結出新的知識。即使智慧不夠的普通人也可以通過學習掌握知識而訓練出理性思維，迸發出聰明才智，於是人們紛紛應用知識開發產品、改進工具、辦工廠企業，使得琳琅滿目的科技產品充滿社會生活，極大的改變了人類的生活方式和生產方式，呈現出現代化的文明景象。

新觀念是指主體人在理性思維的作用下對自己頭腦中的既定觀念（舊觀念）進行審查和剖析去除不合理的成分而產生的觀念。由於受主覺的干預，新觀念排除了情感和喜好的影響，對自我意識、自我知覺和自我觀念也進行了修訂，使得主體人的心態趨於理性。新觀念被心靈能動態捕捉以後同樣也具有統帥心靈的作用，使得主體人的思維和行為舉止發生與原來的既定觀念（舊觀念）下的思維和行為不一樣的變化。於是，主體人與持有舊觀念的普通人會發生觀念上的衝突。在新觀念的作用下，主體人會對社會既定的風俗、習俗進行檢省，會對以往的價值觀、世界觀和人生觀進行修訂，還會對社會主流思想進行分析和評價。新觀念以知識和理性作為支撐，理性也成為了新觀念的重要部分和內容，所以新觀念比舊觀念更加具有認識上的效率。在新觀念的驅動下，主體人可以對所有的自然現象、社會現象和心靈現象給予合理解釋，並提出切實可行的思維和行動方案。所以說，新觀念比舊觀念更加具有生命力，符合人類智性的自然發展方向，也符合人類的各種需要以及符合人類文明的發展方向。新觀念包括尊重知識的觀念、理性思考的觀念、尊重他人的觀念、保護自然環境的觀念、反對社會強權的觀念、公平平等的觀念、主張權利的觀念等等。

五、影響認識效率的因素

認識效率是指主體人的認識產出內容（經驗、知識等）與事物真實性的比值和認識產出與認識投入的比值。認識效率的第一層意思是指人的認識在多大程度上反映出事物的真實性。這一層意思具有客觀性和絕對性，適應於所有的個體人。人的認識可以反映事物現象的真實情況，可以揭示出事物現象的許多客觀細節（屬性、規律等），因為人的認識不能伸出主體人身體而進入事物的內部，認識也不能把事物拉入主體人的大腦，只能是在頭腦裡反映，那麼我們如何判斷認識有效呢？認識效率的第二層意思是指主體人開動認識「機器」（心靈能動態）能產生出多少認識的結果。這一層意思具有主觀性和相對性，同樣也適應於所有的個體人。不同的個體人在頭腦裡生成的認知素材規模不一定相同，即使在數量上完全相同但是在內容上不可能相同，因為個體人的差異會決定認知素材的內容不完全相同。那麼，我們又如何判斷認知素材規模和內容對於認識產出有效呢？對於思想者而言，雖然他仍然受到一定的認知缺陷的束縛，由於頭腦中激活了主覺，在心靈能動態的思考過程中排除了情感、喜好和既定觀念的干擾，其認識結果是指向事物的真實性的，也就是趨向於自然的真實，那麼可以說他的認識活動是有效的。而對於普通人而言，認識是否有效則取決於所學習和積累的經驗和知識是否有效，也就是說他所學習的經驗和知識是否趨向於自然的真實。比方說，他學習的經驗和知識是自然科學，那麼學習以後他的認識是有效的；如果他學習巫術或者遠古的學說，那麼學習以後他的認識是無效的，所謂的有效無效是指人的認識是否反映出事物的真實性或者趨向於事物的真實。認識效率也是認識目的實現與否以及實現程度的效率，對於思想者而言，其認識目的是明確的，就是想要揭示事物的真實性，而且還運用一系列的認識方法和認識手段來達到認識目的，由於事物本真的不可知性，思想者也不可能完全達到和實現認識目的，但是其認識結果是指向真實的或趨向真實的，那麼思想者的認識效率是高的，或者說認識效率是最大化的。而對於普通人而言，不論其學習掌握情況，認識效率是不及思想者的。但是，普通人經過自學和思考研究也可以成為一名思想者，其認知素材的積累達到一定的程度同樣也可以激活主覺，使得心靈能動態充滿活性，在理性思維的作用下也可以創造出新經驗、新知識和新觀念以體現出認識的高效率。

當前，大量普通人所面臨的認識問題還不是提高認識效率的問題，而是提高認識能力的問題。當前人類的智性和認識能力的現狀是參差不齊的，有高智性的理性，也有低智性的混沌性，甚至混沌性的面更廣，處於混沌性的個體人占比較多，使得人類智性和認識能力的狀態呈金字塔形狀或彗星形狀。雖然個體人在自然物質層面的差異性很小，或者幾乎沒有差異，但是在實際的智性和認識能力的狀態差別比較大，有的個體人已經跟上了文明的步伐，表現出很高的聯想能力、想像能力和創造能力，但是還有更多的個體人卻缺乏基本的思考能力，沒有思考的習慣，淪為普通人。究其原因，個體人的自我因素是主要原因，社會文化也是十分重要的原因。個體人如果惰於學習和思考，其認知水準必然被認知缺陷所羈絆，認識活動不能繞過認知缺陷，心靈能動態中的認知素材規模很小，對於複雜事物主覺沒能激活，其認識能力只能處於混沌狀態，認識水準較低，成為普通人。如果普通人的數量規模很大，那麼社會整體的智性水準和認識能力水準必將呈現出低下的狀態，這些人對既定的觀念（傳統觀念）情有獨鍾，對社會主流思想一味的順從，成為觀念的奴僕。當前某東方社會的現狀就是這樣，大多數人（甚至絕大多數人）缺乏認識能力，認識水準很低，他們的智性只是停留在了投機取巧、弄虛作假的狡詐層面，處事方法極為簡單，缺乏智慧的火花，觀念陳舊，人格缺失，聯想能力、想像能力、創造能力非常低。由於專制制度的強化作用，這些人已經被固化為普通人，在愚昧無知狀態下「樂在其中」。對於這樣大面積的認識能力低下狀況，想在短時間內提高個體人整體的認識水準幾乎是奢望，加上強權對愚昧無知的鞏固，在未來相當長的時間內都將是不可能。

在談到普通人的認識能力問題時，我們不能再回避普通女人的不良影響。普通女人在三個方面影響男人和後代，一是在性選擇過程中女人主動的選擇社會地位高、有經濟能力和對自己寵愛的男人，女人把能滿足自我需求和感官需求的男人當做非常重要的選擇標準，在性選擇的過程中總是體現出強烈的情感思維；二是在婚姻存續期間，女人對其丈夫施加需求壓力，用性愛和態度作為工具逼迫男人為滿足其需求和家庭利益來工作（或勞作）謀生，並且消滅男人的志趣；三是在哺乳過程中對後代潛移默化的灌輸情感思維、功利主義思想和既定的傳統觀念，在後代的成長過程中起到了固化其人格和思維方式的作用，非常不利於後代的學習進步和成人後的社會化。普通女人的這些影響由於極其隱蔽，難以被察覺，普通女人的數量規模如果很大則能反映出一個群體和社會的總體認識能力水準。由於普通女人們的愚弱和情感思維的特點，在其影響下，男人們難以施展理性能力，也難以產生社會責任感和正義感，只能迎合普通女人的要求。與普通女人相對的是理性的女人，理性女人的特點是愛學習、善於思考，理性女人在這三個方面的表現幾乎與普通女人相反，在性選擇的過程中理性女人會選擇智慧型的男人，在婚姻存續期內會與其丈夫一起共同促進理性思維的發展，在撫養後代的過程中會著重培養後代的理性。一個群體裡或一個社會中，理性女人的數量規模越大，那麼會體現出總體上的理性特色和高水準的認識能力特點，群體的創造力和文明程度也會遠遠高於普通女人為主的群體。

即使在普通人為主的社會也總會有少數人率先覺醒，開始其學習和積累知識的過程。普通人提高認識能力的主要方法是循序漸進的學習、留心觀察和主動的思考，沒有其他的捷徑。學習本身就是捷徑，無論年齡和性別，普通人想要擺脫愚昧的混沌狀態都必須從最基礎的知識開始學習，就如同小學、初中、高中、大學的漸進過程，學習忌諱好高騖遠拔高式的方法，不切實際的學習高精尖的知識只會知難而退，無法達到學習目的。普通人也可以通過與他人的交流來達到學習目的，交流的過程也是學習的過程。在學習的基礎上集中注意力觀察也可以有效的提高認識能力，根據所學的知識來觀察自然、觀察社會是增強記憶力的好方法。主動的思考（獨立思考）所學的知識與觀察得來的實際情況的比較，還會有所意外的收穫。

一個健康的心智健全的社會理應鼓勵普通人的學習和思考，占大多數（或占絕大多數）的普通人是一個社會的基石和土壤，普通人的智性和認識能力決定著社會整體的水準，一個通俗的比方很形象，一個木桶的裝水量是由最短的木板決定的，對於一個社會也是這樣，普通人的愚鈍和認識能力低下會拉低社會整體水準。但是，一個非正常的專制社會裡則會鼓勵和默認愚昧無知的存在，因為專制本來就是反人類智性的，如果其臣民提高智性和認識能力則會威脅到專制的存在，所以專制者會通過灌輸思想和觀念、控制社會輿論、限制思想自由的方式來極力阻止社會智性的全面提高。為什麼說專制是反人類智性的呢？第一，因為專制者要想統治其社會就必須要建立在社會個體人們的思想觀念一致性的基礎之上，如果社會出現日新月異的新思想、新觀念，那麼專制者無法讓其臣民服從，而最統一的一致性的思想觀念就是傳統觀念了，其次就是灌輸一種觀念（如某某主義），然後用教育、宣傳、輿論來強化這種觀念，而不是啟迪民眾的思想智慧，這樣也可以達到統一的一致性的思想觀念的目的。在統一和一致性以後，其治下的個體人也就失去了智性和認識能力自然增長和發展的可能性，對社會造成損害；第二，專制者本身沒有提高智性和認識能力的內在動力。專制者不會花心思來反省其專制行為的合理性和合法性，有的只是為其狡辯和洗腦。專制者不會剖析自己的心靈，所以其本身也不會產生新的理論和思想觀念，一切照舊才是專制者的統治動因，所以說專制者本身也是反人類智性的。從認識論角度來看，專制者和專制追隨者也都是普通人，與其他人並沒有根本的區別。而一個健康的心智健全的社會卻是不斷有新發現、新理論、新思想，並且無阻擋的交流和推廣的社會，也只有健康的心智健全的社會才能促進全員的智性和認識能力共同進步和提高。從社會層面上看，認識效率還可以反映到社會效率上，一個社會中新觀念、新思想、新理論的傳播者眾多，那麼這個社會的認識效率是高的，如果一個社會對新觀念、新思想、新理論反應遲鈍，傳播者寥寥無幾，那麼這個社會的認識效率是低下的。

人類對於不同的認識對象的認識效率似乎是不同的。人類最早的智慧就是揭示自然的奧秘而產生自然科學，因為其直觀性，自然科學得到了迅猛的發展，為了解除人類對自然現象的愚昧，自然科學起到了十分重要的作用，從數學、天文學、物理學、化學、生物學等領域自然科學全面解釋了自然現象的真實性，糾正了早期人類對自然現象的錯誤解讀。特別是到了 19 世紀，自然科學以級數式爆炸式快速發展，熱力學、光學、電磁學、化學、地質學、天文學、生物學、人類學等學科都取得了重大的突破，並帶動了新一輪的技術革命，科學技術的應用極大的豐富和方便了人們的物質生活，人類社會從此由農耕文化快速邁進工業文明和資訊文明時代。時至今日，以電腦為核心的 IT 技術把世界各地的人們及時的聯繫在一起，各種伺服器和終端產品日異推陳出新，營造出現代化的科技光景。由此可見，人們對自然現象的認識效率是非常高的。相比之下，社會學說的發展速度就要慢許多。從古希臘的人文思想萌芽到古羅馬的法學，社會學說歷時近 1800 年的發展卻在中世紀時期幾乎停滯（中世紀的自然科學仍然還在發展之中）。社會學說的發展間斷了 1000 年後，在文藝復興時期才重新走上發展道路。直到 19 世紀中葉，社會學才成為一門獨立的學科從哲學中分離出來。時至今日，經濟學、政治學、法學、倫理學、歷史學、社會學、心理學、教育學、管理學等等社會學說仍然派系分野，各說各話，沒有形成像自然科學那樣被公認的原理和定律，各種性質的社會制度並存，社會理念對立似乎成為常態。可見，由於人類社會的非直觀性導致了人們的認識效率下降，人們對種種社會現象仍然茫然。自然科學和技術的快速發展也必然會帶來一系列的社會關係變化，導致新的社會問題，從目前來看，人們的警惕性和警覺性還並不高。對於人類心靈現象的認識，人類的認識效率似乎更低，從本文開始所介紹的認識發展歷程來看，人們對非直觀性的心靈現象的認識更加曲折和緩慢，似乎比社會學說的發展還不盡人意。可見，認識對象不同認識效率也不相同。

人類的認識效率與宗教信仰有著密不可分的聯繫。宗教信仰有兩種功能形式，一是指向宇宙的終極，以擬人的方式想像出一個無所不能的神支配著萬事萬物，這與人的認識目的（終極目的）發生終極意義上的重合；二是用於調整人與人之間的關係，即所謂宗教的道德約束性，既然有無所不能的神支配著萬事萬物，那麼人類在神的面前是平等的，任何人都必須服從於神，不能凌駕於他人之上，這符合人類對於社會的認知。實際上，宗教信仰來源於人們對自然終極力量的感知，自然能量作用於人的大腦而產生的一種心靈反映。有宗教信仰的人其心靈充滿精神力量，這種力量是自然高階能量的一種反映。宗教信仰還給人以追尋宇宙合理性的堅強信念和熱切的願望，克服重重困難來探求自然的奧秘和規律。從認識論角度看，宗教信仰使得人們排除了情感和喜好對認識的干擾，也繞過了認知缺陷的羈絆，使人平靜而深思熟慮，也使得其認識擁有了一定程度的真實性，這與激活主覺有著異曲同工之妙，使人產生理性，在對自然現象、社會現象和心靈現象的認識上都具有現實的效率。我們也不難發現，許多科學家也是宗教信徒，如牛頓、伽利略、愛迪生、哥白尼、愛因斯坦等等，他們的科學成就與宗教信仰有著直接的關係。現代醫學就是在宗教信仰的懷抱中起源和發展壯大的，宗教信徒憑藉滿懷的探索之心發現了人體血液循環原理，並開創了人體醫學解剖學，面對疾病的困苦，也憑藉著博愛之心應用其醫學知識和技術為無數的人解除了病痛。可以毫不誇張的說，如果沒有宗教信徒的執著和愛心就沒有現代醫學，也沒有現代醫院。

與宗教信仰相對的無神論者和鬼神論者的認識事物的激情就要遜色很多。鬼神論其實是隱形的無神論，鬼神論信奉多神但沒有一個終極意義上的主宰一切的神，而且許多鬼神是以人的欲望和需求對應，比如說財神、灶神、土地神、送子娘娘等。所以信奉鬼神的人與無神論者沒有本質上的區別，不能叫做宗教信仰。無神論者（包括鬼神論者）難以形成或培養出科學精神，因為其情感和喜好在心靈中的能量權重很大，受認知缺陷的不良影響非常嚴重，多表現出功利主義色彩，即使學習科學技術也是為了其功利性。在無神論者（包括鬼神論者）的心中，既定的觀念就是他的一切，由於其理性的缺失，則不能對既定觀念進行深刻的反省和剖析，容易形成有知識的傳統人，也就是為學習而學習的學習人和有知識的普通人。從認識論角度講，無神論者（包括鬼神論者）其心靈主覺只對簡單事物有反應，對於複雜事物未能激活，不能排除情感和喜好的影響，認識對象不確定或認識對象沒有產生細節，其認識活動屬於混沌思維，認識目的也含混不清，不能達到反映事物真實性的目的。所以說，無神論者（包括鬼神論者）的認識效率是低下的。

世界本真不可知，任何人的認識都不可能絕對有效，認識到認識的這一點也就是認識的最大效率。任何人的認識都不能絕對化，尊重他人的認識讓認識多樣化，自然而然人類的認識必然會指向於、趨向於、更接近於自然本質。

遠古人類在 6 萬年以前在 200 多萬年的智性演化過程中所展現的認識能力是非常低下的，這符合自然進化的規律，我們無權指責遠古人類的愚鈍。6 萬年以來，現代智人的智性突飛猛進的發展，表現為認識能力日新月異，工具的改進、文字的發明、創造性的生產活動極大的促進了人類整體（個體人的集合）的智性增長和認識能力的全面提高。時至今日，任何個體人的智性和認識能力都要高於 6 萬年以前的古人，甚至要高於 1 萬年以前的古人。這說明人類整體的智性和認識能力隨著時間的推移是穩步趨向於增長和提高的，沒有任何退化的跡象。同理，當人類文明萌發以後，新的智性和認識能力也必將穩步的增長和提高，理性能力在若干年以後也必將成為每一個體人的「標準配置」。這是自然演化和進化的必然趨勢，具有客觀性，任何人都不可能違背這一趨勢，更不可能阻擋這一趨勢。

第九章 論理性

理性是一個古老的話題，早期的理性屬於自然理性，在西元前 6 世紀，當時還沒有理性的概念，古希臘哲人泰勒斯就提出水是萬物的本原和基質的觀點，開始了人類從自然最根本的角度看待萬事萬物的思維活動，具有普遍的理性意義。西元前 5 世紀，赫拉克利特提出「邏各斯」概念來表示「講出的道理」，他認為「邏各斯」是一切事物中的理性，「邏各斯」的提出標誌著自然理性的正式誕生。隨後，阿那克薩戈拉提出了「努斯」概念，他認為「努斯」既是心靈也是理性，超然於整個宇宙之外，世界萬事萬物都是靠「努斯」來推動的。巴門尼德認為只有通過思維運用理性才能認識那個真實的存在。西元前 4 世紀，蘇格拉底用哲學理性來思考研究人類的倫理問題，開創了人文理性的先河。蘇格拉底提出了信仰理性的主張，認為人人都擁有一個理性的靈魂，並相信人們通過不停的追問，能夠接近甚至掌握事物的一般的、普遍的理性。柏拉圖認為人的認識過程中存在一種內在的衝動，這個衝動就是理性的衝動，這種衝動是「絕對的自動性」、「永恆的自動性」，是一種主動的能動性，不斷地往上攀升，追求更高的境界，這就是理念的世界，並由理念世界決定著現實世界的一切。亞里斯多德認為上帝是最完美的理性，是宇宙萬物的最高形式、最高目的，是一切宇宙萬物的原因，上帝按照一定的目的，理性地、有秩序地、能動地推動著宇宙萬物，無所不能。亞里斯多德認為理性的自動性是自己思維自己，並創立了形式邏輯的理性思辨方法。斯多葛學派認為人都是有理性的，人同自然界一樣都產生於最高理性，宇宙間有公理存在，提出了自然法和人人平等的觀念。古希臘的自然理性和人文理性被廣大哲人們推崇和尊重，他們普遍認為理性是存在的，偉大的，有意義的，值得人們追求。

中世紀的歐洲被宗教神學所統治，自然理性演變為神學理性。宗教神學並不排斥理性，主張理性的信仰，理性以信仰為前提，信仰高於理性，理性為信仰服務，上帝是理性的源泉。經院哲學之父安瑟爾謨認為信仰要求理性，僅有信仰而不訴諸理性，則近於玩忽。他認為「我們信仰所堅持的與被必然理性所證明的是同等的」。阿奎那認為信仰和理性雖然是不同的，但卻是互相關聯的，若要瞭解有關上帝的知識，信仰和理性的交叉點是必須的。他認為神學的最終目標是要運用理性以理解有關上帝的真相，並且透過真相獲得最終的救贖。中世紀的神學理性似乎貶低了人的理性智慧而過分強調了神的理性，所以人的理性只能依附於神性。

經過了一千年對人性的壓制，歐洲終於在 14－16 世紀發生了文藝復興思想文化運動（意指希臘、羅馬古典文化的再生）。人們發現了人和人的偉大，肯定了人的價值和創造力，反對宗教壓迫，提出人要獲得解放，個性應該自由，要把自由地、全面地發展人的個性理想放在首位。人們提倡科學文化，反對蒙昧主義，肯定人權，反對神權。這一時期的代表人物有但丁、達芬奇、米開朗基羅、莎士比亞等，莎士比亞在他的作品中高歌：「人類是一件多麼了不得的傑作！多麼高貴的理性！多麼偉大的力量！多麼優美的儀錶！多麼文雅的舉動！」文藝復興動搖了教會的權威，也使人擺脫了上帝的羈絆，在現實生活中理性逐漸高於信仰，使得人們迸發出理性的激情和非凡的創造力。文藝復興時期的理性特徵是人文理性復活。

歐洲的 17－18 世紀被譽為理性的世紀，人們不再回索古希臘、古羅馬的文化，開始用理性思考社會問題，因為具有思想啟蒙的作用，史稱思想啟蒙運動，這一時期的理性特徵是社會理性。英國詩人約翰・彌爾頓最早提出「天賦人權」「社會契約論」，他從多方面理性闡述自由主義思想，認為自由、財產、生命是人們的自然權利，不可侵犯。湯瑪斯・霍布斯反對封建君權神授論，反對教會統治，提出了以人性、自然法為理論基礎的較為完整的「社會契約論」。約翰・洛克第一次從理論上說明了「天賦人權」的原則，用自然法、社會契約論來解釋國家權力的起源，他主張把國家權力分為立法權、執行權和對外權三種，以防止出現違背人民意志的政府實行專制統治。孟德斯鳩是近代史上「三權分立」學說的正式提出者，認為國家的權力應分為立法權、行政權和司法權，彼此制衡，保障公民自由，理性、法治是國家的靈魂。伏爾泰反對天命論，堅信人類文明不斷進步，理性必將戰勝迷信和謬誤，歷史發展的規律就是理性發展的規律，人類終將達到一個理性的境界。讓・雅克・盧梭認為國家主權來自於人民，人民主權不可侵犯，人民對行政首領有任命、罷免與監督的權利，人民主權不可轉讓、不可分割、不能代表，立法權屬於人民。啟蒙運動啟迪了人們的思想，動搖了專制統治，使自由、民主、共和的思想深入人心，極大的促進了近代科學技術的進步。啟蒙運動的社會理性就是自然的法則和人的自由，在自然與人類之間無窮盡地探索人生的意義、人類的價值、社會和世界的理性法則。

歐洲近代史上有三位思想家對理性本身進行了深入的思考研究提出了自己的理論，他們是笛卡爾、康得和黑格爾。法國人勒內・笛卡爾提出了理性的懷疑方法論，他認為人們在認識事物之前要對過去的一切思想、觀念進行理性的審查，要發揮理性的威力用懷疑的方法清除其謬誤，一次又一次的懷疑最終找到確實可靠的、無可懷疑的東西。他認為所謂理性，就是人生而具有的判斷和辨別真假的能力，但是人們在童年時期由於不能適當地運用理性而接受的許多偏見，使得理性認識能力變得不可靠，只有運用理性的懷疑方法才能找回真正的理性。他發現無論他如何懷疑，有一件事情他不能懷疑，這就是懷疑本身。懷疑本身並不是目的，而是用以發現和破除傳統偏見的手段，然後才可能在理性的基礎上重建科學大廈。一次又一次懷疑後有一個確定的東西，就是我在懷疑，我在思考，所以笛卡爾得出了一個著名論斷「我思故我在」。

德國人伊曼努爾・康得認為自然界分為現象和物自體兩個部分，現象是可認識的部分，物自體是不可認識的部分。他認為人類的理性有兩種功能，一是認識功能，一是意志功能。理性的認識功能稱為純粹理論理性，也就是指主體人利用概念把握「物自體」的那種能力。理性的意志功能稱為純粹實踐理性，是以先天的道德規律，採取命令的形式和決定性的意志（善良意志），達到區別善惡，走向至善。人類運用理論理性的有限範圍（12 個範疇）來認識自然界的可認識部分，使得認識不斷趨向於物自體。對於不可認識的部分，人類只能訴諸於實踐理性，即道德意志。溝通這兩種理性的橋樑就是審美，也叫作判斷力。理論理性又可分為感性、知性和理性。康得的理性可分為三個層次，一是指邏輯的推理能力，包括認識能力和實踐能力，這也是廣義的普遍理性；二是較狹義的理性，是最高級的認識能力和形成原則的能力；三是最狹義的理性，是把握「物自體」的能力，這種理性具有超驗的特性，不能證明也不能證偽。

德國人弗里德里希・黑格爾的理性有三種含義，一是絕對理性，二是客觀理性，三是主觀理性。絕對理性就是絕對精神、絕對觀念、絕對理念，黑格爾認為絕對理性是宇宙之源，萬物之本，世界的運動變化乃是絕對理性自我發展的結果。客觀理性是宇宙萬事萬物的實體和本質及其發展變化的規律或法則以及發展變化的目的和目標。主觀理性是指認識的最高能力，又稱作思維理性或認識理性。他認為人人都具有主觀理性，甚至未出生的胎兒都擁有理性，這種潛在的理性又叫做自在的理性，是一種可能性上的理性，只有當人長大以後具有了理性意識時，自在理性就發展成了自為理性。絕對理性是客觀理性和主觀理性的統轄者，宇宙中只有一種理性，即絕對理性，客觀理性和主觀理性是絕對理性的不同表現形式，是絕對理性在事物中和在人腦中的投影。黑格爾認為，除了理性之外沒有什麼現實的東西，理性是絕對的力量。

當歐洲的理性發展到 19 世紀時發生了巨大的變化。由於工業革命的興起和成熟，科學技術獲得前所未有的發展，各種自然科學學科，如物理、化學、生物學、地質學等皆逐漸成形，隨之社會學、人類學、歷史學等社會學說誕生。19 世紀被譽為科學的世紀。科學的發展反映出科學工作者的經驗和實驗方法的成功，人類對世界的認識有了質的飛躍，從另一側面襯托出思辨理性的不適應，雖然黑格爾把理性研究推上了最高峰，但是越來越多的人們開始對形而上學的思辨理性產生了反感，形成了一股強烈的反理性、反形而上學的思想潮流，實證主義和非理性主義思想席捲歐洲大陸。法國人奧古斯特・孔德是實證主義的創始人，實證主義強調感覺經驗的作用，排斥形而上學的理性傳統，把一切知識侷限於經驗的範圍，拒絕討論經驗以外的任何東西。實證主義不是什麼空穴來風，它是近代英國經驗主義的一脈相承，也是經驗主義在科學時代的具體體現，實證主義代表人物還包括英國人詹姆士・穆勒和赫伯特・斯賓塞。實證主義是唯科學主義的最早形態，形成於 19 世紀 30 年代，因為受經典物理學的影響，實證主義看到的是一個簡單的自然世界，科學工作者只需系統的觀察實驗和嚴密的數學推導相結合的方法，憑藉經驗直觀，一切可觀測的物理量在原則上可以無限精確地加以測定。實證主義由於其狹隘的經驗主義弊端，隨即衰落於 19 世紀 70 年代。

非理性主義是一系列哲學思潮，包括意志主義、實用主義、科學主義、馬克思主義、存在主義和佛洛德主義，非理性主義強調人的精神生活的各種非理性因素（情感、意志、動機、欲望、信念、信仰、習慣、本能等），同時誇大理性的侷限和缺陷，它否認理性具有認識世界的能力，同時指出存在本身就具有非理性和非邏輯的性質。德國人亞瑟·叔本華認為世界是我的表像，意志是世界的本質，意志無處不在，不僅人有意志，動物有意志，植物甚至無機物也有意志，任何物體都是意志的客體化。他斷言意志高於認識，意志是第一性的、最原始的因素，認識只不過是後來才附加的。他還斷言理性和科學不適用於道德範圍。德國人威廉·尼采發展了唯意志論，他認為生命的本質就是意志，是一種貪得無厭的欲望和創造的本能，並以此做為估量一切價值和確立新價值的標準，提出「上帝死了」的口號，抨擊古希臘以來的理性主義。尼采還宣揚「權力意志」論，鼓吹非道德主義，否認一切傳統道德的價值，要求消滅傳統的和現存的一切道德規範，權力意志完全置身於道德約束之外。

科學主義並不是一種思想理論，而是由許多人體現出來的一種思潮。科學主義又稱為唯科學主義，是指人們對自然科學的盲目崇拜，把自然科學的理論和方法應用於現實社會的唯科學獨尊的近乎信仰的觀念。科學主義思潮起源於19世紀70年代，科學主義是經驗主義和實證主義的延續，由於其排斥理性，導致了事實和價值、科學和人文的分離與對立。

卡爾·馬克思並不承認自己是一個馬克思主義者，歷史上從未出現過這麼荒謬的事情，這既是對馬克思自己的諷刺，也是對馬克思主義及其追隨者的諷刺。馬克思主義是指一些人只是在卡爾·馬克思個人的學說中尋找依據而建立起的各自所理解的和符合各自目的的理論學說。馬克思主義分為許多派別，主要有「正統的」馬克思主義、「科學的」馬克思主義、「人道的」馬克思主義和「批判的馬克思主義」。

19世紀60年代，新康得主義和新黑格爾主義相繼在德國和英國興起。面對經驗主義大行其道，社會倫理遭受挫折，許多學者呼籲重新回到理性主義的軌道上來，重新審視價值、文化、道德的社會作用。

20世紀初，以馬克思的合作者弗里德里希·恩格斯～格奧爾基·瓦連廷諾維奇·普列漢諾夫～尼古拉·葉夫格拉福維奇·費多謝耶夫～弗拉基米爾·伊里奇·烏里揚諾夫（筆名：列寧）～約瑟夫·維薩里奧諾維奇·史達林為主線的「科學的」馬克思主義發展成熟（筆者所指的馬克思主義是特指這個派別）。

20世紀的馬克思主義用唯物主義來否定理性，用至高無上的物質來壓制、鉗制人的思想，用階級鬥爭理念來激發人的相互排斥，用革命的口號來挑逗人的瘋狂情緒，用實踐理論來實行經驗主義。馬克思主義在自然科學領域毫無建樹，唯獨在人類社會領域大行其道，完全取代了傳統的理性、道德和公平正義的作用。馬克思主義者憑藉自我的理解，隨意解釋社會現象，也隨意的為社會發展賦予規律。馬克思主義把唯物論、形而上學、反形而上學、經驗主義打造成了一個非理性或反理性的理論大雜燴。馬克思主義這個思想派別衍生出多個子派別，一個子派別又衍生出多個子子派別，而且各個衍生派別可以脫離「母題」（如某某某思想、某某某理論等）或者隨意解釋「母題」（如帝國主義理論），導致不斷的偏離，使得馬克思主義庸俗化。由於馬克思主義對理性的背叛，只注重社會宏觀層面，嚴重助長了權威主義，馬克思主義甚至成為了權威主義、專制主義和極權主義的附庸。

存在主義盛行於第一次世界大戰之後，德國人馬丁・海德格爾在 1926 年首次提出存在主義這一概念，法國人讓・保羅・薩特建立起較為完善的存在主義哲學。存在主義認為作為「存在」的人，面對的是「虛無」，孤獨無依，永遠陷於煩惱痛苦之中。人面對著的是一個無法理解的世界，即是一個荒誕的世界，永遠只能憂慮和恐懼，正是憂慮和恐懼，才揭示人的真實存在。存在主義還認為，本質先於存在不是一種絕對的、普遍的規定，它只適用於物，而不適用於人，「物」只能「有」，而不能「存在」，只有人才能存在。人的存在先於他的本質，其意義就是說他必須先存在，然後才創造他自己。存在是指孤獨個人的非理性的情緒體驗，即人的自我感。

佛洛德主義的創始人是奧地利人精神病學家西格蒙德・佛洛德。他在叔本華無意識意志理論的啟發下認為自然和社會中發生的一切事物都定有其因，人的全部行為都是由願望、動機、意圖等精神因素決定的。佛洛德把人的先天的本能看作是人的生命和生活中的基本要求、原始衝動和內驅力，提出三層無意識心理結構學說，第一層次是潛意識系統，第二層次是前意識系統（下意識），第三層次是意識系統。20 世紀 30 年代初，佛洛德主義與馬克思主義聯姻，誕生出佛洛德主義的馬克思主義怪胎。

實用主義起源於 19 世紀 70 年代的美國，20 世紀成為美國的主流思潮。實用主義認為認識的任務就是認識行動的效果，即為行動提供信念，思維的唯一職能在於確立信念，把確定信念作為思想的出發點，把採取行動當作主要手段，把獲得實際效果當作最高目的。實用主義也就是功利化的實證主義，強調生活、行動和效果，經驗和實在歸結為行動的效果，知識歸結為行動的工具，真理歸結為有用、效用、或行動的成功。

******

縱觀理性的發展歷程和現代非理性主義的盛行，不禁讓人感慨萬分。非理性主義者犯了一個認識上的錯誤，他們把理性與理性主義混為一談，把對理性主義的厭惡轉移到了理性本身上，諸不知理性也包含情感、意志、動機、信念、本能等心理成分，理性並不絕對排斥非理性因素。誠然，古典理性主義過於教條、生硬，而且絕對化、神秘化，理性主義者多以強勢者自居，所以 19 世紀以來人們厭惡、反感理性主義是可以理解的。但是，全盤否定人的理性是不可取的，實際上也是否定不了的。首先，理性是根植於人的大腦的自然能力，是人的智性的表現，理性並不是一個名詞，一個標籤，理性也不是因為反對和否定就可以自行消失的東西；其次，非理性主義也並非沒有包含理性，非理性主義其實是理性的另一個側面，即理性對非理性領域（情感、意志、欲望等）的認識和探求，從這個意義上說，非理性主義是具有某種積極意義的；第三，歐洲兩千多年來的理性傳統已經銘刻在了人們的內心深處，已經成為無意識或潛意識的本能，人們只要一思考就會帶動理性。東亞民族中多數人才是真正的非理性主義者，天生就缺乏理性或者理性極其微弱，屬於無意性思維者和混沌思維者。

非理性主義大行之道之時，它對於人類社會又有什麼樣的作用呢？我們知道，科學技術的迅猛發展催生出了非理性主義，我們無法證明非理性主義促進了科學技術的進一步發展，它只是對科學技術的現象做出的一些總結罷了。現代科學技術飛速發展難道是科學有一套獨立的與理性並行的思維方式所帶來的嗎？在古代，理性主義盛行的時代，我們無法看到和感到有一種有別於理性的思維推動著自然科學的發端、發展和壯大。經驗思維可以推動科學發端嗎？世界上絕大多數的民族群體都充滿經驗思維，為什麼他們沒有萌發出科學而僅僅在巴爾幹半島及其周邊的古希臘人發展出科學的萌芽？古希臘～古羅馬～阿拉伯人～歐洲人這一條科學的發展脈絡是那麼的清晰。可見，理性在科學發展中具有決定性作用。

讓我們再來看看從 19 世紀至今的世界，科學昌明了，而且還在飛速的發展，科學的積極意義是有目共睹的，它促進了人們對自然世界的認識和瞭解，有助於消除野蠻和愚昧，豐富了人類知識寶庫；科學帶來了技術革命，層出不窮的新技術、新產品極大的改善了人們的生活方式和產生方式，促進了日新月異的現代化；科學提高了人類的醫療衛生水準，延長了人的壽命，促使人口數量不斷的增長。但是，科學的迅猛發展所帶來的負面影響也不可小覷。科學技術最直接的負面影響是把人們的注意力集中在了自然科學和技術創新以及其應用上，而忽視人的心靈最為根本的東西，即理性，導致人類整體上的道德和正義感、責任感的缺失和倒退，非理性主義思潮是主要的推手。科技創新直接帶來各個國家、民族和企業對自然資源和人力資源的需求和控制欲望，催生出「經濟理性」、「價值理性」和「工具理性」，一方面造成資源掠奪，另一方面造成資本的集中並且對雇員加緊盤剝。科學技術製造出高效的大規模的殺人武器，並且在實際應用過程中造成了巨大的人員傷亡。兩次世界大戰所使用的武器都是科技創新的結果，第一次世界大戰中死亡人數約 1000 萬人，傷殘約 2000 萬人，戰禍波及 13 億人以上，第二次世界大戰中死亡約 6000 萬人，傷殘約 1.3 億人，戰亂波及 25 億人以上，兩次世界大戰所造成的傷亡都是科技新武器導致的。科技創新把經濟蛋糕越做越大，在新產品、新技術的推廣過程中造成了新的社會問題，如過度使用金融工具、貧富懸殊不斷擴大、社會經濟對科技創新的依賴等等。科技創新也導致十分嚴重的自然環境污染，有毒氣體毀壞地球大氣，有毒物質侵蝕土地和水資源，以致人們戰勝了原始疾病而產生新的疾病，帶來大面積的身心疾苦。科技創新也造成周而復始的經濟危機，物質生活快速發展，商品、資本和人力資源不斷的處在變化之中，使得任何一個經濟體制和經濟理論都難以適應這麼快速的變化，經濟問題層出不窮，不斷疊加，總是以經濟危機的方式暴露出來，造成恐慌、不安、不滿等社會危機和社會動盪。科學技術的負面作用在時間上、在認識上不正是非理性主義盛行所造成的嗎？

理性思維對真理的探尋從客觀上起到了約束和規範人的心靈的作用，就像是遵循上帝的意志，對制約人的野蠻暴力和人們相互傷害的意義是非常重大的，在人們心中會建立起平靜的道德和公平正義堤壩，對人類社會的文明發展也是十分重要的。古希臘的理性在傳播過程中培養出一代又一代的思想精英，他們才是推動科學發展和人類文明進步的主要力量，蘇格拉底式的教育即使在當代仍然還是非常先進和重要的教育方式。

在科技的負面衝擊下，非理性主義有什麼作為嗎？很遺憾的是，所有的非理性主義竟然都表現出對科技負面的無意識，也對人類道德和公平正義的淪喪熟視無睹，非理性主義是否對人類社會產生了一些積極影響呢？大多數非理性主義思想主要停留在了個人學術的理論層面，沒有付諸到社會應用推廣之中，其社會接受度不高。只有馬克思主義在社會應用上獲得了較大範圍的推廣和實行，經過了一百多年的發展變化，馬克思主義為人類社會帶來了什麼呢？在科學上幾乎沒有什麼建樹，在技術上奉行拿來主義，在道德上沒有建立普遍的行為約束機制，道德為政治服務，在人性上沒有產生普遍的人性理論，人性被政治性和黨性取代，在正義上沒有形成符合社會的正義思想，反而用權力意志來代替社會正義，在文化上卻建設成為單調的、矛盾的、神經質的政治文化。馬克思主義者普遍缺乏社會責任感、同情心和正義感，其所到之處暴力、屠殺、鎮壓、迫害、威脅、欺詐、恐懼、憤懣、痛苦、無奈、反抗都充滿社會的方方面面。馬克思主義的應用推廣是人類歷史上最為兇殘和黑暗的社會動態，造成了巨大的人員傷亡和精神迫害，也造成無法估量的財富損失。可以肯定的是，在馬克思主義的背後還有一種潛在的自我意識和觀念起到了支配作用，馬克思主義只是一種表像。

19 世紀末，當人們對科學的經驗實證特徵深感滿意，並認定科學已達到巔峰的時候，有一種思維方式正在悄然興起，並預示著複雜科學的來臨，這種思維方式就是大腦實驗室。經典物理學可以憑藉經驗直觀來聯繫實體和現象，也就是說現象是來自於對外界的觀察，但是在大腦實驗室裡，現象卻是先被想到，然後根據想出來的現象在大腦裡完成實驗過程，並得出實驗結果，愛因斯坦就是根據大腦實驗室的思維方法提出了相對論和質能方程。20 世紀初，德國人馬克斯・普朗克使用大腦實驗室思維方法提出了能量量子化的概念，他發明了一種想像能量的新方法，要麼以能量包的形式，要麼像「一份一份的」，能量被量化在能量包裡。愛因斯坦提出光的波粒二象性理論，解決了經典物理學中光的波動理論的缺陷，從此光量子的概念被人們接受。相對論和量子力學的興起否定了經典物理學的經驗實證性，經驗和實證的方法已經被證明不是認識世界、把握自然事實的主要方法。20 世紀 50 年代分子生物學誕生，DNA 分子的雙螺旋結構展示出生命科學的複雜性，充分證明了經驗和實證方法的不足和虛偽。20 世紀的複雜科學（研究複雜現象的科學）標誌著理性的復活和重生，為人類研究複雜事物指明了方向，並提供了可靠的研究方法，那就是運用理性。理性是人們認識複雜事物的唯一法寶。

即便是複雜科學（相對論、量子力學、分子生物學等）也只能反映自然事物是什麼，不能解答出事物「是什麼是為什麼」的問題，比如說量子測不准原理是事實，但是量子力學無法解釋量子為什麼測不准，分子生物學同樣也解釋不了 DNA 鹼基對及其密碼的由來。複雜科學也不能應用到人類社會上，雖然人類社會也具有能量的特性，但是複雜科學也不能生搬硬套來解決社會問題。社會的複雜性也只能運用理性來加以分析研究，經驗的實證的方法同樣也不適應於社會研究，社會的複雜性體現在社會現象的認識對象的非直觀性上，經驗無法確定認識對象，更不能產生對於認識對象的細節，只有理性才能把握。在理性的作用下，形而上學是必然的不可或缺的思維方法，形而上學是思維方法中的方法，憑藉形而上學的思辨思維人們才能夠獲得對事物真實性的認識，使得認識指向或達到事物的本質，比如說筷子在水中變彎，科學的解釋是因為光線的折射原理，光線在空氣中與在水中的折射角度不同，光線的折射以及折射角度的認識就是形而上學。光線的顏色與光波（電磁波）的頻率之間的關係也是形而上學。可見，形而上學主要是用來彌補經驗直觀所不能獲得和解釋非直觀現象的認識的缺陷，用以產生正確認識的思維形式或思維方法。20 世紀以來的複雜科學反映出形而上學思辨的重要價值。

如果說自然科學在經驗的實證方法下可以在某種程度繼續發展，那麼經驗的實證方法在社會生活領域幾乎不能向前邁出一步，更不能用來解釋和研究社會現象，因為社會生活中除了活脫脫的個體人現象都是形而上的非直觀現象，用經驗思維無法確定認識對象，也無法發現社會問題及其根源，只有運用理性，憑藉形而上學才能有效的認識社會。形而上學在社會生活中具有現實的存在性，許多社會現象是形而上學的，比如國家主權、社會公共、社會利益、社會權利、社會責任、社會效益、公平正義等等都是超出了經驗直觀範圍，但是都是客觀存在的。如果我們不運用理性和形而上學，甚至無法認識社會本身，無法認識國家、民族、政權、人民、政治、經濟、文化等等非直觀的社會現象（抽象事物）。博愛、平等、自由和合作的理念是以人類的理性精神為源泉的，經驗思維只能讓人類聽命於物質的力量和物質的欲望而沿襲過去的叢林法則，非理性主義扭曲了人們的精神，差點幾乎斷送了古老的理性傳統，正因為理性的自然力量，才顯示出理性和形而上學的頑強的生機和活力。

******

我們不難觀察到在日常生活中有各種各樣的思維，有權衡利弊的選擇性思維、有點觸式的需求性思維、有衣食住行事務性思維、有情感思維等生活思維和經驗思維，還有分類思維、類比思維、直覺思維、分析思維、抽象思維、邏輯思維、因果思維、立體思維、系統思維等等。這些思維縱橫交錯的出現在日常生活當中，使我們眼花繚亂，這些都屬於是人腦的智慧，我們難以判斷孰重孰輕，也不知道在何種情況下應該採用哪種思維。其實細究起來這些思維是具有不同的性質的，有的是指具體的思維活動，是可執行的思維運動，如權衡利弊的思維、點觸式需求思維、衣食住行事務性思維、分類思維、類比思維等，有的是指思維的模式或形式，如情感思維、經驗思維、抽象思維、邏輯思維、立體思維等。思維模式或思維形式是對思維類別的描述，不是可執行的思維運動，需要具體細化以後才能實行，比如說邏輯思維細化為推理、判斷、演繹、歸納等思維活動才能具體實行，邏輯思維是一種類別，其本身不能具體實行為可操作的思維，情感思維、經驗思維、立體思維也是這樣。

人的思維林林總總，每個人習慣的思維不盡相同，那麼這些思維都是平等並列而等效的嗎？如果不對思維進行分類，我們可能難以弄清楚什麼時候該針對什麼事情採用什麼思維，比如說伐木工人在砍伐的過程中首先要確認樹木的種類，然後考慮採用什麼工具，如果是堅硬的樹木就不能使用斧頭和砍刀。如果對思維進行分類，我們就會發現生活思維和經驗思維是人類最基本的思維，生活思維和經驗思維支撐著人類的基本生存。當然，生活思維和經驗思維也是人類智性的表現，可以促使人類從生命之林中脫穎而出登上食物鏈的頂峰。但是，生活思維和經驗思維在人類中似乎有著同質化的傾向，人與人之間的的基本思維並沒有根本的區別，這就是人的智性（或認識）初始值的具體體現，這是人的祖先遺留和遺傳下來的基本智性。所以，我們可以看到在日常生活上人與人之間並沒有智性上的高低優劣之分，幾乎都是同質化的。但是，在針對具體的事情選擇採用什麼思維上，人與人之間會產生智性上的聰慧或愚鈍的區別，比如說伐木工人用鋸子來伐木就比採用斧頭和砍刀要聰明一些，用大鋸子來鋸斷大樹，用小鋸子來鋸斷小樹，又要顯得聰明一些，用機械化鋸子來伐木似乎更聰明。如果用斧頭和砍刀來砍斷大樹，或者用小鋸子來鋸斷大樹，怎麼看都要愚鈍很多。所以說，對於複雜事物，人與人之間的智性差異就會顯現出來，體現出思維活動的恰當和不恰當。

思維方式的知覺比具體的思維活動重要很多，我們大部分的思維活動都集中在了生活方面，也就是集中在了既定的觀念和經驗方面，思維慣性會習慣性的把原有的思維活動應用到各種事物的方方面面。如果我們對思維進行分類就會產生思維方式的知覺，就會針對不同的事物採用不同的思維方式和思維活動，就會針對複雜事物採用複雜思維，針對簡單事物採取簡單思維，甚至對於簡單事物複雜化也可以體現出人的智性，比如說伐木工作似乎很簡單，但是如果對樹木的品種材質進一步瞭解，對伐木工具和技術的廣泛瞭解，採用先進的工具和技術就可以提高伐木的工作效率而顯出高智力；日常飲食也是這樣看似簡單，但是根據能量和營養的需要每天變換食物的種類和製作不同的口味就會使得生活豐富起來，還會提高生活的樂趣和情趣。事物的複雜程度與我們對思維方式的知覺息息相關，並不是說事物的複雜程度是思維想像而成的，只是說事物的複雜程度是不是被我們的意識所反映，在這個過程中思維方式的知覺起到了非常重要的作用。我們可以把思維方式分為點觸式思維、情感思維、混沌思維和理性思維，前三種思維主要用來對待簡單事物，理性思維用來對待複雜事物。如果沒有思維方式的知覺也就沒有點觸式思維、情感思維、混沌思維的概念知覺，那麼人的大腦就會被動的對事物產生反映，屬於無意性思維活動，人的大腦也就不會確定認識對象或者對於認識對象沒有細節感，也就不會產生認識的清晰度，使得認識活動無法深入。理性思維就是用來解決認識的清晰度和認識深入的問題，在理性思維的作用下，主體人的主覺被激活，所有的外向認知都為主覺服務，在心靈能動態中細節思維取代了其他所有的思維，排除了情感、喜好等既定觀念的干擾，顯示出指向事物真實（本真）的認識。理性思維也不是一種具體可執行的思維活動（或思維運動），是一種思維方式的描述和總結，理性思維包括分析思維、抽象思維、邏輯思維、因果思維、立體思維、系統思維等等，理性思維是多種思維方式的高度概括，但是理性思維概念也不是人想像出來的，是客觀存在的思維模式，支撐理性思維的內在動力是人腦中的理性，或稱理性能力。當主體人的大腦裡具有理性能力的時候，理性思維才能形成和運行。

那麼什麼是理性呢？理性是指個體人的頭腦在自然能量的作用下反映事物的真實性並對真實性進行冷靜而細緻考問的認識意義上的智能。筆者在此需要強調一下，研究理性必然會要運用到形而上學，理性的形而上學包括理性的狀態、理性的意義、理性的作用和理性的種類。理性的狀態是理性基本的核心的內容，人的心靈如果不在理性的狀態下是不會產生顯意識理性的，理性的狀態是指心靈的內指向性。人的頭腦在自然能量的作用下必然會從大腦的物質能量中獲得信息，這時心靈能動態已經排除了情感和喜好的干擾，把外向認知納入到了內向認知的審視範圍，心靈只接受純淨的主覺檢視。這聽起來確實有點神秘和玄幻，但是這的確是理性的形而上學的真實反映。那麼，心靈如何才能進入理性的狀態呢？有三種途徑達到這個狀態，第一是自然途徑，在無意識或潛意識情況下，主覺自然而然的對於簡單事物而激活，主體人可以獲得經驗的認識，這時的主體人體現出智力的特性；第二是信仰途徑，當信仰指向終極力量時，主覺對於複雜事物而激活，主體人可以產生或接受排除了情感和喜好的知識和觀念，這也是宗教信仰的力量之所在；第三是學習途徑，當心靈能動態習得足夠多的認知素材時，可以激活主覺對於複雜事物的內向認知，認知素材規模即刻變成主覺的參考系，這時主體人的智性特徵是智慧性，主體人可以發現問題並獲得創造知識的能力。理性的意義在於，意向（心靈）對於自然事物的直接指向性，能夠反映出事物的真實性和種種可能性，符合心靈與自然事物保持一致的客觀目的性，不論是簡單事物還是複雜事物，理性都可以確立認識對象，並且可以感受和區分認識對象的諸多細節，甚至還可以把認識對象的細節也當做新的認識對象從而建立起複雜的系統的立體的認識。細節越多而且立體層次越多，則事物的真實性越強。由於理性受到特定主體外向認知缺陷和經驗習慣的干擾，某個特定主體的理性所反映的事物真實性也不是絕對的，理性有時也會產生片面的認識，甚至是錯誤認識，比如人們對「光的本性」的認識，經歷了漫長的發展過程，才意識到光的波粒二象性；在飛機的發明初期，一些科學家通過認真嚴密的計算認為飛機不可能飛上天。但是，普遍的理性經過多個主體和代際歷史的作用，可以彌補人的認知缺陷和經驗的不足，促使人們獲得正確的認識。

理性的作用是對事物真實性認識的不斷考問。理性的客觀目的是為了促使人的認識與自然事物保持一致，這是理性的真實性意義的根本動因，至於理性能否促成思維與事實完全相等（即所謂的思維與存在的同一性問題），這也不是全憑理性就可以做到的，人的外向認知缺陷起到了很大的限制作用，所以理性不能對事物完全認識，自然事物的本真是不可知的。但是理性可以促使人的認識指向自然事物的本真，可以無限趨向於自然事物的本質。理性就是通過不斷的考問來實現對自然事物真實性的認識的，這是理性無與倫比的作用。理性的考問分為思辨、反省、爭論和歷史評說四種，思辨可不是簡單的思考，思辨是主體人在心靈中首先確立認識對象並總是提出「是什麼」和「為什麼」的疑問，然後產生認識對象的細節感，把細節進行層次分明、條理清晰的分析，去除與對象不相干的成分（如情感喜好的附加），保留與對象直接相關的信息的整個過程。在這一過程中，主體人實現對心靈的反復考問以求得對事物真實性的認識。如果說理性通過思辨以獲得及時性的認識，那麼事後的再思辨就稱為反省了。主體人可以通過三種途徑反省，一種是冷卻一段時間的反省，一種是因為頓悟而反省，另一種是驗證後的反省。冷卻法可以消除及時思辨的熱切渴望，使得心靈更加冷靜和平靜，往往可以發現及時思辨的瑕疵和不足而進行修正和改進。頓悟是一種神妙的體驗，經常發生在冷卻的過程中，在不經意間原來及時思辨時難以琢磨的問題突然變得有解，把頓悟中的感悟再納入思辨中可以促使認識更加的真實。實驗、實踐和應用都屬於認識的驗證過程，我們在談論實驗、實踐和應用時經常忽視前期的思辨過程，實驗、實踐和應用都不是盲目進行的，都有一個前期的準備過程，即思辨過程，這就使得實驗、實踐和應用都具有了理性的特徵。實驗、實踐和應用後的實際情況會與前期思辨的認識產生比較效應，促使主體人再思辨，也可以發現前期思辨的瑕疵和不足而進行修正和改進，即反省。

爭論是有益的，爭論是思想者之間辨析認識的真實性的過程，爭論不同於爭吵，爭吵是普通人之間情緒化的針鋒相對的作為，而爭論是需要運用思辨的依據來樹立自我觀點或指出他人觀點錯誤和不足，所以爭論是理性而冷靜的，不夾帶個人的情感和喜好。爭論往往可以加強人的思辨能力，也可以在批駁和被批駁中發現思辨認識的錯誤、瑕疵和不足，促使主體人修正和改進。爭論是爭論者之間相互考問的過程，俗語說真理越辯越明是有道理的，這有一個前提，就是爭論者之間是人格平等的，而且是就事論事的，不存在相互貶低和打壓，就是說爭論是理性的。在某一領域的爭論，不單是可以加深爭論者的認識，甚至還可以提高整個人類的認識水準。歷史評說是指人們對歷史上普遍認同的符合真理的理論重新納入理性的考量對其進行修正、改進或完全否定的行為過程。就像是 19 世紀人們對理性的全盤否定一樣，也屬於歷史評說，人們對「光的本性」的認識也是在歷史評說中逐漸完善的。20 世紀人們對經典物理學和進化論展開了激烈的討論，指出了理論的許多不足，現代社會生活中人們對非理性主義的歷史作用也正在進行理性考問。所以說，歷史評說是一個永無止境的考問過程，所有權威的普遍認同的理論都將面臨修正、改進或否定，在這一過程中人類的認識逐漸趨向於事物的本真，以最大可能的實現認識的目的。

對於理性本身的認識我們只能借助於形而上學的方法，理性堪比非直觀性，認識對象更加非直觀，也更加抽象，沒有任何物質性的確定性，超越一切形態。如果採用經驗的實證方法來看待理性，理性只能是虛無，這就是 19 世紀人們反對理性的原因。但是，理性是存在的，是一種非直觀性存在，只有運用形而上學才能將理性本身確立為認識對象，並將理性的細節顯現。理性可以分為自然理性和普通理性兩個類別，自然理性是指主體人在自然狀態下其心靈主覺對簡單事物的認識時被激活所形成的理性能力。自然理性由於其理性程度較弱，又可分為弱理性和極弱理性。普通理性是指主體人在學習的狀態下或在信仰的狀態下其心靈主覺對複雜事物的認識時被激活所形成的理性能力，普通理性可分為思辨性理性、信仰性理性、創造性理性和認可性理性。

自然理性中的弱理性包含在了經驗思維之中，也就是說經驗思維中的經驗並不純粹，有弱理性的參與。早期人類對自然事物的分類都是經驗的，是經驗思維的結果，雖然沒有理性分類這麼嚴謹細緻，但也是真實的、有效的，體現了人類的智性水準。江河湖海、動物植物的各種分類體現出事物的普遍性，人們無論走到哪裡看見寬闊的水流都知道這是江河，看見浩淼的靜態水面都知道這是湖泊，無須對江河、湖泊重新認識；人們看見任何一種動物，比如野狼、蛇、鳥等等也都無須對此重新認識，對於植物也是這樣，看到的都是個體，認識上都是類別。經驗認識上的普遍性其實就是理性，不是純粹的經驗，對於任何一條狗不論個頭、長相和毛色，在經驗上無須對這只狗進行品種辨識就可以確定這是一條狗，即使在經驗上從來沒有見過這條狗所屬的品種也不會導致無法認識它，這種超越經驗的認識能力就是理性，個體人對所有自然事物的認識都包含理性的成分，當然這種認識能力還是需要習得或經驗積累的。17－18 世紀英國的經驗主義更不是純粹的經驗主義，經驗主義者所提出的許多概念和理論都不是經驗的，人民主權、私有財產、天賦人權、社會契約論等思想其實都是形而上學的，都是理性的，而且理性成分比早期人類經驗中的理性要多很多。17、18 世紀英國的經驗主義由於理性的自覺性不算高，仍然屬於一種混沌思維（經驗思維在本質上就是混沌思維）。

自然理性中的極弱理性包含在了非理性因素之中。個體人的成長過程中有一個現象可以成為我們認識理性的視窗。個體人在 14－16 歲之前的兒童少年時期都有閱讀小人書和觀看動畫片的喜好，16 歲以後有這些喜好的人越來越少，直至成年以後，絕大多數的成年人變得不喜歡小人書和動畫片，總覺得自己看小人書和動畫片顯得很幼稚，成年人為什麼會有這個變化呢？為什麼成年人不喜歡看小人書和動畫片呢？究其原因是小人書和動畫片在表現力上缺乏細節，樹葉是一大片綠色而不是一片片的綠葉，人物面部是平面沒有細膩的表情，建築物、道路和動物都是由色塊組成，沒有細節的真實感，這樣的表現力與人們在實際看到的景物產生反差，所以從 16 歲開始個體人覺得小人書和動畫片的表現力不真實，顯得幼稚，於是不知不覺變得不喜歡。這是一種認知理性，包含在了無意識之中，稱為無意識理性。

個體人從出生到 14、15 歲之前是不成熟的，情緒波動很大，喜怒無常、活潑好動、話語很多、對家人依賴很重。從 14、15 歲開始情緒逐漸穩定，行為舉止變得靜態而文雅，話語也少了很多，自我獨立感增加，到了 18、19 歲就完全成人。整個成長過程與體內細胞分化過程完全吻合，個體人 18、19 歲成年，生理發育成熟，同時細胞停止分化取而代之的是細胞分裂，在這一過程中自我意識也逐漸成熟，個體人的意志力出現約束自我行為和欲望的能力，成年以後一直保持個性沉穩、穩健的狀態。可見，人的意志具有弱理性，只是這種理性非常弱，所以稱為極弱理性。人的情感也包含弱理性，人的情感極其複雜，從心態到態度再到情緒都具有多種的狀態，每種狀態都牽涉到多種原因和多種對象人，有積極心態和消極心態，有樂觀心態和悲觀心態，有冷靜心態和浮躁心態等等，各種心態都相對穩定而且與特定的場景和對象人發生關係。態度與特定的事物對象和對象人的關係更加密切，總是出現尊敬和蔑視、同情與冷漠、喜歡或厭惡等情感傾向。情緒的狀態更加複雜，包含喜怒哀樂、愁悶思憂、恐懼、瘋狂等等，情緒與事物及人的關係尤為緊密。我們總是可以觀察到人們對於不同的他人具有不同的情感，家人與親屬有別，朋友與熟人有別，對於陌生人的情感最弱。任何心智健全的個體人都表現出情感與對象人的分寸把握，親疏處理都恰到好處，這不能不是一種弱理性的表現。在動機、欲望中也可以看到弱的理性，動機和欲望不會脫離社會實際和自我實際，個體人不會天馬行空的不著邊際的產生任何動機和欲望，所有的動機和欲望都受到了弱理性的制約。在非理性因素中，因為其理性成分極其微弱，故稱之為極弱理性。正因為其理性成分極其微弱，所以常常被人忽視。

普通理性是指顯意識的理性，即自覺的理性。普通理性中的思辨性理性是指主體人從內心深處發出的不依賴於經驗的對感官體驗或者脫離感官體驗的層次分明條理清晰的辨析和分析的能力。思辨性理性是理性的核心內容，其核心是內省性認識活動，主體人心靈中的主覺對於複雜事物被激活和喚醒，從內心深處發出思考和認識的力量。細節感是思辨性理性的開端，有了細節感以後才能獲得關於事物細節的認識，才會有概念、分析、判斷、歸納、推理的後續進行。細節感屬於無意識理性，並不是外向認知產生的感覺，它來自於心靈的深處，是主覺導致的感覺。細節感來源於主體人心靈能動態中認知素材的規模，主體人需要學習積累，當認知素材規模達到一定大的程度時，在主覺的作用下主體人在心靈能動態之中會自然產生無意識的細節感，在細節感的基礎上產生關於事物諸多細節的認識，包括可能性的細節、性質的細節，關係的細節，過程的細節，作用的細節等等，在主覺的引導下開始針對事物細節的概念、分析、判斷、歸納、推理的思維運動。主覺在此時的功能作用就如同古希臘人所言的「邏各斯」、「努斯」、「理性的衝動」、「理性自己思維自己」，也如同康得的來自物自體的「絕對命令」和黑格爾的「絕對精神」。不過筆者並不主張放大主覺的功能作用，而是把主覺納入到理性的狀態之中，以減輕理性的神秘性。把理性定義為普通理性並不妨礙我們對理性的認識，也不妨礙獲取和運用理性。把「絕對命令」和「絕對精神」定義為主覺的功能作用是否更有利於我們認識理性的衝動、理性的維度，以及是否合理的解釋理性的權威性，還有待我們進一步的認識。

信仰性理性是指在宗教信仰中所包含和體現出的理性。宗教信仰與理性有著密切的關係，宗教信仰指向自然和宇宙的終極力量，這種指向性是在信徒的心靈中形成的，與理性的狀態完全重合，由於主覺的引導和啟示，信徒心靈中的內向認知感受到終極力量的存在，也感受到終極力量的渲染和召喚，意識到自我本真的主宰力量（神明）規定著萬事萬物，於是產生堅定的信念，把主覺的引導和啟示當做自己一切言行的出發點，從而形成對神的信仰。信徒對神的信仰不可能來自於經驗，人的外向認知不會產生任何的引導和啟示作用。信仰也不可能來源於意志力，相反信仰卻是意志力的來源之一。嚴格說來，宗教信仰來源於理性，沒有理性或者理性微弱都不會產生支配自己言行的信仰（這一點從歐洲與東亞的文化差異可以看到）。所以說，信仰無理性是盲目的，有理性的信仰才是最可靠的。由於人的天賦理性，宗教信仰也來源於理性直覺，當理性的強度足夠大時，宗教信仰也愈堅定，所以我們也不難理解許多科學大家都是宗教信徒或者皈依宗教成為信徒。宗教信仰由於指向自然和宇宙最根本的力量，所以能夠排除經驗性情感和喜好的干擾，使人產生無差別的博愛、平等和自由的觀念，促使人們行善。現代醫學的啟蒙和發展就是在基督教的信仰中進行的，基督徒用愛心和執著以及憑藉上帝的指引和啟示，無怨無悔的投身於人類生命醫學的研究和推廣事業中，從醫療到護理創造出極其豐富的醫學知識和技術體系，為普羅大眾解除病痛和提高人類個體的壽命做出了傑出的貢獻。

創造性理性是指能夠產生新知識的理性。創造性理性與思辨性理性沒有本質的區別，其主體人之所以能夠創造出新知識必定運用了思辨的理性，其心靈能動態必然充滿認知素材，主覺對於複雜事物被激活。創造性理性與思辨性理性所不同的是，認知素材的內容不盡相同，主體人的自我意志強度輕重有別，以及靈感和頓悟是否眷顧。我們知道靈感和頓悟不是受主體人顯意識支配的，是心靈能動態中認知素材自動配對的結果，即古希臘人所說的「理性自動性」。但是對於主體人而言，靈感和頓悟就具有了可能性和偶然性，其中的奧妙至今仍不被人所知。創造性理性有一點是肯定的，明確的，就是主體人的準備過程對創造性具有決定性意義，對某一學科領域的學習積累和認真研究分析的關注程度對創造性理性起到了催化的作用，如果離開這一準備過程是不會有創造發生的。創造性理性所創造出的新知識由於來自於自然最根本力量的啟示，皆具有普遍性，對於所有的人適應。創造性理性創造新知識的能力也不是一次性的，會不斷的處在創造的狀態之中，在個體人身上是如此，在人類智性的歷史發展過程上也是如此，創造性理性可以不斷增加人類知識的總量，創造不會停歇，新知識取代舊知識展示出人類的認識能力不斷的提高，預示著人類的認識內容不斷的趨向於自然的事實。

認可性理性是指能夠認可知識的理性。具有創造性理性的人是天然的知識認可者，畢竟具有創造性理性的人是少數，從概率上說，總會有人率先創造出新知識，這是新知識層出不窮的必然性，但是具體到究竟是誰率先創造出新知識則具有偶然性，像艾薩克・牛頓和G・W・萊布尼茲兩人幾乎同時提出微積分學理論的現象是極少發生的，那麼其他的人都將成為新知識的學習者。我們知道學習性認識活動的基本原理是心靈喚起，學習者心靈接受傳授者的信息進行解碼、編碼、儲存而完成學習的過程，在這一過程中理性起到了極其重要的作用。當知識完成學習過程後，學習者隨即變成新的傳播者，把知識擴散到更大的人群中。知識需要傳播者，而傳播者需要接受者，傳播者之所以是傳播者，接受者之所以是接受者，認可性理性在期間起到了關鍵性作用，認可性理性是人類整體智性提高的推動力量。我們不難觀察到，越是發達的國家和民族理性越強，知識的傳播者和接受者越多，越是落後的國家和民族越是相反。

******

理性是人類智性的法寶，也是大自然賜予的智慧源泉。理性使人內心靜謐且幽思廣遠，也能使灰暗的心靈燃起希望的火光。理性打造出人類社會現代化的榮景，也帶給人類文明進步的曙光。為什麼理性具有如此大的魔力呢？這一切都包含在了理性的特點之中，理性的特點也是人們孜孜不倦的追求理性的根本原因。

理性是普遍的。理性的普遍性體現在理性存在於所有人的心靈之中，只是輕重程度不同；理性認識的結果是普遍的、類別的，不是特殊的、個別的；理性所創造的知識是普遍的，適應所有的個體人。

理性是客觀的。理性發源於自然能量，指向事物的本真，排除了情感和喜好的干擾，不依賴於某個特定個體而存在，所以具有客觀性。

理性具有嚴謹性。由於細節感而產生環環相扣的邏輯關聯，自洽而嚴密，精確而準確；擁有顯意識理性的人看待事物、處理事情周密而細緻，追求精准和完美。

理性具有多維性。理性的維度無窮多，所以人們總是可以從不同的側面和角度看待理性，柏拉圖與亞里斯多德的理性不一樣，康得與黑格爾的理性也不相同，但是都叫理性；理性的多維性還體現在認識的複雜性上，換一個角度（維度）就會有不一樣的認識。

理性擁有智慧性。憑藉理性人們可以找到事情的真相，可以獲得對事物的創造性發現，可以找到解決問題的根本方法。理性的智慧性就是指發現和解決問題的理性能力。

理性具有抽象性。理性本身是無形的，因而是形而上的；理性也可以在人的心靈中脫離形態而運行，所以給人的感覺（內向性認知感覺）是純形式的、抽象的，這是自然事物的本來面貌。

理性具有深刻性。理性本身深藏在人的心靈深處，人們難以找到其藏匿的具體地點；理性確立的認識對象是深刻的，往往超出經驗的直觀；理性辨析的事物細節也是深刻的，可以建立起立體的細節架構，層層剝離事物的表像。

理性具有漸進性。理性在考問的過程中逐漸深入到事物的內部來認識，也通過質疑和否定在歷史的長度上不斷更新其維度和角度，以促進人類對事物的認識趨向於事物的本真。

理性具有確定性。理性本身是確定的、真實的、存在的，使人無法懷疑；理性認識的成果（知識）也是確定的、真實的、存在的，使人無法回避知識的有效性。

理性具有可靠性。理性是值得依賴的，相比經驗和非理性因素，理性的可靠性更強，理性出錯的幾率更小，所以理性是最可信賴的。

理性具有開放性。由於理性的維度無窮多，所以理性並不能自行形成封閉的環，理性也不會走向封閉的死路，理性永遠是開放的，疊加的（在舊知識上疊加新知識），導致人類的知識總量規模總是在擴大之中。

理性具有獨立性。理性以個體人的心靈為基本的存在和運作單位，不存在群體人共同的心靈，所以理性是獨立的、自由的。但是不同個體人的理性可以彙集成群體人的共同理性，只是個體人的理性是根本，群體人的理性是表像。

理性還具有應然性。由於理性來自自然最根本的力量，也排除了情感和喜好的羈絆，所以總是體現出應該怎麼樣和不應該怎樣的約束力，致使主體人自覺不自覺的遵循其應然性，在言行舉止上表現出冷靜、優雅、崇高的精神狀態。

人類大腦在物質上在功能結構上不是為了單純的生存，為了生存沒必要發展進化出如此複雜的神經網路系統，大自然賦予人類大腦神奇的功能作用是為了人類更好的認識瞭解自然世界進而生活得更好。更好的認識並不是目的，其目的是更好的生活，而什麼叫做更好的生活也需要人們來認識。人類在認識上除了理性沒有更卓越的能力來寄託大自然的期予，所以理性承載著也彰顯著人類智性天賦的光榮使命，這是理性的偉大之所在。19 世紀以來，人們對理性有著太多的誤解，所以看不到理性的優越。離開了或拋棄了理性，人類會有什麼後果呢？會導致人們既享受豐富的物質又感到莫名的空虛，社會生活豐富多彩但是道德倫理退步，科學技術長足發展卻同時製造出毀滅人類的武器，社會公眾是社會財富的創造者但是社會公共、社會利益、社會權利卻成為虛無，異端學說大行其道而實際上實行專制統治，社會矛盾和國際政治爭端時刻帶來戰爭的威脅，貧富懸殊不斷擴大失業率居高不下造成社會動盪隱患等等，這不會是我們需要的社會生活。儘管當今世界仍然是非理性大行其道，愚昧無知、消極盲從、謊言欺詐、強權暴力仍然大有市場，但是理性的力量也在悄然滋長，在理性的作用下所有的問題終會顯現，理性的優越性終究必然戰勝和取代愚昧和邪惡，這是自然的趨勢，也是人類文明進步的必然。所以說，人類理性的法寶不能丟棄，只能進一步發揚。

理性的應然性告訴我們，理性總的原則就是人類群體邏輯共生的原則。在這一原則下無論人類群體規模的大小，群體中的每個人都與其他人同處在邏輯共生的狀況下，你中有我我中有你，你離不開我我離不開你，你尊重我我尊重你。社會分工就是建立在這種共生關係的基礎之上的，脫離共生關係的社會分工不可能實現。科學技術的發展及推廣必須要與人的共生關係相適應，科學技術每邁出一步都應該回頭看看是否與共生關係的要求一致。大規模的殺傷性武器是與之背離的，軍事科技的無節制發展對人類生命安全構成極大的威脅；人工智慧技術的盲目推廣是與之不相符的，自動技術取代人力將造成大量的失業，如果不事先解決就業問題就會危及人類的基本生存和安定。金融杠杆的無節制使用使得富人更富，強勢者更強勢，造成貧富懸殊不斷拉大，富裕階層一方面不斷推高社會消費的整體水準，另一方面加大底層的生存壓力，導致社會階層對立。社會發展急功近利，基本建設投資規模過大，外資引進規模過大，貨幣發行規模過大等等必然帶來一系列的新問題，如通貨膨脹、物價上漲、債務積累、財富集中、環境污染等等，快速發展比不發展的危害要大很多。在社會管理上，不尊重民意，用專制和權威推行所謂的「真理」和「客觀規律」，用學術觀點來鉗制人的思想。社會民眾沒有權利意識，信奉功利主義和權威主義，過度依賴傳統觀念和傳統習俗，在愚昧無知中難以自拔。理性的應然性告訴我們，無論是誰，也無論是任何勢力，違背和違反人類群體邏輯共生的原則都將帶來一系列的社會問題，這些問題終將依靠理性來甄別，也終將依靠理性來解決。

附件：感性概念的缺陷

感性認識確定只是來源於人的感官嗎？我們知道，感性認識的基礎是感性思維。我們談論的感性思維這個概念其實包含了三種思維，情感思維、直覺思維和混沌思維。情感思維來源於人的需求，情感是需求的符號，誰滿足自己的需求就會對誰產生情感，家人之所以情感濃烈是因為家庭的共生關係，相互滿足需求而不在乎得失（不在乎吃多吃少、占多占少、用多用少），親屬、熟人之間相互滿足需求但是在乎得失，所以親屬、熟人之間的情感會弱於家人，陌生人之間既不相互滿足需求（無滿足需求的義務）也在乎得失。我們不難觀察到即使家人如不能滿足需求（不養育、不照顧、不贍養）也不會產生積極情感。所以說，情感思維的確是感性思維，是無意性認識活動的結果（情感的產生不需要學習過程）。直覺思維可以是無意性認識活動的結果，也可以是學習性認識活動的結果。直覺思維如果沒有學習過程，那麼就屬於無意性認識活動，如果具有學習過程，那就是靈感或頓悟。在無意性認識活動中的直覺思維其實是無思維，屬於沒有思維過程的條件反射（一種點觸式思維）。在學習性認識活動中的直覺思維屬於理性思維的一種反應形式，也就是主覺和心靈能動態都處於一種活躍狀態的認識活動，如理性直覺。混沌思維是情感思維在情感之外的體現，表現為對萬事萬物（包括人類社會）的認識不精確、不細緻，處於混沌狀態。混沌思維也有兩種情況，一是沒有認識對象的混沌思維，認識對象不確定或者對認識對象無知覺，比如說在無意性認識活動中對非直觀性對象就沒有知覺；二是有認識對象，但是對認識對象的細節含混不清。這種情況下，主體人有一定的細節感，只是因為學習積累不夠和（或）觀察不夠（觀察時機不對、觀察方法不對等）導致把握不到細節。在所謂的感性思維的這三種思維下，主覺都具有一定的活性，視覺的倒像被糾正，感覺適應扶助人的感官體驗，聯覺提供人的愜意的混合感受。再則，情感思維並不是感性特有的思維方式，在理性思維中也包含情感思維，其實情感思維貫穿於人的意識活動的全過程。把感性思維與理性思維對立會使人產生錯誤的認識，即理性思維是一種無感情、無人情、冷漠的思維，使人對理性思維產生恐懼和排斥。真正純粹的感性思維只屬於無意性認識活動的思維，可以稱之為點觸式思維，與理性思維相對的只有混沌思維，那麼思維形式的分類應該是點觸式思維—混沌思維—理性思維，而情感思維則包含在了這三種思維之中，點觸式思維不是純粹的來自於外向認知的思維，主覺形成的內向認知其實也參與到了思維活動之中，只是參與度比較低而已。混沌思維的內向認知的參與度比點觸式思維的要高，理性思維的內向認知參與度最高。

理性認識的基礎是理性思維。理性思維是一種由內心深處萌發的，針對認識對象及其細節而產生的觀察、判斷、分析、抽象和概括等心靈活動的思維。簡約的說，理性思維就是在細節感驅動下的關於事物細節的思維。事物的眾多細節並不是理性思維臆想出來的，事物的細節是事物本身固有的，理性思維可以發現事物具有細節的屬性，並把許多細節反映到顯意識知覺而產生理性認識。理性思維包括邏輯思維、因果思維、立體思維、系統思維等等。理性思維最大的作用和好處是可以對直觀性認識對象產生知覺，也可以對非直觀性認識對象產生知覺，不僅產生知覺，理性思維還可以對它們進行深入剖析，建立起嚴密的認識體系。

理性相對的是混沌性，理性思維相對的是混沌思維，理性認識相對的是混沌認識。混沌思維就是經驗思維，混沌認識就是經驗，理性認識就是知識。所以說，經驗應該與知識相對。把經驗與理性相對的說法是不對的，混淆了認識結果與認識能力的界限，經驗屬於認識結果，而理性屬於認識能力。

感性是一個暈概念，由於感性可以再分為情感、無意性直覺和混沌性，感性思維包括情感思維、無意性直覺思維和混沌思維，理性也包含情感、理性直覺，所以說感性是一個有缺陷的概念，混亂的概念，筆者稱之為暈概念。

第十章　論正義

正義一詞在現代社會生活中的使用頻次越來越高，人們時常採用正義一詞來考量社會中人的行為和動機，特別是在司法領域正義一詞更是耳熟能詳，儼然一副正義凜然的氣勢。那麼，何為正義呢？似乎仁者見仁智者見智，莫衷一是。

關於正義語義的解釋由來已久，可以追溯到古代希臘的先哲們的思辨中，畢達哥拉斯認為正義是平等、對等的和諧，是數的和諧。赫拉克利特認為正義就是鬥爭，他從二元對立中推導出正義來源於非正義，那麼爭取、爭鬥、甚至戰爭都是追求正義的必要方法和手段，流血犧牲只是追求正義的必要代價。柏拉圖把正義分為城邦正義和個人正義，他認為城邦是個人的放大，個人是城邦的縮小。城邦有統治者、輔助者、生產者三個等級，個人有理性、激情、欲望與城邦等級對應。他認為正義就是城邦各階層的人各司其職和個人的靈魂各個部分各當其份、和諧有序。亞里斯多德則認為正義就是守法和均等，不正義分為兩類：違法和不均。他把正義分為兩類，一是一般正義，二是特殊正義。一般正義是全德，它要求公民的言行舉止必須遵守法律；特殊正義包括分配正義、矯正正義和交換正義。伊壁鳩魯的正義首先是一種德性，是一種理智的、節制的、正直的，不是肉體上的，而是精神上的快樂，其次是一種社會契約，是公正的處理社會關係的法律，二者相互支撐，互為前提。

古羅馬時代，正義與法律是統一在一起的。西塞羅認為自然理性是宇宙的主宰力量，並提出智者的理性是衡量正義非正義的標準。有理性的人的特徵是按照理性給予每個人以應得的東西，而這就是正義。西塞羅還認為，「最愚蠢的想法」就是相信一個國家的法律和習慣的內容全都是正義的。大法學家烏爾比安說：「正義就是給每個人以應有權利的穩定的意義」，法學是「神事和人事的知識，是正義與非正義的科學」。西元 526 年的《查士丁尼大法典》將法律與正義統一了起來。從古羅馬開始，正義與法律便聯繫在一起。

在中世紀的基督教世界裡，正義觀被神學統治，人們認為良心正直就是正義，它彷佛既是神的啟示，又是與神溝通的管道。在神學家湯瑪斯·阿奎拉看來正義就是服從上帝。中世紀的神學正義觀帶有濃厚的神秘色彩，正義的唯一標準就是神的理性和上帝的指令，違背上帝的理性和旨意，就是非正義。

在文藝復興後的近代以來，思想啟蒙運動開始向人本主義複歸，個人正義逐漸退卻，取而代之的是政治正義。從此，正義概念被蒙上了濃厚的政治色彩。其中自然法的理論是主導的理論。英國人霍布斯認為，在自然狀態下根本不存在任何善惡、是非、正義不正義的觀念和準則，只有在和平社會下的「契約」基礎上才有正義與否可言。他認為正義就是必須履行已訂的契約，違約則為不正義。而荷蘭人斯賓諾莎則否認正義的永恆性即自然法的永恆性，因為在自然狀態下，力量決定權力，人的存在純粹是一種獸性的存在，自然法的基本原則是不成立的。

英國人約翰洛克認為，正義就在於服從建立在自然法基礎上的國家法律。自然法、財產權和上帝是洛克正義觀的三個基本維度。正義是首要的自然法，自然法要保護的最重要的權利是財產權，而在洛克財產權理論的四個構成要素中，最重要的是上帝的意志。不正義的根源主要有兩個：在理性認知自然法上發生的偏差導致的不正義；在德性養成上的失敗導致的不正義。他提出通過對政府的權力進行限制，從而確立了相對系統的政治正義觀。

法國人孟德斯鳩認為自由、平等是正義的核心，他認為自由、平等是人的自然權利，不能被剝奪，應該用法律加以保護。他認為民主和法治是實現政治正義的有效途徑，主張「人民主權」原則和「法律面前人人平等」的法治原則。他還認為建立分權的政治秩序是政治正義的追求目標。他主張立法權、行政權與司法權三權獨立才能保障人的自然權利，才能促使政府穩定和社會秩序的穩定。

蘇格蘭人休謨認為正義是法律、契約和制度的伴隨物，而不是在自然狀態中就存在的規則。他說，正義是應付人類的環境和需要所採用的人為措施或設計，因此，正義屬於人為之德。

德國人康得認為，正義是指一個人的意志依據普遍的自由法則同他人的意志相統一的總合狀態，以及在此狀態下的行為的和諧共處。他提出了法的絕對命令原則，稱法的（正義的）概念是純粹的，是先驗的概念。

西元 18、19 世紀出現了與自然法的契約精神不同的功力主義正義觀，功利主義認為正義應該傾向於給相關者帶來實惠、好處、快樂和幸福的利益層面。英國人傑瑞米·邊沁認為正義就是追求「最大多數人的最大幸福」。他提出了「最大多數的最大幸福是正確與錯誤的衡量標準」的主張。英國人約翰·斯圖亞特·密爾支持邊沁的功利主義理論，在密爾看來正義就是對利益（權利）的維護。他指出公正或每個人得到平等地對待是社會正義的「最高抽象標準」，所有社會制度和相關行為都應當盡最大可能符合這個標準，這就意味著每個人都應得到平等對待的權利或平等權。他把正義分為「完全強制性的義務」和「不完全強制性的義務」，那麼就把正義與一般道德區分開來了。

西元 1971 年美國人約翰·羅爾斯出版了新自由主義政治學著作《正義論》，在書中他把正義定義為公平，「正義即公平」，認為正義原則的內容是有一個公平的程式所決定，而所謂的公平程式，則是這個程式並沒有對任何一個人特別有利或特別不利。

西元 20 世紀的後現代主義採用一種更加開放和自由的方式來界定正義，認為法律不等於正義，不存在超越一切的普遍正義，只有特定語境中的正義；正義是地方性的，沒有一種統治的和超越的正義原則適用於任何時空內的一切人類事務。後現代主義以法國人讓·弗朗索瓦·利奧塔、德國人尤爾根·哈貝馬斯、美國人理查·羅蒂等為代表。

當代社群主義在美國興起，認為正義就是社會共同體的共識，無論什麼樣的正義規則都必須得到社會共同體成員的一致共識才能成為共同體的正義規則。「社群主義」的主要代表人物有沃爾澤、麥金太爾和桑德爾等。邁克爾·沃爾澤認為正義就是社會共同體成員對社會物品的意義的共同理解；阿拉斯戴爾·麥金太爾認為正義是社會群體共同的善；邁克爾·桑德爾則認為正義是內在於善的形式，存在與社群之中，正義是不能夠成為社會制度首要的美德的。

綜上所述，正義在概念上至今並沒有形成人類共識，各門各派各執一詞，怪不得有學者稱正義有一副善變的面孔，婆說婆有理公說公有理，概念上的不一致必然導致正義原則、追求正義的途徑和目標的偏差。關鍵問題是，正義具有實質內容嗎？或者說正義是否存在？如果正義根本沒有實質內容，或者說正義其實不存在，那麼人類自古以來對正義的追尋就只是一種癔症。但是，所有心智正常的人都會有一種信念，正義一定在某個隱蔽的地方支配著人的心靈和言行，不然各種好的壞的、善的惡的無法辨別，人類必然處在好壞是非不分的混亂之中，也就是說，好壞、善惡、是非、對錯都不存在，人類必將比動物世界還要混亂而糟糕。如果說正義是存在的，正義具有實質內容，那麼正義又是什麼呢？人類對於正義的茫然這也說明了正義的複雜性，人類在追求正義的道路上還任重道遠。

******

雖然人類對於正義的模樣至今還難以看清，但是人類追求正義的信念和渴望卻從來沒有停歇過。人類的正義感的起源可以追溯到古希臘和古羅馬時代，古希臘神話中的正義女神忒彌斯雙眼蒙布，左手拿著天平，右手拿著誅邪劍，象徵著正義女神不被現象所迷惑，公平公正，除暴安良的堅定立場，也象徵著古希臘人對正義的憧憬和嚮往。古羅馬的正義女神朱斯提提亞幾乎參照忒彌斯女神的形象和裝束，代表著古羅馬人維護法律尊嚴和司法公正的信念和決心。雖然古希臘和古羅馬社會中正義的概念還處在萌芽狀態，但是人們的正義感已經顯露無疑。

古希臘神話人物普羅米修士極富正義感，竟然蔑視天神宙斯的至高無上的權力，在奧林匹斯山盜回宙斯從人類取走的火種，交還人類，並教會人類使用火。於是，惹怒了宙斯，宙斯下令把普羅米修士用鐵鍊鎖在了高加索山的懸崖上，百般折磨他，普羅米修士歷經磨難，最終獲救。因為他的火種，拯救了人類，給人類帶來了文明和希望，希臘人非常崇拜他，以舉行火炬傳遞的方式來紀念他。

西元前 594 年，梭倫改革成為人類歷史上最早的富有正義感的政治改革。梭倫憑藉其威望和功績當選為雅典城邦的首席執行官，開創了極具民主意義的一系列經濟和政治改革。他廢除了債務奴隸制度，禁止以人身作為抵押借債，禁止把欠債的平民變為奴隸；承認私有財產繼承自由，消除了所有制上的氏族殘餘；廢除世襲貴族的壟斷權力，不再以出身而以財產的數量來劃分公民等級；設立四百人會議作為公民大會的常設機構，作為最高行政機關，各等級公民均可參加；廢除德拉古的殘酷法律，只保留了其中有關殺人罪的部分，使整個雅典法較有人道色彩；建立公民陪審法庭，有無財產的公民都可參加。梭倫改革奠定了雅典民主政治，對人類未來的民主政治產生了極大的促進作用。

古羅馬時期的法律從學習、傳播、應用古希臘自然法思想發展到將法律作為一種體現價值觀念的藝術來對待的境界。許多法學家把法律看作是善良和公正的藝術，把解釋法律當作對社會公共生活的貢獻，努力追求法律智慧與道德正義感相統一的高尚的倫理形象。在《法學總論》中，查士丁尼認為「法律的基本原則是：為人誠實，不損害別人，給與每個人應得的部分」。

中世紀騎士精神的正義感是極其濃厚的，騎士文化體現出每位騎士富有高度的公正、謙遜、憐憫、真誠、英勇等精神品質。中世紀的騎士階層以基督教信仰為依託，體現上層社會的貴族文化精神，它是以個人身份的優越感為基礎的道德與人格精神的表現。騎士的正義感無時無刻不在規誎和支配著自己與邪惡及其勢力做抗爭，除暴安良、路見不平拔刀相助、見義勇為的言行自古以來就被人們尊為佳話。騎士的謙遜態度不僅僅是面對年輕貌美的女士和身份顯赫的貴族，在對待平民時，騎士也絕不會惡言相向。而且騎士還要穿著整潔，在領主及貴婦面前保持禮數，行時「要高貴莊重地走路」，他們還要求不得向動物投擲樹枝或石塊，不得喚狗咬人，要禮貌待人。騎士精神是中世紀的一道靚麗的風景，對後來的貴族精神和紳士風度產生了巨大的影響。中世紀的騎士群體對人類文明的發展做出了巨大的貢獻。

近現代史上最具正義感的事件莫過於英國光榮革命和美國解放黑奴宣言。西元 1640 年，英國國王查理一世被迫重新召集議會，並與議會就徵稅問題發生對立。1642 年，查理一世挑起內戰，組織王軍向議會軍發起進攻。經過兩次內戰，王軍潰敗，查理一世於 1649 年被送上斷頭臺。但是，革命的成果被「護國主」克倫威爾所竊持。1658 年，克倫威爾病逝後，查理二世復辟。1685 年，查理二世去世，其弟弟詹姆士二世即位並實行殘酷的專制統治。1688 年，支援議會的輝格黨和部分托利党人邀請詹姆士二世的女兒和女婿回國執政，發動了宮廷政變，詹姆士二世出逃，從此推翻了英國專制統治，建立起了君主立憲的民主政治制度。這次政變因為沒有流血犧牲而成功，被譽為「光榮革命」。

英國本土從來就沒有過奴隸制，倫敦最高法官曼斯費爾德勳爵曾說：奴隸制無法從道德或政治上找到任何根據，它如此可憎，除了立法之外，沒有任何東西可以支持它。英國曾經多次釋放了過境的奴隸，因為英國法律從來不承認奴隸制。但是，英屬殖民地卻存在大量的黑奴。在美國獨立之初，黑人奴隸遍佈全國。西元 1807 年，傑弗遜總統簽署了國會通過的《禁止進口奴隸法案》。1863 年 1 月 1 日林肯總統正式命令解放奴隸公佈了《解放奴隸宣言》。1865 年 1 月 31 日國會通知各州議員批准將成為美國憲法第 13 號修正案的法案，其禁止美國國土上任何的畜奴行為。從此，美國境內的黑人奴隸獲得合法的人身自由。

人類的正義感不單是體現在人與人的關係上，還發展到了人與自然的關係上。英國人傑瑞米．邊沁從功利主義的角度論證了動物的權利，他認為動物的痛苦與人類的痛苦其實並無本質差異，只要製造出痛苦，便是不道德的。而人類施加於動物身上的暴行，並無正當性。他說：「長有幾條腿、皮膚是否長有絨毛、骶骨孔是否閉合，這些都不能構成剝奪一個生靈享有與人類同等權利的原因」，「為什麼法律不能對一切生靈提供保障？總有一天，博愛將蔭庇所有生靈……」。法國人讓．雅克．盧梭也有相似的觀點，他在《論人類不平等的起源和基礎》一書中說，動物也是有知覺的，「它們同樣應該享有自然賦予的權利，人類有義務維護這一點」，他特別指出「動物有不被虐待的權利」。德國人亞瑟．叔本華（西元 1788—1860 年）也曾呼籲給予動物們以道德關懷，並反對對動物進行活體解剖，他極力反對漠視動物的道德觀，他說：「那些不能對所有能看見太陽的眼睛一視同仁的偽道德，當被詛咒」。

正義感是人類中普遍存在的一種感覺。在民間，正義感自古以來也是支撐群落和社會的最為積極的力量，行俠仗義、打抱不平、捨生取義、救死扶傷等親社會行為至今仍不絕於耳。許多人心地善良、嫉惡如仇、明辨是非、尊老愛幼、文明禮貌，為社會營造出了和諧美好的氛圍。為什麼人類會產生正義感呢？關於正義感的由來有多種解釋，一種是本能論，該論點認為正義感來自於人類的本能和本性，這意味著人類天生就具有正義感；第二種是契約論，認為正義感是人類祖先建立的群體規則和共同的契約；第三種是功利論，認為正義感能夠給人類帶來好處，正義感能夠給人類帶來共同的利益；第四種是同情論，認為正義感來源於人類的同情心理，對他人的非正義傷害會使人產生憐憫的感受和對傷害者產生憎惡，進而萌發出正義的感覺；第五種是神啟論，認為正義感起源於神的啟示和神的意志。

自古希臘理性主義以來，人們對正義感的研究都包含在了哲學倫理學的範疇內。傳統上，人們認為正義感是人類的「應然」，追求公平正義的強烈願望和對不公平的強烈怨恨是人類的一種基本情感，從思辨上論證正義感的由來。直至當代，人類行為實驗科學才得以證明，社會中確實存在一些偏離了狹義的理性和自利的、真正的有正義感的「公平人」。行為學家通過「最後通牒」、「獨裁者博弈」、「公共物品博弈」、「禮物交換博弈」、「第三方懲罰博弈」等一系列的實驗證明人類的「不公平厭惡」的確存在，而且人類的正義感會超越利益，即使得不償失也會有人維護公平正義。

西元 2000 年，美國桑塔費研究所提出強互惠理論，認為人類社會有許多人不惜花費個人成本去懲罰那些破壞群體規範的人，即使這些成本並不能被預期得到補償。強互惠與弱互惠的區別在於：利他行為是無條件仁慈的，善意不依賴於對方的行為；弱互惠行為要依賴於別人的行為，弱互惠者願意支付短期成本來幫助別人僅僅是因為可以從中獲取長期或間接利益。由於強互惠行為會使整個群體受益，從而在某些情況下社會之中選擇的壓力可能更偏愛強互惠行為，這使得強互惠行為可以通過社會群體選擇的力量得以保存和進化。

西元 2004 年，瑞士人恩斯特·費爾在《科學》雜誌上發表了一篇《利他懲罰的神經基礎》論文，從人的大腦中發現了人類正義感、懲罰不公正行為的腦科學基礎。他通過功能性核磁共振成像技術的實驗，發現人們在遇到不正義的行為時，其大腦背外側紋狀體會被激活，同時會產生懲罰不正義者的衝動和意願，並且在懲罰行為中獲得較高的滿足。費爾認為強互惠就是利他性懲罰，他從神經生理學角度支持和證明了強互惠理論。

在人類歷史上，各個民族和社會群體都不同程度的擁有正義感，其正義感是支撐民族和社會群體的存在和繁榮發展最為重要的保障。人類祖先的生活環境十分惡劣，他們要想生存下來必須彼此合作幫助，因此那些能夠彼此幫助的部落和社會群體最終就能夠生存下來並得以繁衍生息，而那些成員各自為政的部落在自相殘殺的自然選擇的競爭中最終消亡了。所以，前者在長久的進化中形成了彼此依賴、合作、支援、幫助的行為方式，並在其大腦中固定下來，遺傳給了後代。

人類自古以來對正義感的研究主要是通過倫理學來進行的，人們從道德、善惡、德行的角度來分析思辨人的行為的對錯、好壞、優劣。但是，正義感並不等同於道德感，更不等同於善惡感。世俗的道德觀念至今仍然沒有解決道德、善惡與利益的關聯，道德、善惡仍然還是建立在了功利的基礎之上。善惡道德感存在重大缺陷，善與惡沒有具體的界定，它與人的心情變化密不可分，往往隨著環境的不同而改變；善惡感來源於人的主觀判斷，符合自身利益的行為和事件即為善，反之即為惡；善惡道德在不同的時代、不同的地域和不同的民族中有著不同的內涵，甚至善惡感與社會角色、地位、階層的不同而具差異；善惡道德感也不是德行的全部，平庸、奴性、屈從、不問政治，還很難界定是善還是惡。所以，善惡道德觀很容易被統治者和強勢者把持和利用。善惡道德感是人們缺乏精細思維的表現，而且帶有濃厚的主觀色彩，正義感卻是客觀的，正義感超越道德感，更超越善惡感。

******

我們不難遇到和聽說有關富有正義感的事蹟，大多正義感行為都由成年人所為，是不是正義感是由後天習得的呢？美國耶魯大學嬰兒認知研究中心的研究人員 2007 年做了一個有趣的實驗調查，發現 3－6 個月大的嬰兒就已經具有了正義感。研究人員設計了兩個簡短的布娃娃玩偶劇給 223 名 3－6 個月大的嬰兒觀看。第一個玩偶劇中，中間的灰色小老虎布娃娃想要打開舞臺中間的放著一個玩具的塑膠盒子，右邊的穿黃色衣服的小狗（布娃娃）過來幫助小老虎打開盒子。然後，左邊穿藍衣服的小狗（布娃娃）跳到盒子上，把盒子關起來，不讓小老虎打開。表演完後，研究人員讓觀看這個玩偶劇的嬰兒（被試）獨立選擇是要穿黃色衣服的小狗還是穿藍衣服的小狗。結果顯示，有 75% 的嬰兒選擇了穿黃色衣服的小狗。第二個玩偶劇有兩個情節，情節一是穿綠色衣服的兔子、小老虎和穿紅色衣服的兔子三個布娃娃在一起玩球，穿綠色衣服的兔子拿到球以後帶著球跑掉了。情節二是穿綠色衣服的兔子在中間想打開放著一個玩具的塑膠盒子，右邊的穿黃色衣服的小狗過來幫忙打開盒子，左邊穿藍色衣服的小狗跳到盒子上，把盒子關起來，不讓穿綠色衣服的兔子打開。表演完後，研究人員也是讓觀看這個玩偶劇的嬰兒（被試）獨立選擇是要穿黃色衣服的小狗還是穿藍衣服的小狗，結果有 81% 的嬰兒選擇了穿藍衣服的小狗。在第一個玩偶劇中，穿黃色衣服的小狗有幫助小老虎的善意的行為，穿藍衣服的小狗則有損害小老虎的惡意行為，按照成人的理解是這樣的。在第二個玩偶劇中，穿綠色衣服的兔子拿走玩具球是一種惡意行為，穿藍衣服的小狗不讓穿綠色衣服的兔子打開盒子是一種懲罰行為。從嬰兒被試的選擇來看，嬰兒天生就具有正義感。

2016 年日本京都大學和東京大學的研究人員也做了相似的實驗調查，結果也顯示 6 個月大的嬰兒就已經具有了正義感。3－6 個月大的嬰兒幾乎沒有任何後天的觀念輸入，對他們的認知研究的確可以反映出他們心靈的先天性，在個體人降生時，甚至還是胎兒時就已經有一些心靈程式在萌發，正義感就是心靈程式的一種。美國、日本、德國的心理學研究項目分別對 3－6 歲、6－8 歲、8－11 歲的少年兒童進一步研究後發現，隨著年齡的增加，正義感會發生變化，年齡越小的正義感以同情受害者為主，年齡增加則對施惡行為人的懲罰要求越強烈，而且隨著年齡的增加產生出利他的親社會行為。那麼，問題來了，是不是個體人先天就只有正義感呢？成年人的不正義邪惡行為又是怎麼產生的呢？美國耶魯大學嬰兒認知研究中心的研究人員發現，3－6 個月大的嬰兒天生就具有偏見。研究人員也設計了兩個玩偶劇，第一個玩偶劇中研究人員要嬰兒（被試）選擇是喜歡麥片圈還是麥片餅乾，隨即拿出兩個玩具布娃娃，一個是橘黃色的小貓，另一個是灰色的小貓，並說明橘黃色的小貓喜歡的東西（麥片圈或麥片餅乾）與嬰兒（被試）是一樣的，而灰色小貓喜歡的則不同。然後要嬰兒（被試）獨立選擇是要橘黃色小貓還是灰色小貓，結果 100% 的嬰兒選擇了橘黃色小貓。第二個玩偶劇中研究人員首先要嬰兒（被試）選擇是喜歡麥片圈還是麥片餅乾，其次說明灰色小貓喜歡的東西（麥片圈或麥片餅乾）與嬰兒（被試）不一樣，然後玩偶劇進入主要情節，中間的灰色小貓想打開塑膠盒子，右邊的穿黃色衣服的小狗幫助灰色小貓打開，然而左邊穿藍色衣服的小狗跳到盒子上，把盒子關起來，不讓灰色小貓打開。表演完後，研究人員也是讓觀看這個玩偶劇的嬰兒（被試）獨立選擇是要穿黃色衣服的小狗還是穿藍衣服的小狗，結果有 87% 的嬰兒選擇了穿藍衣服的小狗。這個實驗調查說明嬰兒（被試）對橘黃色小貓的好感來源於喜好相同，嬰兒天生就有正向移情能力；嬰兒（被試）願意灰色小貓被傷害（穿藍色衣服的小狗欺負無辜的灰色小貓）僅僅是因為喜好與自己不同，嬰兒天生就有反向移情能力。

美國耶魯大學嬰兒認知研究中心的研究向我們揭示出個體人天生是正義天使，同時也可能是不正義的惡魔。如果不與自我產生關聯，在他人受到傷害時，個體人表現為正義天使。如果與自我產生關聯，在他人無辜遭到傷害時，個體人不單是會表現出冷漠，如果他人與己不同甚至可能會讚賞施惡者。個體人天生就有趨同性，對與己相同的他人（哪怕是無關緊要的相同）會產生好感，總是根據自己的喜好把人們分成不同的種類，近己者親而逆己者斥，更嚴重的是對於與己不同的人則視為敵人而加以排斥。這也許就是人類廣泛存在不正義行為的根本原因。

如果說人的正義感是先天的，不正義也是先天的，那麼人類就無所謂正義和不正義了，一切只能聽天由命了。果真是這樣嗎？我們知道嬰兒尚處在細胞分化階段，嬰兒的一切（心理和生理）都處在待成熟的不成熟階段，大腦的物質基礎——神經元更是如此，有待分化完善。我們知道，嬰兒的理性能力是最弱的，隨著腦細胞的發育成長，人的理性能力逐步增長，到了 14 - 16 歲，其心理和生理都會發生顯著的變化——趨於成熟。在理性的作用下，個體人自我的喜好對認識的影響逐步減小，個體人與他人的交往頻次日漸增多（無論是與己相同還是與己不同），那麼對與己不同的人的排斥會日漸減弱，事實也是如此。這時，正義感是否會隨之增加呢？這可不一定，因為個體人成長的過程也是既定觀念的輸入過程，如果個體人身處在一個理性氛圍濃厚的社會，那麼正義感會隨著年齡的增加而增長；如果個體人身處在一個非理性為主的社會，由於經驗思維和無意性思維觀念的灌輸而缺乏顯意識理性，那麼正義感有可能隨著年齡的增加而停滯或消失殆盡（東亞社會裡的大多數人就處在這樣的狀況之下）。但是，如果個體人即使身處非理性社會仍然努力學習、勤於思考而激發理性能力，那麼他的正義感必然會隨著年齡的增加而增長。如此說來，正義感是人的根本天性，是緊隨人類智性的增長而增長的，人的天生趨同性和排異性卻是隨著人的智性增長而減弱的，但是我們不能經驗的說「人之初性本善」，不能忽視社會文化對個體人的影響，畢竟人類還很年輕，許多錯誤觀念還在支配人們的言行，人類的智性還不能籍以解決人類社會的所有問題。在東亞社會我們不難觀察到許多沒有知識文化的普通人也具有一定的正義感，即使在古代戰火紛飛的年代裡也有許多正義感事蹟代代流傳，究其原因，無外乎弱理性的驅使使然，人類的共生性邏輯作用於人們，這也是人類生生繁衍的根本力量之所在，但是普通人的正義感並不完整，僅僅侷限在了對傷害行為的反感上和對受害人的同情上，儘管如此，這也是人類文明進步的重要因素。

正義感是人的一種感覺嗎？我們知道人體有五大感覺，視覺、聽覺、觸覺、嗅覺和味覺，正義感是來源於這五大感覺嗎？視覺是用以憑藉光線及其反射來捕捉事物影像的一種感覺功能，屬於遠感感覺。視覺可以產生正義感嗎？當然，如果傷害行為損害他人的身體或者殺害他人的生命，視覺是可以捕捉到該行為後果的，有直接的可視事實供大腦判別。如果傷害行為是間接的損害他人的利益，如欺詐、拐騙、恐嚇、壓迫等，視覺就無法提供損害事實。何況視覺在向大腦傳遞訊息時只是傳遞生物電訊號，並沒有伴隨正義感訊息。那麼，聽覺是否可以產生正義感呢？聽覺所接收到的只是空氣振動（或顱骨振動）的能量頻率，需要大腦（聽覺中樞）解碼成為能量意義（解碼語言、叫喊、爆炸、撕裂等聲音）才能形成感覺，聽覺本身也並沒有伴隨正義感訊息。聽覺也屬於遠感感覺。其他的觸覺、嗅覺和味覺就更難產生正義感了，即使五種感覺的聯覺、統覺和混合覺也不足以產生正義感。人的正義感只能來源於人的大腦內部，即人的心靈。那麼，正義感來源於人的情感嗎？通過耶魯大學的實驗可以看到，嬰兒（被試）與玩具布娃娃並沒有先前的情感互動，所有的布娃娃玩具都是第一次出現。我們知道情感來源於互動的頻次，所以嬰兒（被試）的正義感不來源於情感。那麼人的正義感來源於其他非理性因素嗎？從嬰兒實驗可以看到，嬰兒（被試）的正義感並不來源於嬰兒們對玩具娃娃顏色的喜好，嬰兒（被試）並不總是選擇同一顏色的玩具娃娃，而且 200 多嬰兒（被試）也不可能只是喜歡同一種顏色。嬰兒的意志、信仰、動機、習慣等非理性因素幾乎還是空白，所以說嬰兒的正義感並不來源於非理性因素。正義感之所以定義為一種感覺，是因為這種感覺非常強烈，就像是五大感覺一樣，正義感只能來源於人的心靈主覺，是主覺賦予了正義感這種感覺。我們不難發現，正義感與理性能力具有正相關關係，理性越強則正義感越強，反之越弱。理性是主覺被激活而產生的能力或功能，那麼正義感也是主覺被激活的一種能力或功能，離開主覺的考量，我們無法獲得正義感的源頭和起點。通過嬰兒正義感的實驗調查也可以證明正義感與主覺的正相關關係，即嬰兒在沒有任何觀念輸入的情況下已經具有了天賦觀念。

正義感分為正義衝動和正義追求兩種。正義衝動屬於正義在人的心靈中的弱理性衝動，而正義追求則是顯意識理性的正義衝動。正義衝動和正義追求都深藏在人們的心靈之中，沒有外在的直觀性，但是可以從外部體現出一些表徵（其本人可以明顯的感受到內心的一股能量衝動）。從正義感的外在表徵上看，正義衝動可以分為正義評說和正義行動。正義評說是指個體人對他人正義行為產生讚賞和崇敬的情緒，對非正義的行為則產生不安、不滿、憤怒等情緒，進而表現出肯定、讚揚、批評、揭露、責難、聲討等言辭態度。一個有正義感的人對他人的一般性正常行為會默認而不做出評價，此時他人的行為可以視為准正義。但是對於他人的非正常行為一般會在第一時間做出評價，或者在事後做出補充評價，如果是正義行為就做出肯定、讚揚的評價，如果是不正義行為則做出批評、揭露、責難、聲討的評價，這就是正義評說。伴隨正義評說，有正義感的人還會對非正義行為的受害者表現出同情和辯護。我們不難觀察到，社會生活中廣泛存在正義評說，從助人為樂到拾金不昧，從家庭矛盾到鄰里糾紛，從救人危難到社會善行，從偷扒搶竊到罔顧人命，我們總能聽到素不相識的人或激動昂揚或義憤填膺的談論著自己的看法。正義評說涉及的範圍和領域極其廣泛，包括家庭生活、鄰里關係、社區活動、城市建設、國家制度以及醫療教育、社會養老、文化、經濟、政治等方方面面。正義評說是社會輿論的強大力量，體現出社會正義感的氛圍。

正義行動是指人們對於他人正義行為的褒獎、宣傳、保護以及對於非正義行為的防範、阻止、懲罰、抗爭所採取的肢體行動。伴隨正義行動，有正義感的人也會表現出對非正義行為受害人的同情、辯護以及採取措施予以保護和庇佑的行動。自古以來的見義勇為和路見不平拔刀相助的俠義行動是最傳統的正義行動，如前文所說的英國騎士文化就體現出正義行動，東亞的武俠傳說也體現出為人仗義、替天行道的正義行動。日常生活中的抓小偷、抓扒手、反詐騙等行動也反映出正義行動。現代正義行動涉及的範圍和領域也極其廣泛，包括法律精神的推廣、社會制度的改良、尊重人權、保護自然環境、保護野生動物、反對（制止）暴力、反對（制止）戰爭、公民參政議政、忠於職守、履行職責、維護社會秩序和國際秩序等等。正義行動是高度正義感的具體體現，也是行動者的責任感和使命感的具體體現。

正義追求是指個體人對正義理想的嚮往以及對正義的思考研究活動，追求正義的價值、正義的規則，探尋正義的理論。人們設想出正義社會的氛圍和藍圖並付諸建設行動，理想國的構想體現出柏拉圖對正義的追求和嚮往，只是這種構想屬於早期正以追求，由於當時人類普遍智性尚且不高，難以推廣實行。文藝復興和啟蒙運動提供了切實可行的正義理論，自由主義深入人心，所以在北美洲凸顯出追求正義的國度——美利堅。世界各地的人們紛紛投奔到美利堅社會，體現出對正義理想——自由主義和個人主義的嚮往。許多專制國家的個體人和家庭偷渡到歐洲和北美洲國家，從某種角度說也是出於對正義理想的追求和嚮往，東亞大陸五六十年代的大逃港也是這樣。對正義的追求是人的天性，但也需要很大的勇氣，人們需要戰勝傳統的觀念，用一種新的觀念和思維來驅使行動，所以正義追求能夠付諸行動的人在目前來看仍屬少數，但是對正義理想嚮往的人不在少數。

對正義的思考研究自古以來都是思想者的事情，兩千多年來無數代人為了正義冥思苦想，提出了種種的正義理論（如本文開頭所言）。對正義的研究超越了對正義理想的嚮往，需要運用理性撥開種種謎團把思維深入到人腦的最深處來探尋正義的真諦，這絕不是一般的嚮往，而是對正義信念的執著和使命感的使然（只有在顯意識理性的作用下正義本身的細節才會顯現，弱理性狀態下只能產生正義衝動和正義嚮往）。正義，具有一種魔力，驅使著思想者的思維，前人的努力沒有白費，為後來人打下了堅實的思想基礎，一代又一代人的不棄努力創造出豐富的正義理論思想，使得人類的顯意識日漸趨近於正義的本質內涵。正義的理論思想也為人類社會文明進步作出了推動作用，人類社會每一次或每一點進步都離不開思想者的直接貢獻。

正義感的層級原理。正義感有著豐富的內容，各種正義感的強度並不相同，由低到高分別為正義理想的嚮往、正義評說、正義行動（包括正義社會的建設行動）、正義研究。正義感強度的順序並不能說明各種正義感的重要性，只是說明正義感在人們心中的信念等級，各種正義感都是非常重要的，不可偏廢。正義感是由個體人們自然心生，不能由外界強行植入，所以我們不能要求每個人必須具有某種正義感，各種正義感之間會自然的相互影響、相互支持，低強度的正義感會自然而然的趨向於（或提升到）較強的正義感。正義感所涉及的範圍和領域極其廣泛，不論在哪個範圍和領域，即使在一個很小的範圍和領域顯示出的正義感都是等效的，都是難能可貴的。

******

在回答什麼是正義之前先讓我們研究一下人的思維方向。我們知道，人的思維是有方向性的，思維的方向性決定了思維的趨勢和思路。思維活動是由一定的原因引起，並指向相應的任務——目的、目標和結果（或效果），這種思維活動稱為指向性思維或導向性思維。人的思維存在一個思維動力的問題，就是說思維是由原動力驅使的。思維的原動力非常廣泛，有需求（包括欲望）原動力、自我意識原動力、信仰（信念）原動力、傳統文化原動力等等，這些原動力也就是思維引起的原因，思維動力與思維的發力點重合，思維由動力驅使，從發力點起步。由於思維的方向性，思維必然會指向或導向自己的任務（目的、目標和結果）。思維沿著自己的任務前進，會在路徑中留下自己的痕跡，或是腦細胞神經元的排列組合的變化過程，或是突觸、樹突的連接變化過程，當思維任務完成時，這些變化也完成。思維的路徑就如同人走在雪地上或泥地上，從出發地到目的地留下一路的足跡。但是，思維深藏在人腦之中沒有外在直觀性，我們無法觀察到思維的指向性（或導向性）全過程，我們如何確定思維的發生、發展、變化呢？由於思維是行為的驅動力，我們通過觀察人的行為就可以推斷出其思維過程。人的行為不可能違背自己的思維，只要某人（或某些人）發出行為，那麼我們就可以斷定他（們）的思維已經完成了驅動（思維原動力已經形成），思維已經從發力點開始起步。隨著他（們）的行為發展，我們也可以斷定他（們）的思維路徑和思維指向性（或導向性），並推測他（們）的思維任務和行為目的，甚至還可以反向推測出他（們）的思維動力和思維發力點。比如說，人的尋找食物的行為，我們可以反向推測出他的行為發自需求；人的趨利避害行為也可以反推出他的自我安全維護意識；人的宗教行為也能反推出他的信仰等等，這種根據行為反推思維動力和發力點的方法對於被反推的人而言就是思維的回溯性。如同雪地上或泥地上人的腳印，指向目的地，也可以回望回溯到出發點。任何人的行為都存在驅動力思維的回溯性，當然也存在驅動力思維的指向性（或導向性），人的行為就是其思維的測量依據。

個體人的心靈中幾乎所有的非理性（非顯意識理性）因素都可以成為其思維原動力和思維發力點，如觀念、信仰、自我、經驗、情感、需求（包括欲望）、興趣、愛好（包括嗜好）等等，人類在距今三千年以前的兩百多萬年時間裡就是憑藉這些非理性因素作為思維動力和發力點，發出行為在自然界摸爬滾打而生生繁衍的。近三千年以來，人類的思維動力和發力點發生了變化，發展出顯意識理性能力，理性思維的回溯性並不屬於過去以往的任何一種思維動力，理性思維的回溯性指向的是自我內部本真，與心靈主覺指向一樣，指向同一個地方。於是，人類的思維增加了一個絕對的動力和發力點，這種動力和發力點排除了情感和喜好的干擾，具有了絕對性。理性思維具有獨特的規則性，與他人的思維規則相似，或者完全相同，所以理性能力可以根據他人的行為推測出其思維路徑和思維指向性，理性能力越強則對他人的行為和思維的推測和判斷越顯著、越準確。理性能力可以推測出他人行為的原動力和發力點是出自非理性因素還是理性，甚至可以推斷出他人的行為是出自哪一種非理性因素，在弱理性者（經驗主義者）看來他人的行為是否符合道德（其實道德屬於準正義），那麼理性者看來則是他人的行為是否正義。正義只在個體人（們）處理與外界（其他個體人、群體人、社會、自然環境）的關係（與他人交往和關聯）時才起作用，也就是說在處理與外界的關係時才談得上是否正義。如果個體人在與他人的交往和關聯時，思維和行為出自自己的非理性因素，指向（行為目的）也是自己非理性因素，此行為和思維就是非正義的。如果思維和行為發自理性，也就是說發自非非理性因素（排除了情感和喜好），其指向也是理性狀態，那麼這種思維和行為就是正義的。

那麼，什麼是正義呢？正義，是指個體人在處理與外界（其他個體人、群體人、社會、自然環境）的關係（與他人交往和關聯）時，思維和觀念的絕對原發性和路徑規定性的統一。對於行為而言，正義是指個體人在處理與外界的關係行為的絕對合理性、自然終極力量的指向性和行為過程一致性的統一。正義的本質是人的思維和觀念，但是人的思維和觀念可以在行為上具體體現，我們通常所說的行為是否正義，其根本上是指思維和觀念是否正義。正義不用爭議的存在核心內容，要不然不會給人以強烈的正義感。正義之所以虛無縹緲使人捉摸不定，是因為正義深藏在人腦深處，而且由自然終極力量驅動，具有絕對性，由於人的心靈中非理性因素占據了較大的強度遮蔽了正義的衝動，只有發展出理性能力人們才能感受和捕捉到正義的信息。

個體人在社會生活中和面對自然環境時總是表現出行為的主動性，其行為體現出「為了什麼」和「為了誰」的特性。這種特性可以概括為四種狀態，一是以自己的需求、情感和觀念為出發點為自己的主動性；二是以自己的需求、情感和觀念為出發點為別人的主動性；三是以別人的需求、情感和觀念為出發點為自己的主動性；四是以別人的需求、情感和觀念為出發點為別人的主動性。在迄今約五千年以來，人類社會經歷了漫長的民族征服戰爭，征服者和統治者憑藉暴力手段瘋狂的欺壓被征服被統治對象，製造出人類戰火紛飛和慘絕人寰的黑暗，此時人類群體開始對異族陌生人排斥，在個體人的內心深處總是埋藏了對他人漠視、輕視、鄙視的意識，這種意識無時無刻不在社會交往、社會互動和社會關聯中顯現，體現為第一種和第二種行為主動性，以自我為中心為發力點做出社會行為，把他人當做虛無，或者把他人當做自己的附庸。但是在社會化初期，人類群體的互尊互愛的共生性也一直同時支撐和維繫著人類的生生繁衍和發展，人與人之間的關係和睦共生，以生產事務為中心相互學習交流，相互支持和促進，人的行為體現出第三種和第四種主動性。即使在征服和統治的黑暗時代，異族通婚仍然促進了人類的智性突飛猛進的發展，他人的技能、本領和成果成為自己的資源和依賴，於是人類的共生性向全社會蔓延，人類文明出現曙光，人類的道德理念在弱弱的湧動，體現為正義衝動和正義追求的正義感。約三千年以前，人類理性開始萌發，正義感愈發強烈，產生出極具正義感的宗教信仰和正義思考研究，至此開始了人類文明發展的艱難歷程，之所以說是艱難，是因為迄今仍然還有大量的不文明、不正義的行為在人類社會中存在。儘管如此，人類文明和正義仍然還在倔強的增進，反映在第三種和第四種行為主動性的規模在社會生活中日漸擴展。這四種行為主動性狀態都可以反映出行為的指向性和思維、觀念的回溯性。

正義的鏡像效應。從以上分析我們可以看到，正義難以從正面獲得，正義需要非正義的反襯才能顯現。就如同道德一樣，如果單從道德出發人們難以確定道德的實質內容，只有通過瞭解劣行才能確立道德。在遠古群居生活中和人類社會化初期，人類被動的、無意識的遵循著道德和正義規則，全然不知道德和正義的內涵，也沒有道德和正義概念，人們相親相愛、相互支持、相互幫助，同時對違反道德和正義的行為採取懲罰措施（畢竟違反行為只是零星的個案），維護了人類最根本的利益，使得群體和社會得以延續和發展。在征服者開始大規模暴力殺戮和統治者展開暴力殘酷統治以後，人們才意識到根本利益的重要和可貴，進而思考道德和正義問題。但是，如果沒有反道德和非正義行為的反襯，人們很難總結出道德和正義的實質內涵。即使在現代文明社會中，人們提倡道德和正義，卻很難說清楚什麼是道德和正義，總是凸顯出用道德和正義的名義來施惡的問題。只有在反道德和非正義行為不斷的反襯作用下，人們才得以建立起道德和正義框架，但是道德和正義的內涵仍然一直撲朔迷離。

時至今日人們才豁然頓悟，正義就是人與人之間、人與自然之間的互惠性，就是人類社會的共生性。凡是符合互惠性和共生性的行為就是正義行為，人們就予以認可和讚揚；凡是不符合互惠性和共生性的互害行為就是非正義行為，就必須予以懲罰和杜絕。互惠性和共生性是正義的絕對原發性，因為排除了所有人的自我情感和喜好，來源於自然最根本的理性邏輯，所以具有了絕對性。我們可以這樣理解，自然世界的智慧認為個體人與個體人之間、個體人與自然之間都屬於自然世界的一部分，個體人面對他人就是自然的一部分面對自然的另一部分，任何個體人沒有權力傷害他人，個體人之間是一種絕對的物質上的和能量上的平等；個體人面對自然環境同樣的是一種絕對的物質上的和能量上的平等關係，個體人沒有權力在獲得社會利益和自然利益的同時損害和破壞人類社會和自然環境；他人和自然環境都屬於任何人的資源，個體人沒有權力損害自己的資源。這些都是人類互惠性和共生性的基本邏輯，任何人不能違反這個邏輯，這就是正義的絕對原發性。個體人的行為指向性和行為過程也必須符合互惠性和共生性邏輯，行為的結果和效果也應當由互惠性和共生性來檢驗。這就是正義的規則性和規定性，自然終極力量要求每一個人必須按照互惠性和共生性的邏輯規則來處理與外界的關係，並且激勵和授權每一個人對他人的違反行為予以懲罰。

正義具有先天性，不需要習得，人一出生就擁有。隨著成長過程，傳統觀念和文化（陌生人文化）被輸入心靈之中，遮蔽了原發正義的衝動，使人變得貪婪、冷酷、殘暴和狡詐。也隨著知識的學習和理性的激活，正義感逐漸蘇醒和復活，最終互惠性和共生性正義占據心靈。正義還具有客觀性，不以人的意志為轉移。正義是自然能量規則作用於人及其大腦的體現，正義無差別的作用於每個個體人。個體人及其大腦是物質的一種形式，其必然包含自然世界的規則，即能量規則。自然能量規則多維度、多角度、多層次的作用於人及其大腦，在處理人與人關係、人與社會關係和人與自然關係時，有一種規則在起作用，這就是正義的規則。正義，要求每個個體人必須以自然最根本的規則來要求自己，不能摻雜個人因素，正義規則不容許行為者僅憑自我的感覺、情感、喜好、利益而行事。正義感不是人們的主觀想像，正義感也是客觀的，無條件、無差別的作用於每個人，致使具有正義感的人理直氣壯的維護正義，甚至不惜時間和金錢上的成本來懲罰非正義行為。

****

正當性不是正義。中文裡正當性是一個語焉不詳的概念，正當的就是符合習俗、習慣的，符合大眾規範的，符合道德要求的，能夠講出理由的，不被人家反對的等等意思。從認識論上說，中文正當性具有混沌性，屬於經驗的範疇。正當性語義不確切，但是卻廣泛使用，人們遵從傳統習俗具有正當性，傳承傳統文化具有正當性，唯利是圖具有正當性，擁戴權威具有正當性，在法律上有正當防衛，在社會上有正當權力。正當性，究其語義就是正確的、妥當的、無異議的、現實既定的意思。更可怕的是，正當性與合法性產生了關聯，認為正當的就是合法的，正當性是合法性的源泉，正當性與合法性存在互證的悖論，正當性用合法性來解釋，合法性亦用正當性來支撐，循環論證。諸不知，正當（正當性）中包含時機、正確和恰當三個要素。時機，意味著非恒定和主觀判斷；正確，意味著一定的客觀性；而恰當，完全來自於主觀判斷。正當感必然來自於人的後天經驗，通過社會的普遍習慣中習得。顯然，經驗的正當性不是正義，正當（正當性）是一種社會普遍存在的習慣的認同和尊重。正當感充其量為正義感的雛形，正當感來源於博弈雙方的能量級，能量大的似乎具有正當性，能量小的不具有正當性。社會權力有正當性，但是權力不一定符合正義。統治者、父權、家長、族長、強勢的人都具有一定的正當性，但是追求強烈的、絕對的社會主動性會失去正義。東亞社會中普遍存在正當性困境，行為者的正當性來源於他人的態度、姿態、認可和默許，沒有消極回饋（抵抗）的行為會使人產生正當感。如奴隸主的行為沒有得到來自奴隸的反對和反抗會使得奴隸主產生正當感。正當（正當性）如果成為了合法性的來源，那麼社會壓迫就有了合理性。正當性為社會變革提供了可能性，當社會進步，文明發展，自我意識的提高，人類智性的發展，正當性必然會成為社會發展的障礙，這就是正當性困境。正當性是一種姿態，包含在了行為者的具體行為之中，正當性只有在行為接受者的默許中才有效，如果行為接受者不認可，則正當性失效，同時行為者的合法性也失效。由此看來，經驗的正當性是有缺陷的，沒有價值判斷。在理性的範疇中，正當性是符合客觀標準和規則的意思，屬於自然法的核心內容，這時正當性才與合法性產生關聯，但是正當性也不是合法性的直接來源，正當性與合法性都屬於自然法的不同側面，如果不對自然法進行描述，正當性也不會凸顯出其價值。所以說，在理性的層面，正當性也不是正義，只是一種准正義。

公正不是正義。公正是指行為人從公眾利益和公共要求出發，行為正直沒有偏私的意思。公正是行為人的一種自我表述，行為人僅為社會強勢者，就是說公正是社會強勢者的一種自我表述，社會弱勢者無所謂公正而言。公正是社會強勢者作為行為人的自我認定，其認為自己的行為是否公正，正因為是強勢者，事實上只會作正面認定，即行為公正，不會作負面認定，有公正嚴明一說。首先，公眾利益和公共要求本身不一定符合正義，公眾利益和公共要求具有時效性和階段性，而正義是客觀的、恒定的；其次，公眾利益和公共要求的顯現具有不確定性，公眾利益和公共要求是如何體現的呢？又如何確定某種利益和要求是來自於公眾和公共呢？第三，行為人對公眾利益和公共要求的理解具有不確定性，其理解因人而異，行為人難以準確把握公眾利益和公共要求的實質內涵，行為人的行為也不一定符合正義；第四，行為人對自己行為正直沒有偏私的認定不符合正義，這種認定只能由公眾來裁決，公眾應該擁有一套評價公正行為的程式和體系。即使公眾對公正行為的評價也應該在一定的（符合正義的）評價標準和實行制度的範圍內進行，如果缺失公正行為的監督保障，公正行為無正義可言。（另，公正不可望文生義隨意拆分為公平正義，公正與公平正義沒有多少關係）公平也不是正義。公平是指所有人（或參與者）的規則執行和應用機會均等，也就是把所有人（或參與者）的基本屬性，如人格、權利等，平等看待，不偏不倚。公平是一種前瞻性的身份認定，並不是事後的成果和狀態的平均（或絕對平均）。公平是一種態度，由一定的原則而引發，而原則指向的是正義。就公平與正義而言，公平的側重點在於結果，而不是原因。公平的原因是正義，公平具有明顯的目的性和滯後性。公平與否，一是由行為者、組織者和管理者的正義感決定，二是由正義行為過程決定，如果在不確定的正義觀支配下，正義行為過程也會出現不確定，那麼公平就會發生偏離，即所謂的公平無絕對性就來源於此。如果人們認可了公平的偏差，公平僅是相對的，那麼也就是等於放縱了不公平，公平往往會走向反面。人們難以確定公平的絕對性，因為公平總是受人施與（受強勢者的行為主動性左右），在小群體中公平容易實現，在大群體、大社會和國家層面中公平難以有效實現。正義在任何範圍中和情況下都是絕對的，而且公平是一種效果和狀態，沒有實質內容，所以說公平不是正義。

正義也不是真理。正義的在於人們在處理人與人之間、人與社會之間、人與自然之間的關係中從內心原發出的規則力量，而真理有真相、真實的意思，是人們對自然世界、萬事萬物的真實性的認識，其實真理並不存在，因為人類的認識還遠沒有達到與自然事實相一致的程度，人類的認識還存在許多不確定性。但是，只要有正義的意識和追求，個體人也可以從真理的探尋中獲得寶貴的正義感，可以憑藉知識解決一些社會問題。正義可以通過人的思維加以反映，這並不意味著人有思維就可以反映的，人的思維必須正確，而且富有效率。正義關乎人與人之間、人與社會之間、人與自然之間的關係中的諸多細節，唯有在理性思維下才可以產生正義。所以說，正義是客觀的，任何人、任何組織都不可能擁有正義的占有權和話語權，這也許是一種最符合正義的真理。

正義具有獨特的實質內涵，正義與思維相似，但不同於思維，正義與理性相似，也不同於理性，正義與理性狀態非常吻合，都屬於心靈的內指向性，正義與理性都來源於人腦中的內向認知——主覺，正義與理性是主覺的不同維度，最終都發源於自我內部本真。由於正義攜帶了自然世界根本的信息，所以正義的實質內涵不可知，總是給人以若隱若現、若即若離的虛幻感受，甚至有人直接否定正義的真實性和實質性，認為正義是人的一種想像，但是正義的內在強度又時刻驅使人們產生正義的堅強信念，甘願為正義付出很大的，甚至是難以想像的努力，這就是正義的可感受的真實和實質。由於正義本身不可知，人們無法順著正義的指向來把握其完整的實質內涵，只能從反向的推導來認識正義及其內涵，也就是前面所說的正義的鏡像效應，正義只能從非正義的反襯，反向推導出來。由於人的認知缺陷，對於人類而言，正義沒有標準，人們只能隨著時間的推移從非正義的認定和積累中隨著理性能力的提高反推出正義的內涵。事實上人類對於正義的認知也是反推來進行的，在文明的初期人們通過「錯」反推出「正確」，通過「不妥」反推出「妥當」，通過「不道德」反推出「道德」，在理性文明發展以後，也是通過「非正義」反推出「正義」。所以，人類在認識正義的思想道路上經歷了迂回的、撲朔迷離的過程，這也可以理解和解釋正義及其內涵的認識艱難性和可貴性。時至今日，人類對正義的認識還是不充分的，人類仍然處在豐富其認識的過程之中，所以任何個人和組織都沒有權力壟斷正義的話語權，正義屬於全人類，正義存在於每個人的心中，也就是俗語所言「每個人心中都有一桿秤」。只有當人類可以憑藉其理性和智慧和平而冷靜的解決所有社會問題時，正義的完整內涵才會顯現。

正義所涉及的範圍和領域十分廣泛，從個體人的日常生活到群體人的社會生活，從社會法律到社會政治，只要是有人與人之間的互動和關聯，都體現出正義的強作用力。我們可以從人類社會發展的歷史狀況和人類既已積累的智慧知識來為正義的內涵進行分類，籍以認識正義的豐富內涵。根據正義的鏡像效應，正義可分為行為正義、交易正義、分配正義、事實正義、法原正義和政治正義。行為正義是正義的總綱，正義只能通過人的行為才能體現，其他各種正義均由行為來體現，只是行為正義所涉及的範圍和領域不同，行為的內容和方式不一樣，所以才會演繹出多種正義。行為正義的本質是思維正義，也就是思維的回溯性出自哪裡，如果思維的動力和發力點來源於自我意識、自我需求、自我情感、既定觀念，行為人在與他人（陌生人）的交往和關聯中發出為自己的主動性（思維和行為），或者發出以自己的需求、情感和觀念為出發點為他人（陌生人）的主動性，那麼行為人的行為是不正義的。因為人的認知缺陷決定了自我的需求、情感和觀念在心靈中的強度最大，同時對他人（陌生人）的需求、情感和觀念的強度最小，又因為人類文明發展尚不充分，征服和統治喚醒了兩百多萬年來形成的對陌生人群體排斥的心理遺傳，那麼行為人必然會在潛意識中輕視他人的生命，漠視他人的尊嚴，侵犯他人的權益，因而產生不正義的行為。不正義行為包括對陌生人群體的暴力征服、強權統治、凌強欺弱、搜刮掠奪、欺詐坑害、損人利己等等釋放絕對主動性的行為，把行為所指的對象人置於絕對被動的境地，因此獲得絕對權力。不正義行為還包括個體普通人的燒殺搶竊、坑蒙拐騙、弄虛作假、侵害財物、威逼利誘、貪贓枉法等等危害社會的行為。非正義行為有一個共同點，就是把自己的尊嚴和利益凌駕於他人之上，並且嚴重違反了人類互惠共生邏輯，極易招致他人的反抗和報復。

不正義行為是人類既往陋習的現實反映，在人類不正義行為肆虐的時代，人類共生邏輯一直在潛移默化的滋長。在迄今一萬年以來，當人類智性突飛猛進的發展，人類共生邏輯以一種勢不可擋的趨勢日異擴張，正義感事件層出不窮，正義行為被廣泛的推崇和褒獎。正義行為總是以非正義行為的反面而出現，凸顯出對非正義行為的否定、批駁、懲罰和矯正的態勢。迄今三千年以來，在人類理性能力的驅使下和在正義行為的感化下，人們開始對正義行為和正義內涵的艱難探索和研究，產生出許許多多的正義理論，以古希臘、古羅馬的正義觀和英國、法國的啟蒙運動以及美國的現代正義理論為代表，正義理論的探索研究可謂是正義行為的最高形式。在現代社會生活中，即使最不正義的行為人也被迫打出正義的旗幟體現出流氓性，比如專制統治打出「民主」、「共和」、「憲法」的旗號來為人民做主，普通人以關心他人的名義來強迫他人接受觀念等等。時至今日，明目張膽的非正義行為已經被日益壓縮，正義的力量占據了絕對上風，但是非正義行為卻以更為狡詐的面孔仍然擁有一定市場，正義力量還仍然任重道遠。

交易正義是人的行為在交易過程中的體現。當人類開始注重在異族異姓之間通婚時，個體人的智性飛速發展，產生出各種各樣的技能和特長，有的從事種植業和養殖業，有的致力於加工業和手工業，各行各業不斷的總結和提高而形成豐富的經驗和技術，提高了生產效率，生產出大量（相對於原始狀態）用以滿足人們日常生活所需的產品，社會分工日益穩定。由於生產者越來越精於各自的技能和特長，於是人們把自己的勞動成果與他人的成果進行交換，產生了交易行為，各自的勞動成果和技能就成為了商品。早期的商品可能比較粗糙，也不見得經久耐用，但是能夠最大限度的滿足當時人們的需求，隨著人類智性的進一步發展，商品也越來越精巧、越來越適用。我們在交易行為中可以發現，所有的商品和服務在功能上和性能上都指向了他人（交易者對方）的需求和要求，這就是原初的交易正義。交易正義從一開始就沒有顯意識的思維過程，人們想當然的認為交易所得的商品就具有適用性，就能滿足自己的需要，這就是正義的先天性、客觀性和絕對性的使然。在族群和民族征服戰爭時代（這個時代至今沒有完全結束），征服者看到了被征服者的智性、技能和特長的可利用性，並不像過去那樣把被征服者趕盡殺絕，而是採取暴力統治逼迫其屈服來為自己服務。於是，正義被非正義征服，產生出慘絕人寰的極其黑暗的消極陌生人文化。社會規模越來越大，陌生人越來越多，嚴重衝擊了熟人社會的正義氛圍，導致各種各樣的非正義行為肆意橫行。在交易行為中凸顯為在商品品質上偷工減料、弄虛作假，在交易過程中短斤少兩、以次充好、強買強賣，嚴重損害了交易者對方的利益，不正義行為者因此獲得不當的額外利益。由於消極陌生人文化對正義的壓制，致使不正義行為肆無忌憚的蔓延。交易正義還關係到統治者發行貨幣以後的借貸行為和攫取利潤的契約行為當中。

分配正義是指自然資源、社會財富和勞動權益在社會生活中的安排、實施過程中體現出的行為正義。在早期交易行為中（征服者來到之前）商品和服務在功能上和性能上之所以都指向了他人（交易者對方）的需求和要求，是因為自然資源、人力資源和經驗技術都處在完全自然的狀態之中，植物、礦產、土地、水資源完全由自然界無償賜予，個體人只要發揮自己的聰明才智就可以創造出財富。當征服者來到並開始穩定的統治以後，人口大量增加，社會分配狀況發生了巨大的變化，一方面統治者占據了最肥沃的土地、最有價值的礦產並宣稱其所有權，另一方面廣大的被統治者的資源享有權被嚴重壓縮，導致一部分人只能為統治者服務和為其他占有者服務，成為社會強勢者的附庸和打工者，以辛勞的危險的工作換取微薄的收入。在此基礎上，統治者以獲利的心態強行徵收賦稅，使得社會底層的日常生活更加艱難，擠占了社會底層的生存空間，加大了社會成員之間的財富差距，社會呈現出財富占有與人口比例的倒三角形狀況，社會中凸顯出正義的問題。在農業社會如此，在工業社會也是如此。工業社會提高了生產效率，也提高了絕對人口數量，大多數人口被淪為產業工人，其收入來源被企業主控制，追求企業利潤最大化成為企業主冠冕堂皇的理由。金融杠杆的應用促使社會少數人越來越富有，而貧窮的社會底層被排除在了金融杠杆的遊戲之外，社會財富的占有格局與農業時代幾乎沒有區別。時至今日，分配正義仍然是人類面臨的一大難題。

事實正義要求每個人在反映和描述事情的發生時不能隱瞞和虛假。一些人對於與自己不利的事情或自己不喜歡的事情總是有意無意的回避，希望這樣的事情不會發生，但是事與願違，什麼事情都有可能發生。當對自己不利的事情或自己不喜歡的事情發生以後，人們不是埋怨就是隱瞞和曲解，最平常的表現是說謊，最極端的方式就是封鎖消息來源。我們知道，說謊是不誠實的表現和不真誠的表現，大人們總是教導小孩子不要說謊，要誠實。小孩子們都知道自己幹了錯事或糗事讓別人知道了是丟臉的，但是小孩子不可避免的會幹錯事，如果小孩子養成了說謊的習慣，那麼必然會誤導大人們和其他人做出不正確的判斷，所以小孩子是不能說謊的。同理，大人們（成年人）也不能說謊，也會誤導小孩子和其他人，使人產生不確定感，比如總是許諾小孩但不兌現，或者總是拒不承認自己的錯誤，那麼就會失去小孩的信任，也會失去其他人的信任。如果成年人在工作中和在與他人的交往中習慣說謊，那麼他必然會遭到同事、上司和下屬以及他人的冷遇，其生存發展的機會和空間就會消失殆盡。言下之意就是無論幼童和成人必須遵守和尊重事實的本來面目，不能憑藉自我的喜好來隱瞞和曲解事實。在社會層面上，一個企業組織，一個團體機構，乃至政府部門也必須遵守、尊重和維護事實，也沒有權力來隱瞞和曲解事實。企業組織內部的資訊流轉和財務管理必須建立在事實和真實狀況的基礎之上，不然不真實的資訊和資料必將拖垮整個企業。企業的產品和服務在生產、銷售及售後服務的過程中也必須保持、保證一致性和真實性，不然也會面臨其產品和服務的受眾的詬病和責難而危及企業性命（牽涉到交易正義問題）。政治團體和政府組織也同樣存在維護和尊重事實正義的問題，滿口謊言、心口不一、言行不一，最終失去的將不僅僅是信譽和社會的信任，失去的還會是其合法性。那麼對於一個專制政體，幹錯事幹壞事不可避免，錯誤的決策和錯誤的執行導致的社會損失巨大，為了隱瞞和曲解甚至會動用國家機器來封鎖消息，打壓知情人士的批評和責難，用謊言來維繫其正當性和合法性。精於此道的專制者，還會在執政理念上編織謊言，在歷史知識上隱瞞和篡改基本事實，在教育和輿論宣傳上塗脂抹粉，製造出一整套洗腦文化，來糊弄和麻痹其治下的愚民。也許憑藉此道，專制者可能殘喘幾時，但是因其對事實正義的違背，覆滅總在可期之中。

法原正義是指法理、法權和法律的終極來源和終極價值。我們知道在原始人類的群居生活方式中是沒有法理、法權和法律概念的，法律還未成形，原始人的行為規則依據的是什麼呢？我們不可否認，原始群居生活是有秩序的。在現代社會生活中，一個人不去毆打他人，也不搶奪他人的財物，他認為不能打別人，不能霸占他人的財產，這時，他遵守的是法律嗎？他是畏懼法律懲罰嗎？這顯然是不一定的。還有，人們對法律的質疑，對惡法的評價、批評和抨擊是來源於什麼呢？一個立法、司法或執法的人員總是有一種直覺，需要對涉及法律缺陷和不足的地方採取救濟和修正措施，以維護法律正義。於是，我們可以發現，人的頭腦中包含了一種處理人與人之間關係的根本規則，這種規則還具有應然性、規定性和強制性。這種處理人與人之間關係的根本規則（包含支持性規則和禁止性規則）就是法原。社會秩序是法原調節社會關係的表像，秩序不是人類社會的目的，秩序是人類感官的反映。原始人和現代人均受同樣的法原規則作用，即使立法、司法或執法的人員也不例外。法原規則是產生權力和權利的主要原因，一種法原規則超越了人的情感、需求和喜好，具有絕對性，平等作用於所有人，這就是法原正義；另一種法原規則不光是融入了人的情感、需求和喜好，還摻和了其他人的消極態度，如隱忍、配合和讓渡，具有了人為的相對性，只對強勢者起積極作用，而對弱勢者起到了消極作用，稱為法原強力。法原正義產生權利，而法原強力產生出權力或強權。兩種法原規則都各自分離出兩種法理、兩種法權和兩種法律，一種包含法原正義，具有客觀性、普適性、平等性和公開性，另一種屬於人為強力，帶有明顯的主觀性、偏向性、排他性和封閉性。法原正義來源於人的自然屬性，從人類形成之始就一直存在，而法原強力卻產生於約五千年前的征服者和統治者，也就是說，法原強力是權威政權的產物。國家的產生不是法的起源，只是成文法的起源，即使國家法律及其體系也必須標榜正義的名分，可見法原正義的效力要強於法原強力，因為法原正義的主體來源是全體個體人，而法原強力的主體只是內涵不甚明確的國家（國家的實質是行使政權的少數人），當然而然，全體個體人的自然屬性必然要強於國家政權的自然屬性。我們在表述合法性一詞時，合法的法不可能指代現行的法律，也不可能是法權和法理中的法，不然「法」無出處或者陷於循環論證，合法性的法只能是指稱法原正義。法律、法權和法理從來都不應該是高高在上的東西，而應該生動地融入我們每個社會成員的日常生活之中。

政治正義一詞在當今社會的使用頻次越來越高，各種政治力量各說各話，都標榜其政治符合正義，造成這種局面的主要原因是政治概念的多樣性，人類對政治的理解仍然沒有一個相對一致的說法。現代政治一詞最早來源於古希臘的「波里」，最初的含義是城邦或衛城，引申出城邦公民參與城邦統治和管理的活動，古羅馬時期，政治詞義演變為「人民的共同事務」。中文政治一詞在清末時期從日本傳入東亞，據說孫中山當時認為中文「政治」一詞與英文 politics 對應比較貼切，他認為「政就是眾人之事，治就是管理，管理眾人之事，就是政治」，他的這一說法在當時的中文世界裡非常具有影響力。當代中文政治一詞的詞義發生了變化，被賦予了政府、政黨的特有的權威，「政治是指政府、政黨等治理國家的行為」，同時也賦予了政治的意識形態內涵，「政治是以經濟為基礎的上層建築，是經濟的集中表現，是以國家權力為核心展開的各種社會活動和社會關係的總和」。二十世紀五十至八十年代，美國學者大衛・伊斯頓認為「政治是對於社會價值的權威性分配的決策活動」，美國社群主義者則認為「政治是指人類社群決定且如何執行其意志的過程」。不論政治一詞如何定義，我們都可以發現，政治是一個社會性概念，政治的含義都隱含了一種行為主動性，政治是社會主動者發出的一種行為，根據人的自然屬性和社會存在方式的研究，筆者認為社會群體和社會整體不具有自然生物的特徵和屬性，不可能發出自然物理行為，群體人和社會整體可以細分為許多的個體人，而個體人才是行為的主體，因為個體人們的行為彙集和積累才體現出群體性，所以政治一詞包含的行為主動性只能落實在個體人身上。於是，筆者將政治一詞的詞義總結為，政治是在社會關聯和互動中個體人為了追求自己的主動性採取手段和方法所發出的行為及其過程以及行為的狀態。社會關聯和互動是政治產生的時空基礎，也是現實幾率發生的基礎，特定時期和條件下社會關聯和互動的範圍和領域是政治行為的界限，個體人在追求自己的主動性時會產生各種各樣的狀況，會受到他人同樣行為的反彈和回饋，是妥協還是鬥爭就會貫穿其追求主動性行為的始終，也體現出主動者手段和方法的智性，最終的穩定狀態則反映出政治的格局。

社會生活中的政治是由許許多多的個體人彙集而成，個體人的社會主動性行為是政治的實質內涵。社會中很多事務與個體人和由個體人組成的組織都息息相關，這些事務的發起、實施、評價、修正等行為就構成了社會主動性行為。社會主動性是絕對的，還是相對的，一直是人們待以解決的難題。如果說社會主動性是絕對的，那麼社會中每個個體人都應該有主動性，而且主動性可以得到有效釋放，那麼個體人之間的主動性必然發生碰撞，特別是針對有限的自然資源和社會資源，個體人之間的碰撞會導致社會矛盾和衝突，這是社會鬥爭的根源。如果說社會主動性是相對的，就會有兩種情況出現，一種是社會主動性中本身包含有被動性，自我的主動性被他人的主動性制約；另一種是自我的主動性被誇大而擠壓、削弱了他人的主動性，也就是一部分人擁有絕對的主動性，而另一部分人只有被動性。前一種主動性因為包含了被動性是符合自然能量精神的，主動性的結果包含在了主動性的原因之中，任何「為了他人」的主動行為其結果在於行為的接受者——他人，而不是主動行為者自身。對他人發出的行為其行為的指向者是他人，那麼其行為效果的評價權在於他人（行為接受者），而不能在於實施行為的人。任何對他人發出的主動行為其評價和修正的決定權屬於他人（行為接受者），而不能由行為發出者來評價和決定是否修正。比如說，丈夫對妻子發出的愛慕、愛護行為其結果和效果不能由丈夫來決定，應該由妻子來決定，妻子說丈夫是愛自己的就是丈夫的愛，丈夫不能掐著妻子的脖子咬牙切齒的說：我是多麼的愛你。服務於他人的人其服務行為的評價權也在於他人（被服務者），其服務的品質包含在了服務價格中，服務者不能隨意評價自己的服務行為。主動性中包含被動性是自然世界賦予人類的制約機制，人類只能遵守，不能違反。人類遵守自然規則必然產生和諧局面，如果違反也必然遭受懲罰。後一種主動性顯然違反了自然精神，是必然會要受到懲罰的不正義行為。

人的主動性行為並不都屬於政治，許多主動性並與政治沒有多大關係，比如個體人的覓食行為，一般化的性行為，還有打扮自我和自行裝修住宅的行為等等，與政治是無關的。處理人與人之間關係的主動行為也不一定與政治有關，如母親哺育嬰兒的行為、夫妻間相互愛慕愛護的行為、親屬朋友之間相互嬉戲玩樂的行為等等，也是與政治無關的。那些在處理人與人關係中帶有強迫性的和持續性的主動行為，就是政治。父母要求兒女所發出的行為、夫妻之間控制和要求對方的行為、買賣交易行為、符合家族規範的行為、涉及社區事務的行為、處理社會公共事務的行為等等，都應該屬於政治的範疇。其實，政治從來都是廣義的，不存在狹義一說，即使是某個局部和某個層面的政治也只是廣義政治的派生和運用。如果我們弄清了政治的本質，就會發現政治幾乎無處不在，我們幾乎天天都面對政治問題。

正義的政治就是在社會關聯和互動中個體人之間、個體人與群體之間、群體與群體之間的相對主動性行為和相對被動性行為及其行為狀態。政治正義就是指社會主動者的行為受到他人的主動行為制約，社會事務的發起和執行行為受到社會其他成員的評價和修正要求行為的約束，社會中沒有絕對的行為主動者；社會其他成員有權利對社會主動行為者給予評價和監督，社會中沒有絕對的行為被動者。征服行為和統治行為是不正義的，執政行為如果享有和控制社會事務的動議權和決定權（決策權）是不正義的，社會領導行為如果超出了引領和指導的範疇而實質變成了支配、控制和占有行為也是不正義的，社會競爭行為以排斥、譭謗、打倒和消滅的方式對付他方的行為也是不正義的。流氓政治以謊言、愚弄、隱瞞和封鎖的行為方式來控制社會輿論，該行為既不屬於政治正義，也不屬於事實正義和法原正義。

社會制度是社會宏觀政治行為的穩定狀態，社會制度包括社會政治制度和社會體制制度，也就是俗稱的政體和國體。社會制度的正義性由政治的正義性所決定，正義的政治體現出的社會制度是正義的，不正義的政治反映出的社會制度則是不正義的。

****

正義的首要原則是個體人之間平等的原則。人人平等的觀念來源於自然最基本的事實，每一個人都是一個獨立的生命體，自然物質和生命機能在各自的體內形成獨立的生理體系，在物質和生理角度上講人與人之間近乎絕對的獨立。這就意味著每個人只能獲得自己的切身感受，也只能自己滿足自己的需求。同時，由於個體人之間的物質性和生理機能具有相同性或相似性，人與人之間沒有差別，每個人都是自然力量的寵兒，所以人與人之間具有最自然的平等性。沒有誰的身體物質和生理機能比他人高貴，自然力量也沒有授權誰的身體物質和生理機能具有支配他人的權力。大凡所有的不平等都是社會強勢者自我意識所使然，似乎憑藉強壯的力氣和飛揚跋扈的氣勢就可以凌駕於他人之上，抹殺他人的生命、尊嚴和利益，或者把他人視為附庸，扣除社會強勢者的自我意識以及由此所造成的弱勢群體的屈從忍讓，社會不平等得不到任何支撐，可見在自然事實面前個體人之間的不平等是多麼的荒謬。如果允許社會不平等蔓延，我們將會得到什麼樣的圖景呢？那就是人人爭強好勝，任何人又不可能恒強，所以強中自有強中手，於是人類社會包括人類本身必然會在盛氣凌人的氣氛中毀滅。所以說，人人平等是構築合理的人與人之間關係的起點，從人人平等出發才能建立起合理的社會，既符合社會長遠的根本利益，也符合全人類的根本利益。人人平等觀念是人類智性高度發達的象徵，從理性出發必然得出正義的首要原則就是個體人之間平等的原則。

正義的第二原則是人類互惠共生的原則。互惠共生現象在自然界普遍存在，螞蟻和蚜蟲建立起了緊密的互惠共生關係，螞蟻從蚜蟲分泌的蜜汁中獲得佳餚美味，螞蟻以保護蚜蟲不受到攻擊作為回報；牙籤鳥以鱷魚口腔中牙縫裡的殘羹剩飯作為美食，同時清潔鱷魚的口腔，二者相互警戒安全，建立起忠實的夥伴關係；寄居蟹與海葵形影不離，海葵以毒刺作為武器充當保鏢，同時享用寄居蟹吃剩下的食物，二者親密無間相得益彰。自然界中互惠共生現象很多很多，不勝枚舉，互惠共生關係體現出自然世界的智慧邏輯和物種的生存策略，即使最低能的生物也在互惠共生邏輯中受益（如人體腸道裡的有益菌群），種群生生不息。自然世界中的互惠共生關係以不同的利益訴求為核心來運作，利益互補是構築互惠共生關係的關鍵。互惠共生的反面是抗生相克，如肉食性動物是素食動物自然天敵，某些細菌、真菌是哺乳動物的天敵。自然世界卻是以另一種智慧來應對抗生相克關係，或是以肉食性動物的捕獵成功率來維持素食動物的種群數量，或是以攻擊性生物的繁殖速度來限制其種群擴張。自然界最糟糕的生存策略就是極端性有害病原體，如鼠疫病毒、狂犬病病毒等等，在殺死寄主的同時自己也面臨死亡的命運，即所謂的同歸於盡，利益共同毀滅。

當人類發展出高度智性以後，社會中已經不存在抗生相克的問題，只有互惠共生關係。個體人們的技能和特長成為了彼此的資源，社會分工擴大了個體人的生存發展空間和機會，社會中到處都有空間，到處都是機會。但是，人的既定觀念（傳統觀念）會把人束縛在狹小的空間和領域，如升官發財、向自然界貪婪索取等，形成資源短缺的假像。由於智性的開發不足，面對「資源緊張」，在狹小的空間和領域，個體人們總是表現出不理性的極端競爭，即殘酷的鬥爭，以致於走向利益共毀的愚蠢結局，殺人越貨者是如此，坑蒙拐騙者是如此，暴力統治者也是如此。按理說，人類的智性應該遠高於低等生物，智性使得人與人之間的互惠共生狀況更加高等，但是遺憾的是人類社會中總是凸顯出智性不足的愚昧和愚蠢。究其原因，無外乎是落後觀念的使然。一個正義的個體人應該是擁有智性和理性的人，具有自我思考和檢省的能力，不單是對自我利益進行審查和評判，也應該在他人的尊嚴、人格和生命面前收斂自己利益的膨脹和擴張，即利益在互惠共生正義面前止步。一個正義的社會應該建立起互惠共生的文化，在政治上、在制度上促進互惠共生關係的縱深發展，營造出和睦、智慧的社會氛圍。低能動物和低等生物能做到的，人類更應該做到。一個毀滅型不正義的社會裡充斥著窩裡鬥，人們的頭腦裡只有一根筋，就是我不能得到的，誰也別想得到。個體人之間的觀念都擁擠在一個狹小的通道內，做官做人上人和賺錢享受及時富貴，強權所向披靡，假冒偽劣鋪天蓋地，彰顯出互害型利益共毀的局面。而一個合作型的正義社會則表現出和諧共贏、互惠共生的輕鬆愉悅的狀態，你中有我我中有你，你尊敬我我尊敬你，你讓著我我讓著你，你為了我我為了你，寬容、博愛、謙遜、禮讓蔚然成風。人的觀念不同，則智性也會不一樣，即使最愚蠢的窩裡鬥相關的人們也會羨慕和睦相處的人。所以說，人類互惠共生的正義是人類難能可貴的值得發揚光大的品質，最符合人類的根本利益。

人類互惠共生正義還體現在人類與自然的和諧共存上。人類屬於自然的一部分，互惠共生正義是自然世界的智慧力量，當然也適應於人類與自然的關係上。事實也是如此，每當人類謀求高速發展時，森林被減少，水資源匱乏，礦產枯竭，環境被污染，自然災害頻發，人類惶惶不可終日。當人類頓醒回頭改善行為時，森林、草原、水、動物又回來了，天空重新清新怡人，藍天白雲又重新映襯著自然天地的祥和美好。維護自然環境和生態環境是正義的，熱愛大自然，選擇綠色生活方式也最符合人類的根本利益。

正義的第三原則是社會行為相對主動性和相對被動性原則。互惠共生正義是一種自然邏輯在人的心靈中的渲染和湧動，能夠給人以意志和信念，但是自然沒有表述過程，需要人們領悟和遵循。互惠共生正義的履行和實踐也需要人們運用理性能力來認識社會行為的性質和內容，不然互惠共生正義不會真正落到實處而成為虛無縹緲的幻覺。個體人面對自然世界是絕對的被動，其所有的行為都由自然力量驅動，但是個體人的行為外在上具有主動性，個體人可以把自然的被動轉化為自我行為的主動而發出種種主動性行為，每個人都具有行為主動性，每個人都是自然力量的被驅動者。在社會互動關聯過程中，個體人之間的行為主動性會發生碰撞，你主動我也主動，自然力量不會授權某一人的主動性大於他人而使他人處於被動狀態，也就是說某一人處於支配地位，他人被置於服從地位，在自然精神的作用下，他人會對此人的支配主動性產生反感和怨恨，或者反彈或者遠離，所以說個體人的主動行為沒有絕對性。某一人發出主動行為，與此同時他人也發出評價此行為的主動性，或者認可此行為或者要求修正此行為，這是符合自然精神的。人的行為相對主動性在早期人類群居生活中普遍存在和實行，群體中沒有絕對的權威，構建出原始的互惠共生關係。

當征服者來到以後，人與人之間的行為性質發生了巨大的變化，征服者以野蠻暴力採用毀壞他人的趨利避害性的方式，實行強霸統治，迫使被征服者接受其絕對主動性，使得被征服者處於絕對的服從被動狀態，於是社會中出現了絕對的主動和絕對的被動兩極分化的局面。統治者極力樹立自己的最高權威，用鎮壓、恐嚇、愚弄、欺騙的手段來迫使和誘導被統治者屈服，壓縮被統治者的自然行為主動性，從中謀取最大的利益和榮耀。統治者的暴力行為及其威懾力極為殘忍，任意戕害他人的性命，採用酷刑來蹂躪他人的意志，用連坐刑罰來摧殘他人的情感世界。與此同時，統治者編織謊言和理論來麻痹和催眠他人的智性，消滅不同的學說，禁絕不同的聲音，使得他人俯首貼耳聽命於自己的淫威。在權力政治的後面隱藏著巨大的引而不發和隨時爆發的暴力威脅，征服者和統治者所到之處哀鴻遍野、冤魂肆竄，而自己獨享歌舞昇平、榮華富貴，嚴重違反了人類互惠共生正義。在被統治者之中，一部分人為了蠅頭小利附和統治者，認可和崇拜統治者的絕對權威，成為了其幫兇，另一部分人（絕大多數）匍匐於統治者腳下甘願沉淪，接受萎縮人格的「現實」，久而久之而習慣了被壓迫「命運」，不問政治，不談國事，甚至演變為替統治者歌功頌德的習氣。因此我們可以發現，在社會生活中絕對的行為主動性是違反自然精神的，是不正義的，絕對的行為被動性也違反了自然精神，罔顧了人類的自然稟賦，也是不正義的。

社會行為相對主動性和相對被動性經歷了一兩百萬年的歷史沉澱，已經深刻的烙印於人的自然遺傳當中，不會因為近五千年的變化而改變，每個人的行為主動性無時無刻不在自然湧動之中。實際上，近五千年來人們對征服者和統治者的反抗和鬥爭也彰顯出人類自然稟賦的作用，各征服者和統治者及其王朝一直都處在土崩瓦解和週期律更替之中。隨著人類智性的長足發展，反對社會絕對主動性和反對絕對被動性必將成為人類社會正義的主旋律，相對主動性和相對被動性也必然促進人類社會更加互惠共贏、和諧共生。

正義的第四原則是社會內部機會開放的原則。社會機會是指社會中客觀存在的對人有利的必然性，以及在這個必然性中人們可以把握穩定的社會狀態和準確的社會交往方式。社會機會不同於社會機遇，社會機遇是指偶然發生的對人有利的社會環境短暫狀態，社會機遇具有偶然性的偶發性，但是社會機會是一種社會必然。對人有利的，是指符合人的根本利益，符合普遍的人的自然屬性和社會屬性，對人的需求、智性、認識有積極促進作用。社會機會涵蓋社會生活的方方面面，包括政治、經濟、文化、軍事、教育、醫療、新聞、出版、個體人日常生活等等領域，社會機會開放可以分為自然權利、社會性活動、社會制度、社會狀態幾個方面的內容。社會機會開放是指社會機會不受某一人、某些少數人、某個集團組織的控制和支配，每個社會成員都有平等的機會來發揮其社會作用，社會機會開放是社會內部的一種狀態，不是某人、某部分人的賜予。社會機會開放具有應然性，每個社會成員應該充分發揮自己的自然稟賦投身入社會機會之中，這是每個人應得的自然權利，每個社會成員也實際擁有這種自然能力，當社會中的每個人或大部分人表現出釋放這種能力的熱情和激情時，社會內部呈現出機會開放的狀態。

在自然權利方面，機會開放的社會由於人人擁有相對主動性和相對被動性，言論、集會、結社、遊行、罷工具有廣泛的自由。人人都有自覺勞動的權利，勞動指向自己的利益，勞動成果由自己主動支配，私有財產不受侵犯，並且職業選擇廣泛。人與人之間沒有人身依附關係，人與人之間在人格上平等，尊重自己與尊重他人等效。社會主權在民，在於每一個活生生的社會成員，每一個人平等的分享和體現社會主權。每一個人都有彰顯自己的意志、思想和權利的權力，社會權力分散而相互制約。

在社會性活動方面，社會機會開放意味著全方位的投票選舉活動來顯示社會公共意志，各項政治活動公開化，全民積極參政議政，地方自治，每個地域（社區、城市、村莊、鄉鎮）自己管理自己的事務。

在社會制度方面，政府以服務於社會為天職，公職人員以服務於社會為己任，社會管理職務向本地域或全社會開放，選賢任能，公平、公開競爭。社會資訊開放，新聞、出版、網路、教育、影視、文化等等向本地域或全社會開放，確保社會資訊的真實性。企業組織社會化，政府及其官員不得控制和占有自然資源和社會資源，社會成員（公民）興辦企業手續和程式簡便，企業協會和行業協會成為社會管理企業的權威機構。社會各種評定機構由社會自然產生，由專職人員和專業技術人員組成，並向客觀事實負責。

在社會狀態方面，開放的社會沒有階級，只有分工的不同，不以身份、職務、職業及其收入等指標劃分社會等級。開放的社會也不以成敗論英雄，成功者不趾高氣昂，失敗者不垂頭喪氣，成功與失敗都是平常事。全社會體現出妥協、寬容、謙遜、平等、自由、博愛、禮讓的氛圍，人與人之間相互理解和支持，合作共贏是全社會以及每個個體人的共同目標和心聲。

一個機會開放的社會不是天馬行空想像成的社會，而是一個應然的社會，由自然力量驅使的必然性社會，所以說社會內部機會開放符合人類正義的根本要求，開放的原則是非常重要的正義原則。權利開放，就意味著自然權利不被剝奪，社會權利來源於自然力量，社會權利平等、機會平等，人人都是社會權利的享受者、執行者和維護者。人們在享受社會權利的同時也承擔相應的社會責任，罵粗痞話、淫穢色情、人身攻擊、洩密隱私、捏造事實譭謗等等不正義的言論是言論自由的界限。除此之外，不同政見者和異議人士不會因言獲罪而受到打擊和排斥。一個機會開放的社會，個性開放是根本，個體人思想開放才能真正實現社會機會的開放。但是，一個機會開放的社會並不意味著是一潭平靜的死水，或是任何意義上的伊甸園風情，和平抗議、輿論批評、罷工罷課、彈劾罷免也會常態化發生，人們在正義的框架內博弈，彼此獲得最真實、最公平的利益。

社會內部機會開放也必然會促進社會向外部的開放。全世界每個社會、每個國家、每個民族都屬於自然世界的一部分，社會間、國際間和民族間有著共同的知識體系和相互依賴的自然資源，科學技術和人類文明會拉近社會之間、國家之間和民族之間的距離。不同的習俗和語言不構成相互交流、交往的障礙，利益互補、資源分享會在貿易往來中實現，使得人類的利益和機會最大化，惠及每個社會、每個國家、每個民族中的每一個人。

正義的第五原則是社會法治化原則。社會內部機會開放就意味著社會互動交往頻繁，社會呈現出活躍的狀態，各種關係和矛盾凸顯。雖然正義充斥著社會，但是人們具體的行為也需要更加切實的規則來規範和調整，人們對規則的需求會日漸強烈，追求符合正義的規則形式和內容，於是社會法治就擺在了人們面前，成為社會規則的首選。法治是最能體現自然正義和人們訴求的規則形式，法治不是指人的治理行為，法治是以法原正義的權威（自然權威）達到全社會每個人和每個組織依據法原正義的規則來關聯和互動的社會狀態和效果，大到國家的政體，小到個人的言行，都需要在法治的框架中運行。法治的根本是法原正義，有五個方面的內容，一是制訂成文法，即立法；二是司法和執法；三是守法；四是涉法權力的來源；五是涉法過程的正義性。

在立法方面，立法是人的行為，但不是任何人都擁有立法的資格，立法權來源於法原正義，即來源於自然正義機制，立法權由全民授予，立法權體現全民的意志，這就有一個全民授權的過程。一個獨立的社會（或國家）只能由一種法律規範來調整，社會的立法機構是制訂成文法的唯一部門，立法部門的組成人員叫做立法員，立法部門和立法員都應當由全民投票來決定（體現全民意志），立法部門具有恆長性和永久性，立法員的立法資格則具有時效性和短暫性，一般限定在 4 - 5 年時間。立法部門可以根據社會區域範圍來確定，也可以根據全社會範圍來決定，其決定權在民意。立法人員的立法資格中至關重要的是理性和正義感，能夠憑藉理性來表述正義的要求，而不是自我意願的表達。立法部門所制訂的各項法律及其條款涉及到社會生活的方方面面，在頒佈生效之前都必須回饋於全社會，聽取社會成員的意見。由於成文法不可能涵蓋社會生活的方方面面的所有情形（即法律缺陷），當法律不足的情形出現時，立法部門應當依據法原正義予以補充，或修改原法律，或採取法律救濟措施。

在司法方面，司法部門是捍衛法律權威和效力的社會專業部門，由法院和檢察院組成，司法部門的設立與立法部門的區域範圍一致。司法部門的主要職責和功用就是針對具體的案件對照法律規定來判別社會行為的合法性，權威的作出案件裁定。司法部門的權威性來源於對法律規定的深刻瞭解以及強烈的理性能力和正義感，這就對法官和檢察官提出了更高的要求，對於複雜多變的社會生活所反映出的案件，在審理過程中如何排除自己的情感、意願、喜好、信仰等因素的影響，體現出純粹的理性和正義不是一個容易的事情。程式正義和陪審團制度是一個很好的制度保障，以防止法官和檢察官偏離理性和正義要求。儘管如此，司法部門仍然應該以法原正義作為最高審理和判決依據，當法律不足的情形出現時，當法律明顯出現錯誤時，採取法律救濟措施以維護正義。

在執法方面，政府是主要的執法部門，也是一個遵守法律的部門，政府的執法範圍包括社會治安秩序、稅務稽查、質量技術監督和不動產管理四個內容。政府沒有立法資格，政府執行的法律是立法部門所頒佈的成文法，政府執法的權威來源於法律的權威，政府不擁有超越法律的權威，在執行法律的過程中，政府同時也是一個守法者。政府中執法人員應當對所涉及的法律規定有深刻的理解，同時具備高度的理性能力和正義感，在執法過程中不得摻入自己的情感、意願、喜好和信仰，即嚴格保持社會中立，保證執法及其過程的客觀性，符合社會立法精神。

在守法方面，個體人和社會組織是法律的遵守者，但是並不意味著被動的接受法律的約束成為絕對的被動者，個體人和社會組織擁有社會主權，在立法過程中行使了主權意志，在守法上體現出遵守自我意願的邏輯，所以個體人和社會組織也是社會主動者。個體人和社會組織也反映出法原正義最本質的內涵，法原來源於自己又複歸於自己。

從以上分析可以看到，社會全方位的法治化都體現出法原正義最根本的規則要求，社會法治化正義原則是實現各種社會正義原則的保證，人治和德治都不足以維護社會正義，只有社會法治化才能夠有效的貫徹、執行正義的根本要求。在法治化的社會中，個體人（公民）沒有行為標準，在法治和正義的框架內，公民可以獲得最大限度的自由和權益。

******

不可否認，正義是人類文明發展進步的主要動力，正義催生出親社會意識和親社會行為，催生出博愛、和諧的人類共同價值，一個充滿正義的社會將表現出互助、合作、分享、同情、關心、安撫、謙讓的社會氛圍，不正義行為在法治的框架內得到懲處和修正，正義行為則暢通無阻、無拘無束，正義力量日異壯大，正義新內容層出不窮。一個符合正義的社會也必然是一個多元的社會、豐富多彩的社會、活力四射的社會。正義如此重要和美好，絕對值得我們不懈的追尋。

下部分
應然社會之社會生活

下部分導讀

社會關聯是構成社會生活的自然基礎，也是社會生活運行的起點。社會關聯有一個歷史自然發展的過程，由自然邏輯事務的環節和鏈條（事務結構）隨著人的智性發展不斷衍生擴展而產生，從原始的簡單關聯逐步發展成為現代社會公共領域和社會雲關聯超級大網路系統，社會關聯涵蓋社會生活的方方面面。自然關聯邏輯是社會關聯的主要內容，具有自然先在的應然性，社會關聯的所有類型都以邏輯事務關聯為基礎，都不能脫離邏輯事務關聯而獨立存在。社會生活的內容是社會關聯的形式，包括社會經濟、社會政治、社會規則、社會文化和社會制度。社會關聯的應然性與社會自然基礎的應然性共同作用，決定了社會生活各個領域的應然性。社會矛盾是社會生活應然性的重要體現，違背社會生活的應然性必然導致社會偏差，社會偏差是極力抹殺和挑戰社會矛盾的觀念和行為，社會偏差是專制統治產生的根本原因。人類社會的歷史發展軌跡體現出明顯的方向性，其發展方向受到智性發展、自然觀念、權利意識等社會生活應然性支配。應然社會具有發展階段性，應然社會並非無限美好的社會。應然社會的近階段未來社會就是權利社會。

第十一章　論社會關聯

從任何層面上講，社會是指陌生人群體。雖然社會中包含親人、友人和熟人（即部落群體），也包含准部落形式，但是對於任何一個個體人而言，社會中絕大多數的人都是陌生人，陌生人群體囊括社會中的所有個體人，任何人都無可避免的要與陌生人打交道。陌生人之間都具有相同或相似的智性，都是大自然的寵兒，都經歷和繼承了人類發展變化和進化的相同的過程，從自然生物角度和智性初始值上講，陌生人之間是同質的。但是從情感上、個體經歷上和地理環境上講，陌生人之間卻是異質的。社會中充滿個體人，都屬於人類，但是每個人不盡相同。首屈一指的差異就是情感上的差異，從親人、友人、熟人到陌生人，人的交往互動頻次遞減，其情感權重亦呈由強到弱的變化狀態，以致於某種陌生人（超級陌生人）的情感權重為零。以某一個體人正常的交往互動所接觸的範圍上說，社會中部落群體的人數充其量為 800 人，除此之外都是陌生人，社會規模越大其陌生人規模也越大，其陌生人之中的超級陌生人更是占據絕大多數，也就是說，社會中絕大多數人的情感權重為零，這對於任何人而言都是異質的，每個人面臨的陌生人群體不完全相同。陌生人之間個人經歷上和地理環境上的差異性是不難理解的，每個陌生的人出生於不同的家庭，受到不完全相同的教育，同時也散播於不同的地域，由於氣候和物產的不同，人們所習得的經驗和常識不盡相同，導致陌生人之間的差異性。於是，我們就要思考一個問題，基於諸多錯綜複雜的差異，社會中的陌生人們為什麼不是砂礫化，而是鬆散的且密切的聯繫在一起？

我們知道，社會中的陌生人是相互依賴的，你需要我我需要你，你離不開我我離不開你，這種相互依賴不是建立在情感基礎上的，也不是建立在固有經驗、常識和觀念基礎上的（相互依賴超越經驗、常識和觀念），這種相互依賴沒有形態，沒有物理特性，不屬於自然的四種力，具有非常重的能量特點，屬於能量的某種維度，即關聯性。陌生人之間之所以相互依賴，是因為相互關聯在一起，而這種關聯在人類社會化之初大多是無意識的、無知覺的，也就是說這種關聯很大程度上是純粹的自然過程，沒有顯意識的思考過程，也沒有人為的預定計劃。陌生人們在不知不覺中就關聯在了一起，無法躲避和回避，相互依賴，不離不棄。這種關聯屬於一種間接關聯，沒有形態，也沒有任何物質上的紐帶和線索牽連，是一種純粹的能量。這種能量具有「向量」性質，有大小也有方向，有明確的指向性，不是指向自己，就是指向他人（或群體）。這種關聯產生相互作用和聯繫的關係，你需要我的支持和幫助，我也需要你的支持和幫助，你提供食物，我提供工具和技術，相互之間滿足彼此的所有需求。這種關聯促使陌生人之間彼此可以脫離純粹自然環境，相得益彰，各取所需，規避純粹自然風險而悠然其中。

陌生人之間的相互依存、相互依賴、相互支持、相互幫助和相互滿足的關聯性稱之為社會關聯。陌生人之間的社會關聯不是以實際的關係為出發點，也就是說社會關聯不是以現實的關係為基礎。社會關聯不同於社會關係，社會關係具有確定性、現實性和實在性，而社會關聯則側重於可能性和應然性。社會關聯的可能性是陌生人之間產生相互作用和聯繫的根本原動力，這種可能性超越任何人的頭腦，並支配人的頭腦，進而支配人的言行，促使社會關聯成為既定的現實，形成社會關係。所有現實的社會關係都可以追溯到種種的關聯可能性，社會關係來源於社會關聯，而不是相反。社會關係的現實狀況均由社會關聯所決定。

社會關聯不是一對一、一對多、多對多的線性關係，是無數對無數的複雜雲關係。社會關聯不單是具有向量性質，更重要的是具有多維度的可能與應然的能量特性。所以，我們看待社會關聯應該從多重視角來研究分析，包括可能的與現實的、歷史的與現代的、局部的與全面的、由內向外的與由外向內的以及內外結合的等等角度。下面，筆者試圖展開討論。

一、社會關聯的自然基礎

我們知道，社會中充滿個體人，個體人是組成社會的最基本單元，個體人作為獨立的生命形態不能再進行社會分割。個體人是以物質存在為基礎，而物質性是可以細分為物質元素氫氧氮碳及各種無機鹽離子，物質元素組成原子、分子和有機物，也聚合成有機小分子、大分子和高分子，進而形成細胞的物質結構。物質種類和結構的不同組成不同的細胞，進而組合成為不同的組織。細胞組織組成器官，不同的器官形成生理系統，人體有九大生理系統，加上骨骼、皮膚就構成了完整的具有生命的個體人。人體內的生理系統平衡性造就了人體的需求，人體的生理結構和機能支撐起人的運動性，個體人為了滿足自我的需求可以做位置移動等的各種複雜運動。人體最基本的需求是醣類（碳水化合物）、蛋白質（肉類和蛋類）、脂類（動物油脂和植物油脂）以及維生素、無機鹽營養和飲用水等等的定時定量的補充，滿足這些需求才能維繫人體的生命特徵。在此基礎上成年個體人還有一個基本需求是發洩性欲的交配需求和種群繁衍代際更替的需求。早期人類為了滿足這些基本需求發揮其運動性不停的遷徙、遊走來尋找用以滿足需求的資源。這時人們的生活方式是極其簡陋和純樸的，也是十分被動和危險的，這樣的生活狀態稱之為純粹自然狀態，人們面對的是一個原始的自然環境，所以也稱之為原始生活，這時的人們叫做原始人。有兩大因素促進了原始人的生理變化，一是從遠古祖先南方古猿繼承來的直立行走方式，二是熟食習慣，這兩大因素造就了原始人的智性發展。直立行走使得人體的主要感覺器官眼睛、耳朵、鼻子、口腔遠離了骯髒混亂的地面，視力更遼闊，聽力更開闊，呼吸的空氣更新鮮，進食符合自由落體運動而節省了消化系統的蠕動能量。在兩百萬年以前，原始人們開始食用自然熟食，約一百萬年以前開始使用人工火烹飪食物，熟食習慣更加節省了消化的能量，提高了消化吸收的效率，使得原始人的腦容量不斷增加，進而發展出了聰明智性。智性的提高直接帶來了生存能力的提高，獲得的食物更多，人口數量也隨之增長，此時原始生活仍然是群落生活方式，群落關聯是人類群體最基本的關聯形式，群落關聯可以滿足原始人個體和群體的最基本生存繁衍的需要，但是群落關聯具有極大的侷限性，導致個體生命素質和群體數量規模在兩百多萬年期間內發展極其緩慢，並且無時無刻不面臨各種各樣的危險，原始人終年終日惶恐不安。

在原始人原始生活後期，也就是新石器時代，有三大因素促成了早期的社會關聯，一是個體人的需求性，二是人的智性，三是人口增長。在五萬年以前的舊石器時代後期，由於人口的增長，原始人已經開始群落間的聯合形成部落。原始群落以家族為群體單位生存繁衍，而部落則是多群落多家族組成的群體單位，部落包含有家庭、親屬和熟人關係。約一萬年以前的新石器時代，由於人口進一步增長，部落之間開始融合，多部落更多群落更多家族組合成部落聯盟，形成更大的群體單位。這時，群體中除了家庭、親屬和熟人關係，開始形成了陌生人關係，也就是說人類群體開始了社會化。由於異族通婚，其後代的智性水準一代比一代強，在石器製作上反映出更高的技術，由打製石器提高為磨製石器，群體的生存能力也大為提高，進而促進人口數量進一步增長。在約八千年前，人類社會進入一個新的時代——農業時代，至此人類群體終於擺脫了採集狩獵的遷徙生活方式，開始了安逸的定居生活。農業生產完全不同於採集狩獵活動，需要人們更高的智性來作業，對季節時機的把握，對播種、除草、施肥、灌溉、收割、脫粒、儲存，製造和使用不同的工具，都需要總結和改進專門的技術，所以在農業時代開始湧現出一大批的能工巧匠，青銅器和鐵器的製造和使用更是提高了農業種植的效率，農業收割獲得了源源不斷的相對穩定的食物，也為馴養家畜提供了可能。定居的生活方式產生了居所的需求，居住既要滿足寢食的功能需要，也要遮風避雨，還要防範野獸和入侵者的侵襲，所以居所更牢固、更持久，這樣就促進了建築技術的發展。在早期的社會關聯中，陌生人之間開始了食物、工具、衣物的交換，社會分工出現雛形，能工巧匠們開始專注自己擅長的技術，人與人之間互通有無。如果說原始遷徙方式中的採集狩獵活動是一種事情，那麼到了農業時代從播種到收割、從工具製造到使用、從生產到運輸、從交換到食用就變成了事務，揉和了更多的智性，需要更多的技術，也導致了更多的來自自然的壓力和緊迫性，於是就形成了一連串的邏輯事務鏈條，如農業生產從播種到收割，再到糧食儲存和食用就是一個一連串的事務鏈條，每一個事務都是這一鏈條的一個環節，每一個事務環節都具有關聯性，個體人在處理關聯性事務的過程中就形成早期的社會關聯。早期的社會關聯以陌生個體之間的地域關聯為基本特徵，社會中的所有人都聚集在同一片地理區域內，人口規模越大，則關聯的規模也越大。早期的社會關聯另一個基本特徵是，所有的關聯性事務都指向人的基本需求，所有的事務都以滿足人的能量營養進食需要和居所需要為目的，每一個事務都是滿足需求的一個環節。

隨著社會的發展，主要是人的智性和人口規模的發展，事務邏輯鏈條的每一個環節都發生了擴展。用手除草演變為採用鋤頭等工具除草，於是就擴展出了鋤頭等工具的製作事務。麥穗收割以後需要整理歸總和捆綁，並轉運到居所存放，於是收割事務就擴展出了繩索的製作事務和肩挑所需的扁擔製作事務，以致後來擴展為運輸車輛的製造事務等等。農業生產者們種植和收穫了更多品種的農產品，有多種多樣的麥子和稻穀，有蔬菜和水果等等，同時圈養、宰殺了多種家禽和家畜，供自家和家族的享用之外富有盈餘。工具的製造者們發明和改進了多種工具和器械，如鋤斧鎬鏟鐮、推車、馬車等等。農產品和工具的交換交易規模擴大而形成集市和城鎮，專業處理交換交易事務的商人開始出現。車輛的發明和製造帶動了道路修建的需求和事務，車輛在農產品的運輸和工具器械的運輸環節發揮巨大的作用，也使得人們的出行更加輕鬆便捷。金屬工具和器械的生產和使用極大的促進了採礦業、冶金業的發展，更多的金屬礦藏被發現，冶煉技術和金屬加工技術突飛猛進。住所的建造材料從原始濕木濕葉搭造改進為幹木柱杆樑的堅固框架，進而發展為石材建築，帶動了採石技術和石材加工技術的發展。人的遮體、禦寒的需求也極大的促進了紡織技術和衣物裁剪縫製技術的發展。至此，事務鏈條中的環節拓展得越來越細，社會中的青少年和成年人都填補進了各種各樣的關聯性事務環節之中，使得社會關聯的規模越來越大，早期小規模的社會關聯擴展為大規模的大社會關聯。農業時代的社會關聯以滿足進食的需要為主要目的，能量和營養的攝取占到需求的大多數比重，這與維護和維持自然生命的需要是分不開的，所以大多數關聯性事務是圍繞農業生產和烹飪技術展開的。在這樣的價值取向驅動下，居所和衣著的需要相對要低，居所破爛和衣著襤褸是普遍現象，圍繞居所和衣著的關聯性事務明顯少於農業生產和食物烹飪的事務。事實上農業生產和進食的重要性也是高於其他的事務活動，農業生產和食物烹飪的需要進一步開啟了人的智性，伴隨農業生產和食物烹飪對工具和器皿的要求，人們對金屬物質的認識日異深入，金屬物質的開採、冶煉、澆鑄、加工等事務和技術為後來的工業時代打下了知識和經驗的基礎。

工業時代就是玩金屬的時代。有人認為工業時代是以蒸汽機的發明為開端，而筆者認為工業時代應該開始於金屬緊固件的發明，如果沒有金屬緊固件的發明，那麼包括蒸汽機在內的所有工業機器都不可能堅固的拼裝成為一個整體，機器也不可能實現其功能和性能。由於金屬的堅韌、耐摩、耐溫特性，而且容易澆鑄和加工，所以在機器製造上得到了廣泛的應用，特別是金屬緊固件至今都使用經久不衰，成為機器、車輛、航空航太等領域的重要部件，如果沒有金屬緊固件，工業時代以致資訊時代都難以出現。工業時代因為金屬緊固件的應用，可以把機器先設計、加工成為一個個部件，然後利用金屬緊固件進行拼裝，從而生產出完整的具有功能和性能的機器。工業機器可以說是農業時代工具和器械關聯性事務的擴展，早期關聯事務鏈條中的一個環節拓展出一片巨大的充滿更多環節的事務領域，就如同有機小分子、大分子在鏈條外衍生出更大的更多鏈條的高分子。工業時代的飛速發展不是金屬物質帶來的，是人的智性高度發達的必然結果。經過蒙昧時代、神秘時代和哲學時代的思維演進，自然科學萌生、發展，人們的理性逐漸活躍，對事物的認識日異清晰，進而迸發出聰明智慧——創造發明。如果說農業時代的工具和器械也是一種發明，只是工具和器械是經過無數代人的經驗摸索而逐漸成型的，然而在工業時代人們的創造發明卻是在很短的時間內經過某一人或幾人的摸索實驗而創造成型的，而且工業機器在製造之前還有著一個重要過程是以前沒有過的，就是設計過程。機器在製造出來之前是被設計出來的。工業時代在歐洲很多人都加入到設計、製造各種各樣機器的行列，把機器設計成零件、部件、部件總成和整機。從手工作坊發展到製造企業形成了不同工種工序的生產車間之間的邏輯事務關聯，同樣在車間內部也存在不同工種工序的邏輯事務關聯。在機器製造過程中許許多多的人投身到了零件、部件、部件總成和整機的生產，在邏輯上這些人都從事著關聯性事務。工業時代人們對能源的需求不像燒火煮飯、做菜、取暖這麼簡單了，能源被用在了驅動機器運轉的目的上，所有的機器都需要動力驅動，有人力驅動、水力驅動、蒸汽驅動、電力驅動、石油天然氣驅動和核能驅動，於是人類社會中出現了能源產業。機器製造和使用與能源產業產生了關聯，能源產業本身也需要使用機器來運轉，機器製造者本身也需要其他機器製造者的產品來進行加工，所以機器製造產業與能源產業就形成了關聯中的關聯。所有機器製造產業和能源產業的產品都無一例外的指向了人的需求，這種需求是多種多樣、多層次的需求，如行走便利快捷的需求、衣著款式功能的需求、食物烹飪多樣性需求、進食方便的需求、食物保存保鮮的需求、照明的需求等等，於是滿足這些需求的廠家就形成了基於消費者的上游下游、上上游下下游等等產業層級結構關係，所有的廠家們與消費者們就形成了事務雲關聯，所有廠家們的從業人員與消費者們也就形成了社會關聯。當代資訊時代的社會關聯與工業時代的社會關聯非常相似，在此不予贅述。工業時代、資訊時代的生產製造業的從業人員們一如既往的仍然與農業生產的從業人員們發生食物和原材料供給事務的關聯，社會關聯的規模日異擴大。

無論哪一個時代，有一群十分重要的事務環節和從業人員不可忽視，那就是商業和商人。我們知道，個體人是與家庭成員生活在一起的，這是人類早期的群落關聯，人類社會化以後這種家庭關係得到了保留，家庭成為了社會的細胞。社會中的家庭（複數）不可能像砂礫一樣擁擠在一起，社會化初期每個家庭都需要一定的地域空間來滿足農業種植和手工業生產的需要，所以家庭是散播在一定的地理區域範圍內的，家庭與家庭之間，村落與村落之間都保持一定的空間距離，而且許多家庭和村落被河流、山地等自然屏障所隔離，導致相互交往、交換困難，人們不知道居住範圍以外有什麼物產，也不知道有些什麼實用工具可以幫助生產和生活。這時，一些手工業能工巧匠們從農業生產中脫離出來專業從事自己擅長的技藝，有鐵匠、泥瓦匠、縫衣匠、皮革匠、木匠、鞋匠等等，他們拿著自己製造的產品主動的走村串戶兜售和交換，成為早期的游商，用自己的手工勞動成果換取農業生產者的農產品。他們的到來不單是滿足了當地家庭的生產生活需要，也帶來了技術經驗和外面的物產、生活方式、人文地理的信息，開拓了當地人的視野，豐富了當地人的生活。隨著時間的推移，由於需求的激活，手工業兼職游商演變為專職游商，當地人足不出戶或不用外出尋找也能獲得更多適用的物品和物件，如小麥、玉米、棉花、煤炭、香料、象牙、橡膠、棕櫚油、葡萄酒、棉織品、毛皮製品等等以及更多的生產工具和生活用具。當地人被豐富的商品打開了眼界，紛紛拿出自家的剩餘物產予以交換，於是更多的商品通過游商散播到了更大的地方，使得剩餘農產的低價值轉換為滿足其他需求的高價值，社會財富的規模被商人們擴大。當人們習慣了從商人們的手中交換獲取財富，游商逐漸固定下來，在交通便利的地方開辦起店鋪，成為坐商，這時商人不單是換取農產品，更大程度上是賺取商業利潤。由於需求的擴大，商人們開始專業分化，商業事務門類越分越細，商業使得城鎮得以形成，隨著商業的發展城鎮出現專業市場、集市、店鋪和貨攤。在農業時代商人們把農業生產和手工業生產以及消費活動緊密的關聯起來，商業事務的從業人員與農業生產和手工業生產的從業人員以及消費者群體就構成了社會關聯。

工業時代和資訊時代的商業及商人發生了巨大變化，與農業時代大不相同。首先，資本的需求量更大。由於對鋼、鐵、銅、鋁、錫、錳等等金屬的含有量巨大，需要大量的資金來購買囤貨，同時需要大倉庫來囤放、周轉大量機器成品，也需要雇傭更多的銷售人員發放更多的工資；其次，商品包含的知識性更強，需要培養、培訓專業的商業銷售團隊；第三，發展出代理商隊伍，以更快更准的把產品和商品銷往目標客戶或消費者手中。代理商隊伍甚至形成總代理、一級代理、二級、三級代理架構和網路；第四，售後服務成為生產企業和銷售商不可或缺的事務環節，以保證產品使用者的合理使用年限；第五，出現產品、商品的銷售展示活動事務的需求，由專業的展銷服務商組織承辦；第六，產品、商品銷售廣告由專業的廣告服務商負責打理，廣告服務機構的規模日漸壯大；第七，日用消費品、新聞媒體、辦公樓、圖書、餐飲、銀行、醫藥、倉儲、運輸、賓館、鐵路、通信、航空等等商業事務模式風起雲湧，社會關聯事務發生爆炸式增長，商業企業紛紛湧現。從工業時代到資訊時代可以說，社會中存在多少需求就會湧現多少商業事務，甚至商人們還會挖空心思來生造出一些潛在的需求。工業時代以來，商業已經從橫向和縱向上發生了巨大變化，時至今日，商業已演變為商務。所有從事商務的人員與農業生產者、工業生產者以及消費者產生多層次多維度的社會關聯，農業生產者或工業生產者本身也是其他生產者或商務機構的消費者，某個消費者也可能是其他產品的生產者或商務人員。

商業、商務活動實現了農業、工業（及資訊業）的產品價值，增加了社會財富，把社會財富規模越做越大，在社會生活中起到了十分重要的作用。重商主義就是基於這個意義，把社會財富盤活，互通有無，激發出消費的潛力，把社會成員和機構緊密的關聯在一起。由於商業和商務的紐帶作用，農業產品和工業產品在滿足社會的各種需求上起到了舉足輕重的作用，使得農業產品和工業產品的生產超越事務而成為事業，在社會宏觀上呈現為社會事業，農業生產以滿足人的生命需要和滿足工業生產的部分原材料需要而躍然成為第一產業，工業生產以滿足人的多樣的更高需求而成為第二產業，商業和商務以實現人的需求而成為第三產業。商業和商務自古以來不僅是盤活了社會內部的財富，還進行跨民族、跨社會的國際商貿事業，把全球的自然物產、農業產品和工業產品調劑分配，找到其需求者和消費者，實現了全球化的財富增長，為整個人類做出了不朽的貢獻。於是，我們不難理解，農業生產的諸多事務環節與工業生產的諸多事務環節以及商業和商務的諸多事務環節發生了複雜的多維度的事務關聯，所有從事這些關聯事務的個體人就形成了複雜的多維度的社會關聯（甚至包括跨社會的社會關聯）。這些關聯極其複雜，任何一個產品在到達消費者手中之前都經歷了無數個極其微小的多維度關聯事務環節，它們都相互串聯、並聯和組合在一起，我們無法用語言一一羅列和陳述，而這些無數個極其微小的多維度關聯事務環節都是由陌生人從事完成的，再考慮無數個產品和無數個消費者，其中的極其微小的多維度關聯事務環節更是一個天文數字，其複雜程度難以想像。何況社會中還包括學習和教育的事務關聯、醫療衛生事務關聯、娛樂文化事務關聯、科學研究事務關聯、體育及競賽事務關聯和旅遊及出行事務關聯等等，細想社會關聯的複雜程度更是令人頭昏目眩。但是，萬變不離其中，社會關聯都是以極其微小的多維度關聯事務環節組合起來的，所有的這些事務環節都是由個體人從事和完成的，所有的關聯事務都指向人的需求。

下面我們來談談社會分工問題。群體分工現象在自然界十分常見，許多動物群體內部有分工細緻的協作行為，如螞蟻群、蜜蜂群、狼群、獅群、地鼠群等等。螞蟻群、蜜蜂群、地鼠群的群體分工是否有自我意識在起作用人類還不是很清楚，但是狼群、獅群的分工就存在明顯的自我意識，頭狼和雄獅的凜凜威風支配著群體其他成員的行為。不管怎樣，動物群體的分工行為具有明確的客觀目的性，即指向群體的生存和繁衍，就是說動物群體的分工行為與客觀目的具有邏輯關係，這是自然邏輯對動物群體的支配作用，由於動物們的智性很低總是體現出對自然邏輯近乎絕對被動的遵循。人類的早期祖先在群落和部落生活中也反映出與動物群體相似的被動遵循自然邏輯的分工行為，強壯的男女負責採摘和狩獵，老年人負責烹飪和照看幼兒等相對輕便的事情，所有的行為都指向客觀目的性，即生存和繁衍。由此我們可以發現，自然界的群體分工都是一個純粹自然的過程，客觀目的性派生出群體內部許多需要面對和解決的事情，如獲取食物、照顧幼崽、抵抗侵略、築造和清理巢穴等等，這些事情還可以細分為更多細小的事情，比如獲取食物的事情還可以細分為各種具體的方法和措施，就像圍獵的過程中各個成員從不同的方向向獵物發動進攻，這時不同的成員就擔負起不同的任務，每個任務也是一個事情，於是事情具有了邏輯鏈條，最終指向了客觀目的。

人類社會的分工現象可以看作是在高智性狀態下自然群體分工的延續和擴展，由於智性的提高，人類個體領悟到了自我行為與自然事物之間的聯繫，以及自然事物所包含的邏輯內涵，人們意識到如果遵循自然事物的邏輯要求就可以獲得巨大的回報，於是人的行為就變成了事務，包含了更多來自自然邏輯要求的緊迫性，農業生產就是在這樣的狀態下萌發和發展起來的。事務邏輯的嚴密性要求人的行為密集而細緻，所以不同的個體人投入到遵循自然事務邏輯要求的事務中來，使得事務具有了許多環節和細節，不同的人處理不同的事務環節和細節，每一個事務環節和細節都具有邏輯關聯性，可以彙集成為一個更大的事務，於是人與人之間就形成了分工合作的狀態，這就是我們津津樂道的社會分工。社會分工是人類智性普遍提高的結果，沒有任何人為的預先設計和計畫，是一個純自然過程。社會分工是人們在分工積累明朗化以後，即社會分工完成以後，對社會中的分工現象總的概括認識。在分工前期和分工過程中，我們無法判斷和確定分工的狀態，也無法預測分工的未來結果。也就是說，社會分工是人們從歷史回望時的一種狀態的認定，社會分工認定的落腳點是不同的人處理邏輯關聯事務中的各種環節和細節。對於社會分工，我們應該從社會微觀層面來認識，不能從社會宏觀上予以判斷。

社會宏觀上的產業和行業的形成和分化不是社會分工，我們可以稱之為產業分化和行業分化。產業和行業的形成和分化是從社會宏觀層面產生的總體概括性認識，產業分化和行業分化是社會分工在高智性狀態下擴展的結果，社會分工是原因，產業分化和行業分化是結果，我們不能把原因等同於結果，不然的話我們會對社會分工、產業分化和行業分化產生混亂的認識。社會分工與產業行業分化是兩個不同的概念，社會分工針對的是事務環節的不同，而產業和行業分化針對是不同的事務和不同的需求，社會產業和行業的分化可以追溯到起源於早期的滿足能量營養進食需求為主而邏輯關聯的諸多事務，早期多種工匠的出現就已經表明行業的分化狀態，有種植業、畜牧業、紡織業、制衣業、制鞋業、鐵器業、青銅業、皮革業、建築業、商業等等。各種行業都有著各自獨特的邏輯關聯事務和事務環節，這些關聯事務環節都處在社會分工的狀態之中。早期行業分化是以手工作坊的形式呈現的，到了工業時代和資訊時代，行業分化則是以工廠、公司和企業的形式呈現，無論是手工作坊還是工廠、公司和企業，其內部充滿各種分工。早期的分工是在手工作坊內部流轉和實施的，有工種和工序的不同，沒有實現專門化單位，如鐵器業作坊的爐灶製作、加煤加溫、煅燒、澆鑄、打鐵、淬火等工序，紡織業作坊的清花、梳綿、並條、粗紗、細紗等工序，由一個人或兩三人交替完成。工業化以後，由於生產量的擴大和工序事務環節的擴展，生產企業內部的工序實行專門化的車間和分廠的分工，由專人和專門化單位多人完成。

社會歷史上的產業和行業的分化可能比人們想像的要複雜。雖然我們不能重新回到過去，但是可以憑藉理性思考來重溫這一過程。試想，畜牧業從農業中分離出來的可能性有多大？畜牧業與農業對自然環境的要求幾乎完全不同，地理氣候差異很大，從事的人類群體（民族）也不一樣，難道畜牧業與農業不能並列發展？如果畜牧業只能從農業中分離出來，那麼就必須要拿出確鑿的考古證據。筆者認為，農業與畜牧業是並列發展的，倒是採礦業極有可能是從農業中分離出來的。在農業時代初期，農業、畜牧業和採礦業都可能分離出手工業。農業分離出手工業毋庸置疑，畜牧業和採礦業也可能分離出手工業，動物毛皮和骨頭的處理技術是畜牧業工匠實行的，毛皮可以製作鞋帽衣物，骨頭可以製成工具、武器和工藝品；採礦業也必然出現冶煉和鍛造的工匠，形成青銅器和鐵器的作坊。至於商業和商人的出現，絕大部分的商人極有可能是從這些所有的工匠中產生，也不排除少數商人從農民、牧民和採礦工直接產生。工業的出現與農業、畜牧業、手工業、採礦業和商業都有著直接的關係，倒是金屬機器的生產與手工業、採礦業和商業的關聯度要大得多。雖然工業生產需要農業和畜牧業提供原材料，但是工業的標誌是機器化生產，而機器離不開金屬。

社會分工和勞動分工包括工序和工種的分化，也就是工序事務和從事工序事務的職業分類。如煆燒工序的職業叫煆燒工，淬火工序的職業就是淬火工，從事粗紗工序的人員稱作粗紗工，細紗工序的工作人員稱作細紗工。現代勞動分工已經從工序、工種的序列和程式上不斷分化，形成農林業、機械工業、電力工業、建築業、交通運輸業、商業服務業、醫療衛生業等等產業和行業所包含的品類繁多的工種職業，如農藝工、鉗工、電工、水工、駕駛員、廚師、醫生等等。雖然職業工種的分工明細極其複雜，但是它們無一例外的屬於產業、行業和工序眾多關聯事務環節鏈條中的一個環節，與產業、行業和工序一樣指向的是人的各種需求。值得注意和重視的是，職業工種在邏輯上指向的是客觀事務，並不是指向職業工種本身。

有一些具體作業的工種不是邏輯關聯事務自然分化的結果，如緊固件工、打磨工、鏟媒工、裁紙工、燙衣工、清掃工、電子元件插件工等等，大多是流水生產線上的一個小環節。這些工種是被人為設計出來的，屬於工業產品生產工藝流程設計或商業服務流程設計的產物，也有的是管理事務附屬的環節需要所致，其從業人員終日從事極其簡單的重複作業，技術含量極低，單調乏味，消磨意志，嚴重影響和阻礙了智性的發展。這些工種因為不是自然因素所導致，所以不屬於社會分工和勞動分工，可以稱其為社會分力或勞動分力，就如同物理合力與分力的關係。社會應該高度關注這些作業工種對從業人員的不良影響，他們可能會在社會認知、處理人際關係和教育培養後代等方面產生某些缺陷，嚴重阻礙從業人員的智性發展。筆者不反對把簡單作業事務智能機械化，把人從不利心智的境遇中解脫出來開拓商業服務的空間。總之，「社會分工」應當遵循人的智性自然增長的趨勢，有利於人的全面發展，社會分工不能越分越細，社會分工和勞動分工應該在工序、工種的環節上打住，以利於人類智性的自然增長和人類的長遠利益。

二、社會關聯的自然屬性

通過以上的研究我們可以發現，社會關聯的基礎是純粹自然狀態下邏輯關聯事務及其擴展，社會關聯是人的智性對邏輯關聯事務所反映而產生，社會關聯的內在本質是自然邏輯及其關聯性，任何人遵循這種邏輯關聯就會拓展出更高層次的智性，使得邏輯關聯事務更複雜，從而拓展出更多更細的關聯事務，於是更多的人通過學習和模仿又投身到新的關聯事務之中，使得社會關聯的規模和層次越來越大。然而，關聯事務沒有形態，所有的事務都運轉於人的頭腦之中，我們只能觀察到處理事務過程及以後事務對象的物質變化，如田地長出新苗、稻穀脫成顆粒、鐵塊變成鋤頭等等，而事務藏在心中，更何況事務的關聯性了。所以，人們被莫名的紐帶牽連在了一起，被這種紐帶支配，即使人們互不相識，也未曾有過情感互動，人與人之間也存在一種神秘的互信和吸引力，把陌生人們聯繫在一起，這就是社會關聯的自然屬性作用的結果。

1. 隱蔽性與邏輯性

當我們觀察瞭解社會關聯時，我們只能看到一個個鮮活的個體人，以及被個體人和個體人組成的機構所改變的物體形態，我們看不見社會關聯，就如同我們看不見事務一樣。即使我們調動自己所有的外向認知感覺也無法建立起社會關聯的直觀確定感，社會關聯總是難以捉摸，無影無蹤，杳無痕跡。但是，社會關聯給我們的印象卻是存在的，是確定的。為什麼會這樣呢？因為社會關聯只產生和存在於我們的頭腦之中，外向認知感覺只能提供認識的靶向，相當於瞄準器的作用，真正運行社會關聯認識的是大腦中的內向認知。社會關聯屬於非直觀的認識對象，需要調動主覺和心靈能動態才能感知，也就是需要運用理性才能認識，在混沌思維下社會關聯為虛無，這就是社會關聯的隱蔽性。但是，在混沌思維下由於其弱理性，經驗的人們仍然可以被動的受社會關聯的驅使來完成關聯的事務，但是對社會關聯沒有顯意識知覺。由於人的心靈主覺獲取的是自然事物的根本內在信息，所以主覺可以感知事物的自然邏輯，邏輯的內在序列和規則也使得事務之間產生前後的差異遞進的關係、因果關係和條件關係等等，使得社會關聯中的事務關聯成為邏輯鏈條，每一個邏輯鏈條的環節因為能量的多維度特性又可以衍生出新的邏輯鏈條。理性思維可以接收到社會關聯事務的這種邏輯性，在心靈能動態裡產生顯意識認識，而混沌思維只能被動接受和遵循。

2. 可能性、偶然性與必然性

個體人具有相同的自然屬性，相同的外形，相同的生理結構和機能，相同的運動性，相同的智性等等，個體人們因為相同而產生關聯，人們的相同性和相同點越多，則社會關聯度越強。人口數量規模、地域分布範圍、生產者和商人滿足需求的能力都有著密切的關係。在相同地域的人口數量越多，那麼人與人接觸交往的可能性就越大。個體人之間分別從事的事務不同從而習得不同的技能，相互彌補和支持，也可促使交往互動可能性加大。生產者和商人所提供的物品物件符合他人的需求或者可以激活他人的需求，則關聯的可能性增大。關聯事務之間程度緊密，則產生具體的直接關聯，如金屬冶煉與金屬製品的關聯、粗紗工序與細紗工序的關聯、醫生與病人的關聯等等。如果關聯事務之間間隔，則產生不具體的間接關聯，如消費者與工業產品設計師的關聯、農藝工與機器鑄造工的關聯、商人與家庭主婦的關聯等等。直接關聯具有必然性，間接關聯則具有偶然性，社會關聯充滿直接關聯和間接關聯，也就充斥著必然性和偶然性。社會關聯最終由可能性支撐，只要人的自然屬性不改變，那麼一切關聯都是可能的。農業生產、工業生產與商業服務在多重事務上的關聯是可能的，農業生產、工業生產及商業服務與消費者之間的事務關聯也是可能的，那麼具體的關聯事務的發生則具有偶然性，如某一商人把具體的商品（農業工業產品）售賣給某一具體的消費者個體，其中包含了具體生產工序工種的工作品質予以這一消費者體驗，這一整個過程就充滿偶然性。偶然性的現實發生看似是一種必然性，其實根本內涵是可能性。所以說，社會關聯是可能性、偶然性與必然性的融合統一，任何關聯事務（包括直接關聯和間接關聯）既是可能的，也是偶然的、必然的。

3. 絕對性與相對性

社會關聯有兩重含義，一是關聯事務的邏輯鏈條及其環節，二是個體人填充到邏輯事務鏈條的環節中實現社會關聯。關聯事務的邏輯鏈條具有客觀性，不以人的意志為轉移，因而是絕對的，任何人都不能違反邏輯鏈條的序列，鍛造工不可能先打造生鐵再回爐加熱，必須是先加熱生鐵軟化後再鍛造；紡織工不能先紡出細紗再用細紗紡製粗紗。社會關聯的絕對性支撐起關聯事務形成環環相扣的環節鏈條和關聯事務環節的擴展，人的智性只能是起到認識和遵循社會關聯絕對性的作用，人們不能憑藉智性改變這一絕對性。所有個體人填充到關聯事務鏈條環節中從事具體事務不是絕對的必然，是一種可能的偶然，也就是說個體人從事具體事務是相對的，不是絕對的。沒有哪個產業、行業、工序和工種必然的絕對的屬於某個人，人與人之間的智性具有相同性或相似性，人人都有從事某一事務的可能性；再則，人的生命有期限，也不可能隨著個體人生命的消失而失去既定的產業、行業、工序和工種。雖然人類社會存在某些技術失傳的現象，也不能說明失傳的技術絕對屬於逝去的某一人，只能說明這一技術不被人知曉而失傳。社會關聯的相對性還表現在任何產品和商品不因為某一個體消費者而存在，也就是說某一產品或商品不絕對的屬於某一消費者。由於人的自然屬性相同，任何產品或商品必然適用於所有人或者部分人，不可能只適用於某一人。所以，任何產品或商品在到達消費者之前，其受眾具有不確定性，這也是產品或商品需要宣傳推廣的原因。

4. 結構性與系統性

正因為社會關聯不是單純的向量關係，也不僅僅是一對一、一對多、多對多的線性關係，是無數對無數的複雜雲關係，而且具有多重屬性，從事直接關聯事務的人們交往相處的緊密度很高，形成上工序和下工序的緊密關係，使得這些人長時間的簇擁在一起，與其他人或群體產生緊疏有別的差異，導致社會中的個體人們在處理關聯事務的過程中形成一簇簇、一塊塊、一團團的結構。這種一簇簇、一塊塊、一團團的結構在早期的社會關聯中就是家族種植單元、家族畜牧隊、手工作坊、商鋪等等，逐步發展成為現代的農場、工廠、公司等社會組織，在社會家庭家族倫理結構的基礎上疊加出社會事務組織結構。這些社會組織又形成直接關聯和間接關聯，所有相關聯的社會組織在社會地理地域範圍內構成一個個社會系統，有種植業原材料加工系統、畜牧業原材料加工系統、工業機器機械生產加工系統、商業服務系統等等，在整個社會層面形成經濟系統、教育系統、醫療系統、文化娛樂系統等等，使得社會充滿結構性和系統性，最終形成與家庭婚姻關係雲關聯社會大網路並列的社會事務關聯大網路，衍生出社會公共領域，公共權利和公共利益應運而生。

5. 變化性與穩定性

社會關聯從來都不是一成不變的，也不是變幻莫測的，有著內在的變化機制和穩定機制。我們知道，社會關聯的變化，從簡單到複雜，規模從小到大，關聯事務從無到有，都是人的智性提高所推動的。總是有一些人率先發展出較高智性，把關聯事務鏈條中的某一環節衍生出新的鏈條環節，促進了關聯事務鏈條環節由簡單到複雜、由低級到高級、由小規模到大規模的變化，形成了關聯事務一次次、一層層的推進運動。許多舊的、老的關聯事務被淘汰，新的關聯事務總是體現出富有朝氣的生命力，由此帶動了人類智性的整體提高。社會工業化以來，由於人類智性的提高，科學和知識在推動關聯事務環節的擴展中起到了巨大的作用，關聯事務環節在深度上發生了擴展變化，自然科學的許多邊緣學科取得了巨大發現，一些新的行業紛紛湧現，如基因工程、電腦軟體、IT 業、超市等等，大量個體人投身到新行業中。社會關聯的變化性還體現在社會群體的代際更替上，不斷有人新生，也不斷有人社會化，老人逐漸淡出關聯事務，使得社會關聯出現從業人員的新舊更替變化，一代代、一輩輩推進，永不停歇。雖然關聯事務推陳出新，而且有變化加快的跡象，但是社會關聯也不是瞬息萬變的，在一定時間段總是保持基本穩定，與人的基本需求相關聯的事務甚至成百上千年沒有變化，如農業種植在地球上大多數地方仍然很原始，一些傳統工藝品的製作依然保持著過去的技術，傳統節日市場仍然很紅火，古老的學說仍然在被學習和傳授。所以說，社會關聯是變化性與穩定性的結合。

6. 能量性與多維性

社會關聯似乎具有引力的特性，關聯事務把人們吸引到一起，即使人們互不相識也會產生一種親近感，關聯事務可以轉換成情感。新的關聯事務環節會跨越多個地理區域迅速傳播、傳遞，參與新關聯事務的個體人增多，出現接受新產品、新技術、新工藝的熱度。似乎關聯事務具有勢能和動能，可以推動自身從簡單到複雜、由低級到高級、由小規模到大規模的運動變化，新產品、新技術和新工藝可以激活人們的新需求，同時又攜帶滿足和激化更新需求的種子，推動需求從簡單到複雜、由低級到高級的運動變化。關聯事務轉化為需求，需求又轉化為事務，相輔相成，相互促進。在社會關聯的事務中，沒有絕對單一的事務，每個事務都是複合的、多維的，一個事務可以引發或衍生出多個次級事務，形成主要事務、次要事務和次次要事務的關聯，如上學的事務連帶發生出行的事務，包括步行、騎車、坐公交、搭便車的事務，商務旅差事務連帶發生用餐、搭乘交通工具、住宿、會議事務等等。上一級事務是上上級事務的下級事務，上工序是上上工序的下工序。所以，從事關聯事務的個體人和組織機構，既是生產者或服務者，也是消費者，既是提供者也是需求者。社會關聯形成於人的基本需求與滿足需求事務的結合，又超越基本需求和事務，通過層層推進，衍化出社會最高層次的需求（即社會權益需求）和最高層次的事務（社會管理事務），使得社會中充斥各種層次的需求和事務，社會關聯出現多維度的能量特徵。

7. 規則性與秩序性

個體人在處理社會關聯的事務過程中沒有多少情感和喜好的參入，自然邏輯把人的思維限制在了客觀事務要求之中，任何人不能違反邏輯鏈條的序列，於是社會關聯呈現出遵循自然邏輯的規則性，制約著個體人的主觀隨意性，規定著人們的行為，上一級事務必須滿足下一級事務的要求，上工序必須符合下工序的需要，一級級事務和工序形成隱蔽的規則鏈條，訓練、制約著人們的思維規則和行為規則。這樣，社會中個體人和組織機構的事務行為過程都具有了自動性，自動自發的處理和完成關聯事務，隨著熟練程度的增加，其自動性越強。於是，在任何一種事務鏈條序列形成按部就班的秩序性，人們在各個事務環節上有條不紊的執行關聯事務。這麼一來，從事關聯事務的人們人人就有了義務和責任，經過層層轉嫁，義務和責任貫穿事務鏈條序列的全過程，跨越產業、行業、工序和工種，形成全社會的規則和秩序。

8. 指向性與目的性

社會關聯中的所有事務都處在某種鏈條序列之中，就意味著每一個事務都具有方向性，都傾向於大目標和總任務或者終極任務，大目標總任務可能就是多重事務和工序交替完成的最終產品或服務，終極任務就是環境保護、以利人的身心健康或可持續發展的社會需要。在這一過程中，大目標大任務或終極任務對於每一個事務小環節就存在和可以分解為小目標和小任務，這些小目標和小任務本身就屬於邏輯事務鏈條環節的客觀內容，都會影響於下一環節事務，這就是每一道事務和工序的客觀要求，即為了（有利於）下一環節事務和工序。這就形成了社會關聯以及各個事務鏈條環節的指向性和目的性，某種關聯事務鏈條中的環節是為了下一環節和大目標總任務，所有的大目標總任務又指向和為了社會終極任務。為了人的需求和利益同效於為了社會的利益，也就是為了人類的利益，這是社會關聯的終極目的。社會關聯的指向性決定其目的性，目的性對指向性具有絕對的引導作用。

社會關聯的自然屬性決定了社會關聯的本質內涵，也昭示出社會關聯的發展趨勢以及人類社會的基本方向。

三、社會關聯的類型

在多角度視野中，社會關聯會出現多種的樣式和類型，這並不意味著社會關聯的種類、角度不同則類型不一樣。如果絕對的把社會關聯按種類劃分，那可能只有兩個類別，自然關聯與人為關聯、事務關聯與觀念關聯。

1. 微關聯、高關聯和宏關聯

社會中總是有些瑣碎的事情需要人們打理，如走村串戶、借東借西、聚餐聯誼、集會協商等等，人們相互交往互動形成微小的事情關聯。還有一些如談婚論嫁、婚壽宴請、節日歡聚、大興土木等等日常事務點綴平凡生活，人們互助互往形成事務關聯，生產活動、集市交換、村道興修、防災抗災等等則構成重要事務關聯。這些事情和事務就形成社會微動，成為特定狹小地理區域範圍內（幾個村莊或鄉鎮）的人們需要經常面對的社會活動。社會微動具有重複性、恒長性，相對固定的在一群人中間發生，屬於群落生活方式在社會中的位置，人群以家庭、親屬和熟人為主，陌生人為輔，其組織形式呈現為家族或家族聯盟，人們的交往方式相對簡單，於是這群人就構成了社會關聯的微關聯。微關聯以情感加邏輯事務為紐帶，以滿足基本需求為指向性，滿足人類群體生存繁衍的基本功能，成為社會關聯的基石，也成為了社會關聯的起點。

多個鄉鎮（每個鄉鎮包含若干村寨和社區）、多個城市（每個城市包含若干鄉鎮）和多個地區（每個地區包括若干城市和鄉鎮）達到郡級或省級（州級）的地理區域範圍內的人們，因為人口眾多和相處的地理區域範圍大而形成的大社會關聯樣式，稱作社會關聯的高關聯。在高關聯之中，人們的關聯交往對象出現不確定性，由於人口眾多且散播於較大的地理區域，陌生人占據社會中的絕大部分人群，社會關聯產生可能性和偶然性現象。高關聯以邏輯事務為紐帶，情感互動次之，在邏輯事務關聯過程中人們也可以產生一定的積極情感。高關聯的邏輯事務比微關聯複雜很多，有農業生產、手工業生產、工業生產等產業和行業，其組織形式以農業生產組（隊）、農場、作坊、工廠、公司和企業為主，在組織內部人群相對固定，形成工序、工種的事務關係。各種各樣的生產組織生產出各種各樣的產品，所有的產品都指向了人的各種需求。商業比較發達，多種市場、集市、店鋪和貨攤遍佈人口稠密地區和交通要道，商人隊伍龐大，而且商人們分離出專業性和梯級行銷的架構。生產者與商人形成為上下游的產業關係，區域內的所有個體人都成為生產者和商人的最終事務目標，即消費者。在生產和經營工作時間以外，人們都回到了微關聯狀態，高關聯只是相對於複雜的邏輯事務而言，並不意味著高關聯是一種絕對不一樣的社會關聯。由於人們生產、經營、交往互動的需要，在高關聯事務中必然產生修建道路網路的需求，這種需求是個體人出行基本需求彙集而成，雖然個體人不一定明確提出這種需求，但是人口規模就形成了滿足出行要求而修建道路網路的客觀需求。再則，地理範圍越大，則發生自燃災害的幾率越大，而且受災程度可能越大，那麼防災抗災就不會是小打小鬧的事情，而是關乎生產、生活的生命、財產安全的頭等要務，這也是一種客觀需求。如何滿足這些客觀需求，本文稍後給予探討研究。

多個（或全部）郡級、省級（州級）的地理區域範圍內的社會關聯就是宏關聯。如果說高關聯形成的社會叫做大社會，那麼宏關聯形成的社會就是宏大社會，或者說大社會整體。宏關聯類型中，所關聯的人口規模更大，是不是邏輯關聯事務的環節鏈條更長呢？從農業生產角度上看，高關聯地理範圍即可完成農業生產的幾乎所有的關聯事務，農業生產還具有地域性，在特定地理環境和氣候環境中生長特定的農作物，適應宏關聯地理範圍所有地方的農作物幾乎沒有。輕工業企業的關聯事務生產環節較少，環節鏈條較短，在高關聯地理範圍內即可完成，企業內的生產環節鏈條沒必要伸到宏關聯範圍。重工業的企業生產關聯事務僅僅因為其產品和部件體積和質量大而需要較大的車間廠房以外，也沒有生產環節鏈條延伸到宏關聯範圍的必要。事實上全球所有社會都實現了高關聯區域的產業分化，有的省（州）以輕工業為特徵，有的以重工業為支柱。我們再從防災抗災角度看，幾乎所有的自然災害都具有地理環境和氣候環境的獨有特徵，如果宏關聯範圍足夠大（大於一百萬平方公里），沒有橫掃和波及宏關聯範圍的破壞性災害，特有的自然災害在高關聯區域就可以實現防災抗災。再從修建道路網路上看，宏關聯範圍必然是多個高關聯範圍緊密相連而形成，高關聯區域之間的道路網路可以通過區域之間的協調而設計、建設聯通，在宏關聯範圍角度沒有必然的事務關聯。但是，宏關聯範圍（大社會）有三點重要事務與高關聯和微關聯有著密切的聯繫，一是大社會整體範圍內的所有個體人的身份認同，這關係到所有個體人的出行遊歷是否順暢，關係到商人的跨區域商業活動是否可行；二是大社會整體範圍內的社會組織（包括生產企業和商業服務企業等）跨區域的身份認同以及它們的生產、產品及服務的技術標準是否一致；三是對外（國際交往）的整體形象。再則，宏關聯區域範圍為商業發展提供了契機，不同地域的物產、原材料和銷售市場為商業實現互通有無的自然調配作用提供了機會，在宏關聯區域範圍內，各種商品和服務在商業化運作過程中實現了其價值的最大化，減少了商品價值的浪費和不良減損。宏關聯區域範圍（大社會整體）是一個既定的事實，具有客觀實在性。

社會關聯的微關聯、高關聯和宏關聯不是世俗等級重要性意義上的關聯形式，也就是說，微關聯不是低等的關聯形式，高關聯、宏關聯也不是高級的社會關聯，不存在宏關聯比高關聯重要、高關聯比微關聯重要的等級差序格局。相反，微關聯形式更符合和貼近人類社會的根本需要，是人類社會不可或缺的重要關聯形式，所以說微關聯是社會關聯的基石，微關聯是社會關聯的起點，也是社會關聯的終點，社會關聯衍生出高關聯和宏關聯，最終必須複歸到微關聯，高關聯和宏關聯沒有絕對高於、重要於微關聯的自然基礎。於是說，社會來源於個體人，並複歸於（服務於）個體人。

2. 簡單關聯、複雜關聯和有機關聯

人類的思維總有把複雜事物簡單化的傾向，以便於認識理解。在邏輯關聯事務的認識上也有這樣的傾向，把複雜事務分門類、分步驟簡化成為一些簡單事務就可以更輕鬆更有效的加以處理，雖然邏輯關聯事務鏈條比較複雜，但是單個的事務環節是簡單的，於是兩個或幾個關係緊密的簡單事務就構成了簡單關聯，如稻麥的收割、脫粒、去殼，造紙的製漿、調製、塗布，餐館的切菜、配菜、炒菜等等，從事簡單關聯事務的人們就形成了簡單社會關聯。簡單關聯還包括門衛、崗亭、保安、清潔、保育等等簡單事務的社會關聯。簡單關聯包含的知識和經驗較少，作業平凡而普通，關聯事務單一等特點。簡單關聯也可是一種直接關聯，上下工序之間事務關係緊密，一連串的上下工序事務鏈條環節中的每一道工序對於這一鏈條來說，或者對於最終產品和服務來說，都是簡單關聯，每一個從事工序環節事務的人對於上下工序而言也都是簡單社會關

聯。簡單事務包括工序、工種和作業，工序、工種屬於社會分工，具體的作業操作屬於社會分力，從事工種和作業的人們如果終日執行簡單、重複性的工作，事務涉及面很窄，單調乏味，消磨意志，他們的認知能力受到工作的嚴重制約，對於他們的智性發展是相當不利的。

關聯事務鏈條的認識、確定、遵循體現出人的智性。為了改變物質的形態和性能以滿足某種需求，做成一種物件或產品，需要把原始材料一步一步、一點一點改變，於是就形成了事務鏈條，由許多事務環節組成，形成事務鏈條結構，這種結構就是生產事務結構，或稱之為生產結構。在改變物質形態和性能的過程中，人類經過了漫長的摸索和改進，從打製石器發展到磨製石器，人們逐漸形成了物質用以滿足需求的功用與材質和外形之間的關係，在頭腦中預先設想出最終產品和服務的輪廓和模型，用輪廓和模型來推導出物質材質的選定和一步步、一點點改變的邏輯步驟，把設想變成現實。在這一過程中，更高層次的智性發展為關聯事務鏈條的設計、修正、調配、檢查、控制、監督、評估、維護的顯意識和主動行為，一種顯意識的目的行為，這種行為具有更高層次的事務特性，稱之為管理。在農業時代初期，農業生產和手工作坊的作業程式和工序中逐漸隱現出管理事務，人們有預見的、有設想的、有目的的處理著各種瑣碎事務步驟，改造物質的自然形態生產出各種各樣的產品。當時從事管理事務的人只是生產者自己，隨著人的智性不斷增長以及邏輯關聯事務環節的不斷擴展，能工巧匠中的智者——一種專業從事管理事務的人群漸漸出現，他們運籌帷幄，對各個事務環節和生產事務結構瞭若指掌，在農業生產的地理環境、土壤性質的評估，對作業流程及其技術要點作出了預見性的決策，在手工作坊的選址和工藝流程設計也作出了切實可行的預見性決策，使得各個生產事務環節有條不紊的進行，提高了生產效率，確保了生產目的的準確實現。這群人逐漸演變成為職業的管理者，有的從事技術管理工作，有的從事關聯事務環節的協調、調度、檢驗、評估的管理工作，他們的管理工作貫穿於某一產品和服務的部分或整個事務過程，這些管理者對於從事各個具體事務環節的人來說就構成了複雜社會關聯，也就是說，管理者對於簡單社會關聯而言就是複雜社會關聯。複雜社會關聯是形成生產或服務組織機構的自然基礎，管理事務主要集中在組織機構內部，很少延伸到組織機構外面。

從宏觀上觀察社會我們可以發現，所有的組織機構之間都是交錯的深深關聯在一起的，農業和採礦業中的組織機構提供了手工作坊和工業企業的基礎原材料，手工作坊和工業企業也相互提供其他作坊和企業的原材料，手工作坊和工業企業的最終產品也是其他作坊和企業在工序上所需的機械、機器、儀器和工具，農業和採礦業的組織機構也離不開手工作坊和工業企業的種種產品作為生產工序的必需，這種支撐生產事務有利於生產進行的產品稱之為資本品。商業組織機構把所有的農業、工業組織機構的產品供需關係串聯在一起，商業組織機構的服務工序本身也離不開使用農業、工業組織機構的最終產品，商業組織機構內部的服務工序結構稱之為商業事務結構。農業（包括種植業、畜牧業和養殖業）提供了全社會所有組織機構中個體人維持生命所必須的能量營養來源，部分手工作坊和工業企業的產品直接滿足人的各種普遍需求，這種以人的消費為目的的產品稱之為消費品。所有的產業、行業及組織機構的最終產品和服務無論資本品還是消費品都無一例外的直接或間接指向人的各種需求（或者通過維護自然環境和生態平衡指向人的各種需求），與消費者們一起構成了錯綜複雜的相互聯繫、相互滲透、相互依賴的巨大網路，這個網路類似於有機高分子的原子團以龐大的化學鍵（共價鍵）結合而成的化合物狀態，我們可以形象的稱之為有機社會關聯。由於社會中人口眾多，每個人的行為和需求不盡相同，人與人之間、人與組織機構之間、組織機構與組織機構之間，因為管理事務的不同和工序、工種、作業的複雜多樣，使得錯綜複雜的有機社會關聯沒有具體形態，我們看不到關聯的實體紐帶，就如同高分子原子團的化學鍵一樣沒有形態，只有力的作用，我們只能用自然的四種力來加以說明，但是力的本身是看不見的。有機社會關聯的紐帶是人的智性，每一個智性火花，或者每一個思維閃爍都可能建立起一個、一種或者一連串的關聯。有機社會關聯的自然基礎仍然是充滿智性的邏輯關聯事務，其中包括事務環節和由眾多事務環節關聯結合的事務結構，其本質是自然邏輯及其關聯性。有機社會關聯可以稱得上是自然世界最為複雜的關聯形式，其中包含直接關聯、間接關聯、簡單關聯、複雜關聯、因果關聯、規則關聯等等，其複雜程度超出了任何個體人和組織機構的認知能力，在形式上是鬆散的，但是在內容上卻極其慎密、周密和緊密，其形成過程和運行狀態堪稱自然世界的傑作。

3. 偶然關聯、穩定關聯和動態關聯

社會中充滿不確定性，這是由人口數量及人的行為、需求多樣性所決定

的。我們可以觀察到，而且總是親身經歷，大量陌生人在街頭巷尾擦肩而過，互不相識，來去匆匆，各自穿行，互不相干。在車站、碼頭、機場、商店、影院、餐館等等場合總是與陌生人同處在一個空間裡，彼此沒有寒暄，也沒有攀談，默默的做著各自的事情。在公車上、在列車上、在飛機上、在輪船上，陌生人們為了同一目的地搭乘交通工具，相處在一起。店鋪和貨攤的商人們等候著未知的顧客光臨，在下班關店之前不知道一天的營業額究竟會是多少，更不知道明天的顧客都會是誰。農民和生產工人不知道自己生產的產品最終是誰來享用和使用，生產企業也不清楚自己產品的價值會具體由誰來認可和實現，商店、市場、集市裡的商人們總是期待著未知的具體買家，所有的商業服務機構每天開門迎客總是接待不同的顧客。社會的不確定性還體現為各種各樣的巧合。一個顧客為了購買某一商品在尋找過程中突然發現眼前出現售賣的商家，於是展開購買行為。一個人在異域他鄉偶遇一個熟人，頓時雙方詫異萬分。一次車禍兩車碰巧相撞而發生後續的追責賠償事務，一次偶然的空難把死難者的家屬和傷殘人員團結在一起共同追究航空公司的責任。社會中的陌生人們是偶然的關聯在一起的，沒有絕對的必然性，特別是在城市人口稠密的商業中心和交通樞紐重要車站、碼頭、機場，陌生人之間的偶然關聯都是一種巧合，從本質上看是可能性與必然性的結合，從現象上看是一種偶然。偶然關聯是社會關聯中最為主要的關聯類型，陌生人在很大程度上都是偶然關聯在一起的，又是必然的關聯在一起，因為人的智性相似和行為、需求的相似，人與人之間必然關聯在一起，但是具體的關聯都帶有不確定性，是一種偶然。偶然社會關聯提供了消費者和需求者對於產品、商品和服務的自由選擇機會，任何廠家和商家沒有強買強賣的權利，任何產品和服務只能在滿足需求的基礎上實現價值，客觀上制約了生產者和服務者在各個事務環節上的隨意性，在事務邏輯和事務結構指向性兩個方面約束了生產者和服務者的行為。但是在經驗社會，日常生活中最需要高度重視這種偶然交往互動形式，由於陌生人之間的情感缺失，也沒有深入的事務融合，陌生人之間在淺表層關聯碰撞在一起，必然會產生彼此在信任上的、吸引力上的、相互尊重上的缺陷，發生與社會關聯邏輯內涵不融洽的背離，潛移默化的訓練和影響著陌生人之間的輕視、漠視和鄙視心理，陌生人之間甚至可能產生出違背社會正義的行為。

穩定社會關聯在範圍上比偶然社會關聯要小很多，也就是說，社會關聯在發生頻次上大多數屬於偶然關聯，相對少數是穩定關聯。穩定社會關聯也是最為常見的社會關聯，如鄉村村莊內部的社會關聯、農村社區或城市社區的社會關聯、社會組織機構內部的社會關聯、特定產品的生產廠家與商家之間的社會關聯等等。鄉村村莊內部以家庭、親屬、熟人（鄰里）關係居多，陌生人較少，人與人之間的關係非常穩定，交往互動的方式基本固定，相互瞭解底細而毋須防範。農村社區內的人們交往互動也不複雜，人們相互之間交換勞動事務成果而坦誠相處，為本地域的共同事務如農業生產技術交流、興修道路和水利、維護治安環境、和平解決矛盾紛爭等等獻計出力，社區內的人們穩定的關聯在一起。城市社區相對複雜很多，社區內的人們為鄰里街坊關係，人口眾多，每個家庭的成年人可能分屬不同的行業和職業，鄰里街坊在事務上的共同點相對要少一些。城市社區內部的社會關聯主要依託於本地理區域，人們各自以家庭居所為據點，建立起穩定的居住關聯關係，彼此之間交易勞動事務成果很少，主要融入社會高關聯和宏關聯之中。城市社區地理區域內由於外來陌生人很多，對於社區內的市民則帶來治安隱患和治安事件，其居住環境沒有農村社區愜意安詳。社會組織機構內部的各種關聯形式由於邏輯事務結構的制約也呈現出穩定性，人們從上一工序接過事務，完成本工序的工作並將事務流轉到下一工序，日復一日年復一年的穩定執行。組織管理者固定的針對內部的各個事務環節和工序，維護邏輯事務結構的流轉順暢和事務完成品質，與各個事務和工序穩定的關聯在一起。生產廠家與銷售特定產品的商家建立起穩定的合作關係，商家與商家之間也有一套完整而穩定的批零關係相互成為常客，商家與消費者和需求者之間也常常是熟客關係。穩定的社會關聯支撐了社會生活的各種事務和需求，是社會存在和有效運轉的堅實基礎。

由於人的生物運動性經常處在位置移動之中，社會關聯呈現出活動的活躍狀態，使之具有動態變化特徵。偶然關聯是一種典型的動態關聯，在運動和活動中人們常常關聯在一起，人們為了不同的目的在處理不同的事務途中相遇，在街道上、在車站碼頭、在交通運載工具上偶然的短暫的同處在一個時空當中。商人們在生產廠家和需求者消費者之間穿針引線，成為社會關聯最為活躍的一股力量。消費者為了生活在市場、集市、門店、貨攤以及各種服務商家之間穿行，尋找著心儀的商品和服務。所有這些移動中的人們在移動過程中又產生出新的需求和滿足需求的事務，如公共交通工具運營、餐飲服務、住宿服務、會議服務等等，這些服務機構的從業人員與穿梭移動的人們之間又形成了動態中的社會關聯。社會中還有一種動態把人們關聯在一起，就是新的產品和服務的出現形成新的關聯事務鏈條。新的產品和服務可以是一個新的最終產品和服務以滿足消費者新的需求，也可以是原來既定的事務環節發生擴展而衍生出新的產品和服務來改進原來的事務，前者針對的是消費者，而後者針對的是生產廠家或商家。新的產品和服務的興起必然帶動關聯事務結構的變化，當人們填充到新的事務鏈條當中時，社會關聯也呈現出動態變化。還有另一種動態社會關聯是由人口代際推進而呈現的，老年人年邁退休時其職業和崗位由年輕一代接替，在社會中體現為一個一個時代的人們所反映出的精神風貌，如同俗語所言，長江後浪推前浪。人口代際推進保證了在個體人的生命週期衰落以後，各種社會事務不受其影響，而且還強勁的向前發展和進步。人口代際推進也反映出社會延續的自然推進力量，具有明顯的動態變化特徵，新一代接過上一代的職業和崗位的接力棒，也使得社會關聯總處於動態變化之中。

4. 自然關聯和人為關聯

本文在此之前講述的社會關聯都是自然關聯。在自然狀態下，人們自然而然的關聯在一起，通過事務的自然邏輯性作為紐帶，在心靈中產生彼此的吸引和信任，不離不棄的鬆散而緊密的團結在一起。自然關聯的起因是人的需求性，人們被各種各樣的需求驅動而發出滿足需求的行為，此時人們是被動的，被自身內在的自然需求驅使，個體人無力抵抗自然力量的驅使，只能發出行為來滿足需求，這就形成了個體人的原初事務。隨著人類智性的緩慢增長，人們對自然世界的認識逐漸提高，滿足需求的事務發生了擴展變化，衍生出多事務環節的鏈條結構。與此同時，人口數量隨之增加，越來越多的人投身進入擴展的事務環節之中，使得社會關聯越來越複雜，進而發展為有機關聯。隨著人口增加並且在地理區域範圍的散播分布，社會關聯的規模發生廣度和深度的變化，形成微關聯、高關聯和宏關聯格局。自然關聯在社會關聯中起著根本的、決定性的統轄作用，人們在無意識情況下不由自主的關聯起來。

在八千年以前的農業時代初期，原始人憑藉智性獲得了種植農業作物的經驗，也獲取了比採集狩獵生活方式更多的醣類食物，豢養牲畜和禽類動物也獲得了源源不斷的蛋白質營養來源，大腦智性得到了進一步發展，人口數量快速增加，智性的提高也發明和改進了更加適用的生產工具，人們的生存能力從此上了一個大臺階，能力倍增。約六七千年前人類群體已經開始了社會化，社會中充滿陌生人關係，陌生人之間通過邏輯事務自然的關聯在一起，相互吸引和信任，社會體現出和睦共生的理想氛圍。但是，好景不長，約五千年前美好的生活被外來野蠻異族征服者的暴力侵略所打破。征服者憑藉動物野性，大舉入侵，燒殺搶虐姦淫無惡不作，被征服者由於被自然邏輯馴化，也由於對美好生活的憧憬嚮往，在強敵入侵時呈散沙狀，其兇殘遠不及征服者，所以很快敗下陣來。野蠻征服者看中了被征服者的高智性和處理事務的能力，所以並不將其趕盡殺絕，在被征服者放棄抵抗以後，征服者隨即建立起統治架構轉變為統治者，在被統治者群體中肆意提取利益以滿足統治者的貪婪需求。據史料記載，人類最早的統治王朝是 5200 年前的古埃及美尼斯王朝，五千多年以來人類社會的統治政權從未間斷過。征服者和統治者把其治下的臣民皆納入人為社會關聯之中，也就是說，社會關聯在原有的自然關聯的基礎上疊加出一個指向征服者和統治者的，服從和服務於征服者和統治者的，由征服者和統治者創建的關聯形式。大量的被征服者通過統治政權的層級架構，一層層的關聯，最終關聯到統治者的最高核心，即國王或皇帝或最高領導人。這種人為社會關聯把權力嵌入到了自然邏輯事務鏈條當中，衍生出一種截然不同的人工的事務環節。雖然統治者也會順應一定程度的邏輯事務，但是在社會自然需求的基礎上多出了一種非自然的奢華需求，以及為了滿足這種奢華需求的諸多事務。這種奢華需求和諸多事務建立在了暴力維護和輿論欺騙的基礎之上，得不到自然邏輯的印證和支撐，而且扭曲了自然社會關聯，所以這種以統治者為中心的社會關聯自古以來一直被人們詬病。統治者所造成的人為關聯是一種形式上的社會關聯，不論統治者如何代際更替，也不論統治權威的方式如何變化，只要從上而下的權力架構存在以及暴力維護和輿論欺騙存在，都屬於人為社會關聯。

還有一種人為社會關聯存在於生產和經營組織機構內部，即把生產和經營事務人為的簡化，利用廉價勞動力來從事極其簡單的事務操作，如上螺絲、緊螺絲、裝插件、鏟煤等等終日重複作業。因其技術含量極低，單調乏味，消磨人的意志，這種人為關聯形式對於人的智性才華是一種浪費，非常不利於作業人員的智性發展。

另一種人為社會關聯是生產和銷售假冒偽劣產品和商品，人為故意的在自然邏輯關聯事務鏈條中插入一種指向造假者和售假者不當利益的事務，與明目張膽的專制者相似，但是更具隱蔽性和欺騙性，對社會的危害更直接，被需求者和消費者深惡痛絕。

5. 內生關聯和植入關聯

自然關聯是內生關聯，也是社會內部自生的關聯。根據自然事務邏輯，農村村莊的內生關聯是最初級的社會關聯，村莊內生關聯包含社會關聯最主要和最重要的事務，興修道路和防災抗災設施、農業生產合作機制、建造房屋住所、村莊內部治安的維護、村民之間糾紛的調節、基本醫療服務站點的設立、尊老護幼道德文化的建設等等，以維繫村莊的生產、生活基本需要，這也是人類社會最主要和最重要的基本事務。村莊內生關聯可以看做是社會關聯的起點，農村社區關聯和城市社區關聯可以看做是村莊內生關聯的擴展，社會中任何地理區域範圍內部都具有內生關聯性，與其他地理區域範圍有著不完全相同的內涵和特點，於是說，本地人最懂得本地的事情。郡級或省級（州級）地理區域範圍內的社會高關聯可以形成完整的生產生活邏輯事務環節鏈條結構，以滿足區域範圍內的所有需要。在該地理區域範圍內，自然環境、氣候、物產相仿，自然災害雷同，農業、工業生產所需資源和礦產資源獨具特點，生產合作資源配置在事務上簡便快捷，人們的生活習慣和習俗相近，社會關聯自成體系，具有相對獨立性，其社會關聯具有較高層次的事務內生性，也是村莊內生關聯擴展的最高層次。社會宏關聯的大社會地理範圍內可產生個體人身份認同的內生關聯，以及歷史文化變遷和沉澱的內生關聯。個體身份認同包括膚色、髮色、臉廓、體態等體貌特徵的確認，人種、民族特性的認同。歷史文化變遷而固化的社會整體呈現出的主要精神風貌深刻包含在個體身份認同之中，使得宏關聯的大社會地理範圍內的個體人們自成體系，與其他社會比較而體現出鮮明的差異性（如膚色髮色、語言、習慣習俗和精神氣質的差異）。宏關聯的大社會地理範圍的內生關聯多為精神層面的，事務層面的較少，所以大社會宏關聯總是以整體形象出現在國際交往互動之中。

與內生關聯不同的是，有許多社會關聯事務和關聯形式不是原產於本地區內部，而是從外界植入而成，可稱之為植入關聯。征服者和統治者把強權觸角和利益吸管伸入農村村莊、農村社區和城市社區，嵌入社會並提取利益，建立起非內生的社會關聯，也就是說強權統治不符合自然邏輯的生成和擴展機制，不具有自然的合法性。征服者和統治者從大社會範圍以外侵入，把整個社會（城市和鄉村）都納入其強權專制的淫威庇蔭之中，生硬的切入社會關聯事務結構，在功能上賦予社會宏關聯諸多具體事務，嚴重干預和破壞了社會微關聯和高關聯的內生關聯自然機制，佐以暴力壓制和愚弄欺騙，從上至下建立起以統治核心為中心的反自然強權統治機制和架構，形成高於自然需求的另類需求，整個社會以圍繞統治者另類需求為中心的方式運轉，不單是社會關聯事務鏈條遭到破壞，而且還嚴重損害因關聯事務結構可激發和促進的人的智性的自然發展機制。我們不難發現，在強權統治的社會中，伴隨著決策錯誤所導致的人為災難總是體現出全社會的智性低下，野蠻和愚昧親密相伴。

有許多植入關聯是符合社會內生關聯自然機制的，如宗教信仰在發源地之外傳播發展、國際貿易引進異域商品、引進外域的先進技術和資本、其他社會的非專制文化和生活方式的影響、自然科學和社會科學的介紹引入等等，所有有利於社會關聯事務環節的擴展和有利於增進人的智性發展的植入關聯都是積極有益的，具有自然普遍性，也具有自然合法性。

6. 傳統關聯和現代關聯

傳統社會關聯包含兩重含義，一是傳統沿襲下來的社會關聯，二是為了傳統的社會關聯。在一萬年以前，原始人就已經發展出了尊老愛幼的倫理傳統，人們把家庭、族群的情感傾向推廣應用到了陌生人之中，年長者受人尊敬，年幼者受人愛護，陌生人之間建立起以年齡倫理為核心的尊卑關係，對年長者愛戴有加，對幼小者呵護有餘。在古希臘智者產生以前，原始人和古人心智初開，對自然事物和人體健康知之甚少，卻被一種自然神秘力量支配而產生神秘感意識，在想像力的作用下產生出與自然事實不相符的認識，形成巫術和算命的事務和需求。早期的傳統關聯是巫師與信奉者之間的社會關聯，巫師憑藉一套說教裝神弄鬼驅魔避邪，為信奉者規避自然災害和不祥命運，也為信奉者驅除導致病痛的鬼魂。時至今日在世界上仍然有一些民族和社會遺留下巫術的從業者和信奉者，他們雖然不占社會主力，但在社會許多職業群體中仍然擁有一定的市場。巫術和算命的事務和需求反映出人們對自然現象的迷惑心理。在距今三千多年以前，有兩個背景催生了宗教信仰，一是兇殘險惡的征服戰爭造成大量的破壞，血流成河，民不聊生；二是人的智性發展進步產生出對自然本質的敬畏和迷惑，即自然終極神的崇拜。西元前 14 世紀，希伯來人摩西創立猶太教，並提出了著名的摩西戒律，告誡世人上帝是世界唯一的主宰，人們不得殺人、姦淫、盜竊等惡行，摩西戒律數千年來一直被視為猶太人和基督徒的行為準則。從此，宗教信仰作為社會生活的要務在全世界普遍產生和傳播開來，有基督教、伊斯蘭教等等，宗教事務成為社會生活十分重要的規模龐大的傳統關聯，至今都產生深遠的社會影響。在距今兩千多年以前，古希臘智者群體在神秘巫術盛行的年代中脫穎而出，並展示出嚴謹認真的理性，創造了輝煌的哲學思想體系，經過古羅馬、中世紀和思想啟蒙運動，發展出科學及其思維和研究的傳統，科學及研究成果開創了人類現代文明，科學研究事務廣納世界精英們為之踐行探索，也吸引著龐大的傳播者和實踐應用者為之奔忙和運營。與此同時，古代征服者和統治者也遺留下強權專制的歷史傳統，至今在世界上許多民族和社會中仍然留有市場，統治者的追隨者炮製的維護專制統治的學說被當作傳統文化流傳至今，一些專制文化的繼承者仍然在苦心經營，致力於麻痹和愚弄廣大的受眾，試圖拖拽社會文明的發展進程，影響社會大眾的智性發展。傳統社會關聯還包括關於傳統餐飲方式事務、傳統藝術表達事務、傳統節日度假事務和傳統醫學診療事務等等社會關聯。

現代社會關聯與傳統關聯大不相同，具有全新的特點。陌生人之間更加欣賞和尊重年輕人的活潑氣息和活躍思維，創新能力在年輕人中間體現得最為充分，傳統上學習年長者的經驗逐漸轉變為學習年輕人的新思想、新觀念和新的生活方式，年長者不再倚老賣老，而是虛心的跟上年輕人的時尚生活。泡吧、蹦迪、K 歌、速食、聚會等消費方式，以及衣著打扮個性化、玩電子遊戲、擺弄民用電子產品等等生活方式支撐起時尚生活事務關聯。在現代社會，居家不再僅僅是一個窩，而且注入了家庭成員的喜好和舒適需求，家什、家俬、家用電器、床上用品、室內舒適調溫系統等等一應俱全，擁有私人汽車或私人飛機則更是提高了生活檔次，新的生活方式造就了舒適生活事務社會關聯。社會的快速發展對人們的知識文化結構提出了新的要求，學習的緊迫感也催生了各個層次的教育培訓機構迅猛發展，大學學習和職業技術培訓不再是高不可攀的奢望，在學習和工作之餘，人們通過閱讀、上網、看電影、聽音樂等方式享受精神生活，這些需求和生活方式托起知識文化事務社會關聯。由於生命科學和現代醫學的長足發展，人們對自身的健康問題認識更深，產生保健、鍛煉和醫療的需求，各種設施、設備充斥著保健醫療服務機構，按摩、健身、診所、醫院、藥房等等專業機構和專業受訓的從業人員擔負起保健醫療事務社會關聯。在現代社會，科學技術迅猛發展，高科技層出不窮，日新月異，半導體矽芯片 / 晶片支撐起電子網路通訊及其終端伺服器、航空航天器、工業設備自動化控制、醫療設備以及家用電器的數據智能調控、記錄技術，人工智慧和機器人在社會各個領域和層面得到了廣泛運用，核燃料和新型能源技術開啟能源應用新篇章，生物化學與分子生物學技術全面覆蓋醫療、醫藥事業領域，高科技成為新興的社會產業簇擁著無數的研究人員、開發生產人員和推廣應用人員，他們構成了高科技事務社會關聯。隨著社會發展加快步伐，人們更加珍視自己的時間，對於遠距離出行事務產生節約時間更快到達目的地的需求，社會為之發展出快速交通事務，有高速公路、高速鐵路、民用航空等等，其運營機構和從業人員承擔起快速交通事務社會關聯。現代社會關聯還包括關於法治事務關聯、社會福利事務關聯、環境保護事務關聯等等。

7. 事務關聯和觀念關聯

社會中陌生人們主要是因為自然邏輯事務而關聯在一起，每一個人投入到某一種關聯事務邏輯鏈條中的某一環節，與其他人形成複雜多維的社會關聯。社會關聯中的事務可以分為生產事務、商業事務、服務事務、文化事務、共同事務、社會事業等等。社會關聯中人們從事的事務有自發的事務和交辦的事務之分，有的人通過學習、培訓、模仿運用人的智性主動自發的投入到事務環節之中或者興辦作坊、工廠、服務機構等等，而有的人則是受他人或組織機構的委派來從事關聯事務（環節），或者因為他人或組織機構的崗位培訓而指派到某一工序、工種和崗位來從事關聯事務（環節）。無論是自發的事務還是交辦的事務，都有一個合乎自然邏輯性的基本要求，也就是說所從事的事務必須是非人為干預的、客觀的事務，其事務指向性是人的普遍需求，這是事務的正當性和正義性的客觀要求。但是，人們經常會發生某種偏差，自發的事務或交辦的事務會指向特定的某一人或者某一個組織機構，使得其事務（環節）不具有自然邏輯性，產生人為社會關聯，不符合正當性和正義性的客觀要求。發生這種偏差的主要原因是社會關聯的複雜性和人的智性不足所導致，在缺乏理性的情況下人們難以區分自然關聯與人為關聯，在錯誤觀念的影響下產生自覺或不自覺的認識偏差。社會關聯中人們從事的事務還可分為為了自己的事務和為了他人的事務。為了自己的事務這種情況下的社會關聯屬於人為社會關聯，處理事務的人或組織機構以自己的需求和利益為目的，其事務指向性不是人的普遍需求，在社會關聯中對他人必定產生不利影響，破壞了關聯事務邏輯鏈條的客觀指向性。為了他人的事務並不意味著不計自己的得失而絕對的利他，而是說該事務所包含的知識、經驗、技術以及程式等內容是客觀的，是指向人的普遍需求的，該事務大多符合自然邏輯性，處理該事務的人或組織機構在為了他人的過程中或前提下才從事務處理中獲得相應的好處和利益。

事實上除了事務關聯，陌生人們之間還存在觀念關聯，也就是俗語說的「物以類聚人以群分」，觀念相同或相近的人之間有一種心心相印的認同感，自然就相處和交往頻繁，而觀念相左或相悖的人之間則有一種排斥感和厭惡感，自然就難以相處和交往，甚至南轅北轍、背道而馳。在人類社會化初期，人與人之間的觀念相差不大，受共生正義和自然邏輯的作用，人們相互依存、和諧共生。在征服戰爭時期，人們普遍怨聲載道、義憤填膺，嚮往和平安寧的美好生活。在兩千多年來的專制壓迫下，暴力統治和謊言欺騙逐漸促使人們萌生嚴重的無奈感和恐懼感。在統治者的淫威下，既定的壓迫和愚弄久而久之使人習以為常，進而產生出對專制的認同感，也就是說被統治者具有了統治思維。從此，人與人之間產生觀念的差異，一種人心懷正義的觀念，另一種人則具有殘暴的或默許殘暴的專制觀念。在古希臘、古羅馬時期，愚昧和迷信觀念與理性觀念分庭抗禮；在中世紀，正統神學觀念與科學觀念爭鋒相對；在近代歐洲以來，專制觀念與自由民主觀念格格不入，不同的觀念下總是簇擁著不同的人群。由於觀念對於思維和行為的統轄作用，相同觀念的人們相處和交往在一起，形成觀念社會關聯。觀念的類型其實就是相同觀念人群的類型，有地域認同觀念、民族認同觀念、宗教信仰觀念、無神論觀念、理性觀念、世俗觀念、人權民主觀念、專制統治觀念、科學觀念、迷信觀念、溝通交流觀念、興趣愛好觀念、權力金錢功利觀念、博愛寬容妥協觀念等等。

8. 正關聯與負關聯

正關聯是指事務及事務鏈條對人的智性發展有積極促進作用的社會關聯，也是符合自然事務邏輯的社會關聯。正關聯具有旺盛的生命力和遠大的發展前景，由於符合自然事實，正關聯包含最為廣泛的豐富的知識和經驗內容，涉及各行各業實實在在的關聯事務並形成事務邏輯鏈條，每一個事務環節都可以在人的智性作用下發生擴展，形成新的事務環節鏈條，擴展為行業、產業和社會事業，隨著社會人口的增加，社會關聯規模不斷擴大。無論社會關聯如何發展變化，其事務環節、事務環節鏈條都無一例外的指向人的普遍需求這一根本目的，或直接指向人的普遍需求，或通過維護自然環境、生態平衡以及可持續發展指向人的普遍需求。社會關聯的正關聯來源於人的智性，同時又促進人的智性發展。人們在處理關聯事務的過程中不約而同的自動自發的開展學習和積累知識、經驗的活動，不斷的思考和探尋事務中所包含的實效的知識和經驗內容，不斷改進和創造，推進事務向前發展，以更好的方式來滿足各種普遍需求，與此同時，人類整體的智性水準隨之不斷提高。在社會關聯的正關聯事務中，所有的個體人對於自然世界都是被動者，只能領悟、適應和遵循自然邏輯，而沒有凌駕於自然邏輯之上改變自然邏輯或者把自然邏輯為己所用的權力，自然事務邏輯對於每一個人都是等效的，無差別的，這也是人的自然平等性的由來之一。

負關聯是指不符合自然事務邏輯的社會關聯。人為關聯就是負關聯。我們可以觀察到，所有的專制社會在內部都沒有獨立產生過事務環節不斷發生擴展的事實，新產品、新技術的層出不窮的改進和創新都不可能在專制社會內部獨立發生。究其原因無外乎三點，一是專制統治事務直接鑲嵌於自然事務邏輯鏈條之中，扭曲了鏈條環節，使得事務環節擴展發生方向性變化，不是指向人的普遍需求，而是指向了統治者本身。自然事務邏輯鏈條遭破壞以後就是失去了自然擴展的生命力，甚至導致事務鏈條萎縮，阻礙了新事物的產生和發展；二是專制事務嚴重干預自然事務致使人的智性失去因此而廣泛提高的自然機制，人的智性停滯不前，或者萎縮倒退，對事務所包含的知識和經驗內容的總結領悟能力下降或者能力歸零，導致新事物不能產生和發展；三是暴力恐怖統治和欺騙愚民術直接扼殺了人的智性，專制統治下的臣民心存恐懼和不安，或者唯唯諾諾、苟且偷生，漸漸的失去了思考的能力，無法總結和領悟自然邏輯事務中所包含的知識和經驗內容，自然就無法推動新事物的產生和發展。基於這三點，專制統治者大多信奉拿來主義，從社會外界輸入新產品和新技術來為己所用。從事生產和銷售假冒偽劣產品和商品的人們也對社會構成負關聯，改變了自然邏輯事務的指向性而指向自身的利益，嚴重損害了需求者和消費者的根本利益，損人而利己，所以生產和銷售假冒偽劣產品和商品的事務環節也不可能發生正大光明的擴展，只能在隱蔽的陰暗角落成為邪惡的勾當，被人們所不齒。致於生產和經營組織機構內部的簡單操作的社會分力事務，一方面增加了社會就業，另一方面嚴重阻礙了其從業人員的智性發展，產生了一定的社會負面影響，所以也屬於社會關聯的負關聯。

社會關聯的類型還包括規則關聯、資本關聯、政治關聯、權益關聯等等，筆者將作後續論述。

四、社會關聯的狀態

社會中的陌生人之間是通過事務和觀念關聯在一起的，相互依賴，你需要我我需要你，你離不開我我離不開你，那麼這種社會關聯會呈現出什麼樣的狀態呢？下面讓我們來探究一番。

1. 社會關聯度

社會關聯度是指社會中陌生人之間相互關聯的程度，一般可以分為低度關聯、中度關聯和強度關聯三個等級。當然，社會關聯度的等級可以分得更多、更細，這需要進一步更深入的分析研究。自給自足的生產生活方式屬於典型的低度社會關聯，這是人類最原始生存形態在農業時代的延續。在古代，世界上絕大多數地方都處在自給自足的生產生活方式之中，即使在中世紀的歐洲也不例外，只是受古希臘古羅馬時期的地中海迦太基古國的貿易傳統的影響，中世紀歐洲的商業貿易相對活躍。但是在古代東亞，社會商業活動極其微弱，從統治者到平民百姓都奉行極端的重農抑商觀念，一種近乎絕對的自給自足生產生活方式延續了兩千多年。古代東亞社會的自給自足生產生活方式中社會關聯度極低，在微觀層面，以群落關聯為主，家庭和家族的血緣情感是關聯的核心，人們與陌生人的交往互動不多，對陌生人有著莫名的懼怕感，這也許是遠古原始人對異族排斥感的遺傳所致。自給自足的生產方式極其簡單，基本效仿著古代祖先的生產方法和程式，使用的工具簡單原始，在農業生產中基本是望天收，沒有抗擊自然災害的能力；在手工作坊的生產製造中，其工藝和工序簡單，對生產原材料缺乏認識，製造出的產品十分簡陋，只能滿足最基本的需求，使用壽命很短。自給自足的生產生活方式也導致人們排斥商業和商人，不懂得商業和商人的巨大作用，人們的勞動成果相互交換的比例很小，不能調配各自所需，社會財富規模無法做大。由於人們與外界的交往互動不多，總是習慣於熟面孔交往，村莊與村莊之間雞犬相聞而老死不相往來，無法瞭解外界的資訊，也嚴重阻礙了人的智性發展，導致天天、月月、年年的重複性，愚弱、保守、固執、倔強是古代東亞人的基本人格和心理特徵。人們都憧憬著美好生活的空想，其智性無法支撐起對美好生活的實質追求，在生活上的住所、衣著、膳食等都十分簡陋，終日勞累，仍處於基本溫飽的生存狀態。在省（州）級高關聯層面，產業和行業門類很少，主要限於農業和簡單手工業，工匠的生活來源依靠物物交換，沒有改善和改進技術工藝的動力，商業規模很小，沒有形成專業門類的市場。由於人們很少出行導致道路破敗，交通不利，車輛的使用不便，即使在城市內部大白天也了無生趣。整個高關聯省（州）級地域無論鄉村和城鎮都時常面臨各種自然災害的威脅，一場大降雨就可以把許多村莊、鄉鎮和城市夷為平地，一場大旱災就可以導致餓殍遍野，乞討的人群是城市裡屢見不鮮的風景線。在大社會宏關聯層面，自給自足的生產生活方式中唯一的一絲社會活力是度過傳統節日，節日過後社會又回到沉悶、單調的生產生活之中。大社會中，人們遷徙遊走的主要動機是躲避自然災害和戰爭，城市與城市之間和省（州）與省（州）之間移動的人群多為難民，他們攜老挈幼，背著簡單的行囊，悻悻的踏上尋找未知棲身地的征途。大社會中的交通要道是河流，主要的交通工具是船舟，陸路上流浪的人們只能依靠雙足步行，騎馬和坐馬車只是富人的專利。自給自足的生產生活方式由於社會關聯度極低，社會中各個層面的事務不僅簡單，而且難以憑藉人的智性來擴展，壓制商業，也就壓制了社會活力，由於其涉及面廣泛，人們被嚴重束縛在了過去的傳統之中，竟然對自然世界喪失了認識能力，時光在無知和彷徨中流逝。

中度社會關聯主要體現於近代重商主義社會和現代權威主義社會。十五世紀的歐洲，受古代海洋貿易傳統的影響，在造船技術和遠洋航行技術方面取得巨大的發展，形成了龐大的遠洋艦船隊伍和經驗豐富的航海家隊伍，直接導致了地理大發現，西班牙人和葡萄牙人率先登上了美洲大陸，隨後英國人、荷蘭人、法國人等紛至遝來，憑藉先進文明和技術在美洲建立起各自的殖民地，美洲的豐富物產接連不斷的運往歐洲母國，大規模的遠洋貿易孕育出近代歐洲重商主義的思想體系，極大地促進了歐洲各國之間以及國內的社會關聯，呈現出比古代農業文明更加活躍的商業文明和手工業文明。十五世紀下半葉至十八世紀下半葉是歐洲重商主義時期，重商主義者主要由歐洲各國的商人和政府官員構成，他們具有豐富的實踐工作經驗，對重商主義的發展起到至關重要的作用。重商主義者從西班牙的經濟衰落中吸取教訓，認識到了金錢並不是財富的本源，製造業的強大超過了金礦銀礦所帶來的財富，製造業是財富之源，財富源於生產領域，而不是源於流通領域。製造業在吸納人口、促進就業和繁榮經濟方面具有重要作用，製造業在帶來大量就業崗位的同時，也促進了當地人口素質的提高，通過將原材料加工成製成品，就可以將原材料的價值增加許多倍，從而為本國帶來巨額財富。在微觀層面，商人們穿梭於鄉村村莊和城市街道收購農產品和手工業製品，並把國外進口商品送到農民和市民手中；農民積極生產，把盈餘的小麥、玉米、棉花、葡萄酒等農產品以滿意的價格賣給商販，並從商販那裡獲得出口走俏商品訊息以調整生產安排；鄉村和城鎮的手工業者積極改進產品工藝和品質，把精美的棉織品、羊毛製品和皮毛製品等產品出售給商人；生產事務和商業事務不斷的擴展和改進，其規模越變越大，隨之倉儲、運輸、道路、車輛等設施設備大為改進，鄉村社區和城市社區出現一片繁忙的景象。在社會高關聯層面，連通鄉村、城市、港口的道路興修得寬敞平坦而堅實，以利商人們的車輛往返不停的穿行，河流上內河港口與遠洋港口之間各種船隻往返穿梭，遠洋港口上裝船和卸船事務一片忙碌，終日人聲鼎沸。農民們和城鄉手工業者們各自操勞著自己的生產事務，各得其所，就連城市市民們也圍繞著商業事務忙乎開來，或提供餐飲服務，或提供住宿服務，很少有人閑著無所事事。在大社會宏關聯層面，各國政府在保護對外貿易的同時，大力推行國內市場一體化，比如修建運河、公路，取消關卡，統一貨幣等，政府積極干預經濟運行，制訂立法、稅收、強迫改變國民的生活習慣等政策。在伊莉莎白一世時期，英國借助於歐洲大陸發生宗教迫害的有利契機，大規模地吸引有一技之長的宗教難民，大力發展製造業，取得了良好的產業效果。國內市場產業、行業門類眾多，市場裡充滿著國內商品和進口商品，就連煤炭、香料、象牙、橡膠、棕櫚油、各種金屬等等原材料也應有盡有，整個社會一派繁榮景象。歐洲重商主義思想及其實踐為未來的工業時代打下了技術、商務和產業人口素質的堅實基礎。

現代權威主義不是一種憑空陡生的社會意識形態，是經由古代征服者暴力權威和統治權威沿襲或變異的產物，以及宗教權威在現代世界的反映。現代權威主義是指與自由民主理念對立的，採用暴力壓制手段和剝奪言論、集會、結社自由的方式來維持和執行社會控制的一種統治形態。現代權威主義可以是古代君主統治權威或宗教權威直接一脈相傳而成，也可以是強權政黨憑藉政治手段占據統治地位而確立。無論現代權威主義以哪種方式產生，其很大程度上是基於社會普遍存在的行為被動性。古代專制者的暴力統治造就了歷史深厚且範圍廣泛的行為被動性臣民群體，他們在社會政治生活和生產事務中總習慣於被支配地位，自我意識和自我力量極其微弱，他們世代傳承著忍讓、消沉、保守、得過且過的人格和心理特徵，為權威主義的產生騰挪出了一大片空間和機會。現代權威主義者可以是一國至高無上的君王，可以是政教合一的精神領袖，也可以是新時代以政黨為面目的暴力征服者和統治者，還可以是一種社會強權管理者。現代權威主義者與古代統治者一樣都具有釋放絕對社會主動性的偏好和放任、擴大社會普遍絕對被動性的傾向。現代權威主義者所控制、支配的社會就是現代權威主義社會。由於重商主義思想、工業生產方式和科學技術發展三大因素的影響及作用下，現代權威主義社會呈現出與古代權威主義社會（自給自足的生產生活方式社會）不一樣的狀況，社會商業和服務業得到大力發展，工業生產製造出琳琅滿目的產品，科學技術帶給社會深刻的物質變化，致使自給自足的農業生產和手工業製造不復存在，農村和手工作坊都融入到繁榮的現代物質文明之中。現代權威主義社會在各個層面都凸顯出活躍、繁忙的景象，但是，社會的變化並不來源於權威主義，社會的變化只是學習、拿來、引進現代物質文明成果使得社會生產、生活的事務環節發生擴展的結果。我們應該充分認識到，現代權威主義並不創造人類智性，人的智性發展只遵循自然提高的法則，現代權威主義社會中的智性提高同樣也主要來源於學習、拿來、引進現代物質文明的成果，現代權威主義社會因為權威主義的壓制並不具有自發產生智性發展的自然基礎，相反，權威主義對人的智性發展還具有非常嚴重的遏制作用。我們完全可以這樣假設，如果不是現代物質文明的植入，現代權威主義社會仍然還處在如同古代一樣的落後、無知、彷徨之中。所以，我們不難發現，現代權威主義社會對外界先進文明都有較強的依賴性，這種依賴僅限於物質層面，而在精神層面，社會被權威主義所把持，使得物質與精神發生脫離。現代權威主義社會無一例外的以滿足人的需求為中心而運轉，社會關聯的另一個重要功能——智性自然發展，卻被忽略和冷遇。雖然現代權威主義社會貌似有社會執行力的高效率，由於權威主義仍然是嵌入社會關聯事務自然邏輯環節鏈條之中，與古代權威主義一樣，扭曲了關聯事務環節鏈條的自然指向性和關聯事務的自然目的性，屬於社會關聯負關聯。

強度社會關聯只存在於現代自由民主社會。人類世界的近代史就是被統治者與權威主義統治者不懈鬥爭的歷史，以英格蘭人、美利堅人和法蘭西人為代表，經過漫長的艱苦鬥爭，分別於 1688 年、1787 年、1789 年建立起民主主義社會制度，時至今日已有 28 個國家社會相繼建立起完全的民主制度，另外有 54 個國家社會也建立起不太完全的民主制度，它們構成了現代 82 個自由民主社會，占到全球國家社會的 35.2%，全球最發達的 32 個經濟體全部都是現代自由民主社會。與現代權威主義社會所不同的是，現代自由民主社會的民眾真正實現了把權威主義關進籠子的偉大理想，確立了人民主權的基本原則，採用各自不完全相同的議事制度來解決社會矛盾和處理社會事務。由於充分尊重陌生人之間的隱私權、私有財產權和社會平等權，言論自由、集會自由、結社自由和宗教信仰自由得到充分而有效的保證，現代自由民主社會也展現出寬容和多元的特色。於是，社會關聯發生更深刻和更廣闊的擴展，陌生人之間在生產事務、商業服務事務和日常生活事務關聯的基礎上拓展出社會公共事務關聯，社會關聯的規模更大。人們在工作、學習和生活之余積極參與集會活動，勢必增加了陌生人之間的交往互動機會；人們的工作、學習和生活也可以在各種各樣的協會、學會、沙龍、俱樂部等社團的範圍內進行，也增加了陌生人之間的交往互動機會。陌生人之間交往互動越多，越能促進人的思維和表達能力，也越能促進人的智性發展。所以，我們不難理解在現代自由民主社會，新產品、新技術、新服務以及新消費方式層出不窮，這是現代權威主義社會所望塵莫及的，也是現代權威主義社會所依賴的物質文明源泉。在現代自由民主社會的各個層面上都無不體現出陌生人之間平等互信、相互吸引、取長補短的交往互動關係，相互促進，相得益彰。當然，現代自由民主社會尚且不是絕對完美的社會，但是其糾錯功能和進步完善的功能是權威主義社會不可企及的，其高強度的社會關聯範式為全人類的進步發展指明了可行的方向。

社會關聯度的低度關聯、中度關聯和強度關聯三個等級並不是孤立的表現於某一社會中，中度關聯的社會包含著低度關聯的因素，強度關聯的社會也包含著中度關聯的某些因素。東亞社會屬於權威主義獨裁極權社會，受人類現代工業文明和科技文明的影響，在社會中活躍著生產事務、商業事務、教育事務和科技事務的社會關聯。雖然東亞社會屬於中度關聯社會，但是存在著大量、大面積的低度關聯。在社會微關聯層面，東亞社會呈現出低度關聯的狀態，在社會基層如鄉村村莊、鄉村社區、城鎮社區嚴重缺乏公共事務的社會關聯，人們對社區公共事務漠不關心。由於缺乏互信基礎上的互動關聯，陌生人之間呈散沙狀，陌生人之間相互提防，坑害陌生人的欺騙和詐騙事件層出不窮，讓人防不勝防。在現代自由民主社會中，在社會（國家）安全事務和科技研發事務等領域總表現出權威主義的傾向，由政府或企業高層主導，屬於中度社會關聯，鮮有高強度的社會關聯。在古代自給自足生產生活方式社會，社會關聯度很低，但是也會出現商業繁榮的中度關聯狀態，如古希臘古羅馬的商業文明。但是，高強度社會關聯的現代自由民主社會就不存在低度的社會關聯。

2. 社會關聯中的自我意識狀態

在社會關聯中陌生人彼此會處在什麼樣的自我意識狀態呢？這是一個有趣的問題，也是一個有意義的問題。我們知道，自我意識的原初狀態是主體人對自身的意識和反映，是主體人對自己的生理和心理的感知和認識，自我意識也是主體人的存在性能量衝動在具有智性的心靈中的反應，主體人可以憑藉自我意識對自我進行認識，也可以對自我實行體驗和調控。自我認可是自我意識原初狀態的一種擴展，由於人類屬於群居性物種，自我認可還會擴展出需要他人對自己認可的心理需要，所以主體人會不斷的調整自我定位和自我言行來適應群體的合理要求。當人類社會化以後，個體人無不保留這種自我認可同時也產生需要他人認可的心理需求，所以說自我意識也是個體人長期社會化的產物。個體人在群落關係（家族關係）中的自我意識狀態我們是非常熟悉的，那麼個體人作為陌生人面對其他陌生人也必然存在自我意識狀態，這是個體人社會化的必然要求。個體人面對家庭、親屬、朋友和熟人所處的自我意識狀態與面對陌生人的自我意識狀態顯然是不相同的，這個差異性一方面來源於人類社會歷史發展的侷限性，另一方面來源於人類智性的發展水準。

在社會關聯之中，陌生人之間的自我意識至少分化為兩種，一種是面對事務的自我意識，另一種是面對他人的自我意識。由於事務的客觀性，在邏輯事務鏈條之中的事務環節之間的關係是不受人的意識左右的，人們只能是學習、效仿和遵循事務環節的邏輯關聯性，這是社會關聯的自然基礎。個體人不能參雜自我意識和自我喜好來從事事務工作，比如說生鐵煉成鋼，必須要在高溫（2000℃）狀態下採用特定工藝除去生鐵中的部分碳元素使得鐵質的碳含量小於 2%，煉鋼者不能憑藉自己的喜好來從事煉鋼事務。同理，設計生產機器設備也必須依據機械物理原理來進行，設計者和生產者最多只是在外觀外形上、色彩上加入自我意識。所以說，面對事務，個體人是被動的，就如同受自然力量的驅使，餓了就要進食一樣，面對事務的自我意識是收斂的，自我注意力集中在了事務的客觀要求上，顯意識和潛意識自動的排除和抑制了自我意識的湧動，恰恰是因為自我意識的收斂才能激發出自我的智性，才能領悟和遵循客觀事務的根本要求。個體人只有煥發出智性才能更好的從事和勝任事務性工作。

當個體人面對他人（陌生人）時的自我意識就要複雜很多，在不同的場合表現出不同的自我意識狀態。在非交往互動的場合，比如在街道、在車站、在機場、在公共交通工具上等等公共場所遇到密集的陌生人，個體人常常不理會不搭理他人的存在，我行我素，各自做著自己的事情，此時的自我意識是潛意識的忽略他人，社會關聯類型為偶然關聯。在與陌生人交往互動的場合，個體人的自我意識狀態極其複雜。同一個個體人，在需要他人幫助的時候，如問路、摔倒需要救助等，其自我意識總表現出謙遜、憐憫的狀態；在處理事務的工作中，如生產、設計、科研等，自我意識總表現出理性的狀態，自我意識自動收斂；在與他人競爭的過程中，如為了打開市場、為了獲得更多的選票等，其自我意識則表現出對對手的排他性和自我獨尊的狀態；在觀念衝突的場合，如辯論、爭論等，則表現出對他人的輕視和藐視狀態；在利益衝突的場合，如社會對抗、鬥爭、博弈等，自我意識則表現出對他人的抹殺、兇狠、不擇手段的狀態。當個體人與他人的交往互動過程中，在最開端都有一個揣摩的過程，用以探測他人的自我意識狀態，如果他人是強者（自我主動性強烈），要麼自我意識收斂，要麼自我意識增強以壓制他人；如果他人是弱者（自我主動性微弱），那麼自我意識直接提升來凌駕於他人之上。

社會關聯中的自我意識狀態與主體人的智性成正相關關係，個體人的智性水準越高則對陌生人的自我意識越正面，反之則越負面。遠古原始人對自然世界的感悟能力和認識能力非常低下，同時對異族陌生人極其排斥，群落之間為了爭奪有限的資源而發生戰爭總是以一方被趕盡殺絕而停息。在部落生活方式時，由於異族、異性通婚，人的智性得到提高，此時原始人部落開始接納陌生人，逐漸改變對陌生人的負面意識。在距今八千年前的農業文明初期，人類智性的整體水準得到較大提高，陌生人們各自開發出獨特的技能和長處，此時陌生人之間對於彼此的自我意識開始趨向正面，陌生人之間也開始了社會關聯，人類社會經歷了短暫的和睦共生的美好光景。約距今約五千年前，社會生活被兇險無比的暴力征服戰爭所打破，外來的落後蠻族用屠刀、人頭和鮮血最終征服了文明進步的農耕民族，並實行暴力高壓統治，從此人類進入幾千年漫長的權威主義統治時期。在征服者和統治者的自我意識當中，被統治者（絕大多數陌生人群體）具有一技之長，是源源不斷的物質財富的源泉，是可以壓迫、剝削、搜刮的對象，這也是對人的智性的一種正面肯定；與此同時，統治者明知這種壓迫、剝削、搜刮行為並不符合自然法則，必定會引發被統治者的抵觸和反抗，所以沿襲征服者的手段暴力威逼以及採用卑鄙的統治術麻痺和愚化屈服的臣民，此時統治者對於臣民的自我意識又趨向於負面。暴力加欺騙，如同胡蘿蔔加棍棒，在無力反抗的背景下，權威主義統治者總能得心應手的綿延著淫威，即使周而復始的征服戰爭也未能撼動各個統治者的權威。權威主義統治者對自我的權威深感至高無上，總是表現出亢奮的狀態，所有的心思都用在了擴大和鞏固統治權威上，因而其智性受自我的約束難以發展。在被統治者一方來說，暴力統治直接威脅到自己的趨利避害性，對暴力統治產生無奈感，長達幾千年的壓迫在代際更替中早已習慣了頹廢的自我意識，甚至對自我產生負面的意識傾向，所以被統治者的智性也難以進一步發展。我們不難觀察到，在權威主義社會，統治者自己和被統治者的智性都在維護統治權威的過程中消磨和滯長，雙方都缺乏發展智性的動力。由於智性停滯，被統治者之中一部分人為了既得利益不得不靠攏權威主義體制成為統治者的幫兇，這一幫人對於自己剛剛脫離的被統治者群體更是變本加厲的迫害，無惡不作，兇殘至極，如此一來則更加鞏固了權威主義的統治，致使被統治者群體更加災難深重。在權威主義社會，無論權威群體或被統治者群體，由於智性停滯，在幾千年時期內其智性都處在無意性思維和混沌思維狀態之中，社會總體都體現出經驗主義的色彩，人們的思維習慣都趨向於過去，人們都秉持遠古以來的傳統或者生搬硬套的教條，無法正視現實，也無力展望未來。

人類所幸的是，理性的種子一直在古代歐洲大陸生根發芽、潛滋暗長。西元前 13 世紀，猶太人先知摩西創立猶太教，並制訂了一整套法律，稱為《摩西十誡》，從此開創了宗教理性文明。西元 1 世紀和西元 7 世紀，猶太人耶穌和阿拉伯人穆罕默德相繼創始基督教和伊斯蘭教，在古羅馬皇帝君士坦丁和狄奧多西的推崇下，基督教迅速傳遍歐洲大陸，伊斯蘭教則在阿拉伯人的聖戰中快速傳播開來。西元前 6 世紀至 4 世紀，古希臘先哲們在神學理性的基礎上率先開化出思維理性能力，體現為自然理性和人文理性，創造出輝煌的哲學思想。自西元 16 世紀以來，歐洲大陸社會逐漸接受理性的薰陶，並且把自然理性和人文理性發揚光大。宗教理性和自然理性共同孕育出科學理性，人文理性發展為社會理性，宗教理性、科學理性與社會理性三者並駕齊驅，構成了現代理性的主體框架。由於理性能力和理性狀態排除了主體人心靈中的自我情感和喜好，所以能夠在頭腦中產生符合自然事實或者指向自然事實的認識，即理性認識。於是，擁有理性的人和以理性為主要特徵的社會就展現出與混沌性的人和社會幾乎完全不一樣的自我意識狀態，凸顯為自律、平等、寬容、博愛，陌生人彼此在自我意識中具有正面強度，相互尊重，相互禮讓，相互合作，相互促進。

筆者把這種他人（陌生人）在自我中的強度稱為「他我」，即他人（陌生人）在自我心中的強度與自我本身的強度相同或相近。所以說，在理性思維下或在理性社會裡更能反映和體現出人與人之間的真實關係，促進個體人追求崇高的自我和美好的生活氛圍，人與人之間坦誠、真摯，沒有猜忌和算計，總給人以特別的關懷和希望。理性的人和理性的社會並不是超越世俗的不切實際的幻想，而恰恰是對世俗的正確認知和反映。以理性為主要特徵的社會也就是現代自由民主社會。

3. 社會秩序狀態

當陌生的人們投入到社會關聯的事務中從事事務工作時，社會就體現出秩序狀態，這是自然邏輯關聯性的本質要求所決定的。我們知道，關聯事務環節的邏輯鏈條結構具有客觀性，不以人的意志為轉移，任何人都不能違反邏輯鏈條的序列，那麼這就意味著關聯事務環節之間本身就具有客觀規定性，當人們投身到關聯事務中時，社會秩序狀態只是自然邏輯關聯規定性的反映，我們在工序和工種之間的密切聯繫中可以觀察到這種客觀規定性的存在。我們可以把這種工序和工種之間的秩序定義為生產和服務組織機構內部的事務秩序，這種事務秩序是自然邏輯關聯性所要求的一種必然，那麼組織機構內部的管理只能是維護和保障邏輯事務鏈條有條不紊有效的運行，管理者不能加入自我情感和喜好的成分，這就意味著管理者沒有絕對的內部管理決斷權，管理者需要與各工序、工種溝通協調，共同維護和保障關聯事務邏輯鏈條的有序運行，於是組織機構內部就形成了一種新的秩序，即秩序的維護和保障的秩序。生產和服務組織機構之間也存在著秩序，首先，組織機構之間是獨立的，沒有隸屬關係，所以是平等的，互不強加意志，也不能相互欺詐和掠奪，這就是組織機構之間的平等秩序；其次，根據法人人格理論，相互平等的組織機構之間可以訂立契約來進行產品和服務的交換以及合作開發新技術，利益分享，建立起契約秩序。

既然事務秩序是自然邏輯關聯性所要求的一種必然，那麼這種必然也需要社會高關聯和宏關聯層面諸多的可能性予以維護和保障，諸如個體人的智性水準以及處理事務的能力和熟練程度的提高（文化教育和職業培訓），不確定的個體人如何投身到具體而確定的事務當中（社會就業問題），個體人從家居到事務工作崗位的往返路途是否順暢以及商務活動的路途是否便利（道路及設施以及交通工具問題），社會交易行為在空間和時間上的實行可能性（生活集市及專業市場問題）等等。如此一來，社會秩序也將發生擴展，衍生出維護和保障社會秩序的秩序，要不然社會生產和服務秩序難以實現。我們把維護和保障社會生產、服務、交易等秩序的行為稱為社會管理，那麼社會管理本身也就具有了秩序性。社會管理秩序最基礎的秩序是自然資源的分配秩序，自然資源包括土地、水源及其附屬生物、礦產等。由於社會管理者不占有社會事務（事務具有客觀絕對性），所以社會管理者不應占有自然資源，也就不擁有分配自然資源的權力。自然資源的占有以滿足和有利於社會事務為先決條件，以有效利用為原則，自然資源的分配以平等交換和交易為原則，才能充分維護和保障社會生產、服務和交易的正常秩序。社會管理者只能是被社會組織機構和個體人共同推舉設立的機構，可以稱之為公共委員會，也可以稱之為政府。

我們通過反觀歷史可以發現，為什麼古代權威主義社會普遍落後、貧窮，而且戰亂不停？這是因為權威主義統治者以占有者的身份把持、控制社會，不懂得社會秩序的本質客觀內涵，隨意釋放社會絕對主動性，製造了廣泛而深厚的社會絕對被動性，並從占有和支配自然資源中隨意獲取利益，扭曲了關聯事務邏輯鏈條，建立起錯誤的以統治者為中心的社會秩序，通過暴力維護和愚民欺騙，嚴重的壓制了人的智性發展，導致事務環節難以擴展，社會失去發展動力，以致於社會貧富懸殊日益擴大，或者無力抵禦外來侵略，或者內生怨恨情緒和反抗情緒。

4. 社會身份狀態

社會身份是指個體人或組織機構在社會中的位置和功能狀態以及作為社會一份子的相互資格認可的狀態。社會身份是社會秩序的表徵，在一個秩序良好的社會裡每個個體人或組織機構都可以憑藉智性和一技之長獲得恰當的社會身份，如果社會失序，出現不同程度的混亂局面，那麼必然會有部分個體人或組織機構失去恰當的社會身份。

社會身份可以分為顯意識身份和潛意識身份。在事務社會關聯中，個體人通過智性提升後投入到生產、服務或管理事務中時，他就擁有了社會身份，如從事種植業、養殖業和畜牧業的人就叫做農民，從事工業生產環節事務的人就稱作工人，從事商業事務的人就是商人，此時社會身份多以職業特徵來確定，如教師、醫生、廚師、司機、公務員等等。還有一種身份是事務所指的對象，如學生、病人、顧客、乘客、市民等等，與職業特徵身份相對應。在性別、年齡上的社會身份包括婦女、男人、未成年人、青壯年人和老人等等。組織機構的社會身份有企業、非營利組織、議會、政府、軍隊等等，企業又包含作坊（餐館）、工廠、公司、銀行、礦山、鐵路等以營利為目的的社會組織機構。以上這些社會身份具有直觀性特點，所以稱作顯意識社會身份。臣民（草民屁民）、特工（間諜）、秘密警察，以及社會強勢者、統治階級、黑社會老大和黑社會成員、地下秘密組織等等，由於不具有直觀性，平時不覺得存在，只是在特定的場合才顯現，所以稱為潛意識社會身份。

社會身份還可以分為事務性社會身份和觀念性社會身份。所有因為事務性工作而具有職業特徵和事務被指向特徵的社會身份叫做事務性社會身份，如教師、學生、醫生、病人、司機、乘客、企業、行業協會等等。建立在觀念基礎上的社會身份叫做觀念性社會身份，如性別年齡身份、共同經歷身份（同學、戰友、同事、同鄉等）、黨派內部身份（主席、秘書、黨員等）、臣民、統治者、黑社會等等。我們要意識到一點，事務性社會身份是社會身份的核心，是社會得以正常運轉和保證人類生息繁衍的必不可少和相對穩固的社會身份。事務性社會身份由於來源於事務環節的自然邏輯，同樣具有客觀性，不是由人的大腦想像而成的。觀念性社會身份來源於觀念社會關聯，是事務性社會身份的一種補充，為的是更好的發揮事務性社會身份的作用，二者的關係如同本末關係。事務性社會身份承載了社會主要功能，具有客觀性，那麼事務性社會身份就不應該受到觀念性社會身份的干擾和支配，不然的話也會導致社會秩序失序和紊亂，扭曲自然邏輯事務鏈條序列，致使事務邏輯指向性和目的性發生偏移。在權威主義社會，觀念性社會身份的權重較大，生硬的生成許多身份，如臣民、老百姓、群眾、君主、領導人、階級、官僚等等，使得社會生活變得複雜，在識別身份和處理身份關係上分散了人的許多注意力和精力，一方面削弱了人的智性，另一方面促使拉關係、結派、腐敗成風，把重要的事務性社會身份忽略，也致使社會活力喪失，阻礙了社會發展。

在事務性社會身份中，由於事務的指向性和目的性為普遍的人（非特定的人），則個體人所面對的是抽象的人、不確定的人，如生產者所生產的產品不可能指定由某個或某些確定的人來使用，所有的人或非指定的部分人都可以使用，例如大米、蔬菜、肉類可以給所有人食用，童裝可以給所有的兒童穿戴；商人所銷售的商品、服務業所提供的服務等等也是如此；社會管理機構的工作人員所面對的人也是不確定的抽象人。具有事務性社會身份的人由於其事務的客觀性，就不能在處理事務的過程中摻和自我意識成分，只能按照事務的客觀要求來處事。在觀念性社會身份中，因為自我意識成分比較高，所以具有觀念性社會身份的人大多面對的是具體人，如共同經歷身份、黨派內部身份、統治者身份等等都是面對確定的人。如果具有事務性社會身份的人面對具體人（特定的人），或者具有觀念性社會身份的人面對抽象人（非特定的人），其後果都會導致社會關聯的錯位。從邏輯上說，如果某一生產者生產假冒偽劣產品並提供給某個具體的需求者，那麼生產者不僅僅是對這一具體需求者的欺騙和傷害，而是對普遍的（抽象的）需求者的欺騙和傷害，所有有可能接受和購買這一生產者產品的人都是其欺騙和傷害的目標。商業銷售者如果蓄意出售假冒偽劣商品，也是對所有有可能購買這一商品的人的欺騙和傷害。同理，如果社會管理機構的工作人員對某一前來辦事的具體公民不尊重或冷臉怠慢，則是對該區域所有公民的冒犯。

在組織機構中和在社會管理機構中的個體人，其自我潛意識常常會把機構納入自我之中，以獲得超出自我能量的能量，使得個體人具有莫名的優越感和勢力。一個大型企業的員工常常表現出自豪感，一個政黨的成員也會心生自命不凡的優勢，一個政府官員則會陶醉於權勢的能量之中。我們應該如何釐清和處理個體人與組織人的關係呢？這關係到社會身份的真實性問題，筆者認為個體人在先而組織人在後，也就是說社會組織機構和社會管理機構中的具有社會身份的人在面對他人（陌生人）時，首先是個體人（即自然人），與農民、工人、教師、醫生、廚師等事務性社會身份無異，放下身段平等待人，然後才是組織人，代表機構處理事務。不然的話，其社會身份必將錯位，或高高在上，或自命不凡，給人以厭惡感和怨恨感。

5. 社會認同與社會衝突狀態

在個體人投入到自然邏輯關聯事務中時即刻表現出高智性，並被他人賞識，即獲得社會認可。此時，個體人也就擁有了社會身份，其自我意識也在自我認可的基礎上提升為自信。社會認可的本質內涵是認可處理事務的能力，也就是認可智性。社會認可的邏輯是認可智性和處理事務的能力對他人有利，符合他人的需求。個體人在處理自然邏輯關聯事務時表現出智性和能力，則他人也樂意在事務中與之關聯，於是就形成了事務性社會認同。事務性社會認同不僅僅是一種社會認可，而且還包含他人（或其他組織機構）願意主動的與之關聯，而形成更深刻的密切關聯狀態，即生成你需要我我需要你，你離不開我我離不開你的共生狀態。事務性社會認同把社會中許許多多的陌生人緊密的關聯在一起，他們相互之間都有所長，都擁有高智性，也都表現出處理不同事務的能力，共同促進事務環節的擴展，也促進了社會的發展。人與人之間的事務性交往互動包括交換與合作兩大內容，交換是指個體人或組織機構用自己的事務處理成果（或勞動成果）換取他人不同的成果以滿足自己的需求；合作是指個體人之間、個體人與組織機構之間或組織機構相互之間共同參與到某一事務或某一事務鏈條之中並分享事務處理成果的活動；交換與合作都屬於事務性社會認同範疇。事務性社會認同是社會認同的核心內容，也是社會認同的基本內容，如果沒有事務性社會認同則觀念性社會認同將不復存在。

觀念性社會認同是由於觀念關聯而形成的一種社會認同。觀念相同或相似的人之間也存在社會認可，這種認可不是建立在事務的基礎上，只是建立在觀念的基礎之上。觀念認可的人們之間也會樂意主動的關聯而形成觀念性社會認同，因為觀念性社會關聯不能解決和滿足人類生存繁衍最根本的需求，與事務性社會關聯比較相對要虛很多，所以觀念性社會認同只能從屬於或服務於事務性社會認同。如果觀念性社會認同凌駕於事務性社會認同之上，則會產生人為關聯，使得社會關聯處於負關聯狀態，影響和阻礙人的智性發展和社會發展。我們在權威主義社會可以觀察到這點，只要某種觀念超越、干預或影響生產事務和商業服務事務，則該社會的普遍智性水準就低，生產能力和服務能力就差。古代權威主義社會是這樣，現代權威主義社會更是這樣。相反，在自由民主社會，觀念讓位於事務，觀念補助於事務，事務性社會認同總是處於支配地位，則社會智性（主要是智慧）水準就要高出很多。

觀念性社會認同可以分為舊觀念社會認同和新觀念社會認同。舊觀念是社會中既定的沿襲了成百上千年的觀念，其核心內容無外乎是一種至高無上的權威凌駕於人的自然屬性之上，使得社會普遍形成絕對的主動性與絕對的被動性兩極分化，產生人為社會關聯。絕對的社會主動者（權威主義者）把權力嵌入到了自然邏輯事務鏈條當中，扭曲了自然邏輯事務的指向性和目的性，破壞了社會關聯的自然基礎。權威主義者編織出維護其統治的種種學說和教條，把至高無上的權威觀念隱藏於其學說和教條之中，包裹出一套似是而非的觀念集合體，用以愚弄和麻痺廣大的被統治者（絕對的社會被動者）。由於被統治者的認知缺陷和智性自然增長的阻礙，舊觀念社會認同仍然大行其道。比如說共產主義觀念就是一個似是而非的觀念集合體，其核心內容就是權威主義（或集體主義）。共產主義理想並不是什麼高深高尚的信念，只是體現了人們嚮往美好生活的憧憬，而嚮往美好生活還只是一種動物性（幾乎所有的動物都嚮往美好生活）。但是，共產主義觀念卻省略了十分重要的關鍵內容，即實現共產主義理想的過程。共產主義社會其實是極致的正義公平社會，但是實現共產主義社會的過程（共產主義運動）卻沒有建設正義公平文明的內容，有的只是階級、鬥爭、權威（領導一切）、你死我活等等，其實質上與古代權威主義觀念如出一轍，只是幾千年以前征服者的權威換了一身馬甲而已。

新觀念社會認同是建立在人的智性不斷自然增長和關聯事務環節不停自然擴展基礎上而產生的觀念性社會認同。新觀念屬於知識觀念，需要經歷理性學習和理性思考才能形成，有公民觀念、科學觀念、正義觀念、平等觀念、自由觀念、社會共生觀念等等。新觀念都有一個從發現到萌芽、到基本成型、到發表、傳播、到接受的比較緩慢的社會認同過程，自由民主觀念就是歐洲人經過幾百年與權威主義者的鬥爭中逐漸形成的。新觀念不像舊觀念這麼鋪天蓋地、奪人耳目，在混沌社會（權威主義社會），新觀念的推廣會遭遇舊觀念的強烈抵抗，其社會認同相對要艱難很多。新觀念只有在理性社會才能快速有效的傳播和認同。

社會衝突是一種十分平常的社會關聯狀態。雖然陌生人之間產生你需要我我需要你，你離不開我我離不開你的共生狀態，也並不意味著不會發生衝突，而且有時衝突還會很激烈。即使在群落關聯中家人之間和親屬之間也會因為瑣事而發生矛盾和衝突，只是衝突的程度比較溫和，多以寬容和諒解來收場，但是社會衝突就要複雜很多。社會衝突是指社會中陌生人之間現實存在的或潛在的相互抵觸的不一致的情緒致使其行為發生對立的狀態。社會衝突可分為社會矛盾和社會對抗。社會矛盾屬於非原則性社會衝突，多產生於自然客觀原因，也可以是因為誤解所致，矛盾對立的各方沒有或很少有自我意識的故意參與，也沒有一方極力追求壓制和主宰另一方的權威意識，所以說社會矛盾沒有善惡之分。社會矛盾產生的原因有自然地理環境及其氣候、物產的差異（這屬於自然不平等）、人的利益差別（人的利益在空間和時間上的不一致）、某種社會公共事務在處理過程中的先後順序的差異（如社會就業、社會福利和醫療改革孰重孰輕）、相互交流理解上的偏差等等。社會矛盾還包含在混沌思維為主要特徵的社會（經驗社會），生產者的產品、商業銷售的商品在品質上和服務上與需求者、消費者的應然性要求的差異，體現在品質低劣、使用壽命短、售後服務缺失等問題上，導致社會摩擦和法律訴訟頻繁，在理性思維為主要特徵的社會（理性社會）這樣的社會矛盾就要少很多。隨著人的智性水準提高，社會矛盾有日異緩和的趨勢，並不是說社會矛盾逐漸自然消失，而只是人們解決社會矛盾的方法和智慧使得社會矛盾不再尖銳，比如尊重私有財產、市場化交易自然資源、社會公共事務投票解決先後順序、保護個人利益、鼓勵創造發明等等。在自由民主社會，社會矛盾不再是困擾人們的社會衝突，由於傳統的自律、平等、寬容、博愛的文化觀念的影響，社會矛盾相對要溫和很多，社會內部的摩擦較小，社會氛圍輕鬆和諧，所以更能促進人的智性發展，社會凸顯出強勁的發展態勢。即使自由民主社會之間的矛盾也都是通過協商、談判的方式來解決，相互妥協，相互禮讓，不會上升到敵對的尖銳程度。

社會對抗屬於原則性社會衝突，總是有人為的因素參合，主要體現在權威主義社會內部、權威主義社會之間以及權威主義社會與自由民主社會之間的關係上。社會對抗是指社會中陌生人之間的對立衝突的激烈狀態或者是可以發展為激烈狀態的潛在狀態。社會對抗可以分為激烈對抗和潛在對抗。激烈對抗包括鎮壓、爭鬥、打鬥、鬥爭、戰爭等等，其動因是一方極力追求壓制和主宰另一方或多方的自我權威意識，對立關係相持不下，也不可調和，最終以一方獲勝另一方或多方慘敗而收場，是曰「成者為王敗者為寇」。激烈對抗也總是以野蠻暴力為主要內容，大多情況下失敗的一方歸於名譽掃地、身敗名裂、淪為囚徒或者喪失生命。激烈對抗是遠古原始人族群之間的極端排斥、對抗在社會中的遺傳延續，主要發端於權威主義社會。激烈對抗的獲勝方也不是絕對的完勝，也總是伴隨財富和性命的損失（如戰爭中的傷亡），所以說激烈對抗是一種零和的博弈。激烈對抗有正義和非正義之分，反抗權威統治以自由民主為目的的激烈對抗具有一定的正義性，權威主義者抵抗或鎮壓正義性對抗的激烈行為屬於非正義激烈對抗，權威主義社會之間的激烈對抗行為也沒有正義可言。在權威主義社會，激烈對抗可以是目的，也可以不是目的。權威主義統治者面對廣大的臣民和少數敵對勢力也可以採取引而不發的暴力威脅方式來維持維護其統治，這種暴力威脅必然會有以前的暴力實證和暴力系統機構來作為支撐，即所謂的暴力威懾力，這種暴力威脅不一定是以發出暴力行為作為目的，而是以平穩統治為目的，佐以暴力威脅，讓所有來犯者知難而退，所以這種對抗方式稱作潛在對抗。不論激烈對抗還是潛在對抗，非正義的對抗者的潛意識就是忽視、蔑視和抹殺他人（陌生人），其自我意識處在自我凌駕於他人之上的位置，極力追求壓制、主宰、控制、支配他人。還有一種潛在對抗是在社會關聯處理事務的過程中故意生產和提供假冒偽劣產品，漠視他人的尊嚴和利益，以極低的成本騙取他人的財富，危害他人的生命健康。在制假售假者心中有潛在對抗消費者的故意，其內心和手段也是極其野蠻卑劣的，對社會造成了嚴重的傷害。

在權威主義社會，社會矛盾與社會對抗總是混合在一起難以區分，權力嵌入社會事務之中並且占有自然資源，在社會分配中總是處於優先地位，輔佐以暴力維護和輿論維護，把客觀存在的社會矛盾複雜化，參合權威性人為因素，混淆了社會矛盾與社會對抗的界限，使得社會矛盾和社會衝突總朝著有利於權威主義的方向發展，具有很大的欺騙性。非正義社會對抗違背了人類文明的精神，與社會正義和社會關聯的自然基礎背道而馳。毋庸置疑，自律、平等、寬容、博愛是人類文明的主旨，非正義社會對抗是人類文明發展需要解決的一大社會頑疾。

6. 社會信任狀態

當個體人投入到事務環節從事社會身份工作時，陌生人之間就在事務性社會認同的基礎上建立起社會信任。由於關聯事務的客觀性，個體人投入事務工作時必然會抑制自我意識的衝動，把注意力集中在事務關聯的自然邏輯當中。由於自然邏輯的普遍性，自然邏輯作用於每一個人，所以關聯事務不會對某人有利或對他人不利，人與人之間處在自然的等效狀態，這是社會信任的自然基礎。當個體人激發出智性投入到關聯事務中時，人與人之間（心靈）被自然邏輯的普遍性所渲染，人與人之間彼此可以理解和領會對方的事務關聯性，並把自己的事務工作或需求積極的與對方匹配，從而建立起現實的社會信任。我們在生產事務和商業服務事務的工序、工種之間以及在社會交易的過程中，都可以觀察到社會信任的支撐作用。特別是在交易過程中，產品（商品）及服務大多在即刻是難以確定其滿足需求的有利性，只有在交易完成以後才能驗證產品（商品）及服務的真實性和有效性，但是在交易的瞬間是由社會信任支撐的，缺乏社會信任無法完成交易。

社會信任是指社會關聯中陌生人之間他人的行為確定符合事實和對己有利，以及自我的行為符合事實對他人有利。在社會信任狀態下，陌生人之間誠實、不懷疑、無需防備、值得依靠、可以信賴和任用、相信並敢於託付。那麼，社會信任必然來源於事務性社會認同，社會信任也是社會秩序的基石，即使在社會矛盾的狀態下人與人之間仍然還是彼此信任。社會信任是相互的，它貴在真誠，貴在尊重，不欺騙、不隱瞞，才是正確的為人處事的態度，這就意味著社會信任必須排除自我意識的盲目衝動，把思維和注意力集中在自然客觀事實之上，社會信任從本質上說是個體人之間的事情，只有個體人才談得上信任。隨著社會關聯互動交往的開展，社會信任會在人們的心目中移情到對社會身份的信任和對社會組織機構的信任，具有事務性社會身份的人因為其職業而讓人信任，社會組織機構因為其擔負的社會功能也使人信任。人們信任社會身份和組織機構以後，久而久之會給人以錯覺，以為只有社會身份和組織機構才能被信任，諸不知其本質上是信任個體人（抽象的人）（組織機構也是由個體人組成）。

觀念性社會身份不能生成社會信任，因為觀念性社會身份只針對特定的部分人，不具有社會普遍性；另外，觀念性社會身份多以情感和觀念為依託，人的自我意識參與程度比較高，雖然擁有觀念性社會身份的人之間可以建立起一定程度的信任，但是不足以支撐起廣泛而普遍的社會信任，相反擁有觀念性社會身份的人們極有可能建立起裙帶關係網絡而形成社會利益集團與社會信任相背離，損害社會關聯的自然邏輯性。觀念性社會身份是權威主義者統治社會的核心秘笈，大肆渲染觀念性社會身份的權重，並凌駕於事務性社會身份之上，使用一系列的隨意性政策來干擾和扭曲社會關聯，常常背信棄義的明目張膽的謀取社會權力和利益。觀念性社會認同不一定能夠建立起社會信任，舊觀念社會認同不能促進社會信任，相反會損害社會信任。舊觀念社會認同是一種詭異的社會認同，它不能直接上升到社會信任，舊觀念社會認同的狀態下人與人之間雖然彼此認同，但是也彼此提防，相互不信賴，相互不買帳，由於自我意識處在活躍狀態，社會衝突總是消耗了人們的大量精力，導致社會對抗或者社會埋怨，社會摩擦也消耗了大量的社會財富，拖累了社會發展進程，削弱了人的智性。

新觀念社會認同因為具有與事務性社會認同一樣的機制，所以在新觀念社會認同狀態下也能夠建立起社會信任。由於新觀念的產生是基於理性思維和關聯事務環節不斷自然擴展基礎上，新觀念是人腦在接收到自然最本質的邏輯訊息的情況下自然生成，所以新觀念具有普遍性，這種普遍性不僅僅是社會普遍性，而且是全人類普遍性，超越社會，也超越民族和人種，與事務關聯邏輯同源，所以新觀念社會認同可以建立起堅實的社會信任。事實上我們也可以觀察到在自由民主社會中，社會信任常常超越職業、宗教信仰、民族和人種，具有寬厚性和包容性。新觀念還具有開放性，表現在新觀念敢於對自身進行檢省，不斷改進和完善，所以新觀念更加促進關聯事務環節的擴展，促使人的智性不斷提高，社會發展也更具活力。

社會信任的本質是信任人的智性，信任者與被信任者之間都有一定的高智性支撐，被信任者擁有高智性，信任者也憑藉自身的智性可以理解和接受被信任者的智性，二者相輔相成，缺一不可，缺乏智性的信任是盲目的信任（即輕信）。人們對權威主義者的信任和對專家的信任是盲目的，無法分辨權威主義的真實內涵，也無法質疑專家的理論觀點，以至於輕信權威主義者的花言巧語和教條，被權威主義者欺騙、掠奪和盤剝也難以警醒，輕信專家們故弄玄虛的說辭也察覺不出專家們與權威主義者沆瀣一氣的伎倆，這些都是缺乏智性的表現。

如果某一社會在生產事務和商業服務事務中出現社會信任危機，說明在事務處理過程中參合了大量的個體人自我意識，導致關聯事務邏輯的指向性和目的性發生有利於生產者和商業服務者的偏移，這是一種社會不正義或者說是社會腐敗的典型症候。社會信任危機可以致使社會交易成本增加，造成不必要的社會浪費，也使得社會陷入廣泛和深刻的焦慮不安狀態，凸顯社會智性的缺失。社會信任不等於放任和聽任，一方面社會成員應該擔負起社會監督的作用，另一方面生產者和經營者也應當誠信、正義，做一個有責任和擔當的人。社會信任出現危機，其本質上也是人的智性出現危機，這只會發生在權威主義社會。如果要從根本上解決社會信任危機，必須要首先解決權威主義肆虐的問題。

7. 社會公共狀態

自從人類社會化以來，由於人口的迅猛增長，社會中陌生人群體極其龐大，分散於特定的地理區域內。陌生人分屬不同的年齡階段，處於家庭生活、學校學習、職業工作或養老等狀態，但是陌生人之間不是孤立的存在，因為事務關聯和觀念關聯緊密的聯繫在一起。陌生人之間在情感上、個體經歷上和地理環境上講都是異質的，每個人不盡相同。陌生人之間除了物質性和智性相同以外還有沒有其他共同的東西呢？回答是肯定的。陌生人之間有共同的行為、共同的需求、共同面臨的問題以及共同的社會環境，這些共同點彙集成為社會公共事務，直接作用於每一個人，沒有人不與社會公共事務發生關聯。出行是最為普遍的共同行為。在人類社會化以前，人們必須遊走遷徙才能找到持續可靠的食物來源以維持生存，由於人口稀疏，人們當時難以在地面踏出一條道路。在社會化以後，因為農業定居生活方式導致人口大幅增加，人們來返於居所、田地、作坊和交易場所，逐漸踏出了一條條小道和寬大道路。車輛被發明並投入推廣應用以後，人們對道路的寬度、平整度和堅硬度提出了要求，特別是在城市裡，修路和馬路維護成為比較重要的公共事務，所有走出家門從事生產和經商的人都行走在路面較好的道路上獲得益處。寬大道路的使用者（行走的人）是無差別的、普遍的、抽象的人，即使修路者也不曾擁有寬大道路的占有權而禁止他人通行。隨著社會關聯事務的擴展，機動車輛應運而生，對道路路基和路面提出了更高的要求，同時也提供了更高效廉捷的交通運載搭乘工具，於是出行行為擴展出公共交通事務。另一個最為普遍的公共行為是丟垃圾。人們在日常生活中總有一些廢棄的東西需要扔掉，垃圾的種類繁多，由於人口日漸稠密，丟棄的垃圾日月積累自然會有損於人的健康和生活環境。在鄉村村莊，人們可以收集有機物垃圾做肥料，也可以把垃圾掩埋。但是，在城鎮由於人口密度和土地有限，只能把堆積的垃圾轉運到邊遠地區掩埋，所以在城鎮就出現了一個新事務，即垃圾轉運清掃事務，這種事務是因為人們的共同行為而產生，因而成為城鎮基本的社會公共事務。

社會公共需求是社會中個體人相同的需求彙集而成。社會公共需求不同於個體人差異性需求，如吃具體食物的需求和穿具體衣物的需求等，社會公共需求是社會中個體人相同需求的類型，有追求安全的需求（包括抵禦自然災害的需求）、受教育需求、醫療需求、文化娛樂需求、生活環境衛生需求、宗教信仰需求等等。社會公共需求不一定是社會中每一個人無差別的、普遍的現實需求，比如說有的人就沒有受教育的需求，身體健壯的人就沒有醫療的需求，無神論者沒有宗教信仰需求，但是社會公共需求是一種需求的可能性，也就是說社會中存在公共需求的可能，這種可能性是針對社會中無差別的、普遍的、抽象的人。於是，滿足社會公共需求就成為了社會公共事務，以滿足符合社會公共需求的個體人需求為目的，只要有人產生這樣的需求，那麼社會公共事務就應當有所作為而予以滿足。

社會共同面臨的問題有養老問題、環境污染問題、社會救濟問題、工作機會問題、食品安全問題等等。社會共同面臨的問題不同於社會公共需求，社會公共需求具有自然客觀性，是社會中自然狀態下產生出的需求，而社會共同面臨的問題主要是社會中人為因素所導致。由於人的智性發展不足，社會關聯事務尚未擴展和衍生出能夠處理這些問題的事務環節，或者是因為社會權威主義盛行而扭曲和阻礙了社會關聯事務的擴展，然而這些問題屬於應然性問題，也就是說自然邏輯關聯性要求人們應該解決好這些問題，只是由於人的原因而未能解決。這些社會共同面臨的問題本來應該屬於社會公共需求，就像追求安全的需求和生活環境衛生需求一樣成為社會無差別的、普遍的需求，但是因為人類社會歷史原因，直至今日都未能有效納入到社會公共事務之中，使得應然性社會需求變成社會問題。

共同的社會環境包括產業和行業的自然擴展、分化狀態，觀念關聯對事務關聯的影響程度，社會中保守思想與創新思維的比重，陌生人之間情感缺陷的狀況，理性思維在社會中的地位等等，共同的社會環境體現出人的認知缺陷對社會生活的影響程度。共同的社會環境反映出社會公共事務中最為深層次的事務。

社會關聯的公共狀態除了社會公共事務之外還有一個非常重要的內容，就是社會公共機會。社會公共機會也可稱為社會機會，是指社會中個體人或組織機構、事務或事務鏈條、需求及其滿足三者之間的結合和發生的種種可能性。這些可能性包括個體人習得某一事務技能的幾率、個體人投入到某一事務的幾率、個體人之間通過事務處理相互滿足需求的幾率、個體人創辦組織機構的可能、個體人加入某一組織機構充當工序工種工作的可能、組織機構之間交流合作的可能、生產者實現產品價值的可能、商人滿足消費者需求的可能等等。這些可能性在自然狀態下由於社會關聯非常容易變成現實，有時體現為偶然性，也有時體現為必然性。社會機會是客觀存在的，社會中任何人都被社會機會支配，沒有人（也不應該有人）擁有支配社會機會的權力，所以說社會機會是公共的，屬於社會中的每一個人。由於社會機會的三大要素是人、事務和需求，所以社會機會總是凸顯出對人有利的一面。

在社會關聯狀態中，社會公共事務與社會公共機會相結合就構成了社會公共領域。社會公共事務本身就是生產、商業和服務事務的擴展和衍生，也是生產、商業和服務事務總的彙集，需要人的智性和經驗、知識的支撐，所以社會公共事務的指向性和目的性都是為了人的基本需求。社會公共機會體現為人們從事生產、商業和服務事務的可能性，也體現為人們從事生產、商業和服務事務的自然保障，所以社會公共機會的指向性和目的性也是為了人的基本需求。因為人的基本需求的多維性，隨著智性的增長也擴展、衍生、彙集成社會公共需求，在社會公共機會的作用下形成了你需要我我需要你、你離不開我我離不開你的社會共生狀態，陌生人之間相互牽扯、相互支持也形成了一種共同凝聚和吸引的能量場，即社會公共領域。

社會公共領域因為事務和機會的自然作用具有鮮明的公開性和開放性，人的需求是明確的，人的身份是袒露的，生產、商業和服務事務都是公開的，社會組織機構在眾目睽睽之下存在，社會公共事務也是眾所周知的；即使觀念迥異，社會也無差別的接納每個社會成員，個體人樂意接受新產品、新服務，也樂意從事新工作，組織機構廣泛的接納個體人參與事務性工作。社會中到處體現出公共的性質，有公共場所、公共空間、公共事業、公共設施、公共資源、公共衛生、公共關係等等。社會公共領域可分為微觀公共領域、高觀公共領域和宏觀公共領域。社會微觀公共領域是指鄉村社區和城市社區級的領域，承載著社會微關聯和社會微動，是社會公共生活最為基礎、最為重要的部分，人們的衣食住行樂都在微觀領域裡進行，這也是社會公共事務發起和所指向的領域。社會高觀公共領域是指省（州）級的社會高關聯領域，運行著社會公共機會，是社會公共事務彙集和處理的領域。社會宏觀公共領域是指多個（或全部）省（州）級的社會宏關聯（大社會）領域，承擔著社會公共環境最為深層次的事務。

由於社會公共事務和社會公共機會的指向性和目的性都是為了人的基本需求，所以在社會公共領域裡充滿著對於個體人的各種好處，這些好處是針對無差別的、普遍的、抽象的人，所以這些好處就構成了社會公共利益（簡稱社會利益）。社會公共領域盛產社會利益，個體人的私人領域則產生個人利益，那麼社會利益與個人利益是否有關聯呢？回答也是肯定的。社會本身是由千千萬萬個個體人組成，社會公共領域也是個體人們的共同領域，所以社會利益也就是許許多多的個人利益彙集而成，沒有個人利益也就沒有社會利益，社會利益不能脫離和超越個人利益而獨立存在，社會利益必須與個人利益緊密結合。

個人利益具有複合多維性，基本的需求滿足層面是一種利益，精神文化娛樂需求也是一種利益，體力恢復和精神恢復是一種利益，想做的事情也是一種利益，想安靜一會、想嗨一下、想思考一下、想發呆一會等等都屬於個人利益，自我認可、他人認可都是一種利益，而且是一種很重要的利益，獲得這些個人利益的可能性（幾率和機會）同樣也是一種利益，也就是說，個人的權利也是一種利益，屬於利益中的利益，也就是最為根本的利益。利益就是需求的滿足，權利就是獲取利益的可能性，那麼個人利益與個人權利密不可分。千千萬萬個個人利益凝聚成為社會利益，千千萬萬個個人權利也彙集成為社會權利。

社會利益與社會權利合併稱為社會權益，那麼到底是先有權利還是先有利益呢？筆者認為，先有利益後有權利，利益先於權利而存在，權利是利益的派生，沒有利益也就沒有權利，權利反映出利益的狀況。我們在實際情況中可以觀察到，人們爭取權利並不是目的，爭取權利的目的是為了獲得利益。如果沒有獲取現實利益，即使爭取到權利也是蒼白虛幻的。

社會權益包括社會公共事務的參與權和評價權、社會公共機會的維護權、社會公共領域的捍衛權等等，爭取社會權益也只是爭取和拿回本來應該屬於自己的東西。

8. 社會雲關聯狀態

社會關聯的類型非常繁雜，有簡單關聯、複雜關聯、有機關聯、偶然關聯、穩定關聯和動態關聯等等，而且各種類型相互滲透，沒有哪種類型是單獨孤立的存在。在地域上，社會關聯分布在微關聯、高關聯和宏關聯領域，這就使得社會關聯的事務量極其龐大，關聯事務節點（環節）和關聯事務鏈條極其的多，而且在有機關聯和動態關聯的共同作用下，社會關聯呈現出有機形態的動態變化。社會關聯中所包含的事務處理經驗和知識的內容也是極其龐大的，這些經驗和知識都滲透到了各個關聯事務環節和關聯事務鏈條之中，在人的智性作用下，各個關聯事務環節和關聯事務鏈條都處在自然衍生擴展的狀態之中，使得社會關聯的事務極其鏈條無時不在更新推進的運動變化。社會關聯在結構上看是鬆散的，沒有形態，也沒有任何物理的線索，但是其內容卻是極其慎密、周密和緊密的。所以，社會關聯的複雜程度超出了任何個體人和組織機構的認知能力，沒有人能夠窮盡社會關聯的內容，也沒有人可以預測到社會關聯的變化狀態。社會關聯在一種純自然的狀態中「悄無聲息」的運行，其運行方式如同超級雲技術（互聯網技術）網路，所以筆者稱之為社會雲關聯。

在社會雲關聯狀態下，社會關聯極易促進人的智性發展。由於事務處理的技術性和為了需求的緊迫性，人們在處理關聯事務的過程中總是把注意力集中在事務關聯邏輯上，自動屏蔽了自我意識的盲目衝動，於是激活了自由意志。人們通過循序漸進的學習和模仿，也漸漸的激活了心靈主覺，產生出理性能力。獲得認識和把握複雜事物的能力，又促使人們發明和發現，進而推動社會關聯事務的不斷擴展，生成更多的事務環節和事務鏈條，社會因此而進步。

社會雲關聯狀態是一種超級大網路，所有的產業、行業及組織機構都憑藉最終產品和服務相互交織、滲透，你的產品是我的事務工序必要的工具和設備，我的產品也是他的事務環節不可缺少的資源，所有的產業、行業及組織機構的內部事務環節（工序和工種）都無一例外的指向人的各種普遍需求，與消費者們一起構成了錯綜複雜的相互連結、相互滲透、相互依賴的巨大網路。該網路可以延伸到社會地理區域的每個角落，把所有的社會成員有機的聯繫在一起，每個成年個體既是生產者或服務者也是需求者和消費者，相互支持和滿足需求，沒有哪個人也沒有哪個組織機構可以和願意脫離這個網路。

社會雲關聯狀態是社會關聯的應然狀態，在這種狀態下社會關聯極其複雜，人的智性不斷提高，社會新事物層出不窮，社會充滿活力，這是社會的本來面目。但是，在權威主義社會，我們不難觀察到，權威主義者都有簡化社會關聯狀態的衝動和傾向，權威主義者只有在簡單社會模式下其統治才能夠得心應手，對於複雜社會幾乎束手無策。權威主義者簡化社會關聯的手段有統一思想、強化傳統觀念、封鎖社會資訊、壓制人的智性發展，只有當社會公眾處在愚昧無知、不思進取的狀態下時，權威主義者才能心安理得的獲取社會機會，插手社會事務，並從中謀取權威利益。社會權威主義者也深知社會雲關聯狀態的複雜性，知道其無法駕馭社會雲關聯狀態，所以總是千方百計的不遺餘力的阻撓其統治的社會走向這種狀態。這麼一來，整個社會的智性發展被阻撓也在所不惜，整個社會的活力被扼殺也毫無吝惜，古代東亞社會持續兩千多年的落後生產力和低迷的社會情緒就是明證。

社會就是充滿許多複雜事務的人類群體，社會是由事務為核心運轉的，社會中的各種事務不是孤立無端而形成，有著歷史的循序漸進的形成發展過程，因為人的智性發展而推動，以自然關聯性邏輯為本質內容。社會中的陌生人之所以會關聯在一起是由於智性和邏輯雙重紐帶作用而促成，離開智性和邏輯我們不光是難以理解、解釋社會，而且社會會變成一盤散沙的狀態，那麼社會只能由某種人為的力量來維繫，這就是權威主義社會之所以產生的根本原因。即便在權威主義社會，社會雲關聯狀態的自然應然性也無時無刻不在起作用，現代科學技術和科學知識日漸深入人心，總會有部分人率先萌生出理性能力，獲得智性發展。人們用理性檢討權威主義總會有所收穫和啟示，對於權威主義所造成的社會傷害總會有所認識。一個毋庸置疑的事實是，所有社會的進步都是非權威主義帶來的，社會前進的真正動力在民間，所有的權威主義都具有破壞性，社會去權威，或者把權力關進籠子是所有人類社會的共同應然發展方向。

五、社會關聯的結構

當社會關聯形成雲關聯狀態時，社會中就呈現出兩種雲關聯網路大系統疊加的狀態，一種是以家庭婚姻關係為紐帶的雲關聯網路大系統，另一種是以社會事務和公共事務為紐帶的雲關聯網路大系統，前者屬於社會存在性系統，後者是社會運轉性系統，兩個大系統疊加、滲透在一起，使得社會中陌生人之間的交往互動關係既鬆散又緊密，既疏軟又穩固。以家庭婚姻關係為紐帶的雲關聯網路大系統支撐起社會日常生活和人類生存繁衍的基礎，以社會事務和公共事務為紐帶的雲關聯網路大系統則擔負著社會日常生活的物質供應和秩序保障，前者為根本，後者為依託，前者屬於社會微關聯領域，後者屬於社會高關聯和宏關聯領域。我們在社會生活現實中可以觀察到，家庭婚姻關係滲入到了生產事務、商業服務事務的許多方面，家庭式作坊和店鋪比比皆是，家族式企業可以做得規模弘大，私有企業的股份和分紅利都與家庭掛鉤（表面上是個人名義，實際上代表家庭）等等，即使在社會公共事務的處理過程中也有家庭關係滲透的痕跡（官員的配偶或親屬介入）。雖然家庭婚姻關係屬於群落關聯，但是在社會關聯中仍然起著一定的重要作用。所以說，社會中兩大網路系統疊加在一起就構成了社會存在和社會運行的主體框架。

以家庭婚姻關係為紐帶的雲關聯網路大系統具有結構性，其結構與家庭中家人們交往互動頻次有直接的關係。家庭成員的交往互動頻次最高，天天生活在一起，朝夕相處，相濡以沫，衣食住行樂都在家人們之間展開。家族成員的交往互動頻次次之，隔三差五相聚，偶爾互通有無，以禮相待，互頌親情。朋友、熟人的交往互動頻次又次之，偶爾相聚，或寒暄問候，或點頭示敬。所以，在以家庭婚姻關係為紐帶的雲關聯網路大系統中呈現出一團團、一塊塊的結構，在這一團團、一塊塊的結構中間留下了一片片陌生人的區域，這種一團團、一塊塊、一片片的密疏相間的結構綿延至整個社會。

這一片片陌生人區域就是社會關聯區域，那麼社會關聯會呈現出什麼樣的結構呢？由於人的定居特性，個體人在處理事務的過程中總是往返於居所和生產、商務等事務場所之間，或者因為事務出行而往返於居住地和目的地之間，當所有的個體人都具有這種行為時，則會在一定的地理範圍內出現陌生人之間相互交往互動的頻次差異。在鄉村村莊，陌生人之間的交往互動頻次最低，在多個村莊之間的結合點或者交通要道交叉點，陌生人之間的交往互動頻次稍高一些，於是就形成了鄉鎮。多個鄉鎮之間的結合點就形成了城市，城市中陌生人之間的交往互動頻次最高。這樣，社會中就產生了因為陌生人交往互動頻次差異的一簇簇、一團團、一塊塊的疏密相間的結構，並延伸至整個社會，與以家庭婚姻關係為紐帶的雲關聯網路大系統結構重合，這就是以社會事務和公共事務為紐帶的雲關聯網路大系統結構，也就是社會關聯的結構。我們可以把這種因為個體人們的往返行為導致產生的這種一簇簇、一團團、一塊塊的結構稱為社會關聯行為態，這是社會關聯的常態，也是形成社會關聯結構的原因。

社會關聯的結構在自然地理分布上就形成關聯度較低的鄉村和關聯度較高的城市，在鄉村裡有鄉村社區，在城市中也有城市社區。社會關聯的結構也包括陌生人交往互動頻次較高的組織機構和市場。社會關聯的結構在產業和行業上的分布就形成了產業關聯束（如農業、工業、商業、資訊技術業等）和行業關聯束（有種植業、畜牧業、冶金業、紡織業、銀行業、餐飲業、IT 業等等），在產業關聯束和行業關聯束的末端就分布著星羅棋佈的關聯節點，即社會組織機構（公司、工廠、商店等企業、學校、醫院、議會等等），它們散播在各個層面的自然地理區域。社會關聯在自然地理上和產業、行業上的結構具有靜態的特點，我們可以稱之為社會關聯的靜態結構，這種靜態結構只是社會關聯在我們頭腦中的一種表徵，其實在靜態結構的下面具有十分活躍的動態性，個體人的行為無時無刻不在動態變化之中。個體人在各種往返的途中也是一種十分重要的社會公共領域，其中也包括道路橋樑業、交通運輸業和治安管理等等行業和事務。

從社會中的家庭、陌生人到鄉村、城市，從產業、行業到社會公共領域，因為事務的緊迫性和協調性，社會關聯在結構上和人的行為上需要一種專門的力量來予以維護，又因為社會中普遍存在社會矛盾，如果沒有社會事務和公共事務的管理和維護，那麼社會矛盾必然會影響到社會事務的處理和運行，損害社會關聯的秩序性，致使社會出現混亂的局面。社會關聯的結構性使得社會管理事務專門機構應運而生成為可能，我們可以把這種社會管理事務專門機構稱為公共委員會或政府，讓其行使在社會公共領域範圍的監督、維護、協調和指導的作用，建立起符合社會關聯自然要求的社會規則，促進社會關聯健康有序的運行和發展。公共委員會或政府的組織架構必然會符合產業關聯束、行業關聯束和社會公共領域的社會關聯結構特點，形成諸如農業、工業、商業、教育、醫療、文化、宗教、治安、交通、衛生等等部門類別，就社會公共領域，即產業、行業的交叉關係和社會日常公共生活開展事務性工作。公共委員會或政府不能擁有支配、控制、強迫、規範的職能和權威，不然就會直接插手社會關聯的具體生產、商業和服務事務，產生人為社會關聯，扭曲關聯事務鏈條的邏輯序列，造成社會負關聯。

我們可以在現代權威主義社會觀察到，統治機構與政府機構是兩個並列而疊加滲透的社會管理組織架構，統治機構憑藉暴力維護擁有支配、控制、強迫、規範的權威，向社會釋放絕對主動性，而政府機構則多行使社會公共管理的維護、協調和指導的事務性職能，統治機構是掌權者，相當於老闆，是發號施令的策動源，而政府機構卻是執行者，也就是從事具體的社會公共事務，政府被動接受指令，然後轉化為執行的主動行為，所以統治機構和政府機構混為一體，是頭部與手足的關係。權威主義統治者借助政府機構的行為嵌入到社會關聯網路系統之中，也可以繞開政府機構直接插手具體的社會公共事務和生產、商業和服務事務，如興辦和運營權威主義企業，不僅僅是釋放權威，更重要的是不遺餘力的謀取社會利益。統治機構的首領是統治機構的核心，高高在上發號施令，擁有最高的權威，統轄著眾多的統治機構、政府機構和權威企業的頭目和骨幹，這些頭目和骨幹就構成了統治高層，在這些頭目和骨幹之下簇擁著大批的追隨者，他們填充到統治機構、政府機構和權威企業之中擔負起各種角色。統治首領、頭目和骨幹以及追隨者就構成了自上而下權力梯級分配的龐大的統治者階層，與之相對的就是數量更加龐大被統治者群體。於是，在權威主義社會，社會關聯呈現出三角形結構（如下圖所示），在三角形的頂端是權威統治的核心，往下依次是權威統治高層、權威主義追隨者（體制內的人）和廣大的被統治者群體。

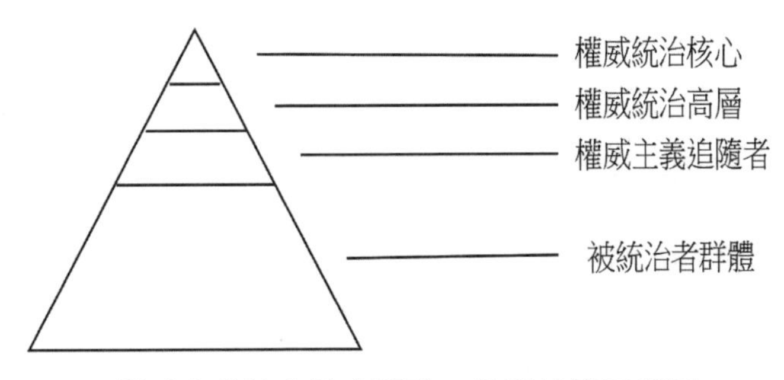

權威主義社會社會關聯三角形結構示意圖

在自然狀態下的社會關聯社會，或稱在去權威狀況下的社會，由於社會關聯的自然基礎發揮積極作用，社會中湧現出一大批智性高度發達的社會精英群體，在他們的促動下社會事務（生產、科研、商業和服務事務）和社會公共事務總是發生擴展和衍生，新產品、新技術、新服務層出不窮，社會呈現出豐富多彩的活躍局面，社會需求被最大限度滿足，同時還激發出更多更高層次的需求，社會矛盾被一件件挑明並及時化解，社會問題被減小到最大限度，社會環境極其有利於個體人的發展，社會關聯形成雲關聯狀態，社會關聯極其複雜，但是社會生活卻十分簡單。社會中，在生產、科研、商業和服務事務範圍內及社會文化、教育、宗教領域內留下了一大片自由發揮的空間和機會，即所謂無政府主義領域，個體人的聰明才智得以充分展露和施展，最大限度的挖掘出個體人的潛力，社會發展動力強勁十足。以自由民主社會為例，由於社會去除了自上而下的權威主義，社會中反而自生出由下而上的社會行為主動性，社會成員平等的參與社會公共事務的管理、監督之中，各種社會力量相互制衡，也相互促進，其社會關聯的結構體現出穀倉狀的特點，上部分圓弧狀為社會精英群體，下部分梯形代表廣大普通公民。

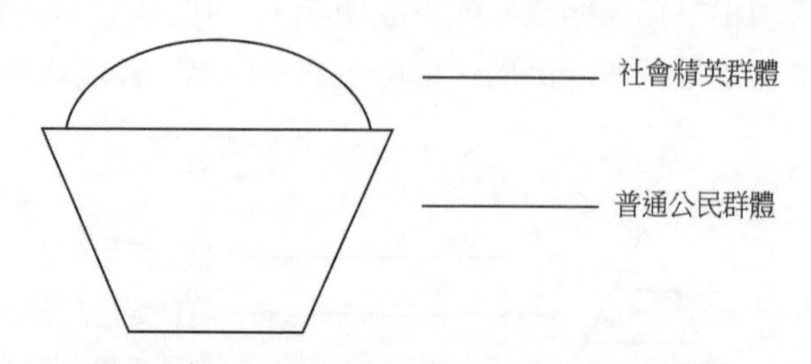

自由民主社會社會關聯穀倉狀結構示意圖

通過比較我們可以發現，權威主義社會與自由民主社會在社會關聯的結構上各自具有不同的特點，權威主義社會中因為權威統治者從根本上違背了社會關聯的自然邏輯，那麼在其統治過程中必然要建立起相對複雜的社會結構，把權威觸角深入到社會的方方面面（即所謂的「領導一切」），不然其統治基礎不會牢固。然而，自由民主社會則是社會精英們促使社會關聯在自然狀態下生成和建立，社會中沒有自上而下的權威貫穿，政府只能是忠實的履行服務於社會的職責，所以社會也沒必要使用「階級」和「分層」的概念來解釋其複雜結構狀態，社會總體結構簡單明瞭，實際上社會生活也是十分簡單，人們可以把大部分的時間精力花在智性發展之上和促進社會繁榮穩定之上。即使在圓弧狀頂點（社會領導人）也沒有什麼獨占鰲頭的優勢，受到臨近許多點（精英中的精英）的制約，權威主義沒有施展的空間。

六、社會關聯的形式

社會關聯的內容是社會中陌生人之間在一定智性狀況下的事務、觀念、認同以及需求的滿足，也是陌生人之間相互影響、相互作用的關係。社會關聯是一個龐大的動態雲網路，延伸到了社會的方方面面和每個角落，於是在社會中總是體現出一些普遍的特性和特徵，這些特性和特徵無論在社會關聯的何種層面（微觀、高觀或宏觀）都有著相同性和一致性，這就是社會關聯的形式，有經濟形式、政治形式、規則形式、文化形式和社會制度形式。這些形式都是社會關聯在人的頭腦中產生的基本模型，所以都沒有具體的物質形態和物理形態，隨著人的智性發展，人們逐漸意識到了這些形式的價值，也就產生了關於經濟、政治、規則、文化和社會制度的種種認識。

1. 經濟形式

經濟活動的原初狀態是人們圍繞人的自然普遍需求所展開的所有行為，包括生產、經商、服務、交換等等。經濟行為是社會交往互動的主要形式，人們在社會中發出的和進行的行為活動絕大多數都是經濟行為活動，承載著人類生存和發展的主要功能。經濟行為活動可以細化為一個個具體的事務，如農業種植業可以細化為耕地、播種、鋤草、灌溉、收割、脫離、去殼、儲存幾大事務（步驟），經濟行為活動的內涵就是生產事務，或圍繞生產事務而開展的維護性事務，許多的事務環節組成一個事務鏈條（及事務結構），每個事務環節都具有邏輯關聯性，都指向人的普遍需求目的，所以說經濟行為活動是社會關聯的外在且粗獷的形式，是人的頭腦對社會事務總的概括，其本質內容就是社會關聯的自然基礎，自然邏輯關聯性在經濟行為活動中起到了決定性作用，人的智性在經濟行為活動中尤為關鍵，決定著經濟行為活動的內在品質和外在形態（經濟行為活動的形態簡稱為經濟形態）。

經濟形態是指社會中經濟行為活動的總體特徵在人的頭腦中的反映模型或樣式。對經濟形態的觀察理解混雜有主體人的觀念偏見，經濟形態不是一個客觀的東西，所以經濟行為活動在人們的心目中上升到經濟形態時就會發生偏差，不同的人對經濟形態有不同的看法。如果不深入研究社會關聯，那麼人們對經濟形態、經濟行為和經濟活動的認識終將打上自我觀念的印記，很難還原經濟形態、經濟行為和經濟活動的本來面目。

經濟形態又稱為經濟模式，從人類社會發展至今的歷史角度上看，經濟形態包括原始經濟、自然經濟、自給自足經濟、小農經濟、商品經濟、權力經濟、市場經濟、計劃經濟、自由經濟、國家（政權）經濟、集團（利益）經濟、寡頭經濟等等。人類社會之所以出現如此多的經濟形態是與人的智性狀態分不開的，不同的智性狀態產生不同的觀念，進而產生不同的經濟形態。

原始經濟是指遠古原始人的採集狩獵行為體現出的經濟模式。原始人以群落或部落為群體單位，以遊走遷徙為行為方式，隨機的採集和狩獵以補充身體的營養能量需要，衣著和住所極其簡陋，整日常年暴露在原始自然狀態之下，體現出智性低下的總體特點。原始人被動的接受純粹自然的作用，餓了就尋找吃的，冷了就用樹葉和草把裹體或者燒火取暖，唯一的智性就是製作簡單的石器，所以其採集狩獵行為沒有來自於超越自我感覺的緊迫性，即獨立於自我感覺（或需求）的來自於客觀世界的事務性壓力。

自給自足經濟是指人類步入農業時代以後自生產自滿足的經濟形態。自給自足經濟可以說是原始經濟在農業時代的延續，原始經濟也是一種自滿足的經濟，只是自滿足的物資不是原始人自己生產創造出來的，是自然現成之物。由於人的智性提高，自給自足經濟體現出人們自己生產創造的能力，即所謂的生產力，不單是生產糧食作物，也豢養牲畜，還生產手工業用品，自己生產，自己消費。在自給自足經濟模式中明顯的衍生出超越和獨立於自我需求的事務性壓力，如氣候時機的把握、生產步驟的遵循、工具器物的選用等等，稍有不慎就可能前功盡棄，所以自給自足經濟促使人的智性大步提高。智性的提高直接帶動了生產力的提高，生產收成不斷增多，也促進了人口的增加。由於人的智性增長，註定了自給自足經濟不會長久，生產、消費後的盈餘必然會拿出來用以交換。

商品經濟是指生產以交換為目的的經濟形態。工業生產是典型的商品經濟，工業機器的生產不是為了自用，而是為了出售給他人使用，如紡織機器的生產是為了紡織業的使用，火車的生產製造是為了交通運輸業的使用，煤炭的開採是為了他人的能源需求等等。農業生產也不是為了自己食用或使用，大量的糧食作物、畜牧牲口用來出售，棉花、亞麻等作物為紡織業提供生產原材料。商人和商業組織機構在商品經濟中起到了十分重要的媒介和管道作用，他們把各種各樣的產品打包成商品輸送到社會的各個角落，使得需求者可以唾手可得，實現了產品和商品的價值，把社會財富規模越做越大。

在商品經濟的初期（即自給自足經濟末期），由於生產盈餘不斷增多，產品交換日益常態化，以物換物的交換方式因為十分繁瑣麻煩，不能適應越來越頻繁和越來越增大的交易規模，所以社會中逐漸產生出交換媒體的東西，主要有金、銀貴金屬作為交換介質，出讓者獲得交換媒介，接受者支付這種媒介，於是使得交易行為簡便化，人們無須拿著笨重和大量的實物來進行交換，如此一來，交換行為則拓展出支付和交貨行為。在金、銀金屬作為交換媒介之前，人們肯定經歷了相當長時間的媒介篩選過程，因為金銀貴金屬的稀缺性引發人們的好奇心和價值感，這應該是最終確定金銀作為交換媒介的主要原因。由於金銀金屬的穩定性，不會腐爛和無端消失，利於儲存，以及金銀易於分割，可以憑藉重量來對應不同規模的交換物質，所以金銀最終被廣泛確認為支付的價值替代物——貨幣。可以肯定的是，貨幣的產生是一個自然過程，不是人為設計的結果，貨幣的產生過程也沒有多少理性的參與（以至於人們對貨幣的本質一直爭論不休），貨幣就這樣逐漸的被廣泛接受和使用，為以後支付功能的擴展埋下了種種隱患。

商品經濟是人的智性突飛猛進發展的必然結果。由於陌生人之間的差異性，人們廣泛分布於不同的自然地理區域，所接觸的氣候、動植物、礦產、地表形態、社會微關聯群體都不盡相同，以至於人的經歷產生差異，這些都促使人們產生不相同的認識，在社會交往互動過程中表現為身處各行各業的事務之中。農業不是一個孤立的行業，也需要採礦業、冶金業、工具製造業等行業的支持，要不然農業生產難以持續，其他行業也是如此，那麼，這樣一來各個行業的事務就緊密的關聯起來，也就促成了人的智性複合發展。在古代社會中不乏一人懂幾門技術的人，這就為生產力的提升作了智性的鋪墊，商人們在生產者之間穿針引線也把技術和產品資訊傳播四面八方，最終導致各行各業的事務及其鏈條發生擴展，衍生出更多的事務和事務鏈條。豐富的產品在自用之餘都紛紛拿來交換，或者某些產品的生產目的就是為了交換，在這其中包含了許多聰明智慧。貨幣的產生也體現出一定的高智性，貨幣的出現促進了商品交換的規模不斷擴大，而且交換簡便快捷。

從原始經濟到自給自足經濟，再到商品經濟，我們可以看到經濟行為活動的發展有一個自然的演變過程，沒有多少人為因素的嵌入和干預，這些自然演變的經濟形態就是自然經濟，其遵循的就是事務之間的自然關聯邏輯，人們在不知不覺中就提高了生產力，把社會經濟規模越做越大。在自然經濟的模式下，一方面人們的智性朝著科學技術的內在要求的方向發展，更多的發現擴充了經驗和知識的規模，人們對自然世界（包括人類社會）的認識不斷豐富，許多新的技術投入到社會生產、商業和服務事務之中，社會關聯的事務環節發生擴展，衍生出新的事務環節鏈條，更多的人投身到更多的事務環節處理工作之中，社會生活呈現出一片繁忙和繁榮的活躍景象。另一方面，由於事務和事務鏈條的指向性和目的性，社會中沒有盲目的生產，也沒有盲目的商務和服務，一切事務都是為了實現其價值，交換就成為了實現價值的關聯節點，社會中到處都是交換現象。交換的場所就叫做市場，社會中有多少種事務及其鏈條就會有多少種市場，有日用生活物資市場、日用生活用品市場、建材市場、工藝品市場、鋼材市場、人才市場等等。許多市場集中在城市和鄉鎮裡，使得城市和鄉鎮成為一個個大市場，甚至一個社會都成為一個大的市場。其實市場的含義就是充滿需求者的場所，對於供給者而言，哪裡有需求哪裡就是市場，所以市場的內涵可以隨著不同的地理區域範圍變化，具體的交換場所就是具體的市場，抽象的交換場所就是抽象的市場。一切由市場來決定或稱市場決定論的經濟形態就稱作市場經濟。市場經濟是自然經濟在商品經濟的基礎上發展而成的一種經濟形態，市場經濟的優越性在於可以促進個體人的發明創造，新產品、新技術、新服務投入應用的速度快，新的消費方式層出不窮，社會繁榮，活力十足。市場經濟也不是十全十美的經濟形態，其缺點也不少，比如貨幣容易使人產生財富的錯覺，供應方（賣方）的生產服務行為會產生斂取貨幣利益的移情效應而忽略指向需求者的目的性，貨幣資本化而產生金融事務的盲目擴展而忽視貨幣的交換介質功能等等。可以肯定一點，即市場經濟是自然經濟模式發展的一個階段性經濟形態，市場經濟是經濟活動自然發展較高級的形態，隨著人的智性不斷提高發展，必然會有更高級的經濟形態出現。自由經濟是市場經濟相對於權力經濟而言的自由放縱的一個側面，自由經濟是取純粹自然發展而沒有人為干預之意，自由經濟本質上就是市場經濟，在自由民主社會中，自由經濟是其主要特徵。

人類社會的歷史發展中一個最大的不幸就是必然要經歷權威主義的階段過程，這種必然性並不構成權威主義的正當性和合法性，還有一個更大的必然性在支配著人們與權威主義作不懈的鬥爭，這個更大的必然性就是自然邏輯關聯的應然性，體現在社會關聯邏輯事務之中。

權力經濟就是指的在權威主義支配、控制、主導之下的人為嵌入或干預社會經濟活動的種種經濟形態，包括小農經濟、計劃經濟、國家（政權）經濟、集團（利益）經濟、寡頭經濟等等，權力經濟是一種掠奪性經濟。當早期征服者成功統治某一特定區域的陌生人以來，在暴力威逼之下，社會中即刻出現大範圍的群體行為絕對被動性的局面，征服者也就成為了權威主義者，可以在社會群體中隨意釋放其行為絕對主動性。征服者把被征服者的智性技能當做自己獲取利益的資源，其主要特徵就是按人頭和家庭定期收取稅費，把全社會的手工工匠當做奴隸徵用。征服者憑藉暴力霸權斂取社會財富和動用全社會力量來為自己打造宏偉宮殿和豪華陵園，不定期的掠取稀有貴重資源，把自然界的稀罕之物以及精美的手工工藝品納入囊中，巧取豪奪，貪得無厭。征服者的高壓行徑基本穩定以後，其征服行為則轉變為代際更替的統治行為，統治者們不單是沿襲征服者的種種做派，而且逐步建立起龐大的官僚統治體系，把其統治行為和統治政策通過官僚體系深入到社會的各個層面，甚至對社會的生產事務、商務等等直接插手，或興辦、運營官僚企業以壟斷資源，或對民間企業的資源採取行政審批程式予以控制，更有甚者把統治機構嵌入到民間企業的組織架構之中以監視和左右企業事務的運作。權威統治者根據自己的理解和喜好把社會事務、行業和職業分為三六九等，差別對待，認為重要的就加倍重視，反之則輕視或忽視，同時按照階級和分層思維來看待廣大的社會成員以分別親疏，憑此伎倆來獲取社會吸引力。權威統治者還編造出種種理論和說辭來維繫其統治，管控社會輿論，打擊和壓制自由言論。如此一來，自然關聯性事務邏輯和自由思想被嚴重抑制，社會中普遍出現消極、愚昧、愚蠢和固執的智性局面，以至於權威統治者及其官僚體系的智性水準也發生停滯和倒退。

小農經濟是一種權力經濟，雖然小農經濟中也包含自給自足的經濟成分，但是小農經濟不屬於自給自足經濟，因為小農經濟嚴重缺乏事務環節擴展的自然動力，人的智性在權威主義的壓迫下發生萎縮而不能獨立產生對自然邏輯關聯性的領悟和認識，其生產力水準十分低下，生產減去消費的盈餘很小，或者根本沒有盈餘，加上權威主義者自身的智性缺陷，不希望社會出現複雜的交換關係，總是以重農抑商作為藉口，所以小農經濟不可能自然發展成為商品經濟。從小農經濟的分散性、封閉性和保守性來看，小農經濟是一種畸形的經濟形態，完全背離自然經濟的內在機制和基本規律，所以在小農經濟狀態下，權威統治者總是出現權力不穩的狀況，戰亂紛飛，民不聊生，無論舊統治者還是新統治者都無法超越低智性的魔咒，社會和統治政權總是發生原地踏步式的週期性變化，兩千多年都無法突破。

計劃經濟從小農經濟脫變而成似乎具有某種必然性，計劃經濟為什麼產生於小農經濟社會而不是從商品經濟和市場經濟發展而來，一直是困惑人的一個謎團。通過研究社會關聯，其謎底已經豁然打開，計劃經濟是一種極端的權力經濟。計劃經濟與小農經濟如出一轍，其中充滿權威主義的手腳，而且計劃經濟更是無以倫比、登峰造極。在社會生產領域，計劃經濟以少數人的理解和意志來統領各行各業的生產事務，興辦權威主義企業（少數人可以控制支配的企業），改造民間企業為權威主義企業，然後少數人對成千上萬的企業實行指令化組織生產資源的調配和指令化組織具體的生產事務，嚴重干擾了自然關聯事務的邏輯序列（因為少數人的智性缺陷不可能領會到各行各業的客觀要求，包括經驗和知識）。在社會商務領域，實行農產品統購統銷，工農業產品統一價格、統一銷售管道，把自然交換機制打造成為一種機械化活動，消費者憑票證購買生活物資和用品，嚴重限制了人的自然需求，扭曲了社會關聯事務及其鏈條的指向性和目的性。計劃經濟社會把每個個體人當做一個微不足道的螺絲釘和小草，也嚴重抑制了人的智性發展和人格尊嚴，愚昧成為愚昧的榮耀，愚蠢成為愚蠢的理由，自我思考力和創造力低下，而且社會道德和責任感嚴重缺失。

國家經濟是指由社會權威政權主導下的一種經濟形態，也是一種權力經濟。國家經濟的特點是社會關聯事務由權威政權主導從外部輸入後發生擴展，衍生出複雜的事務和事務鏈條種類，社會中出現繁榮和活躍的局面。國家經濟可以從小農經濟發展而來，也可以從計劃經濟脫變而成，其內在機制仍然有權威主義這只看得見的手在支配和控制。國家經濟社會以國家的利益為上為宗旨，國家之意無外乎就是指的政權權威之意，國家利益就是政權利益，也就是權威主義者自我認定的利益，在社會關聯的自然基礎中找不到國家利益的源頭和由來，所以說國家利益是一種人為的利益，缺乏自然的正當性和合理性。國家經濟社會由於從外部輸入社會關聯事務，其新產品、新技術、新工藝、新服務對外部世界具有很強的依賴性，社會內部仍然十分缺乏事務及其鏈條的自然擴展動力，無知、愚昧以及廣泛存在的社會行為被動性仍然充斥於整個社會，所以說，國家經濟形態總是暴露出脆弱的一面，必須融入世界經濟之中，否則將退回到小農經濟或計劃經濟時代。

集團經濟和寡頭經濟作為權力經濟的類型既可以產生於權威主義社會也可以產生於自由民主社會，在權威主義社會中體現為利益集團（或家族）以國家利益的名義支配和控制社會資源的分配權，可以優先的獲得社會優質資源，進而形成社會壟斷，控制社會生活命脈；在自由民主社會中則體現為權威主義的遺留殘餘，如財團、財閥、跨國公司等等，以壟斷為目的，以獲取超額利潤為動機，壓制和打擊自由競爭。集團經濟和寡頭經濟無論產生於哪種社會都體現出非常濃厚的家族色彩，扭曲社會關聯的自然邏輯性，阻礙社會事務的自然發展，成為社會關聯的負關聯。

隨著人的智性發展和社會人口的增加，社會關聯的事務環節發生擴展。這種擴展是從事務的具體內容如經驗、技術、知識上發生的，是一種內涵擴展，一個事務擴展出多個事務並形成新的事務鏈條，其表現是社會中出現更多更細的事務、職業、產品、商品和服務，產生出更多的行業，也形成了更多的組織機構和社會身份。在社會關聯事務內涵擴展的過程中，社會中人與人之間的相互影響和相互作用的方式也隨之發生變化，社會關聯在規模上也不斷擴大，形成社會關聯事務的外延擴展，也就是社會經濟活動的擴展。社會經濟活動在生產、經商、服務、交換等原初狀態的行為基礎上擴展出一大片更高層次的經濟活動領域，使得社會經濟活動更加豐富、繁瑣和複雜。我們從自然經濟模式的發展過程中可以觀察到，社會經濟活動的擴展是一步步逐漸擴展的，與經濟形態的發展演化基本吻合。在自給自足經濟階段，經濟活動擴展出資源占有分配行為，有耕種土地及水資源的占有、使用、繼承、交換等行為和礦產的占有、開採、繼承、交換行為等等。在商品經濟階段，經濟活動擴展為銀行存貸款事務、會計事務、行業協作事務、對外貿易等等。在市場經濟階段，有更多的經濟活動湧現出來，有社會就業及人員調配、財務審計、經濟統計、經濟分析、經濟計畫、產品宣傳、保險事務、信託事務、證券交易、資本運作、產品品牌運作、智慧財產權運作、鄉村和城市公共事業、經濟研究、投資理財、人口統計、生態環境管理等等，社會經濟活動越來越豐富，社會經濟生活越來越繁榮。

值得注意的是，在權力經濟模式下社會經濟活動的內生性擴展在自給自足經濟階段停滯，在計劃經濟形態和國家經濟形態中的社會經濟活動的擴展主要依靠外部輸入（學習和模仿）才能實現，這充分說明權威主義社會的普遍智性缺陷。

經濟發展的脈絡是經濟活動擴展的脈絡，其本質是人的智性發展的脈絡。

2. 政治形式

不可否認，政治（或稱社會政治）產生於社會關聯。社會中的陌生人在特定的自然地理區域相互影響、相互作用使得社會關聯的形式產生多維度狀況，一種是純粹的事務性社會關聯，以事務及其包含的內在邏輯和經驗、知識內容為主，另一種是單純的人與人之間在相互重視程度上的、人格尊嚴基礎上的、關於正義（或倫理道德）內涵上的社會關聯。這兩種社會關聯的形式幾乎同時產生，前一種表現為經濟活動，後一種則體現為政治。（當然，社會關聯的形式不止經濟和政治這兩種，筆者稍後將繼續講述）

人們對政治的認識是在權威主義社會開始的，在權威主義產生之前人們是不會有關於政治的感悟和認識，人與人之間以純粹的經濟活動為紐帶維繫在一起，在征服者到來以後被征服者也只是感覺害怕、恐懼和憤怒，此時人們的思想意識還未上升到政治的高度，是權威主義統治者喚起了人們對政治的思考。統治者以暴力為主要手段，佐以理論說教和輿論管控，在社會中施展其絕對權威，這種權威就是政治。權威主義統治者可以感受到社會中普遍存在的萎縮性人格，幾乎所有的人（被統治者）都表現出服從的姿態，即使有少數挑戰者也會在暴力壓制中退卻，於是，久而久之，統治者在所向披靡的權威施展過程中即產生一種思維和感官上的正當性，樹立起理所當然的政治權威。在被統治者方面，由於人的認知缺陷，人們雖然對直觀性事物有一定的認識，在社會生產等事務中表現出較高的智性，但是對於非直觀事物的認識仍然還是混沌模糊的，人們只能感受到他人給自己造成的壓力，而無法認識和瞭解其中的緣由，只有在忍讓中才能得到安寧。所以，政治在人類社會中一開始就凸現為權力政治，即使古希臘雅典城邦的民主政治也只是男性公民的政治（奴隸和婦女被排除在外）。權力政治的特點是權威統治者一方大談特談政治，而被統治者一方卻沉默無聲，或者也迎合統治者的政治。

但是，人類智性發展的腳步從來就沒有停歇，從十四世紀到十八世紀的歐洲，文藝復興運動和思想啟蒙運動中湧現出一批批思想者，他們開始剝離非直觀性社會事物，特別在社會政治領域向權威政治發起了挑戰，有英國人洛克、霍布斯，法國人孟德斯鳩、伏爾泰、盧梭、狄德羅，德國人康得、黑格爾等等，他們提出主權在民、天賦人權、自由民主、社會契約、私有產權、三權分立、獨立思考等思想，在理論上批判了皇權神授、專制正當等權威主義理論說教，從自然法角度提出了民主政治的主張，並指明了民主政治的方向。從十七、十八世紀至今，人類社會的民主化潮流勢不可擋，自由民主社會也從各個層面體現出權威主義社會無可比擬的優越性，社會充滿活力，人的智性爆發式發展，社會關聯事務及其環節不斷擴展，社會生活呈現出豐富多彩、欣欣向榮的景象。反觀現代權威主義社會就要暗淡很多，即使從外部植入產品、技術、資本和經濟活動方式，也無法從根本上促進社會生活的繁榮穩定，社會活力不足，社會需求萎靡，社會智性的發展缺乏後勁。

筆者認為，政治在社會中無處不在，即使在普通人之間也存在著政治，權力政治是人類社會中最極端的政治，也是最不合理、不合法的政治，權力政治就如同人為社會關聯一樣缺乏（找不到）自然基礎的支撐，是人類社會發展初期階段的產物，權力政治是人的智性發展不足的結果，既包含統治者的智性缺陷也包含被統治者的智性缺陷，在理性思維下，政治充斥著社會。政治，就是社會生活中個體人或群體在相互影響、作用過程中體現出的行為主動性整體狀況，表現為某人的主動性對他人主動性的影響作用，一方的主動性對他方主動性的影響作用。由於人人都具有釋放行為主動性的自然特性，所以社會中沒有任何人（或群體機構）應該擁有釋放絕對主動性使得其他人因為其主動性而產生絕對被動性的自然權利，但是社會中人與人之間釋放行為主動性的方式可以不同，其方式有社會事務和社會公共事務的動議權、執行權、監督權、評價權、修正權等等，任何人（或群體機構）只能擁有某一兩種權利，不能掌控所有的權利，擁有所有的權利就是絕對的權力，即權威主義的根本內涵。

民主政治的運行機制是尊重每個人的社會主動行為的自然屬性，讓每個人都擁有表達的權利和自由，形成主動性與被動性相互包含和相互依存的社會行為局面，在自然基礎上和社會公共機會上人與人之間平等，促進社會和諧和人的智性發展。民主政治無論在社會微觀層面還是高觀、宏觀層面都建立在互敬、互愛、互讓、相互包容、相互監督、相互制衡的社會關係之上，最大程度抑制了人性中的邪惡，也最大程度發揚了人性中的善良。由於人與人之間相互影響和相互作用的方式具有一致性和相同性，所以，民主政治適合所有的社會，可以調動個體人的智性潛質，成為人類社會政治發展的方向。

政治在社會生活中有一個參與者越多、內容越豐富其重要性遞減的趨勢。參與政治活動的人越少，或者說社會中只有一種政治活動，那麼這種政治顯得非常重要，就像權力政治一樣，被人為的拔高了重要性；如果社會中有多種政治活動而且參與者眾多，反而政治的重要性會越來越弱，這時真正重要的是事務及其所包含的經驗和知識，以及個體人運用經驗和知識的能力。所以，我們不難觀察到在自由民主社會，政治並不是頭等大事，科學技術反而快速發展和應用，社會關聯在內容上十分豐富，在形式上卻非常簡單，其社會生活更加活躍，也更加文明。

3. 規則形式

社會充滿規則，社會規則無處不在，也無事不在。陌生人之間的交往互動是在一定的規則基礎上進行的，生產、經商、服務的事務無不貫穿規則，社會公共領域更是凸顯規則的作用。從微觀到宏觀層面，社會關聯中的活動看似混亂無序，其實並非真正的無序，其中包含著十分隱蔽的秩序和規則。社會規則看不見也摸不著，但時刻在規定和制約人們的行為，為什麼社會規則有如此大的魔力呢？究其原因，社會規則只產生和存在於人的頭腦之中，在個體人身體以外我們是看不到規則的，我們只能看見通過人的行為體現出的執行規則的過程和結果。但是在每個人的心中都有一種強烈的規則意識衝動，普遍的無差別的作用於每個人，就如同社會關聯的隱蔽性一樣，社會規則蘊藏在人的心靈之中。社會規則之所以對人有約束作用，是因為自然邏輯及其關聯性制約著人的思維路徑，從認識上、觀念上以及行為指導上規定著人的心靈和頭腦，迫使個體人被動的遵循。人們遵循自然邏輯及其關聯性就可以開發出高智性，其智性越高則越能感知社會規則，那麼也就越能自覺的遵循社會規則，可見規則意識與人的智性是正相關關係。理性能力是認識社會規則的根本力量，理性思維是認識社會規則的唯一途徑，人們對社會規則的認識有一個從被動遵循到經驗試錯，再到理性認識的過程。混沌思維因為其理性能力很弱，所以總是反映出混沌思維者被動遵循社會規則的一面，他們總是莫名其妙的被一種自然力量支配，雖然有一定的規則意識，但是很難瞭解社會規則的根本機理，只有在理性思維下社會規則才會被清晰的顯現。個體人是遵循社會規則的主體，也是認識社會規則的主體，社會中的群體和組織機構對社會規則的認識和遵循都是通過個體人的方式進行的，群體和組織機構不具有認識事物的自然基礎，所以群體人和組織機構對社會規則的認識和遵循只是個體人們的意識和思想的彙集。

社會規則的規定性有時似乎可以被人為的打破，就如同人為社會關聯一樣，權威主義者也可以制定規則使得社會規則產生更強烈的人為規定性和強制性，他們憑藉法令、法規、準則、規矩等等來釋放社會行為的絕對主動性，這就給社會公眾（主要是被統治者）產生一種認知，即權威主義規則的效力「至高無上」，於是久而久之社會公眾則乖乖的聽從於權威主義者的號令，而權威主義者也滋生出洋洋得意的信心和信念——無所不能。「人定勝天」是權威主義者的狂妄自大的瘋狂叫喊，「人定勝天」中的「人」可不是社會中普遍的普通人，其特指的只是權威主義者自己，「人定勝天」中的「天」就是自然規則了，這句話的完整意思就是權威主義者超越自然規則，其寓意就是權威主義者就是「神」。那麼，果真如此嗎？其實並不然，首先，權威主義者也必須仰賴自然規則，其衣食住行也離不開社會事務及其產品和服務的支撐，其釋放社會行為絕對主動性的途徑仍然是社會生產事務、商業事務和服務事務，這些都是社會關聯的自然事務領域和自然規則領域；其次，「人定勝天」只是針對於廣大被統治者有效，如果把「天」理解為其治下的所有人就不難瞭解了；第三，權威主義者自命不凡的唯一前提是社會中普遍存在的智性不足，只有在普遍的混沌思維下，權威主義才可以潛形匿跡，隨著人的智性發展，權威主義遲早會無處遁形。

誠然，對於社會規則的認識依賴於人的智性發展，但是人們認識社會規則不是一蹴而就的，有一個循序漸進的感悟遞進過程。在社會關聯中特別是在社會生活中，人類從古至今都是在痛苦的經驗試錯的過程中緩慢摸索，直至理性能力迸發才得以分析和辨別社會規則的真諦，產生出對社會規則的基本認識。社會規則是自然邏輯及其關聯性的不同維度在社會生活中的體現，也就是說社會規則包含在了自然邏輯及其關聯性之中，社會規則與人的理性同源，所以社會規則只在理性思維下顯現，弱理性狀態下（混沌思維）只能被動接受和遵循，顯意識理性狀態下可以顯示一些細節並主動的接受和遵循。社會規則的規定性來源於自然邏輯及其關聯性的秩序性和應然性，順應社會規則的自然要求則可以激發人的智性從而促進社會事務及其環節的擴展以提高人的生存和生活能力，反之則阻礙人的能力。社會自然規則在人的正回饋中不斷演化推進，在負反饋中痛苦的經驗積累，以個體人的智性領悟方式為基礎，所以社會自然規則總是看似柔弱，卻實底強大。社會自然規則的規定性一方面來自於個體人內心深處的感悟並自動約束自我行為，另一方面則來源於人與人之間觀念和行為的碰撞，由廣泛的他人來約束、制約自己。對於任何人，對於社會規則都具有被動性，人與人之間只有相互約束和制約來充分體現合理的社會規則。

社會規則可以從總體上劃分為在社會關聯中生成的規則和在社會關聯中體現的規則。在社會關聯中生成的規則有社會關聯事務的秩序（工序、程式等）、社會關聯事務的擴展（包教育、培訓等）、社會公共領域的秩序（發起、執行、監督、回饋等）、社會公共事務的管理（機構設置、工作範圍等），在社會關聯中生成的規則是事務性邏輯的客觀要求，個體人（或組織機構）以排除自我意識干擾的方式遵循。在社會關聯中體現的規則是指包含在人的頭腦中的人性、認知缺陷、認識能力（混沌和理性）、正義和正義感等等在社會關聯中和社會交往互動過程中集中反映出的規則，有正義規則、道德規則、倫理規則、法規則、風俗習慣、規章制度、情感規則、權力規則、權利和利益規則、正式與非正式規則、觀念規則、潛規則等等，在社會關聯中體現的規則主要作用於人與人之間的關係，在執行規則的過程中，混沌思維狀態下的個體人（或組織機構）容易摻和自我意識、自我觀念和自我喜好。

社會規則還可以分為自然規則和人為規則。社會自然規則是社會自動自發產生的規則，其最具效力。社會自然規則因為來源於人的普遍性和無差別性，則不會對某人（某些人）有利，而對他人（其他人）不利，它是最終支配社會生活的根本規則。社會人為規則是指社會中人為構建和設計出來的規則，主要體現為權威主義規則，或權力規則。社會人為規則是在社會自然關聯的基礎上嵌入人為關聯的結果，所以社會人為規則必然會破壞自然規則秩序和機制，使得社會規則只對某人（某些人）有利而對其他人不利。社會人為規則總是以自然規則的面目出現，如何甄別和區分自然規則與人為規則需要運用人的理性能力，考察社會規則的指向性和目的性，在混沌思維下自然規則與人為規則無差別。

4. 文化形式

據考古學界發現，遠古人類群體就已經具備了文化的特徵，製作鋒利的石器從動物的骨頭上削刮碎肉食用，用火烹製食物和驅趕野獸、蚊蟲，搭建簡易的巢穴，用石斧、石刀削尖樹枝作為捕獵和防身的武器，製作長矛、弓箭等武器捕獵大型動物，製作陶器和青銅器當作灶具和炊具，用魚刺、荊棘、骨針來縫製衣物，用動物身上的韌帶做成線，用獸皮製作衣服和帳篷等等，遠古人類的文化稱作原始文化，說明原始人就已經擁有了改變自然物質形態的能力，同時原始人經過近三百萬年的緩慢進化，發展出了語言表達能力，能夠進行簡單的語言交流。

約八千年前，農業生產方式促使人類的生活開始豐富起來。定居生活可以促進人類更好的規劃生產生活安排，智性的進一步發展又促進人們忙碌起來，打造居所、製作傢俱、佈置庭院、墾荒種植、圈養禽畜，日常生活被種種事務填滿，同時更多的工具、器械和器皿被發明並且投入應用，生活井井有條、豐富多彩，好一派恬靜安詳的景象。人們相互交流農業技術和手工工藝，取長補短，互通有無，鄰里之間和氣融洽，在興修水利和道路方面共同出力，團結協作，日常事務超出了家庭範圍發展出了共同事務。通過交流互動，人類的語言能力大為提高，創造出更多的詞語，表達更順暢。農業時代可謂是人類群體文化的一次大飛躍。

隨著人口數量的進一步增長，人類群體開始了社會化，更多的人投入到了各種事務處理當中，許多人、越來越多的人相互之間成為了陌生人。人們相互之間學習和模仿生產方式和生活方式，從房屋建築到傢俱陳設，從烹飪飲食到生活用具，從服飾款式到日常禮儀，人們都具有了相似性，人們在一年中的同一時間舉行豐收慶典，在同一時間祭奉神靈和祖先，於是經世代相傳形成了風俗習慣。陌生人之間因為風俗習慣相同也產生了親近感，在原始共生正義的基礎上人們更加睦鄰友好，這種友好氛圍不斷擴大，直到更大範圍的地理區域，為將來的行政區打下了基礎。人們因為生產生活事務以及種種的相似性關聯到一起，產生更大規模的共同事務，合作成為了日常生活的常態，興修更大規模的水利設施和四通八達的道路網路，合作的文化更加深了交流互動，增進了相互瞭解和信任，也為商業活動打下了基礎。約六千年以前人類開始出現文字，一種是古埃及人的表音字聖書字，另一種是古蘇美爾人的表形楔形文字。人類使用文字是語言能力的巨大飛躍，從此語言表達可以跨越時空使得語義可以永久的保存。

約五千年前，人類社會的和諧共存的文化被征服者所打破，世界各地征服戰爭風起雲湧，征服與反征服，統治與反統治，殘酷的流血衝突致使無數的生靈塗炭、家園被毀、妻離子散、哀嚎遍野。從此人類文化陡生出暴力文化和統治文化，遠古人類用來捕獵的工具被應用到人類同類殺戮的暴力行為之中，人們憑藉智性發明創造出更多更具有殺傷性的武器和兵器，使得大規模的戰爭成為可能，同時出現職業的軍人和軍隊，他們為暴力而生，殺戮成為他們的職責。征服者所到之處平息了抵抗以後，隨即建立起維護其地位和利益的社會架構，從最高統治者到統治集團再到廣大的被統治者形成自上而下的三角形社會結構，統治者根據其暴力權威和利益設計出龐大的統治部門，有軍隊、徵稅、制訂法令、發行錢幣、徵集勞役、建造防禦工程、管理生產事務等等部門，把統治觸角伸向了社會的方方面面。由於征服者和統治者的野蠻殘暴性只能對社會採取高壓統治才能維繫其存在，對社會的負面影響極其深遠，社會中充斥著蠻橫、急躁、欺詐、恐懼、無奈等等消極文化心態，人類自古以來確立的以共生正義和生產生活事務為中心的文化轉變為以統治者為中心的文化。

工業革命是人類社會文化的又一次大飛躍，機械化大生產體現了人類改變自然物質形態的巨大成就，對金屬物質的瞭解帶來了金屬冶煉技術和澆鑄成型技術的發展，人的想像力在自然邏輯的作用下產生了設計能力，大機器被設計成由零部件組成的整體，大機器生產提高了生產的精准度和產出效率，各行各業的機器產生出源源不斷的高品質產品，極大的滿足了社會的需要。社會生產工業化促進了社會分工越來越細，吸收大量的人口投入到了生產事務當中，生產企業如雨後春筍般湧現，同時工業化也激活了更多的需求，為了滿足日益增長的需求，大量的有識之士投身到了創造發明的研究事務之中，新產品、新技術層出不窮，社會出現創造的文化，專利產品、專利技術既豐富了社會產品、滿足了社會需求，也實現了發明創造者的個人價值和發財致富的夢想，許多普通人因為發明創造而一躍成為社會精英，社會出現精英文化。工業化促進了商業的飛速發展，商業組織和商人隊伍把大量的產品轉化為商品輸送到遍佈社會各個角落的需求者手中，各種展銷會和專業市場呈現出繁榮和繁忙的景象。工業文化、商業文化、消費文化和市場文化奠定了現代社會生活的基礎。

5. 制度形式

經濟、政治、規則和文化都是社會關聯的形式，這些形式成為了社會生活的內容，社會生活中充滿經濟、政治、規則和文化，如果抽除這些形式，社會生活則會變成真空，社會也就不成其為社會。既然經濟、政治、規則和文化是社會生活的內容，那麼社會生活的形式是什麼呢？社會生活的形式就是社會制度。

社會制度是社會構成的形式，是人們對社會生活所產生的總體關聯印象，體現為社會中陌生人之間的抽象關係，或者說社會制度就是社會生活中人與人之間關係的集中、抽象、穩定的狀態。社會制度只對人（普遍的人）有效，社會制度不涉及物質領域，社會制度對物質的作用是通過作用於人而進行的。社會制度也是社會中特定的人（或群體）對社會中人與人之間關係的概括性認識，社會制度不是自然客觀物質存在，社會制度只存在於人們的頭腦之中，所以說社會制度屬於非直觀性認識對象。社會制度看不見摸不著，我們只能看見活脫脫的個體人以及由個體人們（少數人）書寫的成文規定。如果我們把社會制度理解成了社會規則，那麼我們就犯了把形式當做內容的思維錯誤。

大凡所有的社會規定都是社會關聯的內容，而社會制度卻是一個純精神的東西。我們說權威主義社會和自由民主社會，就是高度的概括某一社會的制度，而當解釋什麼是權威主義社會和自由民主社會時才進入到該社會生活的內容，比如經濟制度、政治制度、法律制度、文化制度等等。而這些經濟制度、政治制度、法律制度、文化制度又是對該社會的經濟、政治、規則和文化的概括性認識，只有具體到經濟行為、政治行為、法律行為和文化行為時才能真正解釋清楚該社會的日常生活狀態。社會制度之所以具有經濟、政治、規則和文化的屬性，是因為經濟、政治、規則和文化是社會制度的內容，我們無論如何來解釋社會制度都會面臨和觸碰這些內容，所以說社會制度是一種純形式的東西（事物）。

在混沌思維中，社會制度是一個實體化錯覺，以為社會制度是一個實實在在的東西（看得見摸得著），諸不知社會制度是一個被人為強化的思維觀念，社會制度之所以給人以強烈的能量權重是因為社會制度中政治內容被人為拔高的緣故。社會制度本身的確也受政治內容的影響，如果政治是頭等大事，那麼其社會制度也必然是天大的事情。在理性社會，政治成為平常之事，那麼其社會制度也就自然而然了。

在社會關聯中，經濟、政治、規則和文化形式從來都不是相互孤立而獨立存在的，它們相互包含和滲透，經濟中有政治、有規則、有文化，政治中有經濟、有規則也有文化，規則和文化也是如此，使得社會關聯和社會生活十分複雜。所有的社會問題都可以歸結為經濟、政治、規則、文化的問題，以及它們相互包含滲透和相互影響作用過程中的問題。辨析和理順經濟、政治、規則和文化四者之間的關係以及它們相互包含滲透和相互影響作用的程度應該成為社會研究的主要課題。

第十二章　論社會組織

社會組織是基本的社會存在。社會中充滿各種各樣的組織機構，有工廠、商店、公司、學校、醫院、政府、協會、商會等等。社會組織提供社會生活所需的大部分資源，如生產原材料、產品成品、商業服務、學習培訓、公共服務等等。社會組織的事務領域延伸到了社會的方方面面，每一個社會成員從一出生開始就離不開社會組織，人的一生都處在與各種各樣的社會組織事務關聯之中。個體人從幼年開始進入幼稚園托教，然後上小學、中學或大學學習，成年以後進入社會組織工作，在人生旅途中還有可能加入權益組織、公益組織等等。在日常生活中，個體人常常需要進入商店購物，偶爾出入影劇院或體育場館觀看電影、演出和比賽，時常在餐館、酒吧、咖啡廳消費，在遇到緊急情況時可以向警察尋求幫助。個體人與社會組織有解不開的淵緣，沒有可以脫離社會組織的個體人，也沒有離開個體人的社會組織。我們看不到社會組織的整體全貌，只能看見一個個部門和許許多多的個體人，我們甚至都不能與社會組織中的每一個成員打交道，總是接觸組織中的少數人或者某一個人，但是我們確定這是一個組織。

從社會組織的外部來看，我們首先遇到的是組織的名稱，就如同個體人的姓名一樣，組織的名稱代表著組織的符號指代性和確定性，意味著組織是獨一無二的，以區別於其他的組織，同時也顯示出組織的主要事務（或業務）特徵，如某某科技公司、某某鋼鐵廠、某某大學等。然後，我們可能接觸到組織成員的社會活動或組織的宣傳訊息，組織的具體事務（或業務）就顯露無疑了。再後，我們可以看到組織的住所，具體的辦公地點或生產經營場所，也可以看到其工作人員忙碌的身影。從社會組織的內部來看，組織成員可以知曉組織的人事結構，也可以看到辦公環境和生產經營場所的佈局，懂得組織的事務程式，還可以看到組織內部文件資料，或參與正在召開的會議，組織成員總是與其他成員工作互動，相互溝通和交流。於是，我們可以發現，社會組織從外到內、從內到外都具有一致性，也就是說，從組織外部所瞭解的事務（或業務）特徵與組織內部所反映的特徵是一致的，只是從內部瞭解更具體而已。

我們從社會組織的少數人或某一個人的業務工作就可以判斷出組織機構的事務特徵，因為他（們）的業務工作包含了極其複雜的事務內容，比方說某組織機構的業務人員銷售其空調產品，這不可能由單個人或少數幾個人可以生產製造出來的，他（們）的背後必然有一個龐大的設計、生產隊伍，於是我們可以判斷這是一個生產組織的產品。每一個社會組織都向社會提供了完整的產品，有物質產品，也有精神產品，這些產品都無一例外的滿足了各種社會需求，所以我們說社會組織承載了社會功能。一個社會組織可以規模很大，也可以規模很小，其組織成員可以多達成千上萬，也可以少到幾人十幾人，它們都是社會組織，都擔負起不同的社會功能。那麼，社會組織的社會功能是單一的嗎？僅僅滿足了社會需求就完事了嗎？其實並不然，社會組織的社會功能是複合的，滿足社會需求只是其基本的功能，除此之外，社會組織還承擔了平衡社會關係的功能、吸納社會就業的功能、維護社會道德的功能和促進人的智性發展的功能等等。社會組織擁有無可比擬的優越性，超越任何個體人和家庭的物理能力和智性能力，具有一加一大於二的效力，人類個體和家庭的種種夢想都是依靠社會組織來實現的，比如說人的飛奔夢想就是依靠社會組織生產的汽車、列車來實現的，人的飛翔夢想也是依靠社會組織提供的飛機和飛船來實現的。現代社會一些個體人想都不敢想的宏大工程，如航太技術、登月計畫、宇宙探索等等，都是依託龐大而複雜的社會組織來實施的。

那麼，什麼是社會組織呢？關於社會組織的解釋林林總總，筆者認為，社會組織是指凝聚了兩個人以上的力量而產生穩定和重複的指向社會普遍需求的事務活動群體人系統。社會組織的核心內容就是人的力量和事務活動，人的力量包括物理力量和智性力量，人的力量通過事務活動來體現，人的力量不是一個常量，人的力量特別是智性力量是發展變化的，社會組織在任何歷史階段都體現出不同的智性特徵，所以說社會組織是人的智性的集合體。由於事務活動的複雜性，社會組織的事務狀態呈邏輯鏈條結構，多種事務環節環環相扣，最終組合成為組織的主要事務，即產生完整的指向社會普遍需求的產品或服務（以滿足社會需要為目的）。在主要事務鏈條中又從旁側擴展衍生出一些其他的重要事務，如組織內部協調配合事務、統計事務、財務事務、會計事務等等。社會組織中各種各樣紛繁複雜的事務環節都無不蘊含智性的力量，這些智性事務無不由不同的個體人來實施，於是社會組織就體現出智性的集合力量。

那麼，我們不禁會問，社會組織是怎麼來的呢？社會組織是如何運轉的？諸如此類的問題。下面，筆者試圖就社會組織展開討論（注：筆者所討論的社會組織是普遍的廣義上的社會組織）。

一、社會組織的由來

關於社會組織是怎麼來的問題，我們可以從社會組織的歷史發展方面來回答，也可以從具體的現代社會組織的發起、組建方面來回答，從歷史發展方面來研究社會組織的起源可以從根本上來解答社會組織由來的問題。

1. 事務與智性的關係

人類社會化之初，個體人的智性就已經發展到可以總結經驗教訓並記憶儲存的水準，多次重複的動作和活動致使行為對象的變化在主體人認知上形成為經驗，比如說把麥粒扔在地上會長出麥苗進而生長出麥穗，於是原始人就在頭腦中產生了自己的行為與事物對象變化之間的邏輯關係認識。如果說兩百多萬年以來人類的認知只是條件反射的話，那麼到了一萬年以前人類的智性就已經萌發出了弱理性，可以感知簡單的邏輯關係。而正是這種可以感知簡單邏輯關係的弱理性催生出了農業生產事務，把人類社會帶入了農業時代。麥粒自我種植生產解決了源源不斷的食物來源，此時的原始人不需要遊走遷徙了，過上了固定居所的舒適生活，種植生產方式也強化了原始人對邏輯事務的感知和認識，與此同時充足的食物也滋養著人們的大腦，使得人們懂得了自己的行為在一定條件下才能促使行為對象發生與自己期望相符合的變化，這一定的條件就是土壤的狀況、適宜的氣候和灌溉水源。所以，在農業生產中人們的行為衍生出超越自我的來自於自然世界的緊迫性和壓力，於是行為就演變成了事務。再則，麥子的生長也有一個自然過程，在不同的時期需要輔佐以不同的事務以利於麥子的生長，在播種前整地，出苗後除草、施肥，適度澆水灌溉，麥子成熟後收割、脫粒、曬乾、儲存，這一系列的事務就構成了麥子種植生產的事務鏈條（即生產結構），每一個事務都是這個鏈條的一個環節，每兩個相鄰的事務具有邏輯關聯性，前一個事務是後一個事務的必要條件，所有的事務環節都指向了最終目的，即食用的需求。

早期農業生產以家庭為單位，由於當時的人們領悟到了事務的邏輯關聯性，於是田間作業總是促成了糧食作物的可喜收成，充足的食物養活了一家老小人口，而且除了豢養牲畜以外仍然還有盈餘，這也就促進了人口的快速增長。隨著人口的增加，更多人加入到事務處理作業當中，同一個事務會有幾個人同時參與，人與人之間產生配合和合作，甚至不同的事務也可以由不同的人同時參與，比如一些人整地，一些人隨後播種，一些人收割，另一些人捆綁搬運等等。這時人與人之間的合作以事務為中心，人與人之間沒有逼迫和欺詐行為發生，所有事務處理的勞動成果由家人共同分享。早期農業時代，人們沿襲了群落生活方式的和睦共生倫理，個體人的所有壓力或被動性都來自於事務本身，也就是來自於自然，人與人之間沒有相互造成的行為被動性。這時個體人的自我意識狀態集中在了對事務邏輯的遵循和維護家庭利益兩個方面，沒有人被他人置於不利狀態的事情發生，人們的生活氛圍是輕鬆愉悅的。

由於早期農業時代人的智性發展，人們的需求也相應的升級和改變，在生產事務中主要體現在為了作業便利和效率而產生對工具的強度和耐用性的需求，這就導致了青銅器和鐵器的發明和應用。在生活事務中則體現出對衣物材質和款式的需求、日用裝盛容器的需求和烹飪器物的需求等等，這些需求也促進了布匹、陶器、竹製品、刀具、鍋具等物品的發明和應用。所有的這些早期發明也許是經過幾代人的摸索和改進實現的，但是的確體現出了人的智性。在物質材料轉變為能夠滿足人的需求的物品物件時，人們對材質、結構、外形都有了預先的認知，也就是說這些發明和改進是經過了一個設計思考過程，也許這一過程很漫長，但是遠古人類已經開始萌發了熟知物質性能並改變物質外形的想像力，這是人類認識史上的一個飛躍。這種想像力以滿足需求為導向，與事務的指向性重合，所以這些發明和改進又形成了新的事務和事務鏈條，比如說陶器的製作就包含了獨特的程式步驟和工序，與農業生產完全不同；布匹、竹製品的製作也都有各自獨特的步驟和程式。可以說有多少物品物件就有多少生產製作的事務和事務鏈條結構，這些事務都來自於人們對物質的認知，與農業生產事務不同，可以獨立於農業生產事務而實施和擴展。在早期農業時代，這些物品物件的製作由農業生產者在事務處理過程中逐漸領悟，在農閒時製作以滿足自己家庭的需要。隨著時間的推移，一些能工巧匠逐漸脫穎而出成為獨立於農業生產的手工業製造者，他們的工作場所就成為了手工作坊。

重複的事務處理活動必將激發人們對事務內容的感悟，事務的程式會在人的頭腦中產生經驗記憶，人們只需要跟著經驗走就可以勝任事務工作。當人們的基本需求得到滿足以後，經驗就具有了權威力量，人們可以不再創新和改進也可以悠然自樂的舒適生存，這麼一來，社會中萌生出保守的理念，既定的、過去的、祖先留下的東西是夠用的、最好的、完美無缺的。以這種思潮為主要特徵的社會就成為了經驗社會。其實經驗的人們在處理事務的過程中並沒有完全摒棄自我意識的干預，至少是對事務及其處理結果的自我滿足感持續隱蔽的支配著人的思維。在經驗的作用下，人的思維處於混沌狀態之中，人們對事務的認知還只是知其然不知其所以然階段。隨著時間的推移，事務處理工作對人的作用一直沒有停歇，事務處理對人的大腦最直接的作用是驅使人們專注於事務本身，不僅是事務程式，還包括物質現象之間的關係以及在人的作用下物質性能的變化等等會在人們的頭腦中生成印象，也驅使人們完全摒棄了自我意識的干預，把注意力集中在事物之間的關係上，於是形成對非直觀事物（抽象事物）的感知，大約在 3000 年前，人類萌發出理性能力。在自然狀態下，人的自然被動性是開啟心靈理性能力的鑰匙。由於人們過於專注事務本身（即所謂的忘我狀態），其心靈完全處於一種被動狀態，激活了主覺對於複雜事物的反映，搭建起心靈與自然本真的橋樑，於是接收到來自於自然的信息，在心靈能動態產生出顯意識理性能力。

理性思維與混沌思維最大的不同是，具有理性能力的主體人會產生對事物（包括事務）的自我感悟。在自然狀態下，個體人無論民族和人種的不同都有從混沌思維演進出理性思維的可能性和能力，這本來就是個體人自然稟賦的必然使然。理性能力在三個方面促進主體人的感悟，一是善於發現什麼奧秘和問題，二是對於理性發現的認同，三是對信仰的執著追求。人的理性稟賦首先青睞歐洲人是耐人尋味的，歐洲人不僅是在哲學領域率先獨樹一幟，而且在處理生產事務過程中也是匠心獨具。經過一千多年的醞釀，在宗教信仰的作用下，歐洲各民族形成以理性思維為特徵的社會，表現為中世紀各行各業在共同事務上聯合的智性，其手工業行會最具代表性，手工作坊業主們運用純粹的事務思維，在生產中力求精益求精，追求產品的盡善盡美，採用行會平臺解決了生產事務中的諸多難題和困難，為工業革命打下了堅實的事務智性基礎。在理性思維下，物質現象之間的關係和物質的性能在人們的頭腦中顯現，事務程式的本質被心靈解答，人的認識產生飛躍，其主要表徵是科學技術飛速發展，科學知識爆炸式增長並投入應用到生產、經營事務之中，促進事務環節不斷擴展，一個事務環節擴展為一個新的包含許多事務環節的事務鏈條結構，每一個事務鏈條的終端都是一個完整的產品和服務，比如說農用木質土車的製作事務被取代為金屬機械化車輛，人力車被蒸氣車和內燃動力車取代，人力搬運事務擴展為機械吊裝和動力車裝載等等。工業革命促進社會發生產業和行業的分化，社會生產事務和經營事務越來越多，也越來越細，不僅是社會生活豐富多彩，而且各種各樣的社會需求被激發、被滿足。與此同時，由於生產事務規模和產品規格規模擴大，人們開始合作生產和經營，手工作坊演變為手工工廠，進而演變為工廠和公司；共同事務的智性也隨之發展為社會公共領域事務的智性，社會機會、社會權益、社會問題等等被廣泛納入理性的考量，建立起了許多解決社會難題的事務程式，如選舉投票、權力分治、保護自由、民主議事等等。

我們可以把這種純粹由心靈感悟的發端於滿足人的基本生存需要的事務活動定義為自然事務，自然事務中包含人的智性，自然事務也促進人的智性發展提高。但是社會現實中並不只是存在自然事務，還有一種人為事務嶄露於社會日常生活之中，征服者和統治者的事務就是一種人為事務。征服者的征服行為實際上是一種事務活動，只是這種事務活動由征服者的占有和控制的強烈欲望而驅動，事務活動只針對人，即被征服者，物質產品（包括武器）只是工具，事務活動的主要內容是暴力征服，事務活動指向的是征服者自己，其目的是搶奪利益。統治者的統治行為可以細分為各種統治事務，所以其統治行為就是統治事務。統治者是征服者的延續，所以統治事務也就是征服事務的延續。統治者的統治事務包括徵稅的事務、徵用勞力工匠的事務、愚民的事務、暴力鎮壓的事務、干預和插手自然生產事務等等，由於征服者和統治者的事務活動不是針對自然客觀事實，只是侷限在針對人這一方面，所以征服者和統治者不能感悟自然的物質關係本質和人與人之間關係的真諦，其智性水準被自我意識束縛而不能內在的自然發展。在被征服者和被統治者方面，為了應付人為給予的事務，在其自然事務中被迫分離出納稅的事務、應徵勞動的事務、迎合統治者的事務等等，使得自己的自然生產事務或被迫中斷，或被迫改變（不敢涉足統治者所把控的領域）。與此同時，在高壓統治下，由於長期處於恐懼和資訊不足的境遇之中，大多數被統治者的智性難以充分有效的發展提高。實際上我們也不難觀察到，權威主義社會中從統治者到普通民眾在相當長的時間期內都看不到智慧的火花，有的只是兇殘、狡詐、玩世不恭和恐懼、猥瑣、苟且偷生。所以說，在人為事務中人的智性成分很少，人為事務非但不能提高人的智性，還可以拉低人的智性。我們完全可以認為，混沌思維是權威主義社會的智性特徵，只有在混沌思維下征服者和統治者才有施展的空間和機會，權威主義社會也就是冥頑不化的經驗社會。

2. 作為事務形式的社會組織

筆者認為，社會組織的起源是社會關聯的必然結果。社會組織的起源有兩個方面的內容，一是社會組織的歷史發展過程，二是具體社會組織的發起和建立。我們先來談談社會組織的歷史發展過程。

人類是以群體方式聚集的物種，在遠古時代就以群落為基本生存形式，家庭關係和家族血緣關係是組成群體的紐帶，群居的習性體現了人類個體的結構性，由於在生理上和智性上的缺陷，個體人必須與其他人結合在一起才會有生存的空間和機會，如果脫離群體，個體人只有死路一條。個體人的結構性存在於內心深處，離開群體就內心不安，空虛、乏味、無聊直至恐懼，而家庭和家族是最好的最直接最自然的結構形式，家庭和家族中人人都有指向群體的結構性，所以群體總是蘊含團結的氛圍。群落時期人類的生存方式主要是獲取食物和防範危險，而獲取食物只能是依靠採集和狩獵方式。遠古祖先們白天離開臨時居所出去搜尋食物，取得收穫以後則返回居所與家人共同分享食物成果。由於採集和狩獵是隨機的，採集和狩獵的機會不能完全由智性來把控，所以說遠古群落只是一個群體，而不是組織。群體和組織是有差別的，群體不等於組織，人類群體不是人類組織，但是組織產生於群體。如果說遠古群落中有某兩個人或更多的人合作做某同一事情，我們可以說這兩人或多人是一個組織（組織雛形），比如說兩個人或多人同時做一把石斧，或者同時圍攻一個獵物，或者同時烹飪美食。由於整個群落內部充滿隨機性，那麼群落也只是一個群體，群落整體不是一個組織。到了部落時代，多群落聯合組成部落，部落也不是組織，但是部落狩獵一採集制遊團可以算作一個組織，有相對固定的個體人和人數規模，也有明確的行動目的——為了主動的尋找食物，這與群落時代純粹碰運氣的採集狩獵行為不一樣，有智性參與其中。所以，我們可以發現，群體不是組織，但是組織也是一種群體，組織群體是有智性參與的有特定行為目的的群體，這種行為目的是為了滿足人的需求，也就是說組織性行為先於享受需求的消費行為，享受需求的消費行為包括吃、穿、用等行為，那麼組織性行為就不能包括行為者及家人的吃穿用等消費行為本身。

在農業時代初期，由於智性的發展，人類個體懂得了自己的行為與行為結果的邏輯關係，於是開始了農業生產，創造性的生產食物，當然比以往被動式的尋找收穫大增，身體營養能量來源更充裕，人的智性更加不斷增長，導致人口數量也大幅增加。此時的農業生產仍然以家庭或家族為單位，農耕者日出而作，日落而息，他們仍然沿襲遠古祖先的傳統，把農作收成與家人共享。但是我們仍然不能說家庭和家族是組織，家庭和家族仍然還是群體，只是家庭和家族的某些成員因為共同從事農業生產而具有組織的特性，或者說是組織雛形，當時以家庭和家族為單位的手工業製作也是這樣。隨著時間的推移和人的智性增長，有一部分手工業者脫穎而出成為能工巧匠，他們的手藝獲得他人的誇獎，逐漸擁有了名聲，於是他們從農業生產中脫離開來，成為專職的手工業生產製作者，他們的生產製作場地就是手工作坊。農業生產和手工製作的共同特性是行為先於成果，也就是說行為創造出成果，其行為包含了豐富的複雜的智性，是智性引導出行為，其行為具有先見之明的特性，也具有時機、氣候、分寸、程式等壓力，所以說農業生產和手工製作是事務，而不是一般普通平常的隨機行為。這種事務的壓力並不來源於人的餓了就要吃冷了就要穿的需求，而是來源於自然界的壓力和人們對物質性能的理解，所以這種事務具有客觀性，只有在人的智性發展出邏輯性的時候才能產生。我們可以通過農業生產和手工製作的全過程和實際成果感受到其事務的複雜性，比較採集狩獵生活方式，這是人類智性的一大飛躍。

人類智性的提高直接帶動了生產力的提高，人們創造出（非自然現成）更多的物質財富，可以養活更多的人，所以人口大量增加，人口規模成倍增長，人類群體迎來了社會化，出現了大量的陌生人群體，日常生活也因此變得豐富起來。個體人在成長的過程中不斷的接觸農業生產和手工製作的產品及工藝技術過程，耳濡目染人類智性的力量，在個體社會化的過程中也打下了一定的智性基礎，成年人通過學習和模仿也紛紛投入到生產事務之中，使得農業生產和手工製作的場地數量不斷增加。人口的增長也使得需求規模不斷擴大，一些農業生產者和手工業者開始招募陌生人參與生產事務以擴大內在的生產規模，社會中出現以交換為目的的生產企業。如果我們把生產者隊伍中包括非家庭成員的群體或生產成果用於交換的群體定義為社會生產組織的話，那麼部分家庭成員組成的以自給自足為目的的生產群體就是家庭生產準組織。我們可以認為，第一次社會分化是社會生產組織從家庭生產準組織中分離出來，與此同時手工業從農業中獨立分離開來。由於社會生產組織的事務中包含面向社會需求的事務，需要建立起生產產品與不確定需求者的橋樑，其實社會生產組織從一開始就具有了商業事務的特性。久而久之，一部分商務活躍分子就從社會生產組織中脫離出來成為了專業的商人，商人從農業生產和手工業生產中獨立分離出來就意味著第二次社會分化。這兩次社會分化促使社會中出現行業現象。

社會生產組織形成以後，它與家庭生產準組織在事務內容上具有了不完全相同的特點。家庭生產準組織以情感為主要紐帶，生產事務是情感的補充，自給自足，自己生產什麼家人就接受使用什麼，而且在事務處理過程中有自我意識的參與，總認為自己生產的是最好的，所以家庭生產準組織缺乏智性不斷增長的動力。家庭生產準組織的內在需求特性也不會促使生產事務的分化，它可以生產出不同種類的產品，比如衣服鞋帽、竹木製品、皮毛製品等等，但各種不同的生產事務不會在不同的人之間發生分離，只能是同一人或同幾人交替生產不同的產品，而且也不會有交換為中心的商務出現，家庭生產準組織不會帶來行業的分化。而社會生產組織內部以事務關聯為主要紐帶，面向的是社會，其產品是為了滿足社會中複雜的需求，社會消費者通過交換獲得產品則擁有選擇權，品質最好、性能最優的產品才能博得消費者的青睞，所以社會生產組織有改進生產事務和工藝流程的現實壓力，這種壓力同樣也來自於自然，即自然需求。比如說，耐用的柔軟的布匹更有銷路，那麼社會生產組織在生產過程中就要研究摸索布匹的耐用性和柔軟性。所以說，社會生產組織具有改進的潛質，這直接帶動組織成員的智性發展。因為要把生產產品做得最好，所以社會生產組織就必須專心從事自己最擅長的生產事務，導致各種行業的專業手工作坊紛紛湧現，有製作鐵器的，有縫製衣物的，有編織竹器的等等。正因為要把產品做得最好，社會生產組織也就具有了事務擴展的可能性。我們從工具的改進過程可以看到社會組織生產事務的擴展性，木質工具的使用壽命很短而且強度也不夠，把木質工具改進為金屬工具後則各方面性能會大為改善，而金屬工具的需求則帶動了金屬冶煉技術和金屬礦產開採技術的改進提高。那麼換言之，市場經濟必然會推動所有社會生產組織不斷的改進，其智性水準也隨之不斷的提高，其產品升級換代是必然結果。

生產事務的任何變化都會導致生產條件的變化。生產條件包括生產經驗和知識、具有生產能力的個體人隊伍、經營管理能力、生產資料、社會環境等等。

前三項構成人的智性，生產資料包括生產場地、工具和原材料等，社會環境包括市場需求、社會中人與人之間的關係狀態以及社會整體智性狀態。在社會生產組織形成之前和形成之初，由於人的智性狀態還不高，社會人口不算多，生產工具簡單，生產場地小，生產資料簡單原始，而且生產資料多處在自然狀態以樹木竹林、岩石土壤、自然地表水和淺層礦藏為主，生產者可以就近就地取材進行加工生產，這些生產條件就成為了開展生產事務的可能性，產品的種類和好壞就決定了需求消費的狀況。但是，到了社會生產組織的時期，生產條件發生了變化，由於智性的提高社會需求也相應提高，產品的材質、結構也隨之發生變化，生產工具也變得複雜起來，機械裝置被應用到生產過程之中，原來漫山遍野的生產原材料開採地被擴大的人口占據，已經不能隨心所欲的砍伐開採，生產工具和原材料需要在他人的手中購買，招收學徒需要崗前培訓才能勝任生產事務，社會中出現統治者需要向其繳納稅費等等，這就給社會生產組織帶來了生產成本的問題，也給手工作坊業主的經營管理帶來難度。生產成本不一樣也就導致產品銷售價格的不同，在社會中產生價格與品質的競爭。生產條件的變化促使社會生產組織的生產事務發生內涵變化和外延變化，生產技術和工藝流程的變化是內涵變化，生產事務在內涵上也發生擴展；圍繞和維護生產事務的條件變化就屬於外延變化，如生產工具和原材料的採購事務、培訓操作工人的事務、財務資金管理事務、會計記錄和成本分析事務、市場行情調查事務等等，這些外延變化就構成了外延事務的擴展，而且隨著外延事務的擴展，外延事務又擴展出內涵，如採購事務出現價格諮詢、討價還價、簽訂合同、支付貨款、運輸儲存、倉儲保管等等內涵事務，培訓工人事務也出現培訓內容、培訓場所、培訓講師、實習操作等內涵。外延擴展後形成新的內涵，新內涵又擴展出新外延，於是手工作坊業主需要同時考慮的事情就增加了，各種大小的事務都具有關聯性，每個事務都十分重要。

為了解決生產者和經營者共同面臨的管理困難和維護共同的利益，在中世紀歐洲出現了同行業聯合的社會現象，大量的行會紛紛湧現，有農工行會、商人行會、羊毛匠行會、呢絨匠行會、縫衣匠行會、泥瓦匠行會、制刀匠行會、教師行會等等，歐洲行會的規模涵蓋了所有的行業和職業，形成了人類歷史上獨具特色的社會景觀。歐洲行會的起源是有多方面原因所致，其主要原因是社會中人的智性普遍提高，自我意識中理性的成分增加，在陌生人之間形成了互信互助的氛圍，對共同的利益有清醒的符合社會正義的認識，每一個行業中都有部分業主擅長於生產和經營事務的管理被人推薦成為行會的組織者和管理者。我們研究歐洲行會現象不難發現，歐洲行會的職能和事務其實就是社會生產組織事務擴展所產生的外延事務，主要有保證產品品質反對弄虛作假以維護生產和消費者的根本利益，制定合理的生產原材料價格和產品銷售價格以防止行業惡性競爭，興辦行業學校以培養合格的行業學徒隊伍以減輕作坊業主的培訓事務壓力，統一承包手工作坊上繳的稅費以減輕其負擔，協調和解決行業內部的各手工作坊之間的矛盾和紛爭等等。歐洲各國的行會在運作上十分成功，在維護市場秩序上成效顯著，甚至某些行會還參與到市政管理和國家議會事務之中。歐洲行會組織是社會生產組織的事務向社會擴展的結果，說明生產事務擴展出社會共同事務，歐洲行會組織是處理社會共同事務的前所未有的新型社會組織。

隨著社會生產力的提高，社會人口不斷增長，社會中個體人的智性也獲得了普遍提高，社會需求與日俱增，歐洲到了 16 世紀以後，手工作坊的小規模生產已經不能滿足社會需要，擴大生產已勢在必行，於是手工工廠應運而生。手工工廠與手工作坊最大的不同是，手工作坊的業主同時也是師傅，其作坊的技術掌握在業主手上，主要靠業主動手生產，徒弟只是幫工；而手工工廠的業主可以不參與直接生產事務，生產操作由技術工匠負責實施，業主只負責管理事務，所以手工工廠的生產能力（產量）比手工作坊大了許多；手工工廠和手工作坊在生產事務上大同小異，但是手工工廠的工序環節更多，而且各個工序環節由不同的工人來填充和實行，所以兩者最大的不同是雇傭工人的狀況。手工工廠中充斥著技術工匠隊伍，他們沿襲匠人行會的傳統，在工廠中組成兄弟會、互助會等隱蔽群體活躍在工作之餘的時間裡。18 世紀中葉，在手工工廠時期的晚期，飛梭和珍妮紡紗機的發明進一步提高了生產效率，被譽為工業革命的開端，預示著機器代替手工勞動的社會變革，從此機器發明層出不窮，有水力紡機、蒸汽機、動力織機、平版印刷術、機床、蒸汽輪船、鍋爐、礦工燈等等。18 世紀 60 年代開始的工業革命把手工工廠生產模式提升為工廠生產組織，工廠以機器生產為核心事務，工廠主雇傭更多的工人從事生產事務，工廠中出現更為複雜的工序和工種（即生產結構複雜），工廠經營也需要更加複雜繁瑣的管理事務和資金投入事務。機器生產和應用極大的提高了生產力，產品品質更加穩定，機器生產的產品其價格更加低廉，促進了社會效益。但是，工人們的生產環境卻變得更加危險和髒亂，機器傷人的事件經常發生，甚至有人因此而喪命，與此同時工人們的薪資不但沒有增加而且時常被克扣和降低。1818 年，蘇格蘭的紡織廠工人在互助會的基礎上成立正式的工會組織，依靠組織力量來維護工人們自己的利益，工會組織從生產事務發展為以維護權益為核心事務的社會組織。

其實以維護社會權益為核心事務的社會組織早已存在，中世紀時期的行會組織已經具有了維護行業社會權益的功能，行會組織的影響力通過行業共同事務滲透到了社會管理的公共領域事務之中，在城市事務管理和國家事務管理方面都具有一定的話語權。特別值得一提的是，中世紀時期的教師行會和學生行會一直面臨市政當局和教會的干預和控制，為了擺脫權力控制，維護辦學自由和學術自由，教師組織與學生組織展開了長時間的爭取權益的鬥爭，最終在 12 世紀爭取到了各項自由以及司法豁免權，從此享有高度的自由，實行完全的自治，成為權力控制下的社會中獨立的學術王國，奠定了現代大學的辦學精神基礎。時至 17、18 世紀，歐洲人的智性出現理性能力的增長，人們開始對社會非直觀性事物產生認知，許多學者提出了人民主權、私有財產、天賦人權、社會契約論等思想，並獲得廣泛傳播，也被廣泛接受，在啟蒙運動的影響下歐洲各國人民紛紛響應，開展了一系列的維護自己和維護社會的自然權益的鬥爭，開始出現以維護社會權益為核心事務的維權組織和議會組織。18 世紀以後，世界上許多國家掀起了民主運動，1800 年以前世界上只有英國、美國、法國、瑞士這四個民主政體社會，1900 年民主社會發展到 13 個，1970 年民主政體增加到了 30 個，2015 年達到 130 個，可見兩次世界大戰之後世界民主運動風起雲湧，民主政治彰顯出人類社會發展的趨向性。為什麼世界民主運動會長足發展呢？其根本的原因是符合人類自然權益的政府組織取代了以往的權威主義政府，社會管理分權而治，政府組織只負責處理社會日常公共領域的事務，議會組織和法庭組織則取代了權威主義時期的政務，政府組織、議會組織和法庭組織分地區自治，獨立處理各地的公共事務。自由民主社會的軍隊組織也一改權威主義者統領的局面，由議會組織代表全體社會成員負責管理。至此，社會公共事務擴展出選舉政府領導人和議會議員的投票事務，社會中呈現出多黨制和新聞、言論、信仰、結社等自由的活躍局面。社會民主化使得各種各樣的新型社會組織如雨後春筍般湧現，有各種行業協會、商會、學會、聯合會、非營利組織、非政府組織、人權組織、公益自願者組織、社會慈善組織、消費者權益組織、保護婦女兒童權益組織等等。所有的新型社會組織都以特定的社會公共事務為核心運營，其事務體現出社會高度發達的理性智性。

具體的社會組織的發起和組建的過程不盡相同，生產、商業和日常生活服務的組織由社會中普通個體人發起和組建；民主政府、議會、法庭和軍隊組織由全民議事程式發起和組建；新型社會組織由民主政府、財團及個體人分別組建或聯合組建。權威主義政府組織和軍隊組織均由征服者和統治者發起和組建，權威主義社會也模仿自由民主社會組建新型社會組織，但是由於權威主義者主導和社會普遍智性不足，其新型社會組織不能真正有效的開展服務於社會公共領域的事務，只能成為權威主義者的附庸和作秀的工具。

現代社會組織中事務處理的個體（組織成員）有一個一致的行為，就是工作日上班和下班。這是遠古祖先食物搜尋行為遺傳的結果，上班就相當於古人出門尋找食物和日出而作的行為，下班則是相當於獲得食物回家分享和日落而息的行為，職業工作的目的很大程度還是養家糊口，與家人共享收入成果。所以，上班下班是一個潛在需要和基本權利，這也說明社會組織的成員人格獨立，與組織沒有人身依附關係。

通過以上分析我們可以發現，社會組織是為了處理事務而存在，也就是說社會組織是為事務而生，同時社會組織內部也包含事務，甚至其內部事務還極其複雜，所以說社會組織是事務的形式，沒有社會組織不包含事務，也沒有社會事務不是由社會組織來處理。

二、組織與群體

人類是一個群居的物種，總是體現出個體人們組成一團團、一塊塊的結構狀態，這與人的結構性是分不開的，個體人們總是要相互結合，這是人類自然屬性的使然，也是人類社會關聯的必然結果。由於人的智性發達，個體人在結合成群體方式不會像群居動物那樣簡單，其群體形式要豐富複雜很多。在混沌思維下，人們對自己群體的認識是模糊的，人們被動的遵循自然的力量結伴成群，只有在理性思維下人類群體的多姿狀態才會清晰可見。

嚴格的說來，人類社會（大社會）也是一個群體，甚至全人類在自然界也是一個大群體，如果我們用歷史的視角放大人類群體就會發現種種細緻而有趣的端倪。首先，人類群體可以劃分為自然形成的群體和人為產生的群體，簡稱為自然群體和人為群體。自然群體是指人類遵循自然機制逐步形成和發展出來的群體形式，人為群體是指由人為因素設計安排或主觀認定的群體形式。家庭、家族、生產組織、企業、公司等等屬於自然群體，而統治者群體、政權機構、自願者群體以及觀察者人為劃分的婚姻狀態群體、年齡群體、收入水準群體、職業群體等就是人為群體。社會中人的群體從持續狀態上也可以劃分為穩定群體和臨時群體，從群體中人的相互作用上還可以劃分為互動群體和集合群體，從人的群體所包含的內容也還可以劃分為事務群體和觀念群體。穩定群體是指在相對長的時間內持續穩定聚集的群體，自然群體都屬於穩定群體。臨時群體是指短時間聚集的群體，如自願者群體、旅客群體、顧客群體、觀眾群體以及幫扶老人過馬路的群體等等。互動群體是指人與人之間行為互動和言語交流的群體，包括自然群體以及朋友、同事、鄰居等。集合群體是指人與人之間沒有行為互動和言語交流的群體，如旅客群體、顧客群體、觀眾群體等。事務群體是指人們因為事務處理而聚集的群體，有生產組織、商務組織、服務組織、學校組織和新型社會組織等等。觀念群體是指人與人之間通過觀念、情感、愛好、利益等作為紐帶而聚集的群體，比如家庭、家族、朋友圈、愛好俱樂部、政黨、統治者群體等等。值得一提的是，觀念群體也可能會包含事務內容，但是事務內容不是群體聚集的根本動因，也就是說事務處理不是觀念群體的紐帶，群體中真正起作用的是非事務因素。

從以上分析我們可以發現，有一種人的群體是自然形成的，也是穩定的、互動的、事務性的，這種群體就是社會組織。雖然社會組織也是一種群體，但是社會組織與其他群體有著很大的特別的區別，社會組織是為其他所有的群體服務的，社會組織的事務指向其他所有的群體，所以其他所有的群體就可以稱為社會群體。如果社會組織所包含的人數超過三人以上，社會組織內部也會產生出群體差別，我們可以把這種群體稱作組織內群體。由於人類社會的複雜性，社會群體和組織內群體的劃分只對某一特定的社會組織有效，一個社會組織所服務的社會群體會包含另一社會組織的內部群體，以此類推。社會群體是一個比較廣泛的概念，包括家庭、家族、鄰居、朋友圈、地緣老鄉、共同經歷群體、愛好者社團、民族群體等等。由於社會群體中包含觀念群體，這種社會群體中的群體我們可以稱之為社會隱蔽群體，有熟人關係網、共同利益群體、相同觀念群體等。組織內群體包括部門群體、高層權力群體、中層管理群體、底層群體、辦公室群體、技術工種群體等。同樣，組織內群體也存在隱蔽群體，如私人關係、派系等。通常人們喜歡把社會組織分為正式組織和非正式組織，而筆者認為社會組織本身就是正式組織，社會組織是因為其事務性和內部事務環節的複雜性所決定的，社會組織不一定有書面的組織章程和組織目標，也不一定有嚴密的規章制度，只要社會組織包含有諸多事務環節的總的事務特徵（生產事務結構）以及社會需求和社會效益的指向性，社會組織就是正式組織。如果從社會組織的事務特徵來衡量，非正式組織其實根本不具有組織特徵，只能算作群體，那麼正式組織內部的非正式組織其實就是社會組織內群體和隱蔽群體。組織內群體和隱蔽群體概念的提出可能更有利於我們認識瞭解社會組織。

關於社會組織和群體的話題還有一點是值得我們注意的，就是組織事務對象人不屬於組織內群體範疇，比方說餐館的顧客不屬於餐館組織，影劇院的觀眾也不屬於影劇院組織。那麼同理，學校裡的學生是學校的服務對象群體，不屬於學校組織，專業市場裡的商鋪經營者不屬於市場管理組織，商業廣場裡租賃鋪面的經營者也不屬於商業廣場組織，超市里的出租攤位經營者也不屬於超市組織，這些經營者也是專業市場、商業廣場和超市組織的服務對象群體。從社會關聯的邏輯上講，學校裡的學生會組織就不應該隸屬於學校組織，學生會組織是與學校並列獨立的組織機構，其組織活動不應該受到校方的干預；專業市場、商業廣場和超市也沒有權利干預其租賃經營戶日常經營活動的權力。由此可見，一個特定的社會組織所服務的對象群體有可能是其他的社會組織，股票市場組織與其上市企業、期貨市場組織與經營期貨的商業組織、貨幣交易市場與實際交易者、網購平臺與經營商戶等等都是這樣。

人的群體可以分為有結構有目的的群體和無結構無目的的群體。在自然群體中，家庭、家族屬於有結構有目的的群體。人為群體中的愛好者社團、自願者團體、政黨、統治者群體、利益集團等等也屬於有結構有目的的群體。無結構無目的的群體一種是觀察者人為劃分的群體，如婚姻狀態群體、年齡群體、收入水準群體、職業群體等等，另一種是集合群體，如旅客群體、顧客群體、觀眾群體、朋友圈、鄰里關係、共同經歷關係（同學、同事、戰友關係等）。雖然旅客群體、顧客群體和觀眾群體都是因為某一形式上的目的而集合在一起，但是他們的目的是各自分散的，或者各自懷有不同的目的只是形式上集合在一起，沒有一致的共同目的，只是行為相同或相似而已。我們可以把人為群體中有結構有目的的群體稱為社會團體，社會團體與社會組織有很大的不同。社會團體具有強烈的內指向性或者屬於臨時群體，與社會組織的指向社會的外指向性和穩定的事務性不相同。愛好者社團、政黨、統治者群體、利益集團等因為觀念、喜好和利益關聯在一起，其成員之間沒有雇傭關係，沒有社會事務的根本紐帶作用，也沒有社會事務的輸出（主要輸出觀念），也沒有社會普遍的自然需求的指向性，所以只能歸類為社會團體。嚴格的說來，那些有結構的犯罪團夥也屬於社會團體，也不能歸類為社會組織。我們不能把有結構有目的的群體都歸類為社會組織，不然社會組織的本質內涵就會含混不清，社會組織就會成為一個比較混沌的概念，對我們認識和研究社會組織產生不利影響。

三、社會組織的種類

社會組織是由事務組成的集合體，個體人投入和填充到事務和事務環節之中成為組織的一員才使得事務活動得以運行，個體成員不是一個棋子或機器部件，個體成員是一個鮮活的生命體同時還具有高等的智性，只需培訓學習和實習提高就可以勝任事務性工作，在人類智性、經驗和知識的作用下，個體成員們的各個事務環節的凝結匯總（生產事務結構）就成為了組織總的事務，如鋼鐵生產、車輛製造、空調安裝、金融服務、高等教育等等。我們可以把社會組織的事務性質分為三類，一是社會基礎事務，二是社會共同事務，三是社會公共事務，這三種事務在形成緣由和重要性上具有不同的特點。前者關係到社會生活得以運轉的基本需求，中者是前者的事務延伸並決定著前者的處理狀態和效率，後者是中者的擴展，為中者和前者提供社會保障，這三種事務都共同指向社會中人的普遍需求和社會效益，也都是自然關聯性邏輯在事務環節中因為人的智性一步步擴展的結果。筆者根據社會組織的定義以及事務特點，把社會組織作如下劃分。

1. 基礎組織與衍生組織

從社會關聯的歷史發展過程和社會組織的歷史形成過程來看，有些社會組織率先發展起來，而另一些社會組織隨後逐漸產生。先發展起來的社會組織承擔著社會生活最重要的功能（社會組織的社會功能是一種表像，其本質是其事務成果可以滿足社會需求），滿足基本需求的社會組織自然首先產生出來並得到優先發展。當社會基本需求得到滿足以後，隨著人類智性的進一步提高，於是這些率先發展起來的社會組織的事務在社會中發生衍生擴展，在衍生擴展領域形成新的事務，進而產生新的社會組織。

從現代社會生活實際情況來看，一些社會組織擔負著實在的基礎職能，滿足社會基本的複雜需求和個體人及家庭的日常生活需求，離開這些社會組織，人類幾乎無法生存，或者生存狀態極其艱難，或者生活方式非常難受和不方便。而另一些社會組織則承擔著維護社會秩序和規則以及維護社會文明、社會正義、社會良心的職能，這一些社會組織能使社會生活更順暢、更活躍和更具效益。這兩類社會組織就構成了我們現代社會生活的支柱，無論個體人和家庭都離不開和不想離開這兩類社會組織的事務幫助，甚至我們無時無刻不在期盼這些社會組織廣播福音。筆者把前一類社會組織劃歸為基礎組織，後一類社會組織則歸類為衍生組織。

基礎組織包括生產組織、商業組織、服務組織、學校組織、醫療衛生組織、科學研究機構、文化娛樂組織等等。其中，生產組織包括農林牧、養殖、水利等行業組織，採礦、冶煉、製造、加工、提煉組織，建築、工程組織，製藥、醫用材料組織等等；商業組織包括各類市場實體、百貨公司、貿易公司、供銷社、商場商店、銷售代理、鋪面攤位等等；服務組織有銀行、證券、保險、信託等金融組織，鐵路、公路、船舶、航空等運輸機構，民航、郵政、電信、移動、電子網路組織，車站、碼頭、機場、公交組織，物流、倉儲、貨棧、搬運、吊裝組織，勘探、設計、氣象、燃氣、供水組織，各類餐館、飯店、酒店、賓館，職業培訓、介紹、諮詢等組織，律師、會計、審計、商標、專利等事務所，旅行社，各類維修、安裝、廣告招牌製作團隊和店鋪等等；學校組織包含各類幼稚園、小學、中學、大學等教育機構；醫療衛生組織包括各類醫院、保健院、療養院、衛生院、診所、門診部、疾控中心、防疫站、血站、檢驗檢疫中心、病蟲害防治所、健康諮詢、桑拿按摩、保健康復等等；科學研究機構包括各類自然科學和社會科學研究所、實驗室等；文化娛樂組織有廣播、電視、報紙、網路等媒體，書籍、雜誌、電影、聲像製作出版發行機構，劇院、電影院、音樂廳、夜總會、歌廳、舞廳等娛樂機構，專業文藝演出機構，體育運動場館，博物館，展覽館，遊樂場，酒吧、茶館、咖啡廳、網吧等等。

衍生組織包括行業協會、公會、聯誼會、促進會以及聯盟、聯合會，工會及聯合會、婦女協會、未成年人保護協會、消費者協會、殘疾人協會等社會權益組織，各地民主政府及其機構，各地獨立法院，各地區議會，民主社會的軍隊組織，學會、學社、研究會等學術機構，非營利、非政府的公益組織、基金會、促進會等社會福利、慈善機構及人權組織，紅十字會，保護自然組織，綠色和平組織等等。

2. 家庭組織與合作組織

社會需求是多元的，有一些需求比較簡單，如吃早餐、理髮、修理家電、購買日用雜貨等等；還有些社會事務的工作量不大，在同一時間事務作業簡單，如丘陵地帶的農業種植、草原放牧、水產養殖、鋪面攤位零售、社區小商店、小商品製作等等；另外還有蔬菜、水果等因保質期短需要快速分散銷售。諸如此類的生產經營活動只需要家庭參與就可以有效的滿足社會需求，如果大規模的集中生產經營反而得不償失。這些小規模的生產經營活動本來就是早期社會組織的主要形式，家庭種植、手工作坊、小商小販在人類歷史上曾扮演非常重要的角色，在現代社會也是如此，沒有這些小規模生產經營者的不起眼活動，社會生活還真有可能無法運轉。同時，這些小規模的生產經營活動也提供了社會廣泛的就業機會，對於社會穩定、和諧及發展，其作用不可小覷。從事這些小規模生產經營活動的主體是家庭，由夫妻共同經營打理，我們可以將這類生產經營結構稱作家庭組織。家庭組織的生產經營事務大多可以由夫妻二人完成，家庭之外的人參與很少，小打小鬧，獨立運作管理。

與家庭組織模式不一樣的組織形式是有分屬不同的家庭的多人參與發起、建立、運營的社會組織，筆者稱之為合作組織，有家族成員合作、朋友之間合作、熟人之間合作、陌生人之間合作以及組織與組織合作等等。合作組織的成因是在家庭組織的基礎上，由於人的智性發展而導致事務擴展出更複雜狀態的結果。我們回眸中世紀手工業發達的時期，鮮有合作組織產生，手工作坊幾乎都是家庭組織，17 世紀以後，特別是工業革命以後，合作組織才紛紛湧現。合作組織的結構形式是公司，早期的公司其合夥人參與到日常的生產、經營和管理事務中，隨著生產力的發展隨後出現職業經理人和職業經理團隊負責日常事務，公司投資人則組成董事會或股東大會僅負責公司的重大決策事務。合作組織比較家庭組織具有無可比擬的優勢，合作組織是為了大規模複雜事務而產生的，大型商業活動如百貨公司、大型超市、大型網購平臺，大規模農業種植如農場、糧食基地，大規模機器生產如火車、汽車、飛機、家用電器，這些都非合作組織駕馭不可。我們可以說，家庭組織支撐起了半邊現代生活，而合作組織則帶來了社會現代化。

3. 單一組織與複合組織

單一組織是指只從事一種事務或一類事務的社會組織。某些作坊只製作一種產品，如糕點坊、早餐店、小吃店、空調維修部；某些工廠（或公司）只生產一種產品，如鋼鐵廠、機床廠、服裝廠、煤礦、橋樑工程公司；某一商店只出售一種商品，有化妝品店、蔬菜店、水暖器材店、汽車配件店等等；某一服務組織只提供一種（或一類）服務，如航空公司、移動通訊公司、銀行、律師事務所；一些社會公共領域組織也只有一種或一類事務，比如消費者協會、養老院、人權組織、慈善基金會。單一組織只專攻一種產品、商品，提供一種服務或只注重一種社會公共事務，可以把這一種或一類事務做得很專業、很精緻、很到位，以滿足社會某一種具體的需求。

複合組織是指同時從事兩種或兩種以上不同類型事務的社會組織。比如某大學既從事教學又做科學研究，某集團公司既生產家用電腦又生產保健品還開發房地產業務，有的藥品生產企業同時也生產化工原料，也有的賓館酒店提供住宿、餐飲、會議、桑拿等一條龍服務。複合組織有時是主要事務自然擴展成為不同類型的事務，如大學做研究、賓館酒店服務一條龍，有的是相近事務的擴展，如生產藥品和生產化工品，也有的是無關聯的跨行業擴張。複合組織的多元化可以發揮其技術優勢多方面的滿足社會需求，同時提高組織的獲利和成功機會，但是如果盲目的擴張，一味的追求多種經營，也可能會超出組織的技術和管理能力，最終可能對組織的生存和發展產生不利影響。

4. 獨立組織與聯合組織

獨立組織是指組織事務在組織內部完成或者全部由組織獨立完成，其事務無需通過其他組織的配合。絕大多數社會組織都屬於獨立組織。

聯合組織是指由多個不同的獨立的社會組織聯合組建的社會組織。自由民主社會的聯邦政府就是一個典型的聯合組織，國會也是一個聯合組織（由各地區議會聯合組成），還有工會聯合會、各地區的行業協會、行業協會聯盟等等。

5. 營利組織與非營利組織

營利組織是指因事務處理來滿足社會需求可以從中謀取經濟利益的社會組織。絕大多數的基礎組織都是營利組織，營利組織又稱作企業，營利組織謀取利益不能成為主要目的，其主要目的是滿足社會需求，在滿足需求的基礎上才能獲得利益。在傳統的觀念裡，企業是賺錢牟利的機器，企業是為營利而生的，而且企業的利益還要最大化，在這樣的觀念指導下企業的事務處理主旨非常容易發生移情偏離，有可能導致企業不擇手段唯利是圖並且威脅到需求者的利益。

非營利組織是指事務處理只滿足社會需要不在其中謀取經濟利益或者不能謀取經濟利益的社會組織。所有的衍生組織都屬於非營利組織，衍生組織牽涉到行業共同事務和社會公共領域，不與具體的個體人和家庭需求產生直接關聯，其事務只涉及維護行業利益、維護社會需求、維護社會秩序、保護自然環境和維護社會共生正義的派生性事務領域。如果行業協會也可以謀取利益，那麼其必然會與社會基礎組織的利益發生衝突，加重企業負擔，並違背行業事務擴展的基本邏輯。一些社會衍生組織的事務對象不確定、不具體，如社會權益組織、公益組織、學術組織、人權組織、保護自然組織、綠色和平組織等等，也無法獲利。特別值得一提的是政府組織為什麼不能營利，政府組織的事務十分繁雜，關聯到社會生活的方方面面和各行各業，政府組織具有調動所有社會資源和自然資源的能力，如果政府組織營利，那麼全社會將沒有任何企業可以與之競爭，社會財富會快速而大量的向政府組織集中，導致社會日常生活難以運轉。政府組織營利也有悖於其事務的公益性邏輯，容易導致其公職人員產生唯利是圖的價值取向，滋生腐敗，並把獲利當做主要目的或首要目的，違背營利的社會正義內涵。

6. 本地組織與跨地組織

本地組織是指其住所和主要事務活動範圍僅處在一個行政地區的社會組織。一個行政地區是指範圍相對較小的地區，如一個城市和縣級行政區。一個生產企業的生產事務在某一地區範圍內全部完成，那麼這個生產企業就是本地社會組織。某一商業或服務企業的事務對象範圍僅限於所處地區的市場，這個商業或服務企業也是本地社會組織，以此類推。絕大多數家庭組織是本地組織，地方政府、議會、法院也是本地組織，本地組織還包括本地區的行業協會、社會權益組織、公益組織等社會衍生組織。

跨地組織是指其總部與各分支機搆分散於不同的行政地區或主要事務活動跨越兩個以上行政地區的社會組織。集團公司、大型生產企業、大型商業組織、加盟企業大多是跨地組織，全社會範圍內的社會衍生組織和聯合組織都屬於跨地組織。

從世界範圍來看，跨國企業、國際合作和聯合的組織都是跨地組織。

7. 正組織與負組織

在社會自然關聯狀態下所產生的基礎組織和衍生組織由於其事務來源於自然關聯邏輯，包含人的高智性，而且其事務的指向性和目的是為了滿足人的自然普遍需求，所以這些社會組織都具有社會建設性，可以增加社會財富，也可以維繫社會秩序和維護社會利益，還可以增進個體人的智性。社會基礎組織和衍生組織把社會中所有的陌生人通過事務和事務活動關聯在一起，消除了陌生人之間的情感障礙和壁壘，促使陌生人之間在互信基礎上交流、交往和互動，營造出了和諧穩定的社會氛圍，人們相互支撐、相互滿足，不僅是脫離原始的自然狀態，而且還建設出文明的高層次的日漸更美好的社會生活。所以，筆者把這些基礎組織和衍生組織劃類為正組織。社會正組織因為其建設性而具有鮮明的開放性，總是大張旗鼓的吆喝和宣傳，從不避諱其產品、服務等事務的可用性和滿足社會需求的適應性和有效性。社會衍生組織總是疏導和引導社會輿論和自由思想，廣泛的接受社會監督和批評。社會正組織是社會活力的主要源泉，也是促進社會文明和現代化的堅貞力量。

社會中還有一類組織其事務從根本上來自於既定的觀念、情感和喜好，自然事務只是工具和手段，其組織理念把人（包括陌生人）分為三六九等，親疏有別，而不能建立起普遍的平等的人與人關係，其處理事務以權威、身份、利益為核心，公然的或暗渡陳倉的釋放絕對社會主動性，把其事務對象的人格、權益和利益置於不顧，把他人（陌生人）當做棋子和工具予以玩弄，筆者把這類組織定義為負組織，有權威主義社會的政府組織和軍隊組織、恐怖主義組織、黑社會組織、生產和銷售假冒偽劣產品的組織等等。社會負組織因為其事務的內指向性，所以總是具有封閉性、神秘性和欺騙性，表裡不一，總是想方設法隱藏和掩蓋其真實內涵和不可告人的目的。更有甚者是權威主義政府散播虛假宣傳、管控社會輿論、禁止自由思想，把社會打造成了謊言加暴力、愚昧加怯弱的低智性群體，嚴重損害人類的自然權利和稟賦，由於其對社會財富的搜刮和對社會事務的嵌入，致使社會經濟畸形發展，社會貧富差距拉大並出現赤貧現象，社會需求嚴重萎縮，對社會構成深層次的傷害。社會負組織無一例外都具有社會破壞性和毀滅性，與社會正組織形成強烈的反差，至今仍然是人類需要憑藉智性解決的一大社會問題。

四、社會組織內部事務機制的二重性

檢驗一個機構是不是社會組織有一個最通俗簡便的方法，就是詢問或思考該機構是做什麼的，如果能夠回答的機構就是社會組織，不能回答的就是團體或群體。比如能夠具體回答是做空調機的，或者是銷售日用品的，或者是保護消費者利益的，或者是維護社會秩序的等等，這樣的機構就是社會組織；如果不能回答的，或者回答不具體的機構就是社會團體，比如愛好者俱樂部、政黨等團體就不能回答，我們不能說某政黨是生產宇宙真理的，或者是「為人民服務」的，因為政黨機構沒有事務特徵，愛好者俱樂部也是這樣。通過這樣簡單的一問一答，我們就可以發現社會組織的社會事務本質特徵，從外部看社會組織有一個總的事務，也就是生產某具體完整的產品，或者提供某具體完整的服務，其事務無一例外的指向社會需求。在社會組織的內部則有一套完整的事務環節（相對小的繁瑣事務）鏈條體系（即事務結構），每個事務環節都是總的事務的一個部分或保證總的事務的一個程式，如果沒有內部的事務環節支撐，組織總的事務將不存在，或不完整，或有瑕疵。社會組織內部的這些事務（環節）必定都是人作出的事務，而且是由不同的個體人（組織成員）分別作出的事務，所有個體人作出的事務最終彙集成為組織總的事務和完整的事務成果（產品和服務等），那麼我們可以斷定組織內部必然存在事務機制，把各種各樣的分散的小事務協調配合，按步驟、按程式邏輯的組合在一起。社會組織內部的事務機制無外乎就是事務環節之間的關係和人與人之間的關係，筆者就把這兩種關係稱作社會組織內部事務機制的二重性。

社會組織內部都有一個事務對象在事務中流動（流過）的狀況，或者是物質，或者是人群，生產組織和商業組織內流動的是物質，服務組織和衍生組織內流動的是人群，科研組織內流動的是關於事物的知識。生產組織的事務對象——物質在流動（流過）的過程中被一步一步的改變，服務組織和衍生組織的事務對象——人群在流動（流過）的過程中被一點一點的滿足，商業組織的事務對象既是物質又是人群，憑藉物質（商品）來滿足人群的需要，科研組織的事務對象——關於事物的知識在流動（流過）的過程中被發現或被應用。社會組織內的事務都有一個從開始的原初狀態到事務完整完成的一系列程式過程，在這一過程中，其事務對象逐漸的一步步被改變或被滿足，只要某個社會組織還存在和其事務對象不改變，這一過程就會源源不斷的進行，年復一年、月複一月、天複一天都在流動（流過）和改變（滿足）。整個這一事務過程包括許多細小的步驟，這些細小的步驟就是事務環節，整個事務過程也就是由許許多多的事務環節組成的事務鏈條結構。所有的這些事務環節都存在相互的關聯性，沒有一個事務環節是多餘的，每一個相鄰的事務環節都是緊湊的，所有的事務環節都是為了完成完整的事務成果的一個必要的步驟，事務成果（產品和服務等）都指向人的普遍需求，都是為了人的需要（包括對事物真相的認識需要）。社會組織的內部事務和事務成果都具有預見性，都是被事先認定、設計和安排的，都包含人的高智性。這種預見性的高智性並不來源於人的既定觀念和喜好，而是來源於人們對自然事物的理解和認識，所以社會組織內部的事務都屬於自然事務，都具有客觀性。每一個相鄰的事務環節都具有邏輯關聯性，前一個事務是後一個事務得以開展和進行的前提和條件。整個事務鏈條還會形成主要事務鏈條和關聯性次要事務鏈條的關係，比如說生產事務的主鏈條是物質狀態的改變過程，其次要事務就包括品質檢驗事務、機器維修事務、能源供應事務、原材料採購倉儲事務、生產統計事務、財務管理事務、會計分析事務、銷售事務、市場調查分析事務、目標管理事務等等，這些次要事務有的是為了維護生產過程的真實性和準確性，有的是為了生產過程的順利進行以及為了實現產品成果的價值等等，所有的事務鏈條都由許多事務環節構成，這些事務環節就是工序和程式。

早期的社會組織在內部事務環節處理方面都是由人來處理的，一個人可能要處理多項事務。當個體人作為組織成員投入和填補進入事務環節時，事務環節與人結合就形成為崗位。不是任何人都能勝任崗位工作，技術性手工操作崗位需要多年的培訓和實習才能從徒弟上升為師傅，中世紀的行會曾規定徒弟需要七年的學徒期。隨著人的智性增長，生產方式發生了顯著變化，工業革命以後許多手工作業的事務逐漸被機器取代，如紡紗、織布、鍛造、機加工、吊裝等等，重複性細緻作業和笨重消耗勞力的作業被機器取代後的精准度和效率更高，於是隨著科學技術的發展，生產事務發生了變化，崗位也變化為操作使用機器。崗位的變化也直接帶動了工種的變化，許多新的工種紛紛湧現。如焊工、車工、細紗工、電工等等。新崗位的學徒期大幅減少，一般經過兩至三年的培訓和實習，一個外行人就可以成為作業師傅。特別是小型電腦技術高度發展以後，許多辦公室工作可以利用電腦及軟體來處理大量的資訊、文字、圖像和計算事務，其崗位也變成了操作使用電腦的事務，如生產量統計、倉儲軟體操作、電算會計、打字文書等等。現代社會組織的內部事務充滿高度發達的智性，但是也存在操作機器和電腦作業十分簡化的不利於智性發展的現實問題。社會組織的崗位成員總是面對事務對象在其手中流動（流過），事務對象在手中發生符合工序要求的變化，由於人的精力和注意力不會像機器一樣持之以恆的精准，總會發生機器調試、送料、輸入等方面的操作失誤，以及機器故障等因素影響上工序與下工序之間在數量上、品質上和時機上的銜接，所以社會組織都存在各個崗位人員的事務監督和協調管理方面的問題，於是組織管理作為更複雜的事務應運而生。

我們在研究社會組織管理的時候應該考慮一個問題，即管理者的事務對象是內部事務還是組織成員，也就是說管理是管事還是管人。似乎管理只對人起作用，管理不能直接管到眾多組織成員所處理的事務，管理是通過管人來管理事務，管理者的真正事務對象是內部事務而不是人（組織成員），這就構成了管理的一個矛盾。管理者的管理（事務處理）效果需要通過被管理者的行為來體現，那麼管理者與被管理者之間的關係應該是一種合作關係，要不然管理者很難保證自己的管理成效。管理者可以通過管理權力來對被管理者施加壓力，採用發佈命令和獎勵、處罰的方式來要求下屬成員，也就是運用權力地位來施展其影響力，這樣可以取得一定的管理效果。於是，組織中便形成多層級的地位垂直架構，一層層一級級的權力差序格局，這就是我們習以為常的科層制組織結構。科層制是為了管人的方式設計的，各個部門之間的協調銜接由部門主管來執行，各個部門的成員就是組織的最底層，主管對其上級負責，一層層一級級最終將權力彙集到頂層，所以科層制其實就是專制式的管理模式。組織權力具有二重性，一是來自於組織事務真性的權力，二是來源於支配他人的權力，這要看組織的管理者對權力的認識是在哪個層面，這也決定了組織採用什麼樣的結構和模式。管理者在收集、儲藏、加工處理那些服務於實現目標的大量資訊方面的能力是有限的，儘管能力有限，他們仍然自覺的、有邏輯的追求自己的目標，這就給管理者造就很大的主觀性，但是組織事務的真性卻是客觀的。所以，在科層制結構下的社會組織其成員的協調能力和工作創造性能力都是有限的，有缺陷的，底層成員如此，高層也是如此。如果把組織的管理當做服務，尊重組織成員的才智和創造力，建立起全方位的協調、銜接機制，那麼組織的結構就是另一個圖景。組織成員就不再是「被雇傭的勞動者」，而是投入了情感、智慧、責任的資源，管理的矛盾和管理者的缺陷就可以得到比較有效的彌補，管理者與被管理者之間的地位關係就會趨於平等，那麼科層制模式下的組織內群體和隱蔽群體（私人關係）都會朝著有利於組織事務的方向發揮積極作用，組織內全方位的協調、銜接、監督將會更順暢和更具效率，組織目標也會更加切合實際，更加容易達成和實現，此時組織的結構一定是扁平的，組織管理模式一定是民主式和放任式的，組織成員通過對其他成員的影響、互動來處理事務，管理者與組織成員的合作方式最有效，也最具力量。

經過以上分析我們可以發現，社會組織內部事務包含事務與事務關係機制和人與人關係機制，兩種機制絞合滲透在一起似乎難以區分和梳理，只有運用理性思維才能分辨組織事務機制的根本內涵。

五、組織質概念的提出

社會組織都是由人組成的，沒有成員的組織似乎是不存在的。於是就有問題來了，是先有組織還是先有成員呢？沒有成員又哪來的社會組織呢？沒有社會組織又哪來的成員呢？社會組織在任何歷史階段都是由人組建的，都有一個發起者和組建者的事實，然後就有其他人跟進加入，組織才具有了基本雛形，隨著加入的人越多組織就逐步壯大成熟。那麼，又有問題來了，為什麼發起者會發起組建一個組織呢？為什麼他人會加入和跟進呢？為什麼社會組織會發展壯大呢？社會組織是不是一個人為的組織呢？其發起者和組建者是不是臆想出一個組織的夢景，然後就有一些跟風好奇的人士一起投入這個夢境呢？這些問題都牽涉到一個根本性問題，就是社會組織形成是如何可能的。我們在前面談論過社會組織的起源，社會組織從歷史起源上看是在無意識的狀態下形成的，只是我們採用回溯歷史的方法才可以找到社會組織的起點，早期社會組織的組建及過程是沒有顯意識參與的，即使在現代社會，人們組建社會組織也不一定有顯意識的動因。

關於社會組織形成是如何可能的問題，我們可以憑藉思維來放大社會組織最開端的虛無，就會發現在社會組織未成型的時候，在還沒有一個成員的情況下，在發起者的頭腦裡，社會組織已經在醞釀之中。在發起者的頭腦裡有一種衝動在發生，這種衝動一方面來自於他的包含了經驗或知識的智性，另一方面是社會廣泛存在的自然普遍需求潛在狀態在他的的頭腦裡產生鏡像反映，這種衝動在發起者的大腦裡通過由理性主導的思維活動產生連接反應，並與其自我意識發生關聯，在心靈中產生現實可能性的預判定，相信在自己的主導下憑藉事務的邏輯關聯性和人的作用，社會潛在需求可以得到滿足，於是發起組建某一社會組織的想法就在醞釀中生成，此時社會組織沒有成型，沒有成員，也沒有架構，但是成員和架構的設想在發起者的頭腦中憑藉想像力已經初步形成，甚至組織的名稱都可能被確定。這一種衝動給了發起者莫大的力量，於是他開始行動，憑藉經驗或知識調查瞭解事務所應有的條件，包括住所、機器設備、工作流程、人員配備等等，制定可行性方案，當他判定無誤後，組建社會組織則進入實質性階段。那些加入到組織中來的人們在頭腦中也有相同的衝動，即相信組建者的經驗或知識與社會需求的關聯性在人的事務處理的作用下具有現實可能性，於是產生願意投身組織事務的衝動和行動，加入到組織中來。社會組織的發起者、組建者與加入者共同的凝結了經驗和（或）知識的事務環節及其鏈條結構與人的普遍需求的關聯性智性認定，這就是組織質。什麼樣的經驗、知識對應什麼樣的社會需求就產生什麼樣的社會組織，農業種植技術對應社會糧食需求就是農業生產組織，機器製造技術對應機器使用需求就是工業生產組織，維護社會權益的正義對應權益需求就是社會權益組織等等。

組織質中包含三個基本的要素，一是特定的社會普遍需求，二是特定的經驗和知識，三是特定的個體人（成員）及群體（組織）的事務作用。社會中廣泛存在的客觀潛在需求是產生社會組織的最基礎的基礎，如果社會中不存在某種潛在的需求，社會組織也無從談起。然而社會無時無刻不在需求之中，食物營養和能量的需求、安全的需求、健康的需求、便利的需求、舒適的需求、性的需求、表達的需求、美的需求、自我認可的需求、公平正義的需求等等總是以能量的方式在社會中湧動，任何一種需求被滿足以後又會有新的需求從中產生，無休無止的需求是社會存在和發展的主要動力，也為社會組織的產生和發展提供了機遇和可能。因為社會眾多的需求以能量的方式湧動，就決定了需求的隱蔽性，需求是潛在的、不明確的，是一種目的性的導向。這就意味著社會組織的發起者和參與者要有一種前瞻的洞察力和預測能力，不僅是要洞察到潛在需求的存在，還要能夠預測到需求的發展趨勢。所以，社會組織的發起者不可能是平庸之輩，必定具備一定的知識和經驗，我們從社會組織的發起者和參與者大多是成年人的事實中可見一斑，只有成年人才具有這些能力。當社會組織的發起者和組建者憑藉智性（經驗和知識）意識到社會中普遍存在的某種需求時，一種使命感就激發出內心的力量，並驅使他（們）展開行動。我們不難觀察到，某一社會組織的發起者和組建者都充滿了激情，意氣風發，鬥志昂揚，因為組織質是他們的成就，確立一個正確的組織質是多麼的喜悅，這種喜悅轉換成了忘我的工作幹勁。他（們）日以繼夜的設計工藝流程，把組織主要的事務運用邏輯思維分解為若干工序和程式，並精心佈置工作場所，然後開始招兵買馬，期待著組織內部事務的正常運行。那些跟進加入的組織成員（個體人）在頭腦中產生同樣的智性認定，組織既定的工作條件在大家的共同作用下可以實現滿足社會需求的目的，於是在組建者工作幹勁的鼓舞下各就各位憑藉自己的技能投入到組織事務之中。新的組織總是充滿了希望和熱情，朝氣蓬勃，欣欣向榮。

社會組織內部事務自動原理。一個按照組織質常規正常運轉的社會組織在內部事務處理的過程中體現全自動性。每一個成員由於智性作用都十分明白自己的事務內容和工作程式，各就各位，按部就班，同時組織內部事務體系（事務鏈條結構及其擴展）也是富有高智性，組織內部事務的指向性和目的性都是明確的，而且都貫徹到組織成員和部門的具體事務之中，那麼組織內部事務就應該不需要額外的顯意識提醒和促進，組織會自動運行。這種自動性與生命體內的消化系統、血液循環系統、免疫系統的運行非常相似，不需要生命主體的顯意識作用而全自動運行，組織內部事務的自動性也是自然世界的自動性在社會組織中的體現。事實上我們也不難觀察到，當一個社會組織走上正軌以後，所有的組織成員都自覺的投入到事務處理工作當中，其組建者和管理者的事務要輕鬆很多，可以騰出精力做其他諸如發展規劃、市場調研的事情，這就是組織的自動性所致。社會組織內部事務的自動性是一種應然性，實際上組織內部存在管理問題，主要是因為組織內部事務結構龐大，而且牽一髮而動全身，總是會有某個事務環節違背自動性。其實組織目標的制定、貫徹執行也是一種事務，組織內部信息流動的順暢狀況也是導致需要管理的原因。組織內部管理可以按照全自動性為標準來進行，哪裡沒有實現自動性哪裡就有需要改進和調整的空間和可能，管理的目的就是實現組織內部事務結構的全自動。組織管理不應該成為管理者貫徹自我意志的過程，而是按照組織質的內在邏輯發現問題，並解決問題，促進組織成員自動自發的工作。

六、社會組織加工理論

任何一個特定的社會組織其事務對象都來自於組織外界，比如生產組織的原材料來源於大自然和其他社會組織，服務組織的事務對象是社會消費者，衍生組織的事務對象是自然（包括社會）的不太理想的現狀。社會組織通過一系列複雜的智性事務活動把自己的事務對象進行一點點一步步的改造，最終打造出符合社會普遍需求的事務成果並向組織外界（社會）輸出，於是就形成兩頭在外，組織為中心的加工功能。企業加工出了產品和服務，社會公益組織加工出了社會利益，社會組織充當了一個加工中心的社會角色。社會組織因為其加工功能而具有社會效用，當社會獲得利益時，社會同時也回饋該組織利益。

社會正組織無一例外都具有社會建設功能，不僅是滿足了社會需求，還有助於社會智性全面的提高。品種繁多的產品、商品和服務為需求提供了更多的選擇，也豐富了社會生活，這些都得益於組織在事務加工過程中的真實性，這種真實性包含在了組織的產品和服務之中，並與社會需求的真實性相吻合，打造出實實在在的社會財富。消費者在享用產品、商品和服務的過程中，通過使用和體驗可以學習到不同行業和不同技術的真實功能和效用，促進消費者的智性提高。社會正組織給予社會諸多的利好，社會也回饋組織以認可、尊重和保護。企業因為其加工功能而獲得利潤，民主政府組織和公益組織等因為其加工作用而獲得社會威望。社會正組織不僅是社會財富的源泉，也是社會秩序和規則的主要源泉。作為加工中心的社會正組織從來都不忌諱暴露自己的活動及內容，總是公開的展示其社會效用，害怕社會不知道它的事務特徵，也總是以告知和宣傳的方式展示其開放性。與之相對，社會負組織則具有社會破壞性，權威主義政府組織以暴力和欺騙為手段來維護其統治，因缺乏加工精神而瘋狂干預社會秩序和規則，以製造恐懼和愚昧來獲取社會權威和利益，向社會索取，同時對社會產生損害。恐怖主義組織和黑社會組織則以公開破壞的方式侵害人的趨利避害性，製造人為的趨利避害需求來獲取社會權力和財富，一味的向社會索取，從社會的恐懼中獲取利益和好處。生產和銷售假冒偽劣產品的組織則是以偷雞摸狗的方式暗渡陳倉的竊取收益，違反了社會真實性正義，嚴重損害社會需求，並造成消費者的錢財損失和身心健康的傷害。社會負組織總是隱藏自己不可告人的目的，或虛假宣傳，或避而不談，極具封閉性和欺騙性。社會負組織因為其破壞性和隱蔽性不單是造成社會財富和社會利益的損害，還直接帶給社會廣泛而普遍的低智性，人們在恐懼、怯弱和愚昧中惶恐不安，也總是被人們詬病、譴責、打擊和唾棄。隨著人類文明的潮流滌蕩，這些負面的醜惡現象終將被日益提高的智性和社會正義的力量所清洗，退出歷史的舞臺。

七、社會組織的環境

社會組織產生於社會這個大群體之中，社會是一個巨大的培養皿，培養出無數的各種各樣的社會組織，那麼社會於社會組織就形成了包容與被包容的關係。絕大多數社會組織的所有資源都來自於社會，少部分社會組織的資源既來自於社會也來自於大自然，可以肯定的是，所有的社會組織都與社會產生信息、能量、資源等方面的交換關係，沒有哪個社會組織可以脫離與社會的聯繫，事實上社會總是以強大的能量時刻滲透和影響著社會組織的方方面面，於是社會就構成了社會組織的環境，因為這種環境相對來說來源於組織的外界，所以稱為社會組織的外部環境。根據前面對「社會組織內部事務機制的二重性」的研究分析，社會組織內部也存在事務環境，主要體現在人與人之間的關係上，我們可以把這種內部的環境稱作社會組織的內部環境。總的來說，社會組織的環境就是社會組織在社會中所處的以及自身所含的狀況。社會組織的內部環境和外部環境不是完全隔離的，而是相互滲透、相互聯繫和相互影響的關係，可能內部環境來源於外部環境，也有可能內部環境反過來影響外部環境。

我們先來看看內部環境。內部環境包括生產作業和辦公地點的佈局，設備的擺放，物質流動、車輛流動和人員流動的方向、順序和方式，光線明暗度，擋風、遮陽、室內溫度調節，以及噪音、灰塵、酸鹼鹽等有毒有害化學物質的釋放、揮發和滲漏等等。這些內部環境因素是為誰和為什麼而設計、設置的就反映出社會組織管理者的基本理念。如果是為了節省投資或者是為了賺取利潤，那麼內部環境就會不利於組織成員的日常作業和工作，把工人和普通職員置於惡劣的環境中，必然會損害他們的身心健康和工作效率。如果是為了組織成員的福利而精心設計和設置的工作環境，那麼組織成員必然會激發出受尊重感而煥發出責任心、歸屬感和合作精神，促進他們的工作幹勁和創造力。所以說，組織的內部環境從根本上是人與人之間關係。那些認為改善工作環境會造成享受和懶惰的管理者其實只是為了掩飾其對組織成員根本利益的冷漠。社會組織管理者的自我意識無時無刻不在湧動之中，或直接干預崗位事務，或制定不切實際的目標，或漠視組織成員的利益，或以權力來博取獻媚等等，在組織中形成人為事務關聯，使得組織內部環境複雜化，組織成員需要騰出額外的精力來應付管理者，促使組織內部產生勾心鬥角的派系和明爭暗鬥，導致組織成員心力憔悴、精神緊張而無心專注於崗位事務。組織內部環境惡化的根源在於管理者的不良管理和不良工作作風，內部環境優美且輕鬆愉悅，說明其管理者開明而富有睿智。當然，組織普通成員的工作動機（為什麼而工作），以及性格脾氣、學識教養也會生成內部環境。所以說，社會組織內部人與人之間互為環境，任意一個他人都是自己的環境。

其實社會組織內部環境好壞優劣的根源在外部環境。任何一個社會組織都不能在社會中獨善其身，都必然受到外部環境的影響和制約，組織管理者是如此，組織成員也是如此。在一個權威主義社會，統治者的意志被貫徹到了社會的方方面面和每個角落，並且大行其道，最主要的特點就是釋放絕對主動性，藐視被統治者，不惜抹殺他們的人格、權利和生命來維護其統治權威和利益，這種強權專制意識感染和薰陶著社會中的每一個人。以至於社會組織的管理者天生對組織成員就有偏見，產生主客差別，形成主動從動關係，隨意干預組織成員的工作事務，把工作量逼到極限，不改善普通成員的工作環境，骯髒、危險、低薪和超負荷超時作業嚴重損害了他們的尊嚴和身心健康，打造出血汗工廠和奸商市儈，形成惡劣的內部環境和外部環境，人人自危。我們在工業革命以後的工廠雇員風起雲湧的抗爭運動中可以看到組織內外環境惡劣到何等程度，直到 19 世紀下半葉在民主、人權思潮的影響下產業工人才得以節節勝利。直至今日，一些現代權威主義社會仍然存在血汗工廠的問題，社會組織的管理者仍然還是把普通成員當做被雇傭者和工具來使用，工傷事故和職業病層出不窮，甚至有工人不堪壓迫而跳樓自殺，組織內普遍存在消極怠工和物質材料浪費現象。在自由民主社會中，由於人權意識的影響，社會組織內部環境煥然一新，組織福利和社會福利提高了組織成員的地位，機器設備在設計生產的過程就充分考慮操作使用者的安全和便利，人性化設計事務作業流程，而且工作現場整潔明亮，薪酬待遇可以滿足個人及家庭的生活需要和學習發展需要，人們煥發出極大的工作幹勁和聰明才智，組織管理者與組織成員建立起合作關係，人際關係氛圍和睦、熱情、簡單，人人為組織作想，組織為人人考量，組織內部環境呈現出文明進步的和諧氣象。

社會組織無不處於自然環境當中，而且總是選擇最有利的自然環境。自然地表形態、自然物產、氣候、地理位置等等都是許多社會組織設定住所和事務活動場所優先考慮的事項。礦山總是定位於礦物的蘊藏地，無論山高路遠多麼荒涼偏僻；碼頭也總是定位於水邊，而且水面寬闊平靜水又深的地方；加工製造業和冶金業多選址在平原並且靠近水源的位置；商業服務業則主要分布在人口稠密的城市之中等等。哪裡的資源和條件符合事務需要，哪裡就存在社會組織；哪裡氣候宜人居住，哪裡就有社會組織的身影；哪裡交通便利，哪裡就簇擁社會組織。社會組織以自然環境為依託，自然環境供給物質基礎，也為組織的事務處理效率奠定基礎。與此同時，由於組織質和社會加工功能所決定，社會組織總是與社會群體和人口分布狀況密切關聯，社會組織周邊的人群規模決定著組織的規模，如偏僻鄉村的商店就很小也很少，鄉鎮的商店就要大很多數量也要多很多，城市的商店規模則更大甚至是超大；人口的數量絕對值、年齡結構、受教育程度以及文明程度等等對社會組織具有支撐和決定的作用，這也是經濟學的人口紅利術語所指的主要內容，人口紅利狀況決定著社會組織招募成員的數量和素質，也決定著組織的運轉和發展的內在力量。除此之外，社會組織周邊的人群規模和收入狀況、消費習慣也是需要考慮的首選問題。消費者和顧客是企業的環境，購買力和消費能力以及需求的變化都直接影響到企業的生存和發展，任何一個微妙的變化都會帶動企業發生變化，如何應變一直都是企業面臨的難題，許多企業的管理者保守固執不能隨機應變都失去了生存和發展的機會，或陷入困境，或瀕臨破產倒閉。一個成功的企業總是引領消費，創造需求和購買力，使得企業事務生生不息、繁忙興盛。社會組織與組織之間也是互為環境，組織的原材料、機器設備、辦公耗材、交通工具等等基本都是由其他組織通過交換方式所生產提供，組織與組織之間在自然物產的基礎上形成了相互聯繫和作用的鏈條結構關係，環環相扣，相互依賴，相互共存，瞭解這些社會資訊對組織的生存發展大有裨益，特別是新產品新技術層出不窮的現代社會更是提升組織競爭力和提高事務品質的關鍵所在；瞭解同行業競爭對手的狀況和動向也對評估組織的優勢、問題和風險大有裨益。有些社會組織在面對社會環境的同時也對自然環境和社會日常生活環境造成潛在的破壞，如有毒有害排放、垃圾、噪音、亂墾亂伐等等，對自然生態環境和人類生活環境產生嚴重的威脅，這也是需要從根本上解決的社會頑疾。根據組織質和組織加工功能作用，有一個基本的邏輯就是，社會利益高於社會組織的利益，不能犧牲社會利益來換取組織利益。

總的來說，社會組織的環境，無論內部環境還是外部環境，歸根結底都是人的環境和由人造就的環境，其本質是人的智性環境，什麼樣的智性就有什麼樣的環境。

附件：社會組織的悖論

悖論一：先有組織還是先有成員？沒有成員又哪來的社會組織，沒有社會組織又哪來的成員。

悖論二：組織中個體人不能有個人行為，但是組織行為是由個體人行為來體現。組織提倡團隊精神，但是團隊又是由個體人組成。

悖論三：如果把組織成員全部更換後，組織名稱不變，這個組織還是同一個組織。

悖論四：組織承載了社會功能，具有外向性和開放性，同時組織擁有獨立的利益，具有內向性和封閉性。

悖論五：組織成員的行為千差萬別，沒有一致性，但是組織內部是有序的，是一致的。

第十三章　論社會經濟

「經濟」一詞是我們再熟悉不過的詞彙了，它充斥著我們的社會生活，有經濟工作、搞活經濟、經濟收入、經濟狀況、經濟效益、經濟優勢、經濟指標、經濟建設、經濟制度、經濟規律、經濟學、宏觀經濟、泡沫經濟、經濟危機等等，這些詞語似乎體現出我們的社會是一個經濟型社會。

經濟是一個中性詞，其本身並不存在好與壞的情感判斷，並不意味著社會頻繁使用「經濟」一詞就是一個經濟繁榮的社會，也並不意味著人們從事經濟工作就定能把經濟搞活搞好。「經濟」一詞並不包含褒貶之意，任何社會都存在「經濟」，任何人都可以從事經濟工作。但是，任何社會不一定都能把經濟建設好，任何人都不一定勝任經濟工作。所以，經濟又有好與壞之分。人們普遍認為，經濟好就是社會投資踴躍，企業生產紅火，加班加點，產出增加，同時市場需求旺盛，物價穩定，失業率低，人民生活水準不斷提高，老闆們咧著大嘴數鈔票，政府稅收盆滿鉢滿。反之，就是經濟壞。

「經濟」一詞有兩個基本詞性，一是名詞，二是形容詞。作為名詞時，「經濟」意為從事與生產、交換、消費等有關的行為和活動，以及行為和活動的狀態。在這種語境下，「經濟」一詞的含義極其豐富，幾乎涵蓋社會中絕大多數的行業和職業，這又使得「經濟」的語義不那麼確切，讓人難以把握。微觀中有「經濟」，宏觀上也有「經濟」，而且在宏觀上「經濟」一詞的使用最為頻繁。我們知道，微觀與宏觀兩個尺度是不一樣的，難道「經濟」有自動縮放的功能？在不同的尺度狀況下，人們確定看到的都是同一個「經濟」？作為形容詞的「經濟」有金錢、力氣、時間、資源等的節約、節省之意，也有對社會和人有利或有害的意思，如經濟實惠、經濟作物、經濟昆蟲、經濟養殖等等。

「經濟」一詞作為名詞使用時有多個使用範圍，如原始經濟、個人經濟、家庭經濟、社會經濟等。下面，筆者試圖就社會經濟（以下簡稱為經濟）做一番思考研究。

一、什麼是經濟？

「經濟」作為一個概念要比名詞解釋複雜很多。我們至今不能給「經濟」下一個公認的定義，對「經濟」概念的解釋都是五花八門，但是我們都知道「經濟」是存在的，我們在任何一個側面和角度看到的都是「經濟」。

到底什麼是經濟，一直是困惑人們的一個難題，經濟看似簡單，實則極其複雜。由於人的智性發展導致事務環節的擴展和新的事務環節的產生，以及新的經驗和知識不斷的應用於生產和服務之中，社會關聯的廣度和深度也隨之不斷的擴充，以至於經濟的內涵和外延不斷的發展變化，使得我們在認識經濟時總是侷限在了某一個側面或角度，比如說我們專注於微觀經濟就容易忽視宏觀經濟，即使我們審視微觀經濟同時兼顧宏觀經濟，也時常會忽視經濟的道德、外部性、內部性、正義、權利、智性發展、社會福利等等內容。我們要想全面的瞭解經濟，囊括其所有的內涵和外延，從目前的智性狀況來看幾乎是不可能的，在未來相當長的時間內似乎也是難以做到的，在認識經濟的過程中總是會有一些東西被忽略和丟失。最要命的是，對經濟的認識而形成的觀念是指導我們經濟行為、經濟實踐、經濟管理和經濟政策的準則，所以就出現有什麼樣的經濟認識就有什麼樣的經濟形態的社會現實。

經濟之所以複雜，主要是因為經濟不是一個直觀性認識對象，經濟不是一個物體，也不是一個小規模的如家庭、社會組織等關聯性事物，經濟是一個超大規模的人與人行為關係網絡及其狀態，人與人的行為（事務處理）以雲關聯的方式相互作用和影響。在經濟的深處，人與人的行為受各自的智性支配，每個人沒有完全相同的智性內容，人與人之間的經驗和知識以及應用的效率是不相同的，正因為人的差異性，經濟行為才發生互補，我擁有你缺乏和需要的能力，你也擁有我缺乏和需要的特長，所以人與人之間才可能交換彼此所需。人的智性也促使人們在經驗和知識的基礎上合作，組合成為社會組織以彌補單個人在智性上、精力上的不足，採用分工的方式來營造更大規模的經濟行為。個人與個人之間、個人與組織之間、組織與組織之間相互關聯，這種超級雲關聯大系統所蘊含的智性內容和行為細節超越任何人的認知能力。而且人的智性發展內容的不確定性，導致許多新經驗、新技術、新知識不斷湧現，有舊組織、舊產品消亡，但是有更多的新組織、新產品被創生，這些創生的過程是無中生有的過程，在這期間經濟狀態或者說經濟秩序起到了十分重要的作用。各種新的東西能夠在經濟雲關聯體系中不斷內生湧現，也體現出經濟制度的合理性。所以說，經濟是一個非直觀性事物，其複雜程度總是超出人們的既定認識和預料。

經濟是複雜的，這是毋庸置疑的，要不然經濟學領域不會出現這麼多的分歧和爭論。許多學者通過對經濟的考察、分析和研究提出了各種各樣的經濟學理論，經過兩千多年的發展至今仍然未有一個公認的定論，事到如今可以說有多少人研究就有多少種經濟學，幾乎每一個人看待經濟的角度和方法都不盡相同。相比之下，自然科學在偏差和分歧上就要小很多，比如說物理學的熱力學定律、電磁學的定律、質能方程、化學的質量守恆定律、波義耳定律、門捷列夫的元素週期表等等，幾乎無異議的被確定下來成為自然科學的鐵律。經濟學就沒有這樣的鐵律，任何一個理論都被其他人質疑和反駁。可見，自然科學相對來說面對的是直觀性認識對象，其研究者的自我理解因素很小，或者幾乎沒有，而經濟學的研究對象屬於非直觀性認識對象，其理論大多都摻雜研究者的自我理解成分，總會有丟三落四的事情發生，由於側重點不一樣，所以分歧和爭論不可避免。為什麼會這樣呢？這是由經濟的複雜性決定的。經濟的複雜性表現為人與人之間經濟行為的複雜性，經濟牽涉無數的具有自發行為的個體人，他們分布於各行各業和各個工種及崗位，各自發出不完全一樣的行為，甚至是完全不一樣的行為。在他們的行為背後是各自不完全一樣的智性內容支撐起各自的行為，性別、年齡、社會環境、自然環境、自我需求、受教育狀況等等導致人與人之間的智性差異，同時每個人還受到特定觀念的支配，所以經濟作為研究對象就不會像自然科學的研究對象那樣恒定和單純，經濟的複雜程度遠大於純粹自然現象。經濟的複雜性是人類社會之所以複雜的根源。

經濟之所以複雜還因為經濟受社會關聯事務擴展的影響，早期簡單的生產事務中許多事務環節隨著人的智性增長發生擴展變化，衍生出更多的事務鏈條和事務環節，於是新工藝、新產品、新行業層出不窮。隨著人口的增加，經濟規模不斷擴充，人與人之間的關聯從直接生產關聯（生產事務處理過程）自然衍生出共同事務領域，形成橫向事務聯繫以及公共事務關係。個體人之間分散的個人需求也隨著社會規模的擴大（人口增加）彙集成為社會公共需求，形成社會中所有人共同面臨的公共問題。社會共同事務和公共問題派生出社會公共事務，使得經濟發生外延擴展，最終擴展為社會公共領域，即社會超級雲關聯大系統。在這個超級大系統中，社會公共機會支配著人們的各種經濟行為和活動，人們在公共機會中生產、交易、消費、投資。由於社會公共機會可以從社會關聯中自然產生，機會不會排斥任何一個個體人，只要個體人的智性達到能夠滿足其他人需求的要求，任何人都樂意接受他所提供的產品和服務，消費者（或需求者）所接受的是特定產品和服務的功能、效用和功效，而不是某個提供者個人，也就是說接受者並不是需要某個具體人的供給，而是需要實實在在的產品和服務性能，這就構成了經濟內涵的開放性，經濟對社會中所有的人是接納的，不排斥的，經濟中人格和等級的因素幾乎不存在。機會生成規則，而不是相反，所以公共機會也就是公共的規則，經濟規則不應該排斥任何一個個體人，經濟制度不應該偏袒於某一人或某些人，這也是「經濟」的道德和正義性之所在。由於社會公共領域和公共機會極其抽象和隱蔽，常常容易被人忽視，使得經濟現象極其複雜。

由於經濟行為和經濟活動無一不是指向人的普遍自然需求，於是，需求就實際上起到了制約經濟行為和活動的客觀作用，所有的經濟行為和活動都不是隨意的行為，其行為者的自我意識、情感和喜好，在行為過程中應該被屏蔽，就如同生產過程一樣，行為者只能接受來自自然邏輯關聯中的信息，即事務信息，並按照關聯邏輯和事務信息來處理事務，作出行為。在經濟行為和經濟活動中，如果行為者參與自我意識——情感和喜好，無形中會使得經濟更加複雜，叫人摸不著頭腦。生產者如果按照自己的意願來組織和實施生產，服務者也按照自己的意願來實施服務行為，那麼勢必會扭曲自然關聯邏輯的序列，改變經濟行為和活動的目的指向性，如果在這種情況下我們來認識「什麼叫經濟」，我們只能看到被人為加工過的「經濟」，而不能直面「經濟」的本質內涵和外延，那麼就自然而然的不能認識「經濟」了。特別是經濟的研究者如果也加入了一定的自我意識，包含情感和喜好，有一種先決的立場，如站在國家的角度，站在政府的角度，或者站在自由的角度，來看待「經濟」，於是就人為的框定了「經濟」的範圍，所以也就難以看清「經濟」的本來面目了。政治經濟學就是在這樣的思維方式下成型而大行其道的，經濟國家主義、經濟凱恩斯主義和經濟自由主義都有這樣一個先入為主的立場問題，先決條件不同，當然其研究結論就不會相同，無休止的爭論就在所難免。筆者認為，認識和研究「經濟」

只能從自然世界這一角度來進行，來自自然的，或者說來自純粹自然的，才是最真實的，才是最有價值的。為了避免關於「經濟」結論的歧義和紛爭，唯有從純粹自然中著手和闡發才具有可靠性和說服力。

筆者認為，即使從純粹自然的角度出發，就人類現有的智性水準和語言表達能力，要給「經濟」概念予以具體準確的解釋仍然有難度。「經濟」概念應該包含其原初意義，而且還涉及關聯事務的擴展性，從產品和服務的事務擴展到共同事務，直至社會公共領域，即社會超級雲關聯大系統的形成，「經濟」涵蓋的範圍極其廣闊，所包含的經驗和知識內容極其豐富，其範疇和要素繁多，而且至今仍然還具有進一步衍生發展的趨勢，所以給「經濟」下一個公認的具體的準確的定義幾乎是不可能的。但是，有一點可以肯定的是，從純粹自然的角度出發，能夠幫助我們更好的認識「經濟」，盡可能減少不必要的歧義和紛爭。似乎每個人都可以給「經濟」下一個定義，多種經濟定義也有一個好處，就是沒有一個絕對的權威，任何人都不能控制其他人對經濟的認識。

筆者認為，「經濟」是社會關聯最主要的現象，也是社會關聯最基本的形式。人與人和組織與組織之間在自然邏輯關聯的狀態下所展開的以滿足人的普遍自然需求為最終目的的行為和活動及其狀態就是「經濟」，與經濟所不同的是，在人為關聯的狀態下的行為和活動就是「政治」。

二、經濟的屬性

研究經濟的屬性是我們認識和瞭解「經濟」的一個途徑。經濟無時不刻不在活躍之中，經濟現象總是衝擊著我們的頭腦並且釋放出其許多固有特性，經濟的屬性我們是可以捕捉的，並且可以在我們的頭腦中形成總體印象。經濟的屬性不僅包含社會關聯的屬性，而且還具有其獨特的屬性。經濟除了前面所談及的複雜性、擴展性之外，還包括以下一些屬性。

1. 確定性與不確定性

經濟的確定性終歸是一個認識論問題，經濟是如何被確定的呢？經濟可以從如下幾個方面被確定，一是經濟行為和活動的主體人是確定的，可以被我們感知。生產者、服務者、交易者等個體人及群體是活生生的從事或處在事務行為和活動狀態之中，他（們）的行為活動不屬於消遣和娛樂，其表情和動作都具有嚴肅性，他（們）都全身心認真的投入到事務處理當中；二是主體人（們）

的事務行為和活動都無一例外的受到特定的經驗和知識的支配，並不雜亂無章，而是有條理秩序，具有事務結構，可以用特定的事務特徵來描述；三是主體人（們）的行為活動的作用對象有物質、普遍的人、信息及載體、大自然等等，物質被改變形態、結構和位置，普遍的人因他（們）的行為活動而滿足和舒坦，信息被處理在物質載體上供使用者檢閱，大自然被他（們）影響而發生變化。他（們）的行為活動與作用對象之間具有直接關聯性，他（們）的行為活動直接導致作用對象產生變化；四是生產者和服務者的事務成果（產品）都具有適用性（即效用價值），可以滿足需要者和消費者的自然需求，沒有產品不可供人使用和體驗；五是主體人（們）的數量、事務處理所用時間及產品的數量都可數，可計量，可以數理化。因為數量感是人的先驗感覺，所以經濟可以被人的感知確定。

根據這些經濟確定性的描述我們可以發現，經濟之所以是確定的是因為經濟行為和活動發生在過去和現在當下，而不是發生在未來。對於將來，經濟行為和活動由於尚未發生，其狀態和價值判斷不具有現實性，所以不確定，但是我們可以根據過去和現在（只要一發生就變成過去）的狀態來推測和預計將來，因為其不確定性，預測將來不一定正確。比如說產品的交易量（銷售量）對於過去的計量統計是確定的，以此來預測將來不一定會與過去吻合。經濟的不確定性還表現在產品的生產和銷售過程中，對於具體的需要者和消費者不確定，不知道誰會發起交易，所以廠家和商家一般都會打廣告和促銷，以此來吸引和喚起他人的交易行為。即使面對定向的需求者，廠商也需要需求者提供需求計畫來組織生產，要不然其生產供貨量難以確定。在宏觀經濟統計方面，由於數理性的資料單一，只能反映數量和數字這一種性質，不能反映經濟的多維度狀態，如生產結構的合理性、資源配置的效率、環境污染狀況以及人的生活因素等等，宏觀經濟資料不能體現經濟的內在品質。再則，在權威主義社會，統治者的經濟制度和經濟政策因為添加了過多的人為因素，經濟總體現出不確定性。經濟中，由於人為錯誤的疊加效應，在一定時期內形成潛在的黑天鵝和灰犀牛事件，可破壞經濟的健康發展。

2. 重複性與循環性

經濟行為和活動由於受一種或一個鏈條系列的經驗和知識的限制，在其事務處理過程中總是體現出重複性。一個個體人的崗位行為是重複的，上班往返通勤日復一日、年復一年，其工作狀態相對固定，甚至是絕對固定，每天從事同樣的工作，動作一次又一次恒定不變，或者在一個狹小的範圍保持重複不變。手工作業者、機器操作者、文書工作者、搬運工、清潔工、安保人員等等，他們的工作行為都有一個共同的性質，即經驗和知識內容單一，雖然可以做出不停的行為動作，但是其行為動作無法超出特定經驗和知識的侷限，使得行為動作恒定不變。重複性的行為動作可以訓練人的專業性、準確性和有效性，使得行為人更勝任特定工作崗位，在事務鏈條中充當一個穩定的事務環節作用，其角色在事務鏈條中不可或缺，支持和支撐著最終事務成果的實現。在事務鏈條的總體管理上，管理者的行為活動也具有重複性，農民的種植、養殖全過程，手工作坊的製作流程，商業活動的事務週期，社會組織的事務鏈條序列等等都受特定的專門經驗和知識（範圍相對大）的侷限，從頭到尾，從原材料到產品成品（或事務完成）總是重複進行，這樣重複的好處是可以源源不斷的提供特定產品和服務用以滿足需要者和消費者的固定需求，可以把產品和服務做得更專業和精緻，其管理者也可以訓練更熟練的管理技巧和技能，成為經濟生活的重要支柱。

在事務鏈條的管理上，從頭到尾的重複也就是從頭到尾的循環過程，事務鏈條的不斷循環就體現出生產者和服務者的事務總體特徵（即事務性質），有種植稻穀的、有養豬的、有製作點心或竹製品的、有商品批發和零售的、有鋼鐵企業或空調機廠家等等。生產者和服務者內部的事務鏈條循環是一種經濟行為和活動的微循環，從事務起始到事務成果的不斷循環是經濟活躍的源頭，體現出社會經濟的生機活力。在經濟微循環的基礎上，區域城鄉經濟和大社會城鄉經濟也反映出循環性。由於城市無法種植和養殖，大量的農村農業產品通過商業行為被銷往城市，用以滿足城市人的生理能量和營養的需求以及城市製造加工業原材料的需要，如糧食、生豬、蛋禽、蔬果、茶葉、棉花、苧麻、橡膠等等，城市是農產品的主要市場。與此同時，城市的製造和加工業產品也銷往農村，滿足農村人口的日常生活複雜性需求，有洗漱用品用具、服裝鞋帽、家用電器、電子產品、農業機械等等。城鄉在各自的產業結構中互補，相互支持和支撐，形成周而復始的經濟循環。我們不能說城市或農村孰優孰劣，誰重要誰不重要，只有城鄉經濟循環順暢，相得益彰，才能構築穩定和諧的社會經濟大秩序。經濟的循環性還包括資源利用循環，廢舊物資的再利用，把它變成可再次使用的原材料可以節省大量的原始原材料的開採費用和成本，由於廢舊物資在分解、提煉上的技術工藝簡單且能源耗費不大，而且還具有環保的效用，再生資源的循環利用具有經濟可持續發展的重要意義。

3. 時間性和空間性

經濟在很多方面都體現時間性，首先體現在歷史發展上，經濟的擴展性從擴展的時間過程上來看就是經濟的歷史發展進程。從歷史發展總體上看，社會經濟經歷了原始經濟、自給自足經濟、商品經濟、市場經濟四個自然經濟形態，後一個經濟形態比前一個在規模上、品質上和活躍度上都要高很多，人口數量大幅增加說明人類的生產能力和交換能力大為提高，可以滿足更多的人的更多的需求，極大的促進了人類社會的福祉，具有文明進步的偉大意義。從歷史發展的微觀上看，經濟行為和經濟活動的內在擴展支撐著經濟形態的自然發展。陌生人之間相互滿足需求的事務，其邏輯事務環節通過一定時間的醞釀而發生擴展，生成新的事務鏈條結構和事務環節，更多的人投身到新的事務環節當中，創造出越來越多的社會財富。經濟的歷史發展過程和經濟形態的演化過程，其主線條就是人的智性發展。經濟的時間性還體現為生產和服務的時間延續性。經濟微循環過程中由於事務鏈條中的事務環節繁多，牽涉到多工種、多工藝、多工序、多崗位的鏈條序列和交叉配合，微循環總要延續一定的時間，從幾小時到幾天、十幾天、上月不等。一般說來，微循環時間越短，其生產效率越高。生產效率是經濟生活中十分重要的考核因素，時間效率是生產效率的重要內容，生產者往往在微循環過程中採用更加密集的生產行為，極力縮短循環時間，以節約時間來擴大經濟利益。在微循環過程中，生產時間有時會大於密集的工作時間（勞動時間），比如釀酒的發酵時間、陳放酒的時間、農作物在生長階段的時間等等，由於一些產品的生產時間包含自然界的處理時間，所以生產時間與生產者的工作勞動時間不相等。經濟的時間性還包括生產及其產品的季節性和時效性，農業生產一般都有季節性，播種的時機都很短，農產品容易腐爛，其收穫期比較緊迫。工業產品也容易生繡、老化或變質，其時效要長一些，大凡所有的產品都有一定的時效性，亦即所謂的保質期，這都是自然力量作用的結果。

經濟的空間性首要表現為土地，包括土地的水平廣度、地表以上的高度、地表以下的深度，在目前人類未能征服太空的情況下，任何生產和服務都離不開土地，工業、農業、商業、服務業都是如此，經濟行為和經濟活動不是在地表，就是在空中和地下，歸根結底都離不開地表。人類的日常生活活動都集中在地表，自然生產資源大多處在地表或者取自於地表，農業生產都在地表進行，大多數的工業廠房和幾乎所有的辦公設施都建設在地表上，只有一些礦井、地鐵和掩體伸到了地表以下。所有的工作崗位都需要操作空間，這是由人的視覺感受、身體結構和運動性決定的，經濟微循環和生產事務鏈條要求廠房和廠區與之相適應，在緊湊的空間裡保證生產工藝流程的順利有效進行。在原始經濟和自給自足經濟形態時期，由於陌生人之間相互滿足需求的關聯度很低，陌生人之間的經濟關係尚處在分隔狀態，所以經濟空間具有直觀性，主要以土地及其空間為特徵。但是到了商品經濟和市場經濟形態時期，陌生人之間的經濟關係發生了內涵和外延的擴展變化，陌生人之間的經濟關聯度大幅提高，使得經濟空間複雜多維，衍生出抽象的市場空間和機會空間。市場空間和機會空間之所以是抽象的，是因為這兩種空間是在以土地和地域直觀空間的基礎上由人的頭腦派生出的另一維度空間。市場空間是指在一個特定的地理區域範圍內，呈現出的人口結構和密度分布狀態、產業和行業分布狀態、生產商業和服務的供給狀態、需要者和消費者的滿足狀態、市場的活躍程度、市場的秩序狀態、市場中人與人相互之間的人格狀態以及供給與需求的市場機會狀態。市場空間包括人口的性別年齡結構、收入狀況、智性水準、歷史沿革及生產和服務的真實性、社會道德（包括正義感）等內容。市場空間的本質是人們從事經濟行為和活動的可能性，可能性大則市場空間大，可能性小則市場空間小，比如權威主義社會的市場空間相對狹小，而自由民主社會的市場空間就要大許多。具體的市場，如農貿市場、生產資料市場等，都是以抽象的市場空間為依託，沒有或離開抽象的市場空間則具體的市場就不會出現和存在。機會空間是市場空間的本質內容，機會空間是社會公共狀態的重要內容，社會公共機會決定了機會空間的大小和可能性與現實性。機會空間包括個體人選擇職業、行業和領域從事生產、商業和服務事務環節工作（即所謂的就業）的可能性，智性提高與發展的可能性，以及接受或評價他人的經濟行為和活動的可能性等等。機會平等是社會經濟生活的基本原則，機會空間反映出社會經濟形態的本質內涵。

4. 功利性與正義性

經濟行為和活動在很大程度上就是為了利益或圍繞利益的行為和活動。在原始經濟形態時期，人類的狩獵—採集生活方式就是在原始的自然環境中獲取基本的生活資料，以滿足補充人體的能量和營養需求。身體生理所需是當時人類的最根本的利益，滿足身體需要可以維持生命，也可以延續種群的繁衍生息，這其中包含有人的動物性和生存本能。在自給自足經濟形態時期，由於人的智性發展，人們無須面對殘酷而不確定的原始自然也能自行創造出維持生命的生活資源，農業種植和養殖提供了源源不斷的醣類、蛋白質和脂類營養來源，人們無須漫無目的的遷徙，從而定居下來，這樣既節省了部分身體能量消耗也獲得了安全安逸的日常生活，這些都成為了人的根本利益而被廣泛的效仿和追求。這兩種經濟形態都是以家庭和家族為中心交往互動而存在的，家庭和家族的和睦共生關係是經濟形態的依託，生產行為是為了共生關係，而不是相反（狩獵—採集行為也屬於生產行為），共生關係是早期經濟行為的最根本的內在驅動力，所以說共生關係是早期經濟行為的最核心利益。早期的經濟行為中，人們為了這些利益把生活資料和資源都賦予了有用性，它們具有了價值和效用（當時不一定有價值和效用的顯意識認定，潛意識或無意識認定是肯定的），需要和消費緊密的聯繫在一起，這就決定了經濟行為的功利性。在商品經濟和市場經濟形態時期，人們的經濟行為和活動的功利性不但有增無減，而且還進一步發揚光大，特別是金錢和貨幣被普及採用以後，功利性思維進而發展成為追逐利潤和高消費的動機和目的，人們追求和設定功利性利潤目標和享樂需求目標，極力營造出行為和活動最有利的狀態和氛圍以及最大的利益。在商品經濟和市場經濟形態時期，由於經濟行為和活動主要牽涉陌生人，如果人與人之間缺乏和睦共生關係，會使得社會經濟行為和活動缺失最核心的依賴於情感的利益驅動，利益直白化使得人們的內心和活動更具有功利性。

功利思維在經濟中的確也起到了一些積極作用，人們在自我利益驅動下和維護自我利益的過程中，總結經驗，鑽研知識，把科學技術應用到生產和服務實踐中，創造出了豐富的物質財富，把經濟蛋糕越做越大。但是，功利思維並不能解決經濟中的所有問題，比如說公平交易問題、鋪張浪費問題和環境污染問題等等。功利思維的不足之處只能交由經濟正義來彌補和解決。經濟的正義性其實在原始經濟形態時期就已經出現端倪，群落中蘊含深厚的共生正義，人們極力反對和抵抗外族侵略和搶劫、屠殺行徑就已經反映出一定的正義感。在自給自足經濟形態時期，陌生人之間已經發展出相互尊重、互不傷害的正義文化，人們不再以搶奪和偷竊方式來獲取心儀的生活資料和資源，而是以平等交換來互補，用自己的勞動成果來換取他人的勞動成果，和平的互通有無，這就為商品經濟形態的出現打下了富有正義性的意識形態基礎，陌生人的生命和人格尊嚴被尊重。在歷史發展進程中，經濟的最深處總是有正義性在推動，欺詐行為、短斤少兩、以次充好、假冒偽劣、高利貸等等不正義行為總是被人們詬病和不齒，契約精神、誠實守信、財產權利、合作的道德總是被人們宣導和推崇。自我利益與他人利益並不衝突，而是相輔相成，有機的統一在一起，一隻「看不見的手」推動著社會經濟繁榮發展。在理性萌發的兩千多年以來，人們不停的檢省經濟中的正義性，把財產權利、分配合理性、個體人的社會福利、經濟行為和活動的責任、經濟制度、公權力的邊界等等納入理性的考量，以揭示經濟的正義性，警示不正義行為的社會危害，為人類界定和判別經濟健康發展奠定了思想理論基礎。

5. 客觀性與規律性

經濟還有一個屬性非常容易被人忽略，它蘊含在經濟行為的發力點上以及所有經濟活動的過程之中，就是經濟的客觀性。人的經濟行為和經濟活動都不是發源於人的自我意識，不是來自於人的情感和喜好，恰恰相反，人的經濟行為和經濟活動只有在屏蔽了自我意識的狀態下才能發出，否則經濟行為和經濟活動不會正確有效的實行。通過對社會關聯的研究我們知道，人與人之間的關聯事務包含一種來自於自然世界的超越和獨立於自我感覺的緊迫性和壓力，人們在處理關聯事務的過程中總是把注意力集中在事務關聯邏輯上，包括特定的經驗和知識以及事務程式，在此過程中自我意識被自覺的擬制，只有在這種狀態下人們才能處理事務，無論是事務環節還是事務鏈條結構都必須保持這種狀態，這也是社會關聯自然基礎的客觀要求。處理關聯事務的行為也就是經濟行為和經濟活動，那麼經濟行為和經濟活動也必須遵循社會關聯自然基礎的客觀要求，這是經濟的起點，也貫穿於經濟的所有過程和方方面面，所以也賦予經濟以客觀性。所有的經濟行為對於自然世界都是被動的，人們只有被動遵循才能做出正確有效經濟行為。經濟的客觀性可以被人的意識捕捉，人們可以被動的無顯意識的遵循，也可以理性的顯意識的探尋和把握。無顯意識的遵循就是我們俗稱的經驗及其積累過程，顯意識的探尋把握也就是思想理論的形成過程，這需要理性的參與才能實現。

經濟行為和活動及其狀態從來都不是雜亂無章的、毫無頭緒可尋的，相反卻是蘊含著穩定的普遍的秩序、規則和節奏，具有必然的規律性。關聯事務的鏈條邏輯把各個事務環節串聯在一起，不可跳躍，也不可忽視各個事務環節的支持作用，要不然不僅是事務鏈條序列不完整，而且最終也會導致事務成果難以實現，或致使事務成果出現瑕疵，這就決定了生產事務結構的合理性以及生產管理的可靠性；生產效率的提高在於一方面遵循穩定的事務鏈條序列和程式，一方面保證每一個事務環節的準確性和真實性，再一方面盡可能的縮短事務鏈條微循環的時間；在生產過程中，增加某種生產要素的投入，當該生產要素投入數量增加到一定程度以後，增加每單位該要素所帶來的產出增加量是不斷依次遞減；生產者的生產將創造出他自己對於別人產品的需求，這些都是生產過程的基本規律。在消費者使用產品方面，在連續消費某一產品的過程中，其新增加的每一單位產品的消費所獲得的效用（滿足感）會呈現越來越少的遞減現象（滿足感下降）；消費者因為其主觀判斷而發出消費行為。在金融方面，銀行準備金制度是製造通貨膨脹的推手；利息就是犧牲現在財物的享受以換取將來財物享受的一定補償。在公權力方面，貨幣超發必然造成通貨膨脹和幣值縮水，持幣人的貨幣購買力下降；高賦稅會加重國民負擔，扼殺經濟活力；公權力利用經濟政策插手經濟事務必然會導致腐敗和決策錯誤，扭曲經濟的自然發展，損害社會公共利益。這些經濟規律是人們經過多年的實踐總結提煉而成，遵循經濟規律才能使得經濟行為和活動順暢和有效，促進經濟健康繁榮發展，反之則會受到經濟規律的懲罰，帶來失敗和低效率。

三、經濟的範疇和要素

我們對經濟的認識不能只停留在生產製造、做買賣和購物的層面上，我們的智性天資完全可以支撐我們對經濟現象做更深入的瞭解。經濟生活是社會生活最為主要及最為重要的領域，是我們安身立命的場域。如果忽略經濟生活和經濟現象會給我們的日常生活帶來極其嚴重的負面影響，使得我們在經濟海洋和經濟浪潮中失去拼搏的能力，只能隨波逐流，任憑浪起浪落而被動的適從。我們總是期待經濟好起來，甚至期盼經濟永久繁榮，坐等經濟的福音把自己眷顧，而不能在經濟生活和社會生活方面有所積極作為。我們總認為自己渺小而經濟廣闊而深邃，諸不知經濟就是所有的普通人行為和活動的匯總，渺小的人彙集的經濟必然是一個暗淡的經濟，只有聰慧的人才能創造出生機勃勃的經濟生活。認識瞭解經濟是我們投身於經濟生活的基礎，而認識瞭解經濟的最佳途徑就是把握經濟的範疇和要素。經濟的範疇和要素是千百年來人類智者在經濟實踐的過程中總結和積累的關於認識瞭解經濟的思維節點，經濟就是以各種範疇和要素組合而成的經濟現象。為此，筆者將對經濟的範疇和要素作如下簡要總結和分析。

1. 經濟行為與經濟活動

經濟行為是指主體人（個體人或組織）直接從事與生產、交換、消費等有關的行為，包括各種職業技術行為、崗位操作行為、管理行為、經營行為、交易行為、結算行為以及消費和使用商品、服務的行為等等。從事經濟行為的主體人可以是工人、管理者、投資人、銷售員、消費者、借款人，也可以是工廠、企業、銀行、手工作坊、餐館、酒店等生產組織、商業組織、服務組織以及娛樂、演出機構等等。這些個體人和組織所從事的事務工作行為就是經濟行為。

經濟活動是指主體人（個體人或組織）間接從事與經濟行為有關的行為並對經濟行為產生直接影響的行為。經濟活動的主體人有職業培訓、介紹、諮詢等機構，律師、會計、審計、商標、專利等事務所，廣播、電視、報紙、網站、雜誌、電影、聲像製作等媒體的廣告部門，行業協會、工會、消費者協會、民主政府及機構等等。經濟活動的主體人也可以是個體人，工作建議、經濟維權抗議、經濟訴訟、經濟評論等也屬於經濟活動。經濟行為主體人與經濟活動主體人的工作聯繫行為也是經濟活動。

區分經濟行為和經濟活動是有必要的，要不然經濟的內涵無從把握，我們的頭腦難以剝離眾多的紛繁複雜的經濟現象。經濟行為與經濟活動的內涵不同，經濟行為是最原初的經濟現象，即提供和維持人的生命和健康需要的基本事務處理行為，以及隨著智性發展而內涵擴展出的新事務處理行為。經濟活動是為了經濟行為順利有效開展的輔佐、幫助行為，是隨著智性發展而外延擴展出的行為。經濟行為可以數理量化為生產量、銷售量、交易量、使用量、消費量等等，也具有內在品質特性，可以與需求量密切掛鉤。經濟活動一般難以量化，多以定性的方式來考量。經濟行為與經濟活動在狀態上也不盡相同，經濟行為著重點在於動作、舉止和肢體運動，口頭語言和書面語言為輔，甚至用表情來體現；而經濟活動則以口頭語言和書面語言為主，動作舉止次之。經濟行為與經濟活動的事務處理對象也不相同，經濟行為多作用於物質和人體，而經濟活動則作用於人的普遍精神。再則，經濟行為可以獨立於經濟活動，而經濟活動無法脫離於經濟行為。經濟行為是經濟的根本，經濟活動是經濟的外圍事務，二者的關係是本末關係。在現代社會經濟生活中，經濟行為與經濟活動都十分重要，但是經濟活動無法取代經濟行為。經濟活動可以輔助經濟行為，使之更具效率、更加符合目的性和諧發展，但是經濟活動也可以損害經濟行為，使之偏離自然秩序而發生紊亂，阻礙經濟行為的目的實現。

2. 微觀經濟與宏觀經濟

有解釋稱，微觀經濟是指個量經濟活動，即個別企業、經營單位及其經濟活動。宏觀經濟，即宏觀層面的國民經濟，包括一國國民經濟總量、國民經濟構成、產業發展階段與產業結構、經濟發展程度等。微觀經濟和宏觀經濟的劃分，從名詞和概念上容易給人產生錯覺，以為有兩種經濟，兩種並列的經濟；從邏輯上也造成矛盾，其核心詞只有一個「經濟」，卻可以分為微觀和宏觀兩個不同的尺度。我們知道，微觀與宏觀之分是因為人的感官而人為劃分的兩個尺度，自然界不存在微觀與宏觀之分，自然就是自然，它只是無聲的呈現，自然界不會在乎人的感官感受。經濟也就是經濟，它也不會告訴人們它有怎樣的尺度，微觀經濟與宏觀經濟的劃分只能是人為的界定。

事實上，在宏觀層面沒有一個「宏觀的主體人」產生經濟行為，所有的經濟行為主體人都分散於社會之中，有個體人和組織（由個體人組成），他們是經濟的唯一源泉。也就是說，「宏觀經濟」不是在宏觀層面創造出來的，其源頭是社會，也只能是社會。所謂的宏觀經濟也只是分散於社會的經濟行為、經濟活動及其狀態和成果的統計匯總和加總，如經濟總量、總供給、總需求、總就業量等等。即使貨幣發行供應總量也不屬於創造經濟和財富，貨幣只是交易媒介，貨幣發行不是經濟行為，最多只能算作經濟活動。國民經濟構成、產業結構也是經濟行為和經濟活動自然發展所致而在人的感官中呈現，至於宏觀經濟政策則更加是人的主觀理解和判斷所致。所以說，宏觀經濟是一種人為的經濟活動狀態，宏觀經濟理論與現實脫節也就在所難免。

經濟只能有一個或一種，這既符合語言名詞表達習慣，也符合語言邏輯。在「經濟」一詞的語義和概念尚不清晰沒有定論的情況下，我們不應該濫用「經濟」詞彙，給本來不太成熟的經濟認識和經濟理論帶來混亂。那麼，微觀經濟的界定是否也反映了社會經濟的本質內涵呢？微觀只相對於宏觀而言才成立，只有在宏觀的角度出發才會有微觀的存在。經濟行為的主體人無論個體人或組織都不具有宏觀的視角，也不會有微觀的尺度，他們年如一日的操勞和算計的只有與自己的能力相符的經濟事務本身。微觀經濟的界定只能來源於社會公權力，社會執政者和政府才具有宏觀的視角，才會有微觀的界定。執政者和政府也只是社會的一部分，不能代替社會給經濟下結論，但是宏觀的視角可以納入社會經濟的考量，這種考量並不是硬生出一種「經濟」加以特別的強調和重視，即所謂的重宏觀輕微觀，而是將宏觀視角納入到自然經濟當中，當做一個經濟現象而加以說明。這種包含所有的視角和尺度的經濟，只能叫做一般經濟，或普遍經濟，簡稱經濟。

3. 交換、交易、金錢、貨幣、資金與資本

幾乎所有人與人之間的關係都應該是交換關係，交換是以滿足他人的需要為前提。在家庭生活中家人之間關係是基於共生正義的情感交換關係，相互支撐利益，不以對等回報為基礎，不在乎家人的多吃、多占和多用。親屬、朋友和熟人之間是一種友誼交換關係，相互平等尊重，相互也支撐一定的利益，同時講求一定的回報。陌生人之間情感權重很弱甚至為零，但是陌生人之間仍然可以支撐起利益，這種利益是基於他人最為真切的需求，以及給他人帶來直接好處的認定和關懷，在交換過程中不以搶奪和偷竊為行為方式，而是平等的交換來相互支持和滿足，陌生人之間的交換關係也具有了一定的正義性。陌生人之間早期的交換方式是以物換物方式，交換之物或取自自然界或是自己生產製作的物品，人們交換的目的是用自己的所有物從他人那裡換取自己心儀的需要的東西，同時堅信自己的所有物也是他人需要的東西，在此基礎上交換才得以完成，自己與他人各得其所。在交換過程中，交換雙方相互尊重人格和所有物權利，在交換之前和交換之後都保持同等的尊重，對交換結果都表示肯定和滿意。物物交換的潛意識前提是認同和尊重他人對所有物的自然占有，以及交換完成以後各自對新的所有物的占有和使用權利。這種交換關係開創了人類文明進步的新紀元，為文明的後續發展奠定了意識形態的基礎。

如果說物物交換是一種從各自所生產的產品換取各自需求滿足的完整行為過程，那麼交易行為就只是物物交換行為的一部分。交易是在物物交換之中插入了一個媒介，人們先把自己所生產的產品換取交易媒介，然後再用媒介換取自己所需的他人產品，至此自己和他人的需求才能被滿足。一次性的物物交換行為分解成了兩次交易行為，這兩次交易行為可以不在同一時間發生，有一定的時間差，所以說交易行為是一種間接的交換行為。間接的交易比直接的物物交換更方便，可以避免不同性質的產品之間和大宗產品之間交換的麻煩，比如

一隻成年羊如何換取他人的大米或布匹或蘋果，一頭牛如何換取他人的麵粉等等，如果是物物交換如何確定換取數量呢？這對於早期交換的人們來說無疑是一大難題。也許經過了漫長的困惑之後人們才發現了交易媒介的好處和作用，所有的產品都先換成交易媒介，然後再用交易媒介換取自己心儀的他人產品，迂回式的間接完成了交換也能達到滿足自我需求的目的。交易媒介也許經過了漫長的篩選過程，最終就定落在黃金和白銀兩種金屬上，金銀兩種金屬作為交易媒介再適合不過了（金銀特性所決定），於是交易媒介就定名為金錢。

早期的作為交易金錢媒介的金銀兩種金屬來源於哪裡呢？筆者認為肯定來源於金銀礦產的開採者和冶煉者。他們的開採冶煉行為也屬於生產事務行為，他們可以把金銀兩種金屬製成不同的純度和大小形狀來換取其他人的產品，他們是最早的金錢提供者和發行者。金銀生產者們與其他人產品的交易其實是物物交換，其中包含了交換的正義性，即滿足交易雙方各自的真實需求。其他人換取金銀以後再進行的交易行為就不一定具有物物交換的正義性，因為這時的金銀不是自己生產的產品而是自己獲取交易利益的工具，在這一過程中金銀以次充好、調包、偷樑換柱是極有可能發生的。金銀作為交易媒介的推廣應用過程中因為絕大多數人不太瞭解這兩種金屬，必然會出現比較混亂的局面，但是金銀作為媒介的益處不可阻擋，其廣泛應用也就勢在必行。當征服者來到以後，其統治行為把社會的重要事務領域都納入統治範圍，自然也不會落下金錢這一利益肥厚的供給和發行權力，於是金錢就變成了貨幣。

金錢的作用是卓越的，它可以把不同性質和規模的產品和貨物實現交換功能，通過兩次交易過程就可以把生產者們的產品與自己的需求和他人的需求產生關聯，並實現產品的最終目的。金錢在交易過程中其物質形態並不消失，而是從一人手中轉到另一人手中。只要有交易需求人人都需要金錢，所以金錢又被俗稱為通貨。人們獲取金錢的主要途徑是賺取金錢，只要提高自己的智性，用經驗技術和知識來生產創造在滿足他人需求的基礎上就可以從他人手上賺取到他人支付的金錢，然後用金錢換取到滿足自己需求的各種資源。雖然金錢在產生過程中不一定參與了顯意識的計畫和設想，但是自然邏輯的驅動還是支配著人們解決了物物交換的難題，使得交換在任何情況下都可以變成現實。金錢最卓越的作用是能夠促使生產經營者獲得明確的價值增值，即獲得利潤。生產經營者投入金錢組織生產經營活動，在生產經營成果出售以後所獲得的金錢數額要大於原投入的金錢數額，其差額就是利潤，這是物物交換方式不能實現的，金錢的意義也是非凡的，它使得商品經濟形態快速形成和飛速發展，助推社會經濟規模不斷向著廣度和縱深衍生發展，各種資源在金錢的調配下在生產者和需求者之間充分的流動，讓物有所歸、物有所值。金錢在人們的追捧下甚至被神聖化了，擁有足夠的金錢就可以換取到人們想得到的一切——財富、地位、幸福和自由。於是，富裕被人們憧憬，富人被人們敬仰，貧窮被人們不齒，窮人被人們蔑視。金錢也助長了人們的貪婪，對金錢的狂熱追求使得不擇手段也擁有了「正當」理由。自從出現金錢以後，人們就不那麼淡定了，拜金主義把金錢奉為圭臬，更有甚者把金錢奉為神明，頂禮膜拜，不惜自己和他人的性命。

對金錢的貪婪和膜拜的人們忽視了金錢的本質，金錢的價值何在？金錢絕不同於金銀兩種金屬，金銀的直接用途是非常有限的，但是金錢的用處卻是無限。金錢的本質和價值在於他人在交易中的認可，這種認可具有社會契約性質，涵蓋所有的人、組織、行業和領域，所以金錢才擁有魔力，可以兌換到社會中絕大部分東西，人們對於金錢有什麼樣的認識就決定了金錢有什麼樣的作用和意義，也就是說決定金錢的價值在於人，而不在於金錢本身。從自然邏輯角度上說，雖然金錢的獲得主要在交易流通領域，但是獲取金錢的關鍵決定因素卻在生產和服務過程。當個體人擁有足夠的智性，憑藉經驗和知識就可以把握物質和事物的基本性質，建立起與物質和事物性質關聯性的邏輯事務鏈條結構和事務環節，即著手生產，無須人的理性作用，僅憑混沌經驗也可以生產出符合人的普遍自然需求的產品，從中賺取金錢和利潤。人的理性介入後，個體人的生產能力將大為提高，可以生產出更複雜的更多性能的產品，以滿足人的更高需求，科學技術就是在這樣的顯意識狀態下萌發和壯大的。筆者認為，對世界的認識是獲得金錢和財富的基礎，個體人擁有什麼樣的智性水準就決定其社會利益的狀況。一般情況下，貧窮的人可能遜於智性，而富裕的人則勝於智性（也可能是狡詐和投機取巧），人的智性不同則命運迥異。

金錢的獲取機制有啟迪人的智性，促進智性發展的客觀作用，但是這還得需要個體人的領悟和理解。在古代，金錢引領著人們積極開展生產和商業活動，個體人從小就受到生產智性和金錢文化的薰陶，生產創造能力逐步的穩健的提高，人們創造出遠大於自我消費的物質財富，滿足了社會經濟生活的基本需要，促進了商業文明的發展。商業領域既是人造物質的世界，也是金錢的世界，商業使物質流動，流向需求的目的地，金錢潤滑著物質流動，助推交易順暢，促進需求目的的實現。由於古人的思維混沌性，在古代文化中，到底人造物質（產品）和金錢誰是根本誰是枝葉一直未被人們領會，致使兩種決然不同觀念產生，並以傳統文化的方式沿襲，影響著現代社會。一種是金錢崇拜（如前文所述），羨慕富人，漠視生產領域和智性發展；另一種是生產和智性至上（亦為技術至上），蔑視金錢，嫉恨商賈。這兩種觀念都阻礙了人的智性進一步發展，在這樣的觀念指導下人們注重經驗而忽略思考的力量，任由經驗支配和擺佈，致使個體人的智性發生停滯，這樣的智性狀況在東亞人的身上體現得最為充分。我們「很不幸」地生活在一個金錢觀的歷史階段裡，金錢還不被人們深刻認識。只有在理性思維下金錢的本質和作用才會在人的頭腦中顯現，金錢是一種交易媒介，是人們相互認可的換取物質和權利的工具和契約；金錢不等於財富，但是金錢是獲取財富的必要手段和途徑；沒有包含智性的人造物質，以及物質交換，也就無所謂金錢的價值，崇拜金錢與蔑視金錢都是不可取的，唯有智性發展才是人間正道。

貨幣不同於金錢，並不是說金錢是貨幣的別稱，貨幣是金錢的學名。貨幣是由社會權威強制提供和發行，金錢則由眾多的金銀生產者提供。貨幣之初均由社會統治者憑藉權威統一發行，統治者發行貨幣並不是為了社會交易的方便，而是為了獲取社會利益的便利。我們可以從古代東亞社會重農抑商的理念中可見一斑，古代東亞社會雖然貨幣普及很廣，但是社會交易行為卻極其稀少，貨幣主要用於統治者收取捐稅、行政開支和外交支付的工具和手段。統治者發行貨幣也是看重了業已存在的金錢支付的益處，把金錢生產者們都強制納入其權威控制之中成為權威統治的附庸。而在征服者來到之前，金錢的使用已經被社會廣泛採用，由於缺乏權威中心，金錢在純度和形狀上並不統一，人們在交易過程中多使用塊狀的金錢，用試金石來辨別金錢的真偽，這樣必然會遇到交易中的許多麻煩和爭執，統治者發行統一的貨幣從客觀上也起到了規範交易的作用（雖然這不是發行貨幣的主要目的），因為貨幣只此一家，交易中自然就沒有異議和爭執了。貨幣與金錢的不同還在於貨幣有固定的面值，而金錢則沒有（金錢只有重量）。統治者發行貨幣統一了金錢的純度和重量，同時也賦予了貨幣的面值，如古羅馬帝國奧里斯金幣純度 99%，重量 7.85 克，直徑 19 毫米；迪納厄斯銀幣純度 95%，重 3.9 克，直徑 18 毫米；一枚金幣兌換 25 枚銀幣。由於貨幣以個數為單位在交易中使用，大宗交易以金幣個數量與特定商品對沖，銀幣個數量在中小型交易中使用，這就使得社會經濟數量化，從生產到交易都可以用數量和單位來統計和計算。貨幣取代金錢，一方面沿襲了金錢的流通作用和支付作用，但是另一方面貨幣被權威強制使用卻喪失了金錢社會自然認可的本質，成為人們無奈被動接受的社會現實。

紙幣就是在社會權威的強制力推行下廣為使用的，社會大眾沒有選擇權，也只能無奈被動接受。紙幣是由社會統治者假想的金屬貨幣替代物，紙幣的面值基本單位對應於金幣或銀幣一枚（即 1 元），這是現代紙幣的由來。現代紙幣最早出現於 17 世紀的瑞典和英格蘭，由瑞典銀行和英格蘭銀行（均為國家中央銀行）發行。紙幣一經面世就預示著金銀貨幣退出流通領域，紙幣與金銀貨幣不能相互兌換，社會交易支付只能使用紙幣，金銀金屬成為一般商品，金銀金屬的交易也只能通過紙幣支付來進行，現代「貨幣」一詞特指紙幣及其面額體系。紙幣的面額分別有 1 元、2 元、5 元、10 元、20 元、50 元、100 元不等，這樣面額的紙幣被稱為主幣；小面額的紙幣如 0.5 元、0.2 元、0.1 元以及更小面額的合金硬幣 0.01 元、0.02 元、0.05 元，成為輔幣；主幣與輔幣在交易中同時使用可以對沖各種價值規模的商品。紙幣之所以取代金銀貨幣在現代各個社會中廣泛應用，其主要原因是紙幣生產印製及發行投放的成本極低，而且便於保管、攜帶和清點，所以在社會權威的推動下，紙幣在全世界普遍採用。不同的國家和地區社會的法定紙幣在版面印刷上、面額上以及交易價值上不盡相同，各種主權（權威）紙幣之間存在一定的匯率比值，各種紙幣之間乘以匯率可以相互兌換和支付，但是在各個國家和地區社會內部只能使用和流通一種主權紙幣，紙幣是無限法償貨幣，即每次支付的數額不受限制，任何人都不得拒絕接受。18 至 19 世紀，歐美社會曾實行紙幣金本位制度，規定每一紙幣面額單位都具有法定的含金量，紙幣發行以社會總的黃金儲備量為限。在第二次世界大戰即將結束之際的1944年，「佈雷頓森林體系」規定，美元與黃金掛鉤（1 美元的含金量為 0.888671 克黃金），體系內其他國家貨幣與美元掛鉤。1971 年，由於美國黃金儲備銳減，美國宣佈美元與黃金脫鉤，佈雷頓森林體系被瓦解。至此，全世界各國各地區的紙幣成為名副其實的貨幣符號，從理論上說各種紙幣可以無限制的印刷發行，為通貨膨脹和貨幣貶值埋下了禍端。

資金是指持有者的貨幣體現出的數量狀況和使用的目的性。貨幣持有者可支配多少貨幣即可謂擁有多少資金，包括本地貨幣和外幣。貨幣的使用目的性也稱為資金，政府用於幫助貧困地區和窮人的貨幣叫做扶貧資金，用於基本建設的貨幣叫做基本建設資金，用於補貼企業、學校等組織的貨幣稱作補貼資金等等。個人的貨幣支出一般通稱為費用，有水電費、學費、生活費等，其實質也是一種資金，個人的贈與性貨幣支出叫做贈與資金，社會非盈利組織的開辦支出和運行支出也叫做資金。所以我們可以發現，資金在投入使用過程中其貨幣價值逐漸消失，如果使用過程不停止則需要不斷的補充新的資金。政府需要稅收來補充資金需要，個體人需要收入來補充開銷，非盈利組織則依靠社會捐贈來維持運轉。

資本是指人們根據期望而投入的能夠不斷增加利益和價值的資源。從資本的內涵和本質上來看，資本的形式很多，如征服者和統治者所憑藉的政權（獲取社會利益的暴力工具）、政府官員的職權、求學者繳納的學費、維繫社會關係網的花費等等都可以算作廣義資本的範疇。狹義的資本特指經濟行為和經濟活動中投入的經濟資源，包括貨幣本金、物資（原材料、工具、機器設備等）、自然物、技術知識（包括操作技能、專利等）、管理經驗、市場訊息、人際關係等等，非貨幣形式的資本在投入時必須貨幣量化或股權量化，這些資源投入以後其貨幣價值不但不會減少消失，反而還會直接帶來更多的貨幣價值，似乎可以無限滾動增值。資本的確定來源於人的主觀期望，從資本的準備、計畫開始到實際資本運作再到利益增值的實現整個過程都無不包含資本投入者熱切的獲利期望。資本投入而獲利並不違反自然法則和機制，所以資本獲利總是具有一定的正當性，經過長時間的歷史檢驗被全世界所推崇和認可。

資本的投入和運營主要在生產、經營和服務領域進行，其投入者可以是個體人，也可以是企業組織（盈利性社會組織）。由於利益驅動，資本投入者具有利益排他性，擁有資本的所有權或使用支配權，排斥他人的染指和操縱，資本投入者是理所當然的利益享受者。資本的最終獲利主要體現在貨幣收入和貨幣增值（利潤）上，同時還包括知名度、銷售網路、顧客群體等無形資產增值。資本投入者可以直接參與資本運營，也可以授權委託他人主持運營，在此情況下他人與資本投入者共同分享所獲得的利益。從歷史經驗上看，資本運營過程中最大的難題是資本投入者如何與組織其他成員分享利益，也就是說企業主如何分配給工人工資。企業主與工人到底是雇傭與被雇傭關係還是相互合作關係，一直是雙方爭執與鬥爭的關鍵問題，似乎這個問題至今仍然還未完全解決。工人工資的多少直接影響到企業主的本金回收速度和利潤率，從企業主的角度出發，似乎是工人的工資越低越好，而從工人的角度出發，則當然是工資越高越好。工人的工資以保證其基本生活費用為標準是否合理，企業主的本金回收速度和利潤率如何確定，現今仍丞待解決。

4. 生產、消費與就業

生產是指個體人或組織為了滿足人的普遍需求所進行的系列事務行為和活動。生產是一個抽象的概念或事務過程，具有總體事務特徵，就是說總體上是生產，如農業生產、鋼鐵生產、機器生產、食品生產等等。生產不能具體化，生產細化以後就是工序作業、崗位操作、維修服務、能源供給、管理監控等等事務環節，各個事務環節不是生產，而是參與生產。我們以往習慣認為，生產就是與消費相對的概念，生產就是物質財富的創造過程，生產就是加工製造出完整的產品成品，好像產品一經產出就擺在了消費者的面前供其挑選。其實，生產作為高度概括性的抽象概念和事務特徵比我們想像的要複雜，加工製造領域的生產僅是狹義的生產，廣義的生產則涵蓋所有與需求和消費相關的領域，包括加工製造業、商業、交通運輸業、金融業、服務業、媒體業、職業培訓學校以及行業協會、工會、消費者協會等衍生組織。狹義的生產是生產的主要內容，廣義的生產是狹義生產的支助和保證，兩種生產相輔相成、不能偏廢，其邏輯目的都指向人的普遍自然需求。試想，如果沒有商業，再好的產品也到不了消費者的手邊；如果沒有交通運輸業，加工製造業與商業也難以為繼，金融業和媒體業等等也是這樣。服務業與加工製造業類同，餐館、酒店、酒吧、影劇院等等與礦山、工廠、作坊沒有什麼本質的區別。

生產是物質財富創造過程和價值實現過程，並不意味著生產創造物質和價值，物質是自然世界客觀存在的，人類不能創造物質。生產只是改變了物質的結構、外形和位置，創造出物質的適用性，即可以根據人的需要來使用改造過的物質。價值存在於每個人的心靈之中，價值作為自然的人所認定（不一定是顯意識認定）的需要也具有客觀存在性，價值不能被創造，但可以通過人的行為來迎合和實現。那麼，在生產之前，甚至在準備和籌畫生產之時，生產者（或准生產者）就已經在心中生成自己未來行為的目的性和實現目的所需憑藉的途徑和方法，這是一種何等的智性啊！當幾乎所有人都擁有這種智性並自覺不自覺的運用時，我們就習以為常了，相比其他動物，特別是與人類遺傳臨近的靈長類動物，我們就可以發現這種智性是何等的卓越。是智性賦予了人的生產能力，有什麼樣的智性就有什麼樣的生產能力，在遠古的石器時代人們智性低下就只能生產出簡單的石器工具，隨著人類智性的發展，人的生產能力逐漸變得強大起來，在複雜的智性狀態下人的生產能力也變得複雜多樣起來。人們可以把各種物質及其特性在頭腦中預先產生關聯，通過經驗和知識的積累事先構建物質及其關係的藍圖，確定在自己的行為作用下可以改變物質的形式以適應人的普遍需要，這種信念促使人們著手生產活動，經過實施和改進，事實也證明這種信念行之有效，所以生產活動得到了需求的認可，則可以長足發展。

生產可以分為簡單生產和複雜生產、直接生產和間接生產、連續生產和間斷生產、定制生產和通用生產、資本品生產和消費品生產等等。煮雞蛋出售是最典型的簡單生產，簡單生產的工序和工藝單一且生產週期短，不需要多少智性參與，其技術含量較低。一般說來，農業種植業、養殖業、畜牧業、飲食店、餐館等等之類都屬於簡單生產。航空航天器的生產是最典型的複雜生產，複雜生產正好與簡單生產相反，生產工序多，工藝複雜，技術含量高，甚至是尖端技術，生產需要很高或極高的智性參與，需要多部門多工種的配合才能進行。工業生產多屬於複雜生產，如晶片生產、精密儀器生產、重型機械生產、船舶生產、機器生產等等；直接生產是指產品直接輸送給需求者，中間沒有商業分銷管道，也沒有成品半成品庫存的生產，如電力供應、城市供水、管道燃氣、外賣餐館、垃圾處理等等。間接生產是指通過中間分銷管道輸送產品且需要成品半成品庫存的生產，加工製造業多屬於間接生產；連續生產是指各工序、工種和操作崗位按順序依次連續不斷的生產，有全天候連續生產，如發電、供水、紡織、冶金、鐵路等行業，也有完成任務之前的連續生產，如橋樑、建築、物流等，還有每天白天連續生產夜間停歇，如商業、服務業以及定量生產的工業等等。間斷生產是指生產行為不連續，期間有停頓的生產，特定單個農產品的種植因受生長時間和季節的影響都屬於間斷生產，酒、醬菜和醬油等釀造業的生產需要自然發酵過程也屬於間斷生產；定制生產是指根據需求者的產品要求特別的生產，如飛機製造、機械和電子專門零部件定做、工作和學校制服定做、個性化的商標和標識的印製、來料加工等等。通用生產是指產品不確定需求者的生產，如金屬標準件、普通電子元器件、家用電器、生活日用品、汽車、化工原料等等，因為產品的通用性無需顧及需求者的特殊要求，通用生產一般可以大批量生產；資本品生產是指用於各種生產的物質產品的生產，資本品包括機器、設備、工具、原材料、輔助材料、廠房及廠區用地等等，資本品可以在生產企業之間相互提供，即一家的產品是另一家所需的資本品，或者說一家資本品生產企業所需的資本品是另一家企業的產品，比如一空調廠家需要採用衝壓機和彎管機生產企業的產品，或者說衝壓機和彎管機的生產廠家也需要車床生產企業的產品，衝壓機、彎管機和車床都是資本品。資本品與消費品相對應。消費品生產是指能夠滿足個體人和家庭普遍生活需求的產品的生產，消費品包括農業食品、工業食品、日用生活品、家用電器、住房及裝飾、煙酒飲料、醫藥品、服裝鞋帽、自行車、小汽車等等。消費品生產是所有生產的歸宿，資本品的價值最終都將通過貨幣方式轉移到消費品之中。

消費是與生產相對應的概念和領域，消費是生產的目的與最終著落，所有的生產及其事務環節在任何階段都無一例外的邏輯指向消費。那麼，消費的主體應該是誰呢？我們知道，生產結構的事務鏈條及環節的自然基礎及其擴展都指向了人的普遍自然需求，消費是這種需求的實現過程，所以消費的主體只能是個體人，由於家庭是個體人最自然最基本的群體單位，所以消費的主體也可以是家庭。消費以社會中所有的個體人及家庭為主體也符合社會經濟的事實，所有的產品和服務最終落腳點都是為了普遍的人，或者都是給人使用。群體人或集體是消費的主體嗎？群體人或集體可以是社會組織或社會團體，也可以是社會公眾，社會組織不存在消費的問題，營利組織所耗費的物資和資金其價值都當做成本轉移到了產品價格之中，而且還有價值增值的可能；非營利組織所耗費的物資和資金都來源於社會捐贈，非營利組織並非滿足自己的需求，而是滿足和維護社會普遍的潛在的無形的需求和利益，也就是說非營利組織也不是需求的終端，所以社會組織作為群體和集體不是消費的主體；社會團體作為個體人觀念或愛好的集合體，其本身是個體人消費的一種方式，所以社會團體也不是消費的主體；社會公眾作為不確定的群體人並沒有獨立的與個體人並列的需求，公眾可以細分為個體人，公眾只是個體人的集合，那麼社會公眾也不能成為消費的主體。公共消費是一個錯誤的概念，公共是指公共領域，公共同樣不具有獨立的人格特徵，也不能成為消費的主體，生產的目的也不存在有公共消費的指向性。公共消費特指政府的貨幣支出行為，意指政府代替社會公眾在個體人和家庭消費之外就公共事務花銷費用，政府似乎具有消費主體的特質。政府的確提供一些公共服務，需要一些物資和資金消耗，如行政開支、基本建設、公用事業、行業補貼、貧困救濟等等，但是政府的公共服務行為既不屬於生產也不屬於消費，政府既不是生產者也不是消費者，而只是公共服務的提供者。政府是由一些個體人組成的並宣稱為公共服務的非盈利組織，政府不能以盈利為目的，否則全社會將被政府奴役。政府的資金支出主要來源於稅收（某些政府還來源於貨幣發行），全社會的生產者和消費者承擔了稅收（同時也是貨幣發行的受眾）。政府親力而為的公共服務具有主觀意願，其實大多數的公共服務可以通過外包方式實施，這時公共服務的效率更高，政府不必親力親為，費用支付只是過手而已，甚至不必支付費用。所以，我們可以看出，政府的公共服務的核心內容其實就是維護社會秩序和規則，政府也不是消費主體。

消費就是個體人及家庭在日常生活中滿足自然需求的過程，消費的本質是提取產品和服務的有用性，消費過後產品的物質形態總是被消耗和改變，食物消失被轉換成為人體的營養和能量，衣物陳舊或破損變成垃圾，燃料變成渣滓和化學廢氣，汽車變成廢鐵，在消耗改變的過程中個體人得到了需求滿足。消費方式是個體人及家庭的主要生活方式，也是十分重要的社會生活方式。消費與生產密切相關。消費與生產的關係是，消費是生產的目的和動力，消費引導生產並調節生產，消費決定生產的規模，消費推動生產進步和改進；生產是消費的支撐，生產決定消費的可能性，生產決定消費的方式，生產也決定消費的品質、水準和能力。消費者主權理論認為，在平等交易的正義原則下，消費者通過貨幣支付來選擇自己所青睞的產品和服務向生產者傳達偏好信息，生產者順應消費者的意願來組織生產，適應消費者的生產者才能成功，違背消費者的生產者必然失敗。那麼，消費者的偏好和意願是純主觀的嗎？消費的本質所要求的有用性是簡單的嗎？筆者認為，消費者的偏好和意願並非純主觀，其中包含許多理性成分，消費所需的有用性也十分複雜，其中包含產品和服務的安全性、耐久性、堅硬性、方便性、舒適性、美觀性等等。正因為消費者的理性需求才促進生產者在物質的性質上摸索和認識，為了迎合消費者而不斷推陳出新，創造出豐富多彩的物質文明，同時也帶動經驗和知識的積累，促進了人類精神世界的發展。於是，消費也變得豐富起來，從最基本的生存消費演化出更高的享受消費和發展消費。生存消費顧名思義就是維持生存所必須的吃喝拉撒等級的消費，享受消費包括吃高檔美食、購置家用電器、旅遊、乘坐快速交通工具、購買名牌服飾和高級住宅等等，發展消費是指用於體育運動、教育培訓、培養特長、購買書籍等等文化和精神層面的消費。恩格爾係數是衡量個體人和家庭消費水準的指標，食品在總消費中的比例越大則消費水準越低，食品之外的消費越多即個體人和家庭越富裕。恩格爾係數也可以衡量一個社會總的貧富狀況，越貧窮的社會食品消費占比越大，反之則越富裕。

消費是個體人的欲望可以實現的部分，即能夠通過交易和支付貨幣來實現欲望，個體人的欲望很多，但是可實現的欲望是有限的，制約消費的主要因素是收入和就業狀況。消費的前提就是需要交易支付貨幣來實現，消費者的欲望很多，消費者不可能自我滿足自己的所有需求，只有具有支付能力的欲望才是有效需求，才有可能被實現，也就是說消費者必須要有收入。就業是收入的主要來源，當然對於某個具體的消費者也可以從家庭其他成員那裡獲得消費資源或貨幣（比如未成年人），但是對於家庭而言，就業是收入的唯一來源。就業是指個體人獲取貨幣收入的工作狀態，個體人合法就業的途徑有兩個，一是參與廣義的生產事務活動，二是進入政府組織成為一名公職人員（個體人非法獲取收入的途徑有很多，在此不予羅列）。政府的公職人員畢竟數量有限，而就業最為廣闊的領域就是生產事務活動。生產事務離不開參與者，所有的生產都是由個體人的行為彙聚的生產，在生產事務狀態下的個體人就是處在就業狀態之中。生產參與可以獲得工資收入或利潤收入，就業是生產參與者獲取收入的機會，這是個體人參與生產而實現消費的自然基礎。於是，我們可以發現，每個參與生產的個體人同時也是消費者，在微觀層面上生產參與者是他人所需產品的生產參與者，同時也是他人產品的消費者。而在宏觀層面上所有的生產參與者既是就業者也是消費者，生產、消費、就業三位一體，相輔相成，無法分割。

5. 商品的價值、效用與價格

毋庸置疑，商品是有價值的，不然消費者不會購買，生產者也不會生產，所有的經濟行為和活動都是因為商品的價值而發出。那麼，商品的價值是什麼呢？在弄清商品的價值之前，讓我們先來看看價值，什麼是價值。價值是一個非直觀認識對象，價值沒有形態卻包含在了所有的形態之中，價值看不見摸不著，我們只能看見光線以及在光線下顯露的物質，只能觸摸物質的質地，顯然我們人類可以判斷物質的價值。價值是人類專屬的嗎？或者說價值只是為人類而存在嗎？我們不難發現，非洲黑猩猩用小樹枝釣取蟻穴的白蟻吃，小樹枝和白蟻對於黑猩猩無疑都具有價值；黑葉猴用石頭砸開堅果食用，石頭與堅果對於黑葉猴也具有價值；海獺也用石頭砸開貽貝來食用，石頭和貽貝對於海獺同樣也具有價值；對於趨光性動物（如飛蛾），光線就具有價值；對於趨濕性動物（如蚯蚓），潮濕就具有價值；對於趨酸性動物（如草履蟲），酸性水質就具有價值；幾乎所有的動物都具有喜氧性，許多動物離不開氧氣環境（人類也是這樣），那麼氧氣對於動物都具有價值；如此之類的例子不勝枚舉。可見，價值普遍存在於自然世界之中。對於使用工具的動物來說，價值就是有用性；而對於趨向性動物來說，價值就是生命的源泉。歸根結底，價值就是物質的屬性，是小樹枝的柔韌性，是石頭的堅硬性，是食物的營養性。價值也是物質屬性對生命體的滋養和庇佑，價值通過複雜的物理現象和化學現象體現為物質屬性與生命體的關係，物質屬性作用下的生命體有序化能量是價值的本原。

物質屬性作用於人的方式極其複雜，其複雜性來源於人的有序化能量複雜性。個體人無一例外的沿襲和繼承了人類衍化歷史的種種特性，包括形體、感覺器官、食性、運動性和大腦功能等等，形成為複雜的有序化能量體，既消耗能量又釋放能量，也需要能量補充。體內平衡性是導致個體人需求的原因之一，自我意識促使需求多樣化。個體人需求的本質就是對價值的依賴和渴望，物質的各種屬性或不同屬性的物質與體內的各種平衡具有正相關的關係，比如蛋白質、醣類、脂肪等直接關係到體內能量平衡和能量補充。個體人無需後天學習即可具有進食的先天需求，為了食欲個體人被迫發出行為運動來尋找和獲取食物資源，個體人的行為則需要後天的學習、模仿和積累經驗。個體人的行為運動在先天需求的驅動下總是不斷的發生擴展，一個行為可以擴展出一系列的行為，比如步行前進行為可以擴展出排除障礙的行為，獲取食物的行為可以擴展出彌補生理缺陷的行為，即製造和改進工具的行為等等。人體的軀體和四肢（包括指趾）可以做複雜和精細的運動，運動的指令和控制則來源於大腦，人腦僅占身體重量的 2%，但是其能耗卻占身體的 20%。同時，個體人的各種趨向性和避離性幾乎一個不落的從祖先那裡遺傳。大腦的能量消耗幾乎全部都用於對各種自然現象的分析和思考，其思考的內容無外乎是行為與趨向性與避離性的關係，也就是物質的屬性價值。由於大腦的物質性和能量性，大腦可以獲取物質屬性的信息，在主覺和心靈能動態中產生價值意識，價值意識轉換成為指令進而控制人的各種行為。所以，我們不難發現個體人的行為總是與價值有關，行為都是獲取價值的途徑。

人類社會化以後，個體人的智性得到長足發展，一些人的獲取價值的行為在歷史進化過程中以及現實生活磨練過程中得到了提高，產生比其他人更高明的技能和特長，其產生價值的行為更具效率，由於價值的客觀性，價值對於其他人都具有普適性，於是對價值的追求促使人們對包含價值的行為成果十分青睞，以及對實現價值的行為者給予追捧，人們紛紛學習和模仿，導致各種各樣的價值行為和價值成果如雨後春筍般湧現，社會生活出現豐富多彩的局面。由於社會人口增加，眾多的個體人開拓出了價值的廣度，以至於某個體人或少數個體人無法自我滿足自己的所有價值需求，只能從他人那裡獲得，這樣使得交換成為可能。實現價值的行為就是生產，其行為成果就是產品，當金錢出現以後由於交換分解為兩種交易行為，產品即變為商品。商品經濟形態形成以後，商品成為價值的實體在交易過程中被需求者需要，需求者真正需要的是商品的價值，並不是單純的需要商品的物質性，也就是說需求者需要的不是商品物質，而是商品物質所包含的價值。由於需求者的自我意識參與，商品的價值分為價值內涵和有用性兩部分，價值內涵是指商品的價值本質，具有客觀性和普適性，而有用性則是個體人的自我意識作用下對價值內涵的主觀認定。商品的有用性包括使用的現實性和使用的可能性，商品的使用可能性是絕對的，而使用的現實性卻是相對的，相對於需求者的需求強度和成為現實的幾率（即可用性）。所有商品的價值既是絕對的也是相對的，這就使得商品的價值在不同的個體人之間產生差異，形成通用價值、專用價值和觀念價值的差別。

商品的通用價值是指包含價值內涵的商品有用性具有普遍意義，適應於和滿足普遍的人的自然需求。體現商品通用價值的產品是消費品，適用於所有的個體人或者某一類別的所有個體人，能夠給個體人帶來直接的利益和好處。個體人獲得利益和好處的前提是必須得到消費品，把商品通用價值的可能性變成現實性，即獲得消費品的效用。對於沒有獲得某一特定消費品的個體人（原因很多），該消費品不具有效用，但仍然具有價值。對於已經獲得某一特定消費品效用的個體人，在需求滿足以後，即提取了消費品的價值以後，該種消費品在一定時間內不再具有效用，其效用消失的過程呈遞減狀態，即所謂邊際效用遞減，但是該種消費品的價值一直存在並未消失。當新的需求被自然激活以後，該種消費品的效用同時被激活。於是可見，商品的價值與效用是不相同的，效用可以變化，而價值則恒定不變。比如說，把某一食品吃飽以後，個體人不想再吃，這時該種食品的效用邊際遞減，過幾個小時餓了以後，個體人又可以繼續吃該種食品，這一整個過程中該食品的可吃性（價值）始終不變。商品的專用價值是指商品的價值內涵具有專業性，適應於具有特定智性內容的個體人或組織，商品的有用性需要特定的經驗、知識和事務目的才能實現。體現商品專用價值的產品是資本品，主要用於輔助生產事務，支撐生產事務結構和環節，保證特定產品的總體價值。由於資本品的作用，其生產事務結構具有特質性，同時促使生產過程實現複合價值，即把各種不同的價值根據智性設計疊加在一起而形成最終產品的總體價值。如果說生產是一個創造過程，並不是說生產創造價值，而是根據產品的特定結構疊加價值，把不同的價值組合在一起形成總體價值，這無疑也是一個創造過程，創造出自然界本不存在的價值組合。

商品的觀念價值是指商品的價值受人的自我意識主觀認定的方式和程度。個體人的自我意識通常在兩個方面作用於商品的價值，一是價值檔次思維，二是價值量思維，這兩種觀念價值或多或少的體現出人的主觀性，有的是個體人主觀主動的選擇，有的則是人類認識能力歷史階段性的體現。商品的價值檔次是一個既定的事實，有的消費者特別青睞稀有的價格昂貴的商品，吃的是山珍海味，用的是名牌奢侈品，擁有豪華座駕，遠行乘坐高檔公務艙。而有的消費者總是節衣縮食，專挑廉價的衣物和食品，不敢進入高級消費場所，甚至很少出門消費。他們似乎都主動選擇了自己的生活方式和消費層次，幾乎難以跨越自我認定的消費級別，總是保持特定的效用價值，特別是高中檔的消費者群體決不往下拉低消費檔次，在消費層次上不存在邊際效用遞減，總是有難以填滿的高檔欲壑，他們把高檔認定為價值。在生產方面，有的廠商只提供低檔廉價商品，有的只提供高檔昂貴商品，每個廠商都瞄準特定的收入和需求檔次的消費者群體。高檔次產品的生產者總是精益求精、一絲不苟的著手生產事務，他（它）們把高檔次認定為自己產品的價值。

當商品經濟日異發達，貨幣被廣泛應用於交易媒介的時候，價格就成為了商品價值的表徵。所有的商品都表明其價格，而價格具有數理性，於是商品的價值被量化，在人們的心目中產生價值量思維。我們知道價值是一個非直觀認識對象，價值看不見摸不著，價值通過客觀自然信息作用於人類（也作用於所有生命體），人類無法確定價值的量。稻米、麥子的顆粒性不是價值的量，蘋果、梨子、香蕉等水果的個體性不是價值的量，商品的個數、件數、台數也不是價值的量。或許價值本來就沒有量，價值的本質是物質的屬性，充其量對人具有有用性，那為什麼人們會產生商品價值量思維呢？筆者認為是因為生產者（包括經營者）所付出的代價和獲利預期所引起的。生產者的代價包括各個生產階段的精力、體力的付出，以及生產成本、各種費用的貨幣支出，獲利預期就是利潤的期待，這些是可以量化的。價值量思維必然產生於生產方，而不是產生於消費者。消費者所需商品是需要其價值，而不是價值量，生產者所提供的是包含價值量的價值，而且商品價值量的決定權在於生產者，消費者只能被動接受，這個價值量就是價格。生產者把自己的所有付出和利潤期待都打入其商品的價格之中，甚至還包括生產過程的不良損耗和浪費，同時還追求利潤的最大化，其計價過程也是釋放社會行為主動力的過程，這時消費者是被動的。但是，消費者也擁有自然主動性，其主動性在於生產的目的性就是為了消費，也就是消費的價值與生產的價值具有相通性，消費者需要的是商品價值，而不是單純由價格體現的價值量，所以消費者具有選擇的主權和討價還價的權利。只有成交價才是商品的真正價格，生產者的標價和定價最終須由消費者來認可。我們可以這樣認為，價格是生產者設置的門檻而不是商品的價值，消費者（或需求者）只有在跨過了這個門檻（按價格支付貨幣）以後才能獲得商品的價值，商品的價格與價值是並列關係，是兩種不同的事物，價格不包含價值，價值也不包含價格，這是由貨幣作為交易媒介的工具性所決定的。

商品的價格有兩種形式，一種是出售的價格，一種是購入的價格，這與貨幣把交換分割成兩種交易是一致的。這兩種價格所包含的構成要素不盡相同，生產者的顯意識多注重自己所付出的代價和利潤期待，考慮的是成本有多大和利潤有多少，商品的價值化作生產者的潛意識或無意識目的動機。而消費者只注重商品的價值，不予理會生產者的代價和利潤。當商品的供需失衡時，這兩種價格會發生不同方向的變化，供大於求時商品的可用性增大，消費者主權發揮最為充分，總是逼迫生產者降價，以更低的價格購入商品，生產者可能因此血本無歸；當供小於求時商品的可用性變小，消費者主權讓位於商品價值渴求，消費者願意以更高的價格獲取商品，生產者可以賺得盆滿鉢滿。在一個以混沌思維為主要特徵的社會，生產者與消費者總是處在對立狀態，討價還價過程缺乏相互的信任，相互提防，互不買帳，商品價格總是被消費者壓得很低，生產者利潤微薄只能勉強重複低價值的生產，無力投入資金提升商品價值，其生產參與者的收入水準也被壓低，作為其他商品的消費者承擔價格的能力隨之變低，整個社會出現惡性循環，社會財富規模被消減和壓縮，貧富懸殊加大。在一個理性為主要特徵的社會，生產者與消費者會處在和諧互動的狀態，生產者以實現和輸出商品價值為己任，商品體現生產者的聰明智慧，價格成為價值的保障，高價格則意味著高品質，而且在產品設計和生產事務過程中注重消費者的使用體驗，消費者也願意支付「等值」價格來滿足消費需求。生產者建立售後和諮詢等服務措施積極提升與消費者的互信，消費者也廣為生產者宣傳來樹立口碑效應。生產者大力投入研發費用以提升商品品質，促使商品不斷升級換代以迎合消費者的價值需求。其生產參與者的收入水準不斷提高，整個社會的消費能力不斷提升，社會經濟進入良性循環，社會財富的規模越做越大，社會體現出整體富裕的景象。

需要指出的是，商品效用也是一種價值量思維，商品效用與人有直接的關係，是因為人的因素而導致效用的產生，有人的自然客觀因素，也有主觀因素。總的來說，效用不是恒定的價值，邊際效用遞減在短時間的確存在，但是從長期來看邊際效用遞減並不存在。

6. 利潤、工資、利息、租金與稅金

經濟中普遍存在獲利的現象，如此標題所列都屬於獲利的形式。那麼，在經濟行為和經濟活動中獲利是否具有正當性呢？獲利有多種手段，只有符合自然機制和法則的獲利才具有正當性。在自然界中，所有的動物都有獲取食物的行為，有的動物依靠本能來獲取食材，有的動物仰仗力量和速度來獵捕食物，而有的動物則憑藉智力來贏得美食，它們為了食物所付出的行為不盡相同。素食動物的採食過程多是遊走遷徙，啃完一棵樹上的果實或吃完一片草地就再找一個地方繼續進食。小型肉食動物多用偽裝術來捕食遊走遷徙的微型素食動物，大型掠食動物則使用速度和力量來追捕中小型草食動物，靈長類動物多群居而守住一定範圍的叢林地盤來保證食物供應，一些靈長類動物甚至利用聰明頭腦和工具來協助獲取食物。進食對於所有動物極其重要，是延續生命的關鍵，也是種群繁衍的根本，進食獲取能量和營養是各種動物個體的首要利益，動物們獲取食物的行為也屬於在大自然中的獲利行為。沒有哪種動物獲得食物是一帆風順的，都要付出一定艱辛的努力，比方說非洲獵豹、獅子、金錢豹、鬣狗等捕食的成功率並不太高，十次獵捕有一次成功就很不錯了，北極熊捕食海豹也是這樣，十有八九會失敗。依靠偽裝捕食的動物，如變色龍、枯葉螳螂、章魚、鱷魚等，則需要超凡的耐心來捕獲獵物。非洲斑馬、角馬、野牛等草食性動物則需要長途遷徙才能找到甜嫩的新草地。動物們獲取食物的行為方式與人類遠古祖先是何等的相似，遠古人類也是在大自然中通過行為運動（有時是非常激烈的運動）直接獲利才得以生存繁衍，才有可能演化為現代足智多謀的智人。

遠古人類和動物之所以能在大自然中不斷獲利，有兩個基本的自然機制在起作用，一是獲取的能量要大於所消耗的能量，二是共生回報。遠古人類和動物進食的直接目的是為了吸取食物中的能量和營養（營養也是能量的一種），這是生命體的自然本能。根據熱力學第二定律，在自然過程中，一個孤立系統的總混亂度（即「熵」）不會自動減小，總是朝著熵增大的方向進行的，是不可逆的，其逆過程是不可能自動發生的；在一個開放系統中，熵的減小必須由外界補充能量。在生命自然演化的意義上，生命體是一個孤立系統，熵的本質是生命系統的機能下降。但同時生命體是一個開放系統，它與環境既有物質交換，也有能量的交換，生命體可以通過外界的能量補充來減少本身的熵（機能下降），使生命體處於一種相對的「穩態」。生命體進食是攝入「負熵」的過程，即熵減變小，食物的能量不僅要抵抗熵的增加，而且還要彌補獲取食物時行為運動所消耗的能量（運動所消耗的能量也可以使得機體機能下降），所以遠古人類和動物在食物中攝入的能量要遠大於行為運動所消耗的能量。一般說來，進食一次可以填補和抵禦十至十五次的運動能耗，大型掠食動物如果連續超過十至十五次捕獵失敗即有可能被餓死，人類只喝水不進食最多可以挺過二十多天。在食物短期間斷供給和充足的情況下，遠古人類和動物都可以悠閒的度過生命歷程。但是，僅有食物能量供給是不夠的，遠古人類和動物都面臨生命安全問題，人類生命還需要情感的潤滑作用（其他動物或多或少都有情感的需要），所以就有群居生活方式產生。群居可以是多個同類生命體聚集在一起（如靈長類動物包括人類），也可以是兩個以上不同類型生命體結合在一起（如寄居蟹與海葵、鱷魚與牙籤鳥等），群居產生共生關係，相互關聯、相互依存、相互支持、互利互惠。群居共生關係中每個個體既有付出也有回報，付出是對其他個體的回報，回報是其他個體的付出，付出與回報可以對等，也可以相互超越。所以說，在自然狀態下，獲利及其行為受自然機制和法則的支配，每個生命個體的行為如果符合自然機制和法則就可以獲得最大的利益，如果違背自然機制和法則即可遭遇致命的厄運。

如果把遠古人類和動物獲利的行為比作生產（其本質也是生產），那麼其獲得的利益（能量）必然會要大於其付出的行為（能耗），這是自然機制和法則所決定的，具有自然客觀性，不以生命個體的意志所轉移，生命個體必然會不自覺無意識的遵循自然的機制和法則。人類與動物有別主要在於個體人擁有自然界獨一無二的非凡智性，人的智性之所以獨一無二是因為人的大腦結構和機能已經達到了動物們無法企及的程度和高度，動物們只能被動接受自然的機制和法則，但是人類則有可能自覺和顯意識的認識和總結自然的機制和法則。隨著人的智性不斷增長，自然的機制和法則無時無刻不在作用於人的思想意識，即使在弱理性混沌思維中追求利益意識（即獲利）也總是在人們的心目中不停的渲染，其中蘊含了自然的機制和法則，所以從古至今人們可以理直氣壯的獲利，也可以洞悉明察的判斷自己和他人追求利益的正當性。一個人或組織付出了代價（能量消耗或熵增），只要不背離共生正義就應當獲得超值的補償（熵減變小，負熵增大），付出了能量就應該補償能量。俗語說「種什麼得什麼」、「種瓜得瓜種豆得豆」就是這個意思，佛教的「種什麼因，得什麼果」也是這個道理，為了共生正義就不應該「播下龍種卻收穫跳蚤」，這是人盡皆知的至理明訓，不需要學習過程都能拿捏和把握。在理性思維下，人們更能反映和理解自然的機制和法則的奧秘，更加自覺的遵循和維護正當獲利的自然原理。回報是補償付出的重要機制，也是共生正義的核心內容。在日常生活中，回報他人是一件平常的事情，回贈禮物、回請吃飯、回贊他人等等都是司空見慣的事情，那些貔貅式的人（只進不出，只得不讓）總是被人指背。「吃水不忘挖井人」、「滴水之恩湧泉相報」等中文諺語也反映出大義凛然回報他人的感恩情結。

在經濟生活中，付出資本就是付出能量，同時還伴隨著經驗技術、科學知識、運籌帷幄和管理的付出，應當回報利潤（同時應當回收本金），付出勞務也應當收穫工資，出借貨幣也應當收取利息，出租土地或房屋（包括門面）也應當收取租金。我們可以這樣認為，在經濟生活中誰作出對他人有利的行為，誰就應當被認可、被回饋、被獎賞。企業投資者搭建平臺創造就業的機會，同時還輸出技術、知識和文化，就業者因此而獲益良多，試問如果沒有投資付出，就業者原本也可以得到同等的益處？如果回答是肯定的，那麼就業者就不應該成其為就業者了。如果沒有利潤，企業的生產經營活動純屬付出得不到回報，也就得不到激勵，對於生產者而言這是一種熵增，也有悖於共生正義。那麼，生產者自然也就不願意生產了，甚至企業都不可能組成，其最終結果就是社會普遍存在的需求無法得到滿足，就業也無法實現，社會退回到純粹自然狀態，人類與各種動物為伍（其實動物中也不乏共生回報）。利潤是商品生產的催化劑，是滿足社會需求的潤滑劑，是促進社會財富增長的重要原動力，也是企業可持續發展的源泉。利潤並不完全來源於加工製造環節，利潤很大程度來源於商品流通領域，利潤是消費者對生產者以貨幣的形式的獎賞。利潤的合理性（利潤的多少大小）由消費者（或需求者）的交易支付行為所決定，一般來說，新技術商品能激活新消費，且涉足的生產者少，則利潤高，消費者願意多花貨幣來享受新的需求；而簡單技術商品和老舊商品因為生產者眾則利潤較低，甚至是利潤微薄。

利潤可以分為經濟利潤和財務利潤，經濟利潤是指生產者（包括生產參與者）在滿足需求的經濟活動中獲得的貨幣增值利益，財務利潤是指付出貨幣成本與收入貨幣數量的差額，經濟利潤包含企業與員工（生產參與者）共同創造的利潤，而財務利潤僅指企業的利潤，在財務利潤中企業員工的薪資及福利待遇被納入生產成本。通過財務核算可以反映出企業利潤的狀況和變化，企業的利潤是否令企業主滿意，以及企業利潤的空間是否還能擴大，即利潤是否最大化，就可以一目了然了，這顯然是不合理的。企業利潤是企業主投資和參與經營管理，以及企業員工共同創造的，企業利潤是消費者（或需求者）對人的獎賞，企業生產是企業主、管理者與員工共同合作的過程，員工不是機器設備，員工的薪資和福利待遇不應該被計入生產成本，應該在企業利潤中進行分配。也就是說，生產成本只包括生產物質方面的花費和事務處理過程的費用，把所有關於人的收入都應該在企業利潤中（扣除生產成本後的盈餘）支出。財務利潤的核算方法是站在企業主的角度來看待和支配企業利潤，這種方法最大的問題是企業（主）容易擠占員工的利益，把員工置於非常不利的境地。歷史上人們對企業利潤的眾多非詞以及對資本主義的非難，很大程度上都是因為財務利潤核算方法所導致，財務利潤應該要回歸到經濟利潤的概念內涵中來。企業利潤最大化應該也包含企業員工收入的最大化，而不僅僅是企業主的利潤最大化。企業利潤最大化應以商品的品質真實性和服務的有效性為前提，即盡最大可能的滿足消費者的需求為前提，企業在追求最大利潤時不能犧牲消費者的利益。至於企業利潤在企業主和員工之間如何分配，有一個基本原則就是員工的收入要大於其基本生活的花銷和智性發展（學習和提高）的花費的總和。利潤的反義是虧損，由於企業獲利的預期產生於生產活動之前，其生產全過程不是決定獲得利潤的全部因素，實現利潤主要依靠消費者（或需求者）的購買行為來支持，所以企業虧損是有可能發生的。企業虧損後企業主和員工都應當承擔利益受損的後果，企業主損失資金，員工損失時間精力，都不能在虧損中獲利。

利息和租金對於支付者是成本和費用，對於收取者則可以視為利潤。利息是出借貨幣所得到的高於出借部分的貨幣回饋和獎賞，這時出借的貨幣是出借人權益的憑證，出借人本可以用此貨幣來換取自己的需求利益，此貨幣是出借人的利益符號，而不僅僅是一個數位記號，其中包含許多好處。借款人可以用此貨幣換取到多種相應的需求利益，所以借款人在借款時理應承諾支付利息，出借人有收取利息的權利。但是，借款人不能轉借出此貨幣，藉此獲取更高的利息，即賺取利息差。在轉借的過程中，此貨幣其實包含了原始出借人和借款人的雙重利益。此時的此貨幣並不處在交易流通過程中，原始出借人並不是以此貨幣來換取需求，原始出借人的持有此貨幣的權益並未消失，只是暫時轉移到了借款人手中，借款人也本可以用此貨幣來換取自己的需求利益，原始出借人此時仍然擁有此貨幣的所有權，而借款人只是通過借款行為暫時得到此貨幣的交易使用權，而不是包含處置權的所有權。對於同一貨幣，借款人不能同時擁有借款人和出借人雙重身份。再則，貨幣在使用過程中只能指代和對沖一種利益，不能同時指代一種以上的利益，這是貨幣指代利益一次性原理。何況借款人轉藉以後並不能保證按期還本付息給出借人，在轉借實際操作過程中極有可能損害原始出借人的利益，所以賺取利息差額是不正當的行為。租金是出租土地或房屋所得到的貨幣回饋和獎賞，出租人出讓使用土地或房屋的權利和利益，承租人獲取使用土地或房屋的權利和利益，出租人收取租金、承租人支付租金都符合共生正義。承租人轉租出此土地或房屋與轉借出貨幣一樣也是不正當的。

稅金又稱稅賦，也是一種收入，在我們祖宗十八代在世以前就有了，我們習以為常。稅金是社會權威主義者（征服者和統治者）憑藉暴力強權在社會中收取的貨幣利益，具有強制性、無償性、固定性、巧立名目性和去向不透明性等特徵。稅金是社會權威統治者和統治集團的收入，與其他經濟類收入不同的是，不是通過經濟行為和活動獲取的收入，而是通過政治手段針對經濟行為和活動獲取的收入，強制性是其基本特徵，其他特徵是強制性的派生。稅金集中體現權威主義者的意志，憑藉暴力釋放和暴力威懾強行要求社會成員和企業組織服從，對於不服從者則施以最嚴厲而殘忍的處罰，不惜剝奪其生命。稅金是權威統治者的生命線，是不可替代的政策工具。我們知道，權威統治是社會負關聯，違背社會共生正義，不具有自然合法性，統治者必須建立和供養數量龐大而且等級森嚴的統治架構和統治隊伍才能維繫統治權威，這就需要巨量的源源不斷的貨幣收入來支撐，不然其政權將搖搖欲墜，並危及統治者的身家性命，所以統治者就如此的賣力來推行其獲取社會利益的意志。對稅金的天量需求也迫使統治者定期不定期的巧立名目的搜刮和盤剝其臣民，巧取豪奪，稅金也成為普通民眾名副其實的稅負，因此背上沉重的經濟負擔。稅金具有黑洞效應，是一個無法填滿的無底洞，而且去向不明，臣民和企業繳稅以後，稅金就與他們斷絕了任何關係，他們無權知曉和過問稅金的實際用途。稅金一旦收取就成為了統治者的囊中之物，稅金的隨意使用一直都是造成浪費、腐敗等社會問題的根源。在自由民主社會，由於權威主義被消滅，稅金也同時被消亡，取而代之的是社會公民和企業組織自願集資供給政府來提供社會公共服務的稅匯形式。稅匯繳款額度遠低於稅金，所以其社會負擔很輕。稅匯的使用支出清晰透明，集中體現了人民主權和民意表達，所以整個社會繳稅的積極性也高漲，人們發自內心的支出，稅匯的使用也落在了每個人身上，所以自由民主社會在總體上凸顯出共生正義的理想氛圍。

7. 資源、權利與制度

資源（特指經濟資源）是指可供人開發、利用和使用的具有某種功能和性能的事物。資源在宏觀層面可分為自然資源和社會資源，自然資源包括土地、地表形態、地表生物、氣候、礦產、能源等等，社會資源包括人口、就業、技術、經驗、知識、資金、產品、市場等等。宏觀層面的資源是概括性的分類，是對資源的基本認識，不具有現實操作性。只有微觀層面的資源才是真實的資源，才能在經濟行為和活動中被人們準確的認識和開發利用，比如說鐵礦是開採礦山的資源，鐵礦石是鋼鐵企業的資源，鋼鐵錠和鋼板等是鋼鐵加工製造企業的資源，資源只有具體化才具有實際意義。資源在微觀層面可以分為企業資源和消費資源，企業資源是指可供企業開發利用，決定生產特質，扶助生產便利，以及可促進企業生存發展的事物。由於各個企業在社會關聯中所處的位置不同，每個企業都處在獨特的資源位，企業與企業之間的資源特點不盡相同，即使同行業生產同類產品的企業在資源上也可能不完全相同。在社會雲關聯大網路狀態中，企業與企業之間根據關聯邏輯相互交織和滲透，某一企業的產品是另一企業的資源，形成上下游鏈條關係，上游企業提供下游企業的原材料或機器設備，這種鏈條關係稱之為產業鏈和生產鏈，如農業種植業、畜牧業和養殖業提供紡織業、皮革業和食品加工業的原材料，鋼鐵企業生產的鋼鐵錠和鋼板是機器製造企業、工具製造企業的原材料，產業鏈和生產鏈把所有的企業聯繫在一起，形成超級大網路。在產業鏈和生產鏈的原端企業則是從大自然原生態中獲取物質和能量資源，原端企業包括農業生產者、礦山企業、能源開採企業、發電企業、城市供水企業、建築材料業等等，原端企業的產品是產業鏈和生產鏈的起點，對下游企業的生產具有指向性，即為了下游企業的生產便利。由於下游、下下游等等的企業群數量及需求量龐大，原端企業的生產能力不斷擴大，致使礦產資源和能源資源快速消耗，一些自然資源不可再生，所以近乎枯竭，如森林和耕地減少，金屬礦產、煤礦、稀土礦等所剩無幾，淡水缺水嚴重等等。

畢竟原端企業只占產業鏈和生產鏈企業的少數，原端企業以下各遊的企業才是資本品和消費品生產供應的主力軍，它們所需的資源幾乎都是社會資源。社會資源包括各工種崗位的勞動力、具有經驗和知識的人才、生產場地和廠區、貨幣資本、機器設備、原（輔）材料、技術、市場、社會關係等等。這些資本品和消費品生產企業可以脫離原生態自然環境，在完全社會化的環境中開展生產，它們的生產能力取決於人的智性水準，可以把原材料加工成精細複雜的複合價值產品或者龐大而力量非凡的機器機電產品，使得資本品和消費品的數量規模和貨幣價值規模巨大，在滿足各種需求的同時出現盈餘，即產能過剩。時至今日，一些自然資源日異稀缺換來的是產業鏈和生產鏈中的資本品和消費品的充足供應，似乎原端企業以下各遊企業的物質資源並不存在稀缺的問題，這是因為人的高智性充分發揮所致。在產業鏈和生產鏈的末端是消費品生產企業，消費品是消費資源，也是消費者賴以滿足生活需要的源泉。消費資源還包括消費者的貨幣收入。由於資本品企業的生產能力卓越，一層層一級級資本品已經加工製造得十分精細和精緻，這就使得消費品的生產更加豐富多彩、品類齊全和功能性能卓越，能夠滿足消費者的各種需求，甚至引領消費趨勢，這是現代生活物質文明繁榮發達的主要原因，也是社會生活水準不斷提高的主要原因。但是，在某些領域仍然存在消費資源不足的問題，比如治療某些疑難疾病的醫藥、醫療技術資源和產品資源不足，預報和抵抗自然災害的技術和產品資源不足等等。消費者的貨幣收入支撐著消費品購買的支付能力，其本身來源於消費者參與生產和就業的工作機會，體現所屬企業的利潤狀況和分配狀況。

毫不誇張的說，每個企業都是資源的集合體，資源支撐著企業的生產行為，從生產過程到產品貨幣價值的實現都離不開資源的佐佑。所有資源似乎都具有積極意義，都能給企業帶來現實利益，只要獲取得當，每個資源都可以成為企業迎合消費者的本錢，即成為企業競爭力的優勢。資源是多種多樣的，有的資源藏在自然環境中，需要發現和開採，有的資源藏在社會之中，需要尋找和爭取，有的資源就在身邊，需要維繫和呵護，而有的資源鋪天蓋地，只需支付貨幣就可以擁有。對於原端企業而言，自然資源如同靜靜躺臥的寶藏，可以隨心所欲的挖掘和開採，直到資源耗盡。對於下游企業而言，由於資本品供應充足，只需發揮技術優勢開足馬力生產，市場總有需求在召喚。每當新技術產品投放市場以後，其生產企業可以獲得更多更優質的資源，社會資源自動自發的向著新技術產品生產企業靠攏，於是擠占了原有技術產品生產企業的資源，該企業只能依靠價格優勢來守住既有的市場。由於新技術產品價格高企，其生產企業總能獲取高利潤，需求者和消費者仍然趨之若鶩，所以社會中總能看到新老技術產品爭奪市場資源的激烈場景。老技術產品經常被淪落為低價格低檔產品，而新技術產品在一定時期內總體現出昂首闊步的迎合新需求的市場寵兒，在一定時期以後，新技術產品即淪變為老技術產品。像這樣周而復始的產品週期，使人們學到了深刻的經驗教訓，創新是企業獲利、保持競爭優勢和長遠發展的至理良方。然而，創新並非易事，獲得優質社會資源才是企業能夠創新的根本原因之所在。

優質資源如何到達企業手中呢？還有另外含義，什麼才是優質資源呢？以及社會如何產生優質資源呢？人們對優質資源的認識和判斷糅合了一定的主觀感受，社會形態不同則人們對優質資源的判斷不同。在權威主義社會，社會權威壟斷了一切，對於企業而言優質資源就是權力資源。與權力為伍和與權力結盟是企業獲得「優質資源」的最佳方式，官商勾結或者企業直接在權力的嘴下討吃就可以獲得自認為優質的資源。權威主義者以種種統治政治手段，如行政審批、資源牌照、生產許可等等，逼迫企業就範。符合統治要求的企業即可獲得競爭優勢和生存本錢，得不到權力照應就不能涉足許多資源領域，如礦山業和能源業等，或者在權力邊沿的企業只能苟延殘喘、自生自滅。在權威主義社會，人們不懂得權力並不是一種決定性資源，權力本身也需要社會資源的滋養，如果沒有源源不斷的社會利益供養，權力也不能維繫。歷史事實也充分證明，權力並不是可靠的資源，更談不上所謂的優質了。權威主義社會，由於缺乏內生優質資源的機制，所以只能從社會外界來獲取優質的資源，其主要來源就是自由民主社會。自由民主社會本來就是消滅了權威主義的社會，社會中融貫了自由、自律、平等、寬容、博愛的理念，在寬鬆的氛圍中人們迸發出技術創新的衝動和聰明才智，新技術產品層出不窮。在自由民主社會，由於實行財產私有制，社會資源的種類和規模不斷擴充，並且在企業之間和企業與消費者之間自由流動，許多資源如教育、科研、技術、人才、新材料等都成為優質資源。優質資源從本質上說就是人的高智性。

自由民主社會之所以取得成就可以從其廣泛存在的權利意識中得到解答。自古希臘古羅馬以來的自然法思想傳統認為，在世界上所有成文法之外還存在著一種永恆的法則，這種法則就是自然法；成文法的目的是為了規範社會規則，但是法律的制定者如果不受約束，那麼他們的行為也有可能會損害社會規則，自然法既規定了社會成員的行為，也規定了社會權威的行為；自然法普遍存在，但需要人的理性來領悟。自由民主社會都是理性活躍的社會，也是自然法處支配地位的社會，自由民主社會之所以消滅和取代了權威主義社會是因為自然法的巨大作用。自然法在人們心中渲染為權利意識衝動，激勵人們質疑和挑戰權威，並激發出自我擁有的維護自我利益的力量，這種力量就是自然權利，在經濟行為和活動中體現為經濟權利。經濟權利經過漫長的歷史積澱，在現代經濟生活中可以總結為私有財產權、經營收益權、勞動權、債權、法人資格、智慧財產權、消費益權等等，經濟權利成為社會正義的核心內容。經濟權利的核心是私有財產權，沒有私有財產權其他的經濟權利就不會完整，有的經濟權利甚至都不可能存在。私有財產權是一種廣義自然占有權，涵蓋自然資源、生產資料、生活資料、貨幣資產、動產和不動產、無形資產等等。自然占有是一種占有形式，只要是非暴力、非強權占有都屬於自然占有，包括無爭議占有、繼承占有、交換占有、交易占有、贈與占有、共同占有等等。私有財產權從根本上杜絕了暴力強權占有的可能性，所以也就消滅了權威主義，營造出和平、和諧的社會氛圍，激活了人的自由意志和智性天賦，帶動了社會生產力的高速發展。我們不難發現，權利意識只能原產於自由民主社會，權威主義社會沒有自生權利意識的可能，這是由理性能力和自然法思想傳統所決定的。經濟權利因為建立在自然法和社會正義的基礎上，在經濟生活中可以分為支持性權利（即有權利）和非支持性權利（即無權利）。私有財產權和智慧財產權等屬於支持性權利，生產排放污染環境和生產製造噪音等屬於非支持性權利，支持性權利能夠增進社會財富和福利，非支持性權利則會損害社會正義，消減社會成員的福祉。

經濟制度是指社會經濟生活中經濟行為和活動的總體構成形式。經濟制度是人們對社會經濟的概括性認識，屬於非直觀性認識對象，具有內生性、抽象性、秩序性、規則性、穩定性、變化性、優化性等特徵。經濟制度同時包含經濟內容、政治內容、規則內容和文化內容，是社會關聯在經濟領域的集中體現。經濟制度可以區分為權威主義社會經濟制度和自由民主社會經濟制度，由於對經濟制度的認識是人的智性高級能力，所以與之相對應，經濟制度也可以區分為混沌性經濟制度和理性經濟制度。由於權威主義社會是人類智性發展特定階段的產物，其社會智性總體上呈現出混沌性，人們難以認識經濟制度，無法產生權利意識，所以在經濟生活中只能屈從於權威主義，其經濟制度體現出權威主義強權壟斷的基本特徵，社會自然關聯、自然法和社會正義被強權抑制，社會經濟行為和活動在低智性和低效率狀態下作出和運行，粗製濫造、假冒偽劣和浪費嚴重是其主要文化特徵。而在自由民主社會，如前面所述，由於其理性歷史積澱，社會中活躍著廣泛的權利意識，同時普適理念營造出寬鬆、自由的社會氛圍，打造出創新的智性土壤，其經濟制度凸顯出以權利為內核的總體特徵。在自由民主社會，所有的支持性權利都體現為制度，如私有財產權制度、智慧財產權制度、市場制度、誠信制度等等，非支持性權利被社會正義和社會福利所覆蓋，其經濟制度體現出自然內生的特徵。經濟制度由於其秩序性和規則性，對每個社會成員和組織都具有約束力，在權威主義社會體現為強制性約束，而在自由民主社會則體現為自覺性約束。經濟制度的約束性不同於成文法的約束性，經濟制度的約束力在抽象層面，而成文法的約束力則在具體層面。

四、經濟的主要問題

經濟是社會關聯的基本形式，其內涵極其深邃，外延也十分的廣博，而且時刻還處在擴展變化之中，什麼叫經濟至今仍然眾說紛紜，經濟沒有問題似乎是不可能的。認識經濟本身就是一個問題，人們對經濟的不同認識和理解必然會在經濟行為和活動中產生一系列的問題，比如說宏觀層面調控微觀經濟的問題、商品價格與價值不對稱的問題、貧富差異懸殊的問題、資源利用的權利和制度問題等等。經濟的問題有時非常嚴重，導致週期性經濟衰退和蕭條，人們在重複的生產經營錯誤中難以學習、總結和規避。時至今日，經濟迅猛發展，但同時也伴隨著經濟問題不斷湧現。思考經濟的問題可以幫助我們更深入的認識和瞭解經濟。

1. 紙幣的問題

金錢的出現由來已久，金錢不是古人精心策劃的一個發明，金錢的推廣應用並不是在理性的作用下進行的，無意識模仿是其主要動因，為的是解決不同物品和大宗物品的交換便利問題。金錢出現之初，人們的智性水準還比較低，其生產能力和生產規模還比較小，少量的金錢媒介就足以滿足交易的需要，糧食與牲畜與手工製品之間的交易用有限的金錢資源就可以促進交易順暢。征服者到來之時也是人的智性快速發展之時，人們的生產能力和生產規模大為提高，為了滿足擴大的統治利益，征服者壟斷金銀礦產的開發，開採更大規模的金銀礦產，生產出更多數量的金錢貨幣，貨幣數量規模與交易規模同步增長也客觀上促進了交易的順利進行。在 17 世紀以前，歐洲的經濟形態以包含農業、手工作坊和手工工廠的商品經濟為主，其產值規模與當時金銀礦生產規模（貨幣的供給）基本相稱，也就是說產值規模與貨幣供給規模基本均衡，貨幣作為交易媒介可以與所有的商品對沖，貨幣不會稀缺。但是，到了 17 世紀，由於歐洲人口猛增，商品的需求量也隨之增加，由於人的智性水準進一步提高，農業和手工工廠的生產能力和規模也進一步擴大，其產值規模就已經大到貨幣的供給不能與之同步增加的程度，金銀礦產的儲備和開採能力已經限制了貨幣的供給，貨幣開始短缺，歐洲人在世界各地尋找金銀礦產資源。在 17 世紀中後期，瑞典和英格蘭政府率先嘗試推出紙幣，以解決交易中金錢貨幣不足的問題。

在 17，18 世紀的歐洲，由於人的智性進一步提高，科學技術被應用到生產過程中，從手工工廠發展而來的工廠企業可以把原材料加工製造成為多重複合價值的商品。商品的幾何尺寸更大，功能也更強大，單個商品的價格也更高，我們試想在金錢貨幣媒介的大型機器交易中勢必也會出現交易困難的局面，這與物物交換的困難異曲同工。紙幣以其攜帶、支付、清點和儲存的便利解決了超大規模交易的難題，掃除了工業革命所帶來的大機器推廣應用的潛在障礙，助推了工業革命的迅猛發展。紙幣是為超大規模的商品交易所生，權威主義是推行紙幣的主要動力，社會成員和企業組織是有在被動狀態下接受紙幣的事實，所以紙幣從一開始就帶有權威主義的色彩，權威主義者的想像力決定了紙幣所指代的金錢含量，權威主義賦予了紙幣的價值，即使自由民主社會在轉型以後也不得不接受紙幣的現實。紙幣（紙質貨幣）與金錢貨幣差別巨大，紙幣採用植物纖維材料加工製成，成本低廉，而且原材料可以源源不斷的供應，不需要開掘礦產資源和冶煉鍛造工藝，從紙張到製版、印刷的生產成本更低。紙幣沒有金錢貨幣的質地感，其本身並沒有多少價值，而金錢貨幣由貴金屬金銀鑄造具有較高的價值。從理論上說紙幣可以無限量供應，但金銀貨幣受礦產資源儲量的限制，所以說，紙幣的確適合超大規模的商品交易。但是社會到底需要多少紙幣來用於交易，這關係到紙幣的發行量、供應量和需求量問題。

我們知道，紙幣的功能與金錢貨幣一樣是作為交易媒介（由於金錢貨幣已經退出流通領域，紙幣以下稱為貨幣）。貨幣的供應量取決於社會中待售商品的價格總量和貨幣的交易流通速度，貨幣流通速度是指單位時間內貨幣用於交易的次數，流通速度越快，交易次數越多則貨幣的需求量和供應量越少，反之則越多。只有待售商品才需要紙幣媒介用於交易，那麼待售商品及其價格總量如何確定呢？待售商品即為尚未交易、準備交易的商品，其價格總量是一個不確定量，同時貨幣流通速度也就不確定，但是貨幣的供應量卻要事先確定，要不然交易難以順利進行，這個難度不可謂不大。貨幣的發行量只能根據歷史以往的經驗來預測現在和將來所需要的貨幣數量。如果商品的價格總量在任何時間段內保持恒定沒有變化，貨幣流通速度也保持不變，如果貨幣的交易媒介功能也一直不變，也就是說貨幣的需求量恒定不變，那麼貨幣只要發行一次就夠了，充其量補充一些流通損耗就可以完全滿足交易的需求（無論交易量有多大）。但是，事實上待售商品的價格總量總是處於不斷增加的狀況之中，而且貨幣流通速度有變慢的趨勢。新技術產品的價格較高，有時甚至高出老產品的好幾倍（比如說智慧手機的價格就比通話功能手機的價格高很多），同時老產品並未退出市場，其價格持續緩慢下跌。新技術產品來自各行各業，其總量十分驚人。單從紙幣的交易媒介功能上說，紙幣發行量在待售商品價格總量不確定增加的狀況中難以先知先覺。由於人的智性不斷發展，科學技術被應用到生產之中，人們可以生產出複雜的複合價值產品，其生產循環週期變長，這導致了貨幣流通速度變慢。為了應對各種不確定性，貨幣的發行量為了滿足交易需求只能在原有經驗的基礎上擴大部分發行量，為貨幣需求留出一定的餘地，所以貨幣的發行量總有擴大的趨勢。

貨幣的無限量供應特性也為貨幣功能的擴展提供了可能。隨著經濟規模和財富規模的擴大，貨幣的功能拓展出借貸的功能、投資的功能、規避經濟風險的功能等等，這是人的高智性作用的結果。17 世紀中後期，歐洲的商業銀行從單純保管金錢貨幣的業務拓展出存貸款業務，商業銀行從社會中吸收閒置資金作為存款並支付存款利息，同時向社會資金需求者發放貸款並收取貸款利息，由於貸款利息要高於存款利息，存貸款利息的差額就成為了商業銀行的收入，存貸款業務也就成為了商業銀行的服務產品。這具有劃時代意義，標誌著貨幣中心主義時代來臨，在經濟生活中貨幣從交易媒介的配角一躍成為支配經濟的主角。商業銀行的存貸款業務有一種風險，就是存款被放貸出去以後銀行內的貨幣擁有量會減少，如果存款的人們取款較多則會發生存款擠兌現象，不但會損害銀行的信譽，還有可能導致銀行破產。為了防範存款擠兌風險，銀行可以實行準備金制度，即保留一部分存款作為準備金來應對存款人取款，準備金以外的存款都可以放貸出去，一般來說準備金為存款總額的 10—20% 不等。銀行準備金制度導致貨幣乘數效應，即經過數次存貸款活動以後銀行可以產生數倍於初期存款的存款，也就是說銀行準備金制度可以派生出數倍的存款貨幣，具有貨幣供應擴張能力，使得社會貨幣供應量虛高。貨幣的借貸功能還擴展出放債舉債行為，放債者擁有債權，舉債者持有債務，債權包含的本金和利息均由債務承擔。舉債者可以是個體人、企業和政府，企業和政府可以發放債務券向全社會舉債，其債券還可以在債券市場進行買賣交易，可見債務的規模何其之大。存貸款的本金和利息以及債權債務的本金和利息均以貨幣的形式體現，在結算時都需要貨幣來支付和對沖，可見貨幣的需求量和供應量都在擴大之中。貨幣的投資功能、規避經濟風險的功能還擴展出一大片金融領域，有保險、信託、股市、基金、外匯、進出口、期貨、期權等等，這些金融領域與商業銀行、債券市場組成為龐大的金融體系。金融業大多是以錢生錢的行業，體現權威主義者和社會精英的利益訴求，以貨幣升值貨幣背離了貨幣的基本功能，在實體經濟之外硬生出一種虛擬經濟，也背離了經濟發展的客觀要求，盲目發展金融業是製造經濟泡沫的主要推手，使得金融業日益背離實體經濟，同時造成人為的貧富懸殊，給經濟發展帶來嚴重的風險，也為社會安定買下禍根。金融業的盲目發展也為貨幣供應量帶來不確定性，貨幣超發是其必然結果。

再則，權威主義政府和社會精英都有超發貨幣的意識和衝動，畢竟貨幣只是花紙頭，只需要印刷就可以源源不斷的供應，而且成本低廉，但是其面值與金錢貨幣相當，發行貨幣的利益不可謂不大。對於權威主義政府而言，發行貨幣就如同幼稚園的遊戲，簡單而有趣，花紙頭變財富，這比吸毒更能容易上癮，手頭一癢就可以點紙成金。但是，亂印貨幣也是有風險的，超發貨幣就會導致通貨膨脹，物價上漲，等於盜竊和洗劫民眾的財富，使貧民的境遇更慘，同時給經濟秩序造成毀滅性的損害。無論什麼社會，每個人和企業組織都應該警惕和小心貨幣超發的問題，貨幣是否超發可以從物價上漲情況和貨幣輔幣的購買力變化狀況來檢驗。

2. 生產能力與消費能力的問題

原始人類的覓食行為和肉食動物的捕食行為與生產行為極其相似，或者說就是最原始的生產行為，而且原始人離家覓食然後回家共享覓食成果，這多麼像現代人的上班、下班行為。掠食動物平均每十次捕食行動有一次可以成功，這說明其生產能力要大於需求能力，也就是說其獲取的能量要大於所消耗的能量，如果掠食動物的捕獵能力小於其食物需求，那麼就會被餓死。原始人也是這樣，外出覓食總能帶回可供家人分享的食物，有時捕獲某一大型獵物還可供全家享用好幾天。現代坦桑尼亞原始森林裡有一個叫做哈紮比的原始部落，人口約一千人左右，他們至今過著鑽木取火的原始生活，穿動物皮毛取暖，住在山洞裡面，靠打獵和摘野果為生。因為坦桑尼亞的動植物資源豐富，哈紮比人很不理解，用一個小時就能夠解決糧食的問題，文明現代人為什麼要去種植糧食。這也說明哈紮比人在資源豐富的環境中，其生產能力遠大於需求能力，花少量的精力就可以滿足全天的食物需求。那麼，對於現代文明社會，人們用高智性武裝，其生產能力必然更遠大於其消費能力。人們把科學技術應用到生產過程，其生產能力之大是原始人和動物不可比擬的。產業鏈和生產鏈彙集了無數人的高智性，總是把原端資源一點點一步步加工成精細而複雜的複合價值產品，憑藉機器設備和先進工具用資本品生產出更多更富效率的資本品，在連續生產和間斷生產過程中源源不斷的生產出各種消費品，來滿足最終消費需求。消費者的消費能力不可能消費得了如此巨量的消費品，即使消費者具有支付能力對於消費品形成有效需求，也不可能消化所有的消費品，何況許多消費行為還受到人的生理、心理和習慣的制約，機器嘩啦嘩啦的生產，消費者不能嘩啦嘩啦的消費。只要人們花費智性和精力生產，那麼產能過剩就不可避免。

生產者的利益最大化需要也會推高生產能力。生產者（個體人和企業）個個都想賺取貨幣利潤，甚至還要利潤最大化，想方設法占領、擴大和穩固市場，爭取市場競爭優勢，其最有效的途徑就是添置機器設備、招兵買馬來擴大生產。

生產者很容易產生做大做強的心理願望，只要遇到一定的機會就會提高和擴大生產能力。當貨幣超發時，銀行推動貨幣乘數變大，貨幣供應量增加，通貨膨脹開始發生，物價開始上漲，同時銀行貸款利息下跌。這對於生產者是一個難得的機會，產品價格上漲，而且貸款更容易，利息還更低，一些不賺錢的企業可以賺到錢了，大多數企業可以賺取更多的利潤，於是企業紛紛從銀行貸款擴大生產能力。一時間資本品的需求量猛增，企業爭相購買機器設備以優化和擴充生產結構。頓時，經濟出現一片繁榮的景象，無數的企業家建廠房，買設備，招員工，憧憬著未來大筆的收入。到處是工作崗位，找工作很容易，而且工資一家比一家高。許多投資者懷揣資金到處尋找項目投資，大家興奮不已，賺錢太容易了。為了推進經濟繁榮，貨幣不斷超發，銀行持續推動貨幣乘數變大，但是銀行貸款對消費行為支持有限（主要限於耐用消費品），消費者的消費能力的增長遠不及企業生產能力的增長，時長日久，產能過剩的問題就慢慢積累，越過某一臨界點以後，企業普遍發生產品滯銷，無論資本品還是消費品都出現庫存積壓的狀況，企業收入大減，也影響到從銀行的貸款，甚至可能本息都還不起，企業面臨倒閉，失業人員猛增。這就是我們從教科書上看到的經濟危機，短時間的經濟危機稱之為經濟衰退，長時間的經濟危機則叫做經濟蕭條。

造成經濟危機的根本原因有兩個，一是社會生產能力遠大於社會消費能力，二是貨幣超發和銀行準備金制度導致貨幣供應增加。即使不考慮貨幣超發的因素，經濟危機也不可避免，只是經濟危機爆發的時間會延後，兩次經濟危機間隔的時間會長一些。在貨幣超發的情況下，經濟危機爆發更為頻繁，隔幾年或十來年就會來一次，而且經濟危機爆發的劇烈程度會更大。筆者認為，經濟危機不是不能避免，降低社會生產能力、減少貨幣發行和實行銀行100%準備金制度就可以永遠避免經濟危機的發生。

3. 生產功利性盈利的問題

生產行為是盈利的必要條件，不生產沒有盈利的可能，但是利潤是否實現以及利潤的多少則由消費者用貨幣支付行為來投票決定，這是企業獲取利潤的基本原理，其中包含了自然的機制和法則，如果產品符合消費者的價值需求，消費者願意行使消費主權來購買，企業則可以獲得利潤，反之，即使企業有生產行為和過程也不能取得利潤。企業盈利是消費者對企業的獎賞，消費者可以認為企業的生產行為滿足了消費價值需求理應得到貨幣的回報。企業是否盈利不是企業作為生產者單方面可以決定的，雖然企業有盈利預期，但最終須由消費者來認可。企業把盈利當做唯一的目標是不妥的，也是很危險的。這種功利性盈利思維淡漠了人的精神價值，不會驅動行為者去思考研究消費者的價值訴求和基本權利，把消費者置於被動從屬地位，甚至把消費者當做其謀利的工具。在功利性盈利思維的作用下，企業還可能侵犯消費者的正當權益，以假冒偽劣、以次充好、短斤少兩來坑蒙消費者，把企業推向道德的反面，甚至走向違法犯罪的不歸路。功利性盈利思維還會漠視企業員工的基本權利，把員工也當做謀利的工具，加班加點加任務，逼迫員工忘我賣力的工作，甚至還會刻意克扣員工的薪資待遇，以圖得利益最大化。在某個大型的經濟體中，功利性盈利思維可能屢屢得逞，消費者的正當權益得不到有效維護，企業員工的基本權利被忽略，生產者為王，社會正義蕩然無存。到頭來只落得經濟秩序泯滅、物欲橫流、享樂主義盛行，與此同時則貧富懸殊加大，社會消費低迷，經濟發展缺乏後勁。所謂獲利能力是企業至高無上的標準，顯然忽視了企業生產行為的正義性，具有功利主義的色彩，對企業有誤導作用。

4. 數理經濟的問題

經濟是確定的，是可以被人感知的，其很大程度來源於經濟的數量性。在經濟行為和活動中，主體人和參與者是一個個可數的獨立的人，經濟事件是一件件的重複出現，機器設備是一台台的可數，產品是一個個、一件件、一台台的供消費者選擇，交易中的貨幣更是數量關係等等，在經濟生活中數量性是普遍的現象。數量與數量之間是否存在數理關係也是肯定的，一個數量的增加和減少會導致另一個數量增加或減少，比如說人口的增加會帶動消費量的增加，某一消費品增加供給會造成消費邊際效用遞減，資本投入增加會使得產出增加等等。在一百多年以前，人們領悟到了經濟的數量性和數理性，逐步開闢出了一個大片的數理經濟領域，有經濟統計、經濟數理、經濟計量、經濟比較、經濟數量分析等等，與傳統的理論經濟並駕齊驅，似乎把經濟分割成了數理經濟和理論經濟兩個部分。時至今日，數理經濟大有統轄社會各個經濟層面的勢頭，從微觀經濟到宏觀經濟，從生產到金融，無不體現數理經濟的技術性，人們對經濟的認識過度依賴於數學，其現實表現為經濟形勢 GDP 指標化，經濟分析數學公式化，經濟決策數學模型化，數學在經濟中有濫用的趨勢。筆者認為，數量性是經濟的一個表徵，在數量性的後面，經濟還包括人的智性、因果關係、關聯關係、社會權利、社會福利等內容，這些內容並不以數量性的方式存在，只能通過純粹的理論思維才能認識和感悟，關鍵是這些內容才是經濟的根本，是經濟品質、效率的決定因素。的確，數理經濟有喧賓奪主、越俎代庖的嫌疑，使得經濟本末倒置，如果長此以往發展下去，數理經濟思維必然會阻礙人們對經濟的正確認識，忽略經濟認識的思辨思想過程。在當前，經濟的本質，甚至經濟的概念都不甚明朗的情況下，數理經濟有害無益，本來用算術就可以解決的問題為什麼一定要用複雜的數學來解決？數理經濟不能幫助人們更清晰的認識經濟，只能使得經濟更加複雜難懂。

5. 經濟增長的問題

這些年，促進經濟增長的呼聲我們不絕於耳，這就給我們產生了一種印象，經濟增長是好事情。經濟增長的意思是某時間段（月度或年度）社會生產產出規模比上一時間段產出更多，即本期實現了增長，通常用 GDP(國內生產總值) 或人均 GDP 來衡量，原來經濟增長也只是經濟數量的增長。那麼，經濟為什麼要增長呢？回答這個問題我們可以從人口增長、利息負擔（借貸和債務規模）和新技術產品的價格及利潤三個方面找到答案，比較前期的生產產出，只有在這三個方面的數量增加以後才有經濟增長的可能和必要。人口增長必然會帶動消費的增長，同時也會要求生產產出增加，不然社會消費水準整體下降。社會借貸和債務規模加大也會要求產出規模加大來支撐新增的利息規模。新技術產品的價格和利潤水準更高，也需要經濟增長來支撐。新技術產品是廣義生產概念下的生產成果，包括新型產業和行業，社會中人們的消費水準和生活水準的提高包括在了新技術產品的價格和利潤裡面，新技術產品也包括勞動生產率的提高。人口增長不一定是經濟增長的絕對理由，人口有生有死，有就業有退休，即使人口淨增長也可以通過人口政策和文化影響來解決。那麼經濟增長的硬性要求就只有一個，即社會貨幣需求量因利息負擔和新技術產品而增加，必需由產出規模增大來支撐。

經濟增長能夠促進社會進步嗎？這可不一定。經濟數量規模增加不一定會促進經濟內容的品質提高，首先經濟數量增長會導致新技術應用狀況下的勞動生產率提高，有可能出現減少工作崗位的情況，經濟增長不能保證就業率的提高；其次借貸和債務規模擴大會導致貨幣財富的轉移，並且越來越集中到少數人手上，使得貧富差距加大；第三勞動生產率提高和新技術應用會對自然資源和社會資源產生更高更多的要求，加速資源消耗，同時生產排放加大，不利於環境保護和可持續發展；第四新技術產品的高價格和高利潤也會導致貨幣財富向少數人手上轉移，使得貧富懸殊更大；第五新技術產品的推廣應用會引誘和逼迫消費者提高生活水準，給消費者的支付能力造成壓力，在攀比的心態中消費者不一定會獲得生活幸福感；第六由於經濟增長偏重於數量層面，在增長的過程中社會不一定會重視全方位的經濟權利，比如社會福利和人的智性發展。我們也不難觀察到，經濟持續增長的過程中民眾的經濟權利及意識並未加強，反而被削弱。經濟快速增長的社會中貧困人口並未減少，甚至一些貧窮的人掉落到赤貧地步。我們不得不需要正視經濟增長口號的合理性，審視經濟增長給社會造成的代價，這個代價是全社會買單，然而只能讓少數人獲利。經濟增長並不一定會促進社會進步，可能增長速度越快其負面影響越嚴重。

6. 人的智性自然發展的問題

智性是人的自然稟賦，人的大腦包含 1000 億個神經元，其結構極其精密複雜。每個個體人都從祖先那裡一脈相承大腦的功能和能力，能夠把感覺器官傳遞的信息進行記憶，可以指揮協調肢體的動作和運動，可以從多次重複的動作和活動中產生經驗，有總結經驗教訓的能力。人的大腦功能和能力極其強大，至今使用開發不足 10%，超過 90% 的功能和能力被隱匿，尚未被發掘。人的大腦功能和能力的內在機制和外在表現就是智性，其高級形式體現為領悟、認識、思考和發現的能力。在八千年以前，人類的祖先就已經發展出了較高的智性，促進了農業定居生活方式的形成，許多人變成心靈手巧的多面手，從農業種植到牲畜禽類養殖再到工具和日常生活器皿的製作，滿足了家庭生活所需的各種要求。古代祖先在動手能力上非常傑出，把幾乎完全原生態的自然物打造出豐富多彩的蘊含智性天分的人化物體和物件，全憑一雙靈巧的手。這種祖先的智性無一遺漏的遺傳給了我們，使我們自出生之日起就具有了智性初始值，由於人類智性的歷史發展和沉澱，我們的智性天資必然有過之而無不及，所以在今天的經濟行為和活動中總是表現出模仿能力和學習能力。

但是，在今天的現實情況中，人與人之間的智性水準並不均等，有的人聰明過人，而有的人愚鈍至極，中間還有人有時聰明有時腦袋不好使。為什麼會這樣？難道祖先的智性遺傳有紕漏？或者遺傳不穩定？其實不然，人的先天並無缺陷，造成這樣的現實主要源自後天的原因。權威主義是造成社會普遍愚昧、愚蠢和無知的主要原因，權威主義者暴力實施和暴力威懾造成了社會廣泛的恐懼和謹小慎微，又以意識形態說教和資訊、言論管制剝奪了民眾智性發展的機會和條件，社會一方面出現狡詐、欺騙的智性，另一方面凸顯唯唯諾諾和惟命是從的智性，社會權益、責任、道德和正義近乎蕩然無存。在社會經濟生活中反映為躺在祖先智性的懷抱裡悠游自在，沒有改進，沒有創新，生產能力低下，產品品質低劣，生產效率極低，嚴重缺乏創新能力。社會中培養出一大片具有絕對行為被動性的愚民群體，他們的生產、生活水準都非常低。同時社會供養著一大幫權威主義統治群體，他們因為既得利益而踐行花天酒地、貪污腐敗，也缺乏智性發展的原動力，體現出另外一種愚昧和愚蠢，以為社會可以這樣永久的相安無事。自由民主思想總會有一天衝破權威主義的牢籠，人的智性自然發展的強大力量一定會蓄勢爆發。

然而，在自由民主社會，我們仍能看到愚昧無知和行為被動性的公民群體，他們可能是足球流氓，可能是暴力示威者，也可能是收入不穩定且微薄的貧困者。他們在資訊豐饒的環境中仍然不學習不提高，得過且過，迫不得已則憑藉自由民主制度發洩一番。他們的訴求被化作選票來提供社會精英的存在機會，國會議案在科學技術、經濟增長和社會權利、社會正義之間做出選擇。科技創新、金融業擴展成為自由民主制度的合理詮釋，社會精英更是腰纏萬貫、富可敵國。筆者並不是說自由民主社會不好，與權威主義社會相比，自由民主社會不知道要好多少倍，但是自由民主社會並不是完美的社會，存在很多不足，也存在很多需要改進的地方。世界上會不會有完美的社會呢？如果完美沒有標準就是一個不切實際的臆想。完美社會的標準只能建立在人的智性自然發展之上，符合人的智性自然發展的社會就是完美的社會，也是千百年來人類代代追尋的理想社會。什麼是符合人的智性自然發展的社會呢？這要從阻礙人的智性自然發展的原因上尋找答案。

在經濟的自然發展過程中會形成人的智性發展的障礙。社會分工最初體現為產業和行業的分化，其內在機理是工序、工種和作業的不同，許多不同的工種和作業在不同的工序中體現為生產結構的不同，反映在生產事務及其成果上就是行業的特徵。工種和作業的分化來源於早期工匠種類的形成，其所有的行為都指向人的不同需求以及為了滿足需求所必須做的各種事務（邏輯事務環節）。隨著人的智性增長，更多的經驗和知識被應用到了各種事務環節之中，使得工種和作業的數量規模和行為方式不斷發生擴展。在生產事務結構中，人們只需要做某一種小事務，只需要一種技能，就可以在生產事務結構中發揮作用，各個工種和作業在事務邏輯框架內協同配合，每個工種和作業只需要擔負很小範圍的工作，就可以促進生產事務成果的實現。由於生產的重複性，當個體人充當工種和作業的實施者時所接觸的工作事務面十分的狹窄，每天每月每年都侷限在了狹小的世界裡，這種狀況對其智性發展非常不利。有一種人為的生產事務結構更能阻礙人的智性自然發展。工業革命以後，機器製造、大機器生產、電子技術和大機械化作業等等可以預先被設計，工藝流程在人為的安排中也體現為複雜的生產事務結構，其中許許多多的崗位被設計成極其簡單的操作，如固定螺絲、鏟煤、電子元件插件、表面拋光、裁紙等等，這些崗位工作技術含量很低，簡單而重複，對崗位從業者來說單調乏味，嚴重消磨人的意志，十分不利於他們的智性發展。無論是自然的分工細化還是人為的崗位設計，對廣大的從業者來說都會導致頭腦簡單化、愚昧化，對他們的社會認知和培養教育後代方面產生嚴重的不良影響。如果企業不把培養塑造人為己任，不重視員工的心智發展，那麼社會中還會有什麼力量來擔負社會精神價值的文明發展呢？企業在獲得的利潤中是否包含員工的智性損害？

在自由民主社會，普遍的利益追求心態也限制了人的智性自然發展，以社會精英的表現為盛。社會精英憑藉超出常人的智性（經驗和知識），以強烈的社會利益訴求在社會普遍智性不足的情況下總能營造出對己有利的機會和局面，如促使貨幣功能盲目擴展、科學技術創造發明積極推廣應用等。社會精英的全部智性都用在了獲取利益上，全力以赴把經濟蛋糕做大，而且沒有停歇的跡象。雖然社會物質財富可以不斷增加，人類的生活水準可以持續改善和提高，但是隨之帶來的社會問題並不比社會利益少。首先社會貧富懸殊不斷擴大；其次自然資源消耗日異加劇，環境污染日異嚴重，氣候變暖導致自然災害頻發；第三經濟和社會深層問題很少引起思考，人們對社會公共領域缺乏認知，社會權益成為真空（包括人的智性發展的自然權益）；第四理性能力成為社會最稀缺的資源，人們被經驗束縛，知識和科學技術成為利益的奴僕。由於社會精英的智性發展跑偏，在社會精英的社會範示作用下，精英們把社會帶離了正常的自然智性發展軌道，阻礙了人類智性的全面發展。試想人類社會還有漫長的道路延續，未來不可能在科學技術上無止境的突飛猛進，社會終將回歸慢生活常態。在理性思維下，我們必須正視科學技術快速應用帶來的消極影響，是否縮減科學技術創造發明應當引起我們的思考。

第十四章　論社會政治

我們對政治既熟悉又陌生。自打孩童時起，我們就被政治環繞和侵染，政治與我們朝夕相伴、不離眼耳，有政治運動、政治人物、政治會議、政治事件、政治綱領、政治任務、政治生命、政治前途、政治面貌等等，我們被濃厚的政治空氣所籠罩。在我們的社會中，一切都是為了政治，一切都是政治的附屬品。政治是紐帶，也是皮鞭，有時還是鋒利的鍘刀。接二連三的「同室操戈」、「杯酒釋兵權」、「文字獄」、「革命戰爭」、「陽謀事件」、「瘋狂鬥爭」等等的政治震盪，讓無數生靈塗炭，滾地的腦袋和噴灑的鮮血，成為了政治的有力注腳。政治如洪水猛獸，談政治就是玩命，讓我們心領神會，政治是玩人的遊戲，也是玩命的遊戲。但是，政治說不清，道不明，一個政治下來，壓得人踹不過氣來，五臟六腑沒壓碎是值得慶倖的事情。哪怕是文化人、知識人，甚至資深學者，也是談政治色變的。於是就有文人學者的「不談政治，談文化」的風格和「不談政治」的托詞，老百姓也世代相傳著由衷告誡，「莫談國事」，「莫談政事」，「莫談政治」。政治，的確像個魔王，讓人毛骨悚然，讓人的靈魂為之顫愕。我們從來就不考問政治的本質內容，政治的嚴苛、排他和殘酷就使得絕大多數人退避三舍，拒之如鬼魅魍魎，讓少數人把政治玩於股掌之上，時而變成肉腸、蘿蔔，時而變成皮鞭、鍘刀。政治阻嚇消磨了我們的思考能力，以為世上只有一種政治，以為這種政治在天上，諸不知這種政治就在頭上，其實權威主義才是這種政治的真正推手。

還有一種政治卻要溫和得多。民主政治以開明著稱，遂以權威政治相對。民主政治本來也是在消滅權威主義以後社會呈現出的一種政治，摒棄了權威政治的獨占性、排他性、野蠻性和殘酷性，所以具有開放性。民主政治對所有社會成員開放，鼓勵每個人參與政治，廣泛的參政議政和討論政治話題是民主政治有別於權威政治的主要特徵。民主政治以人民主權為基本理念，提倡民主、自由、平等、公開、公平的參與社會政治事務和活動。每個社會成員（公民）都有發表政治言論的權利，不會因為冒犯某人或某社團而受到打擊報復，也不用擔心批評政府及其官員而遭到限制和制裁。相反，各種區域的政府官員都是由相應地區的公民根據一人一票通過公平自由的投票選舉出來的，政府官員討好選民也是民主政治的一大特點。為了保證政治言論和見解的有效表達，民主政治極力主張信仰、言論、出版、集會、結社、遊行、示威的自由和權利，並保障每個公民無差別的實行。因此，民主政治以法治為依託，以嚴密的法律規定來保護公民的自由和權利，同時用法律來限制社會公權力的濫用。公民憑藉選票可以罷免和彈劾政府官員，並促使心儀的新官員上任，所以民主政治具有糾錯的功能，不會像權威政治那樣把統治者的錯誤和失誤硬生扛到底。民主政治的合理性和優越性已為舉世認可，時至今日一些權威主義社會也不得不打出民主政治的旗號掩人耳目。民主政治的真實性是顯而易見的，只要我們稍加觀察和思考就不難分辨真假民主政治。

既然權威政治和民主政治都屬於社會政治，兩者反差極大，那麼什麼是政治呢？下面筆者試圖就社會政治展開討論，擬揭開政治的神秘面紗。

一、政治及起源

在社會生活中我們可以逃避很多東西，可以逃避學習，可以逃避思考，還可以逃避社交，甚至還可以逃避婚姻情感，但是根本無法逃避政治的影響和作用。如果你走在鄉村或城鎮的街道上，你會看到撲入眼簾的政治標語；你打開報紙、雜誌、廣播、電視、網路，你隨時隨地可以看到或聽到政治新聞和消息；如果你經商、開工廠或就業，你必須面對稅收的問題以及行業、職業管理問題；你需要辦理身份證件，不然你無法購置房產、無法出行住宿、也無法參加各種保險項目；如果你開車上路，你必須持有准駕證件，而且有可能隨時面對交通警察的抄牌和罰款等等。我們一出生就決定了我們是被政治了的人物，如果我們不想自尋短見的話，逃避政治的唯一途徑就是躲到深山老林做一個野人。對於我們來說，政治，是一個司空見慣的事情，習以為常，太家常便飯了，以至於我們可能感受不到政治的存在。政治的確像空氣、像水，無時無刻不把我們包圍和縈繞，甚至還沁入到我們的骨髓和腦海之中，促使我們產生根深蒂固的政治觀念和立場。權威主義社會有政治，自由民主社會同樣也有政治，古代社會有政治，現代社會更有政治。關於什麼是政治的問題，據說其的名詞解釋在世界上有上百種。有人說，政治是指政府、政黨等治理國家的行為；也有人說，政治就是規範化的社會管理；還有人說，管理眾人的事情就是政治；紜紜。這些解釋無不道出了政治的一些實情，政治在社會公共領域十分顯目，的確在社會公共領域發揮著作用，這是政治的領域特徵。但是，難道政治只有領域特徵嗎？政治在社會公共領域是如何發揮作用的呢？這其中必然會存在一種狀態特徵，就是說政治首先應該是一種狀態，這種狀態的範圍、指向才是領域，即社會公共領域。如果沒有狀態，社會公共領域是不會自動的產生政治的，政治狀態必然在先，社會公共領域是政治狀態的結果。政治首先應該具有狀態特徵，其次才是領域特徵，政治的狀態才是政治的本質內涵。政治的狀態有主動狀態和被動狀態之分，在傳統觀念上，我們可能認為只有在社會公共領域處於主動狀態的行為才叫政治，如政府行為、政黨行為和管理眾人事情的行為等等，其實在社會公共領域中處於被動狀態的行為也叫政治。主動狀態是產生被動狀態的原因，被動狀態也可能引發主動狀態的產生。在溫和的政治中，主動狀態與被動狀態相互滲透，互為因果關係。如果我們在深入思考研究以前就已經樹立了先入為主的政治觀念和立場，那麼我們就很難認識政治的本來面目，就落入人雲而雲的惰於思考的境地。一旦政治被蒙上了面紗，對於我們就不是吃飯吃多吃少的問題，而是有沒有吃的問題，也即是說，權益隨時有可能被他人剝奪。

筆者認為，政治，就是社會生活中個體人或群體在相互影響和作用過程中體現出的行為主動性和被動性的整體狀態，表現為某人的主動性或被動性對他人主動性或被動性的影響，一方的主動性或被動性對他方主動性或被動性的影響。在社會關聯中，人與人之間，確切的說是陌生人之間通過處理事務的行為關聯在一起，每個人都發出主動行為，主動行為之間必然發生接觸、碰撞、摩擦等相互作用。在人類社會化之初，人口數量規模還比較小，人的智性水準還不算高（與現代人比較），所處理的事務還比較簡單（主要以簡單生產事務為主），陌生人之間相互作用和影響的程度比較低，當時的社會以經濟活動為主，表現為能者安排生產，包括生產程式、工藝等等，其他人服從安排，認真、謹慎的做自己的事情，比如說農業生產什麼時候翻地，什麼時候播種、除草等等都由經驗豐富的人安排和指揮（即管理），其他人則處於被動的服從地位。這種被動的服從雖然因管理者的指令而導致，但是最終的服從是源自關聯事務的邏輯，表面上是服從管理者，實際上是服從自然，所以說人類社會化之初的政治極其微弱，人們幾乎感覺不到政治的存在。隨著社會關聯事務的擴展，社會人口規模、人的智性和生產事務都得到了進一步的發展，人口規模越大則社會關聯的複雜性越高，但是人的智性仍然一如既往的集中在了生產事務之中，此時人與人之間的接觸、碰撞、摩擦的相互作用卻與日俱增，如土地占有糾紛、勞動成果被盜、借貸糾紛（主要是借糧食等實物）等等，人們為了討說法總是找德高望重的長者和能人來調解，服從調解就成為了早期的政治。長者和能人具有了某種權威，長者和能人的調解不一定源自關聯事務邏輯，傳統的群體共生正義自然發揮了一定的作用，並開拓出了純粹的人與人之間的關係，這種關係超越了家庭和親情關係，蔓延到社會中的陌生人群體之中。約 5000 年以前，當征服者來到以後，侵略與抵抗必然引發大規模的戰爭，這種戰爭此起彼伏綿延數千年，開啟了人類政治戰爭的篇章。征服者大多是野蠻民族，而抵抗者卻是從事生產事務受自然關聯邏輯薰陶的人群，從冷漠殘忍上說，抵抗者難以抵禦征服者的好戰秉性及慘絕人寰的屠殺行徑，征服者長驅直入似乎是人類命運的定數，征服者也開啟了人類社會最為黑暗的統治政治時代，即權威主義政治時代。民主政治之所以能夠在權威主義的土壤裡生根發芽並且茁壯成長最終取代權威政治，很大程度源自個體人的智性獨立發展，在理性思維的作用下，個體人可以撥開權威的雲霧感受和重現古老的共生正義理念並賦予現代的意義，尊重他人就是尊重他人的社會行為主動性，社會行為的絕對主動性是萬惡之源，社會行為的絕對被動性是人類最悲催的境遇，社會中沒有任何人有權力把他人置於絕對的被動狀況，這是民主、自由、博愛的本質內涵。

政治就是人的主動行為能夠使他人產生行為被動性的狀態，這種狀態直接影響到他人的趨利避害性和利益追求。政治來源於社會關聯，社會關聯的屬性、樣式和狀態決定了政治的動機、過程和效果。政治可以損害他人的趨利避害性，阻斷他人的利益追求，也可以維護他人的趨利避害性，支持他人的利益追求。那麼，父權是不是政治呢？父親的權威如果是建立在對兒女的撫養，安全的保護和傳授生產、生活經驗、知識的基礎上，父權不屬於政治，雖然父親總是一個行為主動者，而兒女在成長時期常常處於行為被動狀態，但是此時的父權僅來源於自然力量，父權的背後是關愛和扶助，是兒女不可或缺的成長和精神的滋養。同理，母親的撫育兒女的行為也不是政治，雖然兒女也處在被動狀態。部落統領權是不是政治呢？在古代和現代的部落群體中，部落首領的統領行為以維護部落群體的利益和具體的個體利益為己任，其行為主要是組織群體獲取食物、指導安排衣物和工具的製作生產、帶領群體抵禦外來威脅和侵略等等，部落統領權沒有徵稅的權力，沒有把稅費供於自己享樂，也就是說在部落中沒有造成壓迫的狀況，雖然部落成員會有被動行為，但是這種被動行為僅來源於對自然事務和共生正義的服從。部落的組成是多個家庭和家族的組合，所以部落統領權也不是政治。只有當人群的規模達到兩千人以上，並且群體中出現陌生人，就會產生政治。在人類社會化之初，由於社會人口的增長，人們認識世界的能力很低，陌生人之間是缺乏積極情感支撐的，此時的政治受千萬年人類共生正義的遺傳影響主要體現為同情心和德行，只要陌生人不以暴力圖謀不軌，那麼社會中具有某種權威的長者就不會把陌生人置於不利的境地，不會對其霸凌和欺壓。也許當時社會中的陌生人群體規模不大，或者陌生人群體內部零散，沒有形成大規模的民族性群體。人類社會出現醒目的震人心脾的政治是源自於征服者的入侵，一個外來的野蠻民族在其首領的帶領下大舉侵犯原有的忙於從事生產事務的民族社會，野蠻屠殺、逼迫就範就構成了人類社會早期的強人政治。

我們知道，古往今來歷史都是為強人書寫的，從居魯士大帝建立跨中東地區和印度的波斯帝國，到亞歷山大大帝建立地跨亞歐非的帝國，再到凱撒大帝建立環地中海的羅馬帝國，從秦王嬴政征服六國建立古東亞秦王朝，到成吉思汗橫掃亞歐大陸及北非建立大蒙古帝國，再到拿破崙占領歐洲大部分土地建立法蘭西第一帝國，征服者開創了強人政治的先河，也編寫了一部部強人政治的篇章。征服者所建立的王朝帝國小到幾十上百萬平方公里，多達幾百上千萬平方公里，其所到之處血沖天宇、死者如礫，活著的人無不俯首貼耳、卑屈順從。強人之所以強，就是敢拿他人的性命如草菅，兇殘狠絕，不惜血雨腥風、屍積如山，誰不服從就將被無情的屠殺，不論是誰，也不管人數多寡。而對於匍匐屈從的人，征服者也不會放過在思想上清除他們的反叛可能性，不能讓他們接觸到多餘的學說思想，古東亞秦王朝的「焚書坑儒」就是例證。隨著征服者展開統治行為以及後續的統治者的統治活動，征服者的野蠻兇殘霸道的強人政治逐漸演變為口是心非、口蜜腹劍、以欺騙和愚弄為主要手段的流氓強人政治，什麼「君權神授」、什麼「王者父天母地，為天之子也」「天子作民父母，以為天下王」、什麼「為民做主」「為人民服務」都是掩人耳目的權謀之辭。統治者與征服者的共同之處就是把絕大多數人置於絕對被動狀態，有非分之想者必除之以警世人，以暴力釋放和隱形暴力威懾嚴重損害人的趨利避害性。征服者和統治者的絕對權威不容任何質疑和挑釁，依仗強人政治，統治者肆虐和踐踏社會正義、道德和秩序，並瘋狂掠取社會特權和利益，把社會打造成為肆意妄行的舞臺和橫徵暴斂的領地。伴隨著強人政治的猖獗，權威主義社會似乎被定格在了野蠻時代，道德敗壞、民心沉淪、正氣不昌。在權威主義政治橫行的時代，不僅社會中充滿政治，而且家庭生活也被政治侵染，夫妻成姻可能是追求政治利益和政治妥協的結果，父母教導兒女忠誠於帝國、王朝或執政黨的絕對權威，家庭成員因為政治觀點不同而相互檢舉告密，家庭在政治的氛圍裡相濡以沫，或者因為政治而分崩離析。權威主義政治是社會正義的天敵，以至於破壞家庭共生關係到了無以復加的地步。

回顧人類的歷史我們可以發現，政治總是隨著人的智性發展而變化。古希臘之所以率先發展出早期的民主政治是與古希臘人率先發展出思維理性是分不開的，只有理性能力才能甄別作為非直觀認識對象的政治及其細節，才會產生社會共和的思想訴求和呼聲，才會有採用投票來決定社會公共事務的民主政治。我們無權責備古希臘民主政治的種種缺陷，畢竟民主政治不是唾手可得的智慧成果，它需要長時間的社會歷練總結和不斷的檢討修正過程，世界上沒有任何事物從一開始就是完美的。但是古希臘人開創出的理性思維方式對後人的積極影響是不可估量的，科學的萌生發展離不開理性，同樣社會人文的認識和發展也離不開理性，在理性思維下政治的神秘面紗逐漸被人們揭開，一種全新的政治展現在我們的面前。自從十四世紀到十八世紀的文藝復興運動和思想啟蒙運動以來，人民主權、天賦人權、社會契約、三權分立、自由民主等等思想開始深入人心，喚起人們對政治的審視和理性剝離的熱情。在理性思考下，政治變成了一個有趣的話題，它與我們的日常生活如此的休戚相關，以至於一旦我們逃避政治就會落得任人宰割的地步，服從誰，服從什麼，才是利益攸關，甚至是性命攸關的事情。在理性思維下，政治不過是陌生人之間社會主動性行為的相互碰撞，政治起源於陌生人群體，在社會關聯的擴展過程中，政治不斷的把擴大的社會公共領域當做行為對象，把陌生人群體當做行為目標。有一種政治施展出絕對的社會主動性行為，採用一切可能的手段把作為陌生人群體的他人置於絕對的被動性行為狀態，逼迫他人服從和順從，這種政治是一種嚴酷的政治。還有一種政治是尊重他人的社會行為主動性，在社會公共領域中也把陌生人群體當做行為目標，由於陌生人群體也能發出一定的主動行為，政治主動行為者被迫也處於某種被動狀態，政治行為者與目標者雙方之間同時具有主動性和被動性，各自的主動性和被動性相互滲透，主動中有被動，被動中有主動，所以這種政治是一種溫和的政治。

二、政治的種類

政治可以分為重型政治、輕型政治和微型政治三個類別。這是根據政治在社會生活的強度和重要性所分，政治越重要其強度越大也越突出，反之亦反。在權威主義社會，政治是天大的事情，關係到權威主義者的統治生命以及身家性命，所以權威主義者把政治突出為壓倒一切的力量，一切都為了政治服務，經濟、法律、文化、科學、道德、正義、人權等等都成為了政治的附庸，為了統治政治不惜血本，也不惜人頭落地和餓殍遍野，所以權威主義政治是重型政治。民主政治以自由為核心，雖然擯棄了權威主義政治的野蠻霸道和暴力血腥內容，但是民主政治仍然由社會精英把持，社會精英的自由不受他人的干涉，那麼社會精英的自由受社會普遍的智性水準的影響很大，如果社會普遍的智性水準很高，那麼社會精英的自由必然會受到他人的行為主動性的反作用，使得精英的自由受到抑制和制約，如果社會普遍的智性水準不高，那麼社會精英的自由會發揮到極致，一是精英們可能會結成利益集團以謀取最大的經濟利益和政治利益，二是精英們會產生為民做主的政治意識，仍然會導致社會普遍的行為被動性群體產生。從目前人類社會的智性水準來看，社會普遍的或大量的智性水準仍然不高，即使在自由民主社會人們對精英的依賴仍然還很嚴重，所以說民主政治屬於輕型政治。政治具有參與者越多其重要性越小的特點，未來的人類社會由於普遍的智性水準發展到了很高的程度，人人都懂得了政治的奧秘，人人都積極扮演社會政治角色，人人都尊重他人的社會行為主動性，雖然政治不會消失，但是政治的重要性消失了，人們將不再關心什麼民主不民主、自由不自由，人們只關心自己的權利和他人的權利，人類進入權利社會時代，這種權利政治就是一種微型政治。其實在人類社會化之初的政治也是一種微型政治，參與政治的人很少，當時人們幾乎感受不到政治的存在。重型政治屬於嚴酷的政治，輕型政治和微型政治屬於溫和的政治，微型政治比輕型政治更加溫和。

三、政治的特徵

毋庸置疑，政治是社會關聯的產物，也是社會關聯的一種形式，但是政治與社會關聯的其他形式相比卻有著其獨特的特點，筆者把政治的特點歸納為以下幾個特徵。

1. 政治沒有自然屬性

政治不像經濟那樣有著深厚的自然基礎，政治沒有自然基礎，也沒有自然屬性，我們找不到政治的自然屬性，也就是說政治不是來自於自然。政治是一種人與人之間的關係，或者說是處理人與人之間關係的方式，政治是一種純粹的陌生人之間的關係，這種關係來源於人的意識、意志和觀念以及人對社會、對他人（陌生人）的感覺、理解和看法，政治只有表現特徵。政治與人的自然屬性、社會的自然屬性相關聯，政治沒有固有邏輯，也不是客觀存在，政治本身沒有屬性，所以政治的神聖性是不足的，是大打折扣的，或者說政治本來就不是一個神聖的東西。政治只與人的智性以及通過智性所反映出的方法手段和社會共生正義發生直接關聯，智性和正義是政治的最終落腳點。

2. 政治的歷史特徵

在遠古時期，人類的群落中是沒有政治的，只有共生正義，自然邏輯把群落中的個體人關聯、凝結在一起。部落時期和人類社會化之初，共生正義和微型政治作為紐帶同時共同作用於陌生人之間的關係，此時的人與人之間的關係是輕鬆和睦的。只有當征服者和統治者出現以後，人類社會才開始真正的重量級的政治生活，權威主義政治把觸角延伸到了社會的方方面面，重型政治如同一個巨大的網把大地和無數的人籠罩在裡面。古典權威主義政治經過幾千年的演化一脈相承於現代權威主義政治。民主政治最早產生於兩千多年前的古希臘城邦政治，但是被後來的權威主義政治所打斷。不論重型政治、輕型政治和微型政治都可以找到歷史的源頭和原型。

3. 政治的普遍特徵

民主政治已經向我們展示出了政治的普遍特徵，人人都可以講政治，人人都可以發出政治主動力。普遍的政治來源於人的普遍自然屬性，每個人都是獨立的，每個人都有獨立的自生自發的主動性，每個人都有自我表達的衝動，每個人都有獨立產生思想的智慧，這些自然基礎也為民主政治的形成和發展提供了可能。其實不論民主政治和權威政治都普遍關聯於社會中的每個人，政治具有普遍作用和普遍的影響力。政治沒有主體（政治是一種行為狀態），也可以說社會中的每個人都是政治主體。政治不應該被某個人或某些人所把持，所以政治的普遍特徵也決定了權威主義重型政治不合法，不符合自然法和社會正義的客觀要求。從政治的普遍特徵我們也可以看到權威主義重型政治必然會走向消亡的趨勢。

4. 政治的行為狀態特徵

政治的行為狀態有兩種，一種是某人或某方人的社會行為具有絕對主動性，同時其他人由於此絕對主動性而形成社會行為絕對被動性，通俗講就是一方說了算，另一方只能服從而且不能有任何的質疑、怨言和反感，這種狀態也就是權威主義重型政治所導致的狀態。另一種是任何人的社會行為都包含相對主動性和相對被動性，沒有誰的社會行為是絕對主動的。相對主動行為和相對被動行為的狀態是指行為主動性中有被動性，行為被動性中有主動性這樣一種狀態，確切地講就是某人或某方人在某一方面具有社會行為的主動性，但是在另一方面則具有社會行為被動性，反之在這一方面具有社會行為的被動性的人，卻在另一方面則具有社會行為主動性。後一種狀態是民主輕型政治和權利微型政治的總體狀態。

5. 政治的領域特徵

既然政治是一種特定的人與人之間關係，或者說是處理陌生人之間關係的一種方式，那麼在人類現有的歷史發展階段，社會中人口規模越大（陌生人越多），陌生人之間的關聯範圍越大，則政治越突出。社會關聯範圍就是社會生活領域，社會關聯有微關聯、高關聯和宏關聯之分，政治應該在微關聯、高關聯和宏關聯三種關聯尺度上都有不同程度的存在，特別在高關聯和宏關聯領域範圍，政治尤為突出。在鄉鎮到省（州）級的地域範圍內，社會關聯彙集或聚集成為共同事務和公共事務，如組織生產、修建道路、防災抗災、治安維護、糾紛調解等等，形成社會公共領域，在公共領域的動議權、執行權、監督權、評價權等等就構成了社會政治。在社會關聯宏關聯規模等級上，政治體現為社會認同和社會整體象徵的社會權力，有社會議事會議、社會立法機構、大政府（或聯邦政府）、政黨等政治現象。

6. 政治的規則特徵

任何一種政治行為狀態都可以形成為社會規則，政治的規則可分為習慣規則和理念規則。陌生人之間強勢的一方長期壓制弱勢一方雙方都可以強化為行為習慣，久而久之，強勢的一方就會認為理所當然，而弱勢的一方則會認命，任由強勢一方擺佈。陌生人之間雙方都比較強勢而且雙方都想壓制住對方誰都不讓著誰，這時的政治體現為鬥爭狀態，其規則為勝者為王敗者為寇。當陌生人之間雙方都由理性和共生正義驅動的情況下，政治規則體現為妥協禮讓規則，政治行為主動性在他人的生命、尊嚴和利益面前止步。強勢的雙方妥協以免矛盾和衝突升級，避免兩敗俱傷而得不償失，尊重對手是強勢者博弈的理性風範。對於弱勢者，強勢的一方會尊重弱勢一方的社會主動性不以壓制為目的，而是以社會事務的指向性為目的，樂意接受弱勢一方的監督和評價。弱勢一方可能並非真正的弱勢，在思維方式上和經驗、知識的運用上可能比強勢一方更勝一籌。強勢一方不衡強，弱勢一方不衡弱，強勢、弱勢在陌生人之間交替轉化而形成全新的政治格局，人人都爭強勢，人人都讓著弱勢，社會政治呈現出和平競爭的規則。政治規則可以形成為政治制度，什麼樣的規則就決定了什麼樣的制度。政治權威來源於政治的規則，有暴力權威（其中包含鬥爭規則）和自然關聯邏輯權威之分，人們服從的暴力權威就是權威主義政治，人們服從自然關聯邏輯，就是民主政治或權利政治。

7. 政治的文化特徵

既然政治是一種特定的人與人之間關係，那麼社會中必然會呈現出人與人之間的文化狀態，是為人態文化中的一個重要內容——政治文化。政治文化包含社會中人們的政治意識、對政治的認識、追求政治的程度和方式、對政治事務的熱情、參政議政的積極性等等。人們的政治意識是自發生成的還是被人灌輸的問題會影響到政治文化的所有內容和基本狀態。人們對政治的認識有經驗的混沌認識和縝密的理性認識之分，經驗混沌的認識不需要人的思想參與，甚至還會阻止思想的參與，使人想當然的認為政治就是這樣，在權威主義社會由於信息資訊的管制、洗腦文化的影響以及對自由思想的壓制，政治總是體現為混沌性，不僅是被統治者搞不懂政治，就連統治者也不清楚政治的奧秘，唯有的是霸道、欺騙和愚弄。在自由民主社會，由於人們的理性思維比較發達，許多人投身到了政治理論的研究中而形成理論化的政治文化。當代社會政治文化可以分為殘暴型政治文化和溫和型政治文化、流氓性政治文化和正義性政治文化、集權政治文化和民主政治文化、鬥爭性政治文化和競爭性政治文化等等。

8. 政治的利益特徵

政治是人的社會主動行為狀態而總是向著陌生的他人發出，社會中的陌生人群體本來就是一個巨大的利益場域，政治行為必然會帶來社會利益的諸多好處，這些好處有的是順帶獲得，有的則是行為人主動謀取。政治行為在很大程度上是利益驅動為動因和發力點，政治是工具和手段，其目的就是為了獲取社會利益或社會中的利益。社會利益包含政治利益，政治利益就是通過征服和壓制他人而獲取權威，社會權威本身就是一種利益，其獲得者可以得到莫大的心理和精神的滿足感，這種滿足感遠遠超越經濟物質利益的滿足，是社會利益的最高境界，所以許多人為此冒險爭鬥或發起征服戰爭。陌生人群體之所以是利益場域，是因為社會是由經濟行為和活動為中心運轉的，陌生人群體是社會經濟利益的源泉，所以政治利益中必然包含經濟利益，如對自然資源和社會資源的控制和支配本身就可以獲得莫大的經濟利益。與此同時政治還是謀取社會福利的主要方式和途徑，無論權威主義社會還是自由民主社會，人們謀取社會福利還只能依靠政治，在社會正義不甚發達的當代，別無他法。

四、政治領域的由來

我們可以觀察到這樣一種社會現象，村莊與村莊之間、鄉鎮與鄉鎮之間、城市與城市之間、地區與地區之間、社會與社會之間是有區別的，不僅僅是地理位置的區別。A 村莊的某人或某些人被 B 村莊的人欺負，A 村莊的所有人都會感到義憤填膺，如果 B 村莊的人侵占 A 村莊的土地、財物或勞動成果，A 村莊的人會奮起反抗，無論男女老幼都會譴責 B 村莊的侵害行為。如果 A 村莊與 B 村莊睦鄰友好，無論 A 村莊、B 村莊的人都會對對方村莊產生好感和信任，即使這種友好並不與自己發生直接關係。如果某一村莊中的人出了個能人或名人，整個村莊的所有人都會由衷產生自豪感和榮譽感，逢人便說「他是我們村的人」。鄉鎮之間、城市之間和地區之間也是這樣。這種現象說明村莊之間、鄉鎮之間、城市之間、地區之間不僅僅是地理位置和區域的不同，它們之間還有地方向心力和凝聚力的不同，在任何地理區域範圍內都存在地方向心力和凝聚力，這種向心力和凝聚力使人產生歸屬感，人們會毫不掩飾的聲稱自己是哪裡的人。是不是人們同處在一個地理區域範圍內就一定會產生歸屬感呢？也就是說同處在一片天地就是歸屬感的來源呢？我們同樣也可以觀察到，某一村莊的人之間如果關係緊張，人與人之間不厚道，糾紛麻煩不斷，而且村霸、地痞流氓橫行肆虐，許多人會選擇逃離或搬離這個村莊，並且會逢人對這個村莊嗤之以鼻。鄉鎮、城市、地區規模等級的地理區域範圍內，如果治安混亂，坑蒙拐騙、打架鬥毆、黑社會勢力猖獗等等，人們也不會產生歸屬感，不會在此留念。所以說，歸屬感、向心力和凝聚力主要來源於人與人之間的關係，而不僅僅是來源於一方水土。

在社會關聯中，地理區域的關聯只是外殼，只能表明人們鬆散的聚集在一定的地理範圍內，社會關聯的內容卻是特定的人與人之間的關係。社會的本質是一個巨大的家庭關係網絡，同時各種事務（經濟事務、共同事務、公共事務等）也形成了另一個巨大的事務關係網絡，兩種網路重合在一起，相互依存，相互支撐，於是在任何等級的地理區域範圍內形成超越地理區域的內在關聯，即包括事務關聯、利益關聯、語言關聯、生活方式關聯、生活習慣關聯、觀念關聯、情感關聯的複雜關聯，也構成了複雜的人與人之間關係。由於家庭關係包含共生性，事務關係包含自然邏輯，所以在任何地理區域範圍內人與人之間的關係都具有向心力和凝聚力，也使人產生歸屬感，這就是人們聚合的意志，這種意志也就是社會公共領域的內容。這種意志導致了鄉土情結，也使得村莊之間、鄉鎮之間、城市之間和地區之間有所不同，人們在內心深處就已經加以區分了。人們的這種聚合意志具有內指向性，並不是指向特定範圍的地理區域的物理實物，而是指向特定的社會群體，即指向人。這種特定地理區域範圍內的人們就構成了所謂的行政區，也就是因人的聚合意志而形成的政治領域。在現代社會中我們仍然可以觀察到一些村莊的村民自發的組織起來修築村莊道路和基礎水利設施，他們自帶乾糧和工具無償的參與工程建設；許多鄉鎮和城市社區的老人自發組織起來維護地區治安，他們分工協作，有的負責蹲點盤查，有的負責巡邏，有的在白天值班而有的夜間工作。這些自發組織起來所從事的社會事務都有人最早發起、組織、安排，然後大家積極跟進，各司其職，最終圓滿完成預定的任務。我們可以推測，在古代的最小行政區，人們處理公共事務的模式應該是自發組織的模式，也是臨時發起組織的模式，其發起人、組織者和管理者均非專職。隨著特定等級地理區域範圍的擴大，社會公共事務規模越來越大，也越來越複雜，在鄉鎮、城市和地區規模等級行政區社會公共事務的發起者、組織者和管理者開始需要專職人士來擔任，他們組成專業的公共事務處理組織，即公共委員會或政府組織。

在大社會和社會整體的規模等級上，一個社會最大規模的行政區就是國家。於是，我們不難發現，國家就是社會中指向最大規模行政區公共領域的意志，國家也是社會宏觀上的人與人之間關係上的向心力和凝聚力，國家是宏觀社會中人的共同體，國家是一個思維上的概念或精神上的概念，國家不是實體，不是土地，不是單個人的簡單相加，國家是社會成員意志的聚合。國家只是政治的領域，國家不是政治行為的主體，國家不能發出政治行為，發出政治行為的只能是個體人，我們從「國家是統治階級統治的工具」這個觀點也可以看出國家的這一本質，所以說國家行為、國家政策、國家利益都是不實的概念。國家與社會的關係是，第一，國家小於社會，國家只包含社會公共領域及其事務，而社會包括家庭關係雲網路大系統和各種事務雲網路大系統，社會中包含國家，國家是社會的一個部分（公共領域部分）；第二，國家在覆蓋人口數量上和地理範圍上與社會重合，但是在內容上與社會有很大的差別；第三，國家無法替代社會，國家具有特定事務的功能特徵，而社會具有存在性，社會是根本，國家是社會運行的保障。第四，國家沒有獨立於社會的利益，國家利益應該服從社會利益；第五，社會中包含各個層級的行政區，國家是社會最大規模的行政區，國家不是各層級行政區的匯總，各個層級的行政區對應的是不同的社會公共事務，國家對應的是社會宏觀層面的事務，並不包含微觀和高觀層面的事務。所以，國家等級的大政府不涵蓋所有層級規模的地方政府，各個層級規模的政府因為社會公共事務的差異性完全可以也完全應該獨立運行，互不隸屬和覆蓋。

政治是如何在社會公共領域和行政區發揮作用的呢？社會公共領域和行政區本無政治，社會公共領域和行政區本身也不是政治，領域不是政治，政治是人對領域的作用和影響，在領域中釋放行為主動性就是政治。社會公共領域和行政區來源於自然，其中都包含自然關聯邏輯。而政治是人的行為，政治行為也可能來源於自然關聯邏輯，也可能僅來源於行為人的主觀情感和喜好。政治也是人的行為狀態，其表現為行為人的主動性對他人主動性的影響，政治行為使他人的行為產生被動性。那麼，政治行為的發出必然還會有一種狀態，就是指向性狀態，政治行為不是指向某一他人就是指向某一類人或者是指向某一領域。當政治行為指向某一領域時，其行為覆蓋面十分廣闊，間接的覆蓋了一大幫人或一大群人，這些人就是被影響的人，他們會處在一種被動狀況。社會公共領域和行政區就是這樣的領域，指向這樣的領域，政治行為的能量等級需要很高，因為其影響面最廣，行為效率也最大。所以，我們可以發現，先有政治行為的指向對象（即領域）然後才會有政治行為發出，而且政治行為在所能達到的區域範圍內才可能發出，不能達到的區域範圍則不可能產生直接的政治行為，比如在本行政區人們就可以發出政治行為，在遙遠的其他行政區就不可能發出政治行為。既然政治是人的行為，那麼政治行為的主體只能是個體人，群體人不具有共同的生理和生物學意義上的行為能力，但是個體人行為的彙集可以形成群體人行為。社會行政區規模越小，所能容納的個體人政治行為就越少，反之則越多。因為政治行為可以給人帶來政治利益和經濟利益，所以總會有許多人謀求施展其政治行為。從古至今，人類社會中出現過許多種參與政治活動的方式，有毛遂自薦、推舉他人、卑謙禪讓、民主選票、征服統治、變節政變等等，社會中會醞釀出相對穩定的政治習慣，然後固定為一種制度，這種穩定的參與政治活動和施展政治行為的制度就稱作政權。政權也是人們參與政治活動和施展政治行為的習慣和制度規則，也就說政權是一種參政議政的可能性和資格，什麼樣的政權就有什麼樣的政治行為。人類社會至今出現過三種政權，遠古共生政權、權威主義政權和自由民主政權。

政權是人們的社會權力的來源，社會權力可以理解為某人或某些人影響和支配其他人（包括陌生人）的能力和可能性，社會權力是一種社會能量，這種能量可以扶助其他人，也可以把他人無情的置於被動無助的境地。我們經常聽說關於社會權力的合法性問題，這個問題可以從政治領域的起源中得到解答。如果社會權力指向的是普遍的公共領域的人的意志，那麼社會權力的內容必然會包含自然事務邏輯，符合社會廣泛存在的向心力、凝聚力和歸屬感，即符合人們的聚合意志，這種社會權力具有自然事務邏輯的權威，人們服從這種權力就是服從自然，服從者不會產生強烈的被動感（因為人類對於自然本來就是被動的），反而會促使服從者產生主動行為（自然被動可以轉化為行為主動），我們可以說這種社會權力是合法的，符合自然法。反之，如果社會權力指向的是某人或某些人的意志，那麼其內容必然會違背自然事務邏輯，不符合人們的聚合意志，這種權力也必然使用蠻力、暴力、欺騙、愚弄等手段才能施展，逼迫人們服從，服從者將產生強烈的被動感，無法發出主動的社會行為，所以這種社會權力是不合法的，不符合自然法。社會權力是否合法可以從這樣的表徵加以判斷，即普遍存在政治主動行為的社會，社會權力是合法的，如果社會存在極普遍的政治被動狀況，政治是少數人的事情，那麼這種社會權力是不合法的。合法的權力會受到自然力量（自然力量以人的力量彰顯）的支持，具有頑強的生命力。不合法的權力將受到自然力量的排斥，不具有生命力，隨時面臨被瓦解和唾棄的命運。權威主義政治主張權威至上，其權威沒有自然基礎支撐，無法從自然關聯事務邏輯加以合理解釋，權威是目的，也是其政治的終點，一切為了權威，權威也是一切，所以權威主義政治是不合法的。但是，民主政治雖然也具有權威性，其政治的落腳點不在權威上，可以跨過權威用符合自然法的自然關聯事務邏輯加以解釋和詮釋，所以民主政治具有自然的合法性，民主政治不屬於權威主義政治。於是，我們可以發現，人類社會現存有兩種權力，兩種政權，也相應的存有兩種國家，一種是自然的國家，一種是人為的國家。這兩種國家的共同點是，都產生於人的意志，都是社會最大的行政區，支撐和運轉的內在力量都是社會權力和政權制度。兩種國家所不同的是，自然的國家來源於社會普遍的意志，國家是社會獨特的宏觀公共領域，國家與其他較小範圍的行政區是邏輯關係，國家是社會關聯邏輯事務擴展的產物，國家與其他較小範圍的行政區沒有直接的統轄和隸屬關係。而人為的國家產生於社會中少數人的意志，體現為社會統治意志，國家把所有較小範圍的行政區都納入統轄範圍來進行管理，國家與社會在地理區域範圍上、在人口數量規模上完全重合，國家與社會難以區分，國家所包含的公共事務涵蓋幾乎所有的社會事務（生活事務、經濟事務、共同事務和公共事務），國家和社會都處於三角形結構狀態，社會階級分層明顯。這兩種國家所包含的社會權力和政權制度的內容是不同的，所以導致兩種國家的形式不相同。自然的國家小於其社會，人為的國家則等於其社會。當我們在談論「愛國主義」時是否應該思考，我們到底愛的是什麼？是國家、共同體，還是政權，還是社會權力？

五、政治的主要內容

政治產生於社會關聯，並在社會交往活動中體現為陌生人之間的關係，社會關聯的屬性和關聯類型決定了政治的複雜性，政治不是單一的社會行為，而是具有豐富的內容和組成因素，我們認識、瞭解和研究政治繞不開它的許多實質內容，研究政治的內容對於我們深入認識瞭解政治大有裨益。筆者認為，政治具有以下實質內容。

1. 主權

在自然界，所有的陸生脊椎動物和部分水生動物都有領地意識，這些動物個體把特定的地域和自然環境劃歸為自己的地盤，儼然一副「我的地盤我做主」的姿態，有代表性的動物是老虎、獅子等貓科動物，狗、狼等犬科動物，猴子、猩猩等靈長類動物，雀、鷹等鳥類動物等等。動物們採用氣味、排泄物、叫聲和吼聲來標注領地範圍，掠食動物還會定期的巡視領地，以防入侵者染指。領地是動物生存的依靠，動物在領地裡享有棲息、覓食、交配、繁衍後代的獨占權力，其領地意識具有排他性，不允許同種同類同性別的其他動物進入和侵入領地。動物的領地意識也不是絕對的，對於有些不構成利益危害的動物似乎並不起作用，甚至雄獅兄弟倆可以分享同一個領地。動物占據領地有兩種方式獲取，一種是先入為主的自然占有，另一種是通過打鬥驅趕原領地主。於是，我們可以發現，動物的領地意識必然深受自然邏輯的影響和支配，並不是雜亂無章、無跡可尋的。動物領地不是任意的地盤，領地的自然環境和食物資源是決定性因素，這也決定了其領地的大小規模，動物們在選擇領地時一定會有領地因素的考量，只是這種考量不需要思維參與，在本能中就可以有效完成。

原始人類也有這種本能，原始人類屬於雜食食性，不像其他動物那樣食物單一，這一食性就決定了原始人必須遊走遷徙來尋找食物資源，所到之處吃完一片植物食物和小動物就要移動到另一片地域繼續尋找，每到一處就會稍加安頓以棲息地為中心向四周輻射式的展開覓食活動，這種以棲息地為中心向四周輻射力所能及的區域就是原始人的領地。由於早期原始人類的人口數量規模很小，群落中只有十幾二十人到幾十上百人不等，在廣袤的土地上群落之間相遇的機會不是太多。但是一旦群落之間偶然相碰，其結果與動物爭搶領地無異，血拼廝殺在所難免，所以說原始人類也是依靠領地來生存繁衍的，其領地意識與動物的意識沒有區別。原始人的領地意識是以血緣親緣關係為紐帶的群體為單位的，這種領地意識銘刻在了個體人的心中，領地主是群落整體，無論男女老幼每個人都是領地的主人，這是一種原始的共同體意識。原始人的領地與動物無異，領地的本質是主動行為對資源的指向性和關聯性，由於資源總是散佈在一定的地理區域，所以特定的地理區域就成為了領地。領地意識並不是單指向地理區域，而是指向資源，即行為主體對資源的占有權。

隨著人的智性增長，人類的生存能力大增，群體中人口數量規模也不斷增加，特別是異群之間通婚以後，人的智性和生存能力突飛猛進，終於在距今八千年時人類創造出農業生產生活方式，開始了定居生活。人口的進一步增加導致陌生人之間相遇相處不可避免，由於陌生人之間具有了同樣的智性和不同的生產生活技能，陌生人不再是避諱的領地爭奪者和安全危險源，陌生人成為領地的分享者，個體人的領地縮小到了家園，家和家庭生產場所成為了個體人的最後地盤。時至今日我們仍然可以觀察到家園、家鄉、故鄉、老家是很多人對於同一地域的鄉土情結，他們中的每一個人都是這一片水土的主人，每個人也都是同一地域的標誌，這說明人類的領地被許多人共同分享，他們都是這一片地域的主人。農業時代的領地意識不僅包含土地上的附著物，而且還包含土地本身。

有一個事實很容易被人忽視，就是在征服者入侵之初，當時國家還未形成，頑強殊死的抵禦入侵者的反抗者主體是珍視這片土地的同鄉人，他們把家鄉視為共同的領地而同仇敵愾反擊入侵。在征服者建立政權開始統治的時候，反抗者主體也是這片土地的同鄉人，他們揭竿起義反抗統治者的苛捐雜稅和在家鄉的胡作非為，這時他們的領地意識已經形成完整的家鄉主人和家鄉主權意識。其實動物的對於領地的意識也是一種主權意識，原始人也擁有領地主權的意識，這些主權意識在入侵者到來之前是處於潛在狀態，只有入侵者才會喚起主權意識，入侵者被趕跑以後主權意識又回到潛在狀態。與之不同的是，人的家鄉主權意識在征服者進行統治以後仍然一直處於顯意識狀態，經過統治者的血腥鎮壓後家鄉主權顯意識狀態仍然不消滅，只是在統治者建立起國家政權千百年後才逐漸在人們的意識中消退，取而代之的是統治者的權力主權意識。

統治者為了鞏固其統治地位建立起複雜而龐大的政權結構，把政治權威延伸到社會的方方面面，其政權體系稱之為國家機器，或帝國，或王朝。經過長時間的暴力壓制以後，統治者的政權所面對的被統治者已經處在無奈的絕對被動的屈服狀態之中，其國家社會只有一種主動意識，即統治者的絕對主動性，於是統治者及其追隨者擁有了既定事實的主權。統治者的主權意識與人類自然發展而產生的主權意識是不相同的，統治主權的排他性對國家內部以及對外都有效，對內其主權與追隨者分享，排斥被統治者，不允許被統治者染指和挑釁，對外以獨立的政權體系也不容忍其他政權的干預和挑戰，而人類自然發展的主權意識只對外部的侵害有效，不針對領地內部群體的每個人，主權被群體內部的所有人分享。甚至主權對於和平方式進入領地的外來人也不會排斥，自然主權具有一定的開放性。

主權是政治與自然最近的關聯點，主權本應該是個體人發出政治行為的出發點。隨著社會關聯的不斷擴展，領地發展為公共領域，而且公共領域不斷擴大，其形成順序是先村莊，後鄉鎮，後城市，後地區，後國家，在各種社會領域中都存在不同規模和不同類型的公共領域，在這些公共領域中發展出不同的主權，有村莊主權、鄉鎮主權、城市主權、地區主權和國家主權之分，隨著社會關聯的擴展，主權及其意識也在同步擴展，但是萬變不離其中，主權隨著擴展而聚合，最終形成國家主權。這是主權及其意識自然發展的順序，但是這一順序被征服者和統治者所打斷和扭曲，人類社會為了消滅權威主義，清除權威主義政治的危害，必須回到主權及其意識的正軌上來，重拾社會正義，實行「人民主權」和「主權在民」的偉大理念是歷史的必然。民主政治是人類社會迄今最為合理的政治，在民主政治裡沒有絕對的主動性，也沒有絕對的被動性，人人都有主動性同時人人也有被動性，人人都是主權者。

2. 統治

統治現象不是人類社會獨有的，在動物界也常常可見。一個獅群的首領就是一頭成年雄獅，獅群的領地也就是這頭雄獅的領地，這頭雄獅統領著由幾頭或十幾頭雌獅以及若干幼獅組成的獅群。雄獅是獅群的王者，雄獅不負責捕殺獵物，捕食由雌獅們負責，雄獅坐享其成而且優先吃食，待雄獅吃飽以後才輪到雌獅、幼獅進食，雄獅的職責只負責抵禦其他雄獅的入侵。雄獅在獅群中威風凜凜，不時的教訓雌獅和幼獅，顯然是獅群的統治者。無獨有偶，狼群也是這樣，頭狼是狼群的統治者，狼群捕獲的獵物須由頭狼優先享用，狼群按照地位的高低順序來進食，地位最低的個體狼最後進食，頭狼極力維護等級序列，如有不守規矩者必然會受到頭狼的訓誡。靈長類動物猴子的群體中也有王者，稱之為猴王。猴王為身強力壯的公猴，成為猴王之前須要經過一番與其他公猴的打鬥，贏者為王，成為猴群的統治者。猴王擁有交配和進食的優先權，並負責猴群的食物分配，同時猴王規定秩序和規矩，以武力脅迫猴群成員服從。動物的群體統治與人類社會的統治很相像，幾乎如出一轍。

人類社會的統治開創於征服者，無征服無以為統治，統治來源於征服，所以統治行為必然包含征服行為的基本內容，即暴力壓制和暴力威懾。征服可以分為民族征服和觀念征服，民族征服就是一個民族群體對另一個民族進行征服，世界古代史中征服戰爭大多屬於民族征服；觀念征服可以發生在民族之間也可以發生於同民族內部，世界現代史中的征服戰爭以觀念征服為主。為什麼征服者和統治者要使用暴力呢？一個主要原因是征服者和統治者介入到社會關聯結構體系中並不是來源於自然，而是人為的強行介入，這勢必會引起征服對象和統治對象的反感（被征服者和被統治者早已習慣了自然的社會關聯），被征服者和被統治者的反抗在所難免，征服者和統治者也深諳反抗力量之所在。再則，征服者和統治者為落後族群，他們沒有更好的更先進的方式來吸引和同化被征服者和被統治者，他們僅有的資本就是其野蠻性，殺戮和搶奪是他們僅有的專長。我們回顧歷史可以看到所有的征服者都是野蠻落後的族群，沒有受到過生產事務關聯邏輯的薰陶，他們中也沒有完整有效的社會關聯體系。而被征服者則與之不同，被征服者從事生產事務，生活資源充裕且過上安逸的生活，他們的野蠻性遠不及征服者，加上征服者在他人的家園施暴更無所顧忌，所以被征服在所難免。那麼，統治者為什麼能夠「長治久安」呢？首先，被統治者畏懼野蠻暴力是一個原因；其次，統治者沿襲征服者的做派，被統治者在代際更替中湧現出的對統治行為的質疑者和反抗者被種種罪名鎮壓；再次，統治也能使社會處於一種有序狀態，秩序性是社會關聯的基本屬性，在秩序中人們可以規劃自己的行為，避免行為的盲目性，久而久之被統治者也能在統治者營造的秩序中勉強生存。

何為統治呢？統治不僅僅是依靠野蠻強制力迫使他人遵循特定的社會秩序，統治還包括建立統治隊伍和統治結構，採用謊言和似是而非的理論來愚弄和麻痹它的臣民，以及使用一系列的隨意性行為來介入社會各種事務。統治的目的是逼迫被統治者就範，樹立統治權威，而不是積極發展社會生產力，以統治為根本內涵和機制的社會必然是一個貧窮落後的社會，也是權威主義社會。面對廣大的被統治者，統治不可能是個人行為，也不可能是幾個人、幾十個人、幾百個人的行為，統治必須打造龐大的統治隊伍，這個隊伍在征服過程中就已經成型，統治隊伍是征服隊伍的延續，統治隊伍特別是統治核心隊伍總是在征服隊伍成員的代際更替中選拔和組成，我們可以把統治核心隊伍稱作統治者，把統治隊伍的其他人稱作追隨者，他們就構成了「統治階級」。統治階級就是統治者及其追隨者的總稱，他們只占社會總人口很小的比例，在社會結構中處於三角形的頂端和上端，除此之外的人均屬於被統治階級。由此可見，階級是與統治密切相連的一個概念，也是權威主義者製造的一個概念，意即表明他們與被統治者的不同。

我們不可否認，落後統治先進。先進不可能統治落後，因為先進具有自然的吸引力，無需統治就可以吸引落後者靠攏，先進也無法展開統治行為，先進只會幫扶落後。統治行為因為其落後性總是體現出暴力無底線的特性，不僅是殺人如麻不眨眼，而且還株連無辜者，是曰連坐。任何質疑統治權威的人都將面臨不測的命運，而且還可能連累家人。因言獲罪，施以酷刑，檢舉揭發，密探暗布，統治者打造出人人自危的狀態，社會中恐懼叢生。統治者的自我意識狀態特徵有，第一對陌生他人蔑視，把陌生人的人格尊嚴、權益及其生命視為草菅並肆意踐踏；第二統治主權在統治階級內部分享，拉攏和利用統治追隨者為其效力，把統治階級隊伍打造成為社會準部落，與陌生人區別對待；第三極力維護統治的落後性和既定狀態，思想觀念保守，害怕社會變化；第四充滿隨意性，拒絕外來的約束，自認為「老子天下第一」，剛愎自用；第五充滿狡詐的智性，用權謀來欺騙、愚弄社會，用文明的外表來掩飾野蠻落後的本性；第六常常處在鎮壓、防備反抗的暴躁和謹慎的緊張狀態，令統治意識並不輕鬆，實質上缺乏活力，我們可以從統治階級的言談舉止和個人愛好上予以觀察看到。統治思維體現出人的動物性，其野蠻程度超越掠食動物，靈長類動物更是不可企及，統治思維把動物性與人的智性摻和滲透在一起，具有很大的欺騙性，其骨子裡仍然是落後的野蠻。

統治的行為方式是以政權的形式凌駕於社會之上，其政權通過統治階級的結構網路延伸到社會的各個方面，政權與國家行政區相結合，把國家等同於社會，把社會各個區域和人口都納入國家結構之中，政權與國家不分，建立起貫穿宏觀和微觀的統一的國家機構，垂直統治整個社會，於是把社會經濟命脈和各種公共事務都納入統治囊中，嚴重干預了社會事務的自然關聯邏輯，其隨意性的政策行為也阻斷了社會關聯自然擴展的序列和秩序，以至於錯誤和失誤不斷，社會在無奈中承擔著由此而造成的代價。由於統治者控制著自然資源和社會資源，分配中總是發生虹吸效應，資源隨著親疏有別而流向統治階級，造成資源錯配和人為的資源稀缺，社會資源配置嚴重不平衡，社會貧富懸殊十分嚴重，同時也帶來貪腐和尋租的社會問題。統治階級受利益驅動直接插手經濟事務，興辦壟斷企業，實行產業和行業准入審批制度，嚴重阻礙了社會經濟的自然發展。統治者為了鞏固其統治地位對教育、文化、媒體等行業嚴密管控，極力過濾所謂對其不利的資訊，採取教條灌輸、輿論欺詐、封鎖負面消息等手段來愚弄和麻痹它的臣民，製造出一種秩序假像。由於統治行為本身違反社會道德和正義，所以在統治階級的治下物欲橫流，功利主義盛行，不擇手段堂而皇之，社會道德淪喪，坑蒙拐騙和假冒偽劣肆虐，野蠻成為野蠻的真理，愚昧是愚昧的理由。統治及其意識對社會的破壞是觸目驚心的，由於權威主義的排他性，社會無法產生糾錯的能力，人們只能任由統治政權及其國家機器走向崩潰，重複歷史週期律的宿命。

與統治相對的概念和政權形式是分治，分治是民主政治的重要內容，社會分而治之，各個社會公共領域都是一個獨立的政治單元，各個村莊根據自身的利益和環境資源特點由各自的村民協商和協同治理，鄉鎮、城市和地區也是這樣自行治理，各種社會公共領域形成相對獨立的具有邏輯關聯的行政區實行自治，社會中沒有統一的統轄行為，這種社會治理模式不僅符合社會關聯的自然邏輯，而且符合每個社會成員的根本利益，可以最大程度調動個體人和社會的力量，社會生產力大力提高，社會秩序日臻完善，社會福利、道德、正義朝著符合自然的正確方向發展。社會分治必然要打破統治的秩序，摒棄權威主義統治意識，由於人的智性不斷發展，越來越多的人將認識到權威統治的種種弊端，社會分治必然成為人類社會發展變化的趨勢。

3. 政權

前面談到過，政權是在社會公共領域中人們穩定的參與政治活動和施展政治行為的習慣和制度。社會公共領域的自然歷史發展過程是先產生村莊，然後依次形成鄉鎮、城市和地區，那麼村莊、鄉鎮、城市、地區就自然形成為不同規模的行政區，鄉鎮包含若干個村莊，城市或者地區包含若干個鄉鎮，一個地區可能包含若干個城市，一個特大城市可能就是一個地區。由於社會關聯的擴展，不同的行政區內蘊含著不同的獨特的公共事務，人們在不同的行政區內發起和處理公共事務的過程中勢必會產生不同的政治習慣和制度，也就是說產生不同的政權。隨著行政區的擴展，政權也在同步擴展，原有的行政區和政權不變，發展出更大規模的行政區和政權，各種行政區之間因為不同事務的關聯性而具有邏輯關聯性，所以使得各種政權之間也具有同樣的邏輯性，各種行政區和政權都不是孤立的相互割裂的狀況。

我們在研究政權的起源時需要澄清一個可能性，就是在遠古原始人群體中是否存在過稱王的現象，群落和部落中是否有人自立為「人王」（如同猴群中的猴王），如果曾有「人王」出現，那麼遠古人類中的共生正義假設將會受到衝擊和挑戰。筆者認為遠古人類沒有也不可能出現「人王」，沒有人可以稱王，其理由如下。首先，直立行走的行為方式擴大了原始人的活動範圍，不會侷限在一片樹林和一塊土地，如果群落中有壓迫和爭鬥，部分人很容易逃離另組群體；其次，由於人的生理缺陷，人群只能結成一體共同面對各種自然危險，以及採取群體行為來尋找和獵取食物，每個人都可以在群體中起到十分重要的警覺和發現的作用，這個作用只能在公共利益的基礎上才能做出；再次，原始人的雜食習性非常有利於大腦的發育和智力增長，如果有人在群體中稱王稱霸，人們必然會合謀將其排斥。正因為智力發展，人們更加意識到和睦團結的益處，不會有人凌駕於群體利益之上稱王而形成另一種利益。

不可否認，原始人類的群體內部是一種和睦共生關係，這種關係歷時兩百多萬年凝結成共同利益早已銘刻在每個人的遺傳基因裡，這種關係在現代家庭中也可以隨便觀察到。但是，原始人群體之間是排斥的，和睦共生關係在群體之間似乎不相容，群落與群落相遇總是發生殘酷的拼殺，血雨腥風，以一方完敗而告終。有兩種原因導致原始群落之間的對立逐步走向緩和，一是陌生人之間通婚能使後代更健康更聰明，群體外的陌生人逐漸被接納；二是陌生人智性比較高，具有獨特的生產生活技能，他們的技能是人人需要的，所以隨著人口的增加陌生人之間逐漸融合起來，於是人類開始了社會化。人類社會化之初也是村莊和鄉鎮形成之始，農業生產使人類開始定居生活，人們在靠近水源地墾荒種植、搭建住所、圈養禽畜、製作器物，家庭、族親和陌生人混居在同一片小區域內形成早期的村莊，人們安居樂業、和睦交流促進了安逸的田園生活。隨著對生產生活物資和器物的需求，人們在交通便利的路口和江河邊自然形成的地點聚集交流和交往，於是鄉鎮應運而生，鄉鎮具有了彙聚和輻射多個村莊的功能。

筆者認為在人類社會化之初不存在村莊之間和鄉鎮之間的排斥和對立的問題，由於人的智性提高，不同的個體人發展出不完全相同的特長和技能，對自然邏輯關聯事務的理解和需要具有普適性，人與人之間相互成為生產生活的資源，排斥他人就是排斥自我利益，至少是利益趨向必然會大於陌生人之間排斥的遺傳基因，何況當時人口並不稠密，生產力水準還有限，自然資源可以分享無需爭奪，這就為政權的建立打下了人文基礎。因為家庭關係網絡和事務關係網絡疊加，以及人與人之間的和睦互補關係，村莊和鄉鎮使人產生歸屬感、向心力和凝聚力進而產生社會共同事務和社會公共領域，村莊和鄉鎮促使人們不由自主的孕育出指向公共領域的聚合意志，共同事務和公共事務促使村莊和鄉鎮成為一個個政治領域。隨著社會關聯的進一步擴展，更大規模的社會公共領域相繼形成，一些鄉鎮發展成為城市，許多村莊、鄉鎮和城市發展為地區。城市和地區都包含村莊和鄉鎮的聚合意志，由於共同事務和公共事務的不同，城市和地區形成不同類型的政治領域。在人類社會化之初，由於社會中沒有王者，各種政治領域的主權被人們分享，一些對社會事務熱心的積極分子被人們信任和推崇，在興修道路、抵禦災害、調解糾紛等方面活躍的熱心人士擔負起了治理社會的責任，他們各取所長組成議事機構，於是各種政治領域發展成為一個個行政區，這些機構就具有了政府的功能。人們參與政治領域的各種活動在自然的和平狀態中逐漸形成為習慣和制度，有自薦、推舉、禪讓、選舉等政治形式，即成為政治領域和行政區的政權。有村莊政權、鄉鎮政權、城市政權和地區政權之分，由於主權分散，各種政權互不隸屬，但具有事務邏輯關聯。

關於自然形成的政權，其性質必然是共和的政權。古希臘的城邦政權之所以是共和民主制不是偶然產生的，是社會關聯自然事務邏輯驅使下的歷史必然。古希臘的政權機構有公民大會、議事會和選舉產生的公職人員，審判法庭由公民抽籤選拔產生來處理各種重大的案件，同時選舉產生監察官，每個公民都有選舉權和被選舉權。古希臘城邦鼓勵全體公民分享政權，積極的參政議政，只是公民具有特定的含義，把婦女、奴隸和城邦外人排除在公民之外。雖然古希臘城邦的共和民主政權具有一定的歷史侷限性，但是其合理性對後來歐洲及全世界的政權發展產生了十分重大的借鑒意義，也奠定了人類社會政治文明的基礎。關於自然共和政權的例證還有很多，古東亞西周時期的「國人」參政議政的政權就是自然共和政權，還有近代東亞華人在東南亞建立的十來個政權也都具有共和性質，有東萬律蘭芳政權、戴燕王政權、納土納群島張氏政權、馬來吳氏政權、三佛齊島飛龍政權等等。東萬律蘭芳政權最具代表性，該政權由許多從清王朝統治區南下婆羅洲採金礦的廣東人於西元 1772 年建立，羅芳伯被推舉和擁戴為華人首領，稱為「太哥」。東萬律蘭芳政權的正式名稱是蘭芳公司，管轄婆羅洲西部兩萬平方公里的土地和二十萬人口，設有省、府、縣三種行政區。該政權以採金、種植和貿易為主要事務，謀求生存發展。在政治上，各種行政區的官員均由公民投票選舉產生，公司首領太哥也由公推公選產生。蘭芳公司具有顯著的共和政權色彩，在婆羅洲西部延續了一百多年，終於 1884 年，被荷蘭殖民軍隊推翻。筆者認為，現代人類社會的共和制政權不是現代人首創，是歷史共和制的復活和自然共和制的回歸；共和制政權必然是民主政權，其主權在民，選舉、選票和選民是共和制政權的基本元素。

專制政權與共和制政權相對，也與之相反。專制政權是指社會中某一人或某些極少數人憑藉自己的意志獨斷專行，控制社會生活方方面面的政權。專制政權就是權威主義政權，專制是政權的外在表徵，權威主義是其內涵和機理。專制政權把社會中絕大多數人排除在社會政治活動之外，阻止他們施展政治行為，否定他們的主權意志，把他們置於絕對的被動狀態，其政權只支持在特定的少數人範圍內的政治行為，所以專制政權不屬於自然的政權，是人為所致的政權。專制政權來源於社會統治，始於征服行為，征服者只有建立專制政權才能統治社會，繼任統治者也是專制政權的繼承者。專制政權與共和制民主政權在根本上的區別是，民主政權產生於主權，先有主權後有政權，主權是政權的唯一來源，專制政權的主權來自政權，先有政權後有主權，政權是其主權的唯一來源。所以，專制政權是顛倒了的政權，與自然事實不符，嚴重壓制了社會普遍存在的聚合意志，專制政權必然會遭到社會的普遍反對和反抗，暴力壓制、輿論管制和謊言愚弄是其基本的統治手段。專制政權可以分為剛性專制政權和佯性專制政權，剛性專制政權是指專制統治者承認並宣稱實行社會專制（或專政）的政權，不避諱專制的蠻橫殘暴性。佯性專制政權是指統治者打著共和民主的招牌實質上行使社會專制的政權，表面上佯性專制政權具有某種進步性，但是在其骨子裡仍然是蠻橫殘暴的野蠻性。如果把剛性專制政權比作強盜，那麼佯性專制政權就是流氓，佯性專制政權具有一定的欺騙性，我們可以這樣認為，佯性專制政權是剛性專制政權在人們厭惡和唾棄專制統治的情況下的變種，其目的就是佯裝進步和文明，在實質上仍然還是一種落後的野蠻本性。

4. 權力

權力包含權力意識和權力行為，權力行為只是表徵，權力意識才是權力的根本，權力起始於權力意識，權力通過行為體現出來。我們觀察權力時只能看到權力行為，權力意識深藏在人們的頭腦中，但是權力意識可以通過理性和邏輯加以辨識。人的自我意識包括自我認可、指向和投射功能和意志力等內容，自我認可包含自我存在性認可和自我觀念認可，具有高階能量性，以一種衝動存在於人的心靈和意識之中，自我認可是維繫自我生命和意識活動的自然力量，在日常生活和社會生活中，自我意識會把與「我」有直接關聯的一切事物都納入自我的範疇，在與他人交往的過程中會產生希望他人符合自我認可的預期，並極力影響他人向自我靠攏，期冀把自我認可轉化為他人認可。我們在朋友交往的過程中可以觀察到這種心理現象，甚至在家人之間、親屬之間也存在這種心理，這種心理意識也是人們相互之間觀念侵略的內在機理，人們總是喜歡把自己的觀念強加給他人。在社會關聯中，社會共同事務和公共事務都是與「自我」有直接關聯的事物，處在社會之中的「自我」必然會把自我意識指向和投射到這些事務之上，在自我能量衝動的作用下發出影響他人的自我行為。在社會生活中，這種影響他人（複數）的自我意識衝動就是權力意識，在權力意識作用下所發出的行為就是權力行為。筆者認為，權力就是指人們在社會生活中的對於共同事務和公共事務因影響他人的自我意識作用下所產生的影響、支配他人的行為能力。權力具有希望和預定他人符合自己的意識，也有希望和預定他人作出觀念和行為改變以符合自己的意識，所以權力的實現是以他人的觀念和行為配合為必要條件，自我的權利意識和行為只是一種引導和引發的作用，權力實際上來源於他人。

權力意識具有普遍性，人人都有，擁有完整自我、心理健全的人都能夠產生權力意識，甚至每個人都可以把權力意識轉化為權力行為，民主政治的廣泛參與就是例證。權力具有主觀性，不具有客觀性，當權力與客觀的社會事務相結合時，會給人產生一種錯覺，以為權力也是客觀的，所以在社會組織中會有人產生支配、制約和控制的權力，特別是在社會管理行政機構和政府中因為公共事務關係抽象而產生更強烈的權力欲望。權力只產生於個體人，沒有集體的權力，也沒有政治領域的權力，集體的權力是個體人權力的彙集，政治領域因為沒有意識，其本身也不能產生權力，所以說國家權力、政府權力、組織權力等等都是不實的概念，它們的本質內涵就是某個人或某些人的自我權力意識在政治領域的指向和投射。權力與權利的關係是，權力只在行使者與他人發生行為互動關係時才存在，權力不是個體人自然固有的影響他人的一種能力，是人的主觀認定，比如說「我有權力這樣做」；而權利是人的自然固有的屬性，不以人與人之間的行為互動關係為條件，常常表現為做某事的機會和可能性，對應為他人在行使權力時對於自己的影響（積極影響和消極影響），權利與社會道德和正義密切相關，權利內涵受道德和正義的保護；權力本身與社會道德和正義無關，只是行使權力的行為方式才與道德和正義發生關係，或符合道德、正義，或違背道德、正義。權力與權威的關係是，權力與權威本無關係，權力是自我認定，而權威是來自他人的認定，自認為權威的權威其實就是權力；當權力的行使者促成他人服從時，權力可以轉化為權威，也就是說權威來源於他人的服從，而不是權力本身所導致。

由於單個人孤立的面對眾多的他人不可能同時發出權力行為，權力需要通過政權的形式才能行使，政權形式受社會意識和觀念狀態的支配，不同的狀態決定了不同的政權形式，也決定了不同的權力。權力的行使有三種方式，一種是遵循道德和正義的要求，尊重他人的生命和人格尊嚴，採用勸導和說服的方式促使他人服從；一種是採用暴力壓制的方式逼迫他人服從，於是權力行使者就可以發出支配、制約和控制他人的行為，這種權力就是強權；另一種是引導和調動他人對自然關聯邏輯和自然法的認識，用程式、規則、經驗和知識來要求他人服從。這三種權力行使方式都可以達到政治強制的目的，但是因為這三種行為方式的性質完全不同，會造成他人服從的效果完全不一樣。第一種權力行使方式發生於人類社會化之初的共生政權，權力行使者多為德高望重、閱歷豐富的老者或技藝出眾的能人，他們自發組成或由推舉組成社會維護隊伍，具有政府組織的雛形，在他們的作用下社會呈現出和睦共生的人與人之間關係。第二種權力行使方式產生於權威主義專制政權，由於征服者和統治者暴虐和狡詐的本性，在長期的統治過程中他們在社會培養出了比較廣泛的殘暴無情和急功浮躁的意識狀態，民眾普遍信奉「成王敗賊」的社會倫理，吸引一部分道德淪喪之徒投靠統治政權，一方面是有恃無恐的極權氾濫，另一方面是悲切沉淪的民風凋零。由於絕對權力（強權）肆虐，社會中總會有反抗情緒蔓延，統治者及其追隨者無時不刻不處在擔心政權被推翻的恐懼中。第三種權力行使方式產生於自由民主政權，由於人的智性進一步發展，人們所依靠和運用來推翻專制統治的正義理念和符合自然事實的知識在社會中普遍傳播，並得到廣泛的認同，人們服從權力其實就是服從自然力量的驅使，於是社會中個體人的自我意識被激活，自由意志和自由思想開創出全新的社會生活，社會到處充滿了激情和活力。

權力是如何在政權裡傳遞的呢？三種權力行使方式也決定了三種權力傳遞方式，分別是水平傳遞方式、自上而下傳遞方式和自下而上傳遞方式。在人類社會化之初的共生政權裡，因為人口規模還不大，社會共同事務和公共事務相對比較簡單，社會化程度還不高，社會組織機構還未成熟，人與人之間的互動交往主要以家庭和家族的生產生活內容為主，社會尚未達到縱橫交織的政治影響模式，所以權力的傳遞和交接只是在少數人之間水平彙集和授予，以推舉和禪讓為主，權力傳遞和交接的各方思想意識和觀念基本趨同，這種方式就是水平傳遞。在權威主義政權裡，征服者已經把大量的人口均納入其統治之下，一人號令天下成為「一尊」，自然而然形成了自上而下的權力架構，把征服者的自我權力一層層傳遞到社會的各個方面，這種權力在政權機器裡在各個層面都得到認可，也就是說各個層面所得到的權力都來自於其頂層，即征服者。在代際更替中，征服者的權力又傳遞和交接給了繼任的統治者們，這種傳遞和交接是由權威主義政治影響模式所決定的，只要這種模式存在，征服和統治的權力就會不停的傳遞和交接下去，直到其政權崩塌為止。至於權威主義政權的複雜結構，這不是其統治者的創造發明，只是適應了社會關聯擴展的自然結構，也就是說社會的自然結構決定了其政權的結構。權威主義專制統治的集權不同於權力的傳遞，集權是通過政權機器把各種社會事務的動議、執行、監督、評價、修正等權力彙集一身，政權的各個層級都實行集權，最終把這些權力彙集到最高統治者，即所謂的中央集權。集權是一種吸取社會能量的過程，集權是由政權結構中具有統治權威的個體人完成，集權不是從下往上的權力傳遞，其自上而下的權力傳遞方式的最終目的就是集權，統攬社會中的所有權力。民主政權的權力傳遞方式與專制政權正好相反，自下而上傳遞權力。由於權力的普遍性，權力分散於社會的各個方面和各個角落，人人都有權力，這是社會理性作用和正義要求的必然結果，也是人的智性高度發展的象徵。現代民主政權彙集了人類兩千多年的智性成果，自然法、人民主權、平等自由、公開透明、寬容博愛等理念被廣泛認同，激發出普遍的權力意識和權力行為。因為民主社會的高智性，人們制定出合理而溫和的社會規則來彙聚分散的權力，即採用選舉和選票來傳遞權力，在各種規模的政治領域中自下而上（上下只是感官感覺，不是真正意義上的高高在上和卑微在下）賦予權力和選拔官員。因為民主權力分散的特點，社會中無法產生集權，權力分散也決定了民主社會的治理模式不受官員的支配，權力彙聚以後仍然還是分散的。

5. 政體

社會關聯的規則性在社會公共領域表現為社會規則，也是自然規則在人類社會的體現。由於社會關聯事務的複雜性，各種事務經過擴展最終以人與人之間的關係秩序反映到社會整體層面形成複雜的制度形式，各種制度相互關聯結合成為一個龐大的系統，我們稱之為政治體系，或政權體系，即政體。政體中包含社會經濟體系、政治體系、規則體系和文化體系，所有這些體系因為都是人的參與，都蘊含政治的因素，經濟中有政治，規則和文化中也有政治，政治影響社會生活的方方面面。在政體中，經濟制度、規則（成文法和不成文法）制度和文化制度都包含在政治制度裡面，比如說資本主義制度本來是指經濟制度，但是以政治制度的形式體現出來，權威主義政治制度中就包含極權經濟制度。政體是一個社會最高級的人與人關係秩序狀態，也是一個社會的基本表徵。政體具有解析、運作和表達的功能，政體可以解析其結構原理和政體的由來，人們可以通過政體來瞭解社會的根本性質。政體可以憑藉其主權意識、政權習慣和權力形式來運作社會的根本規則，社會領域的方方面面都受到政體的滲透和影響。政體還是社會主權、政權和權力意志的集中表達和應用，政體可以要求社會各行各業及各個社會組織必須符合這些社會意志的表達，所以政體具有社會主動性。政體具有施政的功能和職能，政體中包含許多事務，這些事務以規則和規範要求為主，以指令的方式處理事務，政體的事務稱之為政務，具有最高的社會權威。政體的結構來源於社會關聯而形成的各種制度形式，可以分為制度和組織機構兩部分。政體的制度是制度中的制度，有社會制度、政治權力制度、憲法制度、選舉制度和審判制度等等，政體的組織機構有社會議事機構、立法機構、司法機構、政府機構和軍事機構等等。政體就是通過這些機構來表達社會政治意志，通過其政務行為來貫徹和強制社會各方面遵循社會意志。政體也通過其政務行為促使社會成為一個整體。

我們可以把政體大致分為兩類，一是自然政體，二是人為政體，自然政體就是遵循人的自然屬性和社會的自然屬性通過社會自然關聯而形成的政體，人為政體是指社會中少數人根據自我意識和觀念利用強制力而人為製造的政體。這兩種政體因為所包含和反映的社會主權意識、政權習慣和權力意識不盡相同，在社會現實生活中體現為自由民主政體和權威專制政體，其對應的社會為自由民主社會和權威主義社會。在自然狀態中，每個人都有主權意識，在自己的家園、家鄉居住地都是主人，每個人都可以（都能夠）發出維護主權的行為，人們的主權行為彙集成為地域範圍的主權，村莊主權是最初形成的主權，也是最基本的主權。隨著社會關聯的擴展，若干村莊的主權又彙集成為鄉鎮主權，若干鄉鎮主權又彙集成為城市主權或地區主權，最終形成國家主權。所謂主權就是在這樣的社會地域內個體人所擁有的政治權力，主權對本地域之外的人具有排他性，本地域範圍內的各種社會事務不受外人和外部勢力的干預而形成獨立的行政區，在各種地域範圍的行政區內人們自行管理和治理，即所謂的地方自治。各種地域範圍的行政區自成一體，形成完整的政體，擁有獨立的社會制度和政體組織機構。各種社會制度和政體機構通過社會普遍意志的確定或選擇最終彙集成為國家層面的制度和機構，甚至國家與國家之間還可以聯合建立聯邦制度和機構。這是自由民主政體的核心機制，在承認和擁護地方主權的基礎上才能產生自由民主政體。否定地方主權，把政權和權力插入到社會各種行政區，全面控制整個社會，把國家與社會等同起來的政體就是權威主義專制政體。民主政體可以通過其政務主動性來激活社會普遍的主動性，而專制政體則通過其政務主動性扼殺社會本應存在的普遍主動性，造成普遍的行為絕對被動性，所以民主社會是一個充滿生機活力和創造力的社會，專制社會則是一個封閉、沉悶、古板、守舊的社會。

嚴格說來，不論民主政體還是專制政體都具有一定的、不同程度的被動性，社會真正的主動源在主權，即權力核心。民主政體的主權是分散的，散播在社會眾多的個體人手中，這與社會的自然權力狀態是吻合一致的，普遍存在的社會意志才是主動力之所在，在這一點上政體也是被動的，它只能領會把握和應用表達社會意志，政體沒有自己本身特有的意志，政體只能把社會意志貫徹、指導、督促和監察在本行政區範圍的應用，不同的行政區都有不同的政體，大範圍與小範圍的行政區之間只有邏輯關係，沒有涵蓋和隸屬關係，各種行政區的政體自成體系。專制政體的主權掌握在統治核心——某一人或某幾人的手中，權力相當集中，其政體的權力來自統治核心的賦予，政體貫徹執行統治意志，從統治的整體範圍逐級延伸到各種社會領域，直接插入社會的各個方面，甚至可以干預、插手和監控社會中的每個個體人及家庭。專制政體是一個龐大的政權體系，各種行政區從國家到地區再到城市、鄉鎮都具有相似性，謂之「統一」，各種大小行政區不僅具有邏輯關係，還具有涵蓋和隸屬關係，從頂層到基層形成三角形權力架構，同時從基層到頂層產生集權的功能。值得一提的是，民主政體中的眾多政府組織既是分散的（互不隸屬），也是被動的，政府具有雙重被動性。政府在政體中被迫執行和落實通過政體表達的社會意志，具有履行政務的職責，與此同時政府還因為各種自然事務被動的處於處理狀態之中，各種自然事務來源於社會，主要包括社會各種共同事務和公共事務（政府以其各個職能部門與社會事務對應），所以政府對於社會也是被動的，政府只有一種職能——服務，民主政府總是面對政體和社會的雙重監督。而專制政體中的政府只有一種被動性，就是對權力來源負責，由於政府承擔了集權的功能，政府不一定只處理自然事務，政府的主要職能仍然還是實施政務，把專制政務與自然事務糅合在一起並偏向政務，所以專制政府對社會總有顯然的主動性，而社會則處於絕對的被動狀態，所以說專制政體既不符合人性也不符合社會正義。

6. 主義

我們對自然世界和人類社會有什麼樣的認識就會形成什麼樣的社會，這些認識會以觀念的形式儲存在我們的頭腦裡，在處理人與人之間的關係時這些觀念會隨時被調用來指導和支配我們的行為。不同的人因為所處的自然環境、人文歷史、社會群體以及工作和學識的不同會產生不同或不完全相同的觀念，人們的成長環境和學識水準對於觀念的形成更加尤為重要。人的觀念可能來自於成長過程通過外界的植入，也可能經過學習和思考過程促使觀念更新而形成自己的觀念，所以人的觀念有不同的類型，可以通過行為反映出來。處理陌生人之間關係的觀念就是政治觀念，政治觀念的類型就是我們耳熟能詳的「政治主義」，在此簡稱為「主義」。主義不僅是自我的觀念，主義還包括他人的觀念，主義可以是我們群體的共同觀念，也可以是其他群體的共同觀念。人們的觀念相同可能是來自於認同，也可能來自於認可，認同是指個體人自我形成與他人相同的觀念，認可是指自我沒有觀念而把他人的觀念當做自己的觀念，認同有自我觀念的形成過程，而認可則沒有這個過程。人們的觀念相同會產生親近感，觀念的不同或者相對則會產生疏離感和排斥感。所以，主義會有自我宣稱的主義和批評否定他人的主義之分，主義還可以通過人的行為作風樣式體現出來。筆者把「主義」作以下簡要的分類：

⑴作為個人觀念的主義，如沙文主義、康得主義、邊沁主義、馬克思主義、凱恩斯主義、羅門主義等等。

⑵自我公開宣稱的主義，有自由主義、馬克思主義、唯物主義、保守主義、

集體主義、資本主義、社會主義、個人主義、民主主義、共和主義、君主主義、權威主義、共產主義、民族主義、愛國主義等等。

⑶批評否定他人行為的主義，如大國沙文主義、霸權主義、帝國主義、軍國主義、地方保護主義、種族主義、大男子主義等等。

⑷作為行為作風樣式的主義，有機會主義、教條主義、形式主義、官僚主義、功利主義、人道主義、英雄主義、保守主義等等。

⑸以行為方式為內容的主義，如實用主義、實證主義、科學主義、理性主義等等。

這種分類不是絕對的，主要是因人而異，比如說有的人公開宣稱的主義可能是他人批評否定的主義，批評否定他人行為的主義可能包括作為行為作風樣式的主義。

由此可見，主義就是貼標籤，給自己和他人的觀念、行為貼標籤，主義的標籤意義要大於實在意義，似乎主義是個筐，什麼觀念都可以往裡面裝。為什麼這麼說呢？因為主義並不是人的根本觀念，在主義的後面仍然還有觀念作支撐，自我意識在主義背後仍然起到支配作用，主觀認為這是主義就是主義，其根本觀念就是作為陌生人的他人在自我心中的分量和地位。我們從主義的排他性可以看得出來，持有某種主義的人可能沒有寬容的胸懷，建立主義標籤的目的就是為了排斥與己不同的他人，主義只是一種工具，一種手段而已，所以說「主義」觀念的純潔性是打折扣的，這就導致主體人行為在某主義的托詞下仍然具有隨意性。如果人們相互之間只有批評和批判，相互之間否定，那麼何以產生共識呢？人們相互之間批判來批判去，勢必會在社會共同事務和公共事務的自然關聯中人為的添加觀念事務，會對自然事務產生消極的損害作用。如果把各種主義都上升到政體的層面，這勢必會掩蓋社會中的諸多問題，同時產生新的問題。從主義與主權的關係上看，主義並不是主權的來源，自然主權不包含主義的成分，反倒是統治主權卻與主義相關。從主義與權力的關係上看，主義並不必定產生權力，但是主義可以伴隨權力產生，成為權力行使的憑藉。

7. 權利

我們偶爾可以聽到和看到「政治權利」這個詞彙，為什麼人會有政治權利呢？政治權利又是什麼呢？回答這些問題之前先瞭解權利的由來和權利的內涵很有必要。現代意義的中文「權利」一詞出現於 19 世紀美國法學家亨利・惠頓著寫的《國際法原理》一書的中文譯本，該書中「權利」的本意為正當、合理、合法、合乎道德的東西，自此以後「權利」一詞在漢語言世界的法學領域中被廣泛的使用。權利的詞源似乎決定了權利只屬於法律的範疇，而法律是面向社會的，那麼社會中是否存在權利呢？也就是說，權利是僅來源於法律，還是廣泛來源於社會？如果說社會沒有廣泛而普遍的權利，法律中又怎麼會有權利一說呢？所以說權利必然來源於社會，而且是廣泛的普遍的存在於社會之中。那麼社會為什麼會存在權利呢？我們知道社會是由個體人、家庭、組織和團體組成，社會也是一種群體，社會最終只能分解為個體人，個體人才是社會組成的最小單元，那麼權利只能產生於個體人，社會中沒有脫離個體人的權利。事實上法律意義的權利所規定的基本都是個體人的權利，如生存權利、生育權利、受教育的權利、宗教信仰的權利等等，家庭的權利可以分解為個體成員的權利，如撫養權、贍養權等，社會組織和團體有作為整體的權利，如自主營運權利、法人資格權利等，但更多的是分解為個體人的權利，如股東權利、法人代表權利、職員的權利等等。所有這些權利歸根結底都是人的權利，其來源都是個體人。

為什麼個體人在社會中會擁有權利呢？權利是被他人賦予的嗎？如果說權利來自於他人，那麼最初擁有權利的人是誰呢？他的權利又來自於哪裡呢？我們無法找到這個人，事實上社會中也從來沒有過把權利送人的人。權利是來自於法律嗎？我們知道，法律就是成文法，是由人制訂的，法律是以社會事實為依據而制訂，在法律成文之前權利就已經存在，何況許多惡法還是踐踏和損害人的權利的。權利是來自於人的經驗判斷嗎？有一種說法是權利來源於人們對過去經歷的惡行和磨難的經驗反思，人們為了不重複經歷被傷害而創立權利理念來抵禦惡行的襲擊。這種說法不能解釋兩個問題，一是為什麼人類在古代不能創立權利理念（古代的惡行和磨難更加深重）？二是為什麼世界上不同人種、不同社會、不同自然環境、不同成長歷程、不同歷史文化傳承的人們（準確說是個體人）會產生完全相同的權利意識和理念，如此多的不同意味著人的經驗迥異，但是權利是一致的。退一步說，權利理念可以通過經驗學習獲得，不同的人所經歷的惡行和磨難不盡相同，但是人的權利是相通的，無差別的。於是說，人的經驗判斷不可能產生權利。只有一種可能，即權利包含在每個人本身，權利是固有的。

不可否認，每個人都是一個獨立的自然系統，包括物質系統、生理系統和意識思維系統，人體具有封閉性，人與人之間沒有任何接口相連接（母親與胎兒除外），從自然屬性上說，人與人之間是平等的。這種自然平等性決定了人與人之間的相互獨立性，任何人都不是因為他人的存在而存在，即使父母也不是兒女的製造者，人的出生都是自然的產物。陌生人之間沒有任何生理上的關聯，也沒有血緣關係，陌生人之間處於幾乎絕對的平等狀況。正因為每個人都有一個獨立的意識思維系統，每個人就都有一個獨立的自我和自我意識，人的自我意識具有內指向性來維護自我。當人的生理系統產生需求時，自我意識義無反顧的指導自我身體發出行動來滿足需求。自我意識還把所有與自我有關的事物都納入到自我範疇，其目的也是為了維護和滿足自我需求，這種目的是客觀目的，不需要人的顯意識參與，但是當人的理性高度發展以後，這種潛意識目的可以被顯意識捕捉和反映。權利的本質是個體人維護自我的可能性，權利產生於自然，自然的可能是一切可能的可能，由於人的平等觀念來自於自然，所以只有在平等的觀念下才會有權利。個體人由於自我意識的作用，在與他人相遇和交往過程中會產生要求他人符合自我需要的預期和願望，同時人與人之間的平等狀況也會在意識中顯現。當他人的行為對於與自我有關的事物產生積極作用時，自我維護意識處於潛在狀態對他人作出認同和認可的評價，自我趨向於與他人靠近。當他人的行為對於與自我有關的事物產生損害的消極作用時，自我維護意識會激活同時產生反感、抵觸的情緒，直至發出反抗的言行。這種自我維護的力量就是人的權利，來自於自然，在與陌生人關聯的社會中體現出來。由於個體人之間在自我自然系統方面具有同質性，自我維護的意識是相同的，形式上相同而且在內容上也相同，所以個體人之間的權利是相通的、無差別的。當個體人之間遇到不同的惡行，遭遇不同的磨難時，維護自我的權利是一致的，即使某人沒有親身經歷惡行和磨難，只要聽說惡行和磨難就可以產生相同的權利意識。

權利在社會中產生和運作的四個階段是認識權利、追求權利、實現權利和享受權利。個體人在認識權利之前只是一種朦朧的權利意識，表現為對某種惡行的厭惡、反感和反抗，說不出緣由，也拿不出措施來防範。人類古代史中人們對於侵略、殺戮、掠奪等惡行的反抗其實都屬於自我維護的權利行為，只有當人類的理性發展到能夠認識非直觀事物的程度時才能認識權利，才能把許多與自我有關的事物貼上權利的標籤，借此抵禦惡行的侵蝕。權利與正義十分相似，都需要理性能力才能認識和把握。權利的動態發展過程就是人的智性逐步發展提高的過程，由於權利的相通性，權利可以被廣泛的認同，形成社會普遍追求的目的和方向，把權利納入法律規則的範疇就是人們追求權利的過程，法律規定也是在不斷的完善中追求權利。法律規定權利並不是權利運作的終點，法律規定是為了實現權利，實實在在的在社會中消滅惡行，杜絕人類磨難。當權利不斷的完善和實現以後，人類社會可以說就能夠享受到權利所帶來的和睦和安逸，這也是人類社會的崇高目標。

政治權利就是權利在政治活動中的體現，政治權利包括參政權、議政權、選舉權、被選舉權以及言論、出版、集會、結社、遊行、示威、宗教信仰等等的權利。政治權利來源於人的平等意識和自由意志，沒有平等就沒有自由，沒有自由也就沒有權利，這一點在階級和等級社會中可以得到驗證。權利也是權力的來源，擁有權利以後個體人就有社會事務的動議權力、擔任公職的權力、監督的權力以及修正事務處理過程和方向的權力，在權力行使過程中體現人民主權的意志，並通過權力的行使建立起自由民主的政權。權利的政治關係可以總結為一個邏輯序列，從平等到自由，從自由到權利，從權利到權力，從權力到主權，從主權到政權，在這個邏輯序列中前者是後者的條件和起因，後者是前者的結果。政治權利的目的就是為了維護和滿足自我的利益需要，追求政治權利就是追求自我利益，也是追求自我價值的實現。為什麼有的人會選擇不去爭取自己的政治權利呢？其主要原因有二，一是人的智性不高，還沒有發展出理性能力，無法認識自己的政治權利；二是權威主義專制政權壟斷了社會權利和社會權力，排斥政權之外的人染指其利益，致使爭取自己的權利希望渺茫而放棄自己的政治權利。權威主義是社會普遍政治權利的主要殺手，不單是扼殺和阻斷社會廣泛的政治權利，而且還培養出廣泛的愚民隊伍失去認識政治權利的能力，更有甚者還釋放出關於政治權利的迷霧，使人眼望政治權利而卻步，比如說「權利與義務對等」就是這樣的一個迷霧。我們知道，權利來源於自然，是人固有的能力和力量，而義務不是自然固有的，義務來源於人的主觀意願，義務與人與人之間的互動狀態密切相關，比如別人對我好，我就有義務對別人好，義務是有條件的，是相對的，而權利是無條件的，是絕對的。把權利與義務對等關聯起來無外乎就是設置追求權利的障礙，這樣的社會是沒有真正權利可言的。

值得一提的是，智性發展權應該成為人的一項基本權利。

第十五章　論社會規則

社會到處是規則，家庭裡有家庭規則，家族中有家族規則，幼稚園有園規，學校有校規，社會組織有規章制度，陌生人之間有道德規則、交通規則、治安規則和法律規則等等，現代社會就是一個規則社會。我們出生在這樣一個規則社會裡，從小就被告知必須遵守這樣和那樣的規則，要尊敬父母和老師，出門要遵守交通規則，不要亂扔垃圾，更不能打架鬥毆等等，規則意識在我們的心中生根發芽，成年以後還不得不接受更多的規則，遵紀守法、愛崗敬業、誠實守信、奉獻社會。我們知道，遵守社會規則可以保證自己的生命和財產安全，也可以使社會生活有條不紊的有序運行，如果社會沒有規則將會是何等的一副混亂場景，人人自危，惶惶不可終日，於是我們堅守社會規則，並認為這就是作為社會成員的應盡本分。由於恪守規則的義務感，我們從不思忖社會規則的緣由，全盤接納所有的規則要求，我們也從不思量社會規則的本質內涵，堅信規則的社會益處，於己於人好處特多。為了還原社會規則的本來面目，筆者擬將展開以下探討研究。

一、社會規則的由來

有人認為，規則是人類社會特有的現象，自然界的動物只有本能和習性沒有規則可言。我們試想，遠古人類與動物無異，在自然演化過程中為什麼唯獨人類會進化產生出規則呢？如果自然界無規則可言，那麼人類社會的規則就是無本之源，是人類祖祖輩輩共同臆想出的心理技巧，為的是人類群體的關係秩序，這是如何可能的呢？我們知道，人類社會的規則是歷經數萬年逐步形成和完善的，在此過程中特別是在五千年以前根本沒有社會規則的設計和制定過程，也就是說社會規則形成的前期完全是在一種無意識狀態下進行的，沒有顯意識的設計過程。可見，人類社會的規則的起始和起因是一種純粹的自然狀態，我們探求社會規則的由來只能從自然世界開始，看看自然世界是否具有產生規則的可能。由於我們不可能親自重溫自然世界演變的全過程，無法審視社會規則的源頭，但是我們可以憑藉理性的力量從現存的自然現象著手推演出社會規則的形成脈絡，這對於我們認識社會規則是大有裨益的，這也是我們能夠探求社會規則由來的唯一方法和途徑。

1. 自然界的規則現象

自然界果真無規則可言嗎？如果把規則僅僅定義為人類社會顯意識的規定，甚至是成文規定，當然自然界就無規則可言，如果把規則看作一種現象，那麼自然界就不乏規則。我們先看看螞蟻家族，世界上已確定的螞蟻種類有一萬一千多種，每種螞蟻都是群居性動物，一個蟻群可達一兩百萬螞蟻個體，蟻群中有嚴格的分工，一般可分為蟻后、雌蟻、雄蟻、工蟻和兵蟻。一個蟻群只有一個蟻后，蟻后一生只做兩件事情，就是吃和產卵。發育完整的雌蟻和雄蟻有交配行為，雌蟻也可以產卵，並作為未來蟻后的替補員。發育不完整的雌蟻與雄蟻成為工蟻和兵蟻，是蟻群中最龐大的隊伍，工蟻的數量最為龐大，少數工蟻負責照看蟻后產下的卵，絕大多數工蟻負責尋找食物，並把食物帶回蟻穴餵養蟻后、兵蟻等巢穴中的螞蟻。兵蟻個頭大，雙顎（口器）堅硬有力，負責保衛群體，與外來侵犯者殊死搏鬥。螞蟻的這種分工不是任命和指派的結果，是自然而然產生的，蟻群中的每一種螞蟻恪守自己的「本分」，為了蟻群盡職盡責，沒有表露出任何不願意，也沒有攀比、爭權奪利和圖謀篡位的野心和陰謀，這與人類群體分工的起源是何等的相似。亞馬遜叢林中的行軍蟻還有一個獨特的互助現象，當行軍蟻大軍遷徙過程中遇到溝壑時，走在最前端的螞蟻會自覺的相繼咬合在一起搭建成一個「蟻橋」，以便於整個行軍蟻大軍快速通過。很難想像組成「蟻橋」的螞蟻個體只是受本能和習性的驅使，沒有自我意識的參與。中美洲的切葉蟻把植物葉子用顎切成小塊搬運到巢穴裡，初看起來切葉蟻是一種吃樹葉的螞蟻，其實不然，它們只是利用樹葉來發酵，培養真菌小蘑菇，用小蘑菇餵養巢穴中的其他成員。為了防止葉片在巢穴裡滋長黴菌，切葉蟻會在葉片上塗抹生長在它們皮膚上的鏈酶菌所產生的抗生素，防止葉片變質腐爛。由此可見，切葉蟻已經具有了生產和管理的能力，其巢穴就是一個莊園，切葉蟻的智力水準著實高於其他種類螞蟻，甚至高於一般的昆蟲。

無獨有偶，還有一種昆蟲群體也具有高度分明的分工，即蜜蜂家族。世界上現有蜜蜂種類約40種，有歐洲黑蜂、義大利蜂、卡尼鄂拉蜂（喀尼阿蘭蜂）、高加索蜂等等。一個蜜蜂群體中有三種成年蜜蜂，蜂王、雄蜂和工蜂，蜂王負責產卵，雄蜂負責交配，工蜂的主要任務是採集花粉、花蜜和水、撫育幼蟲、建造蜂巢、保巢禦敵，其中工蜂的事情還可以細分為年老的工蜂負責看家護院，年輕的工蜂分成三個班，一個班專門采蜜，另一個班專門采水，供蜂巢裡的蜜蜂飲用，還有一個班專管抬運因各種原因死亡的蜜蜂，兩隻抬一隻，運送到野外。蜜蜂是一種小昆蟲，單只重量約為0.5－1.5克左右，體長在10－18毫米之間，一個蜂群的個體數量為小群5000只左右，大群可達10萬隻。據化石考古發現，蜜蜂物種的歷史可追溯到1.3億年前的白堊紀早期，當地球上出現開花植物的時候蜜蜂就已經出現。在漫長的自然演化過程中，蜜蜂進化出一種獨特的行為範式，即通過舞蹈方式來溝通作群體決策。當蜂巢內不斷有卵孵化，一段時間以後蜂巢就變得十分擁擠，這時蜂群就面臨搬家或拆分的問題。約5、6百隻工蜂自發的組成偵查蜂隊伍分批次的飛往蜂巢四周以尋找新的理想巢穴，每一批偵查蜂返回時通過一種「搖擺舞」來回饋訊息，當大多數偵查蜂都跳同樣的舞蹈贊同某一目的地時，整個蜂群就舉家搬離到這一地方。偵查蜂的舞蹈可謂是蜂群重大決策的民主投票方式，蜂群通過這一方式總能找到理想的新巢穴。其他動物群體在作出集體行動之前也有相似的投票行為，比如非洲水牛群體經過一段時間的食物反芻需要再次進食之前，有某個水牛率先起立望著想去的方向，然後朝著這個方向趴下，隨後有更多的水牛作出同樣的動作朝著不同的方向，如果朝著某一方向的水牛最多，於是整個牛群就一同前往這個方向去覓食。動物世界裡有民主投票行為的動物群體還有馬鹿、非洲鬣狗、非洲雜色狼等等，馬鹿的投票方式與非洲水牛相似，非洲鬣狗、雜色狼則用「噴嚏」聲來投票。

自然界最忠於職守、認真負責的動物要數南非卡拉哈裡沙漠的貓鼬了，貓鼬的學名為狐獴，是一種群居性動物，一群貓鼬的數量可達50只個體。貓鼬體長24－30釐米，尾長17－25釐米，體重620－970克，是一種穴居動物，擅長挖洞，貓鼬的洞穴呈大型網狀，有多個入口，貓鼬晚上躲藏在洞穴內，白天出來活動和覓食。成年貓鼬會自告奮勇的主動輪流擔負起警戒放哨任務，每天清晨「哨兵」會第一個爬出洞穴來探測動靜，如沒有威脅就通過叫聲告知其他成員走出洞穴。在貓鼬群體潛心覓食的時候，「哨兵」會站在較高的位置在一旁專心警戒——望風，時刻轉動著腦袋上下環顧，觀察著天空和地面，防範掠食者的攻擊。在群體進食完畢集體嬉戲的時候，「哨兵」仍然聚精會神的在一旁警戒望風，時刻保持著警惕的狀態。一旦有掠食者出現，「哨兵」立即發出警報聲音，貓鼬們立刻鑽入洞穴。卡拉哈里沙漠氣候嚴酷，終年乾旱，夏季最高溫度可達 46℃而且烈日炎炎，對於盡心竭力的貓鼬「哨兵」來說著實不易，貓鼬群體的哨兵制度對維護群體的生命安全發揮著巨大的作用。動物界許多種類動物群體都有警戒哨兵行為，大多數靈長類動物，如獼猴、葉猴、疣猴、狐猴等等群體在進食和休息的時候有哨兵放哨；阿爾卑斯山羱羊、西伯利亞北山羊在群體覓食、嬉戲和休息的時候總是有哨兵在高處警戒放哨；斯比克斯冠雉和雁屬鳥類的群體在歇息時也有哨兵放哨，防範危險。值得一提的是，動物放哨多是主動行為，而且都有輪流值班的習俗。

幾乎所有的靈長目動物群體中都有等級制度，如猿類、猴類動物。猿、猴群體都由「王者」統領，黑猩猩群體內有首領，獼猴群裡有猴王。這些王者都由最強壯的雄性通過打鬥而確立，王者擁有群體的最高權威，可以優先獲得食物和交配權，在群體內部等級最高，王者一般擁有多個固定配偶和一群後代，也是群體中等級最高的族群，也擁有進食優先權。第二等級的群體成員都是王者的近親和追隨者，比王者及其家眷的地位低一些，在進食秩序上要讓著王者及家眷。大部分群體成員地位最低，它們只能等到高等級的族群吃飽喝足了才能撿食殘羹剩飯，等級最低的雄性甚至沒有交配權，在群體的週邊形單影隻。靈長目動物群體內的等級制度主要存在於雄性之間，以雄性為中心，與雄性成員的強壯體魄和行為暴烈程度直接相關，雌性則依附於雄性組成不同等級的家庭。靈長目動物群體的等級制度由王者監視和控制，如有較低等級冒犯較高等級的特權，王者會及時大打出手予以懲罰和制止。在王者尚未被其他雄性打敗之前，群體內的等級制度相對穩定，如果王者被其他雄性打敗，則原有等級制度瓦解，新的等級制度隨即確立。日本獼猴的群體等級制度尤為嚴格和殘酷，日本獼猴的等級制度不僅體現在進食和交配上，還體現在泡溫泉的資格上。日本獼猴的棲息地位於北緯 31－41 度之間，冬季氣溫可達零下 15℃，而且漫天雪舞，日本獼猴經常身披白雪，也被稱作「雪猴」。日本獼猴群體高等級的成員有集體泡溫泉的習俗，野外溫泉池的水溫可達 43℃，泡溫泉是它們過冬的重要方式。在溫泉池內進食、入睡或打鬧嬉戲勾勒出一幅祥和美好的景象，然而在溫泉池的岸邊土地上許多低等級的獼猴卻只能望池興歎，不敢涉足溫泉池半步，只能在嚴寒中硬挺，否則會被猴王和高等級成員暴力相向並趕出溫泉池。

狼群也有相似的等級制度。一個狼群一般由七頭狼組成，狼群的等級可分為頭狼、乙狼和亥狼，等級最高的狼稱為頭狼，乙狼的等級次之，亥狼的等級最低。狼群與靈長目動物群體的等級制度若有不同，狼群不是根據性別來確立首領地位，而是根據身體的強壯程度和搏殺能力來進行等級排序，所以頭狼可以是雄性也可以是雌性。頭狼擁有進食優先權，狼群的進食順序依照等級順序來進行，最低等級的狼只能吃最後剩下的食物。頭狼還擁有生育霸權，只有頭狼才可以交配，其他成員都沒有交配權。雖然頭狼擁有至高的權力，但是在捕獵和抵禦侵略的行動中總是沖在最前面，頭狼還會調解和平息狼群內部的打鬥矛盾，在群體成員遇到外來危險，如被攻擊，頭狼會挺身而出保護它們。如果頭狼不稱職導致食物短缺等危機，狼群其他成員會聯合起來將它驅逐，甚至把它殺死。狼群中經常會有個體狼不滿頭狼的霸權而離家出走成為獨狼，游離於狼群的領地之間。

肉食性動物對於被捕食者是極其殘酷的，許多掠食者練就了一招斃命的絕活，其獵物總是被撕咬得血肉模糊、支離破碎，被捕食者不是竭盡全力逃脫就是拼死反抗，掠食者命喪獵物的犄角和鐵蹄時有發生。但是同種類掠食動物之間的爭鬥則很少會造成相互傷害和死亡，即使是為了爭奪十分重要的如食物、交配和地位等資源，它們的目的只有一個，即降服對方，而不是置於死地，所以它們都踐行一種儀式化的爭鬥規則，點到為止。獅子、老虎、獵豹、狼等等兇猛掠食動物在相互之間打鬥過程中基本採用吼叫、衝撞、猛撲、掌擊等手段，不會使用利齒和利爪猛攻對方，以心理威嚇和出擊頻率為勝負標準，戰敗者或逃走或停止打鬥表示順服，戰勝者也不會窮追猛打，爭鬥以失敗者住手而結束，表示順服的失敗者在日後也不會伺機報復。兩條毒蛇相互打鬥不會使用毒牙和毒液殺死對方，有科學研究小組在南亞叢林中拍攝到兩條眼鏡蛇的打鬥是以一方把另一方的頭部壓倒觸碰地面為勝負規則，敗者隨即溜逃。兩隻美洲野公牛在交鋒時會用牛角或前蹄把地面弄得塵土飛揚，以顯示自己的力量，弱勢者會從這種儀式化的行為中意識到自己力所不及，及時退卻，強勢一方從不追趕戀戰。公野馬之間在打鬥時採用前腿絆倒對方的方式決出勝負，東非羚羊則採取更加溫和的儀式化策略進行打鬥，戰鬥雙方低下頭把犄角交織在一起使用力氣互頂對方以比試力量。無論兇猛的肉食性動物還是強悍、溫和的草食性動物都有一個共同點，即在同種打鬥時都不攻擊對方的要害部位，儘量避免傷害性打鬥。

海洋裡的沙丁魚有遵守規則的行為。當沙丁魚群經過狹窄的水域時會自覺的排成隊伍有序的通過，年齡大的沙丁魚佇列從下層水域遊過，幼小的沙丁魚則從上層水域排隊遊過，所有的沙丁魚個體之間都保持相等的一定距離，沒有一條沙丁魚橫衝直撞，也沒有擁擠和插隊的現象。

2. 自然界的倫理道德

倫理、道德是人類發明的特有詞彙，以說明人類個體的行為應該具備的和體現出的美好秉性。一些人堅持認為倫理道德為人類社會所獨有，自然界裡無倫理道德可言。如果用人類的倫理道德的標準及其特點來觀察和看待自然界，我們會發現自然界裡的許多動物似乎也具有某種程度的倫理道德範式，甚至一些動物還體現出不遜於人類的倫理道德意識和行為。

忠貞不渝的愛情是人類謳歌和頌揚的婚姻家庭倫理道德的優良作風，水性楊花和見異思遷被貼上了反面的標籤，夫妻雙方能夠抵擋其他異性的引誘堪稱一心一意、專心致志的楷模。有一種動物，名叫田鼠，盡然可以使某些人相形見絀、自愧不如，用田鼠來進行比較不但不會貶低這些人，而且還可以借助田鼠的美德來檢點他們的朝三暮四、喜新厭舊的不良行徑。田鼠是一種小型齧齒類哺乳動物，分布於北半球的森林、草地和田野廣大地區，田鼠在動物界可謂是一夫一妻白頭偕老的道德模範，當雄田鼠和雌田鼠交配以後，雄田鼠就會一生一世忠於這一隻雌田鼠，絕不會移情別戀，面對其他雌田鼠的勾引和調情，雄田鼠甚至會予以攻擊，雄田鼠的婚戀觀可謂是真正的忠貞不渝。大雁的婚戀觀更為誇張，兩隻雄雌大雁一旦確立交配關係就不會三心二意，而是一夫一妻直至終老。大雁夫妻任何一方失去配偶以後都會選擇孤獨一生，不會另選伴侶，許多大雁在喪偶以後不久便會因孤獨抑鬱而亡。企鵝物種也盛行一夫一妻制，兩隻雄雌企鵝一旦確定交配關係就會廝守終生，為家庭盡職盡責、無怨無悔，企鵝夫妻會輪流照看待孵化的企鵝蛋，小企鵝破殼後，兩夫妻分別擔當家務事，雄企鵝負責照顧幼崽，雌企鵝則外出尋找食物餵養小企鵝。動物黑兀鷹的一夫一妻制還具有群體強制性，如果一對雄雌黑兀鷹確立交配關係，有任何一方與某只黑兀鷹偷情被發現後，不僅是原配偶拒絕再發生交配行為，而且整個黑兀鷹群體都會排斥這只越軌的黑兀鷹。動物界實行一夫一妻制的動物種類有很多，如野狼、柯氏犬羚、白頭海雕、信天翁、河狸、松果蜥、長臂猿等等動物都是。

絕大多數動物都有近親交配和生育的亂倫行為，成年動物似乎難以區分生身父母和親生後代，只是當做單純的個體，在性成熟以後只能區分雄雌兩類。動物性亂倫會嚴重威脅到種群的繁衍生息，這也是動物們智力低下難以發展提高的重要原因。似乎有些動物種群已經進化出盡可能避免近親交配繁殖的潛在意識，獅群會把幾近成年的雄獅趕出群體，讓其獨自漂泊謀生，成年雌獅只接受固定的雄獅為交配伴侶；狼群也有類似的做法，頭狼夫婦不容許其他的狼個體有交配行為，也會把成年雄狼趕出群體，而且雌狼有喜歡與群體外雄狼交配的傾向，儘量避免與群體內雄狼發生交配行為；許多動物群體中的雄性都有成年後離家出走的現象，而且終身不再返回群體，這些行為都有效的防範了近親繁殖的弊端。有科學實驗表明，田鼠家族成員分開以後，性成熟時即使不期而遇也能夠辨認出近親，不會與兄弟姐妹發生交配行為。成年老鼠可以通過尿液的氣味來分辨親生母親，不會發生交配行為。成年公馬通過氣味和叫聲來辨認親生母馬，絕不會與生自己的母馬交配。

動物媽媽關愛和保護幼崽與人類媽媽別無二致，無需贅述，但是某些動物群體集體保護幼崽的行為似乎人類都難以企及。非洲雜色狼群在愛幼方面算得上是典範，群體打獵帶回來的肉食，先讓幼崽們吃飽，然後才是成年狼進食。幾乎所有的偶蹄類動物群體在遭遇到掠食者襲擊時都會本能的組成防衛圈把幼崽們圍在群體中間予以保護。在南極嚴酷的冬季，成百上千隻雄性帝企鵝會把幼崽們圍在中間，簇擁在一起抵禦暴風雪的侵襲（此時雌性帝企鵝在遙遠的海域捕食）。有的動物還表現出崇敬長輩的倫理道德意識，比如，烏鴉媽媽老了以後，小烏鴉會尋找食物餵養老烏鴉。非洲野狗群體中，強壯的年輕野狗捕到獵物進食後會回到巢穴吐出食物喂給年老的野狗吃。

狼群中有一個行為規範，任何一頭狼在嬉戲玩耍中不能咬傷同伴，否則將被驅逐出群體，如果咬得太重，則須要彎腰「賠禮道歉」，然後才能繼續進行打鬧遊戲。北美山狗也有相同的規定，如果小山狗在玩耍中太過兇猛而咬傷其他小狗，這個肇事者會遭驅趕，永遠不能回到群體中。

絕大多數肉食性動物不捕食同類，也不吃同類的屍體。

3. 自然界的規則和倫理道德述評

我們在面對許多自然事實時總喜歡用「自然現象」一詞予以搪塞，「這是自然現象」。自然現象一詞所涉及的面極其廣泛，幾乎無所不及，對於動物世界的自然現象就是本能、習性和天性了。本能是一個萬用詞，可以囊括所有的動物，沒有哪種動物沒有本能，即使不同的動物表現出不同的先天行為模式，都可以用本能一詞來加以說明，可見本能一詞只是人類在認識自然世界的過程中特有的觀念總結，是人類對自然界動物行為的一種寬泛而缺乏深度的描述，本能一詞不具有解釋效力，也不能反映真實的自然現象，本能一詞還具有阻塞思維進一步認識自然現象的作用和功效。習性和天性則要具體一些，可以對某一個特定的動物的行為加以描述，如角馬的習性是吃草、胎生、四蹄著地行走等等。如果提問，為什麼動物會有本能行為？這必然會是一個燒腦的問題。本能是指本身固有的不需要學習和模仿就具備的能力，是自然界普遍存在的現象，所有的生命體都有自己獨特的本能，無論植物還是動物，只是動物的本能更加明顯，更加多樣性。唯物論者會極力回避這個問題，或者充其量用遺傳知識加以解釋，但是這個問題無法回避，也不是憑藉遺傳知識就可以詮釋。動物們具有無師自通的天性，而且其先天行為具有恰到好處的驚人效率，這只能從各種動物的物質能量屬性和自然環境予以解釋。

各種動物都是由個體組成，動物個體是一個封閉的獨立體，人類只能從外部表像來認識動物，不能切身感受到動物的真實感受，也不可能窺探到動物體內的所有運作。但是有一點可以肯定，動物個體都是一個物質能量系統，具有十分複雜的物質結構和生命機體結構，不同種類的動物在結構上不盡相同。動物體內也存在內平衡性，總是消耗能量，也需要能量補充，如果內平衡性被嚴重打破，那麼動物個體將失去生命，其物質能量系統及結構必將瓦解，最終只剩下軀體的純粹物質。為了維護體內平衡，動物個體會產生各種各樣的身體需要，從行為上則反映為各種需求，有進食的需求、交配的需求、安全的需求和維護體溫的需求等等。我們可以把動物的物質能量生命結構定義為生態格局，由生態格局派生出需求格局，為了滿足需求而發出的行為運動就構成了事態格局，從生態格局到需求格局再到事態格局，這就是動物個體維繫生命的基本規律，這也是自然的基本法則，具有嚴格的自然邏輯特徵，動物個體必須被動遵循，否則會感受到十分的不適和痛苦。動物個體的頭腦內部也是一個複雜的物質能量系統，與生態格局、需求格局和事態格局密切關聯，同樣也具有自然邏輯性，是控制和支配行為運動以滿足需求為導向的指揮中心，其原動力是自然邏輯，而不是顯現的需求。各種動物的生態格局都是歷經了億萬年的自然演化逐漸形成的，沒有哪種動物是陡然降生。在漫長的演化過程中，動物個體適應了自然環境，其中包含了特定的食物資源，不同種類的動物食用不同的食物，特定的食物與特定動物的生態格局和需求格局十分吻合。小型動物個體因為個頭小巧，其行為運動的力量有限，不能滿足複雜事態格局的所有要求，所以在演化過程中由於自然邏輯的作用逐漸形成群居和分工協作的生存方式，以實現生態格局、需求格局和事態格局的統一。大型素食動物個體可以獨自覓食，但是在安全上和交配便利上也選擇了群居方式，但是在群體中似乎沒有分工協作的現象。大型肉食性動物由於其生態格局決定，它們的事態格局反而比較簡單，群體在圍捕獵物時有一定的短暫協作行為，在群體中也沒有明顯而穩定的分工現象。

動物組成群體是因為事態格局的要求所致，事態格局又與需求格局密切相關，有什麼樣的需求就會有什麼樣的行為運動，也就構成了什麼事情，進食的需求就必然衍生出覓食的事情，安全的需求就派生出選擇和建設居所以及防務的事情等等，沒有哪個動物個體擁有足夠的力量和精力完全靠自己來面臨和處理所有的事情，然而每個動物個體的事態格局又完全相同，同時某一個個體只做一件事情的效率最高，在滿足自己的需求基礎上還綽綽有餘，所以經過億萬年的演化許多種類的動物會組成群體來共同面對和處理同樣的事態格局，並在群體中形成分工協作的生存規則。群體內部的每個成員之間都相互成為事態資源，於是群體就具有了內部指向性，形成共生的局面，群體內部充滿共生正義，群體內部的個體同時受到自然邏輯和共生正義的支配，在頭腦中形成根深蒂固的觀念，個體不會做出任何出格的行為。但是在群體與群體之間，群體與外部同類個體之間，以及群體內個體與外部同類個體之間因為缺乏事態格局的關聯不具有共生性，相互之間的對立和排斥時有發生，雄獅之所以把母獅原來產下的幼崽殺死，是因為雄獅不把這些幼崽當做群體成員；靈長類動物群體的王者之所以實行等級制度也是不把低等級個體當做群體成員看待，它們之間沒有事態格局的關聯（可能人類看到的動物群體與動物自己看待的群體不一樣，動物群體中可能還有群體）。於是，我們不難發現，動物個體也有觀念，只是動物們沒有表達的智性，或者動物的表達人類不能理解。但是我們可以通過動物的行為看到包含於觀念的特定行為，一種是建立在自然邏輯和共生正義的觀念，另一種是動物個體自我認定的觀念。兩種觀念都具有產生規則的特性，使得動物群體和個體的行為脫離雜亂無章的局面，呈現出明顯的秩序性。前一種觀念促使動物個體群聚並發出自動的主動行為，後一種觀念卻讓觀念持有者主動，而其他動物個體總處在被動狀態之中，使得該動物群體形成一種政治氛圍。我們可以把前一種觀念所導致的群體規則定義為自然規則，其中不包含任何個體的主觀認定，是在純粹自然狀態下產生的規則。後一種觀念所導致的規則就是觀念規則，這種規則只對觀念認定的對象有效，觀念持有的主體是這種規則的源泉。

4. 人類規則意識的形成過程

許多科學證據可以證明人類與其他高等動物一樣都是由低等動物逐漸緩慢的演變進化而來，從日常生活觀察，現實情況也能夠證明人類與高等動物具有一定的相似性，也擁有食物需求、安全需求、性需求等等貌似動物性。但是人類與動物又有很大的不同，從外觀上明顯的差異就是人類直立行走，身體呈垂直分布結構，而動物則是水平分布結構。人類的直立結構非常有利於食物消化和營養吸收，直立行走就意味著不會侷限於狹小的活動空間，其活動範圍更廣，可以發現和獲取更多的食物資源，所以遠古人類在幾百萬年以前就養成了雜食的習性，機會主義的食性提供了均衡營養，十分有利於身體和大腦的發育。幾乎所有的動物都懼怕火，但是遠古人類憑藉大腦的智性可以駕馭火來加工食物，熟食不但更加美味，而且非常有利於消化和營養吸收，於是人類的大腦加速進化，智性能力越來越高，最終從動物種類脫穎而出，憑藉智性成為食物鏈的頂端，成為自然界的「王者」。人類同樣屬於自然界的一種生命形式，從一開始就具有與動物不同的生態格局，人類的生態格局十分有利於智性的持續發展，當人類發展出高智性時，其需求格局也隨之發生擴展變化，在動物性的基礎上發展出更多的需求，如對自然世界瞭解的需求、製作工具和器物的需求、處理人與人之間關係的需求等等，新發展出的需求也派生出更加複雜多樣的事態格局，人類個體的行為運動越來越複雜，所有的行為和事情都仰賴高智性來支撐。

約一萬年以前，人類個體的大腦就已經發育進化到與現代人同樣的水準程度，大腦裡的白質和灰質及其神經元的排布極其有利於對感覺素材的收集和記憶存儲，促使人的觀念更加豐富繁多。在眾多的觀念中，起支配地位的觀念仍然是由古老遺傳而來的自然邏輯觀念和群體共生觀念，我們可以從處理家人之間關係、親屬之間關係、熟人之間關係以及陌生人之間關係的差異看到這一點。各種關係雖然親疏有別，但是都帶有和睦親切的觀念，古人把家人之間的關係投射和應用到了各種關係之中，在處理各種關係時都可以得到關係對象的理解和認同，這些處理關係的觀念也就成為了處理人與人之間關係的規則，所有的人都按照親疏有別的規則進行交往和互動。當農業生產被發明以後，農業生產技術很快在人與人之間的和睦關係氛圍中傳播開來，越來越多的人投身到了農業生產事務中，人類進入定居生活方式的農業時代，同時這種和睦關係氛圍也極大的促進了人類的社會化。田園牧歌式的定居生活和穩定而充足的食物來源使得社會人口數量持續的增加，農業生產方式卻帶給人類以意想不到的繁瑣事務和矛盾糾紛，如土地的占有權力、生產資料和工具的借用、房屋和勞動成果等財產的繼承、小孩子損害行為的責任追索等等，傳統和睦的人與人關係遇到前所未有的挑戰。雖然人類個體擁有發達的大腦，但是神經元網路缺乏經驗促成的有效連接，在幾乎空白的認知領域仍然無法有效的運轉。人們面對棘手的瑣事和矛盾，只能求助於德高望重的長者或者技藝超群的能人，利用第三方的非厲害關係來評判和調解，這些長者和能人的觀念在認定是非曲直方面起到了關鍵的作用。隨著時間的推移，這些長者和能人在處理糾紛上總結出了豐富的經驗，由於運用自然邏輯和共生理念，他們的調解越來越具有說服力，使得越來越多的矛盾當事人心悅服從，他們的調解方法逐漸形成了一種習慣，一種解決瑣事糾纏和矛盾衝突的習慣。

習慣如何成為規則，我們可以從現代家庭日常生活中通過觀察來瞭解。幾口之家的小家庭和大到十幾口或幾十口人的大家庭，在日常生活中都有吃飯、睡覺、放置和儲存物品物件等等行為事情，吃飯時團坐在餐桌旁每個家庭成員都有自己習慣的位置，每次吃飯時每個人的位置是固定的，不會出現頻繁更換位置的現象。每次坐在特定的位置上是一種習慣，但是這個習慣會包含一些觀念的成分，比如位置的方位偏好、光線強弱的喜好、就位的便利、取食的便利、座椅的舒適度等等，在習慣養成之初就已經影響到習慣的形成。每個人吃飯的座位都打上了隱形的特有標籤，「這是我的位置」，其他人未經許可不得隨意占用，這是一種占有行為，根據習慣而確定，我們可以把這種占有行為定義為自然占有。不僅吃飯是如此，睡覺、坐沙發、使用書桌、衣物的存放、專用物件如牙刷毛巾化妝品的放置等等都是如此，每個人都有特定的位置。即使夫妻同睡一張床也可以分為左右和內外兩邊，兩人都習慣於睡在固定的位置上，如果兩個其他家庭成員也共棲一張床，每個人也是睡在自己固定的位置上。每個家人同坐在一張沙發上也必然會有每個人特定的位置，一般不會隨意亂坐，如果某人坐在別人的位置上，這個位置的所有者會要求他移開，因為「這是我的位置」。家庭日常生活中幾乎所有的行為習慣都可以成為一種規則，這種規則都是在潛意識狀態下形成的，只有當這種規則被破壞時才會上升到顯意識狀態，這種規則稱之為潛意識規則（與社會潛規則不同）。

人類社會在財產占有的過程中也存在大量的自然占有和潛意識規則，比如說開墾荒地後開墾者就擁有了該土地的占有所有權，器物製作者擁有器物原材料和成品的占有所有權，糧食作物和圈養牲畜的勞動者擁有該勞動對象的占有所有權，拾得他人有意丟棄的什物拾得者也擁有此什物的占有所有權等等，所有者對他人的染指和需要主張給予嚴格的排斥，非所有者的交換意願甚至他人也不能強行交換所有者的所有物，所有者擁有絕對的占有權。這種所有權的產生是一種無中生有的過程，其根本的邏輯內涵是所有者獲取所有物的起因和全過程不構成對他人的損害，與他人沒有任何直接關係。這是一種潛意識觀念，廣泛存在於人類社會化初期人們的心中，這種潛意識觀念不僅人類個體擁有，高等級動物也有，動物的領地意識也是這種觀念作用的結果。在人類社會化之初，到處都是荒蕪無主（對人而言）的土地和附著資源，如樹木花草、水源、礦產等等，誰先占有誰就自然擁有所有權，他人不得染指和主張。自然占有的潛意識規則還包括一個觀念，就是有效占有，即所有者的勞動行為力所能及的範圍。自然占有並不是靠口頭宣稱而具有效力，必須是依靠行為附著才能成立，就如同動物的領地一樣，必須是主權者行為所及的區域，力不能及的地域範圍自然不構成領地範圍。當社會中人口大量增加的情況下，一方面廣大的土地資源被分割占據，另一方面土地占有的範圍出現邊界確定的問題，土地邊界出現所有權交叉的現象是導致矛盾糾紛的主要原因之一。

矛盾糾紛還發生在財產所有權人去世以後其財產如何處置的問題上。人類從出現以來都是以家庭群體的方式繁衍和存在，家庭生活一直是人類活動的核心，家庭中實行一種和睦共生的自然機制，所有的資源都在家人之間分享。人類社會化以後，所有者的財產實際屬於家庭共有，每一個家庭成員都為所有權的行為附著提供支撐，也在財產所有權中獲利。所以，財產名義所有權人去世以後，其財產只能由其家人來繼承，其他人也不得染指和主張，這是關於財產繼承的基本觀念。但是，女婿、兒媳、叔叔、伯伯、姑姑、舅舅算不算家人，這對於早期社會的人們還真是一個棘手的問題，經過一段時間的糾紛調解的經驗積累，人們才普遍認為直系血緣子嗣關係和現實配偶關係才是確定繼承權的依據（至於女兒繼承權的確立還是後來的事情），這一觀念在當時有效解決了繼承權的糾紛問題。關於小孩子的損害行為導致的糾紛，在當時這也是一個棘手的問題，小孩子因不懂事闖禍以後實際造成了他人的傷害和損失，小孩子是否應當承擔責任？如果沒有責任，那麼他人的傷害和損失將變成不白之冤，顯然不公平，也有悖於和睦的關係理念。如果應當承擔責任，小孩子本人又無力承擔。最終人們普遍認為家長有管教和監督其小孩的責任，小孩子闖禍是其家長失職的原因導致，小孩子本人無責任，但是傷害和損失的賠償責任應該由其家長承擔。

在早期社會生活中人們憑藉智性逐漸領悟到了自然邏輯和共生正義的要義，採用和平手段解決了一個個社會難題，維繫著社會關係和睦共處的理想局面，社會秩序日臻完善。人們相互之間用自己的勞動或勞動成果來換取他人的自己心儀的勞動成果，唾棄搶奪、偷盜和欺詐等邪惡行徑，尊重他人的人格尊嚴和根本利益。人們相互之間學習生產技術和房屋建造技術，積極熱心的投入到生產事務之中，促進了社會關聯網路不斷擴展，形成你中有我我中有你的新型共生關係。由於社會交往和互動頻繁，許多日常生活方式在家庭之間、村莊之間和地區之間模仿和流傳，如食物的烹飪方法、服飾、居舍的風格、婚喪禮儀以及神祇崇拜祭祀禮儀等等，形成一致性的風俗。人們相互之間禮尚往來，長幼輩分有序，相互尊重，以誠相待，人情味十足。人們在同一時間舉行農業豐收慶典，各家各戶室內室外都洋溢著節日的喜悅。為了維護歡樂祥和的人際關係，社會萌發出有悖於禮貌、禮儀和風範的禁忌規則，比如在祭祀大典和豐收慶典上必須盛裝出席，禁忌衣冠不整和不講究個人衛生；在葬禮上禁止說笑、打鬧和拍手；不能盯著他家的女人看；禁止亂倫的性行為等等。風俗、禮儀和禁忌約束了人的隨意行為，使得社會和睦氛圍更加文明進步，呈現出鮮明的文化色彩，但是這一切被征服者殺到而毀滅。

大約迄今五千年以前，世界各地開始發生血腥殘酷的征服戰爭，風起雲湧，翻雲覆雨而經久不息，征服者所到之處均遭到當地人的頑強抵抗，由於征服者的野蠻性和當地人的進步性，當地人最終難以抵抗征服者的窮凶極惡而淪為被征服者，征服者隨即展開暴力統治，高壓、蠻橫以及燒殺搶掠淫無惡不作，把社會糟蹋得滿目瘡痍，田地家舍被毀，民眾衣食無著，民不聊生，原有的和睦秩序不復存在，社會被迫重新洗牌。與此同時，古老的對立和排斥基因被征服者和統治者喚醒，暴躁、急切、兇狠、殘暴、抑鬱、無奈等等情緒充斥社會，社會中出現廣泛的損害行為，人們呼喚善性行為道德，期盼社會的安寧祥和。顯然這於事無補，只要統治者不改變邪惡行徑，呼喚和期盼都是徒勞。統治者之所以強權頑固，是因為社會中有取之不盡的特權和利益，統治者為了鞏固其統治地位會極力創建適合自己的統治規則，我們回顧人類社會的這段歷史可以看到，暴力並不是統治者的規則（暴力本身也不構成規則），其統治規則就是統治者極力鼓吹的說教，比如皇權神授、天子以為天下王、宇宙真理等等，暴力只是作為維護統治規則的手段，但是暴力行為可以達到使他人屈服的政治目的，服從者並不是服從暴力，而是服從統治規則。顯然，統治規則及其暴力維護手段是與自然邏輯和共生正義背道而馳的，統治者也許明知這一點，所以才會使用卑鄙的伎倆綁架道德來愚弄和麻痹民眾，使人誤以為擁護極權統治才是道德。

所幸的是，在統治者野蠻暴行肆虐的年代，社會中有兩股力量在為正義潛滋暗長，一股力量是社會道德的呼喚和期盼，另一股力量則是宗教信仰的發展。道德意識因為其思維的混沌性和鬆散的意識結構不成體系，無力提供人們堅定的正義意志，其柔弱的規則要求不足以撼動社會業已存在的邪惡和愚昧，時至今日我們仍能觀察到在極權社會裡道德意識的呻吟。而宗教信仰則不同，宗教以其嚴謹的系統化教義和規範的信仰行為從一開始就具有震人心脾的號召力和感染力，十分容易博得人們的認同。宗教信仰與神祇崇拜不同，宗教信仰指向自然終極力量，一神崇拜，具有理性的思維特徵；而神祇崇拜屬於多神崇拜，其思維具有混沌性，是千萬年以來人們對自然現象的迷惑和對自然力量的敬畏而產生的崇拜意識和行為；宗教信仰是在傳統的神祇崇拜的基礎上通過人的理性能力改進而形成的，顯然宗教信仰更具有進步性。我們可以通過摩西十誡的戒律看到，猶太教從一開始就不僅僅是崇拜上帝，而是憑藉上帝的終極力量來規範和調整人的正義行為，第一戒第二戒確立一神教，第二戒、第三戒同時確立了上帝的權威，第四戒告誡人們在連續六天的工作繁忙之後，在第七天要休息一天來接受上帝的賜福，從第五戒到第十戒規定了人的正義行為。從摩西十誡可以看出，摩西生活的年代（西元前 15、16 世紀）猶太民族在古埃及被統治，其社會風範被殘暴和愚昧摧殘的側面，以及摩西作為猶太先知痛心疾首、力挽狂瀾的正義使命和胸懷。猶太教以其正義的感召力迅速被廣泛的擴散、繼承和發揚，猶太教後來發展為基督教和伊斯蘭教，基督教又演變為東正教、天主教和新教，伊斯蘭教也分化為遜尼派和什葉派，這些教派遍佈全世界，都具有嚴肅而嚴謹的教義和規範有序的信仰行為，成為信徒們內心的道德堤壩和行為準則。

由於鏡像效應，正義難以從正面加以認識，正義需要非正義的反襯才能顯現。在征服者來到之前，即人類社會化以前和社會化之初，人類群體內部幾乎沒有損害行為，群體中洋溢著和睦共生關係和氛圍，正義以潛意識方式廣泛存在於人們的心中，人們沒有正義的顯意識，也沒有認識正義的必要。道德也是一樣，道德意識不能從正面（符合道德的行為）產生，只有當劣行對人的損害達到難以忍受的程度才會喚起人們的道德意識，產生道德概念。所以我們不難理解，道德和正義是在征服者和統治者施以殘暴行徑以後才產生的觀念，在這之前無所謂道德和正義。這並不是說在這之前人類根本不存在道德和正義，道德和正義一直以潛意識方式存在，而且以先天的方式存在於人的意識之中，道德和正義躍升為人的顯意識是在征服者和統治者施暴以後才發生。幾千年來，人類對道德和正義的思考研究從未停止過，給我們留下了豐富的道德和正義起源理論，有後天實踐起源論、先天神啟論、天賦論等等，直到近二三十年學術界通過一系列的科學實驗才向我們展示了道德和正義的先天性，人類不需要習得，從一出生就擁有。特別是近十年來對嬰幼兒的實驗考察，科學研究者發現三歲左右的幼兒就可以有效區分道德與風俗習慣的界限，幼兒們幾乎一致認為道德是絕對的、不可改變的，而風俗習慣是相對的，是可以改變的（因社會情境和多數人意見而改變）。值得指出的是，所有的這些實驗都是從非道德和非正義角度來反襯道德和正義，從一個側面也印證了道德和正義的鏡像效應。

人類的道德和正義的顯意識產生於對劣行的憎惡，而憎惡本身就是一種情感的否定傾向，在道德和正義的潛意識作用下形成道德觀念和正義觀念，促使人們分辨出對錯、優劣和善惡行為。人的觀念既是對自然界和人類社會的認識總結，也是行為的執行標準，自我意識會把與自我相關的所有事物都納入到自我的範疇內，在人與人之間交往互動過程中，自我認可還會擴大為企望他人認可，所以個體人的觀念會對他人產生影響和作用，指導發出影響他人行為的行為，這與政治權力的起源非常相似，但與政治權力又不完全相同。在個體人之間的觀念相似或相同的情況下，人與人之間會產生認同，而不是被迫接受他人的觀念，個體人之間會相互靠攏。如果人與人之間的觀念相悖，要麼分道揚鑣，要麼被迫接受他人的觀念。所以，道德和正義觀念既有認同感的凝聚力也有對於背離行徑的強制力而成為社會規則。由此我們可以發現，觀念是構成規則的主要元素，觀念可以產生習慣，習慣養成規則，觀念還可以直接變成規則，沒有規則不包含觀念，也沒有觀念不可以變成規則（任何觀念只要對他人產生作用都可以成為規則）。家庭觀念產生家庭規則，家族觀念產生家族規則，朋友觀念（義氣和忠誠）構成朋友規則。陌生人之間的觀念要複雜許多，有風俗習慣和禁忌觀念，有道德和正義觀念，有組織生產事務的觀念，有信奉某個「主義」的觀念，有宗教信仰觀念，還有權力崇拜觀念等等。

我們在現代社會生活中可以觀察到這樣一些現象，當兩個成年人發生矛盾糾紛時雙方僵持不下情況下，一方或雙方會對旁邊的第三人傾訴，要求評理，或者旁邊的第三人打抱不平說公道話。第三人會指出矛盾的某一方有失偏頗的行為和爭執的依據，在第三人的干預下矛盾糾紛可能會及時得到解決（這樣的事例不勝枚舉）；在玩耍中某個小朋友被另一個小朋友欺負，這個小朋友會到欺負人的小朋友家裡向其家長告狀；學校裡的某個小學生會向老師報告另一個小學生的違規行為等等，這些現象其實是現代社會裡法規則的影子。我們可以推斷，在人類社會化之初的人們也有相同的行為，遇到糾紛總是找第三人評理，在特定的生活圈子裡德高望重的長者和能人是作為第三方人的不二選擇，他們的評判和調解的方法逐漸就形成了習慣，他們也就具有了一定的權威，成為了接受投訴的權威對象。由於小社會圈子的血緣和地緣關係，長者和能人也就擁有了影響眾人的能力，成為一片地域的管理者，他們的評判和調解的內容可以很快的被眾人知曉，代代相傳和積累形成大家以資遵循的行為規則。值得強調的是，矛盾糾紛雙方（或多方）爭執的依據必然是某種觀念，而且這種觀念在爭執者的心中具有一定的強度，同時長者和能人的評判和調解的方法內容也是一種觀念，也具有一定的強度。人的觀念複雜多樣，觀念與行為有直接的關係，所有的行為都是在一定觀念的驅使下發出的，有需求觀念、利益觀念、重視自我的觀念還有來自共生正義的觀念等等，在這些觀念下人們都會發出不同的行為。當觀念和行為與他人發生作用時，體現為行為方式的輕重、對錯、優劣的等級，強度最大的觀念會導致人們做出「決不能這樣作為」和「必須那樣行事」的判斷，驅使人們發出最為強烈的行為，這是矛盾糾紛當事人們發生爭執的緣由，也是他們尋求第三方評判的基本動因，更是長者和能人對矛盾糾紛予以裁定的根本原因。最大強度的觀念下所發出的行為就是強力行為，具有強制力。

並不是所有的強制力都具有權威，唯有來自於共生正義觀念的強制力才具有終極權威性，長者和能人的強制力就是這樣的一種權威，他們裁定的觀念內容經過歷史的習慣積累和沉澱就成為了法規則。

二、社會規則的結構

筆者認為，社會規則是指在社會生活中以觀念的形式約束個體人思維和行為的機制。社會規則以觀念作為基本元素，通過個體人的認同和強制的方式來規定個體人的行為可以做什麼、不可以做什麼，以制約個體人的行為隨意性。觀念中包含意志、意願、習慣、預期和目的等內容，針對不同類型的行為，觀念的內容不盡相同，體現出極其複雜的結構狀態。個體人對某種和某個觀念的認同會表現出自律的符合此觀念的行為，如果不認同或者認知有偏差則會做出與此觀念不相稱的行為，此觀念會極力排斥與其不符的行為，並以一種權威的姿態對不符行為予以懲戒，促使社會中所有個體人的行為趨同，社會呈現出一種秩序性。社會規則以觀念的形式存在於人的頭腦之中，屬於非直觀性事物對象，人類憑藉外向直覺（視覺、聽覺等）無法感受，只有內向知覺才能捕捉，認識社會規則只能依靠理性能力，在混沌思維下（弱理性狀態）人們只能被動遵循。在理性思維下，不僅社會規則的本質可以辨析，而且社會規則的結構也清晰可見。社會規則的結構也就是觀念的結構，紛繁複雜的社會行為造就了錯綜繁多的與行為對應的觀念，觀念與觀念之間並不是砂礫狀的分離狀態，觀念與觀念之間具有邏輯關聯而形成種屬結構，人的頭腦可以抽象的綜合某一類型的觀念而形成種觀念，或稱為母觀念，組成某一類型的觀念就成為了屬觀念（或子觀念），在屬觀念或子觀念之下還有屬屬觀念（或子子觀念）等等，每一個屬屬觀念都是一則社會規則，龐大的觀念體系就構成了社會規則的體量規模。無論社會規則的規模如何龐大，我們都可以進行分類整理，然後歸納出種規則或母規則，推理出更細的規則片段，那麼社會規則的整體結構就躍於我們的眼簾。

三、社會規則的類型

社會規則可以從總體上劃分為在社會關聯中生成的規則和在社會關聯中體現的規則。社會關聯是社會規則的起因，沒有社會關聯就不會有社會規則。社會關聯以自然事務關聯邏輯為內容，以事務處理狀態和過程為形式，人與人之間（主要是陌生人之間）呈現出以事務目的為核心的秩序性，所有的事務及其成果都是為了滿足人的普遍需求。所以，事務及其成果都無一例外的蘊含真實性的規則，事務及其成果不能有虛假的成分，否則社會關聯將遭到損害，最終也將危及到虛假的肇事者。在經濟活動中，消費者主權會對虛假的產品和服務予以排斥，同時消費者也會因上當受騙而對肇事者追究相應的責任。社會關聯事務的處理過程也是產品和服務的生產過程，在此過程中各個事務環節因邏輯秩序密切相連，形成工序和工種的聯繫鏈條，每個工序和工種因為包含特有的經驗和知識同樣也蘊含真實性，在人的作用下會生成特有的規則，以規章制度和崗位職責的形式提出對操作人員的要求，不同的產品、不同的生產工序和不同的崗位的要求不盡相同，在社會組織內部和全社會形成十分龐大的規則體系，從內容上說有行業管理制度、組織管理制度、部門管理制度、工序和工種管理制度等等的種屬規則體系，該體系過於龐大以至於沒有人能夠窮盡其全部，所有的這些規則都在人的智性能力作用下有條不紊的運行，擁有不同的經驗和知識的個體人支撐著這個規則體系。宗教觀念也是在社會關聯中生成的信仰規則，專制觀念也是在社會關聯中生成的統治規則等等。在人類社會化之前人類群體中就已經存在著一些規則，這些規則在社會關聯中會體現出來，以規定人的符合社會化以前的行為，有風俗習慣、禁忌、道德、正義觀念等等。當然，風俗習慣、禁忌、道德、倫理、正義觀念也會在人類社會化以後的社會關聯中發展或變遷，但是其源頭仍然還是人類社會化以前的古老觀念和規則。

社會規則還可以從總體上劃分為自然規則和人為規則。自然規則是指在自然狀態下自發形成的社會規則，自然規則最大的特徵就是沒有人為力量促成，在無意識狀態下自然而然形成，找不到規則的最初源頭，只能通過邏輯分析來追溯規則的形成過程。自然規則可以分為兩種類型，一種是來自自然的規則，另一種是自然而然無人工雕琢的規則。來自自然的規則體現在人的自然屬性和社會屬性對意識的作用而產生的潛意識觀念以及與自然事實相關的認識觀念上，這些觀念純粹來源於自然，個體人無差別的擁有這些觀念，這些觀念不會特別的對誰有利對誰不利，每個人平等的持有這些觀念，在社會關聯中這些觀念也平等的作用於每個人，任何人沒有剝奪和篡改他人的自然屬性和社會屬性的權力，尊重他人的自然屬性和社會屬性具有應然的正義性，損害他人的自然屬性和社會屬性是邪惡的根源。人類對自然事實的認識由來已久，自然現象對人類感官的衝擊從最初的印象經過代際傳承發展為龐大的經驗和知識體系，人類憑藉自然的智性稟賦一步步從動物性中脫穎而出成為具有自主意識的智慧生命，遵循和總結了自然世界的許多規律和法則，積累了十分豐富的生產、生活經驗和科學知識，打造出史無前例的燦爛文明。人類關於自然事實的認識觀念規模宏大，涉及自然界和人類社會的方方面面和各個領域，對人類社會的生產、生活具有十分重要的指導意義，成為社會生活中不可或缺的行為規則。自然而然的規則包括風俗、習俗、習慣和禁忌等等，這些規則既規定了個體人的基本行為，也賦予了個體人的基本精神風貌，不同的風俗、習俗、習慣和禁忌也反映出不同群體和不同社會的不同歷史淵源，以及個體人的不同智性水準。人為規則顧名思義就是由明顯的人為力量促成和人工雕琢痕跡確鑿的社會規則。專制觀念、階級觀念、金錢觀念、地方保護觀念、興趣愛好觀念、政治主義、政治政策、政治綱領、政治運動等等都屬於人為社會規則。人為規則還包括政治法制化、泛政治化（政治滲透一切）、強推政治理論、把政治當做生命等等觀念。

社會規則還可以從強制力的輕重程度劃分為低強度規則、中強度規則和高強度規則。低強度規則的強制力很弱，主要靠觀念持有者的自覺行為來執行，個體人違反此類規則不會招致嚴重的非議。低強度規則有風俗、習俗、習慣、禁忌、迷信、興趣愛好、潛規則等等。中強度規則的強制力主要有批評、譴責、要求改進、賠禮道歉、賠償損失等等，中強度規則一方面靠人的自覺行動來執行，另一方面還面臨觸犯規則將遭受輿論批駁的壓力以及承擔相應的損失。中強度規則有道德和倫理規則、事務秩序規則、產品品質規則、產品技術標準等等。高強度規則是只能遵守不能違反的規則，如果違反此類規則，在事實清楚、證據確鑿的情況下必將招致相應的懲罰，高強度規則有正義規則和法規則。高強度規則具有高度的應然性，社會中每個人都應該懂得和理解，平等的面臨此類規則的強制力。我們可以把社會規則的強制力輕重程度更進一步排序，可分為禮貌性規則、適合性規則、建議性規則、要求性規則和強制性規則，於是我們可以看到社會規則的強制力由輕到重的基本結構。禮貌性規則來源於人的被他人認可和被接納的潛意識渴求，即希望被人尊重，尊重他人最基本的行為表像就是語言和態度的客氣，面帶微笑和藹可親的打招呼、遇事「請」字打頭、對他人的幫助說「謝謝」、為給他人帶來的麻煩道聲「對不起」等等。筆者認為禮貌性規則不屬於道德觀念的範疇，禮貌是最基本的社會規則，即使面對自己不喜歡的人，禮貌也可以反映出個體人的精神素養，但是在一般的情況下面對不喜歡的人，人們不會表現出禮貌性的尊重，所以禮貌與道德沒有必然聯繫。

適合性規則包括風俗、習俗和習慣，人們會在潛意識裡普遍認為穿著同樣款式的服裝、烹製和食用相同的美食、過同一個節日等等是應該的，是適合的，但是風俗、習俗和習慣總在發生這樣和那樣的變化，不具有絕對性。建議性規則包括禁忌、日常言談舉止、衣著整潔大方、注重個人衛生等等行為觀念。要求性規則主要包括道德和倫理規則、事務秩序規則、產品品質規則、產品技術標準等等。強制性規則就是正義規則和法規則。

四、社會規則的種類

社會規則的種規則（母規則）主要有風俗習慣、規章制度、產品技術標準、道德、倫理、正義和法規則。

1. 風俗習慣

風俗習慣是社會中個體人和家庭之間代代相傳特定的相同或相似的日常生活行為範式。風俗習慣是因模仿的方式由遠古的行為樣式原型逐步緩慢的發展而來，對每個個體人和家庭都有行為限制作用，在同一地點或同一地區的個體人和家庭都有一致的行為和風貌，如同一個模子刻出來的一樣。

在建築方面。居住自古以來都是世界各地的人們最重要的需求之一，住房是人類個體和家庭的庇護所，其功能是為了防範野獸傷害、遮陽擋風、躲避雨雪、防寒保暖、堆放物品等等。古代房屋建築多是就地取材，使用茅草、樹木、泥土、石頭、獸皮等材料搭建，由於建築材料的不同其風格也就各異。建築風格與世界各地的自然資源和氣候環境密切相關，熱帶的房屋結構較為簡單，主要考慮安全和遮風避雨，不需要考慮屋頂承重的問題；而溫帶和寒帶的房屋還需要考慮降雪積壓的問題，屋頂多為尖頂；一些地方還有挖掘泥土建造洞屋的習俗。房屋建造還與人們的生產生活方式密切相關，農舍和城市房屋是固定的，其結構與土地緊密相連，需要首先打造地基，而遊牧人的房屋就是一頂帳篷，可以隨時收取在另一個地方搭設。房屋的功能需要是形成各種各樣建築風格的主要原因，世界各地的人們都有建造特定風格建築的傳統，代代相傳，都有效解決了居住的問題。現代建築因為建築材料相同（鋼筋混凝土和型鋼材料），其建築風格基本趨同。

在飲食方面。世界各地的人們所食用的食材大同小異，都是以蛋白質、醣類和脂類為主，而且以熟食為主，這是由古老的飲食傳統和人體客觀所需的營養能量需要所決定的，但是食材的烹飪方法和進食的行為方式不盡相同，似乎進食方式決定了烹飪方法。遠古人類吃任何固體食物都是用徒手送進嘴裡，手抓食物靈活方便，可以不管食物塊頭大小隨意進食，也可以快速填飽肚子。現在很多地方的人們仍然保留了手抓進食的風俗，有非洲、南亞、西亞、東南亞大部等等。歐洲、南北美洲的人們習慣用刀叉來輔助進食固體食物，吃飯時每人各分得一大塊肉食，然後用餐刀切成小塊，用餐叉送進嘴裡。東亞和東北亞的人們喜歡使用筷子來進食，先把食物盛進碗裡，再用筷子撥進嘴裡。用刀叉進食的食物肯定是大塊的，其烹飪方法大多是煎炸、燒烤、水煮為主，用筷子進食的食物一般是小塊的，在烹飪之前需要一個切菜的過程（切成小塊），其烹飪方法以翻炒為主。用刀叉進食的風俗來源於古代用刀狩獵的習慣，所以用刀叉進食的人們以肉食為主。用筷子進食的風俗來源於古代吃五穀雜糧為主的食性，肉類攝入相對較少。世界各地的人都有喝湯的習慣，大多數地區的人有飲酒的習俗。

在服飾方面。最原始的服飾是為了遮體、防蚊蟲、保暖和唯美裝飾，均採用自然原始材料製成，如草、樹葉、獸皮等，鮮花被用來製作花環戴在頭上或披掛在胸前。在農業時代，因為棉花種植技術的推廣帶來了紡織技術的發明和改進，棉布以獨特的材質和性能被廣泛用來製作各種服飾，從此服飾就有了衣褲鞋帽裙之分。在印染技術出現以後，服飾的色彩和款式變得豐富起來，世界各地的人們根據自己的想像和美感製作出不同風格款式的服飾，裝點著絢麗繽紛的日常生活，但是在同一地點或地區人們的服飾風格類同，形成了獨具特色的服飾風俗，如阿拉伯長袍、印度沙麗、英格蘭維多利亞、德意志巴伐利亞、日本和服、東亞漢服等等。各種服飾風俗還演變為根據不同的性別、年齡、職業、官職、爵位穿著不同款式和材質的服飾，也根據不同的天氣氣候穿著不同的服飾。隨著人的舒適感和審美感的變化，衣服和褲子出現內外層不同的風格，有內衣褲、中間保暖衣褲和外層美觀衣褲之分。所有這些不同都不能相互穿錯，否則會引來他人的嘲諷（比如男性穿女性的服飾或內衣褲穿在最外層）。服飾風俗具有一定的規則性，在原始功能的基礎上演化出了更多複雜的功能，但是在一般的智性狀態下個體人不會出錯。

在禮儀方面。禮儀是自古以來人們為了相互尊重的禮節和重大事情所舉行的儀式的通稱。人們見面時有見面禮，分手時有道別禮。歐美人在見面時會互行脫帽禮、握手禮、吻手禮、親吻禮和擁抱禮，其中吻手禮是女士伸出手背給男士親吻以示尊重，親吻禮主要是長輩親吻晚輩的臉頰或額頭以示關愛，在道別時可以重複見面禮或揮手說再見。古代東亞人見面或分手都行拱手禮，道別時互贈一句「好走」。日本人在見面和分手時都會行鞠躬禮，特別是主人送走客人時，主人會不停的鞠躬直到客人從視線裡消失。世界各地的人們在久違以後走訪他家一般都會贈送主人一點見面禮物以表示敬意。世界各地都實行結婚儀式、送葬儀式和生日慶祝儀式，但是儀式的內容和程式不盡相同。宗教信徒在教堂或寺廟舉行結婚典禮，在墓地由神職人員主持葬禮；無神論者則在家裡、餐館或禮堂舉行婚禮和葬禮，並設有宴席款待來賓；生育和生日慶祝儀式一般都在家裡或餐館裡舉行；參加各種儀式的來賓都會送上一份禮物以表心意。參加婚禮儀式對服飾的顏色沒有太多要求，一般適合正式的禮服，忌諱穿著黑色的服裝，但是在葬禮上適合穿著黑色的禮服，忌諱服飾色彩鮮豔。

在節日方面。過節是現代人類普遍的風俗習慣，節日具有廣泛的感召力和影響力，促使每個人在節日期間不約而同的作出相同的行為。節日起源於迄今三千年以來，據記載古希臘古羅馬時期就已經有全社會通行的節日，古希臘有著名的奧林匹克運動節、酒神節、男孩節以及多個紀念神話的節日，古羅馬有八月舞會節、農神節、牧神節等等。世界各地現代普遍通行的節日大多起源於兩千年以來，有宗教性節日，有世俗性節日，有倫理性節日，有娛樂性節日，還有政治性節日。宗教性節日和世俗性節日稱為傳統節日，節日以一年為時間單位重複循環，人們每年在同一時間段過同一個節日。基督教信徒的節日有耶誕節、復活節、萬聖節、感恩節；伊斯蘭教的節日有開齋節、古爾邦節、聖紀節、宰牲節、白拉提節；印度教的節日有燈節、十勝節、除十節。世俗性節日因各地而異，在東亞有春節、端午節、中秋節、中元節、七夕節，在南亞有豐收節，在東北亞有彼岸節、盂蘭盆節，世界各地都把西曆一月一日定位元旦節以示新年的開端。倫理性節日有情人節、母親節、父親節、敬老節、女人節、女兒節、兒童節等等，各地的節日名稱和日期不完全相同。娛樂性節日當屬每年四月一日的愚人節。政治性節日有國慶日（或獨立日）、國際勞動節、國際婦女節、青年節、建軍節等等。所有的節日都有一個主題內容，都有一個觀念支撐，但是人們在實際過節時往往只注重節日的形式，以娛樂和消費為主要行為，容易淡漠節日的主題觀念。

2. 規章制度

規章制度是指各個社會組織和社會團體內部的行為規則及其規則體系。每個社會組織不論規模大小都是一個事務系統，由許多的事務環節組成，形成事務結構，規模越大其事務結構越複雜。事務環節之間具有邏輯關聯性，形成上下工序的邏輯關係，上工序對下工序有直接的影響作用，工序與工序之間不可跳躍，也不可節省，所有的事務環節組合成為一個個完整的生產事務鏈條，最終的事務成果是一個完整的產品，具有適應人的普遍需求的指向性和目的性，這是社會組織內部事務的客觀秩序要求；但是，事務的客觀性需要人的作用才能真正有效的實現，所有的事務環節都由人的因素來填充、處理和完成，人的因素對各個事務環節、事務鏈條結構和最終產品具有決定作用。為了保證人的作用與客觀秩序要求保持一致，那麼必然會存在人的行為規則的問題，規定人的行為才能保證最終產品的實現和各種經濟效益的實現，所以社會組織必須制定和推行一系列的規章制度來規範內部成員的工作行為。社會組織的規章制度從所處的產業、行業以及目標消費群體來看極其複雜，每個組織的規章制度不盡相同，大致可分為組織章程、勞動合約、員工手冊、部門職責、崗位職責、工藝技術和操作規程等幾個方面（規章制度因太過熟悉在此不予贅述）。這些方面就是規章制度的屬規則（或子規則），是規章制度的組成類別，每個方面都包含更多更細的規則，最終每個規則條款細則就是一個觀念，比如員工手冊中組織的主旨、員工的權利義務、勞動紀律等，安全操作規程中有用電的要求、高空作業系安全帶的步驟要求等。規章制度的制訂有來自事務秩序的客觀要求，也有人為的要求，如薪資福利待遇的扣罰規定、勞動合約的解除、中止和續訂的規定。一般來說，社會組織在執行規章制度的過程中對人為的要求執行比較嚴格，而對客觀要求的執行相對沒那麼嚴謹，管理層和普通員工都是這樣。

社會團體因其觀念關聯特性，缺乏客觀的邏輯事務秩序，並且還具有強烈的內指向性，其內部規章制度就要簡單許多。社會團體的內部事務以人為觀念為中心，離開觀念社會團體將不復存在，所以社會團體的規章制度以維護觀念為核心，比如愛好者社團僅以特定的愛好為宗旨，人們通過愛好的交流而聚集在一起，其規章制度不一定用書面形式制訂，而是約定俗成的諸如保持現場安靜不喧嘩吵鬧的基本規則。政黨以政治觀念為核心組建而成，其政治觀念以某種「主義」為內容，人們加入政黨是因為對其政治觀念的認同或認可，所以政黨不具有指向社會普遍需求的外指向性。同時，政黨內部也缺乏客觀的邏輯事務秩序，既不從事生產，也不進行經營管理，其內部事務並不來源於自然，而是來自於人為的觀念（即自我認定的觀念），所以政黨的內部事務以交流學習和檢驗其成員的觀念純度為主要內容。由於政黨是社會政治領域的群體，其觀念只涉及社會公共領域，所以也只能向社會輸出觀念，而不能輸出事務，沒有事務特徵，政黨的觀念只能與社會客觀存在的邏輯事務相結合才會有觀念輸出的可能，這只能在政黨外部才能實現，這與社會組織在內部把觀念與邏輯事務完整結合有所不同。政黨內部的規章制度以章程和紀律為主，與其內部事務特徵密切相關。統治者群體的內部規章制度是一種等級規則，多以不成文的方式作用於統治集團和其追隨者之中，等級高低也決定了統治特權的高低和利益的多少。

3. 產品技術標準

產品技術標準是指生產企業（包括產銷門店）的產品在工藝、結構、性能、規格、品質以及檢驗過程必須遵循的規則。產品技術標準可以分為政府部門和行業協會頒佈的強制性標準和企業內部自訂的標準，一般來說企業標準要高於強制性標準。

產品標準的意識可以追溯到遠古的石器製作行為之中，舊石器時代人們製作打製石器時總是把石頭敲打到適合手抓的尺寸來用於切割，太大和太小都不行，這是最原始的生產製作標準。在新石器時代人們製作長矛、陶罐等器物以可以拿動為標準，太重、太輕和太軟也不行。到了農業時代，人們生產製作工具、器皿、車輛等等產品都潛移默化的遵循同一個方法、同一個尺寸規格，可以重複製作多個同樣的產品以滿足相同的需求。長期以來，人類不斷的遵循某種自然規律，不斷總結生產經驗和技藝，在漫長的發展和演變過程中不斷進步。直到十八世紀中葉的工業革命開始，人們的產品標準意識才躍升到顯意識狀態，開始制訂產品標準，同時產品零部件互換性原理在大機器生產中被廣泛應用，同一規格產品的零部件通用，任取一隻就可以裝配到機器中，每個零部件可以互換，於是生產效率大為提高，而且便利於維修，這種標準化的生產方式一直沿用至今。隨著金屬螺絲螺牙標準和公差與配合標準的提出，世界各地紛紛建立起產品標準化研究和推廣機構。時至今日，無數種產品及其規格都有了嚴格的生產和出產標準。

產品技術標準的主要內容有計量單位的規定（如長度、角度、溫度、電量等）、精度等級、額定工況、工藝流程、檢驗方法、安全指標、衛生條件、環保要求等等。凡符合標準的產品才能出產銷售，禁止提供無標準生產的產品。產品技術標準極大的維護了消費者的權益，也極大的促進了生產者提高技術水準和服務於社會的責任意識。產品技術標準是生產領域經驗和知識的高度總結，每一個標準條款細則都是一個觀念和基本常識。產品技術標準的本質是自然邏輯的秩序在人腦中的顯現，體現為生產事務的秩序化和規範化。產品的標準化既是人的智性發展的必然結果，是自然邏輯的內在規定性和生產事務目的指向性的具體體現。

4. 道德

道德是以善惡認定方式來規範人與人之間行為的一種社會規則。善的行為符合道德，也是其他人可接受和歡迎的行為，反之惡的行為不符合道德，人們傾向於否定和譴責惡的行為。

道德源於人的道德感，道德本身就是一種觀念，所以有道德觀念一說。道德既是一個種規則，也是一個種觀念，道德牽涉到社會生活的方方面面，幾乎所有的人與人之間的行為。道德可以分類為社會公德、職業道德和家庭美德。社會公德的行為範式有遵守社會秩序和道路交通規則、不隨地吐痰、不亂扔垃圾、不在公共區域抽煙、排隊時不插隊、不尋釁滋事等等；職業道德包括愛崗敬業、誠實守信、態度和藹、不短斤少兩、為人公道、遵守規章制度等等；家庭美德有家庭和睦、尊老愛幼、男女平等、勤儉持家、睦鄰友好等等。由於道德規則都是描述性的行為樣式，不涉及道德的根本原因，所以其人為的觀念性太強，因觀念的不同，道德準則會因人而異，比如遵守和維護社會秩序就不會考究社會秩序的本質內涵，可能會以維護社會秩序的表像為道德行為指南。我們可以發現，道德感終究是源於人的直覺，不具有分析特性。

5. 倫理

倫理是指處理人與人之間和人與自然生命之間關係的社會規則。倫理與道德相近，但有所不同，道德主要針對行為的損害性，而倫理主要強調行為的適合性；道德判斷多來源於判斷者的親歷感受，而倫理的判斷多來源於第三方對行為者行為的觀念認定。

人類的倫理意識由來已久，在遠古時期就意識到近親結婚交配的後果，在處理家人、親屬、友人、熟人之間的關係時有序、有節、親疏有別。時至今日我們也遺傳和繼承了古人處理人與人之間關係的倫理規則，對家人親密無間，在家庭中無所謂多吃多占，收入和勞動成果與家人分享，為家人無怨無悔的付出，並擔負起對家人的照顧和撫養的責任，夫妻之間可以發生理所應當的性行為，這些都符合家庭倫理；親屬之間的關係要次之，親密但有間，不會常吃住在一起，在利益上注重對等交往、禮尚往來；友人之間又次之，偶爾相聚，多以尊重和關心相處，比較忌諱功利性往來；熟人之間則以寒暄問好為主要交往方式；與陌生人之間幾乎沒有情感互動（歐美社會有陌生人之間見面寒暄問好的禮儀）。這些關係處理方式都是倫理規則，每一種關係中的人們都可以理解並有效執行。如果在這些關係倫理中出現異常行為，如亂倫、婚外通姦、玩性遊戲、聚眾淫亂等等，任何第三方人士都會認為這是違背倫理的行為並予以責難，給當事人以「丟臉」的評價壓力。倫理規則還包括在男女之間的談戀愛和婚姻關係之中，戀愛關係中不會有婚姻關係中的嚴格的責任和義務，也沒有財產問題的糾葛，戀愛關係仍然還屬於分隔的關係，只有在結婚以後才演變為融合的共生關係。倫理規則還體現在人與動物之間的關係中，與動物性交、濫捕濫殺、虐待動物、殘忍的宰殺動物都是違背倫理的行為。倫理規則還包括社會身份秩序，如尊卑觀念和平等觀念。官本位價值觀驅使人們羨官媚官、官員之至上，社會生活以官員為中心，討好和巴結官員。在平等的觀念下，人們則會對官員和富人提出跟更多的要求，敦促他們擔負起更多的社會責任。

6. 正義

正義是指人的行為的絕對合理性、自然終極力量的指向性和行為過程一致性的思維和行為規則。正義規則只有在理性思維下才會顯現，在混沌思維中，正義顯現為道德和倫理。

正義具有自然的應然性，以原發性觀念的形式支配人的行為，正義超越人的情感和喜好，也超越人的利益，正義對符合正義的行為予以潛意識的認同，而對違背正義的邪惡行徑則予以顯意識的排斥和懲罰，以促進人的行為趨於至善。正義不僅作用於人與人之間的行為，也作用於個體人的自我行為，促使個體人自尊、自愛、自憫，以維護生命的存在性和唯美性。正義不是以簡單的二分法來區別善惡、好壞、對錯，而是以更細緻的判斷來審視行為的層級，如對邪惡的行徑根據其不同的劣度和危害程度等級予以懲戒。正義還可以檢省人的行為方式，在理性能力的共同作用下開闢出人的非直觀認識領域，在人與人之間的關係狀態中（在發出行為之前的狀態）產生權利認知，如人權、隱私權、財產占有權、繼承權、監護權、代理權等等，為人的行為預先劃定範圍和方向，以減少矛盾糾紛中的棘手問題，這是其他規則形式無可企及的；正義不僅有善惡判斷，也有適宜性判斷，任何人絕不能因為自己而犧牲他人，把他人當作工具來使用，反過來也絕不能因為他人而犧牲自己，把自己當作他人的工具；正義不主張行為人憑藉自己的猜測和疑慮用先發制人的方式來對付他人。正義所涉及的行為極其廣泛，幾乎所有人的行為都在正義規則的規定範圍之內，在社會日常生活中有正義，在經濟活動中有正義，在政治中有正義，在法律中也有正義。

7. 法規則

法規則是指社會中客觀存在或普遍認可的、由人的理解能力決定的或有具體內容的權威性和強制性行為規則。法規則可以按照形成方式分為自然法、習慣法和人為法，也可以從適用範圍劃分為微觀社群法和宏觀政體法，可以從承載的形式劃分為不成文法和成文法。

自然法是指自然規律和法則作用於人類，具有先驗的與生俱來的天然合理的權威性行為規則。自然法不被人的外向知覺所感知，只有理性能力才能感受，在經驗的混沌思維中自然法為虛無。在理性思維下，自然法具有最高的權威，是支配人的品格、觀念和行為的根本準則。自然法從人的自然屬性、社會屬性和社會關聯自然邏輯三個方面來規定人的觀念，進而規定人的行為，凡是符合這三個方面的行為才具有合法性。同時，自然法還可以糾正人的認知缺陷造成的觀念偏差和行為偏差，調整人的行為趨向和符合正義。正義是一種形式規則，正義規則的內容就是自然法。自然法的內容極其豐富，涵蓋人的所有行為，包括日常生活行為和社會行為。

習慣法是指通過長期的歷史積累和習慣性遵循具有社會普遍認可和社會力量保障實施的能約束個體人和群體行為的規則。習慣法可以分為家法族規、鄉規民約、民族規約、行業規程、社會普通法（以判例作為規則內容）。習慣法是世界上現存所有法規則的最初形態，也就是說所有的現存法規則都由習慣法發展而來，本文前部分談論的就是習慣法的形成過程。普通法系（又稱英美法系）絕大多數的內容都是由習慣法彙集而成，甚至盎格魯薩克遜時期的某些習慣法內容至今仍然還有效力。習慣法的特徵是無法找到法規則的最初源頭，其源頭可以無限的思維追溯，其最初的原形可能是原始法。

人為法是指由人為的因素創制規則內容的法規則。人為法可以輕易的追溯到法規則的最初源頭，總是由某個時期的某個人或某些人特意規定。人為法顧名思義不是因為自然而然的方式形成，是人為因素的結果，那麼其社會效力不是來自於人們內心的習慣認可，對於遵守者而言具有從外部植入規則的過程，所以具有外部規則的特徵，其植入的方式是強制性命令。人為法自古以來一直都有合法性的問題，所謂合法性是指符合自然法和正義規則的要求。征服者和統治者規定的法規則和規矩因為其本身的野蠻性（暴力和欺詐）根本就不具有合法性，但是他們所規定的內容裡會穿插一些貌似正義的內容以迷惑公眾，他們的法規則和規矩創制的目的就是對他們自己有利，都是為了維護極權統治和吸取社會利益，我們用理性來考察就不難發現他們的法規則和規矩的用心。由於社會生活瞬息變化，新事物不斷湧現，人為法並不意味著都不合法，在民主社會許多人為法是符合自然法和正義規則要求的。

微觀社群法，又稱為民間法，是指在某一個特定的小地域和行業範圍內獨立的發揮穩定作用的習慣法。社群法（民間法）皆為習慣法，沒有人為創制的過程。社群法最大的特點是地域內民眾廣泛認同，獨立運行，不受外部的影響，甚至社會統治者的意志都難以滲透其中。社群法歷時千百年的歷史積累和沉澱，穩定有效的維護了社群的生活和生產秩序，被廣大民眾奉為解決矛盾糾紛和維護治安秩序的圭臬。

宏觀政體法，也稱為國家法，是指在宏觀社會整體上通行的由政體機構制定並由法院體系執行的法規則。政體法有政體特意安排的起因，根據專制或民主的方式在政體內部設置立法機構和法院系統，其立法機構和法院系統依據各種規模的行政區域可以分為大小範圍不同的立法機構和法院，有鄉鎮、縣市、大都市和省（州）、國家（或聯邦）級別規模之分，各個級別的行政區都各有一套立法機構和法院，立法機構和法院分屬兩種不同的系統。在專制社會，立法機構或法院具有垂直統轄作用，即規模較大的統轄較小的，最終所有的立法機構和法院由國家行政區規模的立法機構和法院統轄。在民主社會，各個級別規模的立法機構和法院相互獨立，互不統轄，各自承擔不同級別規模行政區特有的涉法事務。政體法由各級立法機構制定，或由法院判例產生，各個級別的政體法只在本行政區域有效，國家級別的政體法在全社會具有效力。各個級別的法院只審理本行政區的案件，也只負責執行同級別的政體法和國家級別的政體法。法院有初審法院和終審法院之分。值得一提的是，政體法與政治密切相關，政體法實質上是一種政治規則。早期的專制社會政體法沒有立法機構和法院系統，由地方行政當局長官根據自我意願和喜好來審斷案件。

不成文法是指沒有書面形式和條文形式只存在於人們觀念和記憶中的法規則。習慣法和社群法大多是不成文法，現代法規則的最初淵源都是不成文法。自然法也是不成文法。

成文法是指以書面形式有條款內容的法規則。現代政體法大多都以成文的形式頒佈，但是成文法不一定都是政體法或制定法，自古以來許多習慣法和社群法也有成文的形式，有的用泥板刻字，有的用岩石刻字，有的用青銅鑄字，以示莊重。成文的習慣法和社群法也不屬於人為制定法，而只是把人們觀念中和記憶中的法規則編纂成文字，以醒目的方式告知世人。世界上已知最早的成文法是古巴比倫時代（西元前 2000 多年）的《烏爾納姆法典》，由於該法典刻在泥板上，大部分未能保存下來。迄今保存完整的最早成文法是西元前 1700 年前古巴比倫的《漢謨拉比法典》，該法典刻在玄武岩石柱上因而得以保存至今。《烏爾納姆法典》和《漢謨拉比法典》都是由習慣法（不成文法）編纂而成，不是人為制定的。現代成文的政體法分為普通法系和大陸法系兩大各具特色的法規則系統，普通法系以英美為代表，又稱之為英美法系，其中包含不成文的習慣法、成文的習慣法、判例法和部分人為制定的成文法；大陸法系以歐洲大陸而得名，以法德等歐洲大陸的國家為代表，以人為制定成文法為主要特徵。大陸法系直接沿襲於古羅馬法，在法理研究的基礎上把法規則分門別類的編寫成為書面形式，形成包含憲法、刑法、民法、行政法、程式法、交通法等等部門法的體系。但是，古羅馬法的源頭仍然是不成文的習慣法。在西元前 5 世紀以前，古羅馬習慣法被貴族專橫操縱，任意解釋，引起廣大平民不滿，平民們自發組織起來向政權當局施壓，要求編撰成文法。西元前 451 年，古羅馬第一部成文法典《十二銅表法》由青銅鑄成公佈於羅馬廣場。隨後，古羅馬學者在借鑒古希臘法治的基礎上開始了法理研究，其著名學者有西塞羅、烏爾比安等，他們使用「理性」、「正義」、「自然法」等概念來解釋法規則現象，創建了豐富的民法思想體系，極大的促進了法規則的編纂和制定，古羅馬的萬民法體現了理性、正義和自然法理的普世性。西元 1804 年的《法國民法典》標誌著大陸法系正式形成，以制定法為風格的法規則體系首先在歐洲大陸被廣泛效仿，然後走向世界除英美體系之外的許多地方。成文法以繁多的部門法及其細膩的條款內容用書面文字的形式訂立和頒佈實行，各個部門法的名稱就是一個種觀念，各個章節就是一個屬觀念，各個條款細則都是一個具體的細小觀念，有基本原則和適用條款組成，規定了個體人和社會組織及社會團體可作為和不可作為的行為內容。成文法的效力落腳點在基本原則和適用條款上，基本原則和適用條款的複雜性決定了成文法的複雜性，最終是社會生活的複雜性所決定。成文法的權威來自於社會政權和政體的權威，政權和政體的性質決定了成文法的性質。

8. 宗教信仰規則

宗教信仰規則在事務上體現為風俗習慣和規章制度，在行為內容上體現為道德倫理規則、正義規則和法規則。宗教信仰把極端排斥的邪惡行為定義為罪惡，並嚴厲的予以懲處，各種法規則吸收了宗教信仰中的「罪惡」概念，對邪惡行為也是不遺餘力的予以懲戒。

9. 潛規則

潛規則是指在社會正式規則之外行為處事的雙方或多方私下默契達成的以利益交換為目的的隱蔽的行為規則，潛規則是一種不成文的規則。潛規則不是社會中普遍具有影響力的行為規則，潛規則只發生在特定的群體之中或特別的事務處理過程中。在政治團體內部可以形成潛規則，人們以利益依賴的形式組成聯盟或幕僚關係，心照不宣、互惠互利；在社會組織特別是政府組織處理事務的過程中，具有權勢的人為了獲得額外的利益對前來辦事的他人徵收好處和利益，前來辦事的人或以情色或以投其所好的物品、金錢等方式賄賂以達到常人難以完成的事務結果；在社會等級制度中也存在潛規則現象，人們為了非常規的晉升等級也會採用私下賄賂的行為方式來迎合權勢者的潛規則；靠人際關係辦事（拉關係）也屬於一種潛規則。無論專制社會還是民主社會都存在潛規則現象，只是在專制社會中潛規則更甚，可能不靠潛規則難以辦成事情，在民主制度下潛規則可以減少到最低程度。總的來說，潛規則是由社會強勢者制定的規則，社會弱勢者不可能制定潛規則，只能迎合潛規則。社會強勢者推行的潛規則不屬於正常的交換行為（強勢者所掌握的資源並非其勞動成果）和平等的禮尚往來行為。實行潛規則的心理動機是，社會強勢者在內心深處對他人的防範和蔑視，自我利益的心理權重超出常規，或為了自保，或因為不甘願為他人帶來好處和利益，所以在他人的好處和利益中謀取回報。社會弱勢者迎合潛規則也有心理動機，也是為了自保和謀求非常規好處。社會潛規則歸根到底都是不正當的行為，也是非正義的不道德行為，所以只能隱蔽的在私下交易。社會潛規則與人的混沌思維密切相關，在理性思維下和在宗教信仰狀態下不會有潛規則意識。

五、社會規則的機制

通過研究我們可以發現，社會規則的生成機制就是行為對觀念的回饋，其基本原理是觀念引導行為，行為回饋觀念，行為對觀念的回饋就是規則，什麼樣的行為對應什麼樣的觀念，觀念在先，行為在後，有什麼樣的觀念就會有什麼樣的行為。人的行為無一例外都具有目的性，漫無目的的行為是不存在的，行為的目的性來源於觀念的目的性，或者說行為的目的性就是觀念的目的性（觀念所包含的目的信息）。行為的目的性屬於非直觀認識對象，我們之所以看不到摸不著行為的目的是因為行為的目的深藏在行為人的頭腦之中，但是我們可以通過理性能力感覺到行為的目的，即使在弱理性的無意性思維和混沌思維狀況下也能夠隱約感覺到行為的目的，這種可以感覺到的行為目的其實就是觀念的目的。符合觀念目的的行為就是合乎規則的行為，反之就是不合乎規則的行為。觀念的目的性可分為兩種，一種是客觀目的性，一種是主觀目的性，客觀目的性是一種潛意識的自然目的性，有生存的目的、共存的目的、優化的目的、與自然事實保持一致的目的等等，主觀目的性就是在顯意識狀態下的主觀所追求的目的，主觀目的性極其複雜，可以是一個單一的目的，如想吃肉、想喝水，也可以是一連串單一目的鏈條式組合，比如與他人搞好關係的目的是為了可以得到他人的關照，得到他人關照的目的是可以吃到想吃的肉、喝到想喝的水。由於客觀目的性來源於自然，嚴格規定了人的生態格局和需求格局，所以主觀目的性不能違背客觀目的性，主觀目的性與客觀目的性應該（必須）保持一致，這種一致性就是規則。主觀目的性只存在於事態格局領域，主觀目的性引導主體人發出各種行為包括各種層次的行為，行為的組合就構成了人的事態格局。不同的行為對應不同的觀念，形成種觀念—行為、屬觀念—行為、屬屬觀念—行為……的結構，種觀念包含客觀目的性，屬觀念及其所轄的各層次觀念都包含了客觀目的性所派生的主觀目的性，如果種觀念和屬觀念、屬屬觀念等等具有一致性，那麼各種觀念所引導的行為是符合規則的，反之就是不符合規則的行為。人的種觀念來自於自然，種觀念是人的物質系統和生理系統的智慧化，其生成過程不需要自我意識的參與。由於個體人之間的物質系統和生理系統相同，所以個體人之間的種觀念具有相通性，人人都可以接收到來自自然力量的信息而應該發出正義的符合自然法則的行為。但是，人的屬觀念參與了自我意識（主觀目的性），在這樣的觀念指導下個體人有可能會發出偏離種觀念的行為。

人類社會是個體人之間相互作用相互影響的場域，人與人之間互動交往以事務的形式體現出來，社會關聯就是事務關聯形成社會事務關聯大網路，社會關聯也是人類物種的事態格局的場域。社會關聯中的各種事務都是在特定觀念下的人的行為，有作用於自然物質的行為和人與人之間相互作用的行為之分，人的各種行為都發端於人類物種的生態格局和需求格局，形成種觀念、屬觀念、屬屬觀念……的結構。作用於自然物質的行為就是生產製造行為，人們遵循自然事務邏輯憑藉經驗技術和知識改變自然物質的形態來滿足普遍的人的需求，其行為指向性目的是為了人，這是人的客觀目的性觀念使然，為的是人類生存的目的、優化的目的和與自然事實保持一致的目的。人與人之間相互作用的行為可分為生產服務行為和政治行為，生產服務行為也是遵循自然事務邏輯憑藉經驗技術和知識來滿足普遍的人的需求，其中也必然包含人的客觀目的性觀念；政治行為是人與人之間在社會公共事務領域相互發出的社會主動性行為，體現為社會公共事務的發起、動議、執行、監督和評價等行為，政治行為應然的（必須和必然）包含了生存的目的、共存的目的、優化的目的、與自然事實保持一致的目的等客觀目的性觀念。在社會關聯中，個體人的種觀念、屬觀念和屬屬觀念等等的一致性就是社會規則，通過人的行為反映出來，在生產製造和服務領域體現為規章制度和產品技術標準，在日常生活領域體現為風俗習慣和道德倫理，在政治領域則體現為道德和正義。由於社會生活的複雜性以及人的智性發展的階段性，人的屬觀念、屬屬觀念等等有可能偏離種觀念的客觀要求，所以人們有必要將各種細小觀念的客觀要求明確化，形成條款內容十分豐富的規章制度、產品技術標準和法規則，以規範人的觀念和行為，促使人的各種細小觀念和行為與客觀目的性種觀念保持一致。道德、倫理和正義並非是一個個獨立的社會規則，道德、倫理和正義規則可以看作是人的屬觀念、屬屬觀念等等所應該蘊含的客觀精神，所以道德、倫理和正義規則包含在了規章制度、產品技術標準和法規則的具體條款之中。客觀目的性觀念在風俗習慣裡也有不同程度的體現，我們可以通過建築、飲食、服飾、禮儀、節日等方面的風俗習慣感受到人類群體的客觀生存目的、共存目的和優化目的，公序良俗中的房屋財產、基本禮儀和重大節日還在法規則的高度受到重視和保護。

社會規則並不神秘，其本質就是人的觀念，也是觀念對觀念持有者自己和對他人的作用，觀念的目的性是社會規則的核心內容。我們可以把符合自然客觀目的性的觀念定義為自然觀念，把生活習慣中所運用的主觀目的性觀念定義為人為觀念。自然觀念就是自然規則，包含自然世界最為根本的信息——自然法則，或稱之為自然法，具有正義性，需要人的理性才能認識，在無意性思維和混沌性思維狀態下體現為朦朧感的被動遵循。人為觀念是在無意識（或潛意識）狀態下生成，具有混沌性，只有在理性狀態下才能檢省其合理性。人為觀念是對日常生活經驗的總結和對人與人之間關係的特定理解，日常生活經驗通過重複行為在人們的腦海中擁有了強度，成為了指導生活行為的準則。人與人之間的配合度、信任度和忍讓程度也會形成觀念和模式來引導人的行為，成為人們發出行為的依據，在習慣性重複的狀態下成為固定的行為準則。在原始群落和部落時期，人類的生活方式非常簡單，其主觀目的性觀念與客觀目的性觀念基本重合，群體規則以共生觀念為特徵，個體人沒有也不可能發出損害群體和他人的行為，群體中蘊含和睦共生的美好氛圍。即使在人類社會化初期，人們沿襲共生觀念，以生產事務為中心，其行為方式開始複雜起來，社會中也沒有嚴重的損害行為發生，這時的社會規則以共生觀念和生產事務邏輯為內容，人們相互之間寬容和謙讓，不排除有少數損害行為偶爾出現，在德高望重的長者和能人的正義主持下，損害行為通過財產賠償的方式總能被有效的遏制（這一點可以從日爾曼人易北河時代的損害賠償制度得到證明）。在人類社會化初期，人們遵從社會規則並非是服從某一人或少數人的意志，而是自覺的遵循自然觀念，體現出高度自律的規則意識，自我的利益在他人的生命和尊嚴面前止步。但是，征服戰爭爆發以後，人類的社會規則發生了天翻地覆的變化，大規模的野蠻殺戮、搶劫、姦淫等惡行在世界各地頻繁上演，並伴隨大規模的財產破壞，所造成的人為災難無以言表，社會中業已廣泛流傳且行之有效的正義規則被征服者無情的撕碎。在征服者展開暴力統治以後，社會規則被強權統治規則所取代，統治者向被統治者硬生的植入統治意志，擬作為偽種觀念，諸如「君權神授」、「天子馭民」、「為民做主」之類，並派生出屈從、忍讓、順從、聽命的人格觀念和納捐、繳稅、服徭役的事務觀念等屬觀念、屬屬觀念，打造出統治規則體系。在權威主義社會，人們服從統治規則其實是服從統治者的意志，在征服和殺戮觀念的支配下人們也不得不順從。統治規則無疑都貫穿了統治者的欲望、情感和喜好，嚴重背離了自然法則，是人類社會野蠻生長的一大毒瘤，也是人類亟待解決的巨大社會問題。

第十六章　論社會文化

文化是我們津津樂道的話題，有道是文化無處不在、無時不在。我們對土生土長的文化情有獨鍾，怎麼說怎麼看都那麼親切自如、沁人心脾。自打我們降生以及成長過程，我們無時無處都不是徜徉在文化的海洋裡，家人和親情把我們摟在懷裡呵護有加，玩伴和朋友與我們親密無間、清純無瑕，長者對我們侃述來自遙遠過去的神話故事，老師為我們娓娓道來知識的涓流。我們每天吞咽著雙親傾情烹製的家庭美食，穿著合身宜時的服裝，吟唱著祖輩傳授的民謠小曲，蝸居在並不寬敞的斗室，一切都是這麼的真實愜意。每逢盛大節日，家裡屋外、四周鄰舍都無一不是沉浸在歡樂喜慶的氛圍之中，張燈結綵、身著盛裝、擺開盛宴、嬉笑連連。在學校我們被要求遵守管理制度和課堂紀律，我們尊敬老師、友愛同學。在上學和放學途中，我們自覺遵守交通規則。長大以後我們各自投身於各行各業，敬業愛崗、鑽研業務、遵紀守法、追求進步。的確，我們所經歷的一切點滴都可以稱之為文化，文化把我們培養澆灌，文化也將陪伴我們走過一生直至終老。有人感慨道：文化是塑造人的偉大力量，文化是民族之魂，也是國家政權安身立命的法寶。似乎文化具有天然的好處，總是把我們安排得井然有序，體貼入微，為我們謀劃舒適生活，並指導我們撿拾快樂和幸福的真諦。但是，文化無形無態，看不見也摸不著，比我們呼吸的空氣更神秘。空氣無時無處不在，肉眼看不見但可以呼吸和觸摸，然而文化為我們做出良多卻難以窺見真容。什麼是文化呢？

一、什麼是社會文化

社會文化就是文化，文化只針對群體和社會而言，對於個體人和單個家庭來說不能用文化一詞來描述。在瞭解文化概念之前，先讓我們看看文化包含哪些內容。既然文化只針對群體和社會而言，那麼群體和社會的所有活動包括活動起因、活動過程、活動狀態、活動結果都是文化的內容，有語言文字、包含吃穿住行禮的風土人情和傳統習俗、生產經營活動、生活方式、城市建設、交通運輸、思維方式、宗教信仰、文學藝術、制度法規、價值觀念、審美情趣、科學技術、哲學思想等等，可謂文化包羅萬象，其內容極其廣泛，難以窮盡。文化似乎具有全息性，文化既是社會生活的一個側面，又是社會生活的全部。文化與社會關聯、社會組織、社會經濟、社會政治和社會規則等等並列成為社會生活的一個部分，同時文化又囊括社會生活的所有這些部分，它既是一個部分又是一個整體，從微觀社會到宏觀社會無所不包。宏觀上的文化包括社會制度、社會結構、國家政權、法律體系、執政理念、軍隊體系等等，微觀上的文化可以越分越細，比如吃的文化可以細分為烹飪文化、菜式文化、主食文化、進食文化、酒文化、茶文化、飲料文化等等，每一種吃的文化還可以細分為各個地域文化、地區文化、鄉鎮文化、村莊文化，不同的季節、不同的物產、不同的工藝技術都決定了吃的文化的不同。如此多的文化都叫文化，那麼到底什麼是文化呢？

筆者認為，文化是指人們對在一定的思維方式下一個特定的社會和群體日常生活的行為方式和表達方式及其狀態的總的觀念概括。文化所包含的內容都是社會事物，有大事物和小事物，有宏觀事物和微觀事物，如此如此多的事物都包括在文化之中，那麼文化本身必然不是事物，自然界和人類社會沒有也不可能有某一種事物可以囊括所有其他的事物。只有一種可能，文化可以海含一切，就是文化本身是一種觀念，或是一種大腦印象，文化觀念就可能囊括所有的事物，如同人的眼皮可以遮擋一切物體一樣。文化的實質其實就是事物的樣式、形理、形相和外象在人腦中的反映，只是這種事物不屬於自然事物，是經由許多個體人和家庭共同作用下的具有一致性的事物（由許多人和家庭體現出），每個人對這種一致性事物的反映也是一致的。所以說文化的本質就是人的觀念，或者說文化沒有本質（因為文化不是事物）。由於文化是對生活方式和表達方式的籠統概括，於是對文化的理解因人而異，據不完全統計，文化概念的解釋不下一百種，仁者見仁智者見智，這種狀況是不難理解的。文化概念的奧妙還在於人們是在一定的思維方式下對人化事物所產生的認識和總結，思維方式不同則文化概念的內涵也不同，甚至人們認識和總結文化概念的動機也會影響到文化概念的形成。在點觸式思維和無意性思維下，人們沒有自我產生文化觀念的知覺，最多是人云亦云、鸚鵡學舌；在混沌性思維下，人們有一定的文化觀念知覺，但是無力解釋文化的本質內涵，只能產生朦朧的「無處不在、無時不在」的感覺，潛意識的認為文化是一個客觀實在的事物，把文化提升到一種無比玄妙和重要的境界；在理性思維下，文化本身就是人的觀念和印象，僅此而已。所以我們不難理解，遠古人類沒有文化的意識，感覺不到他們當時是在創造文化。人類文化一詞的出現雖有近兩千年的歷史，但是至今人們對文化的認識仍然還是朦朧的。

文化本身不是一個事物，沒有機制，那麼文化如何影響和決定人的行為呢？文化又是如何延續和傳承的呢？如果我們用認識論來解答就不難理解了。任何一個個體人呱呱墜地後所看到的自然界和社會群體都是既定的，這個個體人可以是原始人，也可以是古人和現代人，他第一眼見到父母等家人，然後在繈褓中、在蹣跚學步時、在玩耍嬉戲過程中他與家人朝夕相處，耳濡目染家人的呢喃細語、飲食方式和衣著服飾等等，從第一次到無數次的感覺衝擊著他的大腦認知。他所接觸到的一切事物都是現象，都無一例外的轉化成了他的認知素材，於是認識活動開始起步，經過一次次重複而形成觀念，家人、家、房子、傢俱擺設、生活什物、飲食、服飾、語言、信仰以及家人的行為方式等等都是這樣的、確定的、真實的，這是他所遇到的第一個世界。接著他隨家人走訪鄰居和親友，又一次耳濡目染與自家幾乎相同的種種事物，於是他的觀念發生擴展，別人家與自家非常的雷同，如此的相似，於是在他的觀念中產生樣式、形理、形相和外象的潛意識認知，如果發現某一家有不同的東西他會覺得或表現出詫異，這是他所遇到的第二個世界。當他第一次與玩伴玩耍或者第一次步入學堂，會表現出靦腆和不自在，因為第一次接觸到與以往所形成的觀念中不一樣的事物，這些事物又給他以感覺衝擊，這些事物也是既定的、確定的和真實的，這是他所遇到的第三個世界。當他長大以後，第一次接觸到家裡的生產活動或者加入某個工作崗位，他同樣的也會產生既定感，這是他所遇到的第四個世界。以後他將更多的第一次接觸到更多的世界，獲得更多的訊息。所有的這些第一次和無數次相同的重複都成為他大腦認知的素材來源，他的大腦寫下了或者說是刻錄了所有這些事物的痕跡。

每個事物都是別人對他的作用和影響，每個事物都包含別人的活動起因、活動過程、活動狀態、活動結果的內容訊息和形式模型（事物的樣式、形理、形相和外象）。在個體人的成長史中還會有許多額外的觀念植入，如父母要求其聽話、玩伴和友人用態度逼迫其靠近、學校老師要求其服從、洗腦教育和社會資訊管制等等。對於一個無意性思維和混沌思維者來說，所有的這些事物所包含和傳遞的訊息就是他大腦裡認知素材的全部，他不可能超越，只能一併收納，潛意識的儲存在大腦裡成為「自己」的觀念。由於觀念具有控制和指導行為的作用，所以這個人的行為就是社會群體所要求的行為。別人可以做的事情就是他可以做的事情，別人不應該做的事情也就是他不能做的事情，別人的習慣就是他的習慣，別人的信仰就是他的信仰。一般說來，個體人長到 12 歲其觀念和行為方式就基本定型，一輩子都難以改變（除非通過學習來訓練理性能力）。社會中同時代同地域出生的人都會有相同的觀念和行為方式，說同樣的語言、吃同樣的食物、穿同樣的服裝、住同樣的房子、過同樣的節日、有同樣的欲望、過同樣的生活，如果有人不同，則被看作異類，人們避而遠之。所謂文化對人的影響和決定作用可以從兩個方面來看，一是個體人受自己的思維方式限制，從一個截面來認識世界，依賴於外向知覺，思維具有惰性，不能有效的建立起自己的思想體系；二是別人植入觀念或限制認知素材的獲取，個體人在認識上缺乏參照物，只能被動接受既定的事物信息。文化影響和決定人其實是個體人自己和社會群體或無意或刻意的限制思維的結果。

二、社會文化的類型

人類社會化和社會關聯是產生人的文化觀念的根本原因。人口不斷增加，人與人之間（陌生人之間）的交往互動日異頻繁，一些能人智者率先發展出了高智性，其先進的生產方式和生活方式遂被效仿，人們在交往互動過程中紛紛學習和模仿，於是先進的生產方式和生活方式在短時時間內快速的傳播和普及，社會中頓時出現生產方式和生活方式的一致性。在社會關聯事務的擴展過程中，人們的觀念也在隨之同步擴展，從生產生活事務領域發展到共同的事務領域和社會公共事務領域。所有的這些事務領域中無一例外的都包含人的行為方式和表達方式，只有當人的行為方式和表達方式的規模足夠大的時候，特別是當人們回眸歷史進程時，才會促使人們產生文化觀念和文化概念，人們陡然發現文化的內容極其豐富，涵蓋社會生活的方方面面。文化觀念所反映的是人的行為方式和表達方式，人的行為本身並不是文化，比如說行走不是文化，只有行為方式才是文化，比如穿著鞋行走或者乘坐車輛移動才是文化；人的表達本身也不是文化，比如喊叫不是文化，用語言文字表達或者用繪畫來表達就是文化。文化觀念所反映的一定是某種方式，而不是行為本身，這種方式與人的智性密不可分，是人的智性作用下的行為結果。在社會生活中人的智性作用無處不在也無時不在，體現出的行為方式和表達方式極其複雜，而且行為方式和表達方式還體現在行為過程和行為成果上，如製作人造物鞋子、畫畫及圖畫藝術作品等，所以文化觀念的內容會更加紛繁複雜，貌似雜亂無章。為了更好的認識文化（認識文化的目的是為了指導我們的行為），我們有必要將文化分門別類理順清楚。

我們可以把社會文化分成事態文化、物態文化、智態文化、人態文化、共態文化和世態文化六個文化類型。事態文化是指人類群體和社會中以事情和事務為主要特徵的文化。所謂事情和事務就是人們或因為情感需要，或因為喜好和欲望，或者在自然關聯邏輯的作用下，有目的的行為及其方式。事態文化是人類文化的起點，在原始採集狩獵生活方式中，人們為了充饑、禦寒和防範危險而發出各種各樣的行為，當人們為了達到目的運用智性來製作石器、編織衣物、搭建巢穴和使用火的時候，有目的的行為就成為了事情，也具有了特定的方式，這就是最原始的文化。自從進入農業時代以來，人們遵循自然關聯邏輯而產生更加複雜的事務，具有來自自然的壓力和緊迫性，發展出生產事務、消費事務、交易事務、商業事務、建設事務、合作事務、培訓教育、防災抗災、環境保護、醫療衛生事務等等。同時人們為了情感需要也產生了走親訪友的事務、婚喪禮儀事務、生老病死事務。在日常家庭生活中還有吃喝拉撒睡的事務、養兒育女的事務、衛生洗滌的事務、體育鍛煉的事務等等。事態文化以純粹的事務為中心，所涵蓋的行為方式及其廣闊，涉及社會中所有的個體人。人們從事的各種事務都來自於學習和模仿，任何一種事務在人與人之間都具有相似性和一致性，人們通過事務相互關聯、串結在一起。

物態文化是指由人造物所體現的文化。原始人處理事情的行為作用於自然物質必然會改變自然物質的狀態，敲打石頭或研磨石頭就變成了石器，把草和樹葉編織起來就成了衣物，把樹枝樹葉架設起來就是可以擋雨遮陽的巢穴，這些石器、衣物和巢穴作為人造物就具有了文化的韻味。更強大的人造物出現在農業生產方式確立以後，人們對自然關聯邏輯領會深刻，生產技術不斷創新，所創造的人造物有穩定供給的糧食、更堅固耐久的房舍和建築、各種材質的工具、複雜的生產器械和機器、各種款式用途的服飾、室內傢俱擺設和用品用具等等。隨著科學技術的迅猛發展，湧現出的人造物更是花樣繁多，品種規格無窮無盡，有人工合成的材料，如鋼鐵、合金、塑膠、尼龍、橡膠、人造金剛石；有能源產品，如直流電、交流電、燃油、煤炭、太陽能、熱能；在工業資本品和消費品領域有機器、儀器、儀錶、電子管、半導體、晶片、化工原料、火車、電力機車、汽車、飛行器、高鐵、地鐵、家用電器、電腦、電話機、手機等等等等，極大的促進了工農業生產，方便和豐富了日常社會生活和家庭生活。物態文化以製作、生產、加工、製造為主要行為方式，同時物態文化也成為日常社會生活和個體人及家庭生活的資源，工農業產品直接提供了人們的生活方式。

智態文化是指由人的智性所反映的文化。智性是人類智力和智慧的總體狀況，通過思維方式表現出來。人類的思維方式有合目的性思維（如趨光性、趨溫性）、無意性思維（如自我意識、趨利避害性、表達衝動性、性衝動）、混沌性思維（如經驗思維、道德思維、情感思維、功利思維）、理性思維（如邏輯思維、抽象思維、分析思維、正義思維、創造性思維），不同的思維方式下的人們體現出不同的文化特點。雖然在遠古祖先的進化歷程中人類早已跨越單純的合目的性思維智性，但是無意性思維在人類社會中尚且或多或少的存在，無意性思維的特點是蒙昧和愚昧，對萬事萬物的認知朦朧而迷糊，受認知缺陷左右，在行為方式上以盲目從眾為主要特徵，人云亦云，無自我主見。混沌思維是一種沒有事物細節的思維，在混沌思維下人們仰賴經驗、情感和二元對立判斷來認識事物、建立觀念和指導行為，對事物的認識有知其然不知其所以然的缺陷。當代許多社會特別是專制社會基本上屬於無意性思維和混沌思維的混合型智性，社會矛盾尖銳，愚昧、野蠻、殘暴、恐懼、無奈等不良心理充斥社會。理性思維是人類思維的高級形式，在理性思維下人們能夠觀察到事物的細節，所以能夠建立起符合自然規律與法則的觀念（即知識體系），在行為方式上體現出條理性，憑藉知識和理論來指導行為，有對事物的原理、結構的認識和把握能力，在生產事務中體現為嚴謹的程式、步驟、工藝和工序，注重效果和效率。在理性思維下人們還體現為研究、實驗和設計的行為和能力。

人態文化是指關於人的、以人為中心的文化。人類社會化以後，社會關聯把社會中所有的人（陌生人）結合在一起，形成社會存在性關聯網路和社會事務性關聯網路兩個超級大網路系統，人與人之間在有機關聯的狀態中交往互動，每一種關聯形式都是一種文化。每個人在社會關聯中都擁有複合角色的身份，憑藉角色身份建立起複雜的社會關係，其社會關係可以劃分為血緣關係（有家庭關係、親屬關係、家族關係等）、情緣關係（如朋友、同學、戰友、戀愛關係）、地緣關係（如同鄉、熟人、陌生人關係）、業緣關係（如同事、合作夥伴、競爭對手、幕僚、顧客和用戶關係）。人們在交往互動中處理各種具體關係所運用的行為方法和方式是不同的，所以體現出的文化也不盡相同（在此不予展開敘述）。我們可以把這種處理社會關係的行為文化粗略的劃分為積極文化和消極文化，積極文化包括共生正義文化、待人接物客氣和文明禮貌文化、熱情與豪放文化、博愛與寬容文化、人道與救濟文化、福利與慈善文化、平等與自由文化、民主與選舉文化等等；消極文化包括統治與順從文化、暴力與鬥爭文化、軍隊與戰爭文化、打鬥與爭吵文化、冷漠與損害文化、欺詐與狡詐文化等等。人態文化是社會生活中人與人之間關係的一面鏡子，照出人間百態。在人態文化中，男女之間的愛情是人類永恆讚美的詩篇，但是愛情也可分為純真、功利、衝動、將就、強迫等幾種。

共態文化是指社會共同的生活方式和生活性狀、共同的領域和公共領域所體現出的文化。社會共同的生活方式有風俗習慣（包括節日）、休閒娛樂、體育競賽、學習、旅遊等，共同的生活性狀有風土人情、鄉土情結、地方歸屬感、社會凝聚力等。社會共同的領域包括社會組織、社會團體、行業協會、愛好者俱樂部等等及其規章制度。社會公共領域包括各級行政區及其劃分、政府機構、社會管理和監督、所有制形式、公共權益、公共福利、道德情操、行為規範、法律法規等等。

世態文化是指關於世界的文化。世態文化還可以分為表達世界的文化和探索世界的文化，表達世界的文化有語言文字、文學藝術、新聞資訊、民族情結、人類精神等等，探索世界的文化有宗教信仰、科學技術、學術研究、哲學思想等等。世態文化是社會文化的最高形式，反映出社會的最高智性水準，也體現出社會總體的精神狀態，考察世態文化即可窺探出一個社會的總體風貌。

三、社會文化的價值與功效

誠然，文化是人的一種觀念，但不是每個人都具有文化意識而產生文化觀念，從目前的人類智性來看，大多數普通人並沒有文化意識，也沒有文化觀念，他們對文化觀念和文化概念的認可是源於別人的影響，是一種人云亦云。文化觀念和文化概念來源於考古學界和社會觀察者（具有社會整體視角的人）。考古學家對古跡中業已存在的種種行為方式和表達方式會產生一種感覺，即行為方式和表達方式與純粹的行為和表達不一樣，方式更高級，更具有價值。社會觀察者也有同樣的關於社會中業已存在的種種行為方式和表達方式的感覺。

為什麼人類社會會產生如此多的方式呢？這是因為人類智性發展促進社會關聯的必然結果。在遠古時期，人類祖先在原始狂野的自然環境中摸爬滾打，過著採集和狩獵的遷徙生活，隨機獲取食物。早期原始人赤身露體，徒手摘取果實和撿拾地上的動物屍體，並徒手塞進嘴裡啃吃，此時雖然發出行為，但是其行為沒有方式，屬於純粹自然的行為。如果遠古人類的行為是憑藉除徒手之外的其他物體來覓食和進食，那麼其行為就有了方式，比如用棍子和石頭打落樹上的果實或砸死地上的小動物，有了行為方式對於觀察者而言就有了文化。1960 年考古學家在坦桑尼亞奧杜威河谷發現的「奧杜威文化」反映了 180 萬年前人類遠古祖先能人的智性，能人意即能製造工具的人。奧杜威文化遺址中包含許多能人祖先使用的工具，有可以割破獸皮的石片、帶刃的砍砸器和可以敲碎骨骼的石錘等等。考古學家研究能人頭骨化石後推斷，能人不僅能夠製作石器，還會建造簡陋的窩棚住所，可以獵取中等大小的動物，具有初步的語言表達能力。這些都反映出能人的行為方式和表達方式，所以具有考古學的文化意義。150 萬年前能人進化成為直立人，直立人的行為方式主要體現為「阿舍利文化」（因 1868 年在法國北部亞眠市郊的聖阿舍爾首次發現而得名），阿舍利文化的代表工具是手斧，它由燧石打製而成，一端圓鈍，是用手抓握的部分，另一端尖利，可用來切割、砍砸和鑽孔，也可對木料進行加工。直立人製作的石器更加精緻，能夠利用自然火，其大腦結構也顯示出具有複雜語言表達的能力。海德堡人、瓜哇猿人、北京猿人都屬於直立人。

約 25 至 40 萬年前，直立人演化為早期智人。早期智人以尼安德特人為代表，尼安德特人的祖先是海德堡人，生活在今天稱作歐洲的地區，以穴居為居住方式，其大腦容量已經進化成與現代人的大腦相當的水準。尼安德特人能製造出更為高級的工具，主要體現為「莫斯特文化」，典型器物是用石片精心製作的邊刮器和三角形尖狀器，此外還有凹缺器、鋸齒狀器、石球、鈍背石刀和小型手斧等。尼安德特人能夠用獸皮做衣服，能人工取火，有埋葬死人的習俗，在洞穴裡留下了栩栩如生的岩畫。約 6 萬年前，一大群智人走出非洲，稱為晚期智人。晚期智人以克羅馬農人為代表，克羅馬農人因發現於法國多爾多涅地區的克羅馬農山洞而得名，「奧瑞納文化」集中反映了克羅馬農人更高水準的製作技術和技藝。奧瑞納文化中的石器主要是用石葉製成的端刮器、吻狀刮削器和各式雕刻器等，骨器有帶手柄的尖狀器、骨針和骨錐，說明克羅馬農人有用工具加工工具的能力和縫製衣物的技術。奧瑞納文化中還包括大量藝術品，有小件的雕刻品、浮雕以及各種動物的雕像，還有許多精美的動物壁畫和用貝殼、獸牙製作的裝飾品。克羅馬農人是很成功的獵手，憑藉高水準的武器經常獵取馴鹿、野牛、野馬甚至猛獸。晚期智人的婚配制度已脫離亂婚進入血族群婚階段。晚期智人也萌發出了神仙崇拜和巫術文化。值得一提的是，有一支幾百人的晚期智人隊伍走出非洲後，憑藉強大的智性和生存能力不斷壯大，這種晚期智人由於已經掌握了製造舟筏的技術，漁獵技術也非常發達，能夠穿越江河湖海水域，所以最終遍佈除南極以外的世界各地。如今在地球上生活著的每個人，無論是什麼膚色、什麼民族、說哪種語言，從血統和遺傳上講，都是古非洲智人的後代。其他人種在地球上完全滅絕的原因至今仍是個迷。

考古學界把 1 萬年以前的人類歷史定義為舊石器時代，以打製石器為主要特徵，這一時期人類以群落的形式生活在一起；從 1 萬年以前開始至 5000 年以前定義為新石器時代，以磨製石器和陶器為主要特徵，這一時期人類以部落或部落聯盟的形式關聯在一起，同時也意味著農業生產方式從萌芽到確立再到廣泛發展。新石器之所以新是因為製作方法有所不同，磨製石器是在打製石器的基礎上採用了研磨技術，石器的表面光滑，製作工藝更加精細，而且還可以根據設想和需要來加工製作石器，傾注了人類更多更高的智性，有斧、錛、鑿、刀、鐮、箭頭、矛頭等，說明新石器時代的人類可以砍伐樹木、加工木材、使用弓箭和長矛，其生存能力比以往更高。新石器時代另一個重大標誌是陶器的發明，陶器是為日常生活的器具所需而生產製作的，有壺、罐、瓶、缽、盆等器具，用於盛水、燒水和烹飪等日常生活所需。陶器是使用黏土採取手工捏制和搓製成坯體在高溫下燒制而成的，新石器時代的陶器製作經過了早期簡單工藝（呈黃褐色）、中期拋光工藝和晚期快輪制陶彩陶技術三個階段。新石器時代一個具有歷史創造意義的重大事件就是農業的萌芽和發展。約八千年以前，在現今中東地區兩河流域的新月地帶率先出現了農業生產的萌芽，人們開始人工栽培種植小麥、大麥、燕麥、黑麥等糧食作物。隨後兩三千年時期內農業生產方式在美洲、亞洲等地區相繼出現，有南美洲的土豆、番薯、南瓜、玉米等，以及東亞的黍、粟、水稻等。隨著部落群體的交流互動，農業生產方式逐漸在全球範圍推廣開來，約7千年以前人類進入農業時代。約6千年前人類出現早期文字，有古埃及的聖書字和古蘇美爾人的楔形文字，從此人類可以儲存語言信息，極大的促進了思維、語言表達和交流。

農業生產方式的出現得益於人的智性發展，人們把隨手丟棄的麥粒或穀粒發芽生長與自己的行為在大腦裡產生了關聯，經過多次的行為重複後確定了播種行為方式的價值，獲得巨大的成功。從此人們意識到不需要遊走遷徙來覓食，只要播種就可以獲得源源不斷的糧食資源，於是刀耕火種的原始農業生產方式在部落群體內部和部落之間迅速傳播開來，人們先用火燒掉地表的野草和樹木，然後用改良的石器（如石刀、石鑿、石斧）和木籤、木棍等工具開墾荒地，點播種子，靜待糧食收成。經過多次行為的經驗總結，人們發現放火燒荒具有增加土地肥力的作用，於是在臨近的土地上輪番燒荒、開墾、播種，所以原始農業又稱作遊走農業（不是固定在一塊土地上生產作業）。不管怎樣，農業生產方式的確立是人類群體生活方式和個體人及家庭行為方式的一大飛躍，遊走遷徙的採集狩獵生活方式變為定居生產生活方式，個體人和家庭的行為方式擴展為生產事務、建造穩固居所、修建道路、製作和積累生產生活所需的工具和器具的事務等等。糧食的穩定供給也為馴養家禽、家畜提供了可能，家禽、家畜成為了人們的蛋白質和油脂的營養能量來源。至此，農業生產方式所包含的行為方式的數量呈幾何級數形式發展。農業生產方式帶來的另一個重大結果就是人口持續大量增加，糧食和禽畜的穩定供給養活了更多的人，經過幾代的異族異姓通婚，人類的智性水準更高，農業生產技術持續的改進使得糧食收成不斷的創新高，可供養更多的人，於是在部落群體中湧現出許許多多的陌生人。約6、7千年以前，人類群體迎來了社會化。

人類社會化之初景象無限美好，主要體現在人們忙碌於生產生活事務，紛紛交流學習，各種技能普遍同步提高，人與人之間關係和睦融洽，社會中充滿共生正義的精神氛圍，人類只需面對來自自然災害和野獸攻擊的危險。隨著智性的進一步提高和人口快速增長，人類的行為方式急速擴展，一部分人在某個或某些行為方式上脫穎而出成為能工巧匠，他們在某些方面和領域具有和專注於超出其他人的獨特技能，於是社會開始分工，手工業逐步從農業生產中分離出來，社會中出現行業分化的現象。當時的手工業主要有農業生產工具製造業、制陶業、紡織業、服裝業、建築業、木工業、竹器業、皮革業、船舟業、車輛業、工藝雕刻業、冶金業等等，每一個行業都包含許多的手工作坊，每一個作坊又都包括無數的行為方式細節，每一個行為細節都是自然邏輯關聯事務的一個環節，每一個作坊也都是一個完整的事務鏈條結構，也是最終行為事務成果的集中體現，工藝和工序是每個手工作坊生產方式的主要特徵。陌生人之間用自己的生產勞動成果換取他人的勞動成果，於是各行各業支撐起社會日常生活，直接帶動了更多的生產、生活行為方式。特別是在 5 千年以前，商業從手工業中分離出來，使得生產行為方式和勞動成果的價值最大化，此時城鎮已初具規模。人類社會化之初所有的行為方式都指向人的普遍需求和精神感受，具有增進社會福祉的功效，這一時期是社會發展的黃金時期，為人類社會的後續發展打下了堅實的經驗基礎。但是，這一切短暫的美好被征服者殺到而粉碎。

約 5 千年以前，征服戰爭在世界各地風起雲湧，征服者憑藉殘忍的破壞力肆意踐踏他人和他族的家園，罔顧他人的財產、尊嚴和生命，圖謀搶劫、掠奪、統治和奴役。征服者所到之處均受到當地人的頑強抵抗，因為征服者都是野蠻落後族群，當地人均受到自然邏輯的薰陶具有進步性，所以征服者所向披靡，當地人最終淪為被征服者，無奈的接受其統治。在這一過程中，征服者燒殺搶掠淫無惡不作，當地人的家園被毀，無數生靈塗炭，無數的家庭破碎，真可謂妻離子散、家破人亡、橫屍遍野、血流成河，人類社會以沉重的血腥代價換來了權威統治的新紀元。征服者和統治者的統治權威是建立在暴力壓迫的基礎上，並佐以言論控制和思想愚弄，在社會中隨意釋放絕對主動性，把被統治者置於絕對被動狀態，這是統治行為方式的主要特徵。從古至今，統治行為可以大致分為兩類，一類是把被統治者當做統治的資源，利用被統治者的技能，搜刮被統治者的勞動成果；另一類是把被統治者看作統治的附庸，直接插手社會生產事務，漠視被統治者的技能，統治行為滲透一切，同時搜刮被統治者的勞動成果。前一類統治行為主要體現在古代統治者身上，後一類統治行為主要為現代統治者所秉持，這兩類統治行為對社會的危害都十分嚴重，後者的危害更甚。權威統治嚴重扭曲了社會事務的關聯邏輯及其鏈條序列，人為的插入了本不屬於事務邏輯的指向性和目的性，即維護統治者權威和利益的指向和目的，破壞了社會關聯自然邏輯，所以權威統治社會的生產力都無一例外的停滯不前、原地踏步，須要從外界植入才能不可持續的勉強發展。權威統治對社會最大的危害是培養和造就了一大幫習慣於絕對被動和愚昧無知的被統治者隊伍，他們在心理上充斥著恐懼、急躁、消極、無奈等不良因素，其自然智性發展受到巨大的阻礙。

統治者的野蠻殘暴和社會民情的凋零激發一些有識之士對人間正道的理性思尋，約 3 千 5 百年以前西伯來人摩西創立猶太教，以宗教的方式表達對自然終極力量的崇拜，並規定人的正義行為。一神宗教對統治者的權威構成了挑戰，也喚醒了人們對人類和睦關係的憧憬和追尋，所以猶太教憑藉嚴謹的教義和規範的信仰行為博得社會廣泛的認同而迅速傳播開來，許多人紛紛投身到猶太教的信仰之中成為忠實的信徒。宗教信仰與以往的神祇崇拜有一定的聯繫，但在本質上與其不同。神祇崇拜是對自然力量現象的崇敬和表達，其意識簡單而零散，同時神祇崇拜與人的直接利益密切相關。而宗教信仰則不同，宗教信仰具有完整的思想體系，並對自然界和人類的終極問題給予解答。雖然宗教信仰是從神祇崇拜發展而來，但是宗教信仰加入了人的理性，具有震人心脾的感召力。神祇崇拜畢竟屬於無意性思維或混沌思維，一般體現為多神崇拜，古代神祇崇拜與巫術和迷信的關係比較密切。宗教是一種世界觀，提供了人們認識世界的一種方法，同時建立了正義和道德的行為體系和評價社會行為的價值標準。宗教以其嚴謹的教義體系可滲透到人的精神世界的核心，貫穿於人的整個意識和思維活動之中以引導人的行為，一方面成為自我觀念和行為的評價標準，另一方面也作為審視他人行為的評價標準，所以宗教從一開始就具有調整社會關係的功能。宗教信仰對於個體人而言，可以建立起觀念的道德堤壩，獲得超乎尋常的思想力量和行為力量，完善自我人格，有利於身心健康。猶太教後來發展為基督教和伊斯蘭教，其信徒遍佈全世界。

約 2 千 5 百年以前人類萌發出哲學理性。古希臘神話是古希臘人們用想像力賦予諸多神祇以人格來解釋難以理解的自然現象和表達對自然力量由衷崇敬的一種傳說故事形式，古希臘神話已經涉及到了宇宙萬事萬物的生成、發生和演化的問題。2 千五百年前，一大批古希臘智者受神話故事的影響開始思考宇宙起源的問題，他們意識到宇宙中有某種超級力量在操縱和支配整個世界的運行，想找出自然現象背後的永恆規律，於是萌發出對世界本原的哲學思考。他們的思維方式明顯的不同於以往的人類思維，具有思辨的特點，即通過觀察首先在大腦中建立起一種可能性模型，然後推理解釋宇宙萬物的生成演化規律，整個思維過程都在頭腦中完成，憑藉思維來接受自然根本力量的信息，拋開自我情感和喜好的干擾，具有顯意識理性的特徵，這種思維方式稱作思辨理性，用思辨理性來思考和研究人類尚不知曉的自然領域的方式和思想觀念叫做自然哲學。哲學理性是人類智性高度發達的象徵，對人類後續的思維方式和行為方式的發展起到了巨大的促進作用。古希臘智者不僅是人類歷史上第一批哲學家，也是第一批自然科學家，自然科學的後續發展得益於古希臘哲學的鋪墊。古希臘哲學後來演化成為自然哲學、精神哲學和社會哲學三大哲學體系，自然哲學包含物理學、化學、生物學等自然科學，精神哲學包括心理學、美學、倫理學等精神現象科學，社會哲學包括法學、經濟學、政治學、社會學等社會現象學科，思辨理性在所有的這些學科中都有不同程度的運用。思辨理性的思維方式稱作理性思維，在理性思維下更多的事物細節和事物之間的關係細節在人們的頭腦中顯現，更多的現象素材可以促進人們產生更深刻更複雜的觀念，進而促使人的行為方式發生更符合自然事實和正義要求的變化。

古希臘的思辨理性和哲學思想對古羅馬人的影響巨大，古羅馬人繼承了古希臘智者的自然法思想發展出嚴密的法學理論體系和具有普遍適用意義的法律原則，其萬民法成為了所有的人類和所有的個體人須要共同遵守的行為準則。古羅馬的法學理論、法律原則和萬民法對後世的影響極其深遠，以至於後來的一切法律都不能對其作任何實質性的修改。約兩千年前的古羅馬時期湧現出一大批法學思想家，他們堅定的認為自然法是最高的永恆的權威，自然法來源於自然，符合人性，也符合理性，適用於全人類，所有的人定法都不能與自然法相違背。法學家們總結出一系列的法律原則，有國家政體人性原則、法律正義原則、人人平等原則、權利至上原則、審判公開原則等等。古羅馬法學涉及到法律行為、民事責任、代理、占有、不當得利、侵權損害、債權、債務、遺囑、繼承等等社會日常生活領域，細緻入微，處處體現了理性和正義的光芒。古羅馬法學家們既是法學思想者也是法學和法律的傳播者，他們喚起和改變了人們對行為方式的認知，也對人們處理矛盾糾紛提供了和平、理性、更有效的解決途徑。從此人們開始樹立法律意識，用說理的方式或者通過法律訴訟來解決糾紛，這對於陌生人之間化解矛盾糾紛具有十分重要的積極意義，極大的促進了社會的和諧秩序。當時在世界其他地方，陌生人之間處理矛盾糾紛的有效途徑和方式十分匱乏，人們沒有行為適當性理念，總認為自己正確，常常導致矛盾激化和對抗，人們在無知的黑暗中急切的掙扎，或者乾脆回避陌生人。古代東亞社會就盛行不與陌生人打交道的傳統習俗，形成熟人社會，其社會交往的深度和廣度都嚴重欠缺，社會活力嚴重不足。

約1600年前，野蠻族群日爾曼人征服了西羅馬帝國，隨即展開了統治。由於日爾曼人野蠻落後無法理解和玩轉古羅馬高度發達的社會系統，於是其統治者策劃和利用基督教天主教來強化統治，教會嚴格控制人們思想，造成科學技術和社會生產力發展停滯，歐洲人在毫無希望的痛苦中掙扎徘徊，這種狀況持續了一千年的時間，史稱歐洲黑暗時代，這就是歐洲的中世紀歷史時期。基督教天主教教會是日爾曼統治者鉗制社會思維和思想的工具，日爾曼諸國王和教會組織沆瀣一氣，把基督教絕對化，輔佐以暴力壓制，用一種簡單的統治模式來控制複雜的社會生活，勢必對社會正常運行和發展產生嚴重的阻礙作用，日爾曼統治者不僅利用基督教控制社會，而且還採取采邑制來限制人們的交流和遷徙，把被統治者置於人身依附狀態，在這樣雙重的控制和限制手段下社會不可能會有什麼活力，愚昧落後、呆板凝滯是中世紀歐洲的真實寫照。基督教本來屬於正義的宗教信仰，但是被專制權威操縱以後卻變成了殘酷統治的幫兇。儘管如此，在中世紀後期，社會自然關聯的邏輯力量仍然在黑暗統治中發揮著積極作用，農業技術迅猛發展，人口迅速增加，城市大量興起，商業活動開始活躍，各種行會紛紛湧現，世俗教育暗中發展，特別是具有現代意義的大學開始出現。農業生產重型犁取代了傳統的扒犁，馬匹被用來拖拉重物，水車、風車、水磨相繼被發明並投入使用，農業收成成倍增長。中世紀前期歐洲人口減少到2千萬左右，到了中世紀後期人口猛增至7千多萬人。隨著人口的增加，歐洲城市大量湧現，有威尼斯、佛羅倫斯、米蘭、巴黎、倫敦等城市。在城市中，商人隊伍運來各種農特產和手工製品進行交易，形成了各種貿易區，商人組織也由合夥制變成了商行和公司。各行各業的人們為了保護自身利益和相互約束競爭行為而紛紛成立行會，有商人行會、手工業行會、教師行會等等。行會的出現是社會關聯生產事務發展為社會共同事務的表現。隨著城市的發展和市民群體的壯大，各種新型教育培訓機構開始出現，有城市文化學校、行會培訓學校以及高等教育大學等等。世界上最早的幾所大學都始建於中世紀中後期，有西元1088年的義大利博洛尼亞大學、1096的英格蘭牛津大學、1160年的法蘭西巴黎大學、1209年的英格蘭劍橋大學等等。

社會的自然發展為中世紀專制瘋狂提供了終結力量，約600年前一場聲勢浩大的以文藝復興運動為開端的思想解放運動首先從義大利發起，然後波及到整個歐洲，人們急不可待的想從天主教精神壓迫中解脫出來，以復興和再生古希臘古羅馬繁榮文藝的方式表達對世俗人文主義精神的嚮往和追求。歷時3百年的文藝復興運動湧現出一大批文藝巨匠，他們在文學、美術、雕塑、音樂、建築等方面體現出了以人為中心的藝術風格和追求現實生活幸福、宣導個性解放的主張，從此歐洲的文藝像火山爆發似的繁榮起來。文藝復興運動引發了後續的宗教改革運動和思想啟蒙運動，宗教改革把基督教從羅馬教廷專制統一的桎梏中解脫出來，建立起各民族自己的教會。思想啟蒙運動由一大批先賢志士發起，他們繼承了古希臘古羅馬的自然法學說，運用社會哲學論證了主權在民、天賦人權、社會契約、平等自由、私有財產、權力制衡等等人類普遍價值，號召政治民主、權利平等和個性自由，同時批駁了皇權神授、專制主義和教權主義等權威統治歪理邪說，在探索社會理性和人類行為法則方面邁出了關鍵性的一步，對後世的積極影響極其深遠。在文藝復興人文精神的感召下，歐洲人激發出冒險探索的激情，在中世紀後期造船技術突飛猛進的基礎上，大型遠洋帆船被應用到遠洋航海的冒險活動中，南非好望角、印度、美洲、澳洲、大西洋、印度洋、太平洋等地方及其島嶼相繼被歐洲人發現，也實現了人類歷史上首次環球航行，史稱地理大發現。從此人類的視野和視角都發生了根本性的改變，出現新的商業貿易格局，即遠洋貿易，南北美洲富饒的土地和豐富物產也吸引了許多歐洲人移民前往去開創新生活。文藝復興運動也打開了自然科學和人文社會科學發展的閘門，一大批科學巨人紛紛湧現，他們在數學、天文學、物理學、化學、生物學、地質學、人類學、心理學、經濟學等等領域潛心研究，打下了堅實的基礎科學理論。

約 3 百年前以來的 18、19、20 世紀是人類社會民主化、工業化和科學技術騰飛的世紀。思想啟蒙運動喚起了歐洲人對社會公共領域的認知，人們意識到社會公共事務與自己的生產、經營和日常生活密切相關，是自身利益的重要源泉之一。於是人們積極勇敢的投入到社會政治活動之中，其主要表現是躋身於各種行政區的重大決策會議，發表自我見解，干預公共事務決策，力求對自己有利。由於民眾的力量逐漸壯大，民眾與地方政權及王權開始抗衡，於 17 世紀末期形成為議會制度，有各地區的議會和國家政權議會，以立法的形式規定社會公共事務和處理行為的發起、執行、監督、修正和評價的權力。議會成為社會最高的權力機關，王權專制被大大的削弱。由於議會組織來自社會各個行業和層面的不同力量，他們心懷不同的觀念，所以在議會組織中形成了多個政黨派別，有主張王權的保王黨和主張民權的民權黨等等，奠定了現代政黨制度的基礎，任何政黨都不構成絕對的社會權威。18 世紀的北美洲經過 1 百多年的移民發展已經成為英國的海外殖民地，其中 13 個州的殖民地人民對英國政府的經濟政策十分不滿，遂發動了獨立戰爭，西元 1776 年 7 月 4 日美利堅合眾國宣告獨立。美利堅合眾國（簡稱美國）是世界上第一個以思想啟蒙運動的民主、自由、三權分立為理論指導的自由民主社會，成為人類社會自由民主運動的燈塔。隨後法國、瑞士也完成了民主化進程，美國、法國、瑞士是最早的現代民主制社會。在民主制度下，人們的行為方式和表達方式發生了根本性的改變，具有複雜的擴大性特點，民主的行為方式和表達方式不僅僅表現在選舉投票行為，還包括建設法治、地方自治、參政議政、監督、質詢、抗議、遊行示威、結社、組團、創辦媒體、言論自由、信仰自由、政治寬容、不干預他人的自由等等。民主的行為方式和表達方式也具有社會全方位的特點，從家庭生活到社區事務，從地區管理到國家政權，從生產經營到行業產業領域，滲透到社會生活的方方面面。民主的行為方式和表達方式最核心的內容就是尊重自己尊重他人，所以民主制度可以最大限度的調動每個個體人的自我意識和聰明才智，使得社會總體呈現出活躍、積極、和睦和富有創造性的氛圍，有利於人的智性全面發展。民主制度以其卓越的感染力被世界上越來越多的地區和國家社會效仿，在世界近現代史中形成了三次民主運動浪潮，1970 年民主政體增加到了 30 個，2015 年達到 130 個。

兩百多年前的 18 世紀末，英國率先發展出工業生產方式，以蒸汽機的發明和應用為標誌。蒸汽機突出的特點是採用人工動力，以高溫高壓蒸汽釋放為動力來源，表明人類的智性達到了一個新高度。蒸汽機的出現具有劃時代的意義，在這之前人類雖然也發明了許多器械和機器，有車輛、水車、風車、帆船、紡車等，都是利用自然能量作為直接驅動力，如人力、畜力、風力、水力等，受自然環境和條件的限制，不能全天候隨心所欲的獲取，不能在移動中產生大量的能量動力，但是蒸汽機卻不受這些限制，而且其動力大小可以隨設計和製造來任意選擇，這種人工動力取代自然動力是一次生產方式的飛躍，就如同人類早期祖先從利用自然火發展到人工火一樣，體現了人類智性的飛躍發展。由於蒸汽機以煤炭作為燃料，以水作為媒介，而煤炭和水在自然界儲量巨大，這就為蒸汽機的推廣應用打下了堅實的基礎。同時由於蒸汽機必須在高溫高壓環境中運行，所以作為蒸汽機機身的材料非金屬莫屬。人類對金屬的認識由來已久，而且積累了豐富的開採和冶煉經驗技術，鋼鐵被用來製造蒸汽機機體，由於鐵金屬的自然儲量也十分巨大，所以蒸汽機被廣泛應用到了礦井排水、汽船、紡織機、車床、印刷機等等生產事務之中。由於蒸汽機的需求增加，帶動了煤炭和鋼鐵需求量的同步增長，也推動了煤炭開採技術和鋼鐵冶煉技術的進一步發展。由於煤炭和鋼鐵的產量巨大，其運輸的道路不堪重負，於是一種鐵軌道路應運而生，鐵路的運輸效率成倍的增加，蒸汽機車取代人力運輸更加提高了煤炭和鋼鐵的供應量。在此基礎上一種新興的交通運輸工具——火車（蒸汽機車），橫空出世，火車以安全、快速、拖力巨大等優點很快在英國普及開來，客運火車可以快速抵達遙遠的地方，為人們輕鬆的長途旅行提供了可能，也為大宗貨物跨地位移提供了一種可靠的運輸方式。

19 世紀初，鋼鐵材料因為其堅固、耐磨、易加工的特點，在英國被廣泛的應用到了機械和機器本身的結構生產製造過程之中，水泵、棉紡機、織布機、車床、印刷機、輪船等等裝置的結構骨架以及其零部件均採用鋼鐵材料製造而成，於是鋼鐵鑄造技術和零部件加工技術發展十分迅速。由於鋼鐵機械和機器是一種商品，其面向是眾多的需求企業，屬於一種資本品，所以鋼鐵機械和機器的生產就有一個重複製造的過程。為了解決批量生產的問題，人們把鋼鐵機械和機器設計成零部件，採用螺栓螺帽（18 世紀末已被發明）固定，組合成一台完整的裝置。同規格的裝置其零部件運用互換性原則先加工成通用的符合公差與配合的零部件，任取一隻零部件即可組裝到裝置中，由於零部件可以互換和通用，所以機械和機器的生產製造效率大為提高，使得批量生產成為可能。19 世紀中期，英國的煤炭和鋼鐵的需求量猛增，為了解決基礎原材料的供應問題，英國人設計出了跨越煤炭礦山、焦炭廠、鐵礦石礦山、碼頭、輪船運輸業、鐵路運輸業和鋼鐵冶煉廠的聯合供應和生產運轉自動系統。蒸汽傳送帶把煤塊輸送到礦洞外，蒸汽鏟把煤舀進火車車廂內，火車把煤運至內河碼頭，車廂被蒸汽動力側翻，煤塊通過地面凹槽滑進了輪船的貨倉。到達目的港後，蒸汽鏟又把煤塊裝進了火車車廂，火車把煤塊拉進了焦炭廠，蒸汽鏟和蒸汽起重機把煤塊送進了焦炭煉製爐。蒸汽平板車把焦炭運送到堆放場地冷卻，然後蒸汽鏟把焦炭成品裝進火車車廂，火車隨後開進了鋼鐵廠。鐵礦石也是採用同樣的方式運送至鋼鐵廠，蒸汽起重上料車把鐵礦石、焦炭等材料一起運至高爐頂部並倒入煉鋼爐內，於是高爐開始燃燒升溫，鐵水流進了混鐵爐和平爐，接著鋼水從平爐流進了平板車上的鑄模，一塊塊鋼錠就此成型。這種跨行業的聯合運轉自動系統所需的人力極少，以機械方式和自然自由落體方式連貫的自動運行，源源不斷的為鐵軌和鋼鐵機械機器生產提供了原材料。在整個鋼鐵生產和機器製造過程中，商業資本及政府支助提供了運轉資金，促使鋼鐵機械和機器走進了各行各業，於是英國社會整體體現出了明顯的工業化特徵。19 世紀中期至 20 世紀，世界各地、各國前後不一的都開始複製英國的工業化過程。

19 世紀被譽為科學的世紀。整個 19 世紀在歐洲自然科學出現全面繁榮飛躍發展的井噴景象，各種學科的新學說、新理論向雨後春筍般的湧現。在物理學方面，提出了電磁學、電動學的基礎理論，為人工獲取電能動力提供了可能；電磁波被發現，確定了光線的電磁波本質和波粒二象性現象，光譜及波長、光速都被精確測定；熱力學三大定律相繼被提出。在化學方面，物質的原子、分子和電子被發現，確定了原子、分子、電子之間的關係，編制出化學元素週期表；有機化學誕生，製成人工有機物，開創了有機合成新技術。在生物學方面，細胞學說揭示了植物和動物的生物體基本結構和功能，細胞有分化和分裂活動，每個細胞既是一個相對獨立的生命單位，又與其他細胞一起共同組成生命整體；微生物被發現，開創了微生物生理學，並在醫學中應用於傷口感染問題，促使醫學邁進了細菌學時代；發現了遺傳規律；提出了生物進化論。在地質學方面，地下石油資源被發現，石油的開採帶動了燃油新能源和石油化工行業的發展；揭示了地殼演化規律和岩石結構變化規律。在自然科學研究方面，正式確立了實驗方法，實驗科學成為自然科學的主要形式；科學學會和學院紛紛成立，科學研究發展出共同的事務領域。在科學發現和工程發明方面，發電機、電動機、電燈、電話機、照相機、無線電發報機、柴油內燃機車、汽車等發明以及火力發電廠、水利發電站和鐵路運輸網路在歐洲和美國紛紛出現。進入 20 世紀後，物理學發展出射線物理學、相對論、量子力學、原子核物理學、凝聚態物理學等；化學發展出同位素化學、化合價理論、化學反應理論、分析化學等；生物學發展出生物化學、遺傳基因工程、分子生物學、神經生物學等；醫學發展出抗生素醫學、麻醉學、免疫學、器官移植醫學等；天文學提出了大爆炸理論；誕生了地球環境科學，並提出了生態環境理論。隨著科學的進一步發展，又有許多科技發明大量湧現，如飛機、火箭、人造衛星、雷達、電力機車、電子管、電晶體、晶片、收音機、電視機、電腦、行動電話、各種家用電器等等。一些浩大的科技工程技術也相繼投入應用，有航空航太技術、核能技術、互聯網技術、移動通訊技術、微電子技術、石油化工技術、高速公路網路等等。

20 世紀初以來，科學技術已經深入到歐美社會的各個領域及方方面面，極大的促進了社會日常生活，提供了全新的生產方式和生活方式，使得社會整體呈現出現代化的新氣象，於是各種科學技術及其生產方式和生活方式被世界各地各國效仿，整個人類社會都進入了現代化的新狀態。時至今日，在現代化的社會生活中，人們的行為方式和表達方式的數量已經發展到一個天文數字，大到無法全面觀察和統計的程度，於是社會觀察者只能發出「文化是人類在社會歷史發展過程中所創造的物質財富和精神財富的總和」的感歎，把文化想像成「包括全部的知識、信仰、藝術、道德、法律、風俗以及作為社會成員的個人通過學習獲得的任何技能和習慣的複雜總體」，文化變成了包羅萬象的客觀事物。當文化被賦予「總」和「體」的事物特徵時，文化其實只是樣式、形理、形相和外象在人腦中的反映，卻沒有實質內容，這與事物的「總」和「體」特徵是相矛盾的，因為事物的「總」和「體」從來都是實質內容的「總」和「體」。所以，文化觀念具有只注重形式而忽視內容的特點，阻礙了人們對社會發展根本原因的認知。況且人類社會中人的行為和表達的樣式、形理、形相和外象千差萬別、數目巨大，許多的行為方式和表達方式之間互不關聯，相對獨立發展，但是社會觀察者卻主觀的把它們拉攏到一起打包成為了一個「總」和「體」。究其原因，從本質上說這是社會仿生論和社會整合論思維方式作用的結果。文化思維或者說文化觀念是對社會既定的行為和表達樣式、形理、形相和外象的反映，既定的行為方式和表達方式都是過去的或是歷史的產物，所以文化具有時間態的逆指向性，即指向過去，而人類社會是向前發展的，文化觀念必然會助長保守思維，不利於社會發展。由於文化觀念的缺陷限制了人的思維，極易產生先入為主的自我中心主義，總認為自己社會的經過歷史演化的從小接觸的文化是最好的文化，失去分辨好壞優劣的能力。

文化觀念實質上是文化至上的觀念，把文化提升到無比重要的高度是不可取的。文化觀念不僅投射到社會層面，還會投射到民族、國家、企業組織、社會團體等領域，促使人們產生打造文化的訴求，人為的干預自然事物，容易助長專制思維。如果把文化僅僅當做我們認識人類社會的一種方法（諸多方法之一），可能會有利於我們對社會的認識。

四、文化與文明的關係

文化和文明兩詞彙產生的年代不同，現代意義的文化一詞出現於 15 世紀初，而文明一詞產生於 18 世紀。文化和文明兩個概念都是對社會中人的行為方式和表達方式的意識反映，文明一詞出現在後，是不是文明具有更深刻的含義呢？回答是肯定的。文化只是人們對行為方式和表達方式狀態的反映，具有中性，或者說文化觀念中的行為方式和表達方式只是一種展示，無所謂積極或消極的意義。但文明則不同，文明是指人們對在一定的思維方式下一個特定的社會和群體日常生活的行為方式和表達方式及其性質的總的觀念概括。文明觀念不滿足於文化觀念的平鋪直敘，對社會業已廣泛存在的行為方式和表達方式產生了意義的認知，所以說文明觀念符合人的認識規律，文明一詞具有更進步的意義。文明觀念不一定是從文化觀念中發展而來，文化觀念不具有產生文明觀念的必然條件，況且文化和文明兩詞彙在現代社會生活中經常並列使用或者單獨使用，文化觀念和文明觀念應該是兩種不同的觀念。雖然文化觀念和文明觀念都是對行為方式和表達方式的反映，但是文化觀念十分籠統，屬於一種混沌思維的認知結果，對於我們把握和鑒別行為方式和表達方式在社會中的影響和作用難以提供準確有效的視角和方法，然而文明觀念則精細很多，只有在理性思維下才能產生文明的認知。

在文明觀念中，社會中的行為方式和表達方式有兩種性質，一種是行為方式和表達方式所包含的自然關聯事務邏輯及其事務成果，另一種是行為方式和表達方式在人與人之間所產生的作用和效果。這兩種性質都與人的智性關係密切，前一種體現為社會生產事務活動及其成果、社會關聯的自然擴展、生產和生活經驗的積累、理性思維下知識體系的形成、科學技術的發明創造和應用等等，後一種則體現為禮貌、文雅、衛生、道德、正義等具有積極意義的內涵。文明觀念摒棄了文化觀念中粗糙、狂野、骯髒、低級的內容，注重合理秩序、物質成就、生活品質、公平正義等社會價值，所以許多文化內容如巫術、迷信、平庸、爭鬥、殺戮、戰爭、奴役、壓迫、欺詐、歧視、破壞環境、浪費資源等等排除在文明之外，保留下禮貌、品德、文雅、理智、平等、擔當、榮譽等等人類精華和人類精神。如果說文化具有既定的現實性，那麼文明則具有應然性和趨向性。文化具有思維遮蔽效應，文明則具有思維警醒作用。如果我們用文明觀念的視角來看待人類歷史，就會發現征服和統治的負面破壞力，就不會盲目的崇拜征服者和統治者；就會發現古代浩大工程，如建造埃及金字塔、東亞古長城等，是多麼的不合理。文明觀念的視角還可以幫助我們檢省現代社會生活，就會發現蒙昧和愚昧是多麼的糟糕、輿論管制和洗腦教育以及暴力統治是多麼的邪惡、面子工程是多麼的勞民傷財等等。

社會觀察者向我們展示了一個豐富多彩的文化現象，文化具有多元性，文化還具有天然的好處，文化可以教化人，可以促進個體人的社會化，文化由歷史沉澱而成，是人類社會的一大寶庫，我們應當繼承和發揚人類文化傳統，但是同時又承認文化中精華和糟粕並存，也沒提供鑒別精華和糟粕的方法和標準，這是文化觀念的重大缺陷之所在。我們知道，文化的內涵就是人的行為方式和表達方式，而人的行為方式和表達方式與智性狀態密切相關。難道只有人類才擁有智性？才有行為方式和表達方式？而動物僅僅就是個生物機器？從我們對自然界的觀察來看，許多動物還擁有人類所缺乏的自然能力，一些高等動物的機靈和聰明程度還決不亞於人類，它們的行為方式和表達方式有目共睹，甚至一些動物群體也有某種秩序性。如果文化只是人類的專利，這未免也太異想天開了，這也是對自然事實的漠視和不敬。我們試想，在人類的文化裡是不是會混雜有人的動物性，蒙昧、愚昧、野蠻、兇殘不也常常出現在人類社會之中，這難道也屬於人性？幸虧有文明的視角，我們才可以運用理性和邏輯對所謂的文化現象進行考量，文化的優劣、進步和落後、精華和糟粕的界限才會在頭腦中顯現。

五、話說陌生人文化

毋庸置疑，社會中充滿陌生人，而且占據社會的絕大部分，社會就是一個陌生人群體，陌生人之間的關係基本上可以體現出整個社會關係，處理陌生人之間關係的行為及其方式也就成為了主要的社會文化。處理陌生人之間關係的行為及其方式十分豐富，花樣繁多，有征服和統治行為、軍事行為、戰爭、暴力、欺詐、傷害、懇求、無奈、生產、交易、消費、平等、尊重、自由、民主、寬容、博愛、信任等等等等。於是，我們可以與之相對應把陌生人文化初略的劃分為消極的陌生人文化和積極的陌生人文化兩大類，消極的陌生人文化是人類歷史階段性的產物，與人的智性發展不足密切相關，畢竟陌生人之間缺乏情感互動，絕大多數陌生人之間情感權重為零，喜怒哀樂、生老病死互不相干，在自我欲望的作用下容易做出碾壓陌生人的行為，因為其行為與人類社會自然關聯的邏輯和自然法則相悖，所以具有消極性，可以造成社會損害；而積極的陌生人文化包含了自然邏輯和自然觀念，具有理性的特點（經驗是一種弱理性），可以抑制人的欲望，產生尊重陌生人、力求與陌生人和睦共生的行為，所以具有積極性。消極的陌生人文化儘管在當前具有實然性，但是不可長久，隨著人的智性發展遲早會被人們唾棄；積極的陌生人文化則具有應然性，人類社會本該如此，自然精神賦予了它旺盛的生命力，昭示著人類社會的發展方向。

1. 積極陌生人文化

生產、交易、消費文化。生產和交易與消極文化的破壞性相反，具有增加社會財富的建設性作用。生產和交易可以滿足社會需要，所以具有積極性。消費是人類賴以生存發展的基本行為方式，所以也具有積極意義。生產和交易以最終消費為指向性，生產和交易的根本目的是為了消費，生產和交易本身並不是目的，生產不是為生產而生產，交易也不是為交易而交易，生產、交易和消費具有應然的一致性邏輯關係。生產、交易和消費行為都以物質為憑藉，生產是人們使用智性遵循事務關聯邏輯而改變物質形態以適應人的普遍需要的行為，生產行為的最終狀態是提供完整的事務及物質成果——產品和服務；交易是產品到達消費者手中的過程，其中包括生產者與消費者之間的交易、生產者與商家之間的交易和商家與消費者之間的交易；在交易過程中，交易場所起到了重要作用，市場是交易不可或缺的環節；消費者根據自己的需求和智性在生產者或商家手上選擇產品，在消費過程中最終實現產品的價值。由於產品的品類繁多，每個產品都具有滿足人的普遍需求的自然邏輯目的，某一產品的生產者和商家也是其他生產者和商家的最終消費者，生產、交易、消費行為在社會宏觀層面三者具有一致性，消費者也都是生產者和交易者。對於某一具體產品而言，生產者和商家的事務行為針對的是不確定的消費者，生產者、商家和消費者之間屬於陌生人關係，所以生產、交易、消費行為之間的關係是一種陌生人文化。生產、交易、消費行為營造出你中有我我中有你的社會共生關係。

平等與尊重文化。平等不是行為，平等是一種意識和觀念，在平等觀念的作用下必然會做出尊重他人的行為。平等觀念來源於人的認識，人的認識可分為主動認識和被動認識兩類，主動認識是指包含了學習和思考過程的認識，被動認識則相反。被動認識主要由無意性思維和混沌思維驅動，其認識過程包含認識主體的情感和喜好以及既定的觀念（被他人植入的觀念），所以被動認識難以產生平等觀念，我們不難觀察到以無意性思維和混沌思維為主要特徵的社會普遍缺乏平等觀念。主動認識是在理性作用下的認識過程，可以產生新的觀念，平等觀念就是新的觀念之一。在理性思維下，所有的個體人都是一個獨立的自然生命體，人與人之間相互面對的是同樣的自然，物質性和生理功能相同，從根本的自然屬性上說人與人之間沒有差別，即使遺傳學也不能佐證人種、地理位置差異、職業差異和受教育程度是基於遺傳因素，所以說人與人之間平等是自然的應然性，不平等則是社會環境因素所導致。在理性思維下認識到人與人之間平等則會做出尊重自己同時尊重他人（陌生人）的行為，不會把他人置於被征服、被統治狀態，不會直接或間接的傷害他人的身體和人格尊嚴，不會坑騙、偷盜、搶奪和損壞他人的財物，不會蔑視和剝奪他人的正當權利。但是，不損害並不意味著尊重，不損害也只是尊重的起點。尊重他人的行為還包括積極主動的維護他人的利益，積極主動的幫助他人，積極主動的與他人分享快樂和成就。值得指出的是，宣揚階級的社會必然是專制統治的社會，平等與尊重文化中不可能包含階級差別（階級觀念就是不平等觀念）。

自由與民主文化。自由是一個與專制密切相關的概念，自由是指與專制奴役和壓迫相對的價值及追求，自由的本意是主張人格獨立、自己主宰自己、與奴役和壓迫力量抗爭、擺脫思想和人身的束縛、不受迫害的恐懼侵擾。自由包括自由意志、自由思想和自由行為。平等觀念是自由的基礎，在平等觀念下和平等狀態下人與人之間必然產生自由的價值和追求，不平等是導致不自由的根本原因。一個身心自由的人不會有傷害他人的動機，在與他人的交往互動過程中必定會秉持不侵害的原則，尊重他人，同時也會釋放出最大最真實的善意。在自由的狀態中，人們可以舒展生命的活力，展現真實個性的積極力量，輕鬆愉悅的投入生活和工作，讓思想和創意自由飛翔。一個自由的社會必然是活力四射的社會，也是富有創造力的社會，其創造發明可供全人類受用不盡。一個自由的社會在政治上必然是一個民主的社會。民主政治是在社會公共領域實行人民主權的政治制度，與專制政治相對。民主政治在法治的框架下促使全民擁有最廣泛的實質性自由，有言論自由、集會自由、結社自由、信仰自由等等，民主政治同時還具有深刻的開放性，社會管理及其職位向所有心智正常的成年人開放，參政議政、投票選舉是民主政治的主要行為方式。選舉者與被選舉者均為陌生人關係，被選舉者以服務於社會為參選動機和基本理念，選舉者以被選舉者的人品、能力和參選理念為選舉參考維度，對心儀的候選人投下自己的一票。候選人以得票多數當選，成為社會議事會議的一員或成為政府機構一名管理者。所有的勝選者都有社會職務任期，在任期內須要接受民眾和監察機構的監督，行為不端者將面臨罷免和彈劾。自由與民主相輔相成，自由是民主的基礎，民主是自由的保障。自由與民主所針對的是沒有奴役、壓迫、強制、迫害的陌生人社會，可以調動和激發每個人的聰明才智和關注社會事務的熱情，減少社會矛盾和衝突，有利於社會和平穩定的健康發展，所以具有十分重要的積極意義。

寬容與博愛文化。寬容是指容忍他人與自己不同的觀念和見解、容許他人有自主行動和判斷的自由以及饒恕他人的過錯和罪孽的不計較、不追究的心理狀態。博愛是指施與廣博的愛，包括關愛他人、關愛植物動物等自然界的一切生命、愛社會、愛文明進步等等，這樣一種強烈的積極心理傾向。寬容與博愛首先是一種觀念和期許，對於家人、親屬、朋友和熟人人們不難把這種觀念和期許轉化成為實際行為，但是面對陌生人的他人則不太容易付諸實行，需要有高尚的品性、非凡的氣節和廣闊的胸襟及氣度。大凡許多仁人志士對陌生人的寬容和博愛總是停留在觀念想法階段，難以轉化成為實際行為。至今真正能夠身體力行付諸實施對陌生人寬容和博愛的群體還只有宗教信徒，特別是宗教改革以後的基督教和伊斯蘭教及其信眾以及以宗教為主要特徵的社會，才真正做到了寬容和博愛。言論、集會、結社、信仰、遊行示威等實質性的自由，以及對社會弱勢群體的憐憫、救濟、幫扶和慈善都是有力的證明。基督徒不單是對本地民眾施以寬容和博愛，而且還對異域他鄉的民眾廣播救濟、幫扶、慈善的憐憫和仁慈胸懷，大愛無私的幫助貧困落後的其他國家興辦醫院、發展醫療和改善衛生條件，促使愚昧無知的族群得以快速跟上人類文明進步的步伐。隨著人類理性的進一步發展和宗教信仰的積極推動，寬容與博愛文化終究將成為全人類共同擁有和共同享受的積極力量，這必將惠及所有的個體人和所有的自然物種，把地球變成人間天堂。

2. 消極陌生人文化

征服與統治文化。征服與統治行為相互滲透，並無絕對的區分，征服行為以統治為目的，征服的結果就是統治，統治行為包含在了征服行為之中；統治行為也不是單純的社會事務治理行為，統治行為中也包含征服，征服既定的被統治者的反抗，同時也征服被統治者的代際更替過程中出現的後代；征服行為和統治行為的共同特徵是使用殘酷的暴力行徑，殺戮、鎮壓、奴役、管控等行為又形成暴力文化，剝奪生命、酷刑折磨、囚禁關押、威逼恐嚇、株連親友等等，公開的肆無忌憚的釋放暴力，嚴重損害人的趨利避害性以逼迫被征服者和被統治者屈服，並在統治過程中極力謀取社會利益。所以說，征服和統治行為是一種極端的邪惡，以快樂（利益）為目的的邪惡，是人類社會萬惡之源。統治中的征服還包括肆意和圖謀擴大統治範圍，把本不屬於統治的地區和社會極力納入其統治之下，其方式和手段與征服無異。統治文化還包括建立統治架構、吸納追隨者、組建統治隊伍、制訂統治規則和強制徵收稅金等統治行為。在統治規則中，統治說教、制度安排、愚民教育、言論控制和社會交往方式限制極大的制約了社會的自然發展，打造出殘酷、冷漠和腐敗盛行的官僚文化以及恐懼、急躁、唯唯諾諾的被統治者人格。

軍事與戰爭文化。軍隊是征服者和統治者的王牌，征服和統治行為必須依仗軍隊力量才能實現，建立和供養軍隊是征服者和統治者的無奈之舉，控制軍隊也是征服者和統治者不二的選擇，沒有軍隊就沒有一切，軍隊文化也必然是征服者和統治者意志的集中體現。供養軍隊的開支來自於對社會財富的搜刮，征服者和統治者不可能自掏腰包來供養數目龐大的軍隊開支，況且征服者和統治者及時行樂也需要數目不菲的財富供給，所以軍隊的開支必然加重被統治者的負擔。軍隊是征服者和統治者釋放暴力的機器，由於其侵略性和傷害性，逼迫反抗者也必須組建軍隊以抵抗其侵略，於是人類社會出現了兩種軍隊，一種是侵略性、攻擊性軍隊，另一種是防守性、防禦性軍隊，前一種軍隊具有明顯的主動性，後一種則具有被動性，我們可以把前一種軍隊定義為快樂性軍隊（為了謀求快樂利益），後一種軍隊則是痛苦性軍隊。雖然兩種軍隊都具有暴力特徵，但是快樂性軍隊的暴力行為指向的是所有反抗者包括平民，而痛苦性軍隊的暴力行為僅僅指向了快樂性軍隊和統治者。所以我們也不難區分這兩種軍隊，把暴力矛頭對準平民百姓的軍隊就是快樂性軍隊，也是專制軍隊，反之就是痛苦性軍隊，也可稱為反專制軍隊。專制軍隊是征服者和統治者的私有工具，只對征服者和統治者效忠，反專制軍隊則歸屬於社會，只忠於社會。

自古以來，軍隊從來都不是赤手空拳的摔打作為其行為方式，使用兵器（武器）是軍隊行為的主要憑藉，同時還輔佐以進攻或防守的陣式，以及兵器的選擇、製造、運用、儲存、運輸和後勤補給，這就構成了完整的軍事和戰爭文化。最早的兵器可不是專業用來供軍隊使用的殺傷性器械，原初的兵器其實都是人類用來捕獵和農耕生產的工具，如石刀、石斧、石矛、石槍等等，早期的征服者及其軍隊就是使用這些工具發起了征服戰爭。為什麼早期的戰爭都是遊牧民族挑起的呢？因為遊牧民族馴服馬匹作為牧業工具，練就了高超的騎術，可以快速的到達遙遠的異域他鄉。在征服戰爭中騎在馬上居高臨下使用兵器更加擁有了殺傷性優勢，被動迎戰的當地人多從事農業生產，其兇殘程度遠不及落後的遊牧人，加上短兵相接的仰視劣勢，很難抵禦征服軍隊的進攻，所以征服者及其軍隊總是所向披靡、屢屢得手，當地人淪為被征服者。隨著金屬冶煉技術的發展，專門的兵器開始出現，青銅兵器、鐵兵器相繼被應用到軍隊戰鬥行為之中。14世紀以前的兵器主要有鋼刀、利劍、弓箭、長槍、短刀、匕首、盾牌、盔甲等等，史稱冷兵器時代。14 世紀歐洲出現火槍和火炮，一種不需要近身就可以殺傷的武器，利用火藥化學燃燒產生爆炸性高壓氣體在金屬管內推進發射物遠距離射擊，從此世界兵器的發展重頭就朝著熱兵器的方向發展。隨著科學技術的繁榮，熱兵器在科學技術的助推下不斷發展，各種槍械、大炮、火箭、戰車被發明和改進與烈性炸藥、凝固汽油彈、火焰噴射器、生化武器、戰機、戰艦等等一起被應用到了近現代戰爭之中，這些武器的殺傷力和破壞力是冷兵器不可比擬的，同時製造和使用這些武器的花費開銷也十分巨大，造成了沉重的社會負擔。從遠古的征服戰爭到現代的一戰、二戰，在戰爭中死傷的軍人和無辜百姓難以數計，社會財產的損失也是天文數字，戰爭給人類帶來的災難超過了所有的自然災害損失的總和。炫耀武力、窮兵黷武的行為方式應該被全人類正義之士所不齒。

欺騙與傷害文化。自古以來，統治者皆知其統治行為不具有正當性，總是極力鼓吹一套套說教來粉飾其統治行為，有皇權神授、以天子自居、宇宙真理、為了人民的利益、振興民族等等。這些說教虛無縹緲並沒有震撼人心的感召力，就連統治集團內部都不大相信，也不會體現在他們實際的行為之中，鼓吹與踐行明顯分野，形成說一套做一套的欺騙做派。比如說古代東亞社會，統治說教極力宣揚儒家親民學說，但實際踐行的是法家殘酷的虐民思想，這一統治詐術愚弄民眾竟然長達兩千多年歷史。謊言治國是統治者慣用的統治方法，因為鼓吹說教與實際行為及其效果和後果會產生較大的反差，所以統治者總是竭盡全力的掩蓋負面統治行為，封鎖其政策失敗、官場糗事等負面消息，禁止民眾議論政事，打壓負面消息傳播者，在輿論宣傳上常常是喪事喜辦，極力打造無所不能、無比正確的輿論形象以愚弄和麻痹民眾。於是，統治者及其集團的外觀形象與實際內在狀況發生脫節，實際的腐敗、物欲橫流、權力濫用、決策失誤、監管無力、罔顧民生等等統治負面常常衝擊其外觀形象，形成掩蓋—封鎖—爆表—再掩蓋—再封鎖—再爆表……的螺旋式上升發展態勢，在此過程中耗盡所有的政治手段，如反腐敗、肅清異己、消除赤貧等，仍然無濟於事，積重難返，歷史上許多統治政權因此而崩潰。欺騙與傷害文化還體現在專制社會坑蒙拐騙、假冒偽劣、短斤少兩、偷盜搶劫、黑社會盛行等等方面。專制官府巧立名目敲詐勒索民眾，雁過拔毛，毫無社會責任意識，且言而無信，肆意坑害和殘害百姓，致使社會正氣不彰，唯利是圖觀念畸形發展。社會廣泛出現拐賣婦女兒童、江湖騙術、兜售假冒偽劣商品、交易短斤少兩等惡劣行徑。同時，社會邪惡沉渣泛起，偷盜、搶劫、黑社會勢力猖獗，善良民眾防不勝防。所有這些消極、負面、邪惡的行為均指向陌生人群體，最終受害者都是普通百姓。惶恐、驚嚇、擔心、困苦的精神傷害和身體傷害，加上財物損失，令民眾苦不堪言，也使得社會秩序和風範遭受不可承受之重。

3. 消極陌生人文化造就國民性格

國民性格是近代出現的一個新詞彙，意指一個國家、社會和民族由個體人彙集而成的總體精神風貌和人格特質。國民性格是從宏觀上、整體上對一個社會群體籠統的概括性描述，也就是說國民性格是人的總體印象，屬於認識觀念的範疇，那麼國民性格所對應的事實是客觀存在的還是加入了人的主觀判斷，對於不同的國家、社會和民族的認識應該是不同的。國民性格的概念及其對於國家、社會和民族的個體人集合所反映的特徵的總體認識或多或少有以偏概全的嫌疑，目前流行的國民性格的界定其主觀因素要大於客觀因素。其實從整體上所反映出的國民性格是不存在的，因為任何一個國家、社會和民族都不是一個整體，整體性是人的主觀印象，整體性沒有自然基礎和客觀事實來支撐。那麼國民性格及其所反映的內容是人想像出來的嗎？這可不一定，國民性格及其內容肯定有客觀的一面也有主觀的一面，如果我們加入一個維度，國民性格的客觀性、真實性就要大很多，這個維度就是國民類型的考量，把一個國家、社會和民族的所有人進行分類，區分不同的國民類型，那麼國民性格的認識就要具體、真實很多，比如說把一個自由民主社會的所有人劃分為社會精英和普通公民，這兩類國民所反映出的精神風貌和人格特質是不完全相同的。但是自由民主社會中個體人的智性和性格自由發展，呈現出豐富的多樣性，即使我們把國民分類也不一定能夠總結出確切的不同類型的國民性格。但是如果把一個自由民主社會與一個專制極權社會進行比較，就會看到十分明顯的國民性格差異。還有，國民性格及其界定似乎只對現代社會有效，我們不能把國民性格的思維應用到古代社會，因為古代人沒有國民性格的認知，沒有國民性格的研究和記載，我們用有限的歷史資料很難確切的認定古代人的國民性格，不然的話就會落得牽強附會和生拉硬套。

把自由民主社會與專制極權社會進行比較，我們會對自由民主社會的國民性格產生一個籠統的認識，比如理性、獨立、平等、自尊、合作、公德、進取、冒險、創新、精益等等，但是我們不能對專制極權社會的國民性格產生籠統的認識。如果把專制極權社會的國民進行分類，那麼各種國民類型特有的精神風貌和人格氣質就會躍於眼簾。專制極權社會的國民類型比自由民主社會複雜，然而國民性格的樣式卻要簡單許多，很容易歸類和區分。筆者把專制極權社會的國民類型劃分為統治者群體、追隨者群體和被統治者群體三類，被統治者群體還可以分為認同並迎合專制極權統治的被統治者群體和無奈的被統治者群體兩類，那麼其國民類型就可以劃分為以上四類，每一種類型所反映出的國民性格不完全相同，至少前三類與後一類的差別十分巨大。專制極權社會的各種國民性格無一例外的都是發端於征服和統治文化，都是消極陌生人文化在社會群體中歷時長久而形成，其形成的原因有三種，一是代際更替時的觀念植入，二是人的認知缺陷所導致，三是人與人之間交往互動方式受征服和殺戮觀念的限制。統治者群體的國民性格是專制極權社會各種國民類型的國民性格產生的根本原因，統治者群體包括統治首領、統治頭目和統治骨幹三個部分，在三角形社會結構中處於頂層和上層，我們沒有必要對統治者群體的這三個部分所反映的國民類型和國民性格再進行分類，因為這三個部分具有高度的一致性，是一個完整的統治體系，權力和利益在這三個部分中分享和貫通，相互依賴，不可分割。現代統治者群體是歷代統治觀念和行為一脈相承而形成，它可以來源於統治政權在代際更替中交接綿延所產生，更重要的是從早期征服者的征服和殺戮觀念經代際繼承所致。所以現代統治者群體的國民性格包含了古代征服者和統治者幾乎所有的心理特質，有對陌生人群體的蔑視、野蠻暴力、兇殘狠毒、易怒、自以為是、剛愎自用、獨斷專行、狡詐、隨意性、心口不一、精於欺騙和算計、不擇手段、缺乏同情心和社會責任感、視權力如命、智性低下等等。在統治者群體自命不凡的人格特質的作用下，社會群體必然發生分裂而產生更多種類的國民性格。

追隨者群體是指填充到統治機構、政府機構、權威企業、科研、金融、教育、醫療、媒體等機構之中擔負起各種角色、履行各種統治功能的人們的通稱，包括軍隊士兵、警察、辦事人員、知識份子（含學者）、教師、醫生及專家、記者及採編人員等等。追隨者群體處在三角形社會結構的中層，與統治者群體一起被稱為體制內群體。追隨者群體普遍享受較為豐厚的薪資和福利待遇，我們可以認為追隨者群體就是統治者群體的雇傭者，用待遇引誘其賣命，同時也充當炮灰。所以追隨者群體在國民性格上具有獨特的精神風貌和人格氣質，比如對統治者惟命是從、鄙視弱勢群體（可稱之為羊獸人格，對於統治者是羊而對於被統治者是野獸）、野蠻暴力、兇殘狠毒（與統治者群體無異）、政治投機、見風使舵、明哲保身、利慾薰心、熱衷於社會地位攀升、缺乏同情心和社會責任感、不講職業道德、不僅對統治者群體百依百順而且主動的為統治者塗脂抹粉百般狡辯以迷惑和愚弄被統治者群體等等。追隨者群體的人格特質被統治者群體欣賞和器重，所以追隨者群體也是統治者群體在代際更替中後備的補充力量。認同並迎合專制極權統治的被統治者群體也是自古流傳而來的征服和殺戮觀念的攜帶者，他們身處被統治、被壓迫的境遇卻樂在其中，甘願被奴役，全盤放棄自己的社會權益，對於統治者及追隨者的野蠻殘暴和欺騙愚弄的行徑近乎病態的認同和支持，甚至強權欺壓到自己頭上也心悅誠服，從骨子裡崇拜權勢，官本位情結十分濃厚，崇官媚官奴性十足，身處卑微卻秉持統治者的思維和觀念，經常活躍在統治體制的邊緣，總想在統治利益中分得一杯殘羹冷炙，輕視同階層的其他弱勢者，仗勢欺人，幸災樂禍，在職業行為中制假售假，坑蒙拐騙，或組成團夥明搶暗偷為害一方，為人處世利字當頭，沒有正義感。認同並迎合專制極權統治的被統治者群體的大多數國民性格是統治體制所欣賞的，所以此群體也是追隨者群體的補充力量，我們不難發現，在專制極權社會中總是有大量的低素質人群混入體制內，一方面加強了統治力量，另一方面也造成了彌漫的烏煙瘴氣，如貪污腐敗、權錢交易、權性交易、潛規則、拉幫結派、明爭暗鬥，甚至吃裡扒外、出賣機密、爆內幕也時有發生，似乎低素質是統治體制不可解的宿命。

無奈的被統治者群體是專制極權社會中最卑微的群體，也是數目最龐大的群體，大多數人總是處於勉強維持生計或貧困的邊緣，部分人卻落得赤貧的境地。這個群體總是遭受多重的壓迫、欺凌和盤剝，統治者的稅金攤派最終落到他們頭上，官僚體系的蠻橫總是以他們為目標，黑社會的惡行只能拿他們開刀，他們也是假冒偽劣產品的直接受害者。他們無緣統治體制內優厚的福利待遇，只能靠自己頑強打拼在社會中謀取一席生存之地，他們有勤勞的德性，但是終日的勤勞只能換得苟延殘喘、勉強度日，他們無暇顧及自己的權益，也對政治和時事不聞不問。他們得不到社會關愛和溫暖，只能相互關心和勉勵；不談政治，不談政事，不要與統治作對，小心因言獲罪，螞蟻扳不過螳螂大腿，云云。於是，他們膽小怕事，謹小慎微，總結出人類少有的生存「智慧」——好死不如賴活著。但是，他們懷有弱道德感，對世道不公和命運多舛有自己的判斷，只是敢怒不敢言而已。他們甚至還有清高的氣息，即使處境艱難也決不圖謀不義之財，對假冒偽劣和坑蒙拐騙的惡習深惡痛絕。他們相互幫扶，尊重老者，關愛幼小，總能發出一些親社會行為，給冷淡的炎涼世態帶來一絲溫情。總的來說，無奈的被統治者群體的國民性格消極的一面要大於積極的一面，他們逆來順受、保守固執、因循守舊、循規蹈矩、平庸愚昧、個性內斂、缺乏活力、沉迷於棋牌娛樂、酗酒等等，他們都是一個個精緻的現實主義者，沒有理想，缺乏積極樂觀的人生態度，得過且過，苟且偷生，生活單調，工作馬虎。不過，他們消極一面的國民性格不正是在高壓和愚弄的統治下的真實寫照嗎？

如果我們仔細的觀察研究就會發現，專制極權社會的各種國民類型群體還真有有限共同的國民性格，那就是都沒有發展智性的願望和行動，不愛學習（或者學習為功利目的），不愛思考，少有閱讀書籍的習慣，鮮有自由意志和自由思想。幾乎所有的人都在一個思維框架內行事，即統治者群體的意志。由此可見，專制極權統治與人類的自然稟賦是背道而馳的，是反自然的，也是反自然人性的。人的智性自然發展必然會衝破思維框架的束縛，所以專制極權統治不可能長久。

第十七章　論社會偏差

社會中陌生人之間交流互動的好處是顯而易見的，相互之間提供生產、生活的資源，相互學習以提高技能和智性，各取所長，相互依賴，你中有我我中有你，凸顯出利益互補的和睦共生關係。但是，社會中陌生人太多太多，絕大多數陌生人之間不能產生直接利益關係，而是以間接的多重邏輯關係為主，似有似無，虛無縹緲，加上陌生人之間的情感權重幾乎為零，這就為陌生人關係蒙上了一層陰影。陌生人之間的差異性也是顯而易見的，人與人之間有許多的不同，有地域差異、成長經歷差異、受教育差異、職業差異、社會角色差異等等，而且各自分屬於不同的家庭。諸多的不同本來是形成互補關係的原因，由於人的智性發展伴隨產生複雜多樣的需求，沒有哪個個體人可以獨立滿足自己的所有需求，無論他的智性有多高，所以依靠他人的技能來彌補自己的不足是明智之舉。但是，在陌生人之間諸多不同的同時也會導致一個麻煩，即觀念的差異。人與人之間看待事物的角度不同，對事物的瞭解程度（深度和廣度）不同，宗教信仰不同，思維方式不同，行為方式和目的不同，利益歸屬不同的家庭等等，於是在社會交往互動過程中人們產生各種各樣的觀念，有地域歸屬觀念、尊重他人的觀念、人道主義觀念、自食其力觀念、自私自利觀念、團結協作觀念、道德倫理觀念、情欲色性觀念、支配他人觀念、侵占掠奪觀念、專制統治觀念、理性正義觀念、平等自由觀念、人權民主觀念等等等等。由於這些觀念在面對人與人之間關係時具有積極和消極的意義，所以持有相悖觀念的人們在交流互動的碰撞過程中必然會引起矛盾。觀念相同或相近的人相互吸引和靠近，觀念相悖的人則相互排斥或對立。社會中出現矛盾本來也不是什麼大不了的事情，陌生人關係的益處本來具有壓倒性優勢可以促使人們求同存異，採取謙讓、理解、寬容、博愛（兼愛）的方式來化解矛盾，就像人類社會化之初人們的作為那樣。但是，在五千多年以來的現實社會生活中，矛盾一直困擾著人類，矛盾升級和矛盾被激化一直貫穿於社會生活之中，矛盾產生異議和爭議，進而導致糾紛與衝突，最終演化成為鬥爭和戰爭的激烈對抗。矛盾因為不同而導致不和，是司空見慣的事情。

我們知道，矛盾本身並不是必然會自動升級和激化，矛盾也並不是導致不和與對抗的充分必要條件，在矛盾轉化的過程中一定是有人的因素在起作用，人的某種觀念和行為是導致矛盾消極和激烈轉化的根本原因。在消極的觀念中，他人（陌生人）的情感訊號極其微弱，他人太多太多，而且他人在很多方面（如智性、強壯、膽識等）都有不如自己的地方，他人是可以被忽略的，也是可以被利用的。消極觀念的持有者也看到了社會中充斥的各種機會，許多事物和事務領域還不被人們充分認識，也就是說社會充滿許多空白，只要發揮自我的智性、強力和膽識就可以控制對事物的認識，控制對事務的處理過程，進而控制他人；充分發揮自我的主動性就可以獲得取之不盡的社會資源和利益；社會中的空白也就是社會漏洞，如果不放手賭一把會愧對自己的聰明才智；在矛盾中妥協將會失去很多機會，如果別人把握住機會肯定會對自己不利，云云。於是，消極觀念持有者橫下一條心挑戰矛盾，追求自我的滿足，無視他人的存在，而發出一系列的升級和激化矛盾的態度和行為，否定他人的觀念和利益，或製造理論來欺騙和麻痹他人，或直接暴力打壓他人的爭辯。如果對方是智性不足的懦弱之輩則可以成功的快速碾壓，讓他人無還手招架之力。如果對方也是一個同樣的人，或棋逢對手，則矛盾持續激化升級，直到誰死誰活才甘罷休。筆者把這種憑藉自我意志、情感和喜好，漠視和挑戰社會矛盾，偏離於社會自然觀念（符合自然客觀目的性的觀念）、正義、人性、責任和自然秩序的觀念和行為定義為社會偏差。社會偏差包含大量的自我意識和不當利益訴求，用野蠻的暴力和欺詐行徑肆意侵害他人，所以社會偏差具有嚴重的社會破壞性，其所到之處總是哀嚎遍地、亂象橫生，帶來深重的社會問題，如社會壓迫問題、貧富懸殊的問題、愚昧無知的問題、貪污腐敗的問題、失業的問題、物價上漲的問題、環境污染的問題、違法犯罪的問題等等。社會偏差是人類社會的一大頑疾，肆虐人類長達幾千年，但是我們對其知之甚少。

******

為什麼說社會偏差具有社會破壞性呢？或者說為什麼社會偏差會導致社會問題呢？我們先來看看什麼是社會問題。社會問題不是社會中的問題，社會中的問題有很多很多，每個人都有自己特定的問題，每個家庭、每個社會組織也有特定的問題，統治者、社會管理者、社會精英也不例外。社會中的問題意指是難辦的事情、棘手的事情，一句話就是麻煩事。錢不夠花、資金短缺、學歷或資歷不夠等等都是十分常見的問題，即使統治者和社會管理者也會遇到一些問題，如人口快速增加或減少的問題、人口結構老齡化問題、新產品新技術更新太快的問題、氣候變化導致自然災害加劇的問題等等，這些問題嚴格地說都不是社會問題。我們看待社會問題應該有一個角度和立場，是站在個體人自己的角度和立場，是站在社會組織、社會團體、統治者、社會管理者、社會精英的角度和立場，還是站在自然的角度和立場來看待問題（站在自然的角度和立場也就是站在普遍的人的角度和立場）。如果是站在自然的角度和立場來看待社會問題，那麼社會問題就會有一個獨特的語境，社會問題就是人與人之間的關係和相互作用影響的問題。筆者認為，社會問題是指社會中人與人之間的關係和相互作用影響不對勁、不對頭的消極性社會事實，通常不被人接受，與期望有差距，總是被人責難、詬病和祈望改變。社會問題具有層級性，有小問題、大問題、嚴重問題、災難性問題之分，各級問題還具有遞進發展關係，小問題通過日積月累可以變成大問題，大問題可以變成嚴重問題，最終演變為災難性問題。我們回顧五千多年來人類社會歷史不難發現社會問題的這種演進發展規律，在歷史發展鏈條中，災難性問題是社會問題的開端，即早期征服戰爭給人類社會帶來了災難深重的破壞力，死者無數、血染大地、田地房屋被毀、無數人流離失所、家破人亡、心血和事業化為灰燼，無與倫比的沉重代價卻換來了征服者的統治紀元，從此人類社會拐入了厄運的岔道。自從有了災難性社會問題的開端，社會問題的周而復始的層級遞進發展過程就沒有停止過，總是體現為災難性問題起始，經過漸進發展最終又以災難性問題收場。

早期的征服者無一例外都是由野蠻遊牧部落首領率領的野蠻人隊伍，以亞述帝國為例，其征服行為異常的殘暴，所到之處均採取慘絕人寰的「三光」政策，當地人無論城鄉的男女老幼慘遭屠殺，財物被洗劫，城鎮被焚燒搗毀，因此人口數量銳減，生產活動停滯，放眼望去滿目瘡痍。由於被征服地區無法進行再盤剝和掠奪，引起征服集團內部的不滿。隨後，征服者首領改變政策，自立為王，建立以國王為中心的中央權力和行省制為架構的被征服地區管理制度，廢除地方官員世襲制度，中央權力直接管理各地方事務，逐年選拔任命各級官員，在中央權力所及的所有地區和領域實行帝國式的集權專制統治。統治者建立嚴格的社會等級制度，國王處於等級結構的最頂端，以企圖達到鞏固統治、維護社會穩定的目的；所有的國家官職都為軍隊和軍事需要而設立；實行軍隊至上的理念，建立多兵種的職業化常備軍隊伍，優待軍人，他們享受免賦役的特權，通過軍功獎勵，軍人的地位迅速提高，經過嚴格訓練、紀律嚴明的職業軍隊為帝國的軍事擴張和鎮壓反抗提供了堅強的力量。在對待被征服地區的政策上，帝國政權把被征服地區的人民貶為奴隸（不再殺光），他們不僅須要承擔和繳納繁重的賦稅，還要擔負繁瑣而沉重的徭役，帝國對所征服地區只管掠奪缺乏建設，不管當地人民的死活，而統治者卻窮奢極侈，打造奢華宮殿，囊括天下金銀財寶，食用最好的美食。由於帝國的軍事擴張，使得軍費開支日異龐大，長期的戰爭令國內人民負擔加劇，同時生產活動不能正常有效進行，經濟衰落，民不聊生，於是激起普遍的不滿，各地區反抗起義不斷，帝國政權在軍事擴張和鎮壓反抗之間疲於奔命，大量消耗社會財富。亞述帝國從根本上說是依靠軍事暴力征服而建立，實行軍國主義統治，不僅不能滿足社會生產和經濟發展需要，而且還施與嚴重破壞，導致其治下社會矛盾尖銳，人為製造社會矛盾，甚至帝國統治集團內部矛盾也日益激化，當遇到外部強敵對抗的情況下帝國政權轟然倒塌。在西元前三千多年來的歷史長河中，在兩河流域、尼羅河中下游、歐洲大陸、東亞大陸到處都是征服戰爭的烽火，帝國王朝群雄林立、輪流覆滅，王權總是從天而降、應聲而亡，生靈塗炭、孤魂冤鬼、血流成河、哀鴻遍野總是與之伴隨。早期征服者和統治者的血腥暴力不僅僅是慘絕人寰和破壞社會正常秩序，還為人類未來留下了絕對的王權觀念和屈從忍讓的順從心態，為人類社會的後續發展帶來了極其嚴重的消極影響。

西元前 272 年古羅馬共和國征服義大利半島以後沒有停止軍事擴張的步伐，三次布匿戰爭後羅馬共和國征服了北非迦太基王國，隨後幾百年間通過馬其頓戰爭、敘利亞戰爭、高盧戰爭等征服戰役在西元 2 世紀達到最大疆域，地中海四周全部都納入其統治之下，成為跨越亞非歐稱霸地中海的龐大帝國。隨著軍事擴張，古羅馬的疆域和人口數量不斷增長，社會矛盾和社會問題也隨之湧現，國內狀況和周邊環境不斷變化，導致西元 395 年古羅馬帝國分裂和西元 476 年西羅馬帝國最終滅亡。西元前 264—146 年的布匿戰爭是古羅馬共和國社會生活的一個轉捩點，在這之前，羅馬人沿襲 3 百多年以來的共和傳統，元老院的權力受到公民會議的制約，普通平民與貴族同工同酬，而且可以通婚，公民權不斷提升；整個義大利半島的人民經過鬥爭爭取到了羅馬公民權；社會的貧富懸殊不大，大多數羅馬人都具有共和精神，這一時期是古羅馬歷史中最光彩的階段；古羅馬共和國的經濟支柱是農業，自由農民占人口的絕大多數。布匿戰爭之後，由於獲得了巨量的戰爭賠款，俘獲並帶回了大量的奴隸（俘虜被征服地民眾），掠奪並帶回了天量的財富，從此古羅馬社會發生了根本性的改變。第一個變化是奴隸制度的興起和發展。共和國出現源源不斷的戰俘，古羅馬人如何處置這些俘虜呢？根據當時人們的觀念，這些戰俘理所應當的不能取得共和國的公民權，他們是低等的族類，自然應當遭受壓迫和懲罰，所以這些戰俘就成為了奴隸，也就成為了古羅馬人的工具和財產。奴隸通過交易市場被販賣和購買進入了千家萬戶，奴隸們遭受到非人的待遇。幾乎所有的古羅馬共和國公民都成為了奴隸主，奴隸主蓄奴、養奴成為了社會時尚，他們可以隨意的命令奴隸，也可以隨意的打罵、體罰奴隸，甚至為了尋開心而逼迫奴隸用生命來表演以當做娛樂方式。古羅馬共和國的奴隸充斥著各個公民的家庭和各行各業，農場種植養殖、手工作坊、礦山、冶金、修路、建築等等都是奴隸的工作，而古羅馬公民們則貪圖享樂，好逸惡勞，挖空心思盤剝奴隸。奴隸制度的後果就是自由農經濟被奴隸經濟取代，古羅馬共和國成為奴隸們名副其實的地獄。奴隸們因為語言不通和各自分散不能凝結為有效的反抗力量，極少數奴隸群體反抗如斯巴達克起義很快就被鎮壓平息。第二個變化是貧富懸殊越來越大。由於軍事征服和擴張，古羅馬共和國的疆域擴大了幾千倍，大量的被征服地包括肥沃的土地都被軍隊將士、元老院成員、祭司和富裕的奴隸主瓜分，出現大土地所有者，他們蓄養的奴隸規模超大，生產產值很高，所以成為了巨富群體。部分奴隸主貴族因為經營管理不善破產至貧困，自由民破產跌落為赤貧者也比比皆是，占人口大多數的奴隸群體更是一貧如洗，沒有財產、沒有權利、沒有尊嚴。古羅馬共和國內時常爆發平民不滿時政的反抗起義。第三個變化是軍人的作用逐漸取代元老院和公民大會。軍隊肆意對外侵略和掠奪帶回了天量的財富及土地主權，似乎軍人具有創造社會財富的能力，軍人的重要性和話語權在社會生活中不斷提升。西元前 1 世紀時軍隊將帥飛揚跋扈，依仗軍隊實力不法執政，成為軍政當局首腦，實行獨裁統治，元老院也無可奈何。政權的巨大利益驅使軍隊將帥們爭權奪利，內戰四起，國內經濟和政治被弄得烏煙瘴氣，社會因風氣敗壞而開始走向衰敗。第四個變化是共和國蛻變為專制帝國。西元前 27 年獨裁軍政統帥屋大維出任古羅馬共和國「元首」標誌著古羅馬社會走向帝制，實行帝制並不意味著古羅馬社會走向和諧安定，相反卻昭示著古羅馬社會政治腐敗、道德崩潰愈演愈烈。宮廷禁軍直接干預和左右皇帝的任免，皇帝們依仗軍隊勢力專制蠻橫，國內經濟衰退，民眾生活困苦。當軍事擴張達到極限時（約西元 2 世紀），帝國的掠奪能力急速萎縮，財政資源枯竭，導致國內政治混亂，帝國統治亂象橫生。帝國的分裂和西羅馬帝國的覆滅似乎具有某種必然性。縱觀一千多年的古羅馬歷史，我們可以感受到一個征服者社會內部的一些具體情況和基本演化過程。

西元 1 世紀中期，基督教在古羅馬帝國開始傳播，因為基督教教義宣傳上帝是全人類的慈父，全人類都是兄弟，天國將要降臨，天國中沒有特權、沒有優越、沒有欲求，除了愛沒有別的動機和回報。基督教提倡仁愛和勇敢的精神，使得許多苦悶的人獲得了重新生活的勇氣，於是基督教迅速傳播，到西元 4 世紀初傳遍了古羅馬帝國的疆域，吸引了無數的信徒。由於基督教的教義挑戰了世俗權威，招致古羅馬皇帝的瘋狂鎮壓和迫害，但是官方打壓並沒有遏制基督教的發展勢頭，相反卻加速了基督教的廣泛傳播，基督教似有取代多神崇拜的趨勢。從西元 4 世紀一二十年代開始，古羅馬皇帝一反常態轉而默認和支持基督教，西元 4 世紀末，羅馬皇帝狄奧多西取締所有異教，正式把基督教定為國教，確定了基督教不可動搖的地位，並成立羅馬教會作為古羅馬帝國的一個宗教機構，受皇帝的直接管理。從此基督教與專制政權聯姻，或者說基督教被古羅馬統治者利用和綁架，與其說基督教的合法地位得到承認，還不如說基督教從個人信仰蛻變為專制統治的幫兇。西元 476 年，西羅馬帝國滅亡，羅馬教會就開始獨立成為一個系統的基督教行政機構，仍然具有某種權威性，繼續沿襲著帝國的名聲和傳統，羅馬大主教承襲了「最高大祭司」稱號，宣稱自己成為全體基督教會的首領，即教宗。以教宗為首的羅馬教會懂得基督教與以往的神祇崇拜不同，基督教不僅僅是由行為體現的崇拜，基督教涉及到人的內心，信念支配著教徒的信仰，於是蠻橫的宣稱基督教教義的最終解釋權來嚴格規定信眾的行為、語言和思想，把任何與羅馬教會規定和看法所不同的基督教信徒都認定為異教徒，以最殘忍的手段予以迫害和屠殺。因為當時紙張和書籍十分稀有和昂貴，絕大多數的基督徒並沒有看過《聖經》，這也為羅馬教會隨意解釋教義提供了機會。在西元 16，17 世紀宗教改革之前的一千一百年間，羅馬教會製造的冤案不計其數，慘遭迫害的有女數學家希柏提亞、科學家帕利西、天文學家哥白尼和布魯諾、醫生塞爾維特、解剖學家維薩留斯、物理學家伽利略等等。由於羅馬教會禁錮人的思想，在這一時期整個西歐幾乎沒有藝術、建築、發明創造和技術革新。以教宗為首的羅馬教會自認為把握了人們通往天堂或地獄的鑰匙，總是以最高支配者的身份干預世俗事務，一方面建立教宗國，干預世俗王權爭鬥，企圖讓諸侯們服從，另一方面利用宗教法庭涉足婚姻、遺囑、契約、債務等世俗案件，似有統治整個歐洲的圖謀。與此同時，羅馬教會利用手中權力肆意斂財，或通過贊助，或通過遺產捐贈，或通過用錢贖罪，或通過稅收（什一稅）等等方式獲取了巨量財富，肆意揮霍，腐敗盛行。西元 11 世紀，因為主教地位的鬥爭，基督教分裂為羅馬公教（天主教）和希臘正教（東正教）。從西元 13 世紀起，羅馬天主教會的權威、威望和榮耀一直被自己糟蹋，歐洲各國各地的人們對其怨恨的情緒與日俱增。

西元 5 世紀初，搖搖欲墜的奴隸制古羅馬帝國被眾多的落後日爾曼部落群毆，西哥特人從巴爾幹進攻義大利，汪達爾人、勃艮第人、法蘭克人、東哥特人也從多個方向麾指義大利，羅馬城內的奴隸們打開城門喜迎入侵者。隨即，西羅馬帝國領土被瓜分，西哥特人占領西班牙，東哥特人控制義大利半島，汪達爾人吞沒非洲北部，法蘭克人和勃艮第人統治高盧地區，西羅馬帝國的城市和鄉村均被多次洗劫，富人變窮人，平民變臣民，奴隸得解放，城市被焚燒搗毀，帝國疆域變成一片廢墟。西羅馬帝國滅亡後，日爾曼人在廢墟上建立起成堆的王國，有西哥特王國、法蘭克王國、東哥特王國、汪達爾王國、勃艮第王國、蘇維匯王國、倫巴德王國、盎格魯撒克遜王國等等。由於這些日爾曼人還處在農業化初期，他們對城市不感興趣，也不喜歡城市生活，古羅馬的城市被廢棄任由其風化消亡。國王們（並非專制意義的君主）根據戰利品共同分配和公開贈送的傳統，把大量征服而來的土地分贈給他的親軍將士們，於是土地成為了世襲財產和私人領地，這些土地主也成為了最早的土地貴族。西羅馬帝國的滅亡並沒有停息歐洲的戰火，日爾曼各王國之間、王國與東羅馬之間、東羅馬與波斯帝國之間相繼爆發了曠日持久的征服和吞併戰爭。值得一提的是，西元 8 世紀上半葉，法蘭克王國墨洛溫王朝末期的宮相查理・馬特實行了土地制度改革，廢除了過去土地分贈制度，採取有條件的土地分配制度，大貴族可以獲得國王贈予的土地，但是要自備馬匹和武器裝備組建隊伍服兵役，並宣誓效忠國王，大貴族也用同樣的方式把土地贈予較小貴族，這樣層層建立起以土地和兵役為基本條件的從屬關係，直到最底層的普通農民，每一層領主只對上一層領主負責，普通農民不得擅自離開耕作和生活的村子，農民需要服兵役也要交稅。新的土地制度施行後，法蘭克王國的軍事實力大為提高，為後來的法蘭克王國加洛林王朝和查理曼帝國奠定了基礎。在綿延幾個世紀的王國爭霸戰中，法蘭克王國最終勝出，到加洛林王朝時期其疆域基本達到了西羅馬帝國的範圍，查理曼繼位後西元 800 年被羅馬教宗加冕為「皇帝」，史稱查理曼大帝。在西歐的政局日漸穩定之時，從北歐卻殺出一個更為野蠻落後的族群，即維京人（歐洲人稱諾曼人），他們是一群兇猛的鬥士，以可怕的海上攻擊和難以置信的強悍聞名於世。維京人搶劫、殺戮無惡不作，他們騷擾歐洲沿海和大不列顛，遠征地中海，足跡遍及從歐洲大陸至北極的廣闊地域，他們偷盜、搶奪牲畜和穀物，從不放過任何有價值的財寶，肆虐歐洲長達幾百年，所到之處民眾深受其害，日夜膽戰心驚，就連國王和君主也不得不破財擋災。在中世紀的早期和中期，歐洲遭到維京人從北面，阿拉伯穆斯林從南面，馬紮爾人以及後來的蒙古人從東面的夾擊，其社會秩序在兵荒馬亂、戰火橫飛、海盜竊掠的光景中遭到嚴重破壞，生產不能有效進行，民眾生活困苦不堪，加上羅馬教會的思想鉗制和瘟疫流行，愚昧、惶恐、無奈、貧困充斥著歐洲大陸。

西元前 8 世紀至前 3 世紀，東亞大陸周王朝因為王權蠻橫霸道隨意欺壓民眾，濫用嚴酷刑罰，官僚腐敗貪婪肆意斂財，並且常年的征伐戰爭，橫徵暴斂引得國人怨聲載道，於是導致王朝權威衰微，各諸侯順勢坐大開始了相互之間的征服和兼併戰爭。與此同時，社會正發生深刻的潛移默化的巨大變化。人口大量增長，新出生的人們長期耳濡目染血腥的暴力和欺壓，在許多人頭腦中的認知素材裡已經沒有了部落群體的共生觀念，野蠻霸道、冷血無情、不擇手段等不良觀念占據了他們的心靈，在行為上體現出道德淪喪、恃強凌弱、殘忍血腥，原始思維中的蒙昧無知與野蠻殘暴開始結合（這一過程與古代歐洲征服帝國的情況完全相同，可見強權暴力對社會的消極影響具有驚人的普世性）。周王朝社會的這一變化在規模上逐漸加大，最終彙集成為社會潮流，世風凋零，禮樂崩壞，大道既隱。在這種潮流的衝擊下，一些有識之士不由自主的發出感歎，或極力阻止這種潮流的蔓延，或積極適應潮流的發展變化，他們收納學生、著書立學、遊歷列國、推廣理念，形成了儒家、道家、墨家、法家等學術流派（史稱諸子百家）。儒家以孔子、孟子、荀子為代表，主張回到周王朝鼎盛時期的仁禮大道，反對殘暴統治，提出了以禮治國、以德服人、民貴君輕等思想。道家以老子、莊子為代表，主張依循自然、依道生法、依法治國、無為而治，反感殘酷的社會現實，提出了因循天性、寬刑簡政、休養生息等觀點。墨家以墨子為代表，墨子旗幟鮮明的反對侵略戰爭，也反對一切不合理、不平等的社會現實，主張兼愛、非攻、尊賢、節約，體現出嚮往和平樂土、人人平等互愛的平民思想。法家以管仲、李悝、商鞅、吳起、韓非為代表，法家以依法治國而得名，他們極力推崇的「法」絕不是現代意義的法治，而是主張嚴刑酷法、輕罪重罰、巧立名目治罪，擬建立和維護鐵血專制的中央集權制度。可以說法家是適應這種社會潮流的學術流派，而且還推波助瀾，把社會不合理、不平等的消極狀況推向極致。法家以社會革新的面目出現，給人以進步感錯覺，以為其代表了人類社會的發展方向而具有文明的牽引力。諸不知法家推崇法制的真正意圖只是為了富國強兵，在諸侯列強爭霸的時代如何促進侵略、征服和吞併，告誡君王們應該不擇手段，拋開道德說教，殘酷統治國民，努力發展生產，擴大軍事能力，把天下奪為己有。法家是主戰派，唯恐天下不亂，反對和平和社會和睦安定，其推崇的手段之殘酷、暴虐是史無前例的，從我們現代觀念來看都是令人髮指的罪惡，所以說法家是惡魔的化身，是人類邪惡的集大成者。值得一提的是，法家流派的人物都是平民出身，這給我們展示了一個不安的社會現象，社會中下層（即民間）有可能是人類極端邪惡的重要來源之一。諸子百家中唯有法家最具可操作性，儒道墨等流派多為說教，根據當時的智性水準難以在諸侯國轉化為實際的制度，加上法家的學說基本符合諸侯王的迫切需要，所以法家成為了諸侯國「變法維新」的操盤手，管仲在齊國、李悝在魏國、吳起在楚國、商鞅在秦國相繼主持變法，而商鞅在秦國的變法最為成功，他把秦國由一個弱小的諸侯國打造成了一個強悍的諸侯霸王，為秦王嬴政吞併其他國家打下了堅實的基礎。

商鞅變法的手段之殘暴無人能出其右，他創造性的設計出一系列的殘酷刑罰，有砍頭、活埋、腰斬、鑊殺、刮皮、抽筋、車裂等極刑，有割鼻、臉刺字、斬趾、斷舌、笞打等肉刑，還有連坐、徭役、流放、處罰金等等刑罰，罪責由官府認定，一人犯法連累無辜的家族和同鄉一同受罰，輕罪重罰。商鞅施以重典的目的就是要培養唯唯諾諾的順民，為他的「變法」保駕護航。在變法的舉措中，商鞅把專制魔爪伸進了國民的日常起居生活，以法令的形式強制拆解國民的家庭結構，「民父子兄弟同室內息者禁」，「民有兩男以上不分異者，倍其賦」，極力打造一夫一妻制的小農經濟模式，其用意是為了擴大生產、增加財政收入。把每戶編籍註冊，實行戶籍制度，把五戶為伍、十戶為什作為基本單位編制註冊實行連坐法，凡一人犯罪必連累全家以及另外九戶人家一同遭受最嚴厲的處罰，不告密者腰斬，同時禁止國人隨便外出，把民眾捆綁在了居住地。獎勵軍耕，打壓工商業。建立龐大的常備軍隊伍，由君王直接統領，實行軍功進爵制度，殺敵越多軍功越大獎勵也越多，以刺激軍人如狼似虎、拼命殺敵；規定男耕女織所生產的糧食和布匹越多者可以免其徭役；對工商業者加倍徵收賦稅，甚至可以將其妻子兒女一起全部收入官府，罰做奴隸，頓時秦國的工商業經濟完全消失，使得技術革新和創造發明成為了絕對的不可能。在秦國普遍推行縣制，把疆土分為若干個縣，每個縣設縣令和縣丞官職，均由君王任免，這樣一來君王不僅掌握了軍權，而且還掌握了各地方管理的行政權，整個國家成為了君王的私家產業，開啟了君主家天下的中央集權統治模式。商鞅在變法中還對思想管控煞費心機，「燔詩書而明法令」，把所有不符合軍戰和耕織的書籍視為異端學說一律焚燒，實行愚民政策，禁錮人的思想，以達到控制國民行為的目的。商鞅變法的真正目的是為了實踐他的強權政治理念，把秦國當做實驗場所，極力推行極端的國家恐怖主義、軍國主義和集權專制主義。他利用秦王的權威把全國的秦人當做工具，肆意踐踏和剝奪秦人的尊嚴和生命，手段極其兇狠、毒辣，使用嚴刑峻法把秦國人打造成了一個個只知道耕織的生產機器和拼死殺敵的戰爭機器。整個秦王政權也被他打造成了一部巨大的絞肉機，對內絞殺無辜的民眾，對外絞殺其軍事擴張的抵抗者，秦國成為了一個名副其實的虎狼之國。商鞅變法對於他個人而言是失敗的，商鞅最終落得了死無全屍的可恥下場同時也連累他的整個家族慘遭屠殺（我們應該承認報復商鞅的手段同樣也是邪惡的），商鞅變法對於秦國政權而言也是失敗的，秦孝公任用商鞅來變法其用意是為了富國強兵、沿襲祖傳王權家業並在諸侯列強中稱王稱霸，似乎的確在變法後一百多年時間裡秦國政權也實現了如日中天，在秦王嬴政手上實現了吞噬其他六國的大業，但是在西元前 221 年嬴政登上帝王寶座後的短短 14 年時間裡，於西元前 207 年整個秦王朝連同 600 多年積澱的祖傳家業被小民陳勝發起的起義戰爭連根摧毀，這不能不算一個歷史性的黑色幽默，印證了一句古老的格言——多行不義必自斃。商鞅變法之所以認為成功，在於商鞅的法術經過後人的加工整理形成了一個成熟的強權觀念，跨越兩千多年時間一直決定和影響著東亞大陸的社會政治、經濟、法律和文化，至今仍具效力。

以商鞅為代表的法家（準確的說應該稱之為惡家或狠家）對古代東亞社會的後續影響體現為皇權專制和週期性社會大崩潰。秦始皇（後人對嬴政帝王的尊稱）全盤繼承了法家的衣缽，極力推行壹民、弱民、疲民、辱民、貧民的馭民權術，並且有過之而無不及，把殘酷、暴虐推到極致。嬴政征服六國並稱帝以後沒有停止軍事擴張的步伐，不斷的南征北戰西伐擴大其統治疆域，實行郡縣等級統治制度和大一統中央集權專制制度，不斷加緊對人民的盤剝擠榨，橫徵暴斂，掠奪私有財產；花費天量的財富，徵用巨量的徭役，打造奢華的宮殿、陵園和軍事防禦工程；限制民眾的人身自由，實行焚書坑儒惡政以禁錮國人思想。嬴政的殘暴統治導致男子力耕不足以提供糧餉，女子忙織不足以提供衣物，老百姓只能穿牛馬之衣，吃犬彘之食。秦帝國因作惡多端、積怨太深，終於在嬴政死後第二年爆發大澤鄉起義，頓時天下勇士豪傑雲集而回應，不可一世的秦王朝在三年時間內被劉邦、項羽所率領的起義軍滅亡。滅秦以後，劉、項二人發生了本質的變化，由反秦義士變成了爭權奪利的軍閥，在接下來歷時 4 年的楚漢戰爭使得本來已經夷為廢墟的東亞大地遭受到更加嚴重的破壞，死者無數，屍骨堆積如山，與此同時社會秩序遭受多重多次的破壞，老百姓苦不堪言，怎一個民不聊生了得，這些後果卻都是劉、項二人全然不顧的。必須指出的是，從秦滅六國到滅秦戰爭再到楚漢戰爭，在在短短的 20 多年時間裡古東亞大陸經歷了 3 次史無前例的全面戰爭。在此之前，諸侯國之間的軍事摩擦包括諸侯爭霸的戰爭無一例外都是局部戰爭，時間越往前推移其戰爭的烈度越弱，遠古的戰爭都受規則的約束，主要以降服對方為目的，都屬於儀式化的爭鬥，不以消滅對方的肉體和生命為手段，只要對方服輸或潰敗就點到為止。但是自從法家出現以後，戰爭就發生了巨大的變化，變成了以消滅為目的的全面戰爭，於是在取人性命和拼死反抗之間，戰爭的烈度達到了極致，無以復加。楚漢戰爭以項羽敗亡、劉邦取勝而結束（相比二人，劉邦更狡詐和殘暴），隨之另一個中央集權專制政權確立。劉邦建立漢王朝並沒有完全吸取秦帝國滅亡的教訓，仍然繼承了皇權專制的衣鉢，在立國之初社會凋零、人口驟降、百廢待興的困難中採取權宜之計實行「郡國並行」制，僅僅是在表面上放鬆了一點對社會的控制，分封功臣為諸侯，並採取休養生息的鼓勵生產、輕徭薄賦的政策，當權力穩固以後就立刻恢復家天下的統治模式，把政權牢牢的控制在直系血親的手中。可見劉邦當時起兵反秦並不是出於正義觀念，而是為了取而代之。劉氏漢王朝經過六十年的恢復直到漢武帝劉徹即位時才開始強盛（可見全面戰爭的破壞力），漢武帝憑藉強大的國力又開始了軍事擴張，苛捐雜稅引得社會矛盾尖銳，各地爆發反抗起義。為了緩和社會矛盾，漢武帝推出「罷黜百家，獨尊儒術」的愚民口號，表面上主張實行儒家宣導的仁政，而實際做派仍然還是貫徹法家的殘暴統治，這種外儒內法的統治術開創了流氓政治的先河。王朝後期土地兼併盛行，社會矛盾加深，政治腐敗，宮廷內鬥，政權衰微，導致外戚篡權，漢王朝滅亡。在隨後的1900年時間裡，東亞大陸長則兩百多年短則十幾、幾十年上演了一出出王朝由興到衰的「惡作劇」，有漢朝（東）、三國、兩晉、五胡十六國、南北朝、隋朝、唐朝、五代十國、兩宋、元朝、明朝、清朝，每個朝代具有驚人的相似性，從屍骨中建立，在屍骨中滅亡，無一例外都是中央集權統治，殘暴、掠奪、內鬥、腐敗、民不聊生、社會崩潰，一次次全面的血腥戰爭撕裂著東亞大陸這片廣袤的土地。

當我們回顧人類野蠻史的時候有一個問題容易被忽視，即征服、殺戮是如何可能的。我們所看到的都是野蠻部落首領帥眾侵略征服其他部落，然後實施恐怖統治。我們知道，任何一個首領的個人能力和精力都是有限的，如果沒有眾人的同心協力，首領也不可能實現統帥的作用，更不可能展開統治，真正實施殺戮的人是每個野蠻部落軍隊的成員，他們是屠殺的主力，沒有他們，征服和殺戮無以為繼，甚至留守在部落老巢的人們也都是征服和殺戮的堅定的支持者，也就是說整個野蠻部落的所有人都具有征服和殺戮的觀念。這種觀念之所以能夠轉化成為征服和殺戮的行為還有一個前提，就是持有這種觀念的人口數量必須足夠大，少量的人不可能發起大規模的征服戰爭。在野蠻部落發起大規模的征服戰爭之前必然經歷過多次的小規模征服戰爭（事實也可以證明），被征服者加入了征服者隊伍，使得征服部落的規模像滾雪球似的越來越大，屢次征服都讓他們嘗到了甜頭，即掠奪財富，不需要自己的辛勤勞作也可以享受財富。所以說，征服戰爭必然是以掠奪為目的，征服和殺戮本身並不是目的，征服和殺戮本身需要消耗能量和精力，也要冒巨大的風險，由於財富和利益的誘惑遠大於風險，所以征服和掠奪就具有了價值，這是征服者敢冒天下之大不韙的主要動因，也是被征服者加入到征服者隊伍的主要原因。在征服和殺戮的觀念裡，自我的利益權重遠大於他人（陌生人）的利益、人格和生命，不惜殺死對方也要搶奪他的財富，這是由人的認知缺陷所決定的。由於征服隊伍需要聚集才擁有力量，從事農業生產的人們以家庭為單位分散，而且農耕作業需要遵守事務的邏輯鏈條秩序，所以早期征服者只可能是遊牧民族。如果征服者搶奪財富後只是返回老巢，那麼被搶奪的社會也不會產生複雜的觀念，仍然可以沿襲以往的共生關係和生產事務，只需要加強防務和預警即可。當征服者發現被征服者本身也是一種資源，具有多種技能，並開展利用和統治的時候，被征服地和老巢頓時就成為了一個更大的社會，於是征服、殺戮的觀念與各種共生觀念、生產觀念、事務觀念同時混雜於這個社會，導致矛盾叢生，人們處理矛盾的方式受觀念的支配，於是反社會行為和親社會行為同時出現。隨著時間的推移，在代際更替中強權、殘暴、欺詐、偷盜等不良行為逐漸占據了社會主流在陌生人群體中蔓延，而共生正義中的謙讓、寬容、互助、關愛等觀念和行為被擠壓到了狹小的家庭、家族和朋友、熟人空間，陌生人之間連起碼的信任和依靠都消失殆盡，甚至統治者群體內部也是猜忌、防範、矛盾叢生，在野蠻的觀念下無時無刻不處在明爭暗鬥、爭權奪利狀態之中，叛亂、政變、宮廷內鬥、僭權篡位時有發生。為什麼統治集團內部會發生矛盾激化呢？這是因為，其一位高權重的人們對於利益和事務會自然產生各自的觀念，觀念絕對的相同是不可能的；其二最高權力具有絕對的排他性，君主會把與己不同的觀念認定為背叛；其三在征服、殺戮的觀念裡沒有妥協和寬容成分，面對矛盾不是你死就是我亡；其四當君主遇到棘手的事情焦頭爛額或者君主昏庸無能時，統治集團內部的鬥爭會走上檯面，一些位高權重的人索性發起顛覆行動。專制統治在其思維和行為方式中從一開始就不可避免的發生內訌。

我們應該承認，征服、殺戮觀念是違背自然觀念的，甚至連動物性都不如。同類掠食動物之間的爭鬥不會以殺死對方為目的，儀式化爭鬥是普遍現象，如果置對方於死地，必然會激發對方拼死反抗，這對於攻擊方而言是很危險的，所以同類動物之間的爭鬥多以點到為止分出勝負即刻結束。但是在征服和殺戮觀念下的人類爭鬥往往超越了掠奪的目的，不惜置對方於死地，在遇到強烈的抵抗時征服者不是知難而退，反而是更加變本加厲的釋放暴力，冒巨大的危險而不顧，所以人類的征服戰爭都是異常的慘烈。即使征服者最終獲勝，但是面對江河破碎、人口驟減、損兵折將、斷壁殘垣的「統治天下」，征服者仍然沒有任何檢省悔過之意，不會想到會有更好的方法來達到目的，可見征服者的智性是何等的低下，的確與動物性都不如，簡直與魑魅魍魎無異。更要命且更加不合理的是，愚蠢的征服者展開統治以後卻以最高等級自居建立起以野蠻殘暴為核心的社會等級制度，把廣大的具有生產技能和經驗的被征服者視為最低級群類，開啟了落後統治先進、野蠻統治文明的社會治理模式。等級制度既是權力隔離制度、利益隔離制度，也是種族隔離制度、資訊隔離制度和智性隔離制度。社會權力被統治者及其集團壟斷，權力在統治集團內部流轉和聚集，最終彙集到最高統治者個人的手中，最高統治者的意志成為全社會的意志，即使輔佐最高統治者的大臣和重卿也只有建議權而不得違背最高旨意，那些廣大的被統治者不僅沒有任何權力可言，對於官員的任命和政策的制定既沒有參與權也沒有評價權，還只能接受既定的統治事實，不論統治事實是否對己有利，也不論統治事實是英明或愚蠢的結果。然而被統治者並不是與權力無緣，僅僅只是權力行使的對象，必須承受統治集團的層層壓迫，權力把被統治者隔離在完全無助無力的狀態。權力在統治集團層層分享的同時也在層層獲取和分享社會利益，權力越大則利益愈豐。國王（或皇帝）擁有頂級奢華的巨大宮殿，囊括天下金銀財寶和珍稀美食，把國庫當做私人口袋任意揮霍，古東亞的皇宮裡還常年雲集成百上千的經哄騙和搶奪而來的美少女供皇帝一人尋歡作樂之用。數量眾多的達官貴人也是窮奢極欲，妻妾成群，享盡人間榮華富貴，他們所擁有的財富和美女在總量上遠超國王（或皇帝）。然而處在最底層的被統治者（普通民眾）則窮困潦倒、入不敷出，還要承受繁重的賦稅和徭役，社會利益與他們無緣。統治者把社會中的人群分為三六九等進行種族隔離，在社會日常交往和婚配過程中實行門當戶對，把低等級的群類當做「不潔」和「低賤」的污染源，進行行業歧視和人種歧視，把勞動和手藝（激發人類智性發展的源泉）當做卑賤的行為，引導和營造出唯官是尊的官本位意識。由於統治者智性低下但又處心積慮的維護其獨尊的優勢，所以統治者總是極力掩蓋其錯事和糗事，把所有與其不利的消息一概定義為謠言予以嚴厲打擊，以國家機密的方式封鎖消息，害怕真相流出，同時禁錮思想和言論，採取暴力高壓手段把與統治意志不符的書籍和宗教信仰一律禁絕，並規定任何人包括統治集團成員都不得妄議朝政。這麼一來，社會中只有一種聲音，一種意志，然而這種意志只是愚蠢和野蠻的化身，這種意志通過愚民政策和洗腦教育變成了千百萬普通人的認知素材而形成消極的國民性格，他們在人格上墮落，對權威唯令是從、卑躬屈膝，對同階層的人和低階層的人則冷漠無情、肆意欺凌和傷害；在處世上自私自利、唯利是圖、不講誠信、坑蒙拐騙、偷盜竊掠；在思維能力上，萬事不求甚解，敷衍了事，沒有是非對錯意識，沒有正義感。於是，全民智性大幅下降，蒙昧和野蠻被凝固，社會中謊言盛行，說假話、聽假話靡然成風。專制統治拉低了整個社會的智性，對人類智性發展是一種野蠻的摧殘。專制統治之所以能夠實行黑暗統治，一個重要原因是因為統治者在愚民的同時也馴化了軍警隊伍和軍警成員，使得他們不問道德和正義，只接受指令，肆無忌憚的無惡不作，他們才是專制統治的堅貞力量。

******

在人類群落和部落時期是沒有壓迫的，群體內部沒有相互鄙視和傷害的可能，人與人之間處於共生關係，你中有我我中有你，你為了我我為了你，相依為命，共同面對來自大自然的威脅，即使有誰妄圖稱王稱霸，那麼即刻會被群體拋棄，孤身一人無以謀生。在原始的群體生活中，所有的消息、資訊和經驗向全體成員公開，沒有欺騙和隱瞞，長者和能人把自己的經驗和知識毫無保留的傳授給新一代，這些關乎群體的生死存亡。無論男女老幼、強弱智鈍都相互體諒和謙讓，不會爭強好勝和哄搶果實，人人可以獲得均衡的機會和營養，所以早期人類個體在生理上可以同步的進化和發展，這是群落和部落生活方式共有的基本特徵。人類多個群落之所以組合成為部落和部落聯盟是為了避免近親婚配，以改良人種。自從大規模的實行異族異姓通婚制度以後，人類整體的由每個個體體現的大腦發育和智性水準得到了飛速發展，新石器和農業萌芽極大的提高了人類的生存能力，於是群體人口數量快速增加。另有一些人類部落因為遷徙遊走的緣故在高地草原擴散發展起來，他們以野生畜類和蔬果為食，也發展出馴養牛羊馬駝等動物的智性，過上遊牧生活。與此同時，在平原沃地興起的農業種植技術開創了人類全新的生活方式——定居。這裡的人們不需要遷徙遊走來覓食，也可以獲得源源不斷的穩定食物資源，人們遵循事務邏輯不斷的總結生產技術，對土質、肥料、氣候、時節、水源以及糧食作物的自然生長過程和所需環境要求都有了更深刻的認識。農業種植技術在部落共生的氛圍中迅速擴散，人們紛紛學習和模仿，甚至部落之間和部落同盟之間也在毫無保留的傳授著農業技術，使得農業生產方式大範圍的遍地開花，城鎮也因此出現。農業生產生活方式進一步促進了人口增加，人類群體中湧現出大量的相互之間的陌生人，人類迎來了社會化。在社會化之初，人們的心思主要集中在了生產事務邏輯和學習交流之中，其人格以互幫互助、謙遜勤勞為特徵，人與人之間和睦互信，人們的智性呈現整體提高的態勢。

人類社會化之初短暫的美好被遊牧民族殺到所斷送。古代遊牧民族之所以入侵和征服平原農業生產地區是由遊牧人的智性和觀念所決定的。古代遊牧人的生產方式極為簡單和單一，就是放牧，舉家驅趕著牧群（如牛羊馬駝）在遼闊的高地草原上追逐野草和水源，讓這些食草動物自行吃飽喝足，吃完一片野草又遷徙到另一處，遊牧人的主要生產事務是馴化、驅趕和照看牧群，其主要技能就是馴馬和騎術。遊牧人的生產事務不構成一個完整的鏈條，由片段式的環節所組成，世世代代、年復一年沿襲這種生產方式必然會影響到他們的認知能力，導致邏輯思維不足，其思維方式以無意性思維為主。我們可以從兩個方面看到古代遊牧人較低的智性，一是他們的攝食習慣以肉食為主，蛋白質和脂肪營養攝入充足，但是醣類（碳水化合物）吃得較少，而人腦所消耗的能量主要來自醣類營養。遊牧人一直沒有解決谷麥糧食供應的問題，沒有建立起牲畜交換糧食的機制，他們唯一能做到的就是定期不定期的來到低地平原搶劫糧食。二是他們始終沒有樹立起防範風險的意識，沒有建立起抵抗風險不測的物資儲備機制，即使經過無數次的自然災害也意識不到他們的生產生活方式的脆弱性，只要遇到嚴重自然災害如乾旱、水澇、沙塵暴、暴風雪或牲畜瘟疫，他們的幾乎全部財產——牲畜即刻遭遇滅頂之災，全家破產，只能走上冒險遠征搶劫的道路。古代遊牧人野蠻、暴躁、殘忍的觀念和性格也來源於他們的生產生活方式，首先，由於生產方式簡單，則不需要與家庭之外的人交流學習以提高技能，遊牧家庭之間相互不提供草場和水源的信息，他們的交流交往只侷限在了比試騎術和武術上，與陌生人的交往也侷限在了用牲畜交換衣物和刀箭武器上，遊牧人始終把陌生人當做其財產——牲畜的威脅，遊牧人對陌生人有防範、排斥心理；其次，馴養動物會產生征服欲。大型草食動物如野牛、野馬、野駝等大多桀驁不馴，遊牧人總是採取套繩、鞭撻的方式逼迫其就範，直到服服帖帖聽從指揮為止，這種馴獸的方式其實就是用暴力征服；再次，遊牧人終日使用刀劍等武器屠宰牲畜和捕殺野生動物，殺戮是日常生活的主要內容，屠殺和肢解動物成為家常便飯，這對於遊牧人的殘忍性和嗜殺性不能不產生潛移默化的影響；更次，野生猛獸如狼群等對牧群的頻繁襲擊總是激起遊牧人的惱怒情緒。總之，古代遊牧人與農耕人在生產生活上和人格心理上大不相同。

農耕時代最早的軍隊可能是遊牧人打劫隊，由幾百上千人組成，他們憑藉馬匹和騎術可以快速的集結和閃電行動，他們沖到低地平原燒殺劫掠淫無惡不作，屢屢得手，總是可以搶奪並帶回大量的糧食、金銀財寶和精美的手工業產品，於是打劫隊的規模越來越大，打劫的次數也越來越頻繁，因此逼迫農耕人也組建軍隊與之抗衡。如此一來，人類出現兩種軍隊，一種是進攻性侵略軍隊，以快樂享受的掠奪為目的，另一種是防守性護衛軍隊，以痛苦的抵抗為目的，前一種軍隊是後一種軍隊形成的原因。當遊牧人發起大規模的侵略戰爭時，戰爭的性質已經發生了本質上的變化，由掠奪打劫變成了民族征服，進攻性軍隊已經參與了遊牧民族的政權力量，其組織性和結構性更強，並且經過了一定的計畫和部署，加上遊牧人本來就暴虐無比，所以農耕人軍隊無力抵抗，只能接受被征服的事實。當征服者建立起國家政權開展統治以後，社會中只剩下一種軍隊，即以快樂享受的掠奪為目的的軍隊。值得我們思考的是，這支軍隊會不會發生質的變化，由掠奪目的轉變為護衛目的。我們通過史料和邏輯分析不難發現，征服者總是在第一時間解除被征服者的武裝，甚至連生活刀具和生產工具都予以銷毀，把被征服者完全置於赤手空拳的境地，而征服者的軍隊仍然保留，而且規模更大，更加職業化。可見，征服者和統治者的軍隊仍然沿襲掠奪的目的，同時增加了護衛統治者的職能，並不是護衛被統治者，而是防範被統治者的反抗，軍隊的本質沒有發生變化。所以說征服者完全不是為了幫助農耕人而來，完全只是為了利益而來和為了加害農耕人而來，以軍隊暴力為後盾的盤剝、掠奪和奴役是其基本的統治方式，這種壓迫行為在過去的農耕社會中是沒有的。

統治者建立起社會統治架構和等級制度的目的是為了在社會中貫徹其統治意志，統治架構和等級制度本身並不是目的。統治架構和等級制度只是一種強制性社會關聯的形式，這種社會關聯是建立在統治意志的基礎上，人為的暴力是這種社會關聯的成因，不是自然形成。統治者的意志主要是維護其絕對的權威和優勢，鞏固其統治地位。由於受其思維方式的限制，統治者的意志不可能包含複雜的內容，也沒有事務的邏輯和秩序成分，無法與複雜的社會生活對接，所以統治者只能極力簡化社會生活，打造單調的社會，只有這樣才能駕馭其統治權威。面對任何複雜的社會生活方式和新事物都會凸顯出作為「最高等級」的統治者的愚鈍，這是統治者最害怕的事情。統治者的意志中還包含嚴重的對陌生人的無端蔑視和仇恨，統治者可能看任何陌生人都不順眼，都想欺凌一番，而對那些與其意志不相符的更聰明、更高尚的人則更是欲除之而後快，統治者害怕被統治群體出現自由思想和自由意志，所以總是用最殘忍的手段來鎮壓和抑制社會智性的自然發展，極力塑造被統治者唯唯諾諾的愚昧人格。統治者的意志還包含對社會利益的不當訴求，打造奢華的宮殿、囊括天下金銀財寶和美食是統治者樂此不疲的事情，把國庫當做私人口袋肆意揮霍，窮其所力對被統治者任意攤派賦稅和徵調勞役，對社會普遍存在的民不聊生和民生凋敝熟視無睹，不管百姓的死活。在統治者狡詐的智性裡鄙夷萬般唯獨優待軍隊，不惜花重金建立常備軍，窮兵黷武，炫耀暴力，擴充疆域，提高掠奪能力，與此同時實行軍功獎勵制度，引誘將士充當炮灰奮勇殺敵，對將士管吃管住，也吸引了眾多的貧困潦倒的人們投奔軍營，施以小恩小惠即可籠絡野蠻愚昧的人們甘願為其賣命。

如果野蠻的遊牧民族偶爾征服和統治農耕民族這還不是最可怕的事情，雖然征服、殺戮觀念與各種自然觀念（如共生觀念、生產觀念、事務觀念等）同時混雜在社會之中，但是各種自然觀念仍然占有較大的比重，即使遭遇兩三次間歇征服和壓迫，仍然如此，就像古羅馬王朝和日爾曼民族對歐洲的征服那樣，社會中總是還有大量的共生正義觀念存在。最可怕的事情是不同的野蠻遊牧民族無數次頻繁的騷擾、侵犯和征服原農耕民族的地盤，致使社會中各種觀念很多次反復混雜，每一次觀念的混合都沖淡了一次自然觀念，隨著時間的推移就可以把社會中的自然觀念沖刷得所剩無幾，致使社會共生正義觀念寥寥稀疏，野蠻暴力和壓迫、順從、忍讓成為社會常態。我們在研究社會偏差及其危害時不可回避一個問題，就是是否只有古代野蠻遊牧民族才殘忍呢？或者說古代農耕民族就一定很文明嗎？我們不可否認，在社會化之初農耕民族是文明的，農業生產方式在和睦的共生正義氛圍中得以迅速推廣，社會中沒有壓迫、沒有欺凌，更沒有野蠻暴力。但是，隨著遊牧人長期的侵擾、掠奪和征服，戰亂紛呈，在代際更替中野蠻暴力侵染農耕人的心靈，血腥殺戮和不勞而獲成為認知素材支配了部分農耕人的觀念，他們逐漸認同遊牧人的殘暴作為，成為野蠻觀念的繼承者，學習和模仿遊牧人的做派也對本民族的陌生人肆意欺凌和迫害，漢族人朱元璋就是一個典型的代表，還有許許多多的李元璋、王元璋、周元璋等等潛藏在社會中，他們或打劫偷盜、或坑蒙拐騙、或結成黑社會，為害一方。農耕人的這種變化反映出歷史長河中民族演化的一種現象，即民族混合和民族融合現象。我們可以把人類社會化初期的農耕民族定義為原生民族，古代遊牧民族內部因為其部落之間野蠻征戰的特點難以從邏輯上推演出共生性，所以不能劃歸為原生民族。在每一次征服戰爭過後，遊牧民族作為統治民族與原生民族混合在一起，兩個民族涇渭分明，遊牧民族作為優勢民族不與原生民族交往和通婚。當另一個遊牧民族征服和統治原來的混合民族之後也是同樣的實行民族隔離，但是原來的混合民族就作為被統治者開始了交往和通婚，於是原來的混合民族就變成了融合民族。如此一來，一次次民族混合和融合的過程也是征服、殺戮觀念與各種自然觀念混雜的過程，這樣可以導致原生民族不復存在，致使社會中道德和正義觀念寥寥無幾。

古代東亞大陸就是這樣一個離奇的地方。在西元前 1300 年前，古代東亞大陸的北部活躍著一支遊牧民族，東胡族。東胡人曾歷時 1000 多年無數次南下侵略富庶的中原地區，打劫家舍，哄搶農耕人的辛勞成果。西元前 2 世紀東胡人被另一個新興的遊牧民族匈奴人打敗，匈奴人占據了東胡人的地盤，也開始了對中原的侵犯和騷擾。在戰國和秦漢時期，中原農耕人飽受匈奴人的侵害之苦，直到西漢武帝發起數百次討伐戰爭才將匈奴威脅解除。但是隨後的 1800 年時間裡，古東亞大陸的北部相繼出現烏桓、鮮卑、柔然、契丹、突厥、蒙古、回紇、女真等遊牧民族。這些遊牧民族無不覬覦富饒的中原地區，同時遊牧民族之間隨著人口的增長總是發生征伐、兼併和征服戰爭。西元 386 年鮮卑族（東胡族後裔）在首領拓跋珪的率領下成功征服中原地區，建立起北魏政權，成為首個入主中原的遊牧民族。隨後 500 多年期間，鮮卑人在古東亞大陸的中原腹地建立起東魏、西魏、北齊、北周、隋朝、唐朝政權。1127 年，女真族（古東胡族後裔一支）在完顏阿骨打率領下殲滅北宋王朝建立起金王朝，中原地區再次被遊牧民族征服。1271 年，蒙古人（古匈奴後裔）首領忽必烈建立大元帝國，1279 年消滅南宋王朝，於是元朝成為首個統治幾乎整個東亞大陸的遊牧民族政權（1368 年漢族人朱元璋滅元朝建立大明王朝）。1636 年女真人皇太極建立大清帝國，1644 年順治皇帝入主中原，遷都北京，1720 年康熙皇帝最終實現對整個古東亞大陸的統治。遊牧民族跨時 3000 多年對古東亞大陸的野蠻折騰所導致的惡果就是，越往後的專制統治越毒辣、陰險和黑暗，嚴重偏離自然觀念和社會正義，以元朝、明朝和清朝的邪惡統治最為登峰造極，使人不可理喻。

在古東亞大陸的東北部額爾古納河上游曾有一支叫做蒙古的小部落，在西元 8 世紀西遷到高原地區過著遊牧生活，蒙古部落與其他的上百個部落長期發生相互械鬥、廝殺和掠奪的戰爭。西元 1206 年，一個叫做鐵木真的彪悍男子率領蒙古部落成員通過一系列的戰爭打敗和吞併了其他所有部落建立了蒙古汗國，於是「蒙古」成為整個高原地區所有部落的通稱，這個高原也被稱作蒙古高原。因為從小就在血腥殺戮的環境裡成長，鐵木真養成了一個異於常人的嗜好，喜歡殺人和掠奪，正如鐵木真自己恬不知恥所言：男人最大之樂事，在於殺盡敵人，搶奪他們的所有財產，見其最親之人以淚洗面，騎他們的馬，強姦他們的妻子和女兒。鐵木真稱王以後曾告誡子孫：世界廣大，江河眾多，使你們攻占外國，去各自分配，擴大自己的牧地；要想富貴，就去搶掠，要想稱王，就去攻占外國。可見，鐵木真及其子孫的敵人只是素昧平生的可以被他們隨意屠殺和掠奪的陌生人。在鐵木真邪惡觀念的驅使下，古代蒙古鐵騎橫掃亞歐大陸，見人殺人，見物搶物，一個個城市和村莊的人被屠殺殆盡，甚至刨開孕婦的肚子殺死嬰兒，他們把死者的頭顱砍下堆成一座座山丘以炫耀戰功，鐵木真還曾下令刨開所有被害人的肚子查看有沒有吞下珠寶，以鐵木真為首的蒙古魔獸犯下了滔天的反人類罪行和種族滅絕罪行。鐵木真帥領蒙古軍隊以殘酷的血腥戰爭在東亞大陸先後滅亡了西遼、西夏兩個遊牧民族政權，並進攻金朝，為其子孫征服東亞大陸打下了基礎。鐵木真的孫子忽必烈在建立元朝後的征服南宋的過程中聽從了契丹人耶律楚材的建議才沒有把漢族人殺光，而只是殺了一半，約屠殺了 2400 萬人。元朝當局把東亞人劃分為四個等級，最高等級為蒙古人，二等級是中亞色目人，三等級是北人（原金朝統治下的漢族人），四等級是南人（原南宋漢族人），規定漢族人不能取名字，不能擁有鐵器，不能練拳習武，十戶共用一把菜刀，而蒙古人享有漢族人的所有勞動成果。由於元朝體制內亂象橫生，如帝位之爭、官場腐敗、迷信法事，導致國庫空虛、財政拮据，在濫發貨幣、物價飛漲、貧富懸殊和社會壓迫逾越底線等情況下，曾經不可一世的元朝政權最終被朱元璋率領的漢族軍隊滅亡。

作為一介貧民出生經過九死一生戎馬拼殺而建立明朝政權的朱元璋可不是為民做主和還權於民的革命義士，而只是一個取代蒙古帝王的漢族專制統治者。他不僅沿襲元朝的政治制度和統治架構，而且入主皇宮與所有專制皇帝一樣集政、軍、法三權於一身。他利用戶籍黃冊和魚鱗冊嚴格控制人民和土地，採取裡甲制和關津制把農民牢牢的束縛在土地上，禁止自由遷徙，也禁止結社等交流活動，也禁止人民出海，實行閉關鎖國政策。他頒佈嚴酷法令，首創錦衣衛特務機構，採取殘酷的刑罰來對付秘密組織、反抗活動和官員貪污等威脅專制統治的隱患。他首創廷仗刑罰，即棒打屁股，可以致人皮開肉綻、骨肉分離、當場斃命，同時沿用古老的凌遲、梟首、剝皮、族誅等酷刑，對人類生命極端殘忍的摧殘。朱元璋規定官員凡貪污超過 60 兩紋銀即構成死罪，輕者砍頭，重則剝皮，嗜殺成性的他總是隨意的把貪污案件擴大化，借機濫殺無辜，在胡惟庸案中牽連六萬人被殺，在空印案和郭桓案中各殺死三四萬人，在藍玉案中死者達到一萬五千人左右。朱元璋殘暴反貪並不具有正義性，只是把貪腐的錢財當做他私家的家產，所以對貪官恨之入骨，除之而後快。反觀朱元璋及其皇族奢侈糜爛成風，打造豪華宮殿，囊括金銀財寶，錦衣玉食，廣納天下美女為嬪妃，豢養宦官，把國庫當做私人口袋，用苛捐雜稅中飽私囊。朱元璋反貪，但並不反對製造貪腐的制度，自己卻成為貪腐的最大受益者，更吊詭的是，朱元璋殘暴反貪卻得到廣大民眾的附和和擁護，可見王權觀念和野蠻暴力是何等的普及，人們已經失去了辨別善惡、真偽的能力。朱元璋為了絕對專政，竟然廢除丞相制度，直接管理政府各部，親力親為，開創了絕對專制的先河。但是，朱元璋的子孫們生長於後宮常常懼怕繁重的政務而不理朝政，明朝中後期出現了多位皇帝長時間不上朝，仰賴宦官為其傳達諭旨和回饋奏摺。明朝皇帝還設置東廠、西廠特務機構，與錦衣衛一道交給宦官親信管理。於是，明朝出現了宦官干政的怪現象，文武大臣只跟宦官打交道，甚至達到連皇帝都不認識的程度，宦官成為一人之下萬人之上的次皇帝。明朝還實行殘酷的殉葬制度，皇帝死後把其後宮的嬪妃當做其私有財產賜死陪葬，慘無人道。明朝末年，宦官專權，肆無忌憚的搜刮民財、兼併土地，致使民不聊生、餓殍遍野，最終被農民起義推翻。

清王朝在入關全面統治東亞大陸之前經歷了漫長的民族演化過程，建立清王朝的滿族人是世代盤踞在東北地區的建州女真人，西元 1635 年皇太極改建州女真族為滿族，其祖先可追溯到遠古的東胡民族，與建立金王朝的女真族是同一個民族，但是分屬於不同的部落。建州女真族的祖先在歷史上長期被其他民族征服和統治，曾被契丹遼朝統治兩百年，被金朝統治一百多年，被元朝統治近一百年，被明朝統治兩百七十年，飽受蹂躪和盤剝，特別是元朝和明朝的野蠻統治，激起了建州女真族各部落更加暴躁的心態。明朝後期由於朝廷腐敗無能，逐漸放鬆了對東北地區的控制，建州女真族借機快速發展。1616 年（明萬曆年間），努爾哈赤經過多年的兼併戰爭征服了建州女真各部落建立起「大金」王朝（史稱後金）。努爾哈赤悉數明朝的七大罪，誓言討伐明朝。1636 年，努爾哈赤的第八個兒子皇太極正式稱帝，改國號為「大清」。值得一提的是，此時的滿族（建州女真）尚處在農業時代的初期，其社會仍實行野蠻的奴隸制，奴隸的來源主要是戰俘、被征服地民眾和破產的自由人。明朝被起義軍推翻後，1644 年清軍在明將吳三桂的配合下進入山海關，在擊敗李自成的大順軍隊之後，清軍長驅直入占領了北京城，同年 10 月清朝順治皇帝遷都北京正式開啟了統治東亞大陸的殘暴極權政權。清朝當局在隨後 70 多年的剿滅大順政權、南明政權和平定三藩、征服臺灣以及鎮壓漢族反抗的一系列屠城事件中估計共殺死漢族人約三，四千萬人，許多城市和村莊的人口被殺盡，明朝宗室朱姓人士被殺光，犯下了慘絕人寰的反人類罪行。清朝統治者在野蠻殘暴的淫威下用奴隸制思維來統治全國人民，視滿朝文武官員、滿族人和其他所有人為清朝皇室的家奴，他們面見皇帝必須行三叩九拜之跪禮並口稱奴才，對皇帝惟命是從、俯首貼耳，在整個皇室面前搖尾乞憐、自賤為狗，他們被剝奪人的尊嚴，稍有不遜即可招致殺身之禍。文字獄是清朝統治者濫殺無辜的一大罪惡。清朝皇帝由於野蠻暴虐、智性低下且自命不凡，總是擔心其合法性被人詬病和譏諷，在所有的文人作品中和政府文書中處心積慮的搜尋所謂的敏感詞語和內容，神經質式的捕風捉影，隨意治罪他人，被因言獲罪的人無數，他們中大多被斬殺。文字獄也扼殺了廣大奴民的思維能力和自由意志，在清朝統治者一系列的管控言論、愚民教育、閉關鎖國政策的同時作用下，成為東亞人智性發展的大劫難。

我們可以把統治融合民族的政權定義為極權統治（統治混合民族的政權屬於專制統治），如古東亞大陸的明朝和清朝，極權統治不是針對某一個民族的統治，而是對社會絕大多數人無差別的統治，把統治架構和觸角深入到社會生活的方方面面，甚至對被統治者個體的家庭生活予以干預，對人的思想都妄加規定，把強權發揮到了極致。極權統治與古代遊牧民族的殘暴專制統治一脈相承具有同樣的破壞性，我們可以把極權統治和專制統治合併稱為權威主義統治或權威統治，這個權威並不來源於統治者的高級智慧，並不是統治者對自然世界的認識具有令人信服的理論力量和威望，而僅僅是來源於其殘酷暴力和陰險狡詐。

******

征服和殺戮觀念是社會偏差的起點，也是社會偏差的開路先鋒，征服和殺戮觀念引導出征服和殺戮行為，其行為指向是社會矛盾，對不同的觀念持有者極力排斥，並使用武力予以降服或直接扼殺，逼迫和塑造他人（陌生人）的順從姿態和人格，當他人屈服以後其行為主體人隨即展開統治，於是社會偏差發生擴展，產生出一連串的偏差。首先是社會認知發生偏差。統治者沒有社會概念，只有統治地盤認知，把附著在統治地盤上的被統治者群體的整體定義為「王朝」或「國家」，即統治權力所到之處之意，王朝或國家偏重於統治政權，王朝或國家與社會（大社會）完全重合，或者說王朝或國家懸浮在社會之上，社會被弱化，這就導致王朝或國家在功能上弱化了社會功能，而凸顯出統治政權功能，社會功能的弱化意味著社會運轉的動力產生偏轉，自然機制被人為強力所取代；其次，社會關係發生偏差。統治者憑藉野蠻暴力囊括絕對的社會權威，把廣大的陌生人群體置於絕對的被動狀態，社會中出現統治和被統治關係，即使在統治者群體內部也分化出主權者與附庸的關係，即王者地位與附屬地位的關係，人與人之間的平等性遭到破壞，王者掌握所有人（包括統治附庸和被統治者）的生殺大權，可以決定他們的命運，統治者群體也擁有被統治者的生殺大權，可以隨心定罪、濫殺無辜；第三，社會結構發生偏差。由於社會關係發生變化，社會中陡生出自上而下的三角形權力分配結構，王者籠罩和統領統治者群體高高在上，統治者群體凌駕於被統治者之上，最為龐大的人群——被統治者成為最弱勢的社會底層，過去的平面式社會結構不復存在；第四，社會利益發生偏差。統治者群體可以獲得超常規的利益，所謂常規的利益是指自然機制中獲利以積極的社會指向性為條件，即滿足普遍的需求給他人帶來好處的過程中獲利，但是統治者群體獲取巨量的社會利益卻是以損害他人和社會的前提下取得的，以霸占和掠奪為行為方式，統治者群體獲取的利益從自然角度看不具有合理性和正當性；第五，社會事務發生偏差。社會自然事務中硬生插入統治事務並人為的推動擴展，統治事務包括建立統治架構的事務、徵稅的事務、征派勞役的事務、豢養和訓練軍警的事務、製造武器的事務、修築防禦工程的事務、霸占自然資源和搜刮財寶的事務、建造樓堂館所的事務、興辦權威企業的事務、監察各級官員的事務、鎮壓的事務、控制民眾的事務、愚民的事務、管控社會輿論的事務等等，所有的這些事務不但不具有社會建設性，而且具有社會破壞性，這些事務無一例外的都是為了統治者群體的利益，從這些事務上可以看出統治與社會的根本對立；第六，社會規則發生偏差。以往的共生觀念所形成的社會規則被野蠻霸道的統治規則所取代，統治制度和習慣成為了規範社會行為的法規則，統治者的意志成為了法規則的核心，被統治者被要求無條件的遵從。與此同時，統治者在處理統治事務中的隨意性意志以政策的形式付諸實施，被統治者不僅必須服從統治法令，還必須接受和服從政策。統治政策有打擊商業活動、拆分家庭、限制個人生育等等，統治者把政策提高到法規則的高度，不遺餘力的強制推行。

征服者和統治者的社會偏差無不具有社會宏觀領域的指向性，針對的是社會宏觀領域，並可以蔓延到社會微觀層面，筆者把這種社會偏差定義為宏觀源社會偏差。由於其社會宏觀領域的指向性，社會偏差的破壞面極其廣闊，涉及各行各業的各個層面。隨著統治者鋪開統治架勢以後，一連串的社會偏差集中爆發，給社會生活帶來災難深重的破壞性。宏觀源社會偏差之所以具有破壞性與統治者及其群體的低智性密切相關。統治者不僅沒有社會認知，而且受唯我獨尊的自我意識驅使沒有學習的願望，不會主動學習農業生產技術和手工業生產技術，沒有瞭解社會生產和普通民眾日常生活的意願；也缺乏分析研究的智慧，不能總結出系統的理論，不用證明什麼客觀機制和規律，一切隨心所欲，任由情感、喜好和欲望支配其意志；利益（包括權威）占據了統治者及其群體所有人心靈的最高權重，在處理統治事務的過程中無法保持事務客觀要求的純粹性，無法避免貪污腐敗，潛規則盛行，使得監察各級官員的事務都流於形式，甚至監察官自己也貪污受賄，貪污腐敗是統治意識和行為作用下無解的社會難題；社會宏觀領域也是社會宏觀事務性領域，社會事務的客觀要求逼迫統治者群體展開事務處理行為，由於統治者群體沒有處理複雜事務的智慧，所以其事務處理過程不可避免的充斥粗糙、魯莽的低智性，粗暴的徵稅、所生產的武器裝備粗製濫造、監察官員流於形式、修築監獄把異端行為者予以隔離；統治者的低智性還表現在制訂政策拍腦袋，一次衝動就可以出臺一則政策，不做可行性調查研究分析，往往事與願違，政策推行總是出糗，往往用另一個政策打臉前一個政策，兩個政策自相矛盾也不覺得難為情，所以統治行為難以保持恒定性，缺乏基本的社會信譽；統治者的低智性還表現在對待被統治者粗暴、野蠻而簡單，對待被統治者無外乎就是掠奪、恐嚇和鎮壓三個手段，把被統治者置於絕對被動狀態，統治者及其群體只有權力，沒有義務，更沒有責任，肆意搜刮和役使被統治者，即使被統治者貧困潦倒、病痛纏身也在所不惜，心狠手辣，連最起碼的安撫和人道關懷都吝於施與，最終導致民不聊生、官逼民反或者國力衰敗被入侵者顛覆。縱然如此，繼任的統治者們也不能吸取經驗教訓，使得山河破碎和王朝更替一出出「惡作劇」頻繁上演。

宏觀源社會偏差給社會帶來了負面的示範效應。征服和殺戮觀念潛藏一個深刻的觀念，就是對陌生人的蔑視，陌生人的生命、尊嚴和利益可以被抹殺、被忽略，自我的一切包括地位、身份等情感、喜好和欲望，甚至包括家眷和寵物，都比陌生人本人更優越、更重要，這是一種盲目的自我意識膨脹所導致，意味著自我可以隨心所欲的奴役和殺害不確定的任一陌生人。在統治者群體的代際更替中，這種潛意識成為社會認知素材被每一個新一代人繼承，征服和殺戮觀念代代相傳，隨著時間的推移更加根深蒂固，所以專制統治在世界的一些地方可以綿延幾千年，也可以把專制統治升級為極權統治。在漫長的權威主義統治過程中，一部分被統治者也在代際更替中耳濡目染統治者的做派，社會偏差也作為社會認知素材被他們吸取到觀念之中，潛意識的蔑視陌生人，顯意識的抹殺陌生人的生命、尊嚴和利益，自我利益權重也比陌生人本人更高，於是有的人索性投身到統治者群體陣營成為權威主義統治的幫兇，甚至甘當炮灰也執迷不悟；還有的人乾脆幹起了偷雞摸狗、攔路搶劫、制假售假、制售毒品、組建黑社會和恐怖襲擊的勾當，這些幹壞事的人的主要加害對象只是素昧平生的普通人（其他柔弱的被統治者）；廣大的柔弱而無奈的被統治者群體遭受著無端的多重迫害和威脅，有的人膽小怕事、唯唯諾諾、自我意識極度萎縮，有的人急躁、憤懣又不得不忍受一切，於是無奈的被統治者群體出現消沉和暴躁的性格異象，在日常生活中體現為酗酒、吸毒、自殺、沉迷娛樂、打架鬥毆、交通肇事、污染物排放等偏差行為。這麼一來，宏觀源社會偏差在被統治者群體中擴展蔓延，由於被統治者的偏差觀念和偏差行為不具有社會宏觀領域的指向性，筆者把這種發端於底層的社會偏差定義為微觀源社會偏差，宏觀源和微觀源這兩種社會偏差在行為上各異，在社會影響面上也不盡相同，但是在觀念上卻具有相通性，有的是對社會權益、公共秩序、社會責任的漠視、侵犯和損害，是盲目的自我意識、自我利益渲染和膨脹的結果，也是對他人（陌生人）的人格尊嚴和根本利益的冒犯；有的是對於侵犯和傷害的消極反應。微觀源社會偏差是宏觀源社會偏差不良影響的結果，也就是在社會普遍的被壓迫、愚弄的無奈狀態下的學習模仿和宣洩。微觀源社會偏差導致微觀源社會問題，宏觀源社會偏差導致宏觀源社會問題。宏觀源社會問題是指發端於和存在於社會宏觀領域的社會問題，微觀源社會問題是指發端於和存在於社會微觀領域的社會問題。社會偏差是產生社會問題的原因，社會偏差本身就是社會問題，宏觀源社會偏差是所有社會問題的總根源。

******

在社會偏差的狀態下，統治者野蠻殘暴並且智性低下卻以最高等級自居，這勢必會帶來嚴重的後果。首先，社會自然秩序遭到嚴重的破壞。社會自然事務減少，人們被束縛在了居住地，不能自由遷徙，也不能自由遊歷，於是社會的交流互動被扼殺，社會生產在既定的低水準上延續，社會發展僅限於軍事擴張和疆域擴大，不高明的統治意志取代了自然機制；其次，社會共生關係遭到嚴重破壞。人們對統治者惟命是從，迎合其統治意志，相互告發、揭秘和監督，致使誣告、陷害頻發，過去哪種相互支持、相互幫助、禮遇寬厚的氛圍不復存在。人們幸災樂禍，以他人的厄運來寬慰自己，於是明哲保身的邏輯取代了共生關係邏輯，社會被砂礫化；第三，社會自然規則遭到嚴重破壞。統治者自認為憑藉野蠻暴力就可以掌握對他人的生殺大權，濫殺無辜，用無數的冤魂來為其統治權威背書，以阻嚇人們的反抗。統治者及其官僚體系隨意霸占良田美域，搶奪民眾的田地和財產，隨心所欲的攤派賦稅和徭役，在其統治疆域內大行叢林規則，弱肉強食。在這種霸道就是王道，強權就是真理的觀念下，民眾無處說理，只能任人宰割；第四，人的普遍智性遭到嚴重的損害。人們長期處在害怕暴力的恐懼中，嚴重壓抑了人的自由意志，使得人格內斂，無法舒張個性，人的思維能力被泯滅。同時，統治者採取輿論和資訊管制，人們無法得到充足的社會資訊，其認知能力被嚴重削弱，除了強權當道人們不能獲得其他任何的認知素材，統治者及其意志成為了人們心靈中的全部。對於一個簡單而單調的社會，人們自然也就沒有了發展智性的可能；第五，社會風範遭受到嚴重的摧殘。野蠻暴力終歸是道德、文明的天敵，當暴力肆虐之時，在普通陌生人之間的禮貌和尊重已蕩然無存，取而代之的是殺人放火、搶劫偷盜、姦淫強暴、坑蒙拐騙盛行。部分普通人在統治者及其意志的感召下激發出野性，他們在被壓迫、愚昧和無奈的狀態下宣洩和學習模仿統治集團的做派，也是無惡不作、傷天害理，他們施惡的對象仍然是普通的愚弱民眾，致使大多數普通人遭受到多重的傷害和盤剝，這些普通人無奈之下只能對陌生人拒而遠之。與此同時，邪氣壓倒正氣，社會盛行潛規則，人們低級趣味、唯利是圖、走後門拉關係、崇拜權勢和特權、貪圖享樂、相互攀比，而陽春白雪、高尚情操、大義凜然、積極進取遭到不齒和冷遇，使得社會風範破敗凋零，道德文明成為稀罕之物。

社會偏差危害人類社會長達五千多年，製造了難以言狀的人間罪惡和痛苦，造成的物資和財產的損失數額巨大而不可估量，社會生活在底線上下運行，至今仍然貽害無窮。究其原因，這是社會偏差的本質內涵所決定的。第一，社會偏差嚴重偏離了社會自然機制。權威統治以各種統治事務的形式強行插入到社會自然事務的邏輯序列之中，統治事務只針對人，不涉及自然物質。由於統治事務僅以特定的統治者為策源地，不具有自然的普適性，缺乏自然基礎的支撐。統治事務中包含太多的自我意識成分，不具有自然事務的客觀性。而且統治事務不具有社會普遍需求的指向性，反而超越社會的普遍需求而獲得巨量的社會利益，嚴重違反了社會獲利的自然機制。由於統治事務干預和插手社會生產，人們不得不停下手中的生產事務或部分停止生產事務（如勞役和社會交往限制），來滿足和迎合統治事務的需要。統治事務消耗大量的社會財富，特別是龐大的軍費開支和官僚系統的運行成本，致使社會生產缺乏潤滑資金，社會生產事務沒有擴展和發展的後勁。由於統治事務的干擾和限制，社會中不能有效的擴展出共同事務和公共事務，致使社會公共領域、社會福利、社會權益成為空白。由於權威性主權取代了社會自然主權，打擊了普通民眾關心社會公共利益的熱情和願望。統治事務作為最具顯性的事務掩蓋和抑制了社會自然事務的擴展和發展，使得自然事務失去了生命力，阻礙了社會新事物產生和發展；第二，權威統治嚴重偏離了社會正義。權威統治者憑藉自己的喜好和觀念居高臨下、盛氣凌人，嚴重背離了人類自然平等的基本原則，沒有任何生理接口和生理學原理可以證明普通民眾應該從屬於統治者，必須接受其蠻橫的統治。自然人之間是平等的，統治者的意志與普通民眾的意志是自然等效的，人人都應該有自己的意志，任何人的意志都不能強加給他人，由於統治者的愚昧無知總是粗暴的冒犯和扼殺他人的意志，掠奪他人的財產，甚至野蠻殘暴的隨意剝奪他人的尊嚴和生命，也嚴重違反了人類互惠共生的基本原則。統治者憑藉盲目的自我意志隨意釋放社會絕對主動行為，把普通民眾置於絕對的被動狀態，嚴重壓制了他人的自然主動性，損害了人類的自然屬性和社會屬性，導致嚴重消極的國民性，這是對人類的戕害和摧殘；第三，權威統治嚴重偏離了自然邏輯責任。統治者在行使統治權威瘋狂的掠取社會利益的時候，全然不顧普通民眾日益惡化的生產和生活窘境，往往導致貧富懸殊、民不聊生、官逼民反，統治者竟然不懂得廣大民眾是其利益的資源和維護資源是獲取利益的保障這一基本邏輯責任，任由社會不公惡性蔓延和發展。

第十八章　論社會方向

從五千多年以前到西元 13 世紀的三千多年期間裡，世界各地絕大多數普通平民的命運是悲慘的，頻繁的征服戰爭和王權爭奪戰爭摧毀了他們的財產和家園，無以數計的人被屠殺，倖存者無一不是家破人亡、流離失所，或被貶為奴隸或艱難的收拾生計，即使在非戰爭時期他們也不得不承受著統治者攤派的繁重賦稅和徭役，甚至還須面對統治者喜怒無常的壓迫、鎮壓和連坐，以及地痞、流氓、惡霸的搶奪和騷擾，怎一個淒慘了得，在如此漫長難熬的歲月裡何時才是盡頭。

西元 13 世紀，在歐洲西部的不列顛島上發生了一個人類歷史上意義極其重大的事件，觸動了王權的絕對權威，並且從有文字記錄以來普通平民的基本人權首次被提出。西元 1215 年 6 月 15 日，英格蘭國王約翰一世被迫與 25 名男爵簽訂一份文件，並以國王約翰的名義頒佈成為英格蘭王國的最高法令，這份文件就是《自由大憲章》。大憲章全文有 63 條，用拉丁文寫在羊皮紙卷上，其主要內容有規定英國教會當享有自由，其權利將不受干擾，其自由將不受侵犯；規定了貴族、未成年人、繼承人、寡婦、債權人、債務人的基本權利；明確規定國王及其官吏收取任何免役稅和貢金必須經全國公意許可；規定了倫敦等城市、州、市鎮、港口保有自由與自由習慣的權利；規定了國王收取貢金和免役稅時獲得全國公意的方式，即應與全國人民普遍協商；規定國王不得允許任何貴族向自由人徵收貢金：規定國王不得強迫武士和自由人服額外的役務；規範了法律訴訟的程式，以及規定國王及官吏不得搶奪他人的財物；提出了統一全國度量衡的要求；明確規定未經合法審判，國王及其官吏不得對任何自由人逮捕、監禁、沒收財產、剝奪法律保護權、流放等任何其他傷害；還規定了商人自由經商的權利；規定由貴族推舉 25 人組成一個特別委員會，以監督《大憲章》

的執行，如果國王拒不執行，或執行怠慢，貴族們可聯合全國人民採取一切手段包括採用武力奪取國王的城堡、土地和財產，強迫國王改正錯誤。

《自由大憲章》貫穿了「王權有限，習慣法至上」的原則，明確了國王統治行為的正當性和正義性要求，對國王的錯誤行為堅決而嚴厲的說不，並予以糾正。為什麼英格蘭國王約翰一世會甘受如此屈之大辱親筆簽署這個明顯不利於王權的法令呢？這對於世界其他地方深受極權統治的人們來說是難以理解的，也是極權統治者不可理喻的，如果我們對當時英格蘭王國的情況略有瞭解就不難理解了。《自由大憲章》之所以出臺，有兩個原因導致，一是直接原因，二是間接原因。其直接原因是，西元 1202 年法蘭西國王腓力二世宣佈沒收英格蘭國王約翰一世在法蘭西王國的所有領地（為什麼英格蘭國王會擁有法蘭西的領地可以追溯到西元 1066 年的諾曼征服，諾曼人的後代威廉公爵成為法蘭西諾曼第公國的領主，是年威廉入侵英格蘭並成為英格蘭國王，約翰一世系威廉的後代，於是約翰既是英格蘭國王，也是法蘭西諾曼第、安茹、阿基坦等地的領主），約翰為了奪回法蘭西領地需要籌集軍費、增加財政收入，所以在英格蘭巧立名目橫徵暴斂，並且肆意搶奪教會、教區和修道院的財產，激起了貴族、騎士和平民的普遍不滿，約翰採用恐嚇、酷刑、處死等殘暴手段欲懾服大眾，貴族們在忍無可忍的情況下終於聯合在一起發動了武裝起義，他們宣佈斷絕與約翰的君臣關係，自稱「上帝的軍隊」攻占了倫敦，在教會的撮合下約翰不得不與起義軍首領和談，於是簽署了這個《自由大憲章》文件，約翰國王簽字以後，起義軍隨即撤離。大憲章出臺的間接原因則與英格蘭人和諾曼人的習慣法傳統密切相關。

諾曼人的祖先維京人是自古居住在北歐斯堪的納維亞半島上的半農半商的部落群體。西元 5 世紀，維京人由於人口增長建立了部落聯盟，各個小部落以家庭為單位，其首領就是貴族，所有部落成員都是自由人，貴族與自由人定期召開露天會議，決定重大事件，他們稱這種會議為「庭」。各個小部落首領也定期召開部族會議推舉部落聯盟的首領和處理部落聯盟的重大事情，維京人社會沒有國王，部落聯盟的首領也只是一個貴族，與各個小部落的首領一樣也是由部落成員選舉和推舉產生。維京人的所有部落成員被認為是地位相等的，他們選舉和推舉首領的依據是根據技能而不是地位來決定的，在部落會議和部族會議上重要的決定均以投票表決方式為基礎做出。部落會議和部族會議最重要的事務是主持宗教儀式和裁決違法案件，維京人的法律都是不成文的習慣法，涉及婚姻、家庭、離婚、繼承、糾紛、爭鬥等日常生活的方方面面，每個維京人都必須接受這些法令，這些法令也為每個人所熟知，比如一家房屋被燒毀，其鄰居要幫助重建；一家的牛病死，鄰居要用自家的牛補充這家損失的一半；「贖殺金制度」就是殺人者必須以土地或金錢方式賠償受害人家屬的法律制度，其賠償額度由會議做出決定。對於嚴重觸犯法律的人所面臨的處罰十分殘酷，縱火者會被綁在火柱上燒死；謀殺長輩者會被狼群咬死；有意違反法規者會被逐出部落，只能住在森林裡或者過著漂泊的生活。就是這些被逐出部落的人，他們衣食無著、生活窘迫，憑藉堅固的木質小帆船竟然幹起了打家劫舍的海盜勾當。他們在波羅的海沿岸搶劫，不少人發了大財後衣錦還鄉，於是海盜生活方式被諾曼人紛紛效仿。西元 8 世紀開始，維京海盜南下橫掃歐洲，給歐洲社會造成了深重的災難。911 年，為了籠絡維京人阻止其野蠻的侵襲，西法蘭克國王查理三世將萊茵河下游及入海口地區賜封給維京人的首領之一羅倫，羅倫在這塊土地上效仿歐洲貴族建立起了世襲制的諾曼第公國。之後，羅倫及其後代一直致力於融入歐洲社會，他們皈依基督教，反省和極力回避不光彩的海盜經歷，經過幾代人的努力，他們及其諾曼人貴族逐漸被歐洲社會接納。1066 年，羅倫的後代威廉成功入侵英格蘭，並成為英格蘭王國的國王，諾曼人貴族也成為了英格蘭貴族。

英格蘭王國的主體人群是盎格魯薩克遜人，他們把流傳已久的原始習俗奉為維護社會秩序的主要方式和手段。西元 5 世紀以前，盎格魯薩克遜人屬於居住在歐洲大陸易北河和萊茵河流域的原始氏族部落群，以盎格魯人、薩克遜人和朱特人三個部落為主，維繫部落內部秩序的紐帶是血緣關係、家族制度和歷史累積的風俗習慣，土地、山林都是公共財產由部落成員共同分享，部落成員普遍平等。部落集會是處理內部事務、調解糾紛和懲處違法行為的唯一權力形式，任何人損害部落集體利益都將受到嚴厲的處罰。部落集會中投票選出部落首領，首領有任職期限，主要負責召集會議和提出議題，部落集會的最終決定由與會人員全體投票做出，首領沒有拍板權。隨著農業生產方式的發展，公共財產制度演變為瑪律克土地制度，部落集會定期把耕地劃分為價值相等的條田歸每個家庭所有，條田是家庭不可剝奪的權利，但是不能隨意讓渡和買賣，只能依據習慣繼承。西元 5 世紀，由於羅馬帝國的衰弱，羅馬統治者放鬆了對不列顛的控制，於是盎格魯撒克遜人趁機大舉入侵不列顛島，把原住民伊比利亞人和凱爾特人驅趕到了西南部和北部山區，而東南部大片富庶的平原地帶就成為了盎格魯薩克遜人的地盤，該地域被稱為英格蘭地區。入侵不列顛以後，盎格魯薩克遜人開始了社會化，群體中出現大量的陌生人，他們組成一個個村莊，原來的部落群體被打亂，血緣關係被地緣關係所取代，村莊中產生了本村人和外村人的觀念。瑪律克土地制度發生了新的變化，土地分配在村莊裡進行，村莊集會決定本村的所有事務，村莊選出首領是為貴族，但是仍然沒有高於村民的權力，村莊實行約定俗成和普遍認可的法規公信力和約束力。若干個村莊組成一個行政單位名為「郡」，郡首由村莊貴族們投票選舉產生，郡會議決定本郡的所有事務，郡首們又選舉產生宗王（相當於國王），西元 6 世紀的英格蘭地區形成七個獨立的國家政權。西元 9 世紀中後期，丹麥人大舉入侵不列顛，韋塞克斯王國宗王阿爾弗雷德採取機動靈活的戰術遏制了強大的丹麥人侵略，由於阿爾弗雷德戰績彪炳加上戰爭年代，人們默認了其王位世襲，其次子愛德華繼位後大敗丹麥軍並基本統一了英格蘭地區全境。

維京人和盎格魯薩克遜人都屬於古老的日爾曼民族，都是日爾曼人的不同分支，日爾曼人的普遍習慣就是法律，這種法律觀念已經融入維京人和盎格魯撒克遜人的血液之中和骨髓之中，日爾曼人不相信也不認可在普遍的利益基礎上還存在更高的世俗利益和權威，即使宗王和世襲國王也必須服從法律，即王在法下。早在西元初年的易北河流域，有一個名叫馬羅博杜斯的人帥軍征服了許多日爾曼部落企圖建立君主獨裁的專制政權，但是很快就被其軍團內部和週邊的日爾曼人裡應外合而推翻，馬羅博杜斯本人遭到了被驅逐的下場。據日爾曼人的傳說記述，所有企圖實行獨裁專制統治的人沒有一個不是以失敗而告終。日爾曼人自古發起過許多次征服和兼併戰爭，但都是以搶奪土地為主要目的，不是為了奴役、屠殺異族為手段，只要失敗者認輸或逃跑就點到為止，甚至對失敗者的尊嚴和法規習慣都予以尊重，比如說盎格魯薩克遜人侵入不列顛時把原住民從英格蘭地區趕走就不再趕盡殺絕，伊比利亞人和凱爾特人的法規習慣被原封不動的保留；英格蘭地區的七個國家政權被韋塞克斯王國吞併以後各個國家的法規習慣也被保留，英格蘭的法規體系並不統一；諾曼征服以後，威廉一世即位時便宣佈尊重盎格魯撒克遜人的習慣法，諾曼人在編撰成文法典的時候，更多地保留了盎格魯撒克遜人的既有法規。諾曼人征服英格蘭的過程中實行的是一種古老的軍事民主制，其軍隊首領和附屬軍官組成議事會議以投票方式決定軍事行動，軍事戰果（主要是搶奪的土地和財物）由首領、軍官和士兵逐級分享和分配，利益互不滲透，各自的利益按照議事會議協商的方式歸各自所有和支配。軍事民主制其實就是一種合作的機制，在名義上以首領為主，在實際上各級的責權利相對獨立。所以，在征服英格蘭以後，威廉一世在名義上是一國之君，但是在實際上威廉只能在自己的直轄土地上擁有主權；諾曼軍官也就成為了英格蘭王國貴族，在名義上隸屬於國王，在實際上貴族們都是相互獨立的，他們在自己的領地內（可以世襲）擁有立法、司法、行政、軍事等一切權力，國王無權干預他們的內部事務，貴族們在繳納經協商決定的稅金以後，反而國王還有保護貴族們的權力和利益的義務。

經過以上分析，我們就不難理解英格蘭王國國王約翰一世會乖乖的簽署這個制約自己的大憲章文件了。《自由大憲章》的簽署體現了英格蘭人的妥協精神，如果起義軍推翻約翰一世的金雀花王朝並取而代之，或者說約翰一世負隅頑抗，拒不低頭，就不會有《自由大憲章》的面世，那麼英格蘭的歷史就是另外一種走向，雖然歷史不能假說，但是實際上《自由大憲章》的出臺反映了英格蘭貴族和國王的相互妥協、退讓的精神，這是一個文明社會難能可貴的品質。同時我們還可以發現，北歐斯堪的納維亞半島和不列顛島獨特的地理位置對保留日爾曼人古老的習慣法觀念極為有利。斯堪的納維亞半島地處歐洲大陸的西北角，對於早熟的古埃及文明、蘇美爾文明以及古閃米族遊牧民、古羅馬帝國、阿拉伯穆斯林軍團和蒙古西征大軍來說地域偏遠，而且氣候惡劣，嚴冬漫長，物產貧乏，所以古代頻繁的征服戰爭沒有被捲入，日爾曼人古老的習慣法觀念得以完整的延續。不列顛島位於西歐，與歐洲大陸有海峽隔斷，四面臨海。由於沒有陸地相連，歐洲大陸強大的地面軍隊（陸軍）難以到達，所以不列顛島所面臨的侵略只能來自於海上，與歐洲大陸之間的戰爭均以海戰為主。這就使得不列顛島上的各個王國沒有必要建立龐大的軍隊，這也使得各個王國相互之間的征討兼併和國王們實施鎮壓推行專制統治造成了難度，所以不列顛島上的習慣法觀念得以保存並十分有效的運轉，維持了歷史悠久的原始共生正義的社會氛圍。我們可以完全認為，斯堪的納維亞半島上的日爾曼人和不列顛島上的居民都是人類現存少有的原生民族，他們的觀念與地球上其他地區在五千年以前人們的觀念沒有二致。從現代的社會觀念和社會意識形態來看，世界上許多地區和社會在過去的幾千年裡由於征服和殺戮觀念的重重侵蝕，社會偏差太大，其民族性質以融合民族為主，在觀念上離原生民族已經很遠了。所以說，早熟的文明不一定是好的理想的文明，悠久的歷史不一定是一個民族和社會的終極優越性理由。

******

《自由大憲章》拉開了英格蘭王國的憲政運動和議會制度的序幕，在隨後的五百年的時間裡，英格蘭王權逐漸式微，而普通平民的權利卻與日俱增。從西元 1265 年開始，普通平民進入到了社會治理的決策層領域，議會中的普通平民成為不可小覷的一股力量，為人類文明進程作出了表率作用和巨大貢獻。

約翰一世受武力逼迫簽署《自由大憲章》以後一直怏怏不樂，他根本無意遵守大憲章，在羅馬教皇英諾森三世的慫恿下，約翰出爾反爾宣稱大憲章無效，於是貴族們又以軍事行動作出了反應，內戰再次爆發，西元 1216 年（簽署大憲章第二年）約翰一世在戰火中病逝，隨即貴族們擁立約翰的幼子亨利即位為王，是為亨利三世。由於亨利年幼受大臣輔佐，所以大憲章條款得以貫徹執行。自從 1227 年成人親政以後，亨利三世卻念念不忘中央集權和收復法蘭西失地，越來越獨斷專行，屢次違反大憲章的規定。亨利三世多次領軍出征法蘭西都以失敗而告終，介入羅馬教廷的權力鬥爭也消耗了大量的資金，竟然還妄想出兵西西里島為兒子爭奪西西里王位。為了籌集軍費亨利三世強行增加高額的稅收，激起了貴族和平民的普遍不滿和反對。1258 年，憤怒的貴族們在西門・德・孟福爾伯爵的主持之下發起了兵諫，逼迫亨利三世簽署了《牛津條例》，該條例重申了大憲章並規定，議會法是英格蘭的最高權威，一切法令均不得與議會立法相抵觸；組成 15 名貴族參加的委員會與國王一同施政，國王採取的任何措施均得他們同意方能實施；議會每年召開三次，商討國家大事；設立諮議大臣行使立法諮詢權；設立最高司法官一職，負責審理包括對國王及其大臣起訴的一切上訴案件。《牛津條例》更加嚴格的約束了國王的權力，亨利三世極不樂意的執行了三年，然後宣佈該條例無效，拒絕繼續履行，於是英格蘭內戰又一次爆發，1264 年孟福爾的聯軍擊敗了國王的軍隊，亨利三世被生擒軟禁。1265 年，孟福爾伯爵召集了沒有國王而由貴族、騎士和市民參加的議會，這是英格蘭歷史上首界議會，開創了人類議會制度的先河，同時也是人類歷史上有文字記錄以來普通平民第一次登上宏觀政治舞臺，所以此次議會具有非凡的歷史意義。雖然《牛津條例》最終被廢止，但是國家大事應由議會討論的觀念已經在英格蘭人的心中紮根，《牛津條例》在人類文明進程中的功績不可磨滅。

西元 1295 年，英格蘭國王愛德華一世仿照 1265 年議會的參會代表成分召集了一次議會，除教士和大貴族以外，每郡有 2 名騎士代表，每個大城市有2個市民代表，約共有400餘名議員出席。自此以後每次議會都按照這樣的成分慣例召開，所以本次議會被稱為「模範議會」。愛德華一世通過吸取先王們與貴族、平民爭鬥後所遭受的挫折和失敗教訓，懂得了與議會共存的必要性和妥協、讓步的政治策略，這是十分明智的，具有文明開化的進步意義，所以在1297年，愛德華一世在受到來自貴族的壓力下也欣然簽署了《重行保障特權令》，該法令明確規定未經議會同意，國王不得徵收任何捐稅。1307年愛德華一世去世，其子愛德華二世繼位。愛德華二世寵信同性戀情人皮爾斯·加弗斯頓（法蘭西人），任用其擔任攝政大臣，把國家搞得烏煙瘴氣，引起貴族們普遍不滿。1311年，議會通過決議，規定國王任命大臣及對外宣戰、媾和必須經議會同意，甚至規定沒有經過議會同意，國王不得擅自離開國土。由於愛德華二世貪圖同性歡愉，怠慢政務，壓制議會，又濫用軍力發動戰爭，於是1327年議會通過一致決議廢黜愛德華二世，開創了議會彈劾國王的先例。此後，平民議員就成為了議會的正式議員，1343年英格蘭議會演變成為由教士和貴族組成的上議院（貴族院）和由武士、平民組成的下議院（平民院），這種議會格局一直延引至今。1377年年僅10歲的查理二世繼任英格蘭國王，成年以後親政的查理二世獨斷專行，操縱議會選舉，武力脅迫議會取得終身課稅權，無情殘暴的鎮壓反對派，許多貴族被放逐，有的貴族被剝奪了繼承權，還大膽的沒收了蘭開斯特公爵的所有土地分給他的支持者。查理二世專橫霸道的行徑引起了貴族們的嚴重不滿和恐慌，他們認為每個貴族的土地都會有可能被沒收，所以決定拋棄這個國王。1399年議會以狂妄的踐踏法規、凌駕於法律之上、妄稱立法權在國王等罪名宣佈廢黜查理二世，這是英格蘭議會第二次彈劾國王，自此議會的最高立法權威被鞏固。

西元15—16世紀，英格蘭的工商業迅猛發展，下議院議員的經濟實力日異增強，許多富裕的工廠主、商賈和資本主躋身於下議院，他們的財富身價高於傳統的貴族，使得國王對舊貴族的依賴逐步轉向了對新型富族的依賴，同時下議院對權力的要求也越來越大。1407年，國王亨利四世與上議院決定徵收財產稅和羊毛出口稅遭到下議院的強烈反對，迫使亨利四世收回決定。從此國王徵稅須經下議院同意，徵稅法案先提交下議院，經下議院通過以後再交與上議院協商。1414年，下議院要求上議院所批准的法案不得與下議院提請的法案相抵觸，該請求獲得了國王亨利五世的同意。在隨後的幾十年間，英格蘭國王們克制了王權擴張，儘量不觸犯議會，與議會的矛盾比較緩和。西元15世紀中葉，英法百年戰爭以英格蘭失敗而告終，英格蘭國王幾乎喪失了法蘭西的所有領地（只剩下海峽群島），英法戰爭的結束意味著國王的軍費開支大幅減縮，國王與議會的矛盾暫時得到緩和。16 世紀 30 年代，英格蘭推行宗教改革，迫使教士群體退出議會，世俗人士獲得了更多的權力。16 世紀下半葉，國王伊莉莎白一世作風節儉，不濫用權力，不輕易發起戰爭，在與議會的矛盾中總是做出必要的讓步，其王權的行使一直保持在議會可以忍受的範圍之內，所以英格蘭的局勢比較安穩寧靜。伊莉莎白一世在位期間，英格蘭人開始殖民北美洲，把英格蘭的法律觀念、憲政精神和議會制度帶到了北美洲。

西元 17 世紀初，憑藉血緣觀念，蘇格蘭國王繼任英格蘭國王，他就是詹姆士一世。詹姆士一世極力主張「皇權神授」理論，認為「國王是法律的創造者」，他強令議會把國務交給國王和樞密院處理，實行君主專制統治。顯然，詹姆士一世的觀念和做派與英格蘭人的王權有限和王在法下的議會傳統產生了衝突，下議院議員紛紛斥責國王的專橫霸道，他們想方設法的阻撓國王擴充權力，於是詹姆士一世蠻橫的解散了議會。1625 年，詹姆士一世去世後其子查理一世繼位。查理一世繼承了其父的「皇權神授」的專制統治衣缽，在宗教問題上偏向於天主教，而反對英格蘭強大的清教，迫害清教徒引起普遍的怨恨；發動宗教戰爭想迫使蘇格蘭人改變宗教信仰；在議會否決籌集戰爭經費法案的情況下，打壓反對派議員，抓捕議員領袖。查理一世強硬而殘暴的行徑導致了國王與議會之間的矛盾徹底大爆發，查理一世竟然武力討伐議會中的「叛亂分子」挑起了英格蘭內戰。查理一世在內戰中放任國王軍燒殺劫掠，濫殺和虐待戰俘，造成了英格蘭歷史上罕見的傷亡慘狀。經過幾年的較量，國王軍最終被議會新模範軍打敗，查理一世成了階下囚，經審判，查理一世以戰爭罪、叛國罪和背叛人民罪等罪名被送上了斷頭臺。查理一世是英格蘭有歷史記載以來第一位被公開處死的國王，處死查理一世嚴重打擊和震撼了王權專制。1653 年，新模範軍首領克倫威爾自稱「護國公」實行軍事獨裁統治，英格蘭議會被多次解散。1660 年，克倫威爾病逝後第二年，議會邀請流亡海外的查理二世（查理一世之子）回國繼任國王。查理二世在位期間，英格蘭議會議員分化為兩個派別，一是主張保存和加強君主勢力的王權黨（托利黨），二是主張限制王權，擴大民權的民權黨（輝格黨），這兩個黨派成為了現代政黨的源頭。查理二世利用王權黨來打壓民權黨，1679 年，議會通過了劃時代意義的《人權保護法》，保障了公民的人身自由，限制了非法拘捕和羈押，規範了司法程式。《人權保護法》

的頒佈和實施是民權黨積極推動的結果，極大的約束了王權的膨脹。

西元 1685 年，查理二世去世，王權黨擁立其弟弟詹姆士二世繼位。詹姆士二世極力推行天主教，把天主教徒安插到政府部門要職，殘酷迫害清教徒，激起了王權黨和民權黨的共憤，議會領袖們決定廢黜詹姆士二世，邀請其女兒瑪麗（沒有繼承權）和其女婿荷蘭親王威廉來繼任國王。1688 年 11 月，威廉、瑪麗夫婦帥眾登陸英格蘭，詹姆士二世倉皇出逃，此次不流血的王權更替被人們譽為「光榮革命」。1689 年 1 月，威廉夫婦正式即位共同執政，是為威廉三世和瑪麗二世，同時議會給夫婦一個下馬威，通過了一個奠定英格蘭政局的綱領性文件——《權利法案》（全稱《國民權利與自由和王位繼承宣言》）。該法案扭轉了一直由國王和上議院主導議會的歷史，確立了下議院的最高權力，法案列舉了過去國王違法亂紀、破壞法律、剝削民眾等過錯，規定了議會權力的要義，如維護法律尊嚴，限制王權濫用，廢除宗教法庭，嚴格限制稅收，保護人民請願權，准許人民攜帶自衛武器，自由選舉國會議員，言論自由，改進司法審判程式，定期召開議會，增進人民福利等等，同時也規定了王位繼承順序。威廉夫婦全盤接受了該法案條款。1721 年，下議院多數党領袖取代國王成為首屆內閣首腦，國王的行政權力被徹底剝奪。1832 年，議會制度改革後，議會下議院成為政體發展的主導力量，它不僅是英國的最高立法機關，同時也擁有決定內閣人選、監督內閣施政以及主導司法工作的大權。

我們把這種非傳統的王權和貴族權力以及非自上而下的權力，由普通平民和平民中的精英控制和掌握社會公共事務的動議、決策、監督、評價權力的方式和制度定義為民主。

******

關於人類的理性能力是何時何地開端的問題，我們可以追溯到西元前 15 世紀以前的尼羅河流域和兩河流域文明。西元 19 世紀以來的考古發現，古埃及在西元前 17 世紀就已經出現了數學、天文學、曆法、醫學和生物學，幾乎在同時代，古巴比倫也出現了相似的科學知識，古埃及的科學成就被記載在紙草書上，而古巴比倫的科學知識則記述在泥板書上，現存出土的紙草書和泥板書文物被英美法俄等國博物館收藏。據紙草書記載，古埃及人已經採用了十進位計數法，能夠進行複雜的加減乘除四則運算，可以設計和解答一般的代數方程，圓形、矩形、三角形、梯形的面積和體積計算等幾何學理論知識已經應用於農業生產和建築領域；古埃及人根據天文觀察繪製了星座圖，他們把一年劃分為3個季節，每個季節4個月，規定一年365天；在醫學方面，古埃及人已經懂得了醫學分科，有內科、外科、外傷科、五官科、婦科、兒科、神經科等等，還涉及到生理學、解剖學、病理學等方面的知識；古埃及人對大量的動物屍體進行解剖，瞭解動物的身體結構，也豐富了生物學知識。無獨有偶，泥板書也記載了古巴比倫人的科學智慧，他們採用十進位、十二進位和六十進位來計數，編制了複雜的乘法表、除法表、平方表、立方表、倒數表、對數表等等，以便於計算，對於分數的計算和求平方根、立方根的計算已經輕車熟路，甚至可以解一元二次和一元三次方程，對於各種規則和不規則的平面形狀都可以計算出面積，還可以求出面積的總和，這對於農業生產分配土地極為有利；古巴比倫人把星體分為行星和恒星，繪製了恒星圖並標出星體之間的距離，命名了天空星座的名稱（沿用至今的十二星座就來自於古巴比倫）；他們依據月亮的盈缺來制定曆法，把一年分為十二個月364天，把每月分為上、中、下三個旬，七天為一個星期；古巴比倫的藥學比較發達，人們從大自然取材來當做藥物，有草本藥物、礦物藥物、動物藥物等，早在烏爾第三王朝時期就編撰了藥典，專職的藥師和醫師已經從巫術中脫離開來；古巴比倫人收集了上百種動物和植物資料，給各種動植物命名，並進行分類整理，開創出早期博物學領域。

我們知道科學知識是人類理性的產物，只有理性思維才能產生發現性認識，理性能力具有自然事物的指向性，可以規避情感和喜好對認識過程的干擾，也可以彌補認知缺陷的不足，使個體人產生指向和符合自然事實的認識，所以古埃及和古巴比倫的智者已經萌發出了理性能力，這個過程是緩慢的，但是其成果反映在了紙草書和泥板書的歷史遺物中。既然這些文物是近代以來才被揭曉，那麼古埃及和古巴比倫的科學成就和智慧是否曾經斷流而消失在了茫茫歷史長河中呢？另一條線索則可以證明古埃及和古巴比倫的理性並沒有中斷，而是通過古希臘文明對人類的後續現實生活產生了深遠的影響。由於古希臘眾多城邦環繞地中海東部的愛琴海，地理環境特殊，山嶺縱橫，缺乏適合耕種的肥沃平原，糧食生產不能自給，但是其特殊的氣候卻盛產葡萄酒和橄欖油，所以古希臘人被迫從事貿易活動。西元前7世紀，古希臘商人們遠赴埃及和巴比倫用葡萄酒、橄欖油交換所需的穀物，他們在與當地人的交往互動過程中接觸到了先進的天文學、曆法、土地測量和計算等知識，他們聰敏好學，把這些知識帶回了古希臘。泰勒斯就是這樣一個商人，他曾在西元前7世紀多次遠道巴比倫學習天文學和數學知識，在埃及學習丈量土地的方法，他還曾接觸到西伯來人解釋萬物組成成分的原始哲學思想。泰勒斯對知識和思考的興趣竟然遠大於對經商的興趣，他畢生潛心研究天文學和數學，並形成了自己的哲學思想。泰勒斯沒有著作流傳後世，後人對泰勒斯的瞭解主要來源於古希臘其他學者的著作。據說西元前 585 年泰勒斯基於從巴比倫學來的天文學知識準確的預言了日食現象，他還根據日光投影的原理測量了埃及金字塔的高度，他通過對日月星辰的觀察和研究在沒有任何天文觀察設備的情況下確定了 365 天為一年，他還總結出許多幾何學的基本定律，他的哲學思想為世界的本原是水。泰勒斯到處遊說宣講科學知識和哲學思想，在晚年招收學生，他把理性傳播到了古希臘的許多城邦。泰勒斯是有文字記載以來人類歷史上第一個提出「世界本原」的哲學家，被後人譽為「科學和哲學之祖」。

古希臘的科學理性和哲學理性具有繼往開來的偉大歷史作用，一大批科學家兼哲學家橫空出世，他們活躍在數學、天文學、物理學、醫學、生物學等領域，取得了驚人的造詣，催生出超越古埃及和古巴比倫的更繁榮的理性文明。在數學方面頗有成就並影響後世的學者有泰勒斯、畢達哥拉斯、歐幾裡得、阿基米德。泰勒斯最早提出和證明直徑等分圓、直徑所對的圓周角是直角、等腰三角形的兩底角相等、相似三角形的各對應邊成比例等幾何學命題；畢達哥拉斯證明了古巴比倫勾股定理的正確性；歐幾裡得撰寫了數學幾何學專著《幾何原本》，全書共分 13 卷，總結了平面幾何的五大公設、五條公理、23 個定義和 48 個命題，創立了歐氏幾何學體系，至今仍是幾何學的重要教材；阿基米德潛心研究球體、圓柱體、椎體、方體的面積和體積的計算方法，創立了「逼近法」來計算球面積、球體積、橢圓面積，為近代微積分數學打下了基礎，他還研究出了螺旋形曲線的性質，制定了螺線座標方程，該方程被命名為阿基米德螺線，一直沿用至今。古希臘的天文學主要依賴肉眼觀察和思辨分析，畢達哥拉斯通過觀察分析判斷月光是太陽光的反射，月亮是一個球體，其他的天體都是球體，大地也是一個球體。阿利斯塔克精密的計算出地球每年繞太陽公轉一周，同時又每天自轉一周，他認為太陽是宇宙中最大的天體。艾拉托斯特尼通過對地球上不同地點的太陽光角度差計算出地球的周長為 39，600 公里，這個數值已經很準確了。古希臘的物理學以阿基米德的浮力定律和杠杆原理對後世的影響最大，他最早提出重力、重心、浮力等物理學概念，並與幾何學理論相結合，創造性的總結出了著名的浮力定律和杠杆原理。恩培多克勒在聲學方面的貢獻是，人的聽覺是聲音造成的，聲音是空氣震動的結果。古希臘的醫學以傳播古埃及和古巴比倫的醫學為主，著名的醫學家希波克拉底是古希臘醫學的集大成者，著有醫學著作，涉及內科、外科、骨科、腦科等領域，並對醫生的醫德作出了要求。在生物學方面，亞里斯多德著有多本關於動物的研究著作，是動物物種系統分類的先驅，其學生德奧弗拉斯特則專攻植物的研究，對500多種植物進行了科學分類，對植物的根、莖、葉的生物功能和結構進行了開創性的研究。

古羅馬時期的科學以沿襲古希臘科學為主，在此之外天文學家托勒密提出的地球中心說統治了天文學界一千多年；醫學家蓋倫在解剖學、生理學、胚胎學、病理學等方面頗有新成就；數學家第奧放達斯創立了代數學。中世紀是科學沉寂的一千年，科學理性被絕對的神學理性擠壓得無影無蹤，直到文藝復興後期的十六世紀科學才出現復蘇的光芒。西元1543年，波蘭天文學家哥白尼發表《天體運行論》提出了太陽中心說，還地球普通行星的本來面目，像一道閃電劃破了教會神學支配的黑暗世界，對教會極力推崇的地球是宇宙的中心學說進行了科學的否定和批判。隨後，德國天文學家開普勒在肯定太陽中心說的基礎上提出了行星運動的三大定律，即橢圓定律、面積定律和週期定律。西元17世紀初，義大利天文學家、物理學家伽利略在人類史上第一次用望遠鏡觀察天體，發現了月亮山嶺、太陽黑子、土星光環、木星的衛星等天體現象，1632年伽利略通過科學實驗提出了自由落體定律，伽利略畢生與羅馬教會的思想控制做鬥爭，努力捍衛科學精神。1687年，英國物理學家、數學家牛頓發表《自然哲學的數學原理》一書，提出了牛頓力學的三大定律（慣性定律、作用力與反作用力定律、加速度定律）和萬有引力定律，牛頓還在其他的著作中提出了光的微粒學說。德國數學家萊布尼茨與牛頓幾乎同時分別創立了數學微積分學。18世紀是科學大發現的世紀，科學門類開始衍生發展，微生物學、電磁學、化學、熱學、聲學、氣象學、流體力學、氣體力學、地質學、概率學等等學科紛紛湧現，出現了一大批的新型科學家，有荷蘭人列文虎克、法國人拉瓦錫、美國人佛蘭克林、法國人庫倫、瑞典人攝爾修斯、德國人華倫海特、英國人赫頓等等。

西元19世紀之所以被稱之為科學的世紀，不僅僅是因為科學空前的繁榮，還因為科學家和科學工作者的群體史無前例的龐大，許許多多的普通平民萌發出了科學理性，他們投身到了各個學科的領域，創造性的取得了科學成就，把人類的科學事業推升到了更高的新境界。在化學方面，1803 年，英國人道爾頓提出化學原子理論；1811 年義大利人阿伏伽德羅發表了化學分子學說；1824 年和 1828 年，德國人李比希和維勒分別提出了有機化學理論；1869 年，俄國人門捷列夫發現了化學元素週期律，制定了化學元素週期表。在物理電磁學方面，1820 年，丹麥人奧斯特發現導線通電產生磁效應，同年，法國人安培由實驗發現電流之間的相互作用力，提出安培作用力定律；1826 年，德國人歐姆發現了電導體的電阻現象；1831 年，英國人法拉第發現磁電感應；1862 年，英國人麥克斯韋發現電場與磁場相互轉化規律；1888 年，德國人赫茲證實了電磁波的存在，證實光就是電磁波，並發現了光電現象；1897 年，英國人湯姆遜發現了電子並測出電子的質量以及所帶的電荷。在物理熱力學方面，1840 年，英國人焦耳提出了熱功當量概念和熱力學第一定律；1851 年，英國人開爾文提出了熱力學第二定律；這兩個定律與德國人能斯特於 1906 年提出的熱力學第三定律被合併稱為熱力學三大定律。在生物學方面，1831 年，英國人布朗發現細胞核；1838 年和 1839 年，德國人施萊登和施旺分別創立了細胞學說，證明了細胞是生命有機體的最小組成單元；1862 年，法國人巴斯德發明「巴氏滅菌法」，開創了微生物生理學領域；1859 年，英國人達爾文發表博物學著作《物種的起源》；1865 年，奧地利人孟德爾發表《植物雜交試驗》一文，提出了遺傳因子（基因）概念，並闡明了遺傳規律，開創了生物遺傳學新領域。在人類學方面，1863 年，英國人赫胥黎發表《人在自然的位置》一書，提出了人猿共祖的觀點；1871 年，英國人達爾文發表《人類的由來及性選擇》一書，推動了人類的起源研究。

西元 20 世紀的科學在量子力學、相對論、原子核子物理和化學、同位素化學、生物化學、分子生物學、器官移植醫學和宇宙大爆炸理論等方面取得了巨大的成就。1900 年，德國物理學家普朗克提出了輻射量子假說和能量子的概念，從此一大批物理學家如丹麥人波爾、德國人海德堡、奧地利人薛定諤、德國人波恩、美國人費米、法國人德布羅意、英國人狄拉克等人共同創立了量子力學。1905 年，瑞士物理學家愛因斯坦創立狹義相對論，十年後再創立廣義相對論，對量子力學的貢獻顯著。1913 年，英國放射化學家索迪和波蘭放射化學家法揚斯同時發現放射性元素的位移現象，並提出同位素概念，創立了同位素化學。1919 – 1932 年，英國物理學家盧瑟福發現了質子和中子，開創了原子核物理學新領域。1932 年，澳大利亞核子物理學家歐力峰發現原子核聚變現象。1939 年，德國放射化學家哈恩和助手斯特拉斯曼發現原子核裂變現象。1953年，英國生物學家克裡克與美國生物學家沃森共同發現去氧核醣核酸（DNA）分子的雙螺旋結構，創立分子生物學。1954 年，美國醫學家哈里森和默里成功的完成了第一例人體腎臟器官移植手術，開創了人體器官移植醫學的新時代。1929 年，美國天文學家哈勃運用相對論原理發現宇宙正在膨脹。1948 年，移居美國的蘇聯天文學家伽莫夫正式提出宇宙大爆炸理論，認為宇宙是在一百多億年以前的一次大爆炸後膨脹形成的。20 世紀的科學還有一個顯著特徵就是大量的邊緣科學興起並快速發展。20 世紀初，物理化學興起，科學家們採用物理學的理論來研究化學現象，形成了化學熱力學、化學反應動力學等多個分支。20 世紀 30 年代，以專門研究化學領域中的物理學問題的邊緣科學，化學物理學誕生。隨後，生物化學、生物物理學、天體力學、射電天文學等等邊緣科學相繼出現。邊緣科學的出現是人類認識自然的必然結果，也反映出自然事物的複雜性、多維性、關聯性和慎密性。

我們在回顧科學的發展歷程時可以發現 19 世紀初的科學有一個顯著的變化，就是大量的科學發現應用在技術中，科學與技術結合在一起形成科學技術，在此之前的科學和技術幾乎並列而相互獨立的發展，科學是科學，技術是技術，科學家與技術工匠是兩類決然不同的社會群體。我們知道，人類技術由來已久，甚至可以追溯到舊石器時代的石器製作技巧，從農業生產到家庭手工業、採礦業、冶金業，再到工廠手工業、機器工業，技術的發展進步經過了漫長的過程。人類技術的發端要比科學早許多，技術的特點是被動的遵循自然事物之間的邏輯關係，並以人的普遍需求為指向性（即以滿足人的普遍需求為客觀目的），具有混沌經驗性，即所謂知其然而不知其所以然。技術的習得主要依靠前人的傳授和工匠的學習和模仿，單個傳統工匠在技術發展進步過程中所起的作用非常有限，但是在科學發現和科學知識的作用下，即使單個工匠也能夠在技術中運用科學知識來取得發明創造的技術成就，可見科學和技術所面對的自然事物十分相似，可能面對的是同一個事物，只是人的思維方式不同罷了。從 19 世紀到 20 世紀，人類的科學技術飛速發展，發明創造層出不窮。19 世紀的科技發明有直流發電機（1832 年法國人畢克西發明）、照相機（1839 年法國人達蓋爾發明）、電燈泡（1854 年美國人戈培爾發明）、電動機（1870 年比利時人格拉姆發明）、電話機（1876 年美國人貝爾發明）、留聲機（1877 年美國人愛迪生發明）、汽車（1885 年德國人賓士發明）、交流發電機（1888 年南斯拉夫人特斯拉發明）、電影放映機（1895 年法國人盧米埃爾兄弟發明，同年拍攝了第一部電影）。20 世紀的科技發明在 19 世紀的基礎上更有高大上的特點。1900 年，義大利人馬可尼實現了跨大西洋的無線電通信；1903 年，美國人萊特兄弟成功試飛第一架安全穩定的飛機；1924 年，英國人貝爾德發明第一台掃描圖像的電視機；1928 年，英國人弗萊明發現青黴素；1935 年，德國通用電氣公司發明磁帶錄音機；1947 年，美國貝爾實驗室發明晶體管放大器；1958 年，美國人基爾比發明第一塊積體電路；1973 年，美國摩托羅拉公司發明行動電話；1981 年，美國 IBM 公司成功研製第一台個人電腦。在科技工程方面，20 世紀的成就更是盛大奪目。1945 年，美國洛斯阿拉莫斯國家實驗室研製出世界第一顆原子彈；1957 年，前蘇聯成功發射第一顆人造地球衛星並送入太空軌道；1981 年，美國宇航局成功發射第一艘太空梭「哥倫比亞號」；1990 年，互聯網在美國正式誕生並開始推廣全世界。

******

古希臘哲學在西元前 5－ 前 4 世紀發生了思想內容的變化，在此之前古希臘哲學主要以探求宇宙的本原、自然世界的構成以及自然規律為內容，湧現出了許許多多的早期科學家和哲學家（如前面所述），這種哲學被後人稱為「自然哲學」，反映出人的自然理性；在此之後的哲學則轉變為以人文和社會的探索為主要內容，以人類的眼光來反思人類自己和考察社會問題，筆者把這種思潮稱之為「人文理性」，以智者學派、蘇格拉底、柏拉圖、亞里斯多德和斯多葛學派為代表。這種轉變首先從智者學派開始，但是由於智者學派推崇辯論藝術最終淪為詭辯者，他們在人文理性上沒有走多遠。真正把人文理性推上哲學高度的人是蘇格拉底，他把哲學定義為愛智慧，哲學家是愛智慧的人，而不是有智慧的人；蘇格拉底受智者學派的影響，認為研究自然方面的問題對於人類而言沒有現實意義，於是他把研究主題放在了人類本身，提出了關於人類倫理方面的一些問題，如什麼是正義和非正義，什麼是勇敢和膽怯，什麼是真誠和虛偽，什麼是智慧，什麼是知識，知識如何獲取，什麼是國家，什麼人才能治理好國家等等問題。由於蘇格拉底沒有留下一丁點的文字作品，後人對蘇格拉底的瞭解只能依靠其學生的著作所講述的內容。蘇格拉底的主要哲學思想可以概括為兩個方面，一是創造性的提出了知識就是美德的命題，他認為人的任何具體行為不構成美德，只有關於一般善的概念和知識才是美德；二是主張「認識你自己」，人應該自我反省，認識自己心靈中的原則，即美德，只有這樣才能認識自己的本性而獲得人的理性。蘇格拉底對學生的傳授方式非常特別，主要以提問的方式引導學生自己主動的思考。柏拉圖作為蘇格拉底的學生深受其影響，在人文理性上更進一步的提出了「理念論」的哲學思想。柏拉圖認為，世界由「理念世界」和「現象世界」兩部分組成，理念世界是真實的存在，永恆不變，現象世界只是理念世界的影子；理念是事物的普遍性，現象則是事物的特殊性；理念是事物的本質，而事物存在的目標就是去實現其本質；理念是看不見的，只能被思想捕捉，但是理念是唯一的真理。柏拉圖十分厭惡現實社會的黑暗和墮落，他認為一個理想的國家應當由哲學家來管理。亞里斯多德作為柏拉圖的學生發揚了老師的理念論，形成「第一哲學」（後人稱之為形而上學）探討事物的一般性與特殊性、形式與內容、存在的原因等問題。亞里斯多德博學而廣思，在邏輯學、倫理學、政治學、美學、物理學、人類學等領域著作頗豐，把人文理性推上了新高度，被後世譽為百科全書式的哲學家。

早期的斯多葛學派可謂是古希臘時期人文理性的最高境界。西元前 3 世紀賽普勒斯人芝諾（不是芝諾悖論中的義大利埃利亞人芝諾）創立斯多葛學派，芝諾與弟子克雷安泰和克呂西波的思想構成了早期斯多葛學派的理性智慧。他們吸取了蘇格拉底以來人文理性的精髓，提出了「順應理性的生活」的主張，認為人的本性就是理性，人的德行就在於理性，這是人類唯一的善；在理性之外的諸如財富、榮譽、衰老、疾病、死亡、貧窮、恥辱等等都是無關緊要的；激情和欲望會迷惑人的理性，使人誤以為無關緊要的或惡的東西具有價值，逼迫人去追逐；只有擺脫激情和欲望的束縛才會達到理性的狀態，成為智者和有德行的人；理性是宇宙的普遍法則，貫穿於萬事萬物之中，這種法則叫做「自然法」，人人受自然法支配，自然法是支配人類行為的最高準則；自然法作用於每個人，不分民族和人種，也不分貴賤貧富，都等效的受到自然法的支配，人與人之間在精神上和人格上都是平等的；所有的人都具有同樣的理性，都可以擺脫非理性的羈絆成為自由的人；人人都可以遵從自然法則和事物的必然規律來行事做出符合規則、符合道德的事情，所以根據自然法則行事是每個人天賦的權利。古羅馬征服古希臘以後，斯多葛學派的人文理性不但沒有消亡反而被西塞羅、塞涅卡、愛比克泰德、奧勒留等羅馬人發揚光大，形成晚期斯多葛學派。西塞羅是古羅馬早期傑出的法哲學家，他發揚了自然法思想，認為自然法的效力高於實在法，實在法必須體現正義和公正，必須反映和體現出自然法的客觀要求，並提出了「惡法非法」的法學主張。西塞羅創立了「人本主義」

的哲學思想，把個人確立為人類社會生活的重心，並提出了「法律面前人人平等」的主張。西塞羅把國家稱為「人民的事業」，認為建立在社會契約基礎上的國家政權就是理想的混合制共和國。塞涅卡畢生用作品宣傳人類的同情心和仁愛之心，他反對奴隸制度，認為奴隸也是人，奴隸的天性與自由人沒有區別。塞涅卡也是一位人本主義者，他曾發出「對於人類而言，人是神聖的」的豪言壯語。愛比克泰德是一位奴隸出生的哲學家，他認為欲望的滿足能使人快樂，理性的道德則能使人靈魂高尚，消除人的欲望從人的內心世界尋求公正和理性才能獲得真正的自由。愛比克泰德把人性發展到了獨立的自由精神和道德的好上，同時把人性擴展到了全人類，這就把人性上升到了普世價值的高度。愛比克泰德還把人性提高到了神性的高度，對早期基督教教義產生了深刻的影響。奧勒留是古羅馬帝國的一位皇帝，也是愛比克泰德的得意門生。奧勒留畢生踐行斯多葛學派的哲學思想，具有理性、勇敢、簡樸、堅定和恪守職責的高尚品格，是人類古代絕無僅有的政權首腦哲學家，著有心靈日記《沉思錄》一書，對後世的影響極其深遠。

中世紀（西元 5 – 15 世紀）之所以黑暗主要在於基督教會用暴力手段嚴密控制人的思想，神學成為了人們唯一的精神食糧，自由思想銷聲匿跡，漫長的專制蠻橫和愚昧呆滯充斥著西歐社會。西元 14 世紀中後期因奧斯曼帝國入侵，大批東羅馬學者紛紛帶著古希臘古羅馬藝術珍品和書籍前往西歐避難，使得西歐人大開眼界，才知道古希臘和古羅馬文明是如此的璀璨。在人文理性的薰陶下，首先在義大利掀起了一股追隨人文主義的思潮，史稱文藝復興運動，隨後擴展到了西歐各國。人們反對神學統治，宣導個性解放，嚮往以人為中心的人文主義精神，於是自由思想和理性在西歐復活，一大批傑出的人文主義者紛紛湧現，在哲學、科學、技術、文學、藝術、建築等領域取得了矚目的新成就，為後續的宗教改革和思想啟蒙運動打下了基礎。筆者認為，西元 17 – 18 世紀的思想啟蒙運動實則是人文理性向社會理性的轉變過程。經過聲勢浩大的文藝復興運動，西歐的人文理性已經滲透到了社會生活的方方面面，面對專制統治和宗教愚昧的社會現實，人文理性並不能解決所有的實際問題，只有用理性來審視社會才能發現社會問題的癥結之所在，才能提出符合理性的解決辦法，於是社會理性油然而生。社會理性之所以在英國最先出現，是因為英國社會的共生正義觀念保存得最完整，而且英國受到羅馬教會專制的影響最小，英國人自古以來一直都在極力遏制世俗專制的膨脹。社會理性有一個最大的特徵就是用理性來審視純粹的世俗社會，摒棄了人文理性中的神性因素，甚至對神性在社會中的運用也用理性批判來給予研究，所以說社會理性是純自然邏輯的理性。約翰洛克就是這樣一位社會理性的學者，他在《政府論》一書中用很大的篇幅（整個第一篇）駁斥了君權神授和君權世襲的荒謬理論，同時也批駁了「人類不是天生自由」的觀點，指出人的平等和自由的權利不是與生俱來就失去而是被王權剝奪。《政府論》的第二篇運用自然法理念論述了五種自然狀態下的天賦人權，指出生命權、自由權和財產權不可讓與，懲罰權和求償權可以在社會契約框架下部分轉讓，這五種自然權利均不可剝奪；論述了政府的自然起源，指出政府的目的是保護人民的人身和財產安全，政府徵收稅金必須經過人民的同意；明確反對君主專制，主張依法治國，指出立法權是國家的最高權力，必須對立法權予以限制；劃時代的提出國家政權權力結構的構想，把權力劃分為立法權、執行權和對外權三個部分，立法權統領執行權和對外權，三權必須分開設立，政府組織並非衡固不變，在多種情況下政府會解體。約翰洛克的思想傳到法國後，極大的影響了孟德斯鳩和盧梭兩人，孟德斯鳩在《論法的精神》一書中發揚了三權分立的思想，把三權修正為立法權、行政權和司法權，確立了現代三權分立的權力格局。盧梭在《社會契約論》一書中論證了主權在民的國家權力原理，指出主權是社會公意的運用，不可轉讓，不可分割。

洛克、孟德斯鳩和盧梭三位思想家的著作深刻的影響了歐洲和北美洲的後續歷史演進，成為近代直至現代民主制度的基石，使得民主制度具有了政治上的可操作性。但是民主政治制度離不開與之相適應的經濟制度支撐，畢竟經濟行為和活動是社會生活的主要且最重要的部分。西元 1776 年，英國經濟學家亞當斯密發表了《國富論》（全稱為《國民財富的性質和原因的研究》）一書，提供了民主制度下經濟運行的理論依據。《國富論》首先從研究社會分工入手，闡述了勞動分工提高生產效率和增進國民財富的過程；指出分工導致交換，在自然狀態下人類天生就有互通有無的傾向，貨幣在交換過程中起到了媒介作用；認為工資、利潤、地租是組成商品價格的三個部分；論述了資本的各種形態；研究了國家政策對經濟發展的作用，提出了只有採取自由放任的政策才能促進生產和國民財富積累的主張；國家徵收的賦稅應當對他人的財力造成最小的壓力。在《國富論》中，亞當斯密創造性的提出了「看不見的手」的理論，認為在自由市場機制下，社會經濟會自動運行，源源不斷的創造出社會財富，以使得社會資源獲得最優配置。深受亞當斯密的影響，英國經濟學家李嘉圖在《政治經濟學及賦稅原理》（1817 年出版）一書中繼承並發展了自由主義經濟理論，他認為限制政府的活動範圍、減輕稅收負擔是增長經濟的最好辦法。值得一提的是，《國富論》的出版極大的鼓舞了歐美國家的民主意志，掀起了傳頌自由主義的狂潮，書中的許多精句甚至成為了國會辯論的依據。在政治民主主義和經濟自由主義的共同作用下，從 18 世紀後半期開始英美社會的政治氛圍日漸寬鬆，自由思想、自由行為充斥社會的方方面面、各行各業，科學飛速發展，技術不斷進步，特別是 19 世紀初科學與技術結合形成科學技術以後，創造發明如雨後春筍般層出不窮，新產品、新技術在各行各業紛紛湧現（如前文所述），極大的方便了人們的生活，也改變了人們的生產、生活方式，英美社會出現了脫胎換骨似的翻天覆地的變化。19 世紀末期，英美兩國傳統的生產、生活方式已大幅減少，取而代之的是全新的社會生活面貌，湧現出各種各樣的社會組織和社會團體，英美兩國幾乎同時進入了社會現代化。民主政治和自由經濟的斐然成就博得了世界許多國家和地區人們的欣羡，整個 20 世紀民主化運動風起雲湧，民主化浪潮一波又一波席捲全球，即使兩次世界大戰也未能阻擋世界各地的人民對民主自由的嚮往。

******

從英國人歷時幾個世紀的制約王權到下議院成為最高權力中心的整個過程，我們可以看到明顯的方向性，剛開始時主要由貴族力量約束國王，普通平民處於陪襯地位，然後貴族和平民共同起到了主導作用，平民力量開始抬頭，進而發展到平民下議院取代貴族力量最終把國王馴服，這個過程反映出普通平民的權力意識的覺醒，對社會偏差的憎惡，一步步糾偏，也就一步步朝著民主憲政的方向邁進。在這個過程中，普通英國人的智性提高起到了決定性的作用，普通人的智性提高導致了其創造財富的能力遠高於國王和貴族群體，同時也對國家政權的運作產生理性的認識，古老的共生正義觀念在高智性的狀態下復活，為了保護個人的財產安全和維護人的尊嚴，普通平民團結在一起，擰成強大的社會力量，最終剝奪了國王和貴族們的不當利益和特權，實現了人民主權的宏偉目標。我們從民主運動在全球的擴展和蔓延的過程也可以看到整個人類社會的發展方向性，在 19 世紀初的民主政權只有區區的幾個，到 20 世紀發展到了一百多個，而且至今仍然還有許多國家處在民主運動的醞釀當中。這不禁讓人試問，這些後發的民主國家的人民是在模仿英國人嗎？僅僅是看到了英國所取得的物質文明成就嗎？答案肯定是否定的，我們從美國、法國等民主政體在建立的過程中艱苦卓絕的博弈、鬥爭、談判上可以看到，民主政治不是可以輕易學到的，其中必然有高智性的認識、共生觀念支配以及堅忍不拔的意志共同作用的過程，普通人的覺醒是實行民主政治的關鍵，也就是說既定的民主社會的人民必定是原生民族或者是次原生民族，他們擁有與英國人相同或相近的觀念，在民主政治理論和自由經濟學說的感召下，無數普通平民共同推動了民主政體的建設，日本國和蒙古國的民主化就充分證明了這點。

我們還可以從人類理性的萌發，到科學的興盛，再到科學技術的繁榮看到另一種明顯的方向性。三千多年以前人類的祖先就已經憑藉理性總結出了早期原始的科學知識，可見人類理性的萌發過程可以追溯到更早的時間，由於缺乏確鑿的器物載體佐證，我們只能無限的推遠理性的形成緩慢的過程。可以肯定的是，人類理性的出現不會是大自然的偶然陡生的一個事件，一定是人的自然屬性、生活運動方式和頭腦自然稟賦共同作用下的必然結果。理性的萌發首先從少數人，甚至是從極少數人開始，隨著時光流逝，逐漸向部分人、許多人擴散，到了古希臘古羅馬時代，理性已經成為了一種潮流，從歐洲文藝復興運動開始，人類理性呈爆發式增長態勢，許許多多的人擁有了理性，人的認識和思維能力變得十分的強大，對自然世界和人類社會的認識極其深刻。研究人類理性的發展過程我們還可以發現，理性的擁有者幾乎都是普通平民，他們出生卑微，甚至不少人出生貧寒，權威統治者群體中的人獲得理性能力者極為罕見，這種局面是多方面原因造成的，首先獲得理性能力必須要有一個學習過程，統治者群體忙於統治事務，因瑣事纏身，沒有時間精力學習；其次統治者的欲望過於強烈，對權力和爭權奪利之外的事情不感興趣，滿足於既定的成就，沒有發展理性的願望；再次統治者以打壓人的智性發展為手段，極力拉低社會智性水準，害怕社會生活出現複雜局面等等。而普通平民則沒有這些問題，他們更貼近大自然、自然事務和真實的社會生活，他們可以控制自己的生產生活節奏，從事自己感興趣的事情，他們愛學習、肯鑽研，在思忖中不知不覺的激活了主覺，煥發出高於前人的智性，所以人類理性得以延續和發展，凸顯出人類自然稟賦的強大力量。人類的文明進步是普通平民推動的結果，從科學知識到科技創造發明都無一例外的凝聚了普通平民的聰敏和智慧，理性的普通平民才是人類社會真正的主角。

我們之所以會產生社會變化的方向感，是因為人類社會總是體現出某種中心，這種中心總是隨著某種力量而發生變化，一種中心被另一種中心所取代，各種中心連貫起來就形成了社會的方向性。世界上所有地區的人們在早期群落和部落生活方式時期無一例外的都是以共生觀念為中心，個體人為群體而存在，群體則以保護個體人為目的，個體人與群體之間沒有衝突，相輔相成，相得益彰，這種共生關係是人類之所以繁衍生息、歷久不衰的法寶。在人類社會化的初期，雖然世界各地的社會化時間起點有差異，但是都有一個共同的特徵，就是以生產事務為中心，人類忙於農業生產和生活器物的製作，不同地區的不同民族之間相互交流學習，把生產技術迅速擴散到了全世界。隨後在歐亞大陸的大多數地區因為征服戰爭出現了權威統治者，也形成了以統治者為中心的權威主義社會，在英國憲政運動之前這些權威主義社會（特別在亞洲大陸）已經存在了三四千年。英國的憲政運動過程中經歷了王權中心、貴族中心和平民中心三個階段，以平民的權力取代王權和貴族特權而告終，開啟了人類近代民主政治的先河。英國的普通平民掌握政權以後，英國社會又率先回歸到了生產事務為中心的狀態。人類民主化潮流又使得許多國家社會建立了平民權力中心，同時也確立了生產事務中心的社會制度。在民主化社會中，由於人類的智性發展，特別是理性能力的提高，科學和技術得到了前所未有的飛速發展，在生產事務中又出現了科學技術為中心的新局面。直至現代，世界上不論民主社會還是專制社會，生產事務都無一例外的擴展成為了經濟，確立了以科技為中心的經濟中心制度。每個社會都出現多個中心的局面，民主社會以民權為政治中心，以科技為經濟中心，而專制社會則以統治者為政治中心，也以科技為經濟中心，只是專制社會缺乏理性和創造的土壤，其科技主要以拿來主義的方式獲得。

我們不可否認從西元 19 世紀初開始，人類社會日漸美好的事實，發明創造極大的豐富了人類的物質生活，改變了人類的生產生活方式，人類徹底擺脫了原始自然狀態，不僅更安全，而且普通人之間可以相互滿足各種物質和精神上的各種需求，人與人之間的關係朝著和睦共生的方向發展。這種美好不是出現在某一個方面，某一個領域，某一個行業，而是社會整體性美好。這種美好首先從歐美國家內部發生，隨後逐漸向世界各國各地區蔓延，具有明顯的趨向性。在這種美好的趨勢中並不意味著世界範圍內沒有戰爭，但是戰爭的性質已發生重大變化，民族征服的大屠殺戰爭已大幅減少，取而代之的是國際間政治和利益衝突引發的軍隊之間的武力對抗，戰爭持續的時間也大為縮短。19 世紀世界範圍內的戰爭有拿破崙戰爭、第二次英美戰爭、美菲戰爭、美西戰爭、希土戰爭、俄土戰爭、鴉片戰爭、普法戰爭、甲午戰爭等，其戰爭的矛頭並非針對普通民眾，但是戰爭仍然導致了大量平民的傷亡。20 世紀上半期爆發了兩次世界大戰，第一次世界大戰於 1914 年爆發，歷時四年多時間，主要戰場在歐洲，有 30 多個國家捲入了戰爭，約 6500 萬人參戰，造成了 1000 多萬人喪生，2000 多萬人受傷，以及嚴重的財產和經濟損失的慘痛代價。第二次世界大戰在第一次世界大戰平息 20 年後於 1939 年爆發，歷時 6 年時間，主要戰場在歐亞大陸、太平洋、大西洋等地，60 多個國家捲入了戰爭，約 17 億人參戰，戰爭中約 6000 萬人喪生，1.3 億人受傷，戰爭造成的經濟損失高達 5 萬多億美元。二戰以後，世界反法西斯同盟國痛定思痛，發起組建了聯合國以維護戰後國際新秩序，同時以正義的名義設立國際軍事法庭對挑起世界大戰的法西斯戰犯予以審判，人類首次出現了戰爭罪、反人類罪、破壞和平罪等罪名以懲處和威懾發動侵略戰爭和違反人道的邪惡行為。1945 年以來，聯合國主導簽訂了數百個國際條約，涵蓋國際關係的方方面面，在建立和運行國際民主制度上發揮了巨大的積極作用。

西元 20 世紀中後期，世界形勢出現了兩股潮流，一是民族國家獨立浪潮，二是民族國家民主化浪潮。聯合國剛成立時僅有成員國 51 個，隨著歐亞非、南美、太平洋等地區大量的民族國家紛紛獨立，到 20 世紀末聯合國成員國發展到了 191 個主權國家，一些國家直接獨立成為民主國家。20 世紀經歷了三次民主化浪潮，第一次發生在二戰以前，有 29 個國家實現了民主化，第二次發生在 40－60 年代，有 36 個國家步入了民主化行列，第三次發生在 70－80 年代，有 76 個國家完成了民主化，截止 20 世紀末，全球民主國家達到了 141 個，占比 74%。這兩股潮流都有共同的特點，都具有逆擴張性，都是以和平的方式進行，以反暴力、反獨裁、反專制、反愚昧為目的，都是由普通平民和平民精英發起和推動，都取得了巨大的成功。民主國家把社會重心轉移到了經濟建設事務中來，延續了 19 世紀的那種人類美好狀態，促使人類社會整體的生產生活水準大幅提高，人類社會迎來了廣泛而深刻的現代化。從食品營養到日常生活物品物件，從家用電器到室內人工環境調溫設備，從城市摩天大樓到城際快速交通器具和設施，從公園綠地到醫療保健機構等等，社會生活發生了前所未有的質的變化，健康、舒適、便捷、快速成為了社會日常生活的主題。無論從城市的經典化，還是農村的景區化，無論從生產的科技化，還是個體和家庭日常生活的時尚化與資訊化，人類社會彰顯出明顯的趨向性，即日漸美好的最優化趨勢，似乎人類社會正朝著某個方向邁進。為什麼人類社會到了 20 世紀中期以後才顯示出方向性呢？筆者認為這與人的智性提高關係密切。其實人的智性一直都在潛移默化的推動社會朝著某個方向前進，人類一直都有自我優化的趨勢，原始人類通過限制近親婚配來優化基因，原始群落和部落一直以共生觀念來優化親屬關係，社會關聯一直以邏輯事務來優化陌生人之間的聯繫，直至人的社會理性迸發才在紛繁複雜的社會現象中理清頭緒，才得以看清社會偏差，總結出普世的人類價值，並逐步深入人心，這時人類已經對許多自然現象洞悉分明，科學技術已經成為社會生產力。

那麼，人類社會的發展方向是什麼呢？民主自由是人類社會的發展方向嗎？民主和自由是與專制、獨裁、極權相對的概念，民主自由就意味著社會力量多元化，沒有一種絕對的力量處於支配地位，社會政治相對溫和，社會矛盾以謙讓、理解、寬容的方式化解，社會暴力縮減到最小程度（即只針對刑事犯罪），社會活動呈開放狀態，任何人都擁有參政、議政和發表言論的權利，所以在民主自由的狀態下人人都可以發揮社會主動性，有利於人的智性發展，科學繁榮，技術進步，發明創造不斷，顯然民主自由具有專制極權等不可比擬的優越性。但是，民主自由也有自身固有的不足和缺陷，民主是以面向社會廣泛參與社會事務的發起、決策、監督、評價的一種少數服從多數的方式，其本身就面臨少數人被迫接受多數人意志的問題，有時也會體現出多數人對少數人的暴政的問題，多數人未必總是正確和先進，社會的優化和進步往往由少數人率先領悟和推動，所以說民主在某種程度上也有可能會阻礙社會的發展，只有當社會進步的理念和舉措被大多數人接受以後才能付諸實施；自由一詞由來已久，最早可以追溯到亞里斯多德的「人本自由」的命題，從社會理性出發，在總體上，自由與專制極權相對已成為共識，但是在細節上人們對自由的理解和解釋不盡相同，存在一定的差異，約翰洛克認為，自由是在自然法許可的範圍內，一個人不受他人的任意意志的支配，可以無妨害的遵循自己的意志；孟德斯鳩認為，自由是人們能夠做應該做的事情，而不是被迫做不應該做的事情，他還把自由劃分為哲學上的自由、實踐上的自由、政治上的自由和法律上的自由；盧梭認為，人是生而自由的，卻無往不在枷鎖之中。他把自由劃分為天然的自由、社會的自由和道德的自由三種，天然的自由就是人的自然平等，社會的自由是人們服從自己所規定的法律，道德的自由是人們運用理性去行善而達到高度道德自覺性的狀態。當代著名學者哈耶克則認為，自由即一個人不受他人（單數或複數）武斷意志強制的一種獨立於他人專斷意志的狀態，這是原始意義的自由。關於自由的定義還有很多，可見自由二字的含義並不統一，可能統一就意味著不自由了。所以自由概念在社會現實生活中的運用存在著千差萬別，導致自由觀的衝突，比如說資本持有者的自由與被雇傭者之間的衝突、投資的自由與社會需求量的衝突、資本市場以錢賺錢成為一夜暴富的天堂等等。所以說，民主自由對於專制、獨裁、極權雖然有極高的進步價值，但是終究還是人類社會過渡性的制度和理念，不是人類社會的發展方向，何況已經實現了民主自由的國家也不可能不繼續向前發展。

那麼，科學技術是人類社會的發展方向嗎？科學技術給人類帶來的益處遠比前文所述多很多，可謂數不勝數。科學技術從 19 世紀初以來用突飛猛進、迅猛發展來形容是十分貼切的，到了 20 世紀末科學技術把地球都變小了，地球變成了一個村落，人類上天、入海、在大地上飛馳、遠在天邊的人可以拉近到咫尺，科技的奇跡讓人炫目，科技的魅力不可抵擋，科技從根本上改變了人類的生產生活，於是信仰和崇拜科技成為了人們由衷的心靈反映，科技是現代化的守護神，科技就是正確的代名詞，科技是第一生產力，云云。與此同時，科技的弊端和缺陷也逐漸被人感知，環境污染、資源短缺、生態危機、新型疾病、工作快節奏給人的精神壓力等等使人們反思科技帶來的問題。21 世紀人類分化為科技主義和反科技主義兩個陣營，科技主義者認為科技是人類理性發展的必然趨勢，科技出現問題是暫時的，隨著科技的進一步發展，所有的問題和不足都會通過科技本身得到解決，科技是萬能的，沒有什麼問題是科技解決不了的。反科技主義者則從科技及其理性的固有缺陷和侷限性來批判對科技的盲目崇拜，指出科技已經導致人類社會機械化和人格的異化。筆者認為，科技的侷限性來自科學的侷限性和技術的侷限性兩個方面，科學理性是人的自然理性，只針對自然事物的物質和能量層面，不涉及人與人之間關係的社會層面，社會科學本不是科學，社會理性研究和揭示人與人之間關係所產生的知識只能稱作社會學說，科學知識與社會知識的指向性完全不同，在方法上和適應上差別巨大，這兩種知識不具有互換性，科學知識不能應用於人類社會，社會知識也是這樣。技術一直以經驗的方式發展，技術指向的是人的普遍需求，自古以來技術都是為了解決人的生存問題，技術有鮮明的功利性，同樣也無法解決人與人之間的關係問題，技術的發展還能使人與人之間的關係更加複雜化。科學和技術都反映了人的智性的共性，所以科學技術可以被任何人掌握。專制者、獨裁者、極權者、好戰分子、恐怖分子都十分喜愛科學技術，他們設計、製造和使用的科技化武器更具殺傷力，兩次世界大戰所造成的災難性後果顯示出了科技的巨大威力，現代核武器和生化武器甚至可以毀滅整個人類好幾遍；自由主義者也特別喜愛科學技術，自由的科技生產方式和產品極大的滿足了人類的物質需求，同樣也給資本持有者帶來了豐厚的利潤回報，使得人類社會物欲橫流，同時貧富懸殊進一步拉大。自由經濟中巨大的生產能力遠遠超過了人的需求能力，相對過剩的產能只需幾年的積累就可以釀成威力巨大的經濟危機，失業、破產、貧困、高自殺率週期性的襲擊人類社會。發達國家把落後科技轉移給欠發達國家和地區，也就把經濟危機的危害送給了全人類，不僅如此，資源的浩劫、環境污染、新型疾病等危害令欠發達國家和地區雪上加霜。只要科技發展的腳步不減緩，除了自由資本的持有者很難還會有其他人會真正從科技中受益。科技的益處數不勝數，但是盲目發展科技給全人類帶來的危害同樣也是不勝枚舉，每一個科技益處的背後都有與益處等量齊觀的問題和弊端，甚至問題和弊端更甚。有一句格言說：自然界沒有跳躍，但是科技卻帶領全人類在短期內飛躍，比如說移動通訊在 20 年來經歷了 2G、3G、4G 的快速發展，4G 已經使人們的生活很方便了，有什麼必要急於搞什麼 5G、6G 呢？科技的道德問題已經擺上了桌面，人類是時候把科技關進籠子裡了，所以說科學技術不是，也不能成為人類社會的發展方向。科學技術對於本身的弊端和侷限無解。

專制極權肯定也不是人類社會的發展方向，要不然人類幾百年以來的抗爭和成就無法理解。專制極權有沒有優越性呢？從某種程度上說是有的，比如舉國體制集中力量辦大事的快速決策和大範圍的快速推廣實行，似乎專制極權更有效率。但是決策和推行本身並不是目的，決策和推行是為了解決社會中的問題，專制極權本身就是社會問題的根源，所以專制極權的決策和推行不能解決其行為的正確性問題，加上專制極權的智性缺陷和其行為的自我指向性，快速決策和推行並不能成其為效率，只能是快速的製造錯誤和失誤的過程。自古以來，專制極權在人類正義和道德的反面的確成效卓著，快速的侵略擴張，快速的屠殺鎮壓，也就快速的建立起了統治地位，古代的專制極權在社會生活中並沒有多少建樹，破壞有餘而建設不足。到了現代，乘著科學技術迅猛發展的勢頭，專制極權才有了追求社會效率的需求。從邏輯上講，多數人的決策必然會優於個人決策和少撮人決策，在民主制度中體現較為充分，較慢的決策同時附帶監督和糾偏的機制其實是最富效率的決策。何況專制極權的統治手段極其粗暴，屠殺、鎮壓、監禁、恐嚇、欺詐、愚弄、監視、資訊管控等等無惡不作，致使社會生活呆板凝滯、邪惡氾濫、公平缺失、矛盾叢生，專制極權最大的罪惡是拉低人的智性，阻礙人的智性發展，於人類、於社會、於民族禍害深重，所以說專制極權不可能成為人類社會的發展方向。

人類社會到底有沒有發展方向呢？如果人類社會的演變是一個純粹的隨機過程，就像蜂群和蟻群那樣完全受自然力量的支配，漫無目的和目標，專制極權、民主自由、科學技術都只是一個偶然發生的事件，那我們是如何產生社會變遷的方向感呢？社會發展的方向性難道是我們的一個錯覺？其實人類社會的發展方向藏在了人的智性之中，人們對社會有什麼樣的認識，社會就會呈現出什麼樣的狀況。在群落時代、部落時代和社會化初期，人類對於群體和社會並沒有顯意識的認識，只是被動的遵循自然邏輯，人們受共同的觀念支配，在人與人之間的關係上平等和睦、相依為命、互助共生，群體和社會中體現出共生正義的氛圍。征服者的到來使得社會中出現了不同的觀念和行為，即社會偏差。由於當時人類的智性發展還不夠充分，簡單的語言文字還不構成認識複雜社會關係的思維工具，人們對征服者憎惡，但是難以辨析其所以然，對於如此嚴重的社會問題仍然不能產生深刻的認識。在歐亞和北非的大多數地區不斷的遭受征服者蹂躪的過程中，隨著時間的推移，許多人竟然萌生了對征服者及其行徑的認同，參與到了作惡行動中。生產事務的邏輯性促使一部分人萌生出理性，對自然現象總結出早期的科學知識，直到古希臘後期人類才出現社會理性的萌芽，開始認識人和社會。西元 17、18 世紀歐洲的社會理性從原理上總結出了人類社會的深刻內涵，揭示了人類社會歸根結底的構成和運作基底就是權利。權利的意識由來已久，早期的人類就是根據權利意識凝聚在一起，權利意識只是尚處在潛意識狀態，近代社會理性才把權利意識躍升到顯意識，從此自然權利就成為了民主社會堅固的基石。理性是人類自然稟賦在歷史長河中必然發展的趨勢，人腦中的 1000 億個神經元在相互連接的過程中受外向知覺和內向知覺的作用，在連續不斷的現象的刺激下必然會複雜化，當發展到一定程度時，特別在學習和思考的催化作用下，人的主覺對於複雜事物的認知被激活，人的思維開始對人與人之間的關係這種複雜的非直觀認識對象產生了知覺，進而剝離人與人之間關係的層層內涵，直至找出最根本的東西，即自然權利。人類社會的民主化過程其實就是人的自然權利的蘇醒和復活的過程，民主自由只是人類認識社會的過渡性產物，隨著認識的深入更多深層的權利將被挖出，理性將引領人類走向更符合自然邏輯、自然精神的社會。值得一提的是，科學和技術的成就所形成的光環曾一度遮蔽了社會理性對自然權利的進一步認識，但是人的自然稟賦必將突破科學技術的屏障，最終還原人與人之間最真實的關係內涵。

所以說，人類社會的發展方向是以自然權利為中心的方向。自然權利（以下簡稱權利）涵蓋社會生活的方方面面，只要存在人與人之間的互動交往、相互關聯、相互作用和影響，就會有相應的權利在後臺支撐，人類社會其實是由各種權利織成的超級大網路。權利具有永恆性、天然性、嚴密性、普遍性、開放性、規則性、目的性、相對性等屬性，權利既是社會行為的支撐，也是社會行為的潤滑劑，沒有人被排除在權利之外，也沒有人擁有所有的權利，個體人不是擁有這種權利就是擁有那種權利。權利類型可分為基礎權利、政治權利、經濟權利、法律權利和職務權利。基礎權利包括人的生命權、個人自主生活權、自由居住權、自由遷徙權、自主婚配權、自由生育權、自主思想權、智性發展權、教育和被教育權、幫助和被幫助權、自由交往和通信權、宗教信仰和行為權等等。政治權利包括表達自由權、和平集會和結社權、公平選舉和被選舉權、參與公務權、生命和尊嚴被保護權、個人意志獨立權等等，其中表達自由權包含言論自由、著作和藝術出版自由、批評和建議自由、申述和控告自由、遊行示威自由等等。經濟權利有自由擇業權、勞動和工作獲益權、生產和經營獲利權、職業平等權、個人和家庭財產私有權、公共財產共同支配和受益權、勞動和工作休息權、社會福利享受權、投資和貨幣運行監督權、社會經濟數據知情權等等。法律權利有法律平等支持權、國籍自由選擇權、法律制訂和修改權（以投票的方式決定）、司法監督權、申訴和請求權、被損害獲償權、法律行為決定權（即作為與不作為選擇權）等等。職務權利包含公文（文件和法律條款）起草權、會議和聚集召集權、活動和事務規劃權、生產秩序安排權、利益分配提案權、工作部門協調權、預決算制訂權等等。以上權利類型中基礎權利、政治權利、經濟權利、法律權利屬於普遍性權利，為每個個體人無差別的共享；職務權利來源於社會事務自然邏輯，為特定職務所擁有，具有相對性和特殊性，只有擔當某特定職務的個體人（單數或複數）才擁有，以上五種權利類型都屬於自然權利範疇。在所有的權利中，或者說在以權利為中心的社會中，智性發展權是一切權利的基礎，一切權利須要人的高智性來辨析和確定，智性是權利之母，同時智性及其發展也是最基本的權利。人的智性與權利具有全息性，智性孕育權利，權利蘊含智性。

第十九章　論應然社會

人類追求美好的生活是一種天性。充足的生活物資，而且得來容易，這叫人是何等的愜意啊！如果對於成年人家道昌隆、人丁興旺、子孫滿堂，豈不是幸福美滿、喜樂無窮？美好生活是個體人無盡的思慕和嚮往。追求美好生活是人類終極的使命，在早期的採摘和狩獵時期，人類不停的遷徙，吃光一片土地上的食物又遊走到另一個地方繼續搜尋，自然界總是有源源不斷的食材供人類享用，於是人類群體緩慢而穩定的發展壯大。農業生產方式提供了另一種更加美好的生活，人類無需漫無目的的遷移，也無需面對殘酷的自然風險，固定居所也能夠獲得源源不斷的食物，定居還能夠使生活豐富起來，農忙之時日出而作日落而息，用汗水澆灌收成的喜悅，農忙之餘可以加固和裝點居所，製作生活用品用具，改進和變換烹飪技巧，一家老中少好不其樂融融！這種田園牧歌式的生活就是人類所需要的好生活嗎？當這種好生活彌漫開來時，人口也隨之劇增，人類群體中湧現出陌生人，社會矛盾因此大量發生，土地及其邊界、生產物的歸屬、交換物的分量、貨幣的純度、遺產的繼承、損害的賠償、物資藉還的差異、名譽的減損等等爭執和糾紛開始困擾人們，矛盾給美好生活追求蒙上了一層陰影。不僅如此，遊牧人也因為追求美好的生活而殺到，征服者以血腥暴力把農耕人的美好生活盡收囊中，展開貪得無厭的專制統治，繁重的賦稅和徭役壓在了被統治者的頭上和肩上，統治者則以最高等自居，盡享人間榮華富貴，坐擁奢華的宮殿、稀世的珍寶和美食、成千上萬的天下極美女人（古東亞獨有），消費著人間極樂的生活。由此可見，人們單純的追求個人和家庭的美好生活並不能如願以償，往往適得其反，甚至會招來生活麻煩和災難。其實單純的追求物質生活只是一種動物性，大凡所有的動物都在追求物質需要之中，非洲草食動物憑藉信念來追逐鮮嫩的草地，肉食動物藉助暴力來爭守地盤和捕食獵物以享受穩定而舒坦的生活，動物個體無不在狂熱的物質需求和交配需要中度過一生。人類則不然，人類不僅是群居性生命形式，而且還是智性發達的物種，個體人不必為生活物資發狂，絕大多數的需求可以由陌生人來滿足，個體人只需做好自己的事情，源源不斷的物資會通過交易自動的流到跟前。陌生人之間關係的美好狀態是理想的應當的社會狀態，畢竟個體人離不開群體，追求美好的陌生人之間關係比單純追求物質利益更具積極的實在意義。

那麼，什麼是美好的陌生人之間的關係呢？其理解恐怕因人而異，自古以來不乏有識之士對美好社會冥思苦想，在歷史上提出了各種各樣的藍圖和設想。有文字記載以來最早的美好社會設想當屬西元前 6 世紀古東亞先哲孔子的「大同社會」了。在孔子看來，社會或國家應由所有民眾共有，全民選舉產生德才兼備的公共事務主政者，社會權力公有是為「天下為公」；社會中人人講求誠信、崇尚和睦，人們不只是親愛自己的家人和族人，陌生人之間也青睞有加，老年人能夠頤養天年，中年人都有所作為，嬰幼兒皆順利成長，各種不幸的人都可以享受到社會福利而不會被嫌棄和拋棄，成年男女正常婚配；人們不獨自享用財物，在共同勞動中盡責盡力，沒有人圖謀陰謀詭計，偷盜、搶劫等治安混亂以及竊國戰爭都不會發生，陌生人之間不用提防，可以夜不閉戶，且心安理得。這樣一種社會狀況就是「大同社會」。無獨有偶，在孔子生後約一百年，古希臘哲學家柏拉圖也提出了相似的設想。柏拉圖在《理想國》一書中設想美好的社會是建立在理性和正義的基礎之上，是為了全體公民的最大幸福。全體公民按照天賦從事適合的工作，因為人的天賦各不相同，所以每個人都有適合自身的分工，正義就是每個人做自己分內的事情，各司其職；軍人作為護衛者應該格盡職守、視死如歸，醫生憑藉心靈來治療疾病，法官憑藉靈魂來治理他人的靈魂，統治者擁有最高的知識和智慧；因為哲學家酷愛知識和智慧，追求真實和正義，有節制、不貪財，眼界寬闊、豁達而公正，所以只有真正的哲學家才能成為王者來統治國家；當統治者理智、護衛者勇敢、全體公民節制，以及當一個國家最像一個人的時候才是最好的理想的社會。西元 4 世紀古東亞文人陶淵明寫有〈桃花源記〉一文，以虛擬紀實的手法描寫了一個「世外桃源」寧靜祥和的美好社會的外觀景象。在這個與世隔絕的社會，自然環境秀美極其適合人類居住和從事農業生產，群山環抱一片小盆地，房屋整齊排列，土地肥沃，池塘碧透，田間小路縱橫交錯，到處青草翠綠、鮮花滿地，雞鳴狗叫聲在空中回蕩；耕作者忙於生產事務來來往往，老人和小孩皆自得其樂、喜笑顏開，人們以家庭為單位居住，家家戶戶從事農業生產並養殖雞鴨、釀製美酒，生活富足；人們為了躲避世間戰亂而隱居，經過幾個世紀的世代綿延已經人丁興旺，他們十分享受這種田園牧歌式的美好生活。

西元 17 世紀，義大利人湯瑪斯．康帕內拉在《太陽城》一書中描述了一個公有制、人人平等、和平公正的美好社會。在「太陽城」裡人們不是以血緣家庭為紐帶，而是以生產小組為基本生產單位，每個人以愛好和擅長來從事工作，其生產積極性、技能和效率極高，每人每天只需 4 個小時工作，其他時間從事感興趣的如科研、文化、體育等高尚活動。太陽城裡沒有貨幣和商品，每個人可領取生活必需品，在公共食堂進餐，勞動受人尊重，教育與生產相結合。康帕內拉認為，家庭是私有制的根源，主張破除家庭婚姻關係，實行「公妻制度」，他強調太陽城的公有制符合自然法和人的本性。英國人傑勒德．溫斯坦萊在《自由法》一書中宣導建立一個「真正自由的共和國」，提出了共和管理制度的公職人員的選舉、監督以及如何防止他們蛻化變質的設想，設計了一套共和國管理系統，並對公職人員的職責提出了要求。溫斯坦萊認為真正的自由就是使用土地的自由，自由的前提就是人人必須參加勞動，他強調土地、倉庫、果實等生產資料實行公有，家庭財產及生活資料必須私有，不能共同消費，共和國的法令保護私產不受侵犯。溫斯坦萊反對用暴力的手段進入理想社會，共和國只能依靠愛的力量，用愛贏得人心。英國人法蘭西斯．培根在《新大西島》一書中描繪了一個科幻色彩的完美社會。在大西洋一個幾乎與世隔絕的島國上科學技術非常發達，科學研究極其廣泛，發明創造層出不窮，政府成員都由科學家擔任；島國裡科學機構和教育機構十分完善，科學教育設施涵蓋所有的科學門類；島國人都熱心從事科學研究，他們道德高尚、作風淳樸、不貪圖物質享受，他們信仰基督教，宗教精神得到完美體現；島國人生活在濃郁的科學技術氛圍之中，科技滿足了吃穿用等所有需求，淡化水取之不竭，能源用之不盡，食物充裕供應；島國裡醫學先進，各種療養院、保健院關照人的健康。《新大西島》反映了培根的科學技術至上的思想。

西元 19 世紀，法國人克勞德．昂利．聖西門設想的美好社會是建立在基督教「人人都應當兄弟相待」這一原則框架下實行實業制度的社會。聖西門的實業制度以基督教「理性」和道德觀念為基礎，實業者包括企業家和產業工人，他們人格平等，都屬於普遍的勞動者，都是實業家，他們選舉產生最高行政委員會成為領導者為公共利益服務；最有才能的學者組成最高科學委員會，主管科學、文化和教育事業，以滿足實業家的精神生活需要和各種能力的培養；最高行政委員會擔任行政、生產和財政工作，為實業家謀福利，也促進社會財富增長；實業制度實行集體領導，杜絕特權和利己主義滋長；每個人的收入與才能和貢獻掛鉤，但同時必須保證每個人都有工作，都擁有勞動的權利。發展實業和「一切人都應當勞動」是聖西門實業制度的基本思想，他主張以和平的方式推行實業制度，否定暴力革命。法國人夏爾・傅立葉所設想的美好社會則是另一番景象，他把「和諧制度」藍圖作為對理想社會的憧憬，「和諧制度」是建立許許多多的基本社會單位「法郎吉」，「法郎吉」是社會協作組織，通常由約 1600 人根據不同的能力、性格和愛好組成，無論男女人格平等，人人愛勞動，他們沒有職業、地位和地域貴賤和歧視；「法郎吉」的場地是一種叫做「法倫斯泰爾」的建築群，一側是工廠區，另一側是生活居住區，其中心區有食堂、商場、圖書館、俱樂部等設施；「法郎吉」根據勞動、資本和才能進行分配，不實行絕對的平均主義，也存在一定的貧富差別。傅立葉認為經濟平等與自由相衝突，平均主義抹殺勞動差異，在和諧社會中收入高低不再是社會矛盾的原因，貧富差別不是出於雇傭關係，在尊重勞動的觀念下富人和窮人的利益趨於一致。英國人羅伯特・歐文將美好社會設計成充滿許多「勞動公社」的理想社會，每個「勞動公社」包含三百到兩千人不等，占地八百到一千五百英畝之間，公社實行財產共有，其成員共同勞動、共同分配、權利平等；公社以農業生產為主，兼顧工業生產，有計劃的組織集體勞動；根據人的自然理性，歐文把公社全體成員劃分為八個年齡組，每個年齡組都有相對應的本分和職責；公社的佈局規劃十分精美，在廣袤的農場和牧場的中心區域有廣場、會議廳、圖書館、食堂、托兒所、工廠、倉庫等設施，其周邊是住宅樓房，所有建築物周邊佈滿花園和樹林，環境優美，非常適合人類居住和工作；公社的生產、生活以滿足本公社成員的需求為終旨，其成員各盡所能，按需分配；公社最高權力屬於社員大會，一切重大事務皆由社員大會討論和投票決定。歐文的理想公社模式並未停留在想像階段，曾經花費鉅資付諸實施，但是以失敗而告終。

這些美好社會的設想都有一些共同的特徵，都建立在社會共生觀念下，人與人之間關係和諧、融洽、互信、平等，人人為我、我為人人，沒有暴力、爭鬥、壓迫和陰謀詭計；人人參與勞動，而且熱愛勞動；物質利益服從理想的人與人關係，物質為人服務；沒有阻礙人的智性普遍發展的因素，社會資訊和知識公開，重視教育的積極作用；公共權力對社會負責，道德和理性是主政者的主要品質，人們發自內心的擁戴主政者，而不是被強迫、被欺騙或出於勉強。雖然這些美好社會的設想跨越兩千多年，也跨越遙遠的地理間隔，但是在根本特徵上卻具有高度的相似性和一致性，只是近現代歐洲人的設想糅合了更多的物質文明成就，在表現形式上更複雜，內容更豐富，但是人與人之間的理想關係最根本的內涵並沒有差異。這充分說明和諧、理想的陌生人之間關係是人類美好社會和美好生活的本質特徵。雖然這些美好社會的設想並沒有付諸實現，但是也充分印證了人類對美好社會和美好生活及其內涵和方向的憧憬和嚮往，人類追求的美好是一種應當的狀態。

******

西元 19 世紀初在歐美開始出現的人類社會日漸美好的現象並非由設想而產生，科學技術徹底改變了人類的生產生活方式，物質文明空前的繁榮和發達，人類社會的存在意義和個體人的生存意義大幅度提升，這種美好狀態卻是由點點滴滴的科學發現彙集而促成，沒有人可以事先設想和預測每個科學發現，也不可能事先設想和預測科學與技術結合給人類帶來的整體效應，人類及其社會是在一種不知不覺中漸進式的走向美好的狀態。為什麼人類社會會自然而然的出現美好狀態呢？這應該歸功於人的智性發展。當萌發出自然理性以後，人類個體對自然世界的認識開始變得深邃和廣闊，經過幾千年漫長的世代更替，人的自然理性在歐美社會逐步普遍化，人類個體的思維能力變得十分強大。經過歷史性的知識積累和對錯誤知識的修正，人類個體終於在許多認識領域產生對自然界真實性的認識，自然真相被揭示，於是科學誕生並獲得長足發展，在 19 世紀形成龐大的科學體系。與此同時，技術已不再是純經驗的思維和行為方式，技術開始受科學理性（自然理性）的引領，因為科學和技術所面對的對象同為自然物質，所以科學和技術具有天然的結合力。又因為技術指向的是人的普遍需求，所以在科學的真實性引領下，技術獲得了前所未有的大力發展，滿足了各種各樣的人的普遍需求，當人的多種需求被滿足，這就是一種美好狀態了。然而，科學和科學技術不會憑空產生，其前提是個體人輕鬆、自由且不受狂熱欲望支配的思維狀態，冷靜、好奇、持之以恆的意志是科學和科學技術產生的必備條件，個體人要處在這樣的狀態下其必然首先要處在理想的人與人關係之中，科技工作者的意志不受他人的干預和左右，不被愚昧化和野蠻化，在隨心所欲的高智性狀態下才能投入到自己感興趣的研究事業之中。而且科學研究並不是一種投入產出的事情，有投入不一定會有產出，投入的過程枯燥而漫長，不知道何時才能收穫成就，科學研究必定是在一種強烈的信念和好奇心驅使下進行的，克服了社會急功近利的傳統習慣。所以我們不難看出，理想的人與人關係形成的社會氛圍是原發科學的土壤，只有在歐美社會削弱王權以後才得以讓科學精神自由發揚，民主和科學均發端於歐美社會不是偶然的巧合，其社會理性是幕後的終極推動力量。

社會理性是人類個體認識和瞭解社會及人與人關係的高級智慧，能夠對非直觀的複雜現象產生知覺，可以確定諸如人性、人文精神、正義、德性、權利、公共領域、公共利益等非直觀認識對象，並對諸多非直觀認識對象產生細節感和清晰度，層層分辨複雜事物的由來、屬性、相互關係和作用機理，對各種社會現象不斷考問和剝離，以達到對社會事物本真的認識。社會中的陌生人個體之間的相互影響和作用是在社會關聯中進行的，人們交往互動以相互之間發出態度和行為為基本特徵。人的態度和行為無不包含個體人的自我意識和觀念，它們是態度和行為的發力點，無論是有意或無意的態度和行為都決定著對他人的影響和作用的效果。社會理性可以甄別和分析人的自我意識和觀念所包含的內容和細節，判斷人的態度和行為的出處，是發自自然觀念還是出於自我情感、喜好或欲望，如果來自自然觀念則歸納為正義，否則就是非正義；社會理性可以辨析社會強勢者的觀念和行為與其他人的意識狀態和生活狀態的關係，正義的行為會體現出同情心和憐憫心，會輔佐和促進其他人的自由意志，維護他們的根本利益，非正義行為則會倚強凌弱，打壓其他人的自我意志，欺詐、盤剝他們的財富，使得弱者愈弱、窮者愈窮；社會理性還可以分析人的行為的構成要素、條件和依據，採取必要的行動和可行的策略，以促使人的態度和行為符合正義的要求；擁有社會理性的人具有強烈的信念和使命感，不僅對他人的態度和行為進行要求，也會在內心中建立起正義、公平、道德的堤壩以檢省自我，促進與他人的交往互動積極順暢；社會理性對制約人的野蠻暴力和人們相互傷害的意義是非常重大的，可以促進人類社會的文明發展；如果個別人或極少數人萌發出社會理性，表現為理想社會的嚮往和設想，如果部分人或多數人產生社會理性則表現為直接的行動力，極力促進人類社會朝著理想的狀態自然而然的邁進。歐美社會之所以原發科學是因為經過兩百年代際更替，無數人運用社會理性改良社會、糾正社會偏差而努力奮鬥的結果。

全球各個地區、各個國家和社會都不同程度的經歷過專制統治的肆虐，有的地方甚至至今仍然還處在專制極權的統治之下。在綿延多個世紀的長期高壓統治之中，人們對野蠻暴力、輿論封鎖、愚民教育、官場黑暗、民生窘迫、民眾頹廢等等社會現象已經習以為常；人們自出生起就目睹官員輪換、權力更替，並感覺這些於己無關；人與人之間爾虞我詐、互不信任司空見慣，於是人們會產生一種既定感，在潛意識中產生「社會就是這樣」的認定，這種社會認知可以定義為實然性社會認知。這樣的社會是既定的、實實在在的、確鑿無疑的、現實存在的，這種社會稱之為實然社會。任何社會從即時斷面來看都是一個實然社會。於是我們可以發現，人類社會存在兩種實然社會，一種是專制極權為特徵的實然社會，另一種是以自由民主為特徵的實然社會，這兩種實然社會中的個體人從一出生開始所看到的所感受的社會現象不盡相同（如前文所述）。為什麼會有這些差異呢？這兩種實然社會會是什麼關係呢？我們知道，近現代自由民主社會都是解除了專制極權威脅的社會，都是在與專制極權的鬥爭中發展而來，社會理性是促成社會變化的根本力量。在社會變化的醞釀階段，專制極權是一種實然，這時社會理性促使人們意識到社會應當的理想狀態，一方面社會理性激活了遠古盛行的共生正義觀念，另一方面社會理性辨析出人與人之間平等關係的自然基礎和內涵，於是在實然社會的基礎上人們產生了社會應然性的認知，人與人之間應當沒有強權、蠻橫、暴力和欺詐，人與人之間的行為規則應當以自然規則為依託，任何個體人或群體人都不應當僅根據自我意志來制定和實施社會規則。在社會理性的驅使下，這種社會應然性的認知與當時的實然性認知具有相同的強度，甚至強度更大，促使人們產生必須變革、非此不可、只能這樣、必然如此的堅貞推斷和理所當然、確定不移、義無反顧、勢不可擋的堅定意志。在眾人的共同推動下，社會因此而改變（這一過程是艱難曲折的）。於是我們可以發現，自由民主社會的實然性中包含應然性，自由民主社會是一種應然的實然社會。

******

社會中的應然性普遍存在，幾乎在每一個領域、在社會生活的方方面面都有應然的認定，人們總是用「應當」、「應該」、「必須」、「要」、「不得不」、「本該如此」等詞語來做出判斷。家庭關係是一種應然的關係，家庭成員應該和睦，夫妻之間應當互敬互愛、共同撫育兒女，晚輩應該敬仰長輩、照顧老人，每個家庭成員必須擔負各自的家庭責任；親屬關係之間應該相親相愛、噓寒問暖、相互提攜和幫助；朋友之間應該情投意合、真誠淳樸；鄰里之間應該相互關照；熟人之間應該相互問好；陌生人之間應該相互信任；人人應該遵守公序良俗和社會規則，人人應該尊老愛幼，人人都應該講求社會公德；生產者應該確保產品品質，交易和交換應該互惠互利；學校應該是教書育人之所，醫院應該是救死扶傷之地，法院應該主持正義，政府應該公正廉潔；所有的從業人員都應該認真負責的工作，學生都應該努力學習，耄耋老人都應該安享天年等等。社會中的普遍應然性主要以肯定語氣做出判斷，表明人們對應然性的強烈確定感、真實感和心理傾向，非此莫屬，必須如此。所有的這些應然性歸根結底都可以落實到人的行為上，都是對人的行為在不同的領域和方面的認定。這些應然性都揭示了人的行為的本然性——本該如此，人們以肯定的語氣表明在心靈中已經有了固定的認准，確鑿無疑，不可撼動。為什麼人的心中會產生此等的本然性斷定呢？筆者認為有以下幾個原因，第一，本然性是沿襲人類遠古的共生觀念，特別是人類社會化以來所形成的共生觀念，本來一直就有；第二，本然性是社會理性對自然事物的認知，自然力量賦予了人的行為最根本的要求；第三，本然性是人的情感、喜好和欲望在心靈中所渲染的較大權重，個體人感受真切，似乎具有原發性；第四，本然性是個體人在成長過程中所吸取的經驗素材，從一出生到明白事理一直受到強化，似乎也具有原發性。由此可見，本然性具有客觀和主觀兩種屬性，都可以產生應然的斷定，最根本的歸根結底的本然性是前面兩種，筆者稱之為自然應然性，筆者所談論的應然性是這兩種本然性。

所有的本然性應然判斷的原初狀態都是肯定判斷，以應該如此、必須這樣為特點，肯定判斷來源於確定感、真實感和心理傾向，其認定指向一個明確的行為目標，這個行為目標具有先在的存在性，排除了其他的行為狀態。肯定判斷在邏輯上必然存在一種對反向行為的否定判斷，如對家庭成員不和睦，勾心鬥角、吵架打鬥是否定的，否定判斷是在肯定判斷的詞語前面加否定詞「不」進行的，如「不應當」、「不應該」、「不要」、「不該如此」等等。肯定判斷我們可以理解為是一種行為性質，或是一種行為原則，所以肯定判斷的行為目標和狀態具有單一性，人們在作肯定判斷的同時不可能一一列舉否定判斷的所有反向行為，只有當反向行為現實發生以後感覺與肯定判斷不相符、相背離才會產生否定判斷，也就是說，反向行為成為實然才會予以否定，所以說本然性和應然性在先，反向行為的實然性在後。鑒於本然性和應然性的先在性，我們可以斷言本然性和應然性必然是純正的，不受其他行為狀態認知（如反向行為）的干擾，具有穩定性、永恆性和無限性，所以本然性和應然性只能來自於自然。因人的情感、喜好和欲望所形成的本然性摻雜了太多的自我意識，是因人而異的、變化多端的，只對特定個體有效，不能成為社會應然性。而且在情感、喜好和欲望的支配下，個體人往往容易產生反向行為，與肯定判斷相違背，比如說父母應該是自己一生的依靠、朋友應該是一種資源、不要跟陌生人講話、生產應當成為牟利的手段、教育和醫療應該都是一門生意、執政應當緊握實權等等。個體人成長過程中所形成的經驗本然性可以分為兩種，一種是包含遠古流傳而來的社會共生觀念的本然性，另一種是社會偏差所渲染的本然性。前一種符合自然應然性，後一種則是征服者暴力統治所導致的本然性，個體人一出生就耳濡目染既定的統治者及其做派，其頭腦中的認知素材和參考系在未受到有效學習而擴充的情況下，極易產生對反向行為的認可，缺乏自然應然性的認知，認為專制極權統治是必須的、人與人之間相互傷害本該如此，王權至上、官本位、清官情結、為民做主、領導一切、草民、賤民等等觀念和意識都是這種本然性的反映。

應然性、本然性、現實性和實然性都屬於人的意識範疇，都是人腦對人的行為的反映，以觀念的形式存在於人的大腦之中，體現為價值判斷和事實判斷。這四者的關係是怎樣的呢？它們的效力相同嗎？應然性是一種本然性，人的觀念來源於自然的本然性就是應然性，可分為共生觀念和社會理性認知兩種。應然性以自然世界的事實為基礎，所以應然性具有客觀的現實性，如人與人之間相互依存的群居性邏輯關係，人類呼吸、飲水、進食、睡覺、身體保溫的生理需要，人的防範疾病和危險的趨利避害性等各種基本屬性（自然屬性和社會屬性）都是客觀現實存在的，只要是人就不可能違背，本該如此。這是人類最起碼的應然性，以客觀現實為依託，體現為「不得不」的行為要求，說明主體人對於自然事實具有嚴格的絕對的被動性，人人都是這樣，沒有例外。客觀的現實還在於個體人出生以後，人與人之間沒有任何的接口相連，每個人都各自包裹在自己的皮膚以內，各自的生理系統（包括大腦等神經系統）互不交叉滲透，人與人之間在生理上是絕對的獨立。客觀的現實還體現在人與人之間的差異性，地理差異、成長經歷不同、職業選擇各異等等決定了人與人之間的不同特質，不同的人擁有不同的技能和不同的觀念。人的這種差異性現實一方面提供了人與人之間相互依存的邏輯基礎，另一方面也形成了人與人之間交往互動的現實可能。人的差異性現實也為人與人之間相互傷害提供了現實可能，性別、年齡、體力、性格、觀念、智性、職業等差異使得最強壯的男人有可能凌駕於他人之上，自命不凡，鄙視、欺壓、愚弄、迫害其他人。在非理性思維方式下，強壯的男人會把這種現實可能變成實際行為，極力碾壓社會弱者而圖謀權威和利益，形成專制極權的實然性。專制極權統治也可以促使被統治者產生「不得不」服從的認知，我們可以看到這種「不得不」與人類面對自然事實的「不得不」有明顯的不同，統治者同樣也面對自然事實的「不得不」，而被統治者則承受著雙重的「不得不」，從自然角度來看，統治者所造成的被統治者的「不得不」就顯得多餘了，所以被統治者反抗專制極權就具有了正當性。由此我們可以斷定，應然性具有最高的效力，差異現實性和行為實然性必須服從於應然性。

客觀現實性和應然性均屬於人的意識反映，離開主體人的意識就無所謂客觀現實性和應然性。當主體人與客觀事物分離時，人的意識也可以對客觀事物做出反映，但是這種反映以客觀事物的存在性為特點，人的意識以肯定的「是」或「不是」、「存在」或「不存在」等詞語做出判斷，如大地是球體、空氣存在於地球表面等，表明客觀事物非我，是我確立的認識對象。當主體人與客觀事物融為一體時，客觀事物包含了主體人自身，或者客觀事物與主體人之間具有直接的邏輯關係（範圍涵蓋、可能性、關聯性等），主體人則產生客觀現實性和應然性的認知，作出客觀事物與主體人自身之間關係的確定性判斷，其潛意識認定客觀事物與主體人自身不可分，這種確定性判斷就是應然性。由於人與人之間特別是陌生人之間的社會關聯，交往互動具有客觀現實性，所以應然性的原初狀態是對人的態度和行為作出的判斷。應然性是對人的態度和行為性質的認定，人的態度和行為性質可分為積極性、消極性、中性三類，積極性態度和行為包括禮貌、親善、助人、同情、謙讓、真誠、忠厚、嚴謹、認真、進取等等；消極性態度和行為有傲慢、冷漠、蠻橫、殘暴、陰險、欺詐、愚弄、蔑視、敷衍、傷害等等；中性態度和行為主要發生在陌生人之間偶然關聯的正常的擦肩而過和臨時聚集的場合，人與人之間可以互無表情，沒有眼神、言語和行為交流。應然性鼓勵、支持和認可積極性和中性的態度和行為，認定其正當、妥當、合意和合理；應然性否定和排斥消極性態度和行為，認定為失當、不宜、荒謬和不該，對嚴重的消極性態度和行為則定義為罪惡。應然性也是對人的態度和行為效果的認定，主體人的態度和行為會對接受者、對象人和受眾產生影響作用的結果和效果，使得他們處在一定的狀態之中，積極性和中性態度和行為會促使他們自由、自信、樂觀、開朗，而消極性態度和行為則會促使他們拘束、頹廢、恐懼和憤懣。應然性認定自由、自信、樂觀和開朗的狀態是合意合理的，拘束、頹廢、恐懼和憤懣的狀態不可取，不可接受。應然性的性質認定與效果認定是相通的，性質認定可以推理出效果認定，反之亦然。應然性也是對人的態度和行為一致性狀態的認定，人的態度和行為的一致性可分為兩種，一種是一致的、相同的，另一種是不同的、矛盾的。人的態度和行為不一致也有兩種情況，一是積極的態度加中性的行為，二是積極的態度加消極的行為，這兩種不一致具有一定的欺騙性。應然性認定積極的態度必須與積極的行為相一致，消極的態度與消極的行為相對應，中性的態度與中性的行為相匹配，除此之外都是失當、不宜、荒謬和不該。應然性也是對人的積極性態度和行為能力的認定，每一個心智健全的人都能夠發出積極性態度和做出積極性行為，沒有人天生就缺乏這種能力。

因此我們可以發現，應然性具有增進人的利益的效應，也能夠促進人的智性自然發展。主體人應然的態度和行為可以促使他人獲得更多的利益、產生輕鬆愉悅的心理狀態，有利於他人的智性發展。與此同時，主體人的心境開闊，心胸豁達，不僅有利於身心健康，還可以促進與他人的互動交往，增進相互的利益，在思尋與他人的融洽關係的過程中主體人的智性也隨之提升。在應然性的作用下，人與人之間形成和睦共生的理想氛圍，相互認可、支持和提攜，利益、能力、經驗和知識互補，你中有我我中有你，你為了我我為了你，於是技術得到持續的改進，創造發明層出不窮，物質財富大量增加，人的各種需求被滿足，社會出現美好的趨向和景象。我們不禁要問，應然性在多達程度上會增進人與人之間的利益和促進人的智性發展呢？或者人類社會的美好狀態是一個怎樣進程和水準呢？由於應然性的無限性，似乎人與人之間無限的關懷和支助都是必然的，人類社會的美好也是無止境的，人們傾其所有無私奉獻、平均主義、按需分配似乎也符合應然性的要求。人們在何種等級上相互支援和提攜，在何等程度上互補，在什麼水準上做到「你中有我我中有你」、「你為了我我為了你」，應然性不能給出準確的界限，這是應然性的缺陷和侷限之所在。我們不能因為應然性的缺陷和侷限而否定其效力，應然性的迫切性和必然性的強烈肯定判斷畢竟驅使人們不得不遵循其要求，如何解決這種困境呢？在客觀現實中有一個因素解決了這個問題，彌補了應然性的缺陷，這個因素就是人的智性水準（或認識能力）。應然性是人的意識的一種反映，那麼應然性必然受到了人的意識的制約，應然性是在一定意識水準上的應然性，人的認知素材規模和思維能力限制了應然性的作用。雖然應然性的強烈肯定判斷在一定程度上會拔高人的智性水準和認識能力，但是不會無限的拔高，人的智性水準和認識能力的現實性會拖拽應然性意識，使得應然性意識反映緩慢提升。由於應然性關乎社會大眾，不是由某個人或少數人所決定，所以應然性在現實生活中會呈現出階段性，一層層一級級的循序漸進的爬升。如果某一人或少數人智性水準超前，設計出完美的社會理想模型，但是缺乏其他多數人的通力配合，這種設想難以付諸實施，或者實施註定失敗。

人類的應然判斷在不同的智性狀況下不盡相同，反映出判斷的內容差別很大。在無意性思維中，物欲、功利、地位等是「應該」、「必須」的中心，持有這種觀念的人以財富和權勢當做終極奮鬥目標。在他們的信念中信奉「人為財死鳥為食亡」、「當官不為財請我都不來」、「順我者昌逆我者亡」；在他們的態度和行為中，自私自利罔顧他人和公共利益，斤斤計較，貪圖小利，或兇殘暴虐，橫蠻無理，致使人與人之間關係緊張，相互提防，惶恐不安。以無意性思維為主要特徵的社會必然是一個專制極權社會，社會偏差盛行，人的智性發展受到極大的阻礙，社會談不上美好，或者美好僅限於物質層面。在混沌思維中，應然判斷限於道德、傳統、經驗、投機和拉幫結派。道德是一種對於人的態度和行為積極性的模糊肯定判斷，由於道德的描述性，道德感不能對人的態度和行為的根本原理進行深入分析，所以道德的應然性效力很低，不能有效的指導和調節人的積極態度和行為，在社會生活中顯得蒼白無力。混沌思維對歷史傳統和過往經驗情有獨鍾，甚至過分依賴。具有混沌思維的人活在傳統和經驗之中，認為傳統和經驗必須秉持，不得動搖，多體現為祖先和祖宗崇拜，拒絕變革和進步，特別是人與人之間關係、社會制度等主張因循守舊，不可革故立新。由於社會中普遍智性不足，許多領域發展不成熟，這就給具有混沌思維的人投機創造了機會，他們熱衷於政治投機和經濟投機，機會主義和功利主義是他們理所應當的選擇。由於社會中人與人之間關係不盡人意，人們總是遭受和面對他人的冷遇、排斥和打壓，所以拉幫結派必然成為人們「不得不」採取的生存策略，社會中團團夥夥、結黨營私廣泛流行，人們在鑽營、拉關係和明爭暗鬥中竭盡心力，把社會生活弄得烏煙瘴氣。在社會理性的作用下，應然性判斷則以正義、自然法和權利為核心內容，三者相互交融和滲透，均具有至高無上的效力，其他所有的應然判斷都必須服從三者的要求。正義是指人的態度、行為和觀念的心靈內導向性和純粹原發性，它們從心靈深處發出，符合自然力量的根本要求；自然法是指人的內心中自然力量根本要求的規定性，以人人平等為起點，涵蓋人與人之間關係和社會生活的方方面面，自然法是支配人的品格、態度、行為和觀念的最高準則；權利是在社會現實中，處理人與人之間關係的過程中，正義和自然法在人的內心中的具體反映，體現為個體人擁有控制和支配對自己有利的物資的可能性和現實性以及不受他人妨害的可能性和現實性。生命權、自由權、財產權、參政議政權等權利意識都屬於社會應然性認識。

******

應然社會是指充滿應然性因素的人類社會，其應然性因素有兩種，一種是來自自然事實的應然性因素，另一種是應然性社會現象；前一種包括智性發展、社會關聯、社會平等、社會合作，後一種包括權利、主權分享（民主）、分權制衡、法治、責任等等意識和觀念。來自自然事實的應然性因素，筆者稱之為社會應然性根因素，應然性社會現象則稱之為社會應然性展因素。為什麼說智性發展、社會關聯、社會平等、社會合作這四大類是社會應然性根因素呢？因為智性發展是人類最根本的應然性，人類個體的大腦富含 1000 億個腦細胞、即 1000 億個神經元，其生物電脈衝速度可達 400km/h，信息處理量可達驚人的 7.6 億 TB，迄今為止人腦的開發利用率不足 10%，尚有 90% 多的腦功能被埋沒。雖然人腦的認知能力受感官的制約，但是隨著人的活動範圍的擴大和歷代經驗、知識的疊加，其認知素材的規模必然會不斷擴大，認識能力也必然會穩步提高，反映在思維方式上由無意性思維到混沌思維的跨越，再到理性思維的飛躍。然而理性思維並不是唾手可得的高級智能，需要有學習和思考的過程才能實現，個體人的思想性和好奇心是學習和思考的驅動力，在未受愚化的自然狀態下人人都有理性思維的可能，這是人類自然稟賦之所在。

社會關聯建立在人的智性發展的基礎上，智性發展與社會關聯具有直接的因果關係。由於智性發展，人與人之間在處理事務方面產生了差異性，不同的人擁有了不同的技能，人與人之間能力互補，相互滿足不同的需求，從而形成廣泛而深刻的社會關聯，相互依賴，相互支持。社會平等又建立在了智性發展和社會關聯的基礎之上，人的獨立性使得每一個體人成為獨特的人，也使得人的智性和技能各自獨立發展成為現實，人與人之間的關係是主體之間的關係，每個人都是一個主體人，在社會關聯中各自擔當自己角色，以自然事務邏輯為紐帶，在生理上、在人格上平等，互不從屬，互不依附。所以，社會合作是基於智性發展、社會關聯和社會平等的自然結果，面對共同的事務和行為目的，人與人之間的合作是一種必然，智性發展、社會關聯和社會平等提供了人與人之間合作的可能性，共同的事務和行為目的則把這種可能性變成現實。於是我們可以發現，智性發展、社會關聯、社會平等和社會合作依次成為應然性，是人類最根本的普遍的應然性，只是這種應然性極其隱蔽，只能仰賴理性思維才能洞悉。

社會應然性展因素是應然性根因素的發展和運用，是我們可以直接觀察到的應然性社會現象。社會應然性展因素以意識和觀念的形式存在於人的大腦之中，但是以人的語言、態度和行為方式流露出來，傳遞著社會應然性根因素針對不同的社會領域的根本要求，這種應然性要求既是對主體人自身發出，敦促其尊重他人的獨立性，也是對他人發出，鼓勵他人對主體人自身的尊重，排斥和防範他人對社會應然性根因素的損害。由於社會應然性根因素來自於自然事實，具有最根本的普遍性，超越人種、代際更替和歷史傳承，所以其真實性和確定感在人類共生觀念及理性思維中不可撼動，不容質疑。人類的權利意識由來已久，在部落時代就已經相當濃厚了，從人類社會化初期到征服戰爭時代，我們可以通過古東亞西周國人議政、古羅馬共和國的公民權、日爾曼人的部落大會等歷史事實看到權利意識的行使現象。當時的權利意識尚處在潛意識階段，直到古希臘古羅馬時代的斯多葛學派明確提出「人人平等」和「天賦權利」的主張，權利意識才躍升到顯意識層面。西元 17、18 世紀歐洲的思想啟蒙運動中多位思想家運用社會理性論證了權利的應然性，提出了生命權、自由權、財產權等多種權利概念，證明了權利不可剝奪的現實效力。1689 年英國的《權利與自由和王位繼承宣言的法案》、1789 年法國的《人類與公民的權利宣言》、1791 年美國的《權利法案》皆以法律的形式把權利納入保護之中。1948 年聯合國頒佈《世界人權宣言》，並列入國際法範圍，確定了人類權利的普世性，成為世界各地不論人種和地域所有的個體人（公民）和政體都必須遵循的行為準則。

權利，亦稱為人的權利或人類權利，現代「權利」一詞不僅僅是一種權利意識，已經發展成為一種內涵極其豐富的觀念體系。權利體系可以劃分為自然權利、社會權利、經濟權利和政治權利四個大類，自然權利包括生命權、生存權、健康權、居住權、性別權、人格權、表達權、行動權、思想權、婚姻自主權、生育權、安全保障權等等；社會權利有平等權、姓名權、隱私權、肖像權、名譽權、教育和受教育權、救助權和被救助權、宗教信仰權、通訊權、集會和結社權、獲償權、繼承權等等；經濟權利包含勞動權、財產權、擇業權、休息權、經營權、獲利權、智慧財產權等等；政治權利包括國籍權、選舉和被選舉權、投票權、參政議政權、監督權、請求權、申訴權、辯護權等等。所有的這些權利都是個體人的權利，人的群體和集合體沒有獨立於個體人或高於個體人的權利。權利以強烈的應然性肯定判斷為特點，與否定判斷相對立，否定判斷的態度和行為內容都是對權利的損害，所有否定判斷的態度和行為內容都應該被禁止。

主權分享是建立在一定地域的社會自然關聯基礎上個體人之間相互支持和認可社會主動性的應然狀態，其表徵為人們共同參與社會事務的發起、決策、執行和監督、評價等活動，主權分享就是通俗意義上的民主或人民主權，是社會平等觀念的應然性要求。由於主權受特定的地域行政區的社會自然關聯事務的限制，主權分享只能與特定的行政區規模針對特定的社會事務相適應，如村莊主權分享與村莊事務相適應，鄉鎮主權分享與鄉鎮事務相適應等等，直至國家主權分享與國家層面的事務相適應，沒有任何個體人或群體、集合體、組織、團體擁有和分享所有社會層面的主權；在特定的行政區範圍內針對特定的社會事務，人人都是主權者，主權被所有人分享，但是對於同規模等級的其他行政區及其社會事務並不擁有主權，這是主權分享的相對性應然原理。所以說，民主既是絕對的，也是相對的，是絕對性與相對性的統一，民主有界限，地方自治才是民主政治的核心內容（選舉和選票只是民主政治的表像）。

分權制衡的本質是社會合作。面對共同的事務，為了共同的行為目的，個體人們及其所代表的社會力量分工協作、各盡職能，以事務邏輯為紐帶，在行動上分別作為而彙集成為整體活動，風險共擔，利益共享；在此過程中權力自然分屬，個體人及其所代表的的社會力量之間互不統轄，平等合作，分權是社會合作的應然性要求；在分權的基礎上，為了確保共同的事務和行為目的不發生偏離，個體人及其所代表的社會力量之間相互制約以保持穩定的整體活動狀態就變得十分有必要，制衡也是社會合作的應然性要求。我們在許多領域都可以觀察到分權制衡的社會現象，如公司股東大會、董事會和監事會的設立和運作就是一種分權制衡，社會審計和監察機構的設置和運作也是一種分權制衡，立法權、司法權和行政權三權分立則是對社會權力的分權制衡。社會分權制衡現象由來已久，古代的部落大會、族人會議、廣場會議都屬於分權制衡，主權分享過程中的投票制度也是分權制衡，就連古代征服者發起征服戰爭中在征服者集團內部也存在分權制衡，表現為軍事民主制和分封制。分權制衡的邏輯目的是指任何個體人或社會力量都不能獨占優勢，防範其隨意行為，一方面避免共同事務的處理過程偏離目標，另一方面避免強勢者對其他人或其他社會力量構成威脅和損害。

法治是指在自然法的基礎上，通過博弈建立起法規則體系，人人受法規則制約的社會應然性狀態。自然法是社會法治的起點，社會共生觀念和社會理性是法治的基本條件，離開自然法、共生觀念和社會理性就不會有法治可言。法治的形成必須要有社會博弈的過程，不同利益和處事風格的個體人及其所代表的社會力量之間求同存異的討價還價、投票定奪、平等競爭等公開的和平博弈活動，甚至採取必要的鬥爭或以降服對方（不消滅對方）為目標的戰爭（體現為反專制的戰爭），迫使各方面力量的代表坐到談判席上，以達到都能接受的社會規則的平衡為目的，其結果必然就是法治狀態。法治中的法規則體系以應然法為特點，社會博弈把應然法變成現實，成為實然法，是為應然的實然法。憲法統領法規則體系，處於支配各個部門法的頂端，憲法是社會各個層面和各種社會力量的意志的集中體現，各個部門法是這種意志在社會領域的延伸。憲法所體現的意志在於糅合了多種政治觀念，而不是僅有一種政治觀念的表達。憲法是社會博弈的產物，沒有經過博弈的一言堂的「憲法」不應該稱其為憲法。法規則體系及其具體內容之所以具有約束力是基於經過博弈後的規則認同和意志體現，法規則是最高形式的社會契約。對於個體人及其所代表的社會力量而言，沒有規則認同或意志體現的法規則不擁有約束效力。

責任或社會責任是指由社會應然性根因素所決定的人的態度和行為的應然性狀態，表現為個體人或集合體不得不做出的態度和行為以及源於態度和行為的作用不得不產生的結果。責任是自然能量精神在社會關聯互動中的體現，即結果是原因的動因，原因中包含結果目的（原因的目的就是結果），所以責任具有最廣泛的普遍性，責任無處不在，任何人只要發出態度和行為就會有責任。人的責任有對自我的責任，對家庭的責任，對親屬、朋友、熟人、陌生人的責任等等。在社會生活中，責任包括道德責任、道義責任、法律責任、職務責任、崗位責任、角色責任、組織責任等等，個體人或集合體還有對社會的責任、對競爭對手的責任、對社會弱者的責任、對人類的責任、對大自然的責任。社會責任具有嚴密的邏輯性，存在於每個細小的態度和行為之中，社會責任的邏輯指向性是為了責任對象的利益或好處，有利於是社會責任的核心內涵，這是社會責任的根本應然性規定。如果某人或某集合體的（態度和行為不利於其責任對象則將面臨和遭受相應的懲罰，這是由應然性肯定判斷的確定感、真實感和心理傾向所決定的，是對否定判斷的態度和行為內容的排斥和報復，所有不利於其責任對象的態度和行為主體人都應當承擔相應的責任（後果）。

應然社會是充滿應然性肯定判斷的態度和行為的人類社會。由於觀念具有對態度和行為的引導和統轄作用，社會中的應然性因素必然會轉化為人的態度和行為，使得社會是充滿積極性態度和行為。人與人之間相互認同或認可、相互尊重、以禮相待，差異性不是互動交往的障礙，人們寬容謙讓，和而不同，誠信忠厚，相互支援和提攜，社會呈現一派和睦共生的美好景象。應然社會必然是人際關係簡單的社會，人與人之間沒有猜忌，不用擔心陰謀詭計和暗箭中傷；人與人之間沒有傲慢和蠻橫，不用恐懼暴戾、兇殘、壓迫和傷害。應然社會沒有征服、統治、殺戮和囚禁等社會偏差，人與人之間平等協商，共謀社會利益；個體人或集合體在追求權力和利益的過程中，其態度和行為在他人的生命、尊嚴和利益面前止步，沒有誰會肆意碾壓他人生命、尊嚴和利益。應然社會沒有偷盜、搶奪、欺詐、兇殺等危及治安的罪惡行為，夜不閉戶不是一種奢望，而是應然性必須和必然的安定狀態。應然社會沒有自殺，社會矛盾不會削弱人的意志，人人自信的生活和與他人交往，不會產生諸如急躁、惱怒、委屈、失望等不良的心理情緒，人生中充滿活潑開朗、樂觀進取的態度和行為。

應然社會是充滿應然性社會事物的人類社會。應然性社會事物可分為兩類，一是抽象的應然性社會事物，二是具體的應然性社會事物。抽象的應然性社會事物包括正義公平、自然法、社會主權、社會權利、社會信譽、充分就業、和諧安定等等，具體的應然性社會事物有開放的教育、免費的醫療、共享的福利、集會和結社、選舉和投票、生產和消費、商品和交易、娛樂和休閒以及公共設施等等。應然性社會事物是由應然性肯定判斷的態度和行為彙集或促進而成，有利於每個個體人，具有維護人的自然屬性和社會屬性的功能和價值。可以肯定的是，應然社會決不包含軍隊、監獄、貧困、貪腐、管制、最高權力等不良的社會事物。

******

應然社會並非無限美好的社會，由於受人的智性發展水準的限制，社會應然性因素呈階段性發展和變化，使得應然社會具有相對性，應然社會總是與特定階段的實然社會相對。對於人的智性發展水準而言，應然社會就是相對性的應然社會，絕對的應然社會在人的認識上沒有意義（只存在夢想之中）。回顧人類社會的發展歷程我們可以發現，自給自足經濟社會是採摘狩獵經濟社會的應然社會，商品經濟社會是自給自足經濟社會的應然社會，市場經濟社會是商品經濟社會的應然社會。

智性發展是人類社會歷史發展的主線條。在採摘狩獵時代的後期和末期，人的智性產生自己的行為與糧食作物生長之間的邏輯關聯認識，個體人發揮主動性培育和種植糧食作物，在細心觀察中總結和掌握糧食作物的習性，用一系列的邏輯行為來改善作物的生長環境，以利於糧食生產，於是獲得了農業生產的經驗。由於智性的持續提高，生產經驗越來越豐富，糧食產量穩步增加，在家庭成員食用之余還可以餵養家畜，最終實現了生產滿足家庭需要的自給自足的愜意美好狀態，田園牧歌式生產生活方式顯然是人類當時應然的理想階段。在實現自給自足的美好狀態的情況下，個體人及家庭再來從事採摘狩獵方式就變得不合時宜、愚鈍至極了。

隨著人的智性進一步提高，生產經驗和生產能力持續長進，糧食和牲畜的產量已經大於，甚至遠遠大於家庭消費的需要量，與此同時農忙之餘的手工藝製品數量也超過了家庭使用量。因為糧食、牲畜和手工製品可以滿足人類普遍的需求，人的智性不會允許這些生產成果無端的腐爛、變質和消亡，與他人的生產成果進行交換就變得勢在必行了，於是商品應運而生，甚至發展到有的人或家庭的生產目的就是為了與他人交換（家庭消費只占很小的部分）。商品經濟的益處是顯而易見的，不僅可以盤活剩餘產品，還可以交換到更多的他人產品，用以滿足家庭更多的需要，從此人類的日常生活開始變得豐富多彩起來。這種美好的生活是田園牧歌式的應然性升級版，在商品經濟繁榮的時代，如果某人及家庭停滯在自給自足的階段或重溫自給自足的方式，也會顯得不合時宜、愚蠢落伍了。

在商品經濟優越性的催化作用下，人類的生產積極性空前高漲，人類的智性發展集中在了生產事務之中，其生產能力如日中天，表現在因工業革命引領的大機器生產，科學與技術聯姻，新知識、新技術、新產品層出不窮。大規模、集約化生產勢必面臨資源調配的問題，礦產、能源等自然資源、人才與人力的社會資源以及生產所需資本如何流動到最有效率、最能獲利的行業和企業就成為迫切需要解決的社會問題。自由經濟學說提供了最具智性的解決方案，就是自由市場交易。自由市場有一隻看不見的手可以把各種資源自動的配送到最佳的地方（行業和企業），人的學識、經驗、私利性、成就感和榮譽感就是這只手的幾根手指，其手掌就是民主政治。這種自由市場模式被稱為自由市場經濟，或市場經濟，一切資源必須通過市場自由調配，否定任何形式的人為干預。市場經濟在工業化大生產時代發揮了極其重要的理想作用，是人類智性發展的階段性成就。雖然市場經濟包含商品經濟，但是市場經濟超越了商品交換和交易，解決了複雜的資源調配難題，是商品經濟的應然性升級換代。

於是，我們可以發現，應然社會不能跳躍式的跨越其階段性，也不可能跳躍式的跨越，我們不能認為商品經濟社會是採摘狩獵經濟社會的應然社會，也不能認為市場經濟社會是自給自足經濟社會的應然社會。人的智性發展階段性水準阻隔了應然社會的跳躍式跨越認知，人們在採摘狩獵時代不可能邏輯推理出或想像出商品經濟時代的具體狀況，同理在自給自足時代也不可能推理出或想像出市場經濟時代。應然社會只能從現實的實然社會及其應然性因素中加以認識，否則只是一種不著邊際的夢想，而夢想具有無限性，可以天馬行空、天花亂墜，不具有實在性，缺乏應然性因素支撐。依據夢想來行事必然會遭受到嚴酷的失敗和嚴厲的懲罰。

值得一提的是，小農經濟社會和計劃經濟社會不是任何一種自然經濟社會的應然社會，權威主義社會（專制社會和極權社會）也不是任何一種政治形態社會的應然社會，權威主義社會鑄就了太多的社會偏差，嚴重缺乏應然性因素的支撐。

自由民主社會是權威主義社會的應然社會，自由民主社會本身就是消滅了權威主義或解除了權威主義威脅的人類社會。社會應然性因素一直存在於權威主義社會之中，也存在於共生觀念社會之中，只是應然性因素不支撐權威主義及其社會，共生觀念和社會理性驅使人們認清權威主義，並與之展開艱苦卓絕的鬥爭，隨著醒悟的人越來越多，社會正義力量不斷壯大，最終降服權威主義，促使社會走向自由民主的應然性狀態。自由民主社會中的應然性因素與權威主義社會蘊含的應然性因素沒有二致，只是自由民主社會把應然性因素變成了現實，成為應然的實然社會。

******

未來的人類社會一定是更加美好的社會。未來社會有兩種內涵，一是近階段的未來社會，二是遙遠的跨越階段的未來社會。如果某一社會現階段是權威主義實然社會，那麼近階段的未來社會必然是自由民主社會，自由民主階段不可逾越（前面講述很多恕不贅述）。如果某一社會現階段是自由民主社會，那麼近階段的未來社會應該是權利社會。筆者認為，權利社會是自由民主社會的應然社會，其理由如下：第一、權利是社會知識，是社會理性對人與人之間關係的內涵的認識和總結，權利極其廣泛，人與人之間交往互動的每一個細節都包含權利；第二、權利普遍存在於社會之中，每一個人對於他人而言都有權利的獨立作用，不受時間、空間、事務、場景的限制，每個人對於自己而言也有權利的作用，權利超越人的情感、喜好和欲望，權利來源於客觀自然力量的要求；第三、權利是處理人與人之間關係的根本原則，人與人之間所有的交往互動應然性方式，如主權分享（民主）、分權制衡、法治、責任等等都是權利的派生和擴展，離開權利，人與人之間關係的應然性將土崩瓦解，社會將充滿偏差；第四、權利極其隱蔽，需要人的社會理性不斷的挖掘，人的顯意識理性所反映的權利只是權利的一部分，還有更多的權利需要在社會生活現實中加以認識和總結；第五、未來社會是以權利為中心的社會，不僅是以現實權利為中心，更主要的是以權利的認識為中心，這是人的智性發展的必然趨勢；第六、未來社會的應然性因素已經包含在了自由民主社會之中，未來社會必然會在自由民主社會的基礎上進一步發展，所以對於自由民主社會而言，近階段的未來社會必然是權利社會。權利社會將彌補自由民主社會的許多不足和缺陷。

權利社會的實現條件是全球消滅專制主義和極權主義的統治，解除戰爭的威脅。在權威主義完全退出歷史舞臺以後，就無所謂民不民主了，主權分享、分權制衡、法治成為了社會常態，自由將受到權利和責任的約束，貨幣回到基本功能，科技的應用不再是經濟危機的助推器，全社會充分就業，經濟發展緩慢而穩健，社會理性高度發達，人的生活品質創新高。可以肯定的是，權利社會將是慢節奏的社會，沒有人處在高壓力的狀態之中。

由於人的智性發展的階段性，遙遠的跨階段的未來社會不可知。受現實智性水準的限制，對遙遠未來的任何具體結論都是武斷的，不可取的，甚至是有害的。

後記

感謝臺灣蘭臺出版社同意出版本書！也感謝所有為本書出版辛勤工作的人們！

我是一個學術素人，沒有受過專業的學術訓練，寫作本書完全出於自己平時的閱讀、學習、觀察和思考的積累，本書的字裏行間都是我真實感悟的流露，寫作本書的全過程貫穿著理性對我的召喚。我認為理性是存在的，理性是人的高級智能，是揭開人類社會迷幻面紗的最有效工具。由於社會現象、社會事物的非直觀性、複雜性和多維性，如果我們採用傳統的經驗思維或現代的非理性主義思維，都不能深入的認識社會，不能建立起立體的社會圖景，只能浮在社會的表面。正因為理性也具有多維性，理性與社會現象和社會事物在維度上近乎重合，只要理性思維指向自然世界根本力量，那麼人的社會認識才會真實有效。也正因為理性的多維性，我們在認識人類社會的過程和結果中都不可能絕對的一致，所以我們沒必要一味的追求「絕對真理」，甚至真理是否存在也值得我們懷疑，唯有理性思考本身才極具價值。由於個體人之間的成長經歷、受教育程度、學習思考方式不盡相同，那麼每個人看待社會事物的角度、立場和目的也不會完全相同，這會導致人們的觀念產生差異，這不一定是個壞事情，每個人都有權利闡述自己的觀點和體系。

我認為平凡人身份和經歷具有無可比擬的優越性，可以接觸到了社會最為自然、真實的層面，平凡人身份也提供了觀察和研究社會的獨特視角，回顧人類幾千年的文明史，我們可以發現真正推動人類文明進步的根本力量其實就是一個個看似平淡無奇的平凡人。我殷切希望更多的平凡人投入到認識和研究人類社會的學術思考中來，豐富和發展人類智慧的寶庫，促進人類社會和平、健康、平穩的發展。

特別鳴謝支持本書觀點和理論的人們！

鄧正剛

於 2022 年 10 月 9 日

國家圖書館出版品預行編目資料

應然社會論 / 鄧正剛著. -- 初版. -- 臺北市：博客思出版事業網，
2023.05　面；　公分. -- (人文社會學系列)
ISBN 978-986-0762-44-0(平裝)
1.CST: 社會學 2.CST: 人文社會學

540　　111022100

當代觀察11

應然社會論

作　　者：鄧正剛
主　　編：楊容容
編　　輯：陳勁宏
美　　編：陳勁宏
校　　對：楊容容、沈彥伶、古佳雯
封面設計：陳勁宏
出　　版：蘭臺出版社
地　　址：臺北市中正區重慶南路1段121號8樓之14
電　　話：(02) 2331—1675 或 (02) 2331—1691
傳　　真：(02) 2382—6225
E—MAIL：books5w@gmail.com或books5w@yahoo.com.tw
網路書店：http://5w.com.tw/
https://www.pcstore.com.tw/yesbooks/
https://shopee.tw/books5w
博客來網路書店、博客思網路書店
三民書局、金石堂書店
經　　銷：聯合發行股份有限公司
電　　話：(02) 2917—8022　傳真：(02) 2915—7212
劃撥戶名：蘭臺出版社　帳號：18995335
香港代理：香港聯合零售有限公司
電　　話：(852) 2150—2100　傳真：(852) 2356—0735
出版日期：2023年05月 初版
定　　價：新臺幣880元整（平裝）
ISBN：978-986-0762-44-0